Beatrix Langner
Jean Paul

Beatrix Langner

Jean Paul
Meister der zweiten Welt

Eine Biographie

Verlag C. H. Beck

Mit 36 Abbildungen

© Verlag C. H. Beck oHG, München 2013
Satz: Fotosatz Amann, Aichstetten
Druck und Bindung: CPI – Ebner & Spiegel, Ulm
Gedruckt auf säurefreiem, alterungsbeständigem Papier
(hergestellt aus chlorfrei gebleichtem Zellstoff)
Printed in Germany
ISBN 978 3 406 63817 6
www.beck.de

INHALT

I. Buch 11
DER HÄFTLING DES HIMMELS
(1763–1784)
  1. Die Väter 13
  2. Das stumme Klavier 22
  3. Die Exerzitien 36
  4. Wie der Teufel aussieht 47
  5. Das Haus des Ich 59
  6. Die Leipziger Bücherschlacht 72
  7. Der unheilige Paulus 77
  8. Der Vulkan und Sophie 86

II. Buch 93
DES TEUFELS SCHREIBMASCHINE
(1785–1795)
  1. Der Teufel und der Landeshauptmann 95
  2. Was heißt überhaupt Aufklärung 105
  3. Das virtuelle Kaffeehaus 111
  4. Physik versus Metaphysik 118
  5. Die Zeitungsmacher 129
  6. Wutz oder Ein glücklicher Schriftsteller 144
  7. Gustav und seine Verderber 156
  8. Ende eines Satirikers 164
  9. Hesperus 172
  10. Jeanpaulisches Gewitter opus 1 184
  11. Von Auenthal über Hukelum nach Europa 192
  12. Ich und Ich oder Siebenkäs und sein Leibgeber 205

III. Buch   217
AD PARNASSUM
(1796–1804)
  1. Man war bei Göthe   219
  2. Das Kampaner Tal   236
  3. Wiedergeboren in Leipzig   246
  4. Masken, Chiffren, Titanen   265
  5. Ein Citoyen bei Hofe   280
  6. Schoppe und der Ich   296
  7. Berliner Verhältnisse   307
  8. Meininger Lustpartien   318
  9. Coburger Prozesse   332
10. Kritik der poetischen Vernunft   344

IV. Buch   357
DAS ORAKEL VON BAYREUtH
(1805–1815)
  1. Der Armenfreund   359
  2. Der Mund der Wahrheit   365
  3. Zwischen den Linien   374
  4. Der famose Doktor Katzenberger   386
  5. Der Friedensprediger   396
  6. Weimar in Europa   401
  7. Frau Rollwenzel und Herr Fibel   415
  8. Wissenschaftsgaukler und heilige Narren 430
  9. Der Kosmopolitiker   443

V. Buch   453
KINDER DER TITANEN
(1815–1825)
  1. Die heilige Allianz   455
  2. Deutsche Sprachkälte   464
  3. Politik der Liebe   469
  4. Schwarzer Pudel, weißer Spitz   482
  5. Jean Paul spielt Blindekuh   491

6. Max Richter und der Mysticus	505
7. Der zornige Selberarzt	516
8. Selina oder Die Vermessung der 2ten Welt	523
9. Menuett mit Engeln	530
10. Aus der Nachwelt	538
Anmerkungen	540
Literaturverzeichnis	588
Bildnachweis	597
Personenregister	598

Wir sehen aus dem Schiffe wie durch eine Meertiefe unten in einem gewölbten Himmel eine steigende Glückseligen-Insel – und unsere Sehnsucht wird unendlich.
Jean Paul, *Selina*

Wir verwirklichen uns nie.
Wir sind zwei Abgründe – ein Brunnen, der den Himmel anstarrt.
Fernando Pessoa, *Buch der Unruhe*

I. BUCH

DER HÄFTLING DES HIMMELS
(1763–1784)

Ich danke dem lieben Gott, dass er mich zum Atheisten gemacht hat.
Georg Christoph Lichtenberg

1. DIE VÄTER

Markgrafschaft Brandenburg-Bayreuth, um 1727

Schön schlängelt sich die neugeborene Saale durch das Fichtelgebirge, ein rieselnder Bach, vorbei an Zell, Weißenstadt, Voitsumra, Ruppertsgrün, Schwarzenbach. Aus den Weber- und Färberdörfern nimmt sie die Rückstände von Krappwurzel und Färberdistel, Berberitze, Ahornwurzel und Rainfarn, Purpurschnecke und Eisenspänen mit und wandert, bald zwischen waldigen Hügeln verengt mit schäumendem Gefälle, bald friedlich in allen Farben des Regenbogens spielend zwischen breiten Wiesen, durch die fränkischen, thüringischen und sächsischen Teile des Vogtlands der Elbe entgegen. Im späten Mittelalter von kaiserlichen Vögten regiert, die es im 14. Jahrhundert an die Burggrafen von Zollern verkauften, umfasst das Vogtland die Gegend von der unterfränkischen Stadt Hof über den preußischen Kreis Ziegenrück, das weimarische Amt Weida bis zu den Reußischen Grafschaften und der Tuchmacherstadt Plauen in Sachsen.

Biblische fünfzehn Jahre muss Johann Richter, Sohn des Schönfärbers Johann Richter aus Schwarzenbach an der Saale und der Weißenstädter Schustertochter Anna Kießling, bei einem Hungerlohn um Magdalena Margaretha Hugo dienen, die Tochter des Dorfpfarrers von Rehau. Erst die Berufung zum Rektor der Winkelschule in Neustadt am Culm verhilft ihm mit vierzig Jahren in den heiligen Stand der Ehe. Seit hundert Jahren leben seine Vorfahren als Schön- und Schwarzfärber, Schultheißen, Handwerker, Förster und Tuchweber am Oberlauf der Saale, wo die Kunst des Färbens von einer Generation auf die nächste vererbt wird. Vier Monate nach Amtsantritt wird am 16. Dezember 1727 in Neustadt sein erster und einziger Sohn Johann Christian Christoph Richter geboren. Nach dem Geschlechtsregister soll ihm 1715 eine Schwester Rebekka vorausgegangen sein und noch bis 1793 in Schwarzenbach gelebt haben; sie wäre demnach zu Lebzeiten des Rehauer Seniors – er starb 1718 – unehelich geboren worden, was erklären würde, warum sich der Traum von einer eigenen Schulmeisterei für Jean Pauls Großvater Johann Richter so spät erfüllte.[1]

Christoph Richters Kindheit fällt in eine turbulente Zeit der Regierungswechsel. Die Markgrafschaft Brandenburg-Bayreuth wird von einer Linie der Hohenzollern regiert, einem schwäbischen Adelsgeschlecht, das im hohen Mittelalter von Kaiser Heinrich VI. mit der Burggrafschaft Nürnberg belehnt worden war. Seit Burggraf Friedrich VI. 1415 dazu noch die Grenzmark Brandenburg sein Eigen nennen durfte, nannten sich die Grafen von Zollern auch in ihren fränkischen Besitzungen Markgrafen. Unter den Nachkommen seines Sohnes, des Markgrafen Albrecht I. Achilles, wurde die fränkische Markgrafschaft 1486 in Brandenburg-Ansbach und Brandenburg-Kulmbach geteilt, während die noch von Albrecht erlassene *dispositio Achillea* die Unteilbarkeit der Kurmark Brandenburg für alle Zeiten garantierte und damit den späteren Aufstieg des Hauses Hohenzollern zur preußischen Großmacht begründete. 1604 verlegte Markgraf Christian von Brandenburg-Kulmbach, Sohn des brandenburgischen Kurfürsten Johann Georg, seine Residenz von der Plassenburg nahe Kulmbach nach Bayreuth und benannte das Fürstentum um in Brandenburg-Bayreuth.

1726, im Jahr vor Christoph Richters Geburt, tritt Georg Friedrich Karl von Brandenburg-Kulmbach die Nachfolge des kinderlos verschiedenen Markgrafen Georg Wilhelm von Brandenburg-Bayreuth an. Der Erbfolge nach hat er kaum damit rechnen dürfen, jemals regierender Fürst zu werden. Denn sein Vater Christian Heinrich von Brandenburg-Kulmbach hatte 1703 im Schönberger Vertrag das überschuldete Fürstentum gegen eine großzügige Entschädigung an König Friedrich I. in Preußen abgetreten, den reichen Verwandten in Berlin. Die Apanage setzte ihn in die bequeme Lage, sich als Privatier mit seiner Familie auf sein Hausgut Weferlingen zurückzuziehen. Indessen war seine Gattin Sophie Christiane nicht nur eine sehr fromme, sondern auch eine viel zu weitblickende Frau, um nicht zu hoffen, ihren erstgeborenen Sohn dereinst doch noch auf dem landesherrlichen Thron zu sehen. Nach dem Tod des Vaters fochten ihre Söhne Georg Friedrich Karl und Albrecht Wolfgang 1708 den Schönberger Vertrag vor dem Reichskammergericht in Wetzlar an und wurden schließlich 1722 mit Erfolg beschieden. Preußen verzichtete im *Pactum successorium Culmbacense* gegen eine Abschlagzahlung von 500 000 Gulden auf sein Erbrecht.

Mit Georg Friedrich Karl zieht ein Herrscher ein, der zwar verhindern konnte, dass sein väterliches Erbe den mächtigen Berliner Verwandten zufiele. Als frommer Mann legt er jedoch die Regierungskunst lieber in höhere Hände. Aus Anlass seiner Thronerhebung lässt er neue 1/12-Taler-Münzen prägen, auf denen eine Taube der Sonne entgegenfliegt – Sinnbild pfingstlicher Erweckung und Erkennungszeichen der pietistischen Frömmigkeitsbewegung. Das ehemalige Zisterzienserinnenkloster Himmelcron wird in seinen ursprünglichen spätgotischen Zustand versetzt, die Klosterkirche restauriert und als Grablege der bayreuthischen Markgrafen geweiht. Mit dem Regierungsantritt des Kulmbachers wird der Pietismus gewissermaßen bayreuthische Landesreligion. In Nürnberg bekennen sich 1727 dreißig Personen zum radikalen pietistischen Flügel, dem Herrnhutismus. Im selben Jahr besucht dessen Begründer, Reichsgraf Nikolaus Ludwig von Zinzendorf und Pottendorf, die Residenzstadt Bayreuth und verbreitet mit seinen Bußpredigten unter den Gläubigen Furcht und Schrecken.

Der Pietismus, eine Reformbewegung innerhalb der lutherischen Kirche, hatte seinen bescheidenen Anfang im familiären Betkreis, *collegium pietatis*, des elsässischen Theologen Philipp Jakob Spener genommen, Zinzendorfs Taufpate. Zinzendorf selbst entstammte mütterlicherseits der sächsischen Grafenfamilie von Gersdorff. In Herrnhut, einem ihrer Güter in der Oberlausitz, gründete er 1722 die erste herrnhutische Kolonie, ermuntert durch seine tatkräftige Gattin Erdmuthe Dorothea Gräfin Reuß-Ebersdorf. Dank deren verwandtschaftlichen Beziehungen zu den vogtländischen Reichsritterschaften verbreitete sich der Herrnhutismus in kürzester Zeit in Unterfranken. Nirgends ist Deutschland kleiner als hier, in diesem Quodlibet politischer Territorien, wo jeder Krähwinkel seine eigene Gerichtsbarkeit hat und jeder Dorfpfarrer eigene Wege kennt, die ihm anvertrauten Seelen in den Himmel zu geleiten. Die *Sechs Bücher vom wahren Christenthum* des radikalen Pietisten Johann Arndt werden nebst dessen *Paradiesgärtlein* eines der meistgelesenen Bücher in fränkischen Pfarrhäusern. In Nürnberg wirkt im Geist pietistischer Wohltätigkeit Ambrosius Wirth, Gründer der ersten städtischen Armenschule, in Ansbach der Jurist Wolfgang Gabriel Pachelbel von Gehag, Übersetzer einer pietistischen Bibel. Auf Jahrmärkten und Kirchweihfesten erscheinen selbsternannte Wanderprediger und verkaufen aus Bauchläden und Kiepen fromme Erbauungsschriften wie *Das kleine Pilgerrad* des Schneiders Johann Konrad Lange, die *Buss-Stimme aus Zion* und *Sonnen klare Mittags-Helle auf die unter den Wolcken verborgene Morgen-Röthe* des Erlanger Notars Johann Adam Raab. Sie fordern innere Einkehr, gottesfürchtiges Betragen in allen Lebenslagen, tägliches Singen und Beten im Familienkreis und den Verzicht auf jegliche weltlichen Freuden, die nicht gottgeweiht sind. Zum Lohn versprechen sie das Paradies schon auf Erden statt, wie die orthodoxen Lutheraner, erst jenseits des Grabes. Den Sündern drohen sie mit den ewigen Höllenqualen des Gewissens. Mit Donnerstimme malt der Perückenmacher und Wanderprediger Johannes Tennhardt aus Sachsen, die «letzte Warnstimme Gottes» vor dem Jüngsten Gericht, in seinen Bußpredigten den gehörnten Teufel an die Kirchenwände. In keinem deutschen Fürstentum wird so oft der Weltuntergang vorausgesagt wie in Franken.

Und so schlägt auch Johann Richter, der Rektor und Organist in Neustadt am Culm, genauso wie sein Vetter Lorenz Richter, zur selben Zeit Pfarrer in dem vogtländischen Dörfchen Joditz, eilig den Weg zu innerer Einkehr und Buße ein. In einer selbst gegrabenen Erdhöhle am Kleinen Kulm, von der die Richter'sche Familienüberlieferung noch lange sprechen wird, bereut er in langen Gebeten seine Rehauer Jugendsünden so innig, dass er sich den Ruf eines ungewöhnlich frommen Mannes erwirbt.

Derweil wird sein hoffnungsvoller Sohn mit vierzehn Jahren als einer von zwölf Alumni, wie die armen Schüler genannt werden, in das Gymnasium poeticum in Regensburg aufgenommen. In Klavierspiel und Generalbassbegleitung zeigt er auffällige Begabung und ist auch sonst ein guter Schüler. Das Gymnasium in der Glockengasse blickt schon damals auf eine ruhmreiche Geschichte und berühmte Schüler zurück wie Johann Beer, der hier 1678 seinen *Prinz Adimantus* schrieb, Wolfgang Helmhard von Hohberg, Verfasser der *Georgica curiosa* von 1682, und Johann Pachelbel, den Meister des Kontrapunkts. Täglich erhält Christoph Richter ein kostenloses warmes Mittagessen aus der Wannschen Stiftung. Er wird wie alle anderen Armenschüler zum Chorknaben ausgebildet und wagt zu träumen, dereinst in die fürstliche Hofkapelle des Generalpostmeisters und Prinzipalkommissars des Immerwährenden Reichstages in Regensburg, Alexander Ferdinand von Thurn und Taxis, aufgenommen zu werden.[2]

In anderer Hinsicht wirkt der neue bayreuthische Landesherr weniger segensreich. Als die preußische Königstochter Wilhelmine, Schwester Friedrichs II., im Jahre 1731 als frischvermählte Gattin des Erbprinzen Friedrich an den Bayreuther Hof kommt, staunt sie nicht schlecht über die Geisterfurcht und Bigotterie ihrer neuen Verwandten. Der Markgraf, ihr Schwiegervater, gilt als ein so unangenehmer Zeitgenosse, dass sich seine Frau, eine norddeutsche Fürstin, nach siebenjähriger Ehe hat scheiden lassen. Die dynastisch günstige Wiederverheiratung mit Prinzessin Christiane Sophie Wilhelmine, der Tochter des Markgrafen Georg Wilhelm von Brandenburg-Ansbach, wird durch eine niederträchtige Hofintrige des ansbachischen Premierministers verhindert. Von einem gekauften Liebhaber verführt, bringt die Prinzessin heimlich Zwillinge zur Welt, wird vom Hof verstoßen und auf der Plassenburg in lebenslänglichen Hausarrest gesetzt.

Nur neun Jahre darf sich Markgraf Georg Wilhelm Karl seines erstrittenen Throns erfreuen. 1735 übernimmt sein ältester Sohn als Friedrich III. die Regierung. Eine seiner ersten Kabinettsorder ist das Verbot der pietistischen Brüderzirkel. Im selben Jahr wird Graf Zinzendorf wegen Verstoßes gegen die Kircheneinheit aus Sachsen ausgewiesen. Mit Friedrich und Wilhelmine zieht ein anderer Geist in Bayreuth ein. Die brustlangen barocken Perücken der Kammerherren und Hofräte schrumpfen, die Frisuren der Damen wachsen ins Unermessliche. Der *cul de Paris* erobert Bayreuth, ein hüft- und gesäßverbreiterndes Drahtgestell, das natürliche Frauenkörper in zierliche Porzellanpüppchen verzaubert. Ein Schlosstheater, ein Opernhaus, siebenundzwanzig Kammerherrn und ebenso viele Kammerjunker und Hofdamen helfen dem jungen Fürstenpaar, die Zeit zu vertreiben. Montag, Mittwoch und Sonnabend wird Comödie gespielt, Dienstag ist Masquerade, Donnerstag Redoute ohne Kostümzwang, Freitag italienische Oper, nicht zu reden von den täglichen Konzerten im Neuen Schloss. Als Musikdirektor hat die Markgräfin, die sich wie ihre Brüder in Potsdam und Rheinsberg als begabte Komponistin und Librettistin erweist, auf einer Italienreise den illustren Malteserritter Louis Alexander von Riqueti, genannt Graf Mirabeau, gewinnen können, der nicht nur ein charmanter Gesellschafter, sondern bald auch Chef des Ober-Commerz-Collegiums ist.

Schon kurz nach ihrer Gründung hat die Schlossloge der Freimaurer siebenundachtzig Mitglieder, mehr als ein Drittel davon Franzosen. Die phantasievolle, lebenslustige Wilhelmine verwandelt Bayreuth in ein fränkisches Miniatur-Sanssouci. Außer dem ländlich schlichten Palais im Eremitage-Park bei dem Dörfchen St. Johannis lässt sie sich ein verspieltes, von Muscheln und Quarz glitzerndes Rokokoschlösschen bauen, umgeben von einem weitläufigen Landschaftspark als romantischer Kulisse für bukolische Schäferspiele, für die ihre auf 600 gepuderte Köpfe angewachsene Entourage als Statisterie und Publikum Verwendung findet. Nach Wilhelmines Entwürfen werden eigens zur Aufführung von Fénelons höfischem Epos *Les aventures de Télémaque, fils d'Ulysse* schattige Laubengänge, Wasserfälle und Felsgrotten, Springbrunnen mit mythologischen Skulpturengruppen und ein Ruinentheater neben dem Schlösschen Sanspareil angelegt. Vor den Toren Bayreuths entwirft sie schließlich im strengen Stil der römischen Renaissance das Schlösschen Fantaisie. Es wurde erst nach Wilhelmines Tod im Jahr 1758 fertiggestellt und hernach von ihrem einzigen Kind Friederike, der Herzogin von Württemberg, bezogen.

Schlechter als die geistreiche Wilhelmine hat es ihre jüngere Schwester Friederike Louise getroffen, die 1729 mit dem «wilden Markgrafen» Karl Friedrich Wilhelm von Brandenburg-Ansbach verheiratet worden ist. Seine Liebhaberei sind die Falkenjagd und – um auch dem Jenseits Genüge zu tun – der Bau der sogenannten Markgrafenkirchen. Ihr architektonischer und liturgischer Mittelpunkt ist der Kanzelaltar, wie die Predigt das Herzstück des lutherischen Gottesdienstes. Während sich sein Vater, Markgraf Karl Friedrich Wilhelm, als Begründer der

Ansbach-Dragoner in die Landesannalen einschrieb, lag seiner Mutter, einer württembergischen Prinzessin, mehr das geistliche Wohl des Sohnes am Herzen. Fernab von Stadt und Hof Ansbach ließ sie ihn im Waldschloss Bruckberg im strengen Geist der Frömmigkeit (*pietas*) erziehen. Als Hofmeister berief sie den schlesischen Dichter Benjamin Neukirch von der Berliner Ritterakademie, der sich mit einer Sammlung höfischer Schäferlyrik und der Nachdichtung von Fénelons *Télémaque* einen Namen gemacht hatte. Doch anders als bei dem fürstlichen Vetter im Nachbarstaat fruchtete die fromme Erziehung in diesem Fall wenig. Mit seiner Nebenfrau hat der «wilde Markgraf» vier Söhne, mit seiner Angetrauten keinen einzigen legitimen Thronfolger. In Ansbach lässt er sich von Leopold Retti ein sündhaft teures Schloss bauen und treibt in seiner Regierungszeit die Staatsschulden auf mehr als zwei Millionen Reichstaler.

Mit seinem siebzehnten Lebensjahr endet in Regensburg Christoph Richters musikalische Laufbahn, bevor sie begonnen hat. Seine Mutter stirbt nach einem häuslichen Unfall, er kehrt nach Neustadt zurück und zieht im Jahr darauf zum Theologiestudium auf die Universitäten Erlangen und Jena, wie es seines Vaters Wunsch ist. Zehn Jahre muss er als Hauslehrer seinen Unterhalt verdienen, bis er 1760 als Organist und dritter Lehrer an der Lateinschule zu Wunsiedel unterkommt. Tief schmiegt sich der Ort zwischen dem Granitplateau der Kösseine und der Lugsburg in die Wälder des Fichtelgebirges. Wunsiedel ist das Herz des Vogtlands und Hauptort des «Sechsämterlandes» mit den Gemeinden Kirchenlamitz, Weißenstadt, Hohenberg, Selb und Thierstein. Die Handwerker- und Beamtenstadt ist bekannt für ihre Bienenzucht, ihre schneeweißen Kalksteinbrüche, ihre Blechschmiedekunst und ihren rollenden oberfränkischen Dialekt, die «Sechsämtermundart». Der Wohlstand der Bürger zeigt sich an der Größe der Misthaufen vor ihren Häusern und Scheunen. Und so mag der Wunsiedeler Tertius Christoph Richter bei den Hauskonzerten seines Freundes, des Kammerrats und Kommerzinspektors Johann Martin Schöpf, noch oft den Regensburger Jugendträumen von einer glänzenden Laufbahn als Musiker nachgehangen haben.

In Besitz eines schlecht bezahlten, aber immerhin eines Amtes verliebt sich der gutaussehende, doch bettelarme Tertius eines Tages in die vierundzwanzigjährige Sophia Rosina, die ältere Tochter des Zeugwebermeisters Johann Paul Kuhn aus Hof, und heiratet sie am 13. Oktober 1761. Am 21. März 1763 kommt ihr erstes Kind zur Welt. Die Spitalkirche St. Maria, in der Johann Paul Friedrich Richter getauft wird, war die erste protestantische Kirche im fränkischen Reichskreis. Seit 1533 gibt es hier keinen einzigen Katholiken mehr.

Fünf Monate nach der Geburt seines ersten Enkels stirbt der Neustädter Rektor Johann Richter mit sechsundsiebzig Jahren. Dem späteren ‹Selberlebensbeschreiber› Jean Paul scheint es eine unumstößliche Gewissheit, dass ihm eine Schwester vorausgegangen sein müsse, weil Erstgeborene in aller Regel Mädchen seien. Erwiesen ist nur, dass zwischen Hochzeitsnacht und Geburt achtzehn Monate lagen. Fest steht außerdem, dass im selben Jahr Markgraf Friedrich III. von Brandenburg-Bayreuth kinderlos verschied und sein Onkel Friedrich Christian Landesherr wurde, der jüngste Bruder des frommen Kulmbachers. Als dieser sechs Jahre später ebenfalls ohne Nachkommen stirbt, fällt Karl Alexander von Brandenburg-Ansbach, der 1757 den Thron des kinderlosen «wilden Markgrafen» geerbt hat, auch die Regierung des verwaisten Nachbarstaats zu. Nach mehr als 150 Jahren sind Brandenburg-Bayreuth und Brandenburg-Ansbach wieder in einer Herrscherhand vereinigt.

Friedrich Richters erster Ortswechsel fällt in das Jahr 1765, als der Vater als Pfarrer in das Dörfchen Joditz berufen wird. Zweiunddreißig Jahre zuvor hatte sein Großonkel zweiten Grades, Lorenz Richter, im Joditzer Pfarrhaus sein Leben als Kapitelsenior und Vater von elf Kindern beschlossen.[3] Und so lässt sich denken, dass Christoph Richter sein bescheidenes Amt mit dem Ernst und der Würde versieht, die ihm das Gewicht der Tradition auflädt.

Das Gutsdorf ist seit 150 Jahren im Besitz der Freiherren von Bodenhausen. Zur Pfarre Joditz gehören die Ritterdörfchen Lamitz, Ober- und Unter-Saalenstein und die Vorwerke Scharten bei Köditz, Siebenhitz und Stöcketen, alles in allem nicht mehr als fünfzig Seelen. Kurz nach der Berufung von Christoph Richter hat die Joditzer Patronatsherrin, Freifrau Eleonora Magdalena von Bodenhausen, ihre Seele Gott und ihre Fronbauern der Tochter Charlotte Wilhelmine Eleonore von Plotho übergeben, die mit ihrem Mann auf Schloss Zedtwitz lebt (heute ein Ortsteil von Feilitzsch bei Hof). Als eine von etwa siebzig reichsunmittelbaren Ritterschaften, die im fränkischen Kreistag zu Nürnberg nach den Markgrafen und den Reichsstädten die dritte Bank repräsentieren, umfasst ihr Herrschaftsgebiet nicht mehr als ein paar Dörfer, Mühlen und Vorwerke. Die Güter werfen kaum Gewinne ab. Dafür genießt die Reichsritterschaft gegenüber dem Hofadel beträchtliche Privilegien. Ihre Söhne sind vom Militärdienst befreit, ihre Fronbauern müssen der Rekrutierungspflicht für das Landesheer nicht Folge leisten. Sie übt nach dem alten kaiserlichen Provinzialrecht, der *ius voitlandica*, in ihren Dörfern die niedere Gerichtsbarkeit aus, legt Steuern, Abgaben und Fronrechte selbst fest und beruft ihre Schulmeister und Pfarrer nach eigenem Gusto. Das Verbot pietistischer Sekten ist hier nie angekommen. Wie zu den gottseligen Zeiten des Markgrafen Georg Friedrich Karl wird in den Dörfern der von Bodenhausen, Beulwitz, Plotho, Zedtwitz oder Schönburg-Stein noch immer nach dem Katechismus des Bayreuther Konsistorialrats, Hofpredigers und Beichtvaters des Landesherrn, des Meininger Pietisten Johann Christoph Silchmüller, gepredigt. Jedes dieser reichsunmittelbaren Territorien ist ein österreichischer Stachel im markgräflichen Staatskörper, ein Staatlein im Staate, der den Dualismus zwischen dessen Schutzmächten Österreich und Preußen konserviert.

2.
DAS STUMME KLAVIER

Joditz im Vogtland, um 1774

Im Morgengrauen des 8. Oktober 1774 kracht durch das herbstlich stille Leipziger Rosental ein Schuss. Niedergestreckt von der Kugel aus seiner eigenen Taschenpistole, stürzt der Magier und Geisterbeschwörer Johann Georg Schröpfer ins taukühle Gras. Seine Begleiter, der Sächsische Kammerherr von Bischofswerder und der Geheime Kriegsrat Christian Friedrich von Hopfgarten, denen Schröpfer hinter dichtem Gesträuch zu warten befohlen hatte, eilen dem Schall entgegen und sehen ihren Meister leblos daliegen. Am Abend zuvor hatte er ihnen eine wunderbare Erscheinung versprochen. «Bis jetzt habe ich Ihnen Verstorbene gezeigt, die in's Leben zurückgerufen wurden; morgen aber sollen Sie einen Lebenden sehen, den Sie für todt halten werden.» Seinen Gläubigern, der Frankfurter Bethmann-Bank und dem Herzog von Kurland, hinterlässt Schröpfer ungedeckte Schuldverschreibungen über mehrere hunderttausend Gulden, seinen Anhängern ein Konvolut mit magischen Schriften, dem Kammerherrn von Bischofswerder eine Elektrisiermaschine und den Leipziger Buchhändlern satte Gewinne. Für mehr als ein Jahrzehnt wird Schröpfers Höllenfahrt das Geschäft mit dem Aberglauben kräftig beleben.[4]

Nichts davon dringt über die Hügel des Fichtelgebirges, wo in einer Talmulde das Pfarrdorf Joditz ruht. Schon am frühen Nachmittag legt sich der Schatten der Berge über Dorf und St. Johannes-Kirchlein. In Joditz gehen alle Wege himmelan. Durchschnitten von der sächsischen Saale, träumt das Dorf im Schlaf der Zeit. Tauben kreisen träge über dem Kirchplatz. Die Pfarrhofmauer, die den kleinen Garten von der Straße absperrt, dämpft die Geräusche der großen und der kleinen Welt. Als sich zwei Jahre vor Schröpfer in Wetzlar ein Student der Rechtswissenschaft, der Sohn des niedersächsischen Theologen Johann

Friedrich Jerusalem, mit einem Pistolenschuss ins Jenseits beförderte, nahm man in Joditz davon ebenso wenig Notiz wie von dem Buch, in dem die Geschichte 1774 unter dem Titel *Die Leiden des jungen Werther* erzählt wird. Auch hier endet sie mit einem Schuss, der wenigstens seinen fünfundzwanzigjährigen Verfasser, Johann Wolfgang Goethe, unsterblich machen wird. Sämtliche deutsche Buchhändler, Verleger und gelehrte Zeitungen beeilen sich, ein Stück von diesem Teufelsbraten, dieser «Lockspeise des Satans»,[5] abzuschneiden, bevor die Leipziger Zensurkommission ihn verbietet.

Auch von dem andern Todesfall im Herbst 1774 hört in Joditz keine Maus, als «der Buddha des Nordens» Emanuel Swedenborg, der sich mit Engeln und Planetenbewohnern zu besprechen pflegte, in London das zeitliche gegen das ewige Leben eintauscht, auf ganz natürlichem Weg allerdings, durch Hirnschlag. Als Österreich, Sachsen und Preußen den Hubertusburger Frieden schließen, Goethes *Götz von Berlichingen* in Berlin seine Uraufführung erlebt, Joseph II. zum Kaiser des Heiligen Römischen Reichs gekrönt und Polen geteilt wird, als Priestley und Scheele den gasförmigen Sauerstoff entdecken, Bougainville in Tahiti und James Cook in Australien landet, der alte König von Frankreich stirbt und sein Enkel Louis XVI. in der Kathedrale zu Reims gesalbt wird, während ein ungewöhnlich heller Komet über Monate seine Feuerbahn über Europas Himmel zieht, macht das im Joditzer Pfarrhaus nicht mehr Lärm, als wenn der Hund unter dem Tisch im Traum knurrt.

«Es ist halt Welt», wird Gotthelf Fibels Vater in Jean Pauls *Leben Fibels* in solchen Fällen sagen, ein mürrischer Kauz und Vogelhändler, dem nicht einmal die Geburt seines Sohns, des künftigen Erfinders der Bienrodischen Fibel, ein Wort des Erstaunens entlocken kann. «Durch Heiligengut lief die Landstraße und folglich viel Volk.»[6] Auch das hat Fibels Kindheitsdorf mit Johann Paul Friedrich Richters «Erziehdorf» Joditz gemeinsam. Die einzige Verbindung mit der «Welt» ist die Straße durch reichsritterschaftliches Gebiet über Isaar und Töpen bis nach Münchenreuth. Das Rumpeln der Kaufmannswagen, die Nebelkronen auf den basaltischen Bergkuppen, die Schreie der Zugvögel, das Pochen der Hämmer in den Bergwerken, deren Echo zwischen den Hügeln bis nach Hof und Wunsiedel rollt, die Wandermusiker beim Johannis-Jahrmarkt im Juni, das dumpfe Klatschen der Dreschflegel im August, das Quieken der Schweine bei der Herbstschlachtung, das Läuten von St. Johannes zur Morgen-, Mittags- und Vesperandacht und der Kirchenkalender – das sind die Uhren, die in Joditz die Zeit anzeigen.

Im Innern des Gebirges, wo es acht Monate Winter ist, wohnen Vögel, Hunde, Menschen und Vieh eng beisammen. Am Herdfeuer erzählt die Magd Märchen, während der Spinnrocken summt und nebenan im Stall Ziege, Kuh und Federvieh rumoren. Ein Jahr nach Friedrich oder Fritz, wie der Erstgeborene gerufen wird, ist in Wunsiedel Adam Christian zur Welt gekommen. In Joditz folgen vier Jahre später Gottlieb und 1770 der vierte Sohn, Heinrich. Im Herbst wird der lange Tisch vor die Ofenbank geschoben. Morgens drei und nachmittags vier Stunden beugen die Pfarrerskinder die Köpfe über lateinische Vokabelbücher, während der Hausvater pfeiferauchend seine Sonntagspredigt memoriert. Die Brüder genießen denselben Unterricht wie jeder protestantische Schüler seit Melanchthons Zeiten. Neben täglichen Bet- und Bibelstunden sind Auswendiglernen lateinischer Vokabeln, Konjugieren und Deklinieren ihre Hauptbeschäftigung, wie schon für Christoph Richter am Gymnasium in Regensburg. Rechnen, Geographie, Geschichte, Astronomie oder gar das Anfertigen eigener Aufsätze ist in den Lehrplänen nicht vorgesehen.

Die Sonntagsmesse ist die Buchmesse der Armen. Die lutherischen Pfarrer des 18. Jahrhunderts betreiben in ihren Studierstuben eine lebhafte Schriftstellerei, neben der Verkündigung von Gottes Wort ein einträgliches Geschäft durch den Handel mit gedruckten Sonntags- und Leichenpredigten. Doch hat sich Christoph Richter, obgleich nach dem späteren Urteil des Sohns ein begnadeter Prediger, durch den Erwerb der Pfarre zu Joditz zu tief verschuldet, um sich einen Drucker leisten zu können, und begnügt sich damit, seine Predigten mit Heftgarn zu binden. Der kaum fünfjährige Fritz tut es ihm nach. Aus den Papierstreifen, die beim Beschneiden der Blätter abfallen, näht er sich eigene «Sedezbüchelchen», die er eifrig beschriftet und in einem kleinen Kästchen aufbewahrt. An den Buchstaben und Zeichen hat er einen Narren gefressen. «Die Colloquia (Gespräche) in Langens Grammatik der

Joditz, St. Johannes-Kirche, Kanzel

griechischen Sprache weissagt' ich mir deutsch aus Sehnsucht ihres Inhalts; aber mein Vater ließ mich in Joditz nichts übersetzen. In einer lateinisch geschriebenen Grammatik der griechischen Sprache studiert' ich durstig und hungrig das Alphabet und schrieb am Ende ziemlich griechisch, was nämlich die Handschrift anlangt.»7 Eine andere Lieblingsbeschäftigung wird ihm das Kopieren von Gesichtern mittels Ruß und Fettpapier aus der sogenannten Markgrafen-Bibel, in der die Köpfe aller bayreuthischen Fürsten in Kupferstichen verewigt sind.

Aus Mangel an geistiger Nahrung erfindet sich der lernhungrige kleine Gelehrte neben dem griechischen und dem lateinischen bald noch ein drittes Alphabet, was ihn gegenüber Adam und Gottlieb, die lieber draußen spielen, in den Vorteil setzt, öfter gelobt und weniger geprügelt zu werden. «Er nahm geradezu die Kalenderzeichen – oder geometrische aus einem alten Buche – oder chemische – oder neueste aus seinem Kopfe und setzte daraus ein ganz neues Alphabet zusammen. Hatt' er es fertig: so war sein Erstes, daß er selber von seinem alphabetischen Solitär Gebrauch machte und eine oder ein paar Seiten voll abgeschriebner Materien darein kleidete. So war er [...] sein eigner Geheimschreiber und Versteckens-Spieler mit sich selber.»[8] Genauso leidenschaftlich wird der kleine Gotthelf Fibel sämtliche Alphabete, derer er habhaft wird, vom chinesischen bis zum arabischen auswendig lernen, während seine literarischen Doppelgänger Maria Wutz und Quintus Fixlein sich mit dem Abschreiben von Büchern begnügen müssen.

Den Vater sehen die Brüder nur «in einem Stück», nämlich im knöchellangen schwarzen Talar mit weißer Halsbinde. Nach Silchmüllers Reglement von 1736 ist den Pfarrern das Tragen weltlicher Kleidung sowie der Besuch von Kirchweihen und weltlichen Konzerten verboten, ganz im Sinne des Epheserbriefs, wo geschrieben steht: «So leget nun von euch ab, nach dem vorigen Wandel, den alten Menschen, der durch Lüste in Irrthum sich verdirbt. Und ziehet den neuen Menschen an, der nach Gott geschaffen ist in rechtschaffener Gerechtigkeit und Heiligkeit.» (4,22–24) Seinen alten Menschen hat Christoph Richter in Joditz so gründlich abgelegt, dass er ihn in seiner tiefsten Seele nicht mehr wiederfinden wird. Den Kampf gegen die sündhafte Welt, gegen die Erinnerung an eine glanzvolle Zukunft, gegen sich selbst hat er gewonnen. In der weltlichen «Versuchungs-Wüste»[9] lauert die Sünde überall, in jedem unschuldigen Vergnügen – sei es ein Stück Honigkuchen oder der Dorftanz am Sonnabend. Lutherische Frömmigkeit bedeutet ein Leben nach der Schrift. Nur dem, der sich durch *imitatio Christi* im Mit-Leiden übt und die Evangelien fleißig liest, wird das ewige Leben zuteil werden. Denn der böse Geist des Abfalls von Gott, die alte Schlange Satanas, *serpens antiquus*, verbirgt sich vorzugsweise in sündigen Worten und Gedanken, wie es geschrieben steht und an jedem 21. Sonntag nach Trinitatis von der Kanzel verkündet wird: «Zieht an den Harnisch Gottes, daß ihr bestehen könnet gegen die listigen Anläufe des Teufels. Denn wir haben nicht mit Fleisch und Blut zu kämpfen, sondern mit Fürsten und Gewaltigen, nämlich mit den Herren der Welt, die in der Finsternis dieser Welt herrschen, mit den bösen Geistern unter dem Himmel.» (Epheser 6,10–12)

Mit wehendem Talar eilt der gestiefelte Gotteskrieger im Harnisch seines Glaubens durch das Dorf. Aus dem charmanten Gesellschafter der Wunsiedeler Jahre ist ein verschlossener, schweigsamer Mann geworden. Allabendlich zieht er den «Dorfpapst» nur aus, um den *pater familias* anzuziehen, wenn er im geblümten Hausmantel zum Pfarrgarten hoch über dem Dorf hinaufsteigt, in dem alles wächst, was die Familie zum Leben braucht: Nüsse, Gemüse, Kartoffeln, Äpfel. Und so hält es Christoph Richter für das Klügste, auch seine vier Söhne den Versuchungen der Welt gar nicht erst auszuliefern. Nach den Erinnerungen seines ältesten Sohns sind die abendlichen Gänge zum Hausgarten und die Erntezeit die einzigen Gelegenheiten für die Kinder, das Hofgeviert im Schatten der Kirche zu verlassen. Instrumentalmusik ist aus dem Pfarrhaus verbannt, Sing- und Betstunden im Familienkreis sind allein dem «irdischen Vergnügen in Gott» vorbehalten.[10] Das Klavier bleibt verschlossen wie die Pforte in der Pfarrhofmauer. Ist Christoph Richter unterwegs, um in den umliegenden Dörfern priesterlichen Beistand zu spenden, steckt er den Schlüssel ein.

Es gibt von dieser Kindheit mehrere Versionen, als müsse sich der Schriftsteller Jean Paul in einem Bildersaal voll imaginärer Ichs seiner Existenz immer von neuem versichern. Nehmen wir den kleinen Gustav in den ersten Skizzen zur *Unsichtbaren Loge*, Jean Pauls erstem Roman. Getrieben von einer namenlosen Sehnsucht träumt er sich aus dem väterlichen Anwesen hinaus in die Welt. «Was wolt' ich denn haben wenn ich in meinem 9 Jahre auf einem alten Warte die ‹unter› weisrothen Schlösser u. die mit natürlichem Laubwerk u. esbaren Fruchtschnüren verzierten Dörfer herumschweifte u. mich hinsehnte als hätte da die Freude ihr Zauberschlos u. die Magie für mein Herz? Oder wenn sich meine Phantasie auf den walfarthenden Rhein einschifte, damit er sie mitnähme in ein gelobtes Land, in das sie alle Ströme ziehen sieht.»[11] Und in einer anderen Fassung: «Was wolt' ich denn aber haben, wenn ich auf dem Stein meines Thorwegs sas u. sehnend den Zug der langen Strasse nachsah u. dachte, wie sie fortgienge ‹krümte über Berge›, immerfort ... ach alle Straßen führen zu nichts u. wo sie aufhören, steht einer der sich rück‹her›wärts sehnt. Und doch ist noch eine gemalte Strasse eine solche Rennbahn meiner Phantasie.»[12] Für Vik-

Joditz, Pfarrhaus mit Gedenkstein für Jean Paul

tor Horion, den Helden des zweiten Romans *Hesperus*, ist Kindheit die Zeit, als «der Vater noch Gott der Vater und die Mutter die Mutter Gottes» war und er ungeduldig der Predigt seines Pflegevaters lauschte; «alle vier Welttheile waren in diese Kirche eingepfarret, alle Ströme hiessen noch Rhein und alle Fürsten *Jenner*».[13] Albano de Zesara, den neurotischen Grafensohn aus dem *Titan*, treibt «der Zugvogel hinter dem Sanggitter der Brust» hinaus aus seinem Heimatdorf Blumenbühl in die Wälder, nicht anders als die «immer eingesperrten Söhne» des Joditzer Pfarrers.

Wenn Fritz seinen Arm durch das Gitter des Gartentürchens streckt, «denn mehr vom Körper durfte nicht von den Kindern aus dem Hof», um seiner kleinen Freundin einen Lebkuchen zuzustecken, wenn er, älter geworden, nach Hof zu den Großeltern Kuhn geschickt wird – ein Fußmarsch von zwei Stunden hin und mit gefülltem Rucksack zwei Stunden zurück – und sein kleines Ich überwältigt ist von der Größe der Welt, dann regt sich in ihm eine erste Ahnung des Unbekannten. «Noch erinnert er sich», notiert der Selberlebensbeschreiber später, «eines Sommertages, wo ihn, da er auf der Rückkehr gegen zwei Uhr die sonnigen beglänzten Anhöhen ‹Bergabhänge› und die ziehenden Wogen auf den Aehrenfeldern und die Laufschatten der Wolken überblickte ‹-schauete›, ein noch unerlebtes gegenstandsloses Sehnen überfiel, das fast mehr aus lauter Pein und wenig Lust gemischt war und ein Wünschen ohne Erinnern war». In jedem Fall ist es ein unbezeichnetes Sehnen nach dem namenlosen Ort, nach Welterfahrung. «Auch noch später hat weniger der Mondschein, dessen Silbersean das Herz nur sanft in sich zerlassen und so aufgelöset ins Unendliche treiben und führen, als auf einer weiten Gegend der Nachmittagsschein der Sonne diese Macht einer peinlich sich ausdehnenden Sehnsucht behauptet; und in den Werken Pauls ist sie einige male geschildert und mitgetheilt.»[14]

Auch ein Gefängnis kann zum Zuhause werden, überglänzt von Erinnerung, nach dem man sich lebenslang zurücksehnt. In der Stallwärme der Joditzer Jahre werden stabile Verhaltensmuster der Ambivalenz angelegt, die Friedrich Richters Charakter lebenslang zwischen antagonistische Pole spannen: Anschauung und Einfühlung, Ordnung und Freiheit, Gemeinsinn und Individualismus. Und so malt sich der alternde Dichter vierzig Jahre später gern in warmen Sepiatönen sein «Joditzer Herbstidyll» und «Nest des Winters» aus, dem er seine «eigne Vorneigung zum Häuslichen, zum Stilleben, zum geistigen Nestmachen» verdanke. Er habe «auch als Schriftsteller […] später diesen Haus- und Winkelsinn fortgesetzt ‹behalten› in Wutz und Fixlein und Fibel; und noch sieht der Mann gern ‹voll Sehnsucht› jedes nette niedrige Schieferhäuschen von zwei Stockwerkchen mit Blumen vor den Fenstern und einem Hausgärtchen, das man blos vom Fenster aus begießt.»[15]

So liebten oder kannten ihn die alten Deutschen, ihren Jean Paul, der aus seinem «lieben Dörfchen» lächelnd heruntergrüßt zu den vorbeiziehenden Jahrhunderten: den einen ein Rätsel, den andern ein Ärgernis. Dieser «Stuben- und Wintersinn», dieser geranienblühende Biedersinn, dieser Drang ins Enge und Philiströse hat noch Nietzsche abgestoßen; Goethe hat ihn gehasst. Die *Selberlebensbeschreibung* bricht mit dem Konfirmationstag ab, an dem die Kindheit von Amts wegen endete. Den Stempel der Idylle haben ihr andere verpasst: Es war keine. Der Versuch, die Not des weltverlassenen Kinds in schriftstellerische Tugenden umzudichten, musste auf längere Sicht misslingen.

Es ist eine verwaiste Welt, in der Jean Pauls Helden aufwachsen. Die einen kennen ihre leiblichen Väter nicht oder erst spät, wie in der *Unsichtbaren Loge*, in *Hesperus, Titan* und *Komet*. Von Pflegevätern werden sie in verheerender Enge dem Staatsdienst erzogen. Die andern sind, wie in den *Flegeljahren*, im *Quintus Fixlein, Jubelsenior* und *Leben Fibels*, die Söhne jähzorniger, verschlossener oder von fixen Ideen besessener Pfarrer und Schulmeister. «Auf der Kanzel nahm der Sohn seinen Vater für den heiligen Vater.»[16] Als Richter zum ersten Mal die Idee kommt, sein Leben ohne Erfindung zu erzählen, träumt er, «ich sähe meinen Vater auf dem Kanapée sitzen, nach dem ich mich lange gesehnt; aber halb erin[nernd] daß er todt, wollt ich ihn nicht recht anschauen – Endlich stand er nicht weit davon noch einmal; ich sagte (halbbewußt eines Traums), sie sollten zusammen sich mischen, sie gingen auf einander zu, es war mir dann als säh ich ein Kind neben ihnen und dann vorbei.»[17]

Ein unerbittliches Innerlichkeitsregime wacht, wie im Joditzer Pfarrhaus, auch im markgräflichen Staat über den Zusammenhalt der feudalabsolutistischen Gesellschaftspyramide. Gotthelf Fibels Lieblingslektüre, der Hof- und Staatskalender mit den Namenslisten sämtlicher Fürsten, Hofräte, Minister, Gesandter bis herab zu den Zeremonienmeistern, Köchen, Silberdienern und Parkettpolierern, fehlt in keinem bürgerlichen Haushalt des 18. Jahrhunderts und so auch nicht im Joditzer Pfarrhaus. «Es ist dies eine der unerkannten Kindheitsfreuden, daß man in dem Adreßkalender – diesem geistigen Hypothekenbuch der Staatsverwaltung – die festlich und ehrwürdig einherziehende Jubelkette des Staats, die Sattel- und Geschirr-Kammer von Bärten, Perücken, Uniformen und Degen für das ansieht, was sie so schön scheint.»[18]

Für einen erstgeborenen Pfarrerssohn von 1763 gilt dasselbe wie für ein Gräflein oder einen Dauphin: Auf ihn wartet unausweichlich die Tradition. Seit er einmal die Sonntagspredigt am selben Abend Wort für Wort wieder aufgesagt hat, hält der Vater Fritz für ein Wundertier. Bei seinem nächsten Besuch führt er ihn seiner Herrschaft auf Schloss Zedtwitz als künftigen Nachfolger vor. Denn so will es die Tradition. Joditz gibt der Unausweichlichkeit einen Namen. Aus Fritz soll einmal ein «Pfarrherrlein» werden wie aus dem Sohn des Köditzer Pfarrers Christian Hagen. Die Familien besuchen sich manchmal nach den Sonntagsandachten in ihren Pfarrhäusern, für die Richter-Brüder eine der seltenen Gelegenheiten zu einem Waldspaziergang.

Bei der Erziehung des Joditzer Erbprinzen soll denn auch nichts versäumt werden. Sie folgt denselben Mustern wie die aller Fürstensöhne des 18. Jahrhunderts, die mit den Büchern Fénelons, des Erzbischofs von Cambrai, aufwachsen. Die *Dialogues des morts composés pour l'éducation d'un prince*, eine Art Fürstenspiegel im Totenreich großer Herrscher, und der *Télémaque* ersetzen in so manchen adeligen Häusern die Schlossbibliothek.[19] Auf Fritz Richter warten indessen nicht Prunksäle und Kabinette, sondern niedrige Schulmeisterstuben und rußschwarze Pfarrhäuser. Und so liest er statt des *Télémaque* mit zwölf Jahren Daniel Defoes *Robinson Crusoe* und statt der *Dialogues* David Fassmanns *Gespräche aus dem Reiche der Todten*, ein Pandämonium voll doppelsinnigen Witzes und aktueller politischer Anspielungen.[20]

Man denke sich nach allem, was wir von ihm selbst wissen, Friedrich Richter als ein neugieriges, gutmütiges Kind mit blitzschnellem Verstand und leichtentzündlicher Phantasie, ein Kind «so ohne alle Natur- und Länder- und Weltgeschichte ausgenommen das Theilchen davon, welches er selber war – so ohne alles Französische und Musikalische – im Lateinischen nur mit einem Bißchen Lange und Speccius angethan – kurz als ein solches leeres durchsichtiges Skelett oder Gerippleín ohne gelehrte Nahrung und Umleib, daß ich mit Ihnen allen kaum Zeit und Ort erwarten kann, wo er doch einmal anfangen muß, etwas zu wissen und das Gerippe zu beleiben».[21] Wenn über Gustav von Falkenberg, den Helden der *Unsichtbaren Loge*, berichtet wird, dass er «aus Einfalt im 15[ten Lebensjahr] nicht wuste, wie er nämlich aussah»,[22] so darf man das auch von dem kleinen Fritz Richter annehmen. Biblische Wundergeschichten müssen ihm Landkarten, Astrolabien und Kompasse ersetzen. Für Gustav, der (in der endgültigen Romanfassung) bis zu seinem zwölften Lebensjahr weltabgewandt von einem pietistischen Geistlichen in einem unterirdischen Versteck aufgezogen wird, ist der Himmel eine auf dem Kopf stehende Erde, «ein Herrnhut Garten vol Todte», den nicht Planeten und Sonnen bestirnen, sondern die in Gott erlösten Seelen der Toten. Die Erde stellt er sich wie seine Höhle vor, nur größer: «ein grüner Fußboden und blaue Stubendecke [...] Alles ist rund, Früchte Thautropfen Blätter Stam».[23]

Die Nachtseite der Phantasie ist die Angst, die sich mit den Geräuschen der Nacht auf den schwitzenden kleinen Körper unter dem Federbett legt, sobald Fritz allein in seinem Bett in der Studierstube des Vaters liegt, während Gottlieb und Adam sich nebenan ein Bett teilen müssen. «Wenn nämlich bei einem Begräbnis der Leichenzug mit Pfarrer, Schulmeister und Kindern und Kreuz und mir von der Pfarrwohnung an bei der Kirche vorüber zu dem Kirchhof neben dem Dorfe sich mit seinem Singgeschrei hinaus bewegte, so hatt' ich die Bibel meines Vaters durch die Kirche in die Sakristei zu tragen. Erträglich und herzhaft ging es im Galopp durch die düstere stumme ‹lauschende› Kirche bis in die enge Sakristei hinein; aber wer von uns schildert sich die bebenden grausenden Fluchtsprünge vor der nachstürzenden Geisterwelt auf dem Nacken und das grausige Herausschießen aus dem Kirchenthore?»[24]

Umso heftiger regt sich die Sehnsucht nach sinnlicher, lebendiger Berührung. «Zuweilen flog er einem gewöhnlichen ‹nicht schönen› Dienstmädchen seiner Eltern, das er nicht einmal liebte, verschämt und heftig an den Mund und schon in dem Kusse brauseten Seele und Körper unbewußt und schuldlos mit einander auf; aber vollends der Mund einer Geliebten, welche gerade in der Sonnenferne auf die geistigste innigste Liebe am wärmsten herab schien, hätte ihn in heissen Himmeln eingetaucht und ihn in einen glühenden Aether zerlassen und verflüchtigt. Und doch wollte ich, er wäre schon in Joditz ein oder ein Paar male verflüchtigt worden.»[25]

Dieses kindliche «Lieben» ist nicht körperliches Begehren, sondern «ein Anschauen, ein Herzens Auseinanderwallen, ein himmlisches Vernichten und Auflösen des ganzen Menschen», unschuldig kindlicher Narzissmus. «Paul fing an glänzenden Sonntagmorgen sein Genießen dadurch an, daß er noch vor der Kirche durch das Dorf mit einem Bunde Schlüssel ging – er läutete unterwegs damit, um sich dem Dorfe zu zeigen – und den Pfarrgarten mit einem davon aufsperrte, um daraus einige Rosen für das Kanzelpult des Vaters zu holen.»[26]

Nur im «dichterischen Genießen» fühlt sich und schwingt der ganze kleine Mensch im vollen Akkord. So begegnet ihm die Poesie zum ersten Mal als eine Tochter des Mangels, Platons «zehnte Muse», Inbegriff der reinen Liebe. Versunken lauscht er dem Gurren der Tauben auf dem Dachboden und den Fliegen im Spielhaus aus Lehm, um ihre Sprachen zu erlernen. Der gezähmte Star in seinem Bauer ist ihm ein Mensch wie er selber, der in einer fremden Sprache zu ihm spricht. Durch die Gitterstäbe ihres Gefängnisses erkennen sie sich, das Kind und der Vogel. Selbst die Bücher werden dem kleinen Fritz «sprechende Menschen». Dreißig Jahre später wird der Verfasser der *Vorschule der Ästhetik* die Genese der christlich-romantischen Kunst- und Weltanschauung aus seiner eigenen Kindheitserinnerung ableiten. «Das Christentum vertilgte, wie ein Jüngster Tag, die ganze Sinnenwelt mit allen ihren Reizen, drückte sie zu einem Grabeshügel, zu einer Himmels-Staffel zusammen und setzte eine neue Geister-Welt an die Stelle. Die Dämonologie wurde die eigentliche Mythologie der Körperwelt, und Teufel als Verführer zogen in Menschen- und Götterstatuen; alle Erden-Gegenwart war zu Himmels-Zukunft verflüchtigt. Was blieb nun dem poetischen Geiste nach diesem Einsturze der äußern Welt noch übrig? – Die, worin sie einstürzte, die *innere*. Der Geist stieg in sich und seine Nacht und sah Geister. Da aber die Endlichkeit nur an Körpern haftet und da in Geistern alles unendlich ist oder ungeendigt: so blühte in der Poesie das Reich des Unendlichen über der Brandstätte der Endlichkeit auf.»[27]

Die größte Verlockung des Sinnlichen, das schlechthin Verbotene – «denn mein so klavierfertiger Vater wies mir keine Taste und Note» –, bleibt aber der Zauber der Musik. «Wenn der Schulmeister die Kirchengänger mit Finalkadenzen heimorgelte; so lachte und hüpfte mein ganzes kleines gehobnes Wesen wie in einen Frühling hinein; oder wenn gar am Morgen nach den Nachttänzen der Kirchweihe, welchen mein Vater am nächsten Sonntage lauter drohende Bannstrahlen nachschickte, zu seinem Leidwesen die fremden Musiker sammt den gebänderten Bauernpurschen vor der Mauer unseres Pfarrhofes mit Schallmeien und Geigen vorüberzogen: so stieg ich auf die Mauer und eine helle Jubelwelt durchklang meine noch enge Brust und Frühlinge der Lust spielten darin mit Frühlingen und an des Vaters Predigten dacht' ich mit keiner Sylbe.»[28]

Im 20. Jahrhundert wird in einem Kirchturm eine Partitur von der Hand Christoph Richters gefunden. «Er dichtete seine innere Musik ohne alle äußere Hülftöne – was auch Reichardt den Tonsetzern anrieth – und unverstimmt von Kinderlärm».[29] Dieses stumme Komponieren gleichsam entkörperter Musik, «was ihm umso besser von der Hand ging, je weniger Stimmen zum Einsatz kamen, während der Sohn ihm begeistert zusah», muss so peinvoll für das lebhafte, hellhörige Kind gewesen sein, dass es, sobald der Vater abwesend ist, das verwaiste Instrument mit heftigen Dissonanzen erweckt. «Zuweilen setzte er das Klavier im obern Stock ans offne Fenster und spielte auf ihm über alle Massen ‹gewaltig› in das Dorf hinab und suchte gehört zu werden von Vorübergehenden.»[30]

Das stumme Klavier, der schweigende Vater, die gefangene Stimme: Die Joditzer Jahre hinterlassen in dem Heranwachsenden eine peinlich versteckte, unausgelebte Begierde nach Sinnlichkeit. Aus dem zwitschernden, hüpfenden Ausbund kindlicher Lebensfreude wird ein nach innen gekehrter, scheuer Knabe, der seinen tumultuarischen Gefühlsstürmen ausgeliefert ist. «Eigentlich sah er kein neues Äußeres anders als durch ein neues Inneres – Er war philosophisch und poetisch der Außenwelt entgegengesetzt.»[31] Wenig später, nach dem Umzug nach Schwarzenbach, wird die nervöse Konstitution des Sohns mit der neurotischen Depression des Vaters kollidieren. Und so wäre Jean Paul nicht der einzige Schriftsteller, aber vielleicht der erste, in dem sich der Urkonflikt der Moderne ankündigt: die lebenslange Suche nach dem abwesenden, dem schweigenden Vater. Die zu Lebzeiten unveröffentlicht gebliebene Autobiographie hört mit dem Konfirmationssonntag auf. Man darf sich fragen, warum ausgerechnet mit diesem.

«Aber mein Vater wurde im Grunde weder sich noch der Ton-Muse untreu. Besuchte sie ihn denn nicht als alte Geliebte im Nonnengewande der heiligen Jungfrau und brachte ihm im einsamen tonlosen Pfarrdorf Joditz jede Woche Kirchenmusiken mit?» Vierzig Jahre danach kommt die späte, wenn auch leicht spöttische Aussöhnung mit dem überstrengen Vater dem Lebensbeschreiber selbst merkwürdig vor. Fast entschuldigend wundert er sich, dass Christoph Richter «im Jahr 1818 von meinem Lehrstuhl herab wieder als Kirchenkomponist der Baireuther Markgrafschaft ausgerufen worden». Nie hat er dem Vater ein böses Wort nachgesagt, der an seinen Lebensträumen scheitern musste, eingezwängt in den Harnisch unerschütterlicher Pflichttreue. «Beredsamkeit, die prosaische Wand- und Thürnachbarin der Poesie, wohnte im Predigerherzen meines Vaters; und dieselben Sonnenstrahlen des Genius, die am Morgen seines Lebens in ihm wie in einem Memnons Bild Wollaute weckte[n], wurden später auf der Kanzel warmes Licht und endlich der Donner der Gesetzpredigten.»[32]

3.
DIE EXERZITIEN

Schwarzenbach/Saale, Ostern 1776

Durch hohen Schnee werden Kinder, Vögel, Hunde, Möbel, Hausrat und Kleiderbündel bei strenger Kälte Anfang Januar nach Schwarzenbach gefahren, eine Stunde von Joditz. Vor einem dreiviertel Jahr ist Schwesterchen Ottilie mit sieben Monaten gestorben, wie zehn Jahre zuvor Rosinas drittes Kind, auch eine Tochter. Und wie die Frau des *Jubelseniors* mochte «ihr innerer Mensch» die Augen nicht abwenden von «ihren zwei Töchtern, die der Tod in seinen eisernen Armen hielt».33

Im zweiten Schwarzenbacher Jahr ist Frau Richter wieder guter Hoffnung, wie man damals einigermaßen zutreffend sagte, denn Schwangerschaften wurden von Müttern und Kindern nur mit einigem Glück überlebt. Johann Samuel kommt am Dreikönigstag 1778 auf die Welt, wird auf ihr neunundzwanzig Jahre, acht Monate und neun Tage bleiben und sie als preußischer Soldat 1807 in einem Breslauer Lazarett wieder verlassen.

Anders als Joditz ist Schwarzenbach kein Dorf, sondern ein Reichsmarktflecken mit einer Bäcker- und einer Metzgerinnung, Perückenmachern, Barbieren und einem Schloss. In die Herrschaft über Schwarzenbach teilen sich die Reichsherren von Plotho und die Grafen von Schönburg-Waldenburg, die abwechselnd das Kirchenpatronat innehaben.34 Das Schloss steht leer. Der letzte Graf von Schönburg, Otto Carl Friedrich, war nach dem frühen Tod seiner Eltern mit sechs Jahren einem entfernten Verwandten, dem Grafen Heinrich XXIII. Reuß in Köstritz, übergeben worden und wuchs unter der Aufsicht seines Hofmeisters Georg Friedrich Ayrer in Sachsen auf. Zu der Zeit, als Christoph Richter in die St. Gumbertus-Kirche einzieht (sie wurde 1810 bei einem Stadtbrand zerstört), befindet sich der junge Graf auf seiner Grand Tour durch Italien, Frankreich und England.

Viele heißen hier Richter: Cousins und Cousinen, Tanten, Onkel und andere Verwandte des neuen Pfarrers; auf dem Friedhof sind die Gräber der Urgroßeltern und Ururgroßeltern. Von der Dachkammer des Pfarrhauses fällt der Blick auf die beiden Saalebrücken, eine steinerne Bogenbrücke und eine alte aus Holz. Christoph Richter hat nun viel mehr Seelen zu hüten als in Joditz. Zur Pfarre St. Gumbertus gehören die Dörfer Baumersreuth, Fattigau, Flettersreuth, Förbau, Gottfriedsreuth, Konradsreuth, Langenbach, Martinlamiz, Nonnenwald, Pfaffengrün, Posterlitz und Quellenreuth. Er hat sich nicht um die Schwarzenbacher Pfarre beworben. Sein Patronatsherr musste ihn zu seinem Glück erst zwingen. Jetzt fehlen ihm sein dörflicher Vatikan, die aristokratische Luft von Zedtwitz.

Der zwölfjährige Fritz besucht die dritte Klasse der Lateinschule, der ein Jahr jüngere Adam, der achtjährige Gottlieb und der knapp sechsjährige Heinrich gehen in die Elementarschule. Auf dem Lehrplan der Tertia stehen lateinische Prosodie, Rhetorik, Dialektik und griechische Grammatik. Rektor Carl August Werner, ein Mittdreißiger «mit einer hinreissenden Naturberedsamkeit», ist ein leidenschaftlicher Pädagoge mit modernen philanthropischen Ansichten. Doch diesem Schüler kann er bald nichts mehr beibringen. Neben theologischen Texten lässt er ihn klassisch-lateinische Autoren wie Cornelius Nepos übersetzen, den Biographen und Freund Catulls und Ciceros. Aus dem Griechischen übersetzt der Schüler nach wenigen Monaten fließend. Als einziger Tertianer bekommt er im zweiten Jahr eine Einführung ins Hebräische. Bei Kantor Gressel soll er wöchentlich eine Stunde Unterricht in Klavier und Generalbass nehmen – das Pflichtpensum jedes angehenden Pfarrers. Nach den ersten Stunden geht er nicht mehr hin.

Zwei Wochen nach seinem dreizehnten Geburtstag, am 6. April 1776, legt Friedrich Richter am Vorabend seiner Konfirmation die erste Beichte seines Lebens ab. Lehrer Werner hat den Neutäuflingen eingeschärft, «daß das Abendmahl unbußfertig genossen, gleichsam wie ein Meineid, statt des Himmels eine Hölle gebe und daß ‹wenn› ein Erlöser und Heiliger in einen unreinen Sünder einziehen und die seeligmachende Kraft seiner persönlichen Gegenwart in eine vergiftende verwandeln müsse».³⁵ Wochen zuvor hat Fritz auf dem Dachboden des Pfarrhauses täglich geübt, um ja nichts zu vergessen. «So trat ich mit einem reinblauen und unendlichen Himmel im Herzen weg vom Altare; aber dieser Himmel offenbarte sich mir durch eine unbeschränkte von keinem Flecken betrübte sanfte Liebe, die ich jetzo für alle, alle Menschen empfand.» Vom Vater-Pfarrer empfängt er den Leib des Herrn, die Oblate, von dem jungen Diakon Samuel Völkel Christi Blut aus dem Abendmahlsbecher, «und die Seeligkeit stieg bis zum körperlichen Gefühlblitze der Wunder-Vereinigung.»³⁶

Mit der Beschreibung des Konfirmationstages, es ist der Ostersonntag, bricht die *Selberlebensbeschreibung* wie gesagt ab. Auch hierzu gibt es wieder mehrere literarische Versionen. Die älteste aus dem Jahr 1791 findet sich unter den Vorarbeiten zur *Unsichtbaren Loge*. Gustav und Fritz, Fiktion und Erinnerung, fließen ununterscheidbar ineinander. «Das Gefühl des neuen ‹pressenden und rauschenden› Anzugs, der Blumengeruch an der Brust, das Glockenläuten, in dessen forttönend[em] Getön die einzeln[en] Auftrit[te] in einen einzigen zusammenschwammen, der Birkenduft in der Kirche u. ihre verschattende Gestalt, selbst das Fasten an diesem Rosenfeste machten mein Herz zu einer glühenden brennenden Sonne und iedes umkreisende Blutkügelgen zu einem von ihr geschafnen, sie umkreisenden in sie und aus ihr stürzenden Planetensystem, niemals brante das Bild des tugendhaften Menschen in so grossen Umrissen vor mir als damals.»³⁷

Die empfundene Gewissenslast stand gewiss in keinem Verhältnis zu den lässlichen Sünden eines Dreizehnjährigen. Die Entsühnung hielt denn auch nicht lange vor. «Nach wenigen Tagen entwich das köstliche Bewußtsein dieses Standes der Unschuld, weil ich gesündigt zu haben glaubte, daß ich mit einem Steine geworfen und mit einem Schulfreunde gerungen und zwar beides nicht aus Feindschaft sondern in schuldloser Spiellust.»³⁸ In den frühesten Skizzen zur *Unsichtbaren Loge* ist es ein Kuss auf volle Mädchenlippen am Abend des Konfirmationstages, den Gustavs Mutter mit einem empörten «Pfui» quittiert. Der echte Kuss, den Fritz Richter seiner stumm angebeteten Mitschülerin Katharina auf der Treppe zu ihrem Haus gibt, ereignet sich erst ein Jahr später, am St. Nikolaus-Tag 1777. Die heftige Gemütsschütterung des Dreizehnjährigen fällt hingegen zeitlich mit der Einweihung in eine neue Religion zusammen, die in Schwarzenbach in ihm aufgeht. Wie ein Verdurstender stürzt er sich auf jeden Lesestoff, der sich in der Kaufmanns- und Handwerkerstadt auftreiben lässt. Von nun an ist er ein Adept der wahren Religion der Büchernarren, bei der man reinen Herzens sündigen darf, ein Heilssucher und Priester der unbefleckten Geistempfängnis, ein Erforscher der Unendlichkeit des Alphabets.

Zuerst sind es Defoes *Robinson Crusoe* und Moderomane, die er hinter dem Rücken des Vaters heimlich verschlingt, bald kommen antike Autoren sowie zeitgenössische Journale und Chrestomathien dazu, thematisch geordnete Auszugssammlungen aus den Schriften gelehrter Autoren. Knapp zwei Jahre später arbeitet sich der Fünfzehnjährige durch Gottscheds *Erste Gründe der gesamten Weltweisheit*, er studiert die Schriften des Hallenser Professors Johann Georg Nösselt über die *Verteidigung der Wahrheit und Göttlichkeit der christlichen Religion*, verschlingt das *Journal für Prediger*, ein internationales Rezensionsorgan für Amts- und Sonntagspredigten, er saugt die *Allgemeine Theologische Bibliothek* mitsamt der Elite der natürlichen Theologie auf und stopft sich die *Allgemeine Deutsche Bibliothek* jahrgangsweise in den Kopf.

Der Mann, der dies bewirkt, heißt Johann Samuel Völkel, der heimliche Hohepriester der natürlichen Theologie (oder Neologie) in Schwarzenbach, einer reformtheologischen Richtung des Protestantismus, als deren Initiator Lessings Hamburger Freund Hermann Samuel Reimarus gilt. Allem Mystizismus abhold, sucht die natürliche Theologie die Wunderlegenden über das Leben Jesu Christi aus «natürlichen», also historischen Ursachen zu erklären. Die aus dem 10. Jahrhundert stammende Transsubstantiationslehre, der Glaube an Auferstehung und unbefleckte Empfängnis werden den Maßgaben des gesunden Menschenverstandes und der kritischen Hermeneutik unterzogen. Seit kurzem bekleidet Völkel die Stelle eines Diakons und zweiten Lehrers an der Schwarzenbacher Lateinschule, ein langer, ernster Mann mit Spitzbart und Gelehrtenkopf. Völkel erkennt sofort die scharfe Intelligenz des eigenwilligen, in sich gekehrten Pfarrerssohns und erbietet sich, ihm Privatstunden zu geben.

So sehen sie sich täglich in der Mittagspause, der Dreizehnjährige und der achtundzwanzigjährige, frisch verheiratete Familienvater, der gerade eine Tochter bekommen hat. Samuel Völkel ist es, der den reißenden Strom der Lektüren lenkt und den Unersättlichen kleine Aufsätze über selbstgewählte Bibelstellen schreiben lässt. Richter nimmt sich als Erstes Genesis 1,1 vor: «Am Anfang schuf Gott Himmel und Erde», kommt aber über den ersten Buchstaben der Schöpfung nicht hinaus. Allein seine Kommentare über das Aleph füllen ein ganzes Heft. Völkel ist es auch, der ihn mit seinen stoischen Lieblingsphilosophen bekannt macht: dem Griechen Plutarch, dem phrygischen Sklaven Epiktet und dem römischen Kaiser Antonin (Marc Aurel). Beim Lesen des *Encheiridion* oder der *Bekenntnisse* zieht jedes Mal, wie sich Friedrich Richter noch Jahrzehnte danach erinnert, ein «ruhiger, heiterer Sabbath» in sein Herz, eine Seelenruhe, die ihm «alle Schmerzen der Erde und alles Zürnen wegnahm [..]» und die Überwältigung des Gefühls beim ersten Abendmahl weit übertraf.[39]

Es ist Liebe, kein Zweifel, was Lehrer und Schüler in ihrer gemeinsamen Leidenschaft für die Stoa verbindet. Gelegentlich spielen sie Schach. Als Völkel aber einmal, wie sich Richter noch viele Jahre später lebhaft erinnert, aus Zerstreutheit das versprochene Schachspiel vergisst, springt der empfindliche Jüngling auf und verlässt die Stunde, Kopfschmerzen vorschützend, um nie wiederzukommen. Fortan muss er sehen, wie er an andere Quellen für seinen Lesedurst kommt.

Damit treten die beiden anderen Genien seiner geistigen Erweckung ins Bild, Völkels Freunde Johann Wilhelm Vogel, Jurist und Angestellter am Gräflich-Schönburgischen Gericht von Schwarzenbach, und der Rehauer Pfarrer Erhard Friedrich Vogel. Im Winter 1775 ist in Rehau dessen erster Sohn geboren worden, dem bis 1794 zehn Geschwister folgen werden. Sechsundzwanzig Jahre alt, hat Vogel in seiner Zeit als Bayreuther Hofdiakonatsvikar, eine Art Hilfspfarrer, eine ansehnliche Privatbibliothek als Grundstock einer öffentlichen Lesegesellschaft zusammengetragen. 1778 kommt der fünfundzwanzigjährige Aktuar Wilhelm Vogel dazu, auch er ein verheirateter Familienvater. Als Sohn des ehemaligen Gräflich-Schönburgischen Verwalters in Schwarzen-

Dekan Erhard Friedrich Vogel, um 1810

bach aufgewachsen, hat er sich als Regierungsadvokat des Landeshauptmanns von Hof erste juristische Meriten erworben.

Zum Freundeskreis aufgeklärter junger Männer in Schwarzenbach gehört auch der neue Amtsverwalter und Pächter der Schönburgischen Rittergüter, Johann Gottfried Cloeter. Hugenottischer Herkunft, arbeitete er sich aus armen Verhältnissen zum Schreiber bei der bayreuthischen Regierung hinauf, schlug sich zeitweise als Soldat durchs Leben und wurde Mitte der siebziger Jahre Justitiar am Schönburgischen Gericht. Als vierter wäre der Hofer Mediziner Johann Georg Gottfried Doppelmaier zu nennen; er stand den Freimaurern und Rosenkreuzern nahe.[40] Nachdem seine alchemistischen Experimente für Unmut bei der Kollegenschaft gesorgt hatten, zog er nach Schwarzenbach, wanderte aber schon 1784 nach Russland aus.

Diese Männer sind es also, die Friedrich Richter in ihre Obhut nehmen, der nun tut, was jeder junge Mann tut, der viel mit sich vorhat: Er misst seine Geisteskräfte nicht an Gleichaltrigen, sondern an Älteren, Überlegenen. Unter seinen Mitschülern scheint er keine Freunde gehabt zu haben. Er ist ein Stubenhocker, kein philosophisches Buch ist ihm zu schwer, kein Zimmer im Palast des Wissens zu abgelegen. Die ganze Vergangenheit liegt vor ihm. Mit fünfzehn Jahren ist er der belesenste und gebildetste Jüngling von Schwarzenbach und mit Abstand der beste Schüler der Lateinschule. Nach dem griechisch-lateinischen Pantheon der alten Humanisten will er den Zauberberg der deutschen Aufklärung bezwingen. Sein Gehirn, vom vierten Lebensjahr an durch mechanisches Einprägen grammatischer Regeln geformt, ist wie ein leerer Schlauch. Griechische Morphologie, lateinischer Satzbau, hebräische Suffixkonjugation, Rhetorik und Prosodie haben das Feld bestellt. Die logischen Relationen und die Kombinationsregeln von Satzgliedern und Wörtern sind in sein Gedächtnis eingebrannt, nun muss der Stoff dazukommen, denn er begreift schnell: «Denken lernt man nicht an Regeln zum Denken, sondern am Stoff zum Denken.»[41]

Aus dem Gelesenen zieht er die interessantesten Stellen heraus und schreibt sie in Hefte aus grobem Postpapier, das er zu Quartblättern faltet, lebenslang sein Lieblingsformat, und mit Faden bindet. Das erste Heft trägt auf dem Umschlag den Titel: «Exzerpten. Erster Band. 1778.» Auf der ersten Seite steht: «Verschiedenes aus den neuesten Schriften. Erster Band. Schwarzenbach an der Saale. 1778». Eintrag Nummer eins ist aus einer Rezension von Friedrich Büschings *Anmerkungen über symbolische Bücher* (1770) gezogen und betrifft die «Ewigkeit der Höllenstrafen» sowie die «Wirkungen des Teufels».

Angesichts des «Eilmarschs der Wissenschaften» scheint es dem wissbegierigen Adoleszenten am vielversprechendsten, sich einer zeitersparenden Methode des Studierens zu bedienen, «die ohne ermüdendes Lesen oder Nachdenken auskommt». Ohne noch eine Zeile des irischen Satirikers Jonathan Swift gelesen zu haben, beherzigt er in aller Unschuld dessen Rat an junge Genies, Bücher über Bücher zu lesen, also Rezensionszeitschriften, die in den 1770er Jahren den deutschen Buchmarkt überschwemmen. «Man muß reichlich Zitate sammeln und sie alphabetisch ordnen; dazu brauchen Originalwerke kaum herangezogen zu werden, wohl aber die Kritiker, Kommentatoren und Lexika. [...] Diese Verfahrensweise bringt so manchen Schriftsteller hervor, der innerhalb weniger Wochen imstande ist, die tiefsinnigsten und allumfassendsten Themen zu behandeln. Sein Kopf kann getrost leer sein, wenn nur sein Notizbuch voll ist.»[42]

110 solcher Hefte werden in einem Halbjahrhundert gefüllt werden mit «Schmetterlingen» und «Lebenstropfen», die am Ende eine tragbare «Taschenbibliothek» ergeben, eine Art externes Richter'sches Gedächtnis, Botanisiertrommel und alchemistischer Ofen. «Diese Exzerpten zieh' ich wie Riechwasser überall aus der Tasche, auf der Straße, im Vorzimmer, auf dem Tanzboden, und erquicke mich mit einigen Lebenstropfen».[43] Die Metaphern der Sinnlichkeit verraten ihn: Die Einverleibung von Lesestoff ist für den Siebzehnjährigen, der mitten im Gefühlssturm der Pubertät steckt, ein geradezu körperliches Genießen mit allen Sinnen. Wörter, Sätze, Satzzeichen steigen aus der stummen Schrift und werden Fleisch, Blut und Stimme, verwandeln sich in Gegenstände mit eigenem Geschmack, eigener Tonalität und Opazität, kurz: in Gedankendinge.[44] Die Exerzitien innerer Andacht und Selbstreinigung, die er bei der Konfirmation eingeübt hat, werden fortgesetzt im Austausch des Lesenden mit sich selbst über das Gelesene, zuerst in Form schüchterner Anstreichungen oder Hervorhebungen, im vierten Heft dann schon als ausformulierte Kommentare.

Das Herausziehen von Gedanken aus diversem Lesestoff wird dem Novizen der Denkkunst schnell zur Gewohnheit. Im Januar/Februar 1779 sind zwei neue Hefte für philosophische Lektüre angelegt, Francis Hutchesons *Untersuchung unserer Begriffe von Schönheit*, Johann Heinrich Lamberts *Neues Organon*, Albrecht von Hallers *Elementa physiologiae*, Edward Youngs *Vom Genie* und *Vom Menschen* und Leonard Eulers *Briefe an eine deutsche Prinzessin* sind durchgearbeitet. In der Wochenzeitung *Neue Mannigfaltigkeiten* entdeckt Richter Interessantes über Insekten. Ist ein Heft vollgeschrieben, fügt er jeweils ein Register der darin enthaltenen Themen an, wie es alle Rezensionsjournale machen. Vergleichsweise selten kommt die schöne Literatur zu Wort. Außer Christian Gottfried Schütz' *Briefen zur Bildung des Geschmacks*, Goethes *Leiden des jungen Werther*, Wielands höfischer Satire *Der Goldene Spiegel*, Gedichten von Louise Karsch und Salomon Geßner scheint er wenig davon zu kennen. Die Einträge werden im Allgemeinen nicht datiert, sondern nummeriert. Kaum ein Jahr später kommen zu den Exzerptheften solche für *Übungen im Denken,* aus denen durch nochmaliges Durch- und Nachdenken *Zusäzze, oder Verbesserungen* und daraus wiederum durch noch strengere Auswahl thesenhafte *Bemerkungen* gewonnen werden. Aus den Denklernübungen folgen ganz natürlich Schreiblernübungen. Begonnen als tägliche Exerzitien der Selbstvergewisserung, werden die frühesten Notizhefte 1799 weitergeführt unter dem Titel *Bemerkungen über den Menschen,* deren letztes Heft in Richters Todesjahr angelegt wird.[45] An die *Bemerkungen* schließen sich die *Gedanken* an, zwölf Hefte mit insgesamt über 1000 Druckseiten feinster Aphoristik, notiert zwischen 1799 und 1824.[46]

Die Merkhefte bilden wie die Jahresringe eines Baumstamms das konzentrische Wachstum eines Bewusstseins ab, das sich selbst beim Denken zusieht. «Vorstellung fürs Gefühl, wenn Atheismus wahr wäre», heißt es in einem der frühesten einmal, oder: «Ich würde mich tödten, wenn ich wüste, ich wäre Materie, und kein Wesen, kein Ich, sondern eine Harmonie, ein Akkord von Wesen.»[47] Je autonomer sich dieses Denken über seine unmittelbaren Anstöße hinaus in freie Assoziationsräume bewegt, umso individueller die Schlussfolgerungen. «Der denkende Teil in mir entdeckt in der Welt überall Ordnung, nur der empfindende nicht, der nicht der Zuschauer, sondern ein Glied der Kette ist.»[48] Umgekehrt gehen die Techniken des Schreibens und Denkens in die stoische Diätetik eines geglückten Lebens ein. Richtig zu denken heißt richtig zu leben. Denken, Schreiben und Leben unterwerfen sich demselben Grundgesetz: Selbsterforschung als Selbsterziehung zum Zweck der Beherrschung unwillkürlicher Affekte und Gefühle.

Aus dem Mutterboden pietistischer Selbstbeobachtung wächst so mit den Jahren ein Erzählwerk, das mit größerem Recht ein Denkwerk genannt werden müsste. Seine Architektur folgt einem klaren Bauplan. Sein logischer Grundriss ist die Ordnung der Sprache. Syntax, Lexik, Grammatik sind die Wände und Decken dieses Denkraums, dem kein Gegenstand zu klein oder zu groß ist. In Erfindungsbüchern schreibt Friedrich Richter seiner überschießenden Phantasie Gesetze vor. Wörter werden in Wörterbüchern zu logischen Klassen geordnet. Auf Merkblättern, in Tage- und Reisebüchern, Kalendern und autobiographischen Notizheften verordnet er sich ab 1784 strenge Regeln für Ernährung, Gesundheit, Arbeits- und Schlafzeiten. Um 1812 tritt an ihre Stelle dann das *Via recti*-Heft, eine Art lebensphilosophisches Kursbuch. Dagegen sind die *Vita propria*-Hefte der Jahre 1804 bis 1823 empirischer Rohstoff eines Seelenforschers in eigener Sache, Vorarbeit für die geplante Lebensbeschreibung. Innere Monologe stehen hier neben Traumnotaten, Erinnerungen neben Einfällen. In ihrer zeitlichen Folge bilden diese Aufzeichnungen eine Art fortlaufender innerer Biographik, ein Denk-Tagebuch im aphoristischen Stil eines Marc Aurel, Montaigne oder Pascal, dessen zunehmender Lakonismus ein Gradmesser für die immer feinere Destillation des Gedankens aus dem elaborierten Wissensstoff ist.

Noch aber geht es darum, das neugeborene denkende Ich aus den Hüllen der Unausweichlichkeit zu schälen, die Tradition und Erziehung ihm angelegt haben. Was sich Friedrich Richter im dritten Schwarzenbacher Jahr notiert, betrifft in erster Linie den Teufel und die Höllenstrafen, moraltheologische Fragen der Erbsünde, Geschichten von «dämonischen Leuten» in der Bibel und die Person Jesu, praktisch den Grundbestand der orthodoxen Offenbarungstheologie. Völkels Saat geht auf: die Vertreibung der Gespenster aus der eigenen Brust. Aus der *Allgemeinen Deutschen Bibliothek* exzerpiert Richter etwas über das Wort «begraben» und, ebenfalls aus dem 32. Band 1777, ein Stück «Vom Teufel». Aus dem 1. Band von 1765 fischt er die Beiträge über die «Seele» heraus. Er macht sich mit den Schriften der führenden kritischen Theologen Wilhelm Abraham Teller und Karl Friedrich Bahrdt sowie des Leipziger reformierten Predigers Georg Joachim Zollikofer bekannt. Er liest über Georg Friedrich Meiners Religionsanthropologie, Christian Fürchtegott Gellerts moralische Vorlesungen und Johann Friedrich Wilhelm Jerusalems *Betrachtungen über die vornehmsten Wahrheiten der Religion*. Besonders interessiert er sich für Gewitter, Gottes Richterstuhl in den Wolken, vor dem er als Kind mächtig zitterte, und erfährt vermutlich zum ersten Mal aus Philipp Peter Gudens *Sicherheit wider die Donner-Strahlen* (1774) etwas über moderne Apparate namens Blitzableiter und verschiedene Barometer zur Luftdruckmessung.

Als Friedrich Richter Ende Januar 1779 seinen Mantelsack packt, um das Gymnasium in Hof zu beziehen, hat er in vierundzwanzig Monaten die Abbreviaturen des gedruckten Zeitgeists durchstudiert. Aus dem Häftling des Himmels ist der Zögling der Aufklärung geworden. Seine zweite Abhandlung, angeregt von englischen Sensualisten wie Henry Home Kames und Francis Hutcheson, widmet sich der Frage: wie es komme, dass der Mensch sehe und höre. Als ein ganzes Heft vollgeschrieben ist, zeigt er es dem Vater, «der mich so wenig tadelte und verstand als ich».[49] Aber auch nicht lobte, hieß das.

Wie der Neustädter Rektor Johann Richter für die Musikleidenschaft seines «feurigen Sohns», so bringt Christoph Richter für die weltliche Studierwut seines Ältesten wenig Geduld auf. Mit den aufgeklärten Köpfen Schwarzenbachs steht der orthodoxe Theologe, wie sich denken lässt, über Kreuz. Seine Einkünfte sind gestiegen, doch wiegen sie die in Joditz angehäuften Schulden nicht auf. Dort war er jemand: Er genoss den Respekt der Bauern und das Vertrauen der Herrschaft in Zedtwitz. In die Kaufmanns- und Handwerkerwelt eines Marktfleckens findet er sich nur schwer. Vater und Sohn haben sich nichts mehr zu sagen.

4. WIE DER TEUFEL AUSSIEHT

Hof/Saale, Frühjahr 1779

Am nördlichen Rand des Fichtelgebirges liegt, umringt von sieben Hügelkuppen aus vulkanischem Basalt, die Landeshauptmannschaft Hof, eine der sechs Hauptstädte der Markgrafschaft Brandenburg-Bayreuth. Die Mehrzahl der etwa 5000 Hofer sind Kaufleute, Handwerker und Tagelöhner im Tuchmachergewerbe. Seit dem 9. Februar ist Friedrich Richter Schüler der Unterprima, obwohl er dem Alter nach in die letzte Klasse gehört hätte. In dem geräumigen Haus seiner Großeltern in der Klostergasse wird ihm eine Dachkammer überlassen. Der Webermeister und Florhändler Johannes Paul Kuhn stammt aus dem sächsischen Plauen, seine Frau Eva Barbara, zehn Jahre älter als er, ist eine gebürtige Hoferin.

Seit 1543 ist das Hofer Gymnasium im ehemaligen Franziskanerkloster untergebracht und trägt den Namen seines Gründers, Markgraf Albrecht. Die Klosterkirche hat zwei Eingänge, einen im Süden vom Nonnenkloster her, den andern im Norden vom Rektoratsgarten. Ein dritter Eingang wurde später zur Klostergasse durchgebrochen. Montag, Dienstag und Donnerstag wird um acht Uhr im Sommer, um neun Uhr im Winter für die zweiten und dritten Klassen Gottesdienst gehalten, sonnabends für die Primaner. Um zwei Uhr nachmittags wird zum Abendgebet geläutet. Der Freitagnachmittag ist dem Katechetenunterricht für die Jüngsten reserviert. Vier Lehrer und ein «Vesperprediger» bestreiten den Unterricht, der sich auf alte Sprachen, Rhetorik, eine Wochenstunde Mathematik und Französisch beschränkt.

Zweieinhalb Monate nach Friedrichs Ankunft, am 25. April 1779, stirbt Christian Christoph Richter, einundfünfzig Jahre alt, und lässt die einundvierzigjährige Witwe mit etlichen Schulden, einem Säugling und drei minderjährigen Söhnen in Schwarzenbach zurück. Ein Vormund wird bestimmt. Von großem Nutzen scheint er nicht gewesen zu sein. Die Witwe muss das Pfarrhaus verlassen und wohnt bis 1781 zur Miete bei Wilhelm Vogel. Der neue Pfarrer von St. Gumbertus heißt Samuel Völkel.

In Hof ist alles alt. Die «hohen Giebelhäuser waren ohne Rücksicht auf Symmetrie an einander geschichtet und verengten durch ihre unregelmäßige Bauart die Straßen; die alten Holzdächer sahen oft sehr moosig und verwittert aus; kurz es war eine alterthümliche düstere Stadt, ohne die tiefe Romantik des Mittelalters».[50] Nicht nur die Häuser, auch die Lehrmethoden der Professoren, die altfränkischen Sitten und Trachten, das Choralsingen der Schulknaben in den Straßen zu den Kirchenfesten muten mittelalterlich an. Jährlich zweimal, am Pfingstmontag und im Herbst, wird in Anwesenheit der Hofer Geistlichkeit, des Superintendenten Weiß, der vier Bürgermeister nebst den Ratsherren und dem Stadt- und Landphysikus ein öffentliches «Programm» absolviert, bei dem die Gymnasiasten ihre Fortschritte in Latein, Griechisch und Rhetorik unter Beweis stellen müssen.

Im August 1779 glänzt der Unterprimaner Friedrich Richter mit seiner ersten Schulrede, *Über den Nutzen des frühen Studiums der Philosophie*. Spielend widerlegt er die Verteidiger des alten humanistischen *exercitium styli et extemporale*, die meinen, Philosophieren lenke vom Hauptzweck der Bildung ab, dem Sprachenlernen, und sei für heranwachsende Körper ungesund. Philosophie, so der Sechzehnjährige, müsse die Lehrerin des ganzen Menschen sein; der Schüler müsse sich «philosophische Eigenschaften» zulegen, um «gerade zu der Zeit, wo er es am wenigsten denkt, zu philosophieren». Friedrich Richter spricht von «jungen Leuten», als sei er selber keiner von ihnen, und empfiehlt dem Schüler, sich nicht in Einzelfragen zu verlieren, sondern Bücher zu lesen, die «das Ganze» der Philosophie behandeln. «Wahrheit muß ihm über alles gehen». So würde er die beiden schlimmsten Irrwege des Verstandes vermeiden: Aberglauben, also «die Anhänglichkeit an gewise angenommene Meinungen, und den Unglauben oder das Zweifeln an allen Dingen». Leib und Seele würden durch Philosophieren gesund, so dass, «wer bald Philosoph ist, bald auch ein guter Arzt werden wird». Welcher Philosoph nicht zugleich «Gefühl und Philosophie» habe –

exemplarisch führt Richter Longinus, Sulzer, Home und Mendelssohn an –, solle sich nicht mit den schönen Wissenschaften befassen.[51]

Fritz ist ein vorwitziger Schüler, zu gewitzt für die schwerfällige Routine des Auswendiglernens und Repetierens, die der Unterricht vorschreibt. Ein Bücherfresser und Stubenhocker, ein Einzelgänger. Zur Vorbereitung seines großen Auftritts hat er sich Auszüge aus Martin Ehlers *Gedanken vom Vokabellernen*, Johann Peter Millers *Grundsätzen einer christlichen und weisen Erziehungskunst*, Friedrich Justus Riedels *Theorie der schönen Künste*, Moses Mendelssohns *Phaedon oder über die Unsterblichkeit der Seele* und dessen *Philosophischen Schriften* gemacht, vermutlich nach der Swift'schen Methode. Das vierte Exzerptheft enthält Summuli aus Thomas Abbts *Vom Verdienste*, Eulers naturphilosophischen *Briefen* und Johann Jacob Engels *Philosoph für die Welt*, Miszellen aus der *Allgemeinen Deutschen Bibliothek* von 1770 und immer wieder aus der *Allgemeinen Theologischen Bibliothek*. In den kommenden achtzehn Monaten schreibt Richter 1488 Seiten, sieben Exzerpthefte, aus Büchern und Rezensionsjournalen heraus, die er weiter von den Schwarzenbacher Mentoren leihen muss, denn als ehemalige Klosterbibliothek enthält die Schulbibliothek fast nur theologische Bücher.[52]

Das überwiegende Urteil der Jean-Paul-Forschung, die Exzerpthefte des jungen Friedrich Richter glichen einem «Gestrüpp des mutwillig dissoziierten Wissens»,[53] wird auch nicht dadurch plausibler, dass man es immer wiederholt. In Richters Lektüren zeichnet sich ein klarer kognitiver Leitfaden ab: Er will wissen, was das für ein Ding ist, das Philosophen und Theologen die Seele nennen, das in ihm fühlt und denkt, das ihm das Blut in den Kopf und die Tränen in die Augen treibt, das sein Herz klopfen lässt, das nicht einmal nachts Ruhe gibt, den Schlaf vertreibt und ihn mit Alpträumen drückt – «was in ihm selig war und schlug, was wogte und liebte und weinte».[54]

Wie sind Leib und Seele verbunden, in welcher Sprache verständigen sich Sinne und Gehirn? Der junge Seelenforscher ist sein eigener philosophischer Patient und Arzt. «Mir ist immer in meinem Bewustsein, als wär' ich doppelt, als wären zwei Ich in mir: ich höre mich im Innern reden.»[55] Aus Denken wird Philosophieren. Philosophieren heißt, das Messer der Urteilskraft mit sicherer Hand führen lernen, und wenn es auch tief ins eigene Fleisch dringt. «Es ist wie mit dem Glauben an erscheinende Geister», notiert er sich einmal, «nicht dessen Objekt ist wahr oder bedeutend; aber der Glaube selber ist eine Geister-Erscheinung, und keine zufällige After-Geburt, sondern ein heiliges rechtmässiges Kind aus dem Menschenherzen und an der Menschenbrust.»[56] Auf der Suche nach der Seele werden all die Engel, Teufel und Dämonen, die in seiner kindlichen Phantasie reale Gestalt angenommen haben, der ganze Mummenschanz und Aberglauben seiner Kindheit, einer schmerzhaften Vivisektion durch die Vernunft unterzogen.

Die Schulrede macht in der kleinen Stadt Furore. Jetzt kennt ihn jeder, den jungen Richter aus der Klostergasse. Am 1. Januar 1780 wechselt er in die obere Klasse der Prima. Im letzten Schuljahr sieht man ihn, als es Sommer wird, oft in der Gartenwohnung seines Mitschülers Johann Adam Lorenz Oerthel aus Töpen. Sie liegt inmitten von Wiesen und Gärten an der Saale gegenüber der «Gewürzinsel», so genannt nach dem dort befindlichen Warenlager des Gewürz- und Feinkosthändlers Köhler. Fritz hat jetzt einen Freund, eine neue, erhebende Erfahrung. Oerthels Vater ist einer der reichsten Kaufleute in Franken, sein Onkel Samuel Friedrich Oerthel Bürgermeister in Hof und Rittergutsbesitzer in Köditz.[57] Um diese Zeit kommt Johann Bernhard Hermann dazu. Der Sohn eines armen Hofer Webers ist zwei Jahre älter als Richter, hat zwei jüngere Schwestern und einen Bruder und muss seit sechs Jahren die Schule immer wieder abbrechen, um Geld zu verdienen. Das Triumvirat ist die Primzahl der Freundschaft; nicht einmal der Tod wird sie teilen. Der schöne, hochgewachsene Bernhard hat den kühlsten Kopf, der kräftige, geschmeidige Richter den feurigsten, und der an Leib und Seele zarte Adam Oerthel, einen Monat jünger als Richter, schwankt beständig zwischen beiden. Gemeinsam liest man Laurence Sternes *Empfindsame Reisen durch Italien und Frankreich*, Rousseaus *Émile ou De l'éducation*, Goethes *Werther* und Heinrich Jung-Stillings Lebensgeschichte aus einem pietistischen Hause: die Bibeln der empfindsamen Generation.

Die in Deutschland um 1750 aufgekommene Kultur der Empfindsamkeit war gewissermaßen die erste Jugendrevolte in der deutschen Geschichte: ein Aufstand der Herzen und «Seelen» gegen das intellektuelle Bildungsregime der Frühaufklärung. Auf einmal war es «schicklich», öffentlich von Gefühlen zu sprechen. Das menschliche Gesicht, Gestalt und Gestik wurden zur Seelenlandschaft, so wie die Naturlandschaft zum Gemälde seelischer Empfindungen. Sich erschüttern zu lassen, war nun erlaubt. Das Erhabene und das Rührende rückten an die Spitze der Beliebtheitsskala ästhetischer Kategorien. Sanfte, angenehme Empfindungen bei sich oder andern hervorzurufen, galt in allen Gesellschaftsschichten als erwünscht.[58]

Um 1780 liegt die hohe Zeit des Sentimentalismus schon zehn, fünfzehn Jahre zurück, die Zeit, als Klopstocks *Messias* einer poetischen, gefühlten Religion die Kunst des deutschen Hexameters weihte und Jean-Jacques Rousseau natürliche Gefühle und natürliche Menschen forderte. Populäre Romane, Almanache und poetische Blütenlesen vernebeln die Hirne junger Leser mit Gefühlsschwaden, die ihnen die reale Welt entrücken. Religiöse Empfindsamkeit bedient sich abgedankter poetischer Muster. Gefühlskultur und religiöse Schwärmerei finden wieder zueinander, wie bei Heinrich Jung-Stilling, dem literarischen Missionar der herrnhutischen Erweckungsbewegung,[59] und stoßen eine antiaufklärerische Welle des Aberglaubens und der Bigotterie an. In Bayern treibt der österreichische Jesuit Josef Gassner seine exorzistischen Kunststücke an Kranken.[60] Als der Jenaer Physiker Justus Christian Hennings 1780 in seiner Schrift *Von Geistern und Geistersehern* einen Gutteil der «magischen» Rituale in ihrer Experimentalanordnung naturwissenschaftlich exakt erklärt, geht die Nachfrage nach Wundern indes merklich zurück. Auch Gassners Ruhm – der Jesuit praktizierte offiziell unter dem Schutz der katholischen Kirche als Arzt und Wunderheiler in Regensburg – sinkt schlagartig, nachdem er 1777 per kaiserliches Dekret aus Bayern ausgewiesen wurde.

Bald darauf führt in Preußen der Magister Christian Wilhelm Kindleben seinen fanatischen Privatfeldzug gegen die rationalistische Theologie. Hatte er noch 1778 *Ueber die Nonexistenz des Teufels* räsoniert, so widerruft er ein Jahr später in *Der Teufeleien des 18. Jahrhun-*

derts letztem *Act* seine eigene Beweisführung und macht die neuen Teufel unter rationalistischen Theologen aus: Deisten und Neologen. Im Januar 1781 vollzieht ein Flugblatt auf dem Berliner Galgenplatz nach Kindlebens Manier die symbolische Hinrichtung an prominenten «natürlichen» Theologen. «Jesu Christi wahre Gott- und Menschheit verläugnen sie. Jesu Leib und Blut im Abendmahl verläugnen sie. Verwerfen die Lehre vom Satan, wollen es sei keine Hölle, keine Ewigkeit, da doch die Bibel dieses alles deutlich beweiset. Verwerfen die alten Lieder, auch die, welche Lutherus gemacht. Verdrehen, zerstümmeln, zerhacken die alten schönen Lieder, daß sie aussehen, als hätten sie die Henkersknechte auf ihre Fleischklötze gelegt. Dies alles thun die drei Höllenbrände: Spalding, Teller, Dieterich. Diese drei sind des Teufels Apostel, nebst dem Prediger Stork (oder Stark).»[61]

Während sich die intellektuelle Elite der deutschen Aufklärung in der *Berlinischen Monatsschrift* zum Generalangriff auf die mystische Fraktion der Geisterseher und Wunderheiler sammelt, interessiert den Hofer Oberprimaner Fritz Richter viel mehr, wie der Teufel aussieht, der schlechte, sündige Gedanken in Menschenköpfe pflanzt. In dem Standardwerk des Marbacher Aufklärers Ernst Urban Keller *Das Grab des Aberglaubens* (1777) wird er fündig. Der Leibhaftige erscheint hier als Akteur des traditionellen Umzugs zum Fest von St. Nikolaus – dem einzigen Kirchenheiligen, der nie ohne seinen strafenden Widerpart auftritt, Knecht Ruprecht. «Der mächtige Held Clauß geht voran; ihm folgen Gespenster, Alpe, Hexen, Zauberer, feurige Drachen, Teufel mit Ochsenhörnern, Pferdefüßen und Kuhschwänzen, Teufel in rothen Kleidern und Allonge-Perücken und Hahnenfüßen.»[62] Mit diesem Teufel würde der Gymnasiast besser fertig werden als mit dem blutleeren Gespenst, das ihn als Kind ängstigte.

Ist ein schlechter Mensch, wer nach vernünftigen Erklärungen für die Existenz Gottes sucht, wie die Hofer Theologen es von den Kanzeln verkünden? Im August 1780 legt er ein neues Arbeitsheft für *Übungen im Denken* an. Die erste Untersuchung handelt davon, «Wie unser Begriff von Gott beschaffen ist», und ist von Johann August Eberhards *Neuer Apologie des Sokrates* angeregt.[63] Eine andere nimmt Gedanken über «Geister» auf. «Wir begreifen gar nichts von Geistern. Die Kräft' eines Geistes, ihre Entwicklung – in was für einem heiligen Dunkel ist dies noch verhült?»[64]

Die führende philosophische Schule in Deutschland ist seit fünfzig Jahren die des Leipziger Philosophen Gottfried Wilhelm Leibniz und seiner popularphilosophischen Anhänger Christian Wolff und Johann Christoph Gottsched. Die ersten sieben Untersuchungen des Primaners widmen sich der kritischen Betrachtung von Leibniz' *Neuem System der Natur* und dessen *Monadologie*. Besonders ausgiebig beschäftigt den jungen Philosophen die Metapher der «Kette der Wesen», die besagen soll, dass alle Gattungen und Arten von Gott geschaffener Wesen nach dem Gesetz der vorbestimmten Harmonie lückenlos auseinander hervorgehen. Daher ist auch der Platz des Menschen in der Schöpfung als der eines notwendigen Mittelglieds zwischen dem «unteren» Körperreich der Tiere und Pflanzen und der höchsten Intelligenz des göttlichen Urhebers vernünftig gewählt. Dieselbe universelle Harmonie sieht Leibniz zwischen den unteren (sinnlichen) und den oberen (intelligiblen) Seelenkräften in jedem menschlichen Individuum wirken. Friedrich Richter übersetzt sich das so: «Die Seele wächst, wenn der Körper wächst – sie nimt ab, wenn der Körper abnimmt.» Jedes Ich durchläuft in seinem Leben gleichsam im Zeitraffer die Geschichte der Welt, die «nach Millionen Jahren» zählt. «Der Mensch ist so zu sagen, Pflanzen Mensch, Tier Mensch, Engels Mensch und Serap[h]s Mensch.» Der höchste Grad der Vollkommenheit im harmonischen Gleichgewicht seiner inneren Kräfte ist das Ziel der Schöpfungsgeschichte ebenso wie jedes einzelnen Menschenlebens. Jede Entwicklungsstufe, so glaubt Richter, hinterlässt einen unsichtbaren Abdruck in der menschlichen Individualität. «Der Engel, der an mich angekettet ist, wird mir also auch in vielen ähnlich sein müssen.»[65] Selbst der undenkbare Abgrund des Lebens, der Tod, verliert seinen Schrecken: Geburt und Tod sind nicht mehr die Grenzpunkte jeder Biographie, da das denkende Ich mit dem geistigen Universum einer unendlichen Vor- und Nachwelt und sogar mit fernen Planetenwelten verbunden ist. Keiner ist mehr allein. Um die Vereinzelung der Einzelnen schlingt sich das universale Band der Wesen. Wie man sich aber den harmonischen Übergang von materieller zu immaterieller Substanz zu denken habe und vor allem: mit welchem Organ Unsterblichkeit von einer Intelligenz wahrgenommen werden kann, die, abgetrennt von leiblichen Augen, Ohren und Gehirn, nur noch reiner Geist wäre – dies zu ergründen, verschiebt der Wahrheitssucher erst einmal auf den Frühling. «Die Vereinigung unseres Körpers mit unserer Sele bleibt das ewige Rätsel iedes Philosophen».[66]

Am 11. Oktober 1780 spricht Friedrich Richter zum zweiten Mal vor Schüler- und Lehrerschaft, diesmal *Über den Nutzen und Schaden der Erfindung neuer Wahrheiten*. Es ist gleichsam die logische Fortführung der im Jahr zuvor entwickelten Richter'schen «Schule des philosophischen Denkens». Die Gewissensskrupel, die seine philosophische Gottsuche anfangs begleiteten, sind überwunden. Sein Fazit: Es gibt keine schlechten Gedanken, nur neue. Ein Gedanke müsse nicht darum falsch sein, weil Hunderte vorher ihn noch nicht gedacht haben. Newton habe die Schwerkraft auch nicht erfunden, sondern nur als erster gedacht; «ie mehr ein Mensch nach höherer Vollkommenheit strebt, ie mehr er umfast, ie mehr er Genie ist: desto mehr liebt er's Neue.» Das Genie, der «grosse Geist», mache «nur das Unsichtbare unsrer Vorstellungen sichtbar, er verbindet nur die Säzze, die vor uns lange da lagen, und macht die Konklusion daraus». Wäre das einmal Gewusste für immer gültig, so «wären wir iezt noch auf dem Punkt, wo Noah und seine Söhn' in den Wissenschaften standen». Unter den Theologen nennt Richter Semler, Michaelis, Tychsen, Teller und Grisebach als musterhafte Vordenker, allesamt Vertreter des verteufelten theologischen Rationalismus. Aber selbst Atheisten wie Voltaire, Hume und der «gottlose» Materialist Lamettrie werden zu Vorkämpfern des Christentums ernannt, insofern ihre Werke den Orthodoxen Anlass zu scharfsinnigen Verteidigungen ihrer Religion geboten hätten; sogar «ein Lessingscher Fragmentist hat seinen Widerleger gefunden».[67]

Schon die öffentliche Nennung der erwähnten französischen Philosophen, aber mehr noch die Anspielung auf die Kontroverse zwischen dem radikalen Aufklärer Lessing und dem orthodoxen Hamburger Pastor Goeze im Frühjahr 1778 um die Fragmente des Neologen Hermann Samuel Reimarus hätten jeden Pfarrer oder Lehrer sein Amt, wenn nicht gar Kopf und Kragen gekostet.[68] Der kühne Feldzug eines siebzehnjährigen Schülers für die natürliche Theologie spricht sich in Hof wie ein Lauffeuer herum. Der leibhaftige Teufel hat ein Gesicht: das des schmalgliedrigen, aschblonden Jünglings aus der Klostergasse.

«Lauter Sterbensgedanken umgeben mich izt», schreibt Richter Anfang Oktober seinem Freund Adam Oerthel nach Töpen. Drei Tage vor seiner Rede, der Abschlussrede am Gymnasium, ist mit siebzig Jahren sein Großvater Johann Paul Kuhn gestorben. Rosina Richter findet sich nach dem Tod ihres Vaters als Alleinerbin zweier Häuser und eines Grundstücks wieder, um die sie allerdings jahrelang gegen ihre Schwester Christiana Maria Riedel und deren Mann wird prozessieren müssen, weil Riedel das Testament anficht. Aber auch die Aussicht, im nächsten Jahr zum Studium nach Leipzig zu ziehen und sich von den Freunden trennen zu müssen, macht Friedrich Richter sterbenstraurig. «Wenn ich vielleicht weg bin», schreibt er an Oerthel, «so seh' zu nachts zu deinen Gängen in den Garten hin, wenn sie der Volmond beschimmert – und denke dan d'ran – wie wir ienseits hinüber über das beleuchtete Wasser blikten – wie eine freundschaftliche Thräne dem Aug' entdrang – zum Alvater hinauf – – Ach! Die Tage der Kindheit sind hin – die Tage des Schülers bei beiden auch bald volendet – bald's ganze Leben.»[69] Wenn er «nächtlich die Gräber der süsschlummernden Freunde» erblickt, sprechen aus Orthographie und Gemütsstimmung Edward Youngs *Nachtgedanken* und Sternes *Empfindsame Reisen*, Werke ihrer Lieblingsdichter.

Nachdem er sich vor dem Bayreuther Konsistorium als Kandidat der Theologie hat bestätigen lassen, setzt er am 29. November 1780, zu Mutter und Brüdern nach Schwarzenbach zurückgekehrt, seine *Übungen im Denken* fort. Nach der «neue[n] Teorie von Geistern» in der sechsten Untersuchung wendet er sich in der siebten wieder Leibniz' *Monadologie* zu. Mit dem Begriff der Monade erklärt sich Leibniz die Welt gewissermaßen als molekulare Aggregation körperloser Substanzen in aufsteigender Ordnung von den einfachsten organischen Zusammensetzungen in Pflanzen und Tieren bis zur reinen Intelligenz. Eine heilige Freude erfüllt den Adepten der Weltweisheit, als habe er den Göttern das Feuer geraubt, als er sich vorzustellen versucht, wie es sein wird, unsterblich zu sein. «Wie freu ich mich zu sein, künftig noch zu sein, um zu betrachten diese ganze neue Welt, mit allen Tieren bevölkert, die Vernunft haben, mit Pflanzen besät, die den iezzigen Tieren gleichen und mit Wundern erfült, wovon ich mir iezt noch gar keinen Begrif machen kann. Welche Wesen werd' ich erblikken, über mir, neben mir, unter mir! – Und *ich*? – ach! Was werd ich dan sein? Mit Freuden wird' ich mich der Stunden erinnern, wo ich künftige Wunder Gottes nur noch im Dunkeln mutmaste – da im Dunkeln mutmaste, wo ich iezt helles Licht habe. Welche neue Kräfte werd ich erhalten! Wie werden die iezzigen verstärkt werden! Welche neue Sinne werd' ich bekommen, um nur mehrere, nur grössere Wunder zu entdekken! – Wie wird mein Körper beschaffen sein – dieser Körper, der dieses schreibt! O Gott sei mir gütig! las mich dies geniessen, für das ich dir nie genug Dank werde stammeln können –! Und? Wie werd' *ich dich lieben? Meine Mitmenschen lieben?*»[70]

Im rhetorischen Überschwang kommt Richter der ironischen Apostasie, dem Glaubensabfall, gefährlich nahe. Ihm ist klar geworden, dass jedes spekulative philosophische System, auf die logische Spitze getrieben, im sprachlichen Paradox «aus einem Gemische von wahren und falschen Säzzen» enden muss. «Nichts ist unsrer denkenden Natur mer gemäs, als Warheiten im Zusammenhange zu denken [...] allein nichts kann uns auch mer irre führen, als eben dieses. Denn wir stellen uns dan die Dinge nicht so vor, wie sie sind, sondern wie wir sie in unser System hinein haben wollen – wir schnizzeln und formeln so lang' an dem Dinge, bis es in unsre Ideenreihen hineinpasst.»[71] Dem scharfdenkenden Jüngling entgeht nicht, dass in Leibniz' nachcartesianischer Ontologie vor allem die Definition der monadischen Substanz problematisch ist. «Man teilte sonst die ganze Schöpfung in *Geist* und *Materie*. Leibniz hat erwiesen, daß es gar keine Materie giebt – daß alles Geist ist, nur durch Stufen von einander verschieden. Vielleicht giebt's Wesen, die sich uns gegenüber verhalten, wie wir uns zur Materie – die uns so zu sagen für Materie halten. Recht betrachtet ist dieser Gedanke nicht übertrieben – man muss nur ein Leibnizzianer sein.»[72]

Die Trennung der Freunde steht kurz bevor. Hermann muss noch ein Jahr auf dem Gymnasium absolvieren und möchte dann Medizin studieren, Oerthel Rechtswissenschaften, Richter Theologie. Am 24. November 1780 hat er sich zusätzlich ein *Arbeitsbuch* für Stil- und Schreibübungen angelegt. Einer dieser Entwürfe, für die er im Januar seine philosophischen Exerzitien unterbricht, wächst sich zu einer längeren Erzählung aus – *Heloise und Abelard*, ein vertracktes Ding von Romänchen, dem er das Motto voranstellt: «Der Empfindsame ist zu gut für diese Erde, wo kalte Spötter sind – in iener Welt nur, die mitweinende Engel trägt, findet er seiner Tränen Belohnung.»[73] Hitze und Kälte, Überschwang und Ironie, Lachen und Weinen, Parodie und Nachahmung liegen in dieser ersten Prosaskizze schon nah beieinander. Vier junge Leute – Karl, Wilhelm, Abelard und die reiche Kaufmannstochter Heloise – sind die Helden, in denen unschwer Bernhard Hermann, Richter, Oerthel und dessen Jugendliebe Beata von Spangenberg zu erkennen sind, Tochter einer streng pietistischen Ritterfamilie. Abelard liebt Heloise, doch die reichen Eltern des Mädchens stimmen ihrer Vereinigung nicht zu und verloben Heloise mit einem andern. Im Oktober nimmt Abelard Abschied von der Geliebten und geht «auf die Akademie». Auf ihrem Tisch liegen aufgeschlagen «Krauseneks Gedichte» (die Werke eines anakreontischen Bayreuther Hofdichters), in ihren Augen glitzern empfindsame Tränen. Karl bleibt zurück und berichtet Wilhelm, dem Dritten im Freundschaftsbund, in seinen Briefen von der sich anbahnenden Tragödie: Angewidert von dem herrschenden Rationalismus, ist Abelard auf der Universität todunglücklich. «Wirklich ein gescheuter Kerl wird tausendmal mer geschäzt, als ein empfindsamer Jüngling.» Unterdessen hat Heloises Verlobter sie zu vergewaltigen versucht und durch einen Pistolenschuss beinahe getötet. Sie stirbt am 24. Dezember zur Mitternacht, aber nicht an dem Schuss, sondern an dem erlittenen Schrecken. Nun will auch Abelard sterben. Weil das Erfrieren auf Heloises Grab ihm zwar die passendste Todesart zu sein scheint, aber zu lange dauert, erschießt er sich am 31. Dezember auf dem Grab eines Selbstmörderpaars. Über seinem Sarg reichen sich Wilhelm und Karl die Hände und verabreden, sich im Himmel wiederzusehen. «Wo alle sich wieder erkennen Freund und

Freundin, Werther und Lotte, Siegwart und Marianna – und alle – und auch du und ich! – –».74

Abgesehen davon, dass eine Vergewaltigung und ein Selbstmord nicht eben die geschmackvollsten Ingredienzien für einen empfindsamen Roman gewesen sein dürften, imitiert Richter die pietistisch gefärbte Sprache zeitgenössischer Moderomane in dieser *Werther*-Parodie viel zu spitzfindig, als dass man seinem Prosaerstling Sentimentalismus vorwerfen könnte. Wenn am Ende rohe Gewalt und Fleischeslust über zwei empfindsame Seelen siegen, ist vielmehr daran zu denken, dass Richter den verliebten Oerthel mit drastischen Mitteln von seinem Liebeskummer heilen wollte. In letzter Minute entschließt sich Oerthel, statt nach Erlangen mit Richter an die Universität Leipzig zu gehen. Im Mai 1781 brechen die Freunde in Begleitung eines Lehrers auf.

5. DAS HAUS DES ICH

Leipzig, im Frühsommer 1781

In der Petersstraße Nr. 27 mieten der arme Richter und der reiche Oerthel zwei nebeneinander liegende Kammern im ersten Stock des Kaffeehauses «Zu den drei Rosen». Ganz in der Nähe befinden sich das Hotel Central, das Hotel Bavière und drei Leihbibliotheken: die Seilersche in der Hainstraße, die Thumische in Küstners Haus und die Beygangsche in Hohmanns Hof, beide in der Petersstraße. Hier sammelt sich das literarische Proletariat, das Heer der Lohnschreiber, Rezensenten, Übersetzer und Studenten in den Kneipen und Kaffeehäusern. Hier haben Dyk, Breitkopf, Reclam, Philipp Erasmus Reich und etwa dreißig andere Verlagsbuchhändler sowie fünfzig Zeitungen ihre Niederlassungen. Hier träumt jeder zweite vom literarischen Ruhm. Auf 170 Leipziger kommt ein Schriftsteller. Das Petersviertel ist die sächsische Grub Street, die deutsche Nachahmung jener Londoner Straße der Zeitungsschreiber und Buchdrucker, von der um 1700 die bürgerliche Presseöffentlichkeit ihren Eroberungszug gegen die etablierte Gelehrtenkultur angetreten hatte. Zweimal jährlich, zu den Buchmessen, verwandelt sich die Petersstraße in ein Schlachtfeld der Köpfe und Meinungen. Kaspar Riesbeck, 1780 auf der Durchreise, ist entsetzt über die literarischen «Kalmückenhorden, die, gleich den Truppen des Dschingis-Khans, vor einigen Jahren einen Einfall auf den deutschen Parnass taten, die Musen notzüchtigten, die schönen Blumenbetten der alten deutschen Dichter verheerten, die Sprache verstümmelten, die Wörter mit tatarischer Wut zerfetzten und vielleicht auch im Hunger noch Kinder gefressen hätten [...]. Nun haben sie sich allgemach hinter die Hecken und Gebüsche verlaufen, wo sie manchmal noch Feuer auf die Vorübergehenden geben, aber sich nicht mehr lange halten können.»[75]

Leipzig, Gasthof «Zu den drei Rosen»

Die stürmenden und drängenden Oberkalmücken Jakob Reinhold Michael Lenz, Maximilian Klinger und Heinrich Wilhelm von Gerstenberg, um nur diese zu nennen, haben sich 1781 in alle Winde zerstreut. Goethe, ihr Häuptling, sitzt bekehrt mit «welken Lenden» in seinem weimarischen Belvedere, während just ein neues Kraftgenie am literarischen Horizont erscheint, der Schwabe Friedrich Schiller, der sein Skandalstück *Die Räuber* noch vor der Uraufführung am Mannheimer Hoftheater im Selbstverlag drucken lässt.

Das überhitzte literarische Klima, die jungen Schauspielerinnen im Wirtshaus vor dem Ranstädter Tor, die hübschen jungen Hürchen im Rosental, die vornehmen Damen in den Abonnementslogen des Ranstädtischen Theaters – Friedrich Richter will von alledem nichts bemerkt haben. Ihm wird Leipzig, anders als dem Frankfurter Patriziersohn Goethe sechzehn Jahre zuvor, nicht zu einem «Klein-Paris». Sein Leipzig ist eine geschlossene Gesellschaft, in der Professoren, reiche Kaufleute und sächsische Hofräte den Ton angeben. Die Mode wird vom französischen Geschmack des kursächsischen Hofs bestimmt. Man sieht wagenbreite *culs de Paris* und turmhohe Perücken, daneben die englische Mode der Kaufleute. Von 32 000 Leipzigern sind beinahe ein Zehntel Studenten. Auf den weißen Rasenbänken sitzen sie mit übereinandergeschlagenen Beinen, junge Männer in kurzen Westen, Kniehosen und seidenen Strümpfen, mit Schnallenschuhen und zierlichen Degen. Das sind die reichen Studenten von Leipzig; «sie sind wie Puppen im Marionettenspiel, und keiner hat das Herz, Er selbst zu sein. Das Hergen [Herrchen] gaukelt hier von Toilette zu Toilette, von Assemble zu Assemble, stielt überal ein paar Torheiten mit weg, lacht und weint, wie's dem andern beliebt, närt die Gesellschaft von den Unverdaulichkeiten, die er in einer andern eingesamlet hat, und beschäftigt seinen Körper mit Essen und seine Sele mit Nichtstun, bis er ermüdet einschläft.»[76]

Zu den andern, denen man den Hunger ansieht, gehört er selbst, Friedrich Richter aus Hof. Für achtzehn Pfennige bekommt er täglich eine warme Mittagsmahlzeit, die Wäscherin nimmt pro Hemd einen Groschen. Seine Stube im Gasthaus kostet jährlich sechzehn Taler. Das Gymnasium hat ihm ein Armutszeugnis bewilligt, das den kostenlosen Besuch der Vorlesungen erlaubt. Bei Christian August Klodius hört Richter über Philosophie, bei Karl Andreas Bel, dem Herausgeber der *Leipziger Gelehrten Zeitung*, über Poesie und Beredsamkeit. Die meisten Professoren halten Vorlesung in ihren eigenen Häusern und verlangen fünf Taler pro Semester. Unter ihnen ist Ernst Platner, Dekan der Medizinischen Fakultät, ein Dandy der Wissenschaften. Friedrich Wilhelm Joseph Schelling nannte ihn «französisch-leicht», Carl Leonhard Reinhold einen «Dumm-Schwätzer». Er kleidet sich prunkvoll und hält gewissermaßen Hof in seinem Hörsaal, der mit Vorhängen, Büsten und Gemälden des Kunstakademiedirektors Adam Friedrich Oeser elegant wie ein Salon ausgestattet ist. Neben Logik, Metaphysik und Ästhetik liest er über philosophische Anthropologie.[77] Adlige besuchen seine Vorlesungen, die Damen dürfen vom Nebenzimmer durch die angelehnte Tür zuhören. Platners Pflegevater war der einflussreiche Theologe und Rektor der Leipziger Thomasschule Johann August Ernesti.

Was Platner für die Universität, ist Christian Felix Weiße für die Leipziger Literatur. Seit 1761 ist er Herausgeber der *Bibliothek der schönen Wissenschaften und der freien Künste*. Als Kreissteuereinnehmer reich und als Verfasser von Singspielen berühmt geworden, ist der freundliche alte Herr «die Eleganz selber», wie Kaspar Riesbeck fand, und «einer der stärksten Antagonisten der literarischen Kalmücken». Er ist mit einer Schwester Platners verheiratet; eine andere Schwester ist die Gattin des Kammerrats Johannes Balthasar Faber, Erb-, Lehn- und Gerichtsherr auf Wachau und Stötteritz.[78] Das dortige Rittergut, das Flachsische genannt und von einem breiten Wassergraben umgeben, ist ein beliebter Treffpunkt der mondänen Gesellschaft. Die dritte Leipziger Zelebrität, die Bildungsreisende anzieht, ist der betagte Prediger Georg Joachim Zollikofer, Vorsteher der reformierten Gemeinde. «Ein erleuchteter Exeget und dabey Geschmack, Kunstkennerschaft, Beredsamkeit und ein edler, fester Charakter», schreibt Karl Friedrich Bahrdt 1781 über ihn.[79] Johann Georg Zimmermann zitiert in seiner Studie *Über die Einsamkeit* eingehend aus Zollikers Predigten. Lavater umwarb ihn, Diderot besuchte ihn auf seiner Reise nach Petersburg.

Einem altfränkischen Pfarrerssohn aber bleiben die *tables d'hôte* der Eliten verschlossen. Was hilft es, dass Richter vertrauensvoll seine Billetts in den berühmten Häusern abgibt – ein Armer, Namenloser wird nicht vorgelassen. Ein langer, wohlgesetzter Bittbrief an einen ungenannten «Gönner» bleibt unabgeschickt, wenigstens unbeantwortet. In einer Stadt, die einen Thomasius, Pufendorf, Gottsched und Lessing in ihren alten Mauern sah, die der Sitz der *Ökonomischen Gesellschaft*, der *Deutschen Gesellschaft*, der *Gesellschaft der Freyen Künste* und einer Kunstakademie ist, fragt man nicht, was einer werden will, sondern was er darstellt. Und so sitzt Friedrich Richter im Körner'schen Kaffeehaus an seinem Tisch, während draußen die Junisonne in den Gassen glüht, und schreibt den wunderbaren ersten Satz seines Schriftstellerlebens. «Wir sind nie bei uns selbst, nie in unserm eignen Hause, sondern allezeit bei dem andern, in dem Hause des Nachbarn».[80]

Was für ein Auftakt, in dem schon der volle Akkord Jeanpaulischer Prosa anklingt: «wir verlassen uns, und keren nicht eher wieder zurük, als bis ein starker Schlag unser ganzes Wesen erschüttert, oder bis sich unsre Sinne schliessen, um auf immer nichts mer zu empfinden – – das heist unbildlich, wir beschäftigen uns mit allen Dingen, nur mit uns selbst nicht. In allen Wissenschaften giebt's Gelerte; allein die Menschenkenntnis hat keine». Jetzt sieht er, wie er in Schwarzenbach und in Hof gedacht hat – und wie er denken sollte. Er hat die Theologen und Philosophen gelesen auf der Suche nach der Seele. Das größte Rätsel aber blieb ungelöst: Was ist der Mensch, was ist ein Ich? «Sein ganzes Leben ist eine beständige Reue, ein beständiges Klügerwerden. Er wird älter, um die Zahl seiner Feler vermert zu sehen, weiser, um zu wissen, wie oft er ein Nar war.»[81] Was den Menschen sich selber zum eigentlichen Rätsel mache, sei seine Widersprüchlichkeit. «Ich bin mir ein unerforschlich Ding. Ich bin mir unbekannter, als alles was mich umgiebt [...] Sind wir denn immer bestimmt» – so hat sich Richter im Dezember noch in Schwarzenbach gefragt –, «ausser uns selbst herum zu irren, um zu suchen, was wir in uns schon haben? – Eben die äussern Dinge, die den Endzwek haben, uns uns selbst fülen zu lassen, bewirken gerade das Entgegengesezte, werfen uns ausser uns selbst hinaus.»[82] Nun, die Antwort scheint gefunden. «Deine Sel' ist so gemacht, daß sie etwas will; wenn gewisse äußere Ding' auf sie wirken.» Aber was will sie, da der Mensch gut *und* böse ist, Leib *und* Seele, Gefühl *und* Vernunft? Der Menschenfreund sagt: «Wir sind Engel in Menschengestalt verkleidet. Unser Körper kündigt eben so wol unsre Hoheit an, als unser Geist.» Der Skeptizist dagegen warnt. «Dein Verstand erhebt die Dumheit zum gelehrten Galimatias; deine guten Regungen vergrössern den Triumph des Lasters.» Alle Menschenkenntnis endet für den Skeptizisten vor den Türen der Universitäten. «Es ist nicht die Warheit, um die ihr euch in Hörsälen, in Büchern und auf den Kanzeln zankt, sondern das Geld, das sie euch einbringt, der Rum, den sie euch verschaft.»[83]

Richters Gesellenstück philosophischer Essayistik zeigt im klassischen rhetorischen Fünfschritt von *inventio, dispositio, elocutio, pronunciatio* und *conclusio* schon den künftigen Großmeister des antinomischen Denkens. Die beiden vorherrschenden philosophischen Prämissen der frühen Aufklärung werden rhetorisch aufeinandergehetzt: der erkenntniskritische Sensualismus der Herren Locke und Hume, Helvetius und Lamettrie und der Leibniz'sche Optimismus mitsamt seiner pädagogisch-philanthropischen Gefolgschaft. Warum, insistiert der Achtzehnjährige, vermehrt sich das Böse in der Welt im selben Maß wie das Gute, wenn Leibniz mit seiner Annahme Recht hat, der Mensch müsse schon darum gut sein, weil Gott ihn in die beste aller Welten hinein geschaffen habe?

Die Wahrheit, die er sucht, liegt wie so oft in der Mitte. «Der Mensch ist das Geschöpf, das die Fähigkeit besizt, das Unvereinbare zu vereinigen – das Geschöpf, welches Nar und Weiser, Bösewicht und Heiliger zugleich ist. Wir sind im Stande, alles zu werden, aber nicht, etwas ganz und lange zu sein.»[84] Der Mensch ist nicht mehr und nicht weniger als das, was er aus sich macht. Er ist frei zu wollen. Diese innere Freiheit der Wahl ist es, die dem «schnizzelnden und formelnden» Systemzwang der Moralphilosophie einen Strich durch die Rechnung macht. «In seinem unteilbaren Ich findet er Wunder, die er durch kein Bild ausdrükken kann, die er blos fühlen mus. Er zerlegt das Wesen der Empfindung, indem er empfindet, bemerkt die Geseze des Denkens, indem er denkt, betrachtet den Willen, indem er begert.»[85]

Als der junge Student fertig ist mit seinem Aufsatz, den er schlicht *Etwas über den Menschen* betitelt, setzt er feierlich darunter: «Joh. Paullus Fried. Richter.» Im August bietet er ihn dem Herausgeber des *Deutschen Museums* Heinrich Christian Boie an und macht geheimnisvolle Andeutungen über eine «nicht unbedeutende Nachricht», die er liefern könne, sofern Boie «in ungefär 14 Tagen» melden würde, ob und wann er den Aufsatz abdrucke. Boie ist ein prominentes Mitglied im Illuminatenorden und eng befreundet mit Freimaurern wie Friedrich Wilhelm Gotter, den Grafen Stolberg, Knigge und Bode. Keine hundert Schritte von der Petersstraße befindet sich im Venonischen Garten gegenüber der Pleissenburg das neue Logenhaus der Leipziger Freimaurerloge «Minerva zu den drei Palmen», das vormalige Wein- und Kaffeehaus Francesco Venonis. Als Sitz der Präfektur Derla in der VII. Ordensprovinz «Germania inferior ad Albim et Oderam» ist Leipzig seit 1760 die Hauptstadt der deutschen Freimaurerei. Alles, was in der Stadt Rang und Namen hat, ist Maurer: die Professoren Morus und Platner, die Verleger Dyk, Breitkopf, Reich und Reclam, der Malerprofessor Oeser, der Arzt Hahnemann, der Theaterprinzipal Seconda. Andere halten ihre Verbindung zu den Freimaurern lieber geheim. Schließlich ist jedermann der Leipziger Ordenskrieg noch in lebhafter Erinnerung, in den Personen aus den höchsten Kreisen des sächsischen Adels verwickelt waren. Sein dramatisches Finale fand im Morgengrauen des 8. Oktober 1774 auf einer Lichtung im Leipziger Rosental statt, als sich der Hochstapler und Geisterbeschwörer Johann Georg Schröpfer mit einem Pistolenschuss ins Jenseits beförderte.

Im Jahr zuvor war Schröpfer, ein Schankwirt in der Leipziger Klostergasse, für einige Monate verschwunden und als französischer Baron von Steinbach in Dresden wieder aufgetaucht, wo er nun im Hotel de Pologne fürstlich residierte und theurgische Messen abhielt. Schröpfer selbst, Mitglied der Minerva-Loge, setzte das Gerücht in die Welt, im Besitz einer Million Reichstaler aus dem Vermögen des aufgelösten Jesuitenordens zu sein. Am Vortag der angekündigten Eröffnung seiner Schatzschatulle im Dresdener Palais des Ministers von Wurmb setzte er sich heimlich nach Leipzig ab, wo eben die Buchmesse begann, um sich zu erschießen. Noch an dem selben Abend wurde in Dresden in Anwesenheit des Prinzen Christian Joseph Karl von Kurland, des Grafen Brühl, des Hofpredigers Stark und des Staatsministers von Wurmb ein versiegeltes Paket geöffnet, in dem sich statt des erwarteten Ordensschatzes nur unbedruckte Papierbündel befanden. Seitdem hielt sich das hartnäckige Gerücht einer jesuitischen Unterwanderung der Freimaurerlogen.

Was bedeutete aber die auffällige Hervorhebung des zweiten Vornamens, die der junge Schriftsteller in seiner Signatur vornahm? Jeder Gebildete verband mit diesem Namen sofort den Apostel Paulus, damals der Lieblingsapostel der Pietisten, Illuminaten, Freimaurer und der alchemistischen Sekte der Rosenkreuzer.[86] Wollte sich der namen- und mittellose Student so Zugang zu den inneren Zirkeln verschaffen, deren Türen ihm verschlossen waren? «Die sachkundigsten Brüder unsrer Obedienz», schreibt im Jahr darauf Joseph de Maistre in seiner Denkschrift für den Großmeister der vereinigten deutschen Freimaurerlogen, «glauben, es gebe gute Gründe für die Annahme, die wahre Maurerei sei nichts als das Wissen um den Menschen schlechthin, nämlich die Kenntnis seines Ursprungs und seiner Bestimmung.»[87] Anders als die Freimaurerlogen des ägyptischen Ritus schreiben sich die sogenannten schottischen Logen die Beförderung christlicher Religiosität, Wohltätigkeit und die Bekämpfung von Aberglauben und Skeptizismus auf ihre Ordensfahnen. «Wir alle sind vereint im Namen der Religion und der Menschenliebe.»[88]

Die neutestamentlichen Gemeindebriefe des Paulus an die Epheser und die Korinther gehörten zu den am gründlichsten exegierten Schriften der rationalistischen Theologie. Aber auch der pietistischen Erweckungsbewegung lieferte Paulus' Metapher des «inneren Menschen» das entscheidende ideologische Instrumentarium. Von Platons *Politeia* und *Phädros* und den Schriften des *Corpus Hermeticum* wanderte die Formel über Neuplatonismus und christliche Gnostik durch die Geschichte des Denkens bis hinein in die Geheimgesellschaften des 18. Jahrhunderts. «Deshalb verzagen wir nicht», predigt Paulus, «sondern, wenn auch unser äußerer Mensch zugrunde geht, so wird doch unser innerer Tag für Tag erneuert. Denn das momentan Geringfügige unserer Bedrängnis verschafft uns in maßloser Fülle ein ewiges Gewicht an Herrlichkeit, [uns,] die wir nicht auf das Sichtbare, sondern auf das Unsichtbare achten; denn das Sichtbare ist vergänglich, das Unsichtbare aber ewig.» (2. Korinther 4,16–18) Nach Paulus ist der physische Leib nur Kleid und Hülle der Seele, die sich durch innere Reinigung mit Gott vereinigt, während der «alte Adam» zurückbleibt, der irdische Restposten des fleischlichen Menschen. So erscheint die Welt im nachpaulinischen Denken als Schichtenkosmos: Der Glauben errichtet in der frommen Seele den inneren Tempel Christi, während «der Leib das Haus der Seele»[89] ist, das wiederum von dem großen Tempel der göttlichen Schöpfung umfangen ist. Durch die heiligen Sakramente wird der innere Mensch in seiner leiblichen Hülle zum Gefäß des Geistes geweiht. Das Gefühl kosmischer Verlassenheit, das jenseits der Leibniz'schen Theodizee von keiner anderen Welt weiß als der gähnenden Leere des Alls, wird durch Heiligung des Leibs verwandelt in ein seelisches All-Eins-Sein mit Gott.

Im Sommersemester 1781 liest Samuel Friedrich Nathanael Morus, Freimaurer und Ephorus der kursächsischen Stipendiaten, über

Paulus' 1. Korintherbrief, Kapitel 10. Richter hört bei ihm Bibelexegese und Griechisch. Vielleicht war die Unterschrift eine geheime Hieroglyphe, mit der sich der cand. theol. Richter bei seinem Lieblingslehrer als Anwärter auf ein maurerisches Noviziat zu erkennen geben wollte?[90] Seine Unverdorbenheit, seine Unbekanntheit mit den gesellschaftlichen Regeln in einer Stadt der Eitelkeiten und des Geschäftssinns prädestinieren den kleinen Paulus aus der Petersstraße geradezu für eine Anwartschaft in einem der Geheimorden – so wie es später über den unschuldigen Gustav in der *Unsichtbaren Loge* heißt: «seine Verlegenheit wird ihm als Ordenskreuz ausgelegt.» Richters Hofer Mitschüler Johann Christian Reinhart hat es in nur einem Jahr zum Meisterschüler des Malers und Akademiepräsidenten Adam Oeser und zu dessen Novizen im Minerva-Orden gebracht.

Für Richter sind die Aussichten dagegen eher schlecht. Bei den Freimaurern ist das Eintrittsgeld unerschwinglich, überdies muss der Kandidat eine Liste seiner Bücher vorlegen. Richter besitzt aber keine. Günstiger sieht es bei den Illuminaten aus. Zu Beginn muss sich der Kandidat erklären, ob er ein Eintrittsgeld von einem Dukaten zahlen oder eine Abhandlung schreiben und drucken lassen wolle. Diese Bedingung wäre mit dem Essay *Etwas über den Menschen* immerhin erfüllt gewesen. Auch soll der Anwärter möglichst mehrere Fremdsprachen, vor allem Französisch, Englisch und Griechisch, beherrschen. Die Werber des Illuminatenordens sind überall in Sachsen, vorwiegend aber in der menschenreichen Universitätsstadt Leipzig unterwegs. «Am liebsten hat man Junge von 18 bis 30 Jahren, reiche, wissensbegierige, gutherzige, folgsame, standhafte und beharrliche Leute».[91] Der Werber soll möglichst im gleichen Alter wie der Kandidat sein. Hat er ihn durch Ausspähung seines Charakters und seiner Denkart nach der geheimen Instruktion der Oberen so weit gebracht, dass er den Wunsch äußert, Mitglied zu werden, so wird ihm eine Probezeit von zwei bis drei Jahren auferlegt.

Die Abgrenzung der zahlreichen geheimen Gesellschaften ist nicht ganz einfach. Der Freiherr von Knigge, einer der prominentesten Freimaurer, war 1780 von der Freimaurerei der strikten Observanz zum Illuminatenorden übergetreten und versuchte gegen dessen Ordensgründer Adam Weishaupt, den illuminatischen Einfluss in den Großlogen zu stärken, die von dubiosen Hermetikern, Alchemisten und Swedenborgianern überrannt wurden. Die Swedenborgianer wiederum kopierten in ihren Konferenzen mit Engeln und außerirdischen Planetariern gern freimaurerische Riten. Die Rosenkreuzer hingegen betrieben unter der Maske der Alchemie nichts anderes als die Rückwendung zu christlicher Orthodoxie und fürstlichem Absolutismus.

In jedem Fall absolviert Richter in seinem ersten Leipziger Sommer gewissenhaft die Pflichtlektüren illuminatischer Logen, sofern er die Werke nicht schon vorher kannte. An erster Stelle stehen Alexander Popes *Versuch über den Menschen* und Johann Carl Wezels *Tobias Knaut*, Marc Aurels *Selbstbetrachtungen*, Plutarchs Parallelbiographien, Thomas Abbts Schrift *Vom Verdienst*, Christian Cajus Lorenz Hirschfelds *Vom großen Manne* und David Humes *Über Selbstmord*. Er lernt Englisch und Französisch und übt sich mit Oerthel im Verfassen französischer Briefe. In einem neuen Merkheft, betitelt «Extraits. Tome I», trägt er Auszüge aus Büchern von Rousseau, Helvetius, Voltaire und François Vincent Toussaint ein.[92]

Auch sonst gehen merkwürdige Veränderungen in ihm vor. Zu den Exzerptheften kommen thematische Sammlungen von Auszügen zur «Geschichte», und im August legt er ein *Tagebuch meiner Arbeiten* an. Die vokalverschluckenden Apostrophe, die Johann Carl Wezel, ewiges *enfant terrible* der Leipziger Literatenszene, vor ein paar Jahren vehement als Vokalwürgerei verspottet hat,[93] verschwinden wie von Geisterhand. Die Eigenwilligkeiten von Richters Rechtschreibung werden moderner. Der Mutter kündigt er großzügige Geschenke an. Über die Professoren macht er sich jetzt unverfroren lustig. «Das Professorenvolk ist überhaupt das burleskeste Volk: sie haben Originaltorheiten, und man hat Unrecht getan, immer den Landgeistlichen in jeder Satyre zu züchtigen. Einen Professor nach dem Leben zu malen! – gewis das wäre der zweite Don Quichot und sein Famulus sein Sancho Pansa.» Die Professoren seien «von einem Schwarm niederer Schmeichler umlagert», so «daß ieder den nicht sein Kleid und sein Stand empfielt, nur erst mit Mühe ihr Bekannter wird».[94]

Am Abend des Begräbnisses von Ernesti, dem Rektor der Thomasschule, am 15. September 1781, als *tout Leipzig* auf dem Thomas-

Friedhof versammelt ist, sitzt allein der heilige Paulus aus dem Vogtland einsam in seinem Zimmer in der Petersstraße, um seinem alten Lehrer Werner einen liebevollen Brief zu schreiben. Bei dem Gedanken an sein altes Schwarzenbach muss er weinen; «überal nimt man eine kleine Maske an; überal schminkt man sich wenigstens ein bisgen: aber bei Ihnen tu' ich das nicht, ich zeige mich Ihnen wie ich bin, sie kennen meine Feler». Werner solle seine Briefe bloß keinem zeigen; «denn man verlacht oft den, der aufrichtig genug ist, sein Herz auf Unkosten seines Verstandes reden zu lassen.»[95] Dann aber träumt Richter in einem nicht abgeschickten Briefentwurf an Pfarrer Vogel von künftigem Ruhm und bedauert nur, dass man nach allgemeiner Erfahrung erst sterben muss, um berühmt zu werden.

Kurz zuvor, im August, also um die Zeit, als Richter *Etwas über den Menschen* zusammen mit der Ankündigung jener «nicht unbedeutenden Nachricht» der Redaktion des *Deutschen Museums* zuspielt, wird Wezel, dem stadtbekannten Libertin, Komödiendichter und Satiriker, von einem Studenten hinterbracht, Platner habe ihn während seiner Vorlesungen über das Genie und über die Vorsehung – unter den Zuhörern war auch Friedrich Richter – einen «eingebildeten schönen Geist» und «angehenden Schriftsteller» genannt und sich über Wezels Aufsatz *Über Sprache, Wissenschaften und Geschmack der Deutschen* abfällig geäußert. Lange Jahre hatte sich Wezel, Sohn eines sächsischen Kammerdieners, mit Hofmeisterstellen und Rezensionen durchschlagen müssen, bevor ihm mit populären Lustspielen und satirischen Gesellschaftsromanen der literarische Durchbruch gelang.[96] 1776 hat er mit *Belphegor oder die wahrscheinlichste Geschichte unter der Sonne*, einer Persiflage von Voltaires *Candide* im Stil des picarischen Schelmenromans, bewiesen, dass er ein exzellenter Kenner der Leibniz'schen Perfektibilitätsphilosophie ist. Doch Fama, die Gottheit des Ruhms, zeigt sich dem armen Wezel vorzugsweise von ihrer hämischen Seite. Man munkelt von seiner illegitimen Abkunft als «natürlicher» Sohn des Fürsten Heinrich I. von Schwarzburg-Sondershausen, von seiner querulantischen Empfindlichkeit, seiner Trunksucht, seinen Freundschaften mit allerlei fahrendem Volk vor dem Ranstädtischen Tor und seinen erotischen Affären mit Schauspielerinnen.

In der Tat hat Wezel in dem genannten Essay Leibniz' philosophischen Stil als «baufällige Hypothesen» und «schwerfällige Träumerey» bezeichnet. Platners Groll mag aber eher von einem Spottgedicht Wezels über den philosophischen Doktor Pumpelmus veranlasst worden sein, in dem er sich selbst wiederzuerkennen meinte. Erst am 3. November fordert Wezel den Professor in einem persönlichen Brief auf, seine Beleidigungen zurückzunehmen; andernfalls werde er, Wezel, diesen Brief öffentlich machen. «Sie finden am Ende dieses Billets den Namen von dem Verfasser jener Schrift [*Über Sprache, Wissenschaften und Geschmack der Deutschen*], der sich sehr wundert, daß ein Mann wie Sie, der nie ein lesbares Buch geschrieben, sondern nur ein System von Kunstwörtern kompiliert hat, ihn einen eingebildeten schönen Geist und angehenden Schriftsteller nennen konnte, da er seit zehn Jahren in Deutschland gelesen wird und Achtung und Beifall von vielen Personen genießt, die nicht einmal Ihre Existenz wißen: je mehr man in so einem Falle die Absicht zu beleidigen voraussetzen muß, je weniger wird es Sie befremden, wenn ichs als eine vorsetzliche Beleidigung betrachte und Satisfaction dafür von Ihnen verlange. Da ich aber keine Kollegia lese und folglich nicht Sie zur Wiedervergeltung einen eingebildeten Philosophen und unlesbaren Kompilator vor meinen Zuhörern schimpfen kann, so erwähle ich einen andern Weg, der des Gelehrten würdiger ist als Zänkereien im Schulwinkel.»[97]

Und mit tödlichem Sarkasmus lädt Wezel noch einmal nach: «Ein verstorbener Kollege von Ihnen war eine so feige Memme, daß er eine Albernheit, die er gegen mich begieng, nicht mit den Waffen des Gelehrten ausfechten wollte, sondern den Kirchenrath um Hülfe rief: die Zeit wird lehren, ob Sie auch ein solcher Professor sind, der sich nicht selbst zu helfen weiß, ob er gleich nur mit einem Gelehrten zu thun hat, der weder Professor noch Doktor ist.» Gemeint ist der kürzlich verstorbene Leipziger Zensor und Platner-Intimus Böhmer, der Wezel im Vorjahr durch öffentliche Beleidigungen und Zensurschikanen aus der Stadt vertrieben hatte.

Wezel ist zu diesem Zeitpunkt fünfunddreißig, ein schöner Mann mit schwarzen, auf die Schultern fallenden Haaren, und wohnt nur wenige Schritte vom Körnerschen Kaffeehaus in der Petersstraße.[98] Es würde an ein Wunder grenzen, wären sich Wezel und Friedrich Richter, die kühnsten deutschen Satiriker ihrer Zeit, nicht früher oder später in Leipzig über den Weg gelaufen – der eine am Ende, der andere am Anfang seiner schriftstellerischen Laufbahn. Zumindest mag der schüchterne achtzehnjährige Richter den Mann im langen, eleganten Mantel, wenn er die Seilersche Leihbücherei oder seinen Verleger Dyk aufsuchte, ab und zu auf der Straße gesehen haben: den Mann, dem all sein Voltaire'scher Witz und sein liebenswürdiger Charme nichts halfen gegen den Makel einer ungewissen Geburt.

6. DIE LEIPZIGER BÜCHERSCHLACHT

Leipzig, Herbst/Winter 1781

Am 10. November geht Platner mit der Flugschrift *Papiere von Joh. Karl Wezel wider Dr. Ernst Platnern von letzterm nebst einem Vorbericht herausgegeben* in die Offensive. Wezel habe vor aller Augen «die Unartigkeit seiner Sitten, und das Uebelwollen seines Herzens» gegen ihn an den Tag gelegt. «Hier sind die Papiere, in denen er dies gethan hat. Dieser sonderbare Mann lasse an mich, wider mich, und auf mich drucken was er wolle. Ich werde ihm nie eine Zeile antworten.»[99]

Auch Wezel ist nicht untätig. Durch gezielte Indiskretion kursieren seit Tagen Kopien seines Briefes in Leipzig. Die Affäre ist Stadtgespräch. Schnell bilden sich eine Platner- und eine Wezel-Fraktion. Als Sekundant fühlt sich jedermann aufgerufen, der schon einmal ein Sätzchen in einem Journal veröffentlicht hat. Leipzig hat seine *battle of the books*, seinen Krieg der Bücher, auch wenn es überwiegend Blättchen oder Ein-Bogen-Drucke auf schlechtestem Papier sind. In der Wezel-Platner-Affäre reißt zum ersten Mal ein Graben des Argwohns zwischen Akademisten und Belletristen, Professoren und *hommes de lettres* in aller Öffentlichkeit auf: Wer sind die legitimen Repräsentanten der philosophischen Aufklärung – freie Schriftsteller wie Wezel oder die Vertreter der Fakultäten und deren mächtige Freunde in den sächsischen Konsistorien und Bücherkommissionen?

Neunzehn Autoren mischen bis Februar des folgenden Jahres in dem Streit David gegen Goliath mit, den nur einer gewinnt: der Buchhändler, der die Heftchen druckt. Dass die Mehrzahl für Platner Partei ergreift, dafür sorgen schon die Bücherkommissare, die jedem in Sachsen erscheinenden Werk das Imprimatur erteilen müssen. Pro-Wezel-Flugblätter erscheinen lediglich außerhalb Sachsens, in Halle und Dessau. Zug um Zug wird der prominente Essayist und Romancier zum Freigeist und Moralstrolch gestempelt. Das Ganze gleicht einer öffentlichen Hinrichtung qua Rufmord. Einer vergleicht Wezel gar mit dem berüchtigten Jesuiten und Renaissancegelehrten Caspar Schoppe (Scioppius), in dem sich Genie, Betrug und Niedertracht auf seltene Weise verbanden. Unter den wenigen Pro-Wezel-Schriften fällt das *Philosophische Sendschreiben eines Göttingischen Studenten an einen Kandidaten in Leipzig über Doktor Ernst Platners und Joh. Karl Wezels bekannte Streitigkeit*, gedruckt mit der Jahreszahl 1782, durch sprachliche Intelligenz auf. «Wir philosophieren schön, und unsere Handlungen sind schlecht», meint der Student ganz in Wezels Sinn. Da «Leibnitz [d. h. seine *Theodizee*] für unsere Zeiten kein lesbares Buch ist, so können unmöglich unsere Zeiten aufgeklärte heißen». Sein Vorschlag: Man möge die alten Bücher umschreiben, damit das gut Gedachte nicht mit dem schlecht Geschriebenen verlorengehe.

Am 11. November 1781 antwortet Wezel selbst mit einer *Untersuchung über das Platnerische Verfahren gegen J. K. Wezel und gegen sein Urtheil von Leibnizen* unter dem Druckort Halle. Er plaudert aus, Platner habe ihn in der Zwischenzeit bald «mit einer gerichtlichen Klage und bald mit seiner Großmuth bedroht», und kündigt seinerseits «eine Untersuchung» an «über die Platnersche Philosophie». Denn schon längst geht es nicht mehr um die Philosophie von Leibniz, sondern um Platners Lehre, «weil sie, wie die meisten Nachfolger Leibnitzens, viele von den Ideen dieses Mannes in saftlose Abstraktionen umwandelt und ein Muster von metaphysischem Wörterkrame ist: wir müssen diesen verderblichen Geist der Trockenheit, diese Wortphilosophie aus Teutschland vollends hinausjagen, und da ich allein vielleicht zu schwach dazu bin, so rechne ich auf den Beistand Aller, die einsehen, wie heilsam eine Philosophie ist, wobei sich etwas denken läßt.»[100] Einem Philosophen zu raten, er solle die Wahrheit verachten, sei Blasphemie. «Unsere Untersuchung scheint für andere, deren Ehre nicht auf dem Spiele steht, wenig interessant zu sein, allein sie ist es allerdings wegen ihres Zusammenhangs mit der Untersuchung über den Zustand der Philosophie unter uns, mit gewissen altfränkischen Begriffen von einer vermeinten Solidität, die ich Trockenheit des Geistes und Langweiligkeit nenne, mit dem Werthe des Wissens unter uns, mit der Ausbreitung des philosophischen Geistes und mit verwandten Gegenständen, die nichts weniger als unwichtig für uns sind.»[101]

Der Student Richter hält sich aus all dem heraus, oder vielmehr: Er denkt sich seinen Teil und schweigt. Gegenüber Pfarrer Vogel verteidigt er Platner sogar, «der soviel tiefe Philosophie mit soviel Annemlichkeit, soviel gesunden Menschenverstand mit so grosser Gelersamkeit, soviel Kenntnis der alten Griechen mit der Kentnis der Neuern vereinigt, der als Philosoph, als Arzt, Aestetiker, und Gelerter gleich gros ist, und eben soviel Tugend als Weisheit; eben soviel Empfindsamkeit als Tiefsin [besizt], dieser Man ist nicht nur dem Neide iedes schlechten Kopfs, sondern der Verfolgung mächtiger Dumköpfe und der heimlichen Verläumdung ausgesezt. Er hat schon viele Streitigkeiten gehabt; und noch mehr Feinde sich zugezogen.» Aber im selben Brief wettert Richter auch ungeniert über die Unterdrückung der Denkfreiheit in Sachsen, die Unaufgeklärtheit des Adels, die rigide Zensur. «In Sachsen wird iedes freie Buch konfiszirt.»[102] Nur von Wezel kein Wort. Dass er dessen elegante Satiren und Rezensionen aus dem *Deutschen Museum* kennt, dessen prominentester Mitarbeiter Wezel seit vielen Jahren ist, bezeugt zur selben Zeit ein Eintrag in einem Exzerptheft unter dem Stichwort «Silvans Bibliothek (Sylvanus)». *Sylvans Bibliothek oder die gelehrten Abenteuer* ist eine von Wezels Satiren betitelt.[103] Für Platners herablassende Verweigerung des öffentlichen philosophischen Disputs findet Richter an anderer Stelle eine treffliche Umschreibung: «Ulrich von Hutten sagte zu seinem Feind Hogstraaten, der ihn, von ungefär begegnend, um's Leben bat: An dir verunreinige ich mein Schwerd nicht.»[104]

In dieselbe Zeit fällt auch Richters erste Begegnung mit einem Schriftsteller, der ihn sein Leben lang begleiten wird: Jonathan Swift. «Indessen hätt' er doch endlich wol etwas gelernet», schreibt er in einem späteren Brief über sich selbst, «aber unglüklicher Weise wurde er in Leipzig mit einem alten Übersezer, der 4 oder 5. Treppen hoch (d. i. 5 Fächer hoch im Repositorium) bei Seilern wohnte, bekannt. In diesen alten Man verliebte er sich nach und nach und er lag zulezt den ganzen Tag bei (über) ihm: von diesem lies er sich gewisse Bonsmots

I. Der Häftling des Himmels (1763–1784)

eines gewissen alten englischen Spasmachers, Swifts, verdolmetschen, wiewol ich glaube, der alte Übersezer hat ihn manchmal zum Narren gehabt. Allein wenn er nur nicht darüber auch zugleich die *alte, hole, stammelnde* Stimme des alten Mannes liebgewonnen hätte! Denn seitdem spricht er völlig wie der alte Übersezer und es bringt ihn nichts davon ab.«[105]

Gemeint ist Heinrich Waser, dessen Übersetzung der Werke Jonathan Swifts 1777 in Zürich erschien. Auch Wezel, der Leipziger Swift, verdiente sein Brot als Übersetzer aus dem Englischen. Er hatte (mit großer Wahrscheinlichkeit) einige Zeit in London gelebt, dort die Schriftstellerin Elizabeth Craven kennengelernt und deren *Weihnachtsmärchen*, eine Satire auf die Deutschen, übertragen.[106] Es ging in seiner Kontroverse mit Platner letztlich nur um eines: die Freiheit des Worts und damit die Autonomie der deutschen Literatur, die sich gerade erst aus der Umklammerung der philosophischen Fakultäten zu lösen begann. Swift und Wezel entfachen in dem paulinischen Menschenforscher Richter den Funkenflug des scharfsinnigen Satirikers. Freilich hing, als der Dekan Jonathan Swift, der geniale Spötter aus Dublin, mit der Literatursatire *A Tale of a Tub* (*Das Märchen von der Tonne*) als Satiriker debütierte, noch der Makel des Lohnschreibers an jedem Autor, der sich nicht mit theologischen oder anderen gelehrten Materien befasste. Vollends galt für jeden Mann von Adel oder kirchlichen Würden das Verfertigen schöngeistiger Werke als ehrenrührig. Laurence Sterne, Landpfarrer aus Yorkshire, ließ seinen Roman *Tristram Shandy* nicht von ungefähr anonym erscheinen. Young und Pope mussten ihre Satiren auf Kathederphilosophen und Theologen noch in poetische Roben kleiden. Auch Wezel fasste seine zeitkritischen Satiren in wohlgefügte Verse. Niedrig in der Wahl ihrer Gegenstände und hochfahrend in ihrer Bildsprache, scharfsinnig und obszön, schwangen sie sich – wie die Satiren des Lukian – mit einem Adler- und einem Geierflügel über das journalistische Zeitgeschehen und waren lange Zeit gezwungen, sich als Zwitter zwischen hoher Kunst und Straßengespräch auf metrischen Stelzen zu bewegen.

Der Leipziger Bücherkrieg findet sein vorläufiges Ende mit der Anfang 1782 erscheinenden Verssatire *Mein letzter Wille. Mit gelehrten*

Anmerkungen begleitet von Ernst Maria Pumpelmus, von der nicht mit letzter Sicherheit zu sagen ist, ob Wezel selber oder ein Plagiator der Verfasser ist. Wezel kann in diesem ungleichen Kampf nur verlieren. «Dies Schriftchen ist mein Grab, das lehrt mich / mein Gefühl». Es täuscht ihn nicht. Die im Stil der *Dunciade* von Alexander Pope geschriebene Satire endet in bitterer Resignation.

> Schweigt, Musen, schweigt! Verstimmt sind eure Saiten:
> Reißt Kranz und Haar entzwey! Verhüllt euch das Gesicht!
> Laßt aus der Hand die Fackel gleiten,
> O Schutzgeist des Geschmacks! Erleuchte keine Zeiten,
> Wo Pl*tn*r Witz, Geschmack und Schönheit lehrt.

Sarkastisch schlägt der Verfasser die Gründung eines «Ordens der Absurdität» in Leipzig vor (in Anspielung auf Swifts Narrenhausstiftung Bentham), der aus dem Erlös der Versteigerung von Wezels Romanen und Theaterstücken finanziert wird. In diesem Ordenshaus wohnen Schafe und Ochsen; die Türhüter sind zwei blinde Knaben mit den biblischen Namen Sadrach und Abednego (Tugend und Rechtschaffenheit) aus dem Buch Daniel.

Fortan ist Wezel in Deutschland eine Unperson. Erst verleumdet, dann totgeschwiegen, verlässt er Leipzig und geht für einige Jahre nach Wien, wo er mit Mozarts Librettisten Lorenzo da Ponte für das Theater arbeitet. Den Plan einer Anti-Platner-Schrift verfolgt er mit großer Energie weiter. Die ersten beiden Teile seiner philosophischen Anthropologie *Über den Menschen* erscheinen 1785/86, das Erscheinen des dritten Bandes verhindert die Leipziger Bücherkommission. Seine Lebensspuren verlieren sich nach 1786 im Dunkel der Legenden und Verleumdungen, doch unter wechselnden Namen und Gestalten lebt er weiter in Jean Pauls Romanen: als Peter Schoppe, als Giannozzo, als Mann mit der eisernen Maske. Er ist der Proteus der deutschen Satire, Menschenhasser und Bohemien, Geißel der bornierten Dummheit und der höfischen Verstellung, Pasquino und Pamphletist, Realist und Menschenkenner, der wie Hiob durch schlechte Erfahrung klug, durch Empfindsamkeit zum Zyniker und aus Liebe zur Wahrheit am Ende verrückt geworden ist.

7. DER UNHEILIGE PAULUS

Leipzig, im Sommer 1782

In den ersten Apriltagen des Jahres 1782 bietet der angehende Schriftsteller Friedrich Richter dem Verleger Johann Friedrich Weygand seine zweite Arbeit an, die satirische Streitschrift *Lob der Dummheit*, geschrieben in demselben Ton des ironischen Pathos wie Wezels Epitaph auf sich selbst: «Euch, ihr Musen, bei denen ieder Dichter um die Narheit bettelt, welche ihm sein Nervensaft, sein Wein oder seine Geliebte in zu kleinem Masse erteilt, euch ruff ich nicht an, mich zu meinem Lobe zu begeistern: denn ich hasse, wie ieder Gelerte von ächter Antikheit, alles Schöne und Deutliche, und schäzze den Unsin am meisten, der auf gelerten Füssen daherstolpert. Aber euch ruf' ich an, geerte und mächtige Dummköpfe von A bis Z herab, die ihr meine ächten Söne, und nur darum Menschen seid, um die andern von der Aufklärung zu erlösen».[107]

Richter ist von sich so überzeugt, dass er die Honorarforderung gleich mitschickt: sieben Taler pro Bogen. «Denn wer liebt nicht die Satyre? Wer mag nicht gern lachen?»[108] Auch äußerlich ist ihm eine frappante Veränderung anzusehen. Er hat sich den Zopf abgeschnitten, die feinen blonden Haare fallen ihm krauslockig auf die Schultern. Statt Jabot und Kragentüchlein trägt er brustoffene Hemden *à la mode* im Geniestil. Für einen Brotberuf zu studieren, lehnt er nun kategorisch ab. «Man mus ganz für eine Wissenschaft leben, ihr iede Kraft, iedes Vergnügen, ieden Augenblick aufopfern», sie mit jener «Selenwollust» betreiben, «die aus ieder Beschäftigung mit Wahrheiten quillt».[109] In eins seiner Arbeitshefte notiert er unter dem Stichwort «Apologie der menschlichen Torheiten»: «Ich bin an einem Orte, wo schlechte Gesellschaft und Verhinderungen, ihrer zu entberen, meiner Langweile reichliche Narung verschaffen [...] Alle gute Bücher sind hier konfizirt; alle schlechte sind in den Buchläden zu haben. Die Dumheit hat vielleicht mer als 7 Wunderwerke in der Welt erschaffen; aber die Konfikazion ist gewis eines der grösten. D. h. In der Wilkür etlicher D[oktoren] hängt d[as] Vergn[ügen] und die Aufklärung der Menge ab, und der Weise darf nur auf die Erlaubnis der Dummen, zu den Weisen reden.»[110]

Die Theologie hat er aufgegeben. Die Unausweichlichkeit von Joditz liegt hinter ihm. In weniger als vier Monaten hat er genug Englisch gelernt, um «die vortrefliche Wochenschrift den Zuschauer zu lesen, von der wir im Deutschen eine elende Übersezzung haben».[111] Addisons und Steeles *Tatler* sowie Swifts und Popes *Spectator* waren die ersten satirischen Wochenschriften in Europa. Die den Tories nahestehenden Mitglieder des Londoner «Scriblerus Club» – allen voran die Dichter Pope, Swift, Gay und Arbuthnoth – verfassten unter dem gemeinsamen Pseudonym Martin Scriblerus Pamphlete gegen die Auswüchse der akademischen Gelehrtheit. Im «Kit-Cat-Club» hingegen trafen sich die Parteigänger der Whigs um Joseph Addison und forderten im *Tatler* eine neue *coffee table*-Kultur der gepflegten literarischen Unterhaltung – gegen die Lohnschreiberseuche der Grub Street.

Im deutschsprachigen Raum gab es nichts Vergleichbares. Die namhaftesten deutschen Satiriker, Gottlieb Wilhelm Rabener und Christian Ludwig Liscow, waren Kinder der moralischen Wochenschriften, die um 1750 wie Pilze aus dem Boden schossen. «Die damaligen Journale waren fast alle frostig, seicht, parteiisch, voller Komplimente. Der Gedanke, daß man ein besseres schreiben sollte, worin besonders die Wahrheit ganz deutsch herausgesagt würde, war sehr natürlich», erinnerte sich Friedrich Nicolai, Begründer der *Allgemeinen Deutschen Bibliothek*, eines der ersten literaturkritischen Rezensionsjournale in Deutschland.[112]

Am 21. März 1782, Friedrich Richters neunzehntem Geburtstag, ist Großmutter Kuhn in Hof im einundachtzigsten Lebensjahr gestorben. Anfang April wandert Richter nach Hof, der Schnee liegt noch auf den Höhen des Fichtelgebirges. Zunächst muss er sich um Mutter und Brüder kümmern, Erbschaftsangelegenheiten klären und der «lieben Mama» behutsam erklären, warum kein Pfarrherrlein mehr aus ihm werden kann. Das großväterliche Haus in der Klostergasse muss verkauft werden. Im Laufe des Prozesses gegen ihre Schwester und deren Mann hat sich Rosina Richter verschuldet. Immerhin, als der Schwager kurz darauf stirbt, wird das Verfahren niedergeschlagen. Dennoch nimmt Rosina die ständige Sorge um das tägliche Brot und ein Dach über dem Kopf sehr mit. Sie ist fünfundfünfzig Jahre alt und lässt sich nach Ansicht ihres ältesten Sohns viel zu oft «laxieren» und per Aderlass Blut abnehmen. Im Vorjahr ist sie mit ihren Söhnen in das ehemalige Gärtnerhaus gezogen, das idyllisch umwachsen von Holundersträuchern am Rand des Hofer Schlossplatzes liegt. «Wegen der Gelder, die Sie dem Örthel schuldig sind», versucht der Sohn zu beruhigen, «können Sie eine Obligazion ausstellen und dem Örthel Ihr Gartenhaus dafür zum Unterpfand verschreiben.»[113]

Seit kurzem besuchen Gottlieb und Heinrich das Hofer Gymnasium. Adam, der Zweitälteste, hat eine Barbierlehre abgebrochen und sich, des häuslichen Elends überdrüssig, im Kulmbacher Hauptquartier als Soldat werben lassen. Von den fränkischen Landeskindern, die der Markgraf den Engländern gegen Zahlung von 100 000 Talern verkauft hat, ist nur die Hälfte aus dem Amerikanischen Unabhängigkeitskrieg zurückgekehrt. Über tausend markgräfliche Soldaten und Offiziere sind gefangengenommen worden. Doch fehlt es nicht an frischem Nachschub im Armenhaus Brandenburg-Bayreuth. Allein Fritz Richter, Rosinas Ältester, segelt auf einer Welle der Zuversicht. Er habe endlich ein «Mittel» gefunden, um Geld zu verdienen. Sie werde schon sehen. Jedem in Hof erzählt er, dass er nun Schriftsteller sei. Pfarrer Erhard Vogel ist vom *Lob der Dummheit* ehrlich begeistert, doch mahnt er ihn väterlich, seinem Geist «Zaum und Gebiß» anzulegen und über Dinge zu schweigen, «die über den Horizont profani vulgus», das gewöhnliche Auffassungsvermögen also, seien.[114]

Am 2. Mai fährt Friedrich Richter auf immer noch winterlich vereisten Straßen mit Oerthel zurück nach Leipzig. Die Stadt wird gerade von einer Ruhr-Epidemie heimgesucht, die den zarten Oerthel schwerer erwischt als ihn. Für die nächsten sechs Monate ist er der Welt verschwunden. Er schreibt wie der Teufel, denn er muss. Dem Hauswirt in der Petersstraße schuldet er zehn Taler, dem Speisewirt vierundzwanzig, Leihbüchereien und Wäscherinnen sechs, in summa also vierzig Taler. Auch Schuster, Schneider, Aufwärterin wollen bezahlt werden. Er leiht bei jüdischen Geldwechslern, versetzt seine Taschenuhr und bettelt bei Rosina. Seine Brüder hätten «keine Lebensart», erklärt er der «lieben Mama» unverblümt, er aber müsse welche haben in einer Stadt wie Leipzig, und das gehe nicht ohne Geld. Ihre Briefe solle sie an «Monsieur Richter, homme de lettre à Leipsik» adressieren. Als sie um ein wenig Kaffee bittet, vertröstet er sie. «Mein Geldmangel ist so gros als der Ihrige: Ich borg' halt drauf los. Und kann nicht anders. Wenn nur mein Mittel anschlägt, wie ich hoffe; aber freilich ist es nicht so gleich geschnelt. Höchstens in vier Wochen ist es mit meinem Mittel entschieden.»[115]

Richter macht Ernst mit der Schriftstellerei. Nachdem er am 11. August 1782 ein *Tagebuch meiner selbst* angefangen hat, tritt zugleich an die Stelle des *Arbeitsbuchs* ein erstes Notizheft speziell für satirische Einfälle und Skizzen. Die von Erhard Vogel angeregten kleinen philosophischen *Rhapsodien*, die Arbeit der Wintermonate, bricht er ab. Das erwähnte «Mittel» ist vermutlich das Buch, an dem er seit einigen Monaten schreibt: Er nennt es *Satirische Skizzen*, eine Generalvernichtung deutscher Literatur und Literaten. Die Abschreiber und die Vielschreiber, die Almanache und die Genieköpfe, die Anakreontiker («Zukkerbäcker des Parnasses»), die Bibliotheken («litterarische Gottesäcker»), die Kritiker (»Scharfrichter der Melpomene»), die schwülstigen Romane («Thränendrüsen des Publikums») – alles wird dem zornigen Bußprediger zur Quelle seines brodelnden Redestroms. «Denken ist nicht mehr Mode, aber wohl fühlen». Mit grimmiger Ironie fertigt er die weltfremde Kunstdichterei ab. «Darum weissag' ich meiner geliebten Nazion ein künftiges Volk von Pindaren, wenn den Verstand Landes zu verweisen noch ieder so fortfährt, sein Scherbgen zu geben. – – Der Äther ist das Vaterland des Dichters; darum verschmäht er die Kentnis einer schmuzigen Erde. Sein Flug geht über alle menschliche Köpfe hinweg, und er schwebt zu hoch, Menschen zu sehen, oder von ihnen gesehen zu werden. Wie die Geier hoch nisten, um nach einer alten Sage leichter von der Luft geschwängert zu werden, so ist Luft der Parnas und die Muse der Dichter.»[116]

Richters Satire *Über die Schriftstellerei* im ersten Bändchen seiner *Satirischen Skizzen* dürfen wir, was ihren ironisch gespitzten Beitrag zur Formierung der literarischen Nation angeht, ohne weiteres den *Considérations sur les mœurs de ce siècle* von Charles Duclos (1750) zur Seite stellen, dem Sohn eines armen französischen Hutmachers. Um sich mit nichts als Talent und «Tugend» aus erbärmlichen Verhältnissen in die Mitte der Gesellschaft vorzuarbeiten, muss man vor allem unerschrocken sein – und das ist Friedrich Richter. Misserfolg fürchtet er nicht, denn er schreibt für sich; zu verlieren hat er nichts, denn er besitzt nichts. Richter hat endgültig die Seite gewechselt: vom heiligen zum unheiligen Paulus, vom Novizen der Denkkunst zum *brigante littéraire*, wie d'Alembert die literarischen Freibeuter und armen Teufel nannte, von denen er behauptete, sie würden in ihrem Hass auf die Académie française, die Elite der französischen Nation, nur ihren enttäuschten Ehrgeiz ausleben. «Die vorrevolutionären Werke von Männern wie Marat, Brissot und Carra bringen nicht nur eine vage Stimmung gegen das ‹Establishment› zum Ausdruck, sondern in ihnen brodelt der Haß gegen die literarischen ‹Aristokraten›, die sich der egalitären ‹Gelehrtenrepublik› bemächtigt und sie in eine ‹Despotie› verwandelt hatten.»[117]

Was Anfang des 18. Jahrhunderts in der Londoner Grub Street begann und sich um 1750 in Paris in den Kreisen der *philosophes* und *encyclopédistes* fortsetzte, die Herausbildung eines freien Markts für Bücher, Broschüren, Journale und Ideen und mit ihm einer Berufsgruppe abhängiger Lohnschreiber, wird nun, dreißig Jahre später, in Leipzig und Berlin fortgeführt. Was der *Mercure de France* für Paris, das ist die *Allgemeine Deutsche Bibliothek* für die deutsche Literatur: Nur wer gute Beziehungen pflegt, wird besprochen. Selbst eine unbedeutende Neugründung wie der *Almanach der Belletristen*, so stellt der satirische Scharfrichter in seinen *Skizzen* fest, maßt sich an, einen Herder herabzuwürdigen, einem Kästner (dem Mathematikprofessor, Epigrammatiker und Freund Lichtenbergs in Göttingen) Witz und Geist abzusprechen und «die Geschichte des Streits zwischen Platnern und Wezeln» so wiederzugeben, «daß er selbst Augenzeugen eines Besseren belehrt».[118]

Im November 1782 verschickt Richter sechs der fertigen Satiren an mehrere Verlage. Nur einer, Lessings Berliner Verleger Christian Friedrich Voss, antwortet. Anfang Dezember bietet er dem jungen Autor fünfzehn Louisdor für das erste Bändchen. Dieser hat unterdessen direkt vor seiner Nase einen Titel für seine literarischen Bußpredigten gefunden. Gegenüber den «Drei Rosen» befindet sich in der Petersstraße 23 ein 1750 erbautes Bürgerhaus, das sich der Kaufmann Johann Martin Haugk errichten ließ, ein Sympathisant und Mäzen der Herrnhuter Brüderschaft. Er korrespondierte mit dem Pädagogen Pestalozzi und anderen Gelehrten seiner Zeit. Über der Haustür ließ er ein Sandsteinrelief mit der Darstellung eines grönländischen Kajaks anbringen, um an die Herrnhutische Missionsstation am Polarkreis zu erinnern.[119] Das Relief ist noch immer an dem Haus zu besichtigen, das die Leipziger den «Grönländer» nennen. Und so erscheinen pünktlich zur Frühjahrsmesse 1783 unter dem Titel *Grönländische Prozesse* die ersten vier Satiren des literarischen Raufbolds Friedrich Richter.

Nun braucht aber ein gutes Buch nicht nur einen guten Titel, sondern auch einen guten Autornamen. Anonyme Bücher kommen Richter wie ausgesetzte Kinder vor. Er braucht also ein Pseudonym – und findet guten Rat bei Wezel. «Ein Mann, der dem mächtigern Narren ausweicht, Leute nicht mit Gewalt von ihrer Thorheit kuriren will, nicht wie Luther eifert, oder sich um der angeblichen Wahrheit willen mit Fäusten schlägt, oder auf Pistolen herausfodert, ist in den Augen dieser gelehrten Renommisten ein feiger Hase, und unsre ganze heutige Welt ein elendes Ding, weil man niemanden erblickt, der sich um der Wahrheit willen ein blaues Auge hat schlagen wollen.»[120] Also nennt sich Richter J. P. F. Hasus, was soviel wie Hasenfuß, aber auch Haselant (Schelm und Narr) bedeuten kann.[121] Ein junger Mann, der eine spitze Feder führt, muss nicht auch im Leben ein Held sein. Und das ist Richter beileibe nicht. «Ich bin ein Lebens Libertin von *innen*», wird noch der fünfzigjährige Jean Paul Friedrich Richter von sich behaupten. «Denn von außen genoß ich kein Bier, Wein, (Weiber auch später nicht) keine Gastmäler, Punsch p. Aber meine innern Phantasien und Darstellungen haben mir das äußere Leben abgeflacht und verzehrt; und dieß nur, indem ich sie darstellte.»[122]

Kalkül und Leidenschaft, kritischer Furor und Kränkung eines Zukurzgekommenen liegen in den *Grönländischen Prozessen* nah beieinander, auch wenn der altkluge Duktus mehr angelesen als empfunden ist. Der Verfasser ist zu jung, um schon genug Bitterkeit in sich angesammelt zu haben. Als er es merkt, gibt er sich in der Vorrede als alter Mann aus. Er posiert. Er probiert eine neue Haltung aus, ein neues Verständnis von Autorschaft. «Der Invalide lehrt exerziren, und ich lehre in diesem Werkgen, wie gesagt, schreiben. Das heist, ich entwikle die Ursachen der Autorschaft, als da sind Hunger, (aber nicht Sättigung,) Trunkenheit, (aber nicht Durst,) Jugend, Liebe usw. Das heist, ich abstrahire aus den vortreflichsten neuen Schriftstellern die Erfordernisse eines guten Buchs z. B. die Schwulst u. so ferner.»[123]

Es ist nicht das Anrennen der Jugend gegen die verknöcherte Moral der geschlossenen Gesellschaft, nicht die selbstverliebte Eitelkeit des frühreifen Genies, was die *Grönländischen Prozesse* zum verschwiegensten Skandalon der deutschen Literatur macht. Das haben lange vor Richter schon Goethe, Lenz, Klinger und zuletzt Schiller mit seinen *Räubern* praktiziert. Richters Prozesse werden im Namen der Tugend gegen die sittliche Dekadenz der höfischen Gesellschaft geführt. Ihr Zorn ist nicht politisch, sondern moralisch, erkennbar als Ressentiment aus zweiter Hand. Es ist eine Revolte *avant la lettre*. In keinem anderen Buch der frühen 1780er Jahre ist die vorrevolutionäre Stimmung, mit der sich die Verwerfungen im Innern des Feudalabsolutismus seismographisch ankündigen, so greifbar wie hier. Richter will keine Republiken gründen, er fordert sein «tintenklecksendes Säculum» (*Die Räuber*) nicht vor die Schranken der Wirklichkeit. Er will nicht die Welt verändern, sondern Menschen.

Das Gemeinwohl stellt er über den ästhetischen Individualismus. Die Jagd nach Originalität habe den Parnass zum überfülltesten Ort der Welt gemacht. «Die meisten jezigen Autoren schreiben aus Has gegen alle Weitläufigkeit, statt der Romanen Universalhistorien der Geburten in ihrem Gehirne». Den jungen Dichtern, zu denen dieser Hasus um keinen Preis gezählt werden will, hält er Heuchelei und Spiegelfechterei vor. «Unsere Dichter mahlen nie ihre Helden, sondern nur sich».[124] Beflügelt von den Idealen einer Gesellschaft, in der Wahrheit,

7. *Der unheilige Paulus* | 83

Freiheit und Gemeinwohl die höchsten Güter wären, predigt er mit einem missionarischen Eifer, der dem religiösen Fanatismus der Herrnhuter in nichts nachsteht. Mit demselben sittlichen Rigorismus sollten Männer wie Robespierre, Danton und Marat ein Jahrzehnt später den Aufstand der Anständigen gegen die Verkommenheit des Ancien Régime anführen und aus dem Sumpf der Verhältnisse die blutigsten Blüten der Jakobinerdiktatur hervortreiben.

Im Februar 1783 hält Richter die ersten Exemplare der *Grönländischen Prozesse* in der Hand. Sein erstes Buch! Geschrieben in nicht mehr als fünfzehn Monaten. Das Honorar: fünfzehn Louisdor (Goldtaler), etwa fünfundsiebzig Taler, das halbe Jahresgehalt eines Dorfpfarrers. Endlich soll auch seine Mutter von der Richtigkeit seines Wegs überzeugt werden. «Sie glauben, es ist so leicht ein satirisches Buch zu schreiben», beredet er sie im April. «Denken Sie denn daß alle Geistliche in Hof eine Zeile von meinem Buche verstehen geschweige machen können? Glauben Sie, daß ich umsonst soviel dafür bezalt erhalten?»[125] Trotzdem gleicht sein Brief an Pfarrer Vogel vom 20. Februar nach monatelangem Schweigen einer verschämten Generalbeichte. Das *Lob der Dummheit* habe er nur geschrieben, weil ihm die Idee gekommen sei, «Bücher zu schreiben, um Bücher kaufen zu können». Er habe es dem Professor Seydlitz übergeben, damit dieser ihm einen Verleger beschaffe, doch Seydlitz habe es, statt zu lesen, in seiner Schublade vergessen.[126] So habe er «nach einer vergeblichen Arbeit», mit der ihm hundert Taler verloren gegangen seien, einen zweiten, «nagelneuen Satyr» machen müssen.

Warum hätte aber Christian Gottlob Seydlitz, der nicht für auffallenden Humor bekannt war, eine Schrift lesen oder gar dem Bücherkommissar zur Imprimatur vorlegen sollen, in der Theologen verspottet, Fürsten als Despoten gegeißelt, Professoren verächtlich gemacht werden, ein Werk, das mehr einer Wezel'schen Brandschrift als einer gelehrten Abhandlung gleicht? Als Professor der Logik und Metaphysik in Leipzig und Nachfolger von Johann Christoph Gottsched ist Seydlitz ein Mann des alten Fakultätsregimes. Die sächsischen Drucker und Buchhändler sind verpflichtet, eingegangene Manuskripte den zuständigen Professoren der Leipziger Universität zur Begutachtung vorzulegen. Da satirische Schriften im weitesten Sinne in das Gebiet der Metaphysik fallen, ist Seydlitz zuständig.[127]

All das verschweigt der junge Schriftsteller seinem väterlichen Freund Pfarrer Vogel. Lieber bezichtigt er sich, unzufrieden zu sein mit seinem Werk, als zuzugeben, wie viel er nach dem ersten Fehlschlag mit dem neuen Buch gewagt hat. Für Unzufriedenheit aber gibt es keinen Grund. Sicher, die satirische Peitsche liegt ihm noch schwer in der Hand. Dass er so ganz unglücklich nicht gewesen sein kann mit seinem «satirischen Abortus» über die Dummheit, zeigt aber das Postskriptum von 1783: «Arme Göttin! Pope lobte dich in Versen und ich nur in Prose; warum blieb doch deine schlechtere Lobrede ungedrukt? Nun macht sie weder deinen Feinden Vergnügen, noch deinen Freunden Misvergnügen.»[128]

Der Pfarrer sucht ihn behutsam zu bremsen. Er wolle gern alles tun, um ihn bekannt zu machen und ihm Wertschätzung zu verschaffen, aber er solle nicht mit dem Kopf durch die Wand wollen. Dass er in Leipzig, diesem auf wenige Quadratkilometer verdichteten sächsischen Gemisch aus Theologie, Obskurantismus, Mode und Lebensart, nichts ist als einer von hunderten Hungerleidern, die sich für verkannte Genies halten, wird Richter sein Lebtag nicht vergessen. «In Leipzig wollt' ich unabhängig sein; kann dieß der Mensch, der Wissenschaften, Eltern, Häuser nicht von sich selbst empfieng?»[129]

Zu seiner größten Freude ist Bernhard Hermann im Juli nach Leipzig gekommen, ein Hungerleider mehr. Nach dem Abitur hatte er, weil das Geld zum Studieren fehlte, eine Apothekerlehre bei Michael Abraham Fischer in Hof angefangen, sich dann aber dank Richters Zureden doch noch für die Medizin entschieden. Das Triumvirat ist wieder komplett.

8. DER VULKAN UND SOPHIE

Leipzig, Mai 1783

Es ist die schönste Zeit des Jahres. Leipzig liegt in einem Gürtel aus blühenden Gärten und Parks. Im Körnerschen Garten vor dem Ranstädtischen Tor hat der frischgebackene Autor eine Gartenwohnung angemietet und freut sich der Nachtigallen und Rosendüfte und seines so herrlich vor ihm liegenden Lebens.[130] Die neun Taler aus dem Honorar für sein erstes Buch sind gut angelegt, zumal sein Logis nicht nur im Grünen, sondern unmittelbar neben dem Ranstädtischen Theater liegt.

Leipzigs erstes festes Theaterhaus war 1766 auf den Fundamenten der alten Stadtmauer errichtet worden, finanziert aus den Spenden städtischer Honoratioren.[131] Hanswurst war aus der Stadt vertrieben, die zu Caroline Neubers und Heinrich Gottfried Kochs Zeiten stolz darauf gewesen war, die Hauptstadt des deutschen Theaters genannt zu werden.[132] Die hölzerne Schaubude im Großen Boseschen Garten vor dem Grimmaischen Tor, in der Johann Christian Wäsers Wandertruppe burleske Pantomimen und komische Balletts aufführte, ist 1777 abgerissen worden. Das neue Haus bietet fast 1200 Sitzplätze auf drei Rängen, dazu Stehparkett. Mozarts Oper *Die Entführung aus dem Serail* erlebt hier 1783 unter dem gefeierten Sänger und Opernregisseur Pasquale Bondini ihre Erstaufführung. Johann Christian Brandes, vom kurfürstlichen Hof mit der Reorganisation des sächsischen Theaterwesens beauftragt, hatte Bondini als Intendanten nach Leipzig geholt, Schauspieldirektor war Friedrich Reinecke, das Idol einer ganzen Generation. Im Gegensatz zu Bondini vermied er höfische Deklamatorik. Volkstheater und hoher Stil fanden in seinen legendären Shakespeare-Inszenierungen nach den Übersetzungen von Johann Elias Schlegel zusammen: Wäserianer und Kochianer waren wieder ein Herz und eine Seele.

Hin und wieder spendiert der reiche Adam Oerthel seinem armen Freund ein Theaterbillett, und alles könnte gut sein. Wäre nicht sein Nachbar ein gewisser Magister Gräfenhain, dessen sittlichen Sinn der Anblick von Richters «entblößtem Busen» beleidigt, wenn dieser abends im offenen Hemd durch den Garten spaziert. Der Nachbar wird von dem jungen Schriftsteller höflich, aber streng verwarnt: Er habe zwar noch keinen Namen, aber den solle er sich merken.

Nach ein paar Wochen ist alle Begeisterung verflogen und Richter so elend, dass er nicht einmal mehr weiß, warum ihm so zum Weinen ist. «O! man weint nie angenemer, als wenn man nicht weis warum». Die Philosophie ist ihm «gleichgültig, seitdem ich an allem zweifle». Im Herbst soll der zweite Teil der *Satirischen Skizzen* erscheinen. «Ich lache iezt soviel, daß ich zu denken kaum Zeit habe, ich übe mein Zwergfel aufkosten meines Gehirns und meine Zäne verlernen über das Beissen das Käuen». Was ihn so belustigt, ist die «Maskerade und Harlekinade, die man Leben nennt». Sein Herz ist ihm voll, «so vol! daß ich schweige.» Das Honorar ist verbraucht, und er muss Voss um eine Vorauszahlung von siebzig Talern bitten. «Den Plan meines Lebens wollen Sie wissen?», sagt er zu Pfarrer Vogel, «das Schiksal wird ihn entwerfen; mit meinen Aussichten verträgt sich keiner.»[133]

Das «2. Bändgen» der *Grönländischen Prozesse* wird vier satirische Essays bringen: über *das Verhältnis zwischen dem Genie und den Regeln*, über den *Beweis, daß man den Körper nicht blos für den Vater der Kinder, sondern auch der Bücher anzusehen habe*, über die Erbfeindschaft zwischen Rezensenten und Autoren sowie eine *Bittschrift aller deutschen Satiriker an das deutsche Publikum, enthaltend einen bescheidnen Erweis von dessen ietziger Armuth an Thorheiten, nebst Bitten und Vorschlägen, derselben zum besten der deutschen Satire abzuhelfen*. In der Vorrede führt sich der Satiriker als Retter des guten alten Hanswurst ein, der mit Eselsohren gegen die «Thorheit» der Menschen kämpft. Dass der Hanswurst von den Theatern verschwunden sei, meint er, «liesse sich noch verschmerzen; aber daß er aus dem parterre und sogar aus den Logen fliehen müssen, das kostet den Deutschen ihre ohnehin geringzähligen Satiriker und nöthiget uns das gegenwärtige wirksame Mittel ab, mit dem buntschekkigten

Gegenstand der Satire zugleich sie selbst vor dem Untergang zu retten.»[134]

Mit dem querulantischen Magister von nebenan, der ihm mit einem Prozess droht, liefert Richter sich unterdessen komische Briefduelle. Er denke gar nicht daran, lässt er ihn am 4. Juni 1783 wissen, den Garten, den er ein halbes Jahr gemietet habe, nicht oder nur zum kleinsten Teil zu benutzen, nur um dem Magister nicht über den Weg zu laufen. Am Tag darauf flüchtet er aus dem blühenden Leipzig in den vogtländischen Nebel.

Zurück im Holunderhaus bei Mutter und Geschwistern, wirft er den Hut ab, setzt sich an den Tisch und schreibt an Oerthel, er solle ihm sein Exzerptheft Geschichte, den dritten Band, nachschicken. Der Himmel ist schon am Morgen trüb, die Luft schwer von Feuchtigkeit. Es gibt viele Gewitter. Tiere und Menschen werden durch Blitzeinschläge getötet, Scheunen und Dörfer brennen ab.[135] In halb Europa ist die Sonne über Wochen hinter einer grauen Dunstschicht verschwunden. Tag und Nacht läuten die Sturmglocken. Die Prediger des Jüngsten Gerichts haben diesmal das Wetter auf ihrer Seite, gelten doch Blitz und Donner als Gottes Stimme und Hand aus den Wolken. «Der liebe Gott muß uns doch recht lieb haben, daß er immer in so schlechtem Wetter zu uns kommt», spottet der Göttinger Physikprofessor Lichtenberg, lässt aber auf seinem Haus vorsichtshalber einen selbst konstruierten Blitzableiter anbringen.[136] Die wahre Ursache der Naturereignisse bleibt den Zeitgenossen lange verborgen. Ein schweres Erdbeben hatte im Frühjahr Italien erschüttert, dann brach am 8. Juni auf Island der Vulkan Lakagigar aus, dessen Lavaströme die isländischen Flüsse verdunsten ließen und dicke Nebelschichten zusammen mit der Aschewolke über Europa trieben, die den Himmel verdüsterten. Eine der größten Naturkatastrophen der Neuzeit überzieht Europa mit jahrelangen Missernten und Hungersnöten. Das Klima kühlt sich ab, der darauffolgende Winter wird ungewöhnlich kalt.

Ende Juli wandert Richter zu Pfarrer Vogel nach Rehau und muss sich von diesem, wie schon von Völkel und dem Aktuarius Vogel, Vorwürfe wegen seiner offenen Haare und seiner Kleidung anhören. Anfang August ist er für drei Tage verschwunden; nicht einmal Oerthel erfährt etwas. Für den 14. August ist die Rückreise nach Leipzig geplant. Eine Woche später ist er immer noch in Hof. Der Grund heißt Sophie, die Tochter des Amtsverwalters Ellrodt in Helmbrechts, einem Dörfchen bei Hof. Friedrichs fünfzehnjähriger Bruder Gottlieb hat bei Ellrodt eine Stelle als Schreiber angenommen, nachdem die Mutter das Schulgeld für ihn nicht mehr aufbringen konnte. Es wird im wahrsten Sinn eine heiße Affäre zwischen dem zwanzigjährigen Richter und der vier Jahre älteren Sophie, begleitet von Nebel, Gewittern, heftigem Regen und schwüler Hitze. Er kann sich nicht von ihr trennen und sie sich nicht von ihm. Sie leiht ihm Geld. Sie kommt nach Hof oder er nach Helmbrechts, oder sie treffen sich an einem geheimen Ort. Am 24. August verabschieden sie sich heimlich in Hof und verabreden, dass Sophie so bald wie möglich nach Leipzig kommen werde. Zum Abschied schenkt sie ihm einen Ring mit ihrem Miniaturporträt.

Briefe fliegen hin und her, die der Schicklichkeit halber beim Sie bleiben. Scherenschnittporträts werden getauscht, bis im Oktober Sophie überraschend den Ring zurückverlangt; nur für ein paar Tage, beruhigt sie ihn. Die Mutter vermisse ihn, und sie müsse ihn nur vorzeigen. Tief gekränkt, denn er glaubt ihr nicht, schreibt Richter am 20. Oktober kalt, sie brauche den Ring nicht zurückschicken. Am 21. November fordert er seine Briefe zurück. «Meine Silhouette machen Sie zu einer Papillotte.» Zur selben Zeit wird Gottlieb entlassen.[137] Offenbar wollte der Helmbrechtser Legationskanzlist keinen windigen armen Teufel zum Schwiegersohn haben, der seinen Hungerlohn mit Satirenschreiben verdient.

Zur Herbstmesse 1783 erscheint Teil zwei der *Grönländischen Prozesse*. «Fast blos schriftstellerische Schellen werden im gegenwärtigen Bändgen auf die Kapelle gebracht». Die deutsche Genieästhetik wird in Grund und Boden satirisiert. Entgegen landläufiger Meinung sei das Wichtigste an einem Schriftsteller nicht der Kopf, sondern erstens der Daumen, da man ohne ihn nicht schreiben kann, und zweitens seine Mannbarkeit. «So wie man fast das Gehirn des Potfisches *Sperma ceti* nannte; so getraue ich mich zu erweisen, daß die Musen nicht auf dem Gipfel des Parnasses, mit dem ich den Dichter iezt vergleiche, sondern im Thale desselben wohnen und daß man dem Poeten durch dieselbe Grausamkeit den Gesang rauben könne, durch die man ihn den Farinelli's [den Kastraten der italienischen Oper] gibt.» Ferner hat der Autor herausgefunden, dass die Anatomie eines Satirikers von der eines Poeten wesentlich abweicht; «die Gallenblase ist unsere Hippokrene und gleich den Theologen können wir nur die Hölle, aber nicht den Himmel schildern.»[138] Die Vorrede, zu der er sich in den «Eselsbriefen» an seinen Freund Oerthel im Juni und Juli warmgeschrieben hat, liest sich wie die feinschmeckerische Beschreibung eines erlesenen Fünf-Gänge-Menüs durch den Koch selbst: eine satirische Theorie der Satire, ein mit allen Raffinessen ironischer Inversion gewürztes Schauessen.

Pfarrer Vogel in Rehau, der zu den ersten Lesern gehört, findet das Ganze recht anstrengend und rettet sich seinerseits in Ironie. «Lieber – erster Satiriker in Germanien», rät er ihm, «processire ferner mit Leuten, mit denen du zum erstenmal processiret hast – denen kannst du was abgewinnen – das Bücherschreiber Geschmeiß bezahlt dir doch deinen Proceß nicht – laß dich ein wenig herab zu deinen Clienten – und sag ihnen *quid juris* – deutsch, ohne dabei die Eleganz zu beeinträchtigen – gib auch dann und wan den armen Schelmen einen Sessel oder Stuhl – auf dem sie sich ein wenig erhohlen können – und dann und wann auch zur Stärkung – statt des vielen Confekts – ein Stück gut Hausbacken Brod. Recipe – du wirst der erste Proceßrath auf Erden werden.»[139] Der Richter wohlgesinnte Hofer Kaufmann Köhler nennt den Verfasser einen «Irrgeist», vor dem sein gemeiner Menschenverstand kapitulieren müsse.

Immerhin wirft die satirische Eruption für den Tugendhelden 126 Taler ab, von denen sich wieder ein paar Monate leben lässt. Zu den ersten, denen Richter sein Buch überreicht, gehört Christian Friedrich von Blankenburg, ein ehemaliger preußischer Offizier, Verfasser eines *Versuchs über den Roman* und eines satirischen Romans mit dem Titel *Beyträge zur Geschichte des teutschen Reichs und teutscher Sitte*. Blankenburg ist nicht nur der beste Kenner der englischen Literatur in Leipzig – soeben ist der erste Band seiner Übersetzung von Samuel Johnsons *Biografischen und kritischen Nachrichten von englischen Dichtern* erschienen –, sondern auch Freund und Herausgeber der Predigten des Theologen Georg Joachim Zollikofer und Mitarbeiter an zahlreichen Zeitschriften. Regelmäßig liefert er Beiträge für das *Magazin für Litteratur- und Völkerkunde* des liberalen Dresdener Publizisten Johann Wilhelm von Archenholtz. Mit Blankenburgs Hilfe öffnen sich dem jungen Satiriker endlich Türen, so dass er Mut fasst, sich mit seinem ersten gedruckten Werk bei Christian Felix Weiße vorzustellen, dem Senior des literarischen Leipzig. Vier Monate später überreicht er ihm schon ein Konvolut neuer Satiren mit der Bitte, sie dem Verleger Reich zu empfehlen: seine *Scherze in Quart*. Weiße scheint seinen Erwartungen nicht entsprochen zu haben. Zu Ostern 1784 läuft Friedrich Richter, sein Satirenbündel unter dem Arm, selbst über die Buchmesse, von einem Verleger zum nächsten. Aber weder Hartknoch, der ostpreußische Verleger von Kant und Hamann, noch der mächtige Erasmus Reich oder der Berliner Literaturpapst Friedrich Nicolai wollen die Delikatessen dieses Hitzkopfs mit dem harmlosen Namen Hasus auch nur prüfen. Über Oerthel lässt Richter die *Scherze in Quart* an die Dessauische Gelehrtenbuchhandlung schicken. Außerdem hat er den Göttinger Professor Lichtenberg und den Weimarer Konsistorialpräsidenten Herder um Hilfe gebeten. Ohne Erfolg.

Ende Juli bietet er August Gottlieb Meißner, dem aus Bautzen stammenden Freimaurer und ehemaligen Weggefährten von Johann Carl Wezel, für dessen (allerdings kurzlebige) Zeitschrift *Für ältere Litteratur und neuere Lectüre* einige kürzere Texte an. Ein mediokrer Modeschriftsteller und Verfasser von Kriminalgeschichten, ist Meißner dank der Protektion von Platner auf sicherem Weg aufwärts in die besseren Kreise.[140] Dass sich Richter gerade an diesen Mann wendet, ist wohl allein dessen guten Beziehungen zur Freimaurerloge «Minerva» geschuldet. Meißner lässt sich indes vier Wochen Zeit, um kurz angebunden, doch freundlich abzusagen. Richter lässt nicht locker, schickt eine längere Abhandlung und schließlich das ganze Manuskript der *Scherze* hinterher. «Es stehe also denn da, was ich sonst keinem Menschen ohne Bemäntelung sagen würde. Ich bin arm; und bin es iezt, da mir soviele unreife Hofnungen zu Grunde gegangen, mehr als iemals.»[141] Schließlich nimmt Meißner sieben Kurzsatiren zum Druck an und bedauert, weiter nichts für den jungen Literaten tun zu können.

Zur selben Zeit tritt in Weimar die freimaurerische Prominenz Deutschlands in Anwesenheit von Goethe, Herder und mehreren thüringisch-sächsischen Herzögen zu einem «Congress» zusammen. Auf ihm soll über die Zukunft des Ordens entschieden werden, und durch die Wahl eines neuen «Aeropags» sollen die Streitigkeiten zwischen dem Freiherrn Adolph von Knigge, der seit Jahren auf die Vereinigung der illuminatischen und der freimaurerischen Logen hinarbeitet, und Adam Weishaupt, dem Gründer der Illuminaten, beigelegt werden. In Bayern, dem Geburtsland des Illuminatenordens, sind am 22. Juni 1784 alle «Communitäten, Gesellschaften und Verbindungen» verboten worden, die sich gegen die feudale Ordnung richten. Hausdurchsuchungen bei des Illuminatismus verdächtigen Personen in mehreren deutschen Staaten folgen. Am 1. Juli 1784 verlässt Knigge den Illuminatenorden, kurz darauf flüchtet Weishaupt an den Gothaer Hof, ins Zentrum des mitteldeutschen Illuminatismus. Neuer Chef wird Johann Martin Graf zu Stolberg-Roßlau.

Die Leipziger Buchmesse geht am 10. Oktober zu Ende. Friedrich Richters letzter Brief aus der Stadt datiert vom 19. Oktober 1784. Darin bittet er Meißner vorab um Anweisung des Honorars für seine Texte; in acht Tagen wolle er Leipzig verlassen. Am 12. November flieht er, wie es in Jean-Paul-Biographien unisono heißt, vor seinen Gläubigern nach Hof. Richard Otto Spazier, sein Neffe, berichtet später, der Onkel habe diese Flucht seinen Kindern oft scherzhaft beschrieben. Ist aber eine angekündigte Flucht noch eine Flucht? Und was war eigentlich so lustig daran, dass sich der reisende Hasenfuß am Torhaus in Plauen als Bernhard Hermann einschrieb, in Zwickau wegen seiner offenen Haare für einen Griechen gehalten wurde und Oerthels Mantel und Hut trug, weil er die eigenen vermutlich im Leihhaus versetzt hatte?

II. BUCH

DES TEUFELS SCHREIBMASCHINE
(1785–1795)

Wären die alten Schwachköpfe nicht zu einer völlig falschen Vorstellung vom Ich gelangt, brauchten wir heute nicht diese Millionen von Skeletten wegzukehren, die schon eine Ewigkeit immer neue Produkte ihres borniertes Verstandes anhäufen und sich deshalb Autoren nennen.
                              Arthur Rimbaud

1.

DER TEUFEL UND DER
LANDESHAUPTMANN

Hof, November 1784

Von Leipzig nach Hof braucht er mit der regulären Postkutsche zwei Tage, im Gepäck vier Hefte mit satirischen Skizzen, fünfzehn Exzerpthefte und die *Grönländischen Prozesse*. Es wird kein triumphaler Einzug; «diese Stadt mit grauen Haaren» empfängt ihn nicht freundlich.[1]

Seine Briefe an Oerthel und Hermann lässt er über Kommerzienrat Albrecht Mayer expedieren, Inhaber der Vierlingschen Buchhandlung in Hof und Herausgeber des *Höfer Intelligenz-Blatts*, das seit 1783 wöchentlich jeweils donnerstags erscheint. Mit ihm spielt Richter gelegentlich Schach, oder sie besuchen das Billard im «Club», Treffpunkt der Hofer Kaufmannschaft.

Eine Woche vor Weihnachten schickt Richter einen Packen frischer Satiren an den Berliner Buchhändler August Mylius, den Verleger von Johann Schröckhs *Allgemeiner Biographie* und der in loser Folge erscheinenden humoristischen Buchreihe *Vade mecum*. Richters neuer Band soll schon im Format von den populären Oktavbüchelchen abstechen, die wie gemacht sind für die Rocktaschen empfindsamer Leserinnen, und *Scherze in Quart mit ernsthaften Noten* heißen. Mylius lehnt ab. Von Leipzig aus schickt Adam Oerthel, Richters braver Kopist, das Manuskript in mehreren Abschriften auf die Reise durch deutsche Verlagsbureaus, doch auch jetzt will sich dem wagemutigen Satyr keine Tür öffnen.

Im Februar erscheint immerhin die erste Rezension der *Grönländischen Prozesse* im *Allgemeinen Verzeichnis der Bücher* für 1784: «Es mag vielleicht vieles, wo nicht alles wahr seyn, was hier der Herr Autor in einem bittern Ton über Schriftstellerey, Theologen, Weiber Stutzer p.

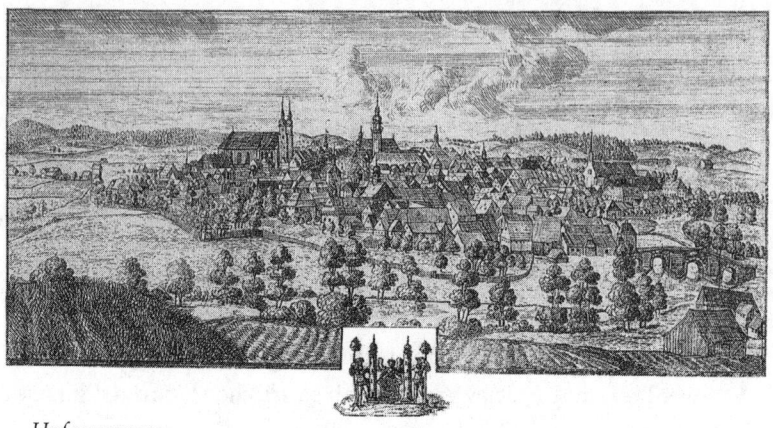

Hof um 1750

sagt; allein die Sucht witzig zu seyn reist ihn durch das ganze Werkgen so sehr hin, daß wir nicht zweifeln, die Lektüre desselben werde jedem vernünftigen Leser gleich bei Anfang so viel Ekel erregen, daß er sich, solches aus der Hand zu legen genöthiget sehen wird!»[2] An einem Mückenstich werde er nicht verbluten, bemerkt hochfahrend der «Herr Autor». «Denn was ist ein Rezensent? Eine einzelne, unbekante Person, die nicht soviel Stimmen hat wie Mars im Homer oder wie die Seligen, die nach Lavater mit allen Gliedern reden werden.»[3] Milder urteilt ein Kritiker in der *Allgemeinen Deutschen Bibliothek*, der sich allerdings nicht erklären zu können vorgibt, wozu dieser gewaltige Bildervorrat, dieser «häufig muntere Witz», diese unerwarteten Gleichnisse nützen sollen.[4]

Als Oerthel auf einmal aus Leipzig verschwunden ist und im März 1785 schwerkrank bei seinen Eltern in Töpen auftaucht, muss Bernhard Hermann die Verhandlungen mit der Seilerschen Verlagsbuchhandlung weiterführen, die Interesse an den *Scherzen in Quart* geäußert hat. Mehr als unerfreuliche Verwicklungen ergeben sich nicht daraus. Dem Inhaber ist Richter noch etliche Leihgebühren schuldig. Dann wieder sieht es danach aus, als könnte sich Kommerzienrat Mayer für die Richterschen Satiren erwärmen, der seit kurzem in Leipzig eine Verlagsfiliale unterhält. Nachdem Richter ihm das Manuskript zum Lesen gegeben hat, ist davon nicht mehr die Rede.

In den kommenden zehn Monaten ist von dem satirisierenden Hofer Büchermacher wenig zu sehen und zu hören. Er hat sich ein ungeheures Lektürepensum verordnet und kommt kaum vor die Tür. Allein drei Exzerpthefte «Geschichte» stammen aus diesem Jahr.[5] Neben Entwürfen zu neuen Satiren, «Ironieerfindung», Lesen und Abschreiben aus geliehenen Büchern, «Lesen und machen des Wörterbuchs» plant er «[e]in philosophisches Buch»,[6] erweitert und überarbeitet die *Scherze* und übt sich in der rhetorischen Kunst, das Gegenteil von dem zu meinen, was auf dem Papier steht. Kurzum: «Es geht wol selten ein Tag vorüber, woran ich nicht irgend etwas Vernünftiges thäte. Jetzt z. B. arbeite ich an dem sehr einsichtsvollen Versuche, dem Leser meine Ironie verständlich zu machen. Denn ich besorge, daß ich ohnehin schon in den Fehler des D. Swift gefallen, der das mühsame Geschäft, seine Ironie zu verstehen, fast gröstentheils dem Leser zuschob und überhaupt zu glauben schien, daß der blosse Inhalt der Ironie und das blosse Nachdenken des Lesers, ohne weitere typographische Winke (z. B. eine Hand am Rande) zu einem Schlüssel derselben schon tauge.»[7]

Am 12. Januar 1786 meldet sich im *Höfer Intelligenz-Blatt* der Landeshauptmann Philipp Ludwig von Weitershausen, Herr über 39 000 Seelen und siebzehn Ämter, mit der Antwort auf einen Leserbrief zu Wort. Der Absender hatte sich über «die Aufklärungs-Sucht und Seuche» im Lande beschwert und geklagt, «daß bald kein Dorfschulmeister mehr seyn wird, der nicht ein Aufklärungs-System schreiben und die Nation über ihre Irrthümer wird erleuchten wollen, und dadurch wird nichts gebeßert.» Solcher «Dummdreustigkeit» werde er kein Gehör schenken, gibt ihm der Landeshauptmann Bescheid. «Möchten doch ein paar Dorfschulmeister zu unserer Züchtigung aufstehen!»[8]

Die Züchtigung lässt nicht lange auf sich warten. Im Verlauf des Jahres 1787 bringt die Zeitung jeden Donnerstag einen Beitrag zur *Übersicht der Stadt- und Landeshauptmannschaft Hof*. Empört sehen sich die Hofer darin als ein Völkchen von abergläubischen Dummköpfen, Brandweintrinkern, Faulpelzen, Raufern und knechtischen Seelen abgeschildert. Die Wirtshäuser seien «Räuberhöhlen», die Kinder lungerten lärmend wie Vieh auf den Straßen, statt in der Schule zu sitzen. Die

Handwerker steckten noch immer in «dem alten Schlendrian wie vor hundert und fünfzig Jahren», «Fressen» sei «Nationaltugend! Gut oder schlecht – nur viel». Von Aufklärung sei weit und breit nichts, stattdessen «Finsterniß» in den Köpfen, Aberglauben und «Rockenphilosophie». «Wenn man eine Unsinns-Sammlung machte, von den albernsten Hexen- Hexerei- und Gespenstergeschichten, vom Seegensprechen und Wahrsagen, vom Karten- und Siebschlagen, von Beschreyen und Koffee-Prophezeien, vom Rathserhohlen, bei Schindern und klugen Männern sc, und man sagte euch: bey dem Volke, wo dieses vorginge, sey die niedrigste Menschenklasse meistens der betrügende, die höhere – der betrogene Theil: würdet ihr dieses Volk wohl der Aufklärung nahe glauben? [...] Vernünftige Schulmeister müssen das Übel in der Wurzel angreifen, aufgeklärte Geistliche – Aberglauben auszurotten bedacht seyn – ehe sie den wahren Glauben einpflanzen wollen, sonst bleibt – *Aufklärung* – eine Posse, zu der sie schon einige Polissons herabgewürdigt haben.»

Das Gymnasium und seine Professoren werden von der satirischen Geißel nicht verschont. «Die Schul-Bibliothek ist ein Haufe, vom verstorbenen Rector Longolius, zusammengebettelter, deutscher, lateinischer, französischer Bücher, davon beynahe kein einziges vollständig ist, man weiß nicht, was man dabey mehr bewundern soll – seine Geduld beim Sammeln oder seinen Schwachsinn das Ding, das er eine Bibliothek nannte – zu beschreiben.» Die gnadenlose Bilanz des Verfassers: «Man kann versichert seyn, daß seit fünf und zwanzig Jahren, da in Deutschland so vieles eine andere Gestalt gewann, im Voigtlande sich wenig – zum guten geändert hat. Man ist nicht aufgeklärter, aber mit Lastern bekannter worden; die Sitten sind nicht feiner worden, aber sie sind erschlaffet [...] bei größerem Verkehr hat sich mehr Betrug, bey mehreren Geld mehr Ausschweifung und bei stärkerer Bevölkerung mehr Armuth eingefunden.»[9]

Welche Satire konnte diese Wirklichkeit übertreffen!

Hinter dem Anonymus gab sich alsbald der Hofer Landeshauptmann Philipp von Weitershausen selbst zu erkennen, ein Herr von sechzig Jahren, ehemals holländischer Offizier und seit 1761 Regierungsdirektor der Hauptmannschaft. Außer dem Hofer Stadtmagistrat unterstanden ihm elf reichsritterschaftliche Amtsdörfer und -städtchen. Die Bilanz macht seiner Amtsführung wenig Ehre, obwohl Weitershausen zweifellos ein wohltätiger Landespolitiker und Menschenfreund war. Er ließ die Hauptstraßen mit Laternen ausstatten, verbesserte Armenfürsorge und Volkshygiene durch den Bau kommunaler Wasserzisternen, setzte sich für eine medizinische Hebammenausbildung und die Liberalisierung der Gewerbeordnung ein und suchte das kirchliche Verbot öffentlicher Konzerte und Tanzvergnügen an Sonntagen aufzuheben. Eins aber war er gewiss nicht: ein glänzender Stilist wie der Verfasser jener rabenschwarzen Bußpredigten. Als Schriftsteller trat er neben einer Broschüre über die Mineralquellen in Steben und Langenau nie hervor.[10]

Nach seinem Tod wird seine Witwe dem Gymnasium eine ansehnliche Bibliothek stiften. Ein Nachruf im *Intelligenz-Blatt* rühmt ihn am 13. August 1795 als «Wohltäter der Stadt», der «nichts mehr als Vorurtheile, Aberglauben und schädliche Gewohnheiten» gehasst und seine Mitbürger «mit richterlicher Strenge oder mit der Geißel der Satyre» zu verbessern gesucht habe. Dass sich der Landeshauptmann dabei einer berufeneren Schreibhand als seiner eigenen bedient habe, mag schon mancher Zeitgenosse unausgesprochen vermutet haben. Ein in Hof geschriebenes Stück aus den *Scherzen in Quart*, ursprünglich als Einleitung gedacht, ist die *Unpartheiische Beleuchtung und Abfertigung der vorzüglichsten Einwürfe womit Ihro Hochwürden meine auf der neulichen Maskerade geäusserte Meinung von der Unwahrscheinlichkeit meiner Existenz schon zum zweitenmale haben umstossen wollen; auf Verlangen meiner Freunde abgefasset und zum Druk befördert vom* Teufel. Darin wird erzählt, wie der Teufel den Hofer Silvesterball besucht, dort aber den regierenden Landeshauptmann von Weitershausen nicht angetroffen habe. Er habe diesen und sich gegen den Vorwurf des Superintendenten Stapelhasius verteidigen wollen, dass «das bedenkliche Licht, wodurch der Kopf Ew. Exzellenz ihm [Stapelhasius] so verhast geworden, stark vermuthen lasse, daß ich darin meinen Wohnsiz aufgeschlagen». Mit zierlichen Komplimenten dediziert der teuflische Verfasser seine Verteidigungsschrift dem Landeshauptmann.[11]

Der Teufel steckt hier buchstäblich im biographischen Detail. Dass Richter in die Rolle des Teufels schlüpft, der er in den Augen der Hofer Honoratioren nach seiner Abschlussrede am Gymnasium längst war, darf man möglicherweise als delikaten Hinweis darauf verstehen, dass er bei der Züchtigung seiner Mitbürger seine Schreibfinger mit im Spiel hat.

Jedenfalls bezeichnet er sich nun halbironisch als Hofer Zeitungsmacher, da «London [...] seine Daily Post, Paris seine Nouvelles à la main und Wien sein Neuigkeitenblat» habe. Schon am zweiten Weihnachtsfeiertag 1785, an dem sich «ausser dem Teufel iedes Wesen freuet, wenn es kein Fürst ist», schickt Richter seinen Freunden, den Brüdern Otto, einen langen, übermütigen Brief mit einer «Vorrede zu meiner Festtagszeitung, in einen vernünftigen Brief an Sie eingekleidet, den Sie sämtlich lesen müssen». Die drei Söhne des verstorbenen Hofer Pfarrers haben zur selben Zeit wie Richter und Bernhard Hermann in Leipzig Rechtswissenschaften studiert und in Erlangen ihren Abschluss gemacht. Der jüngste, Christoph, ließ sich als Weinhändler in Hof nieder. Christian Otto, so alt wie Friedrich Richter, arbeitet als Aktuar in der Anwaltskanzlei seines zwei Jahre älteren Bruders Albrecht. «Und lieben guten Freunde! Bedenken Sie noch das ganz unpartheiisch, daß ich nicht nur, wie es scheint, ein ausgemachter Atheist bin sondern auch sicher nichts gelernt habe: wie bin ich so im Stande, der Stadt Hof, wenn ich nicht ein anderes Mittel ergreife, wahre Ehre zu machen. Hingegen wenn ich der Zeitungsschreiber dieser alten und vernünftigen Stadt werde: so dürft' ich wol für meinen und für ihren Ruhm aufs beste gesorget haben.» Warum sollte dahinter nicht mehr als ein humoriger Einfall stecken, nämlich die klandestine Mitteilung, dass der Landeshauptmann in dem erfolglosen Satirenmacher einen Mitstreiter im Kampf um Aufklärung gefunden habe und dieser in dem Grafen einen geheimen Förderer und Beschützer?

Die harmlose «Höfer Festtagszeitung» eröffnet mit der Nonsense-Meldung, «daß der Teufel den Amtsburgermeister Barnikel wirklich geholet. Er wollte gerade sich wie ein ehrlicher Man anstellen; als der Teufel hineintrat und ihn dermassen erschreckte, daß er, um sich in die Gunst des bösen Feindes zu sezen, geschwind that als ob er ein ausgemachter Bösewicht wäre». Schnell habe der Teufel, meldet der Redakteur, in den Bürgermeisterkörper einen «woldenkenden und rechtschaffenen Teufel als einen curator bonorum» gestopft. Ferner berichtet das Blatt über drei Damen in der Klostergasse, denen ein Individuum mit der Laterne nachgeschlichen sei. «Von einem gewissen Satiriker alhier, der gewisse hiesige Honoratioren für närrisch ausgab», wird berichtet, dass er selber närrisch geworden sei.[12]

Dieser satirische Scherzteufel hat nichts von dem Elegant und Stutzer Mephisto, dem Gehilfen eines deutschen Professors. Ebenso wenig ähnelt er dem noblen Engel der Unterwelt, der, von Milton, Leibniz und Klopstock zur bloßen Idee entleibt, als Satanas und Abadonna den Teufel in der deutschen Literatur erst salonfähig machte. Auch mit dem struppigen Kinderschreck aus Urbans *Grab des Aberglaubens*, der beim Nikolaus-Umzug als Knecht Ruprecht seine Zuchtrute an der Seite des Heiligen schwingt, hat er nichts gemeinsam. Richters Teufel ist ein Jedermann-Teufel, die personifizierte Aufklärung, die Subversion in ihrer geschmeidigsten Gestalt. Ein jeder kann unter seiner satirischen Maske stecken. Er zieht sein Teufelskostüm nur an, um hartherzige Kaufleute oder kokette Damen auf Maskenbällen zu erschrecken. «Freilich mahlt der Heide den Satir eben so, wie der Christ den Teufel mahlt; aber das Gebetbuch giebt auch dem Teufel den schönen Namen Lucifer, den Zizero dem Morgenstern giebt.»[13] Aus seiner Haut werden Präservative, aus Schwanz und Hörnern politische Satiren gemacht. Über seinem teuflischen Herzen trägt er den Ordensstern des Luzifer.[14] Als ein «Mittelding zwischen dem Nichts und dem Etwas», zwischen Existenz und Nicht-Existenz ist er die gestaltgewordene Idee des Fortschritts, die alles Alte niederreißt und nichts hinterlässt als Glaubenstrümmer einer götterlosen Welt.

Ende Februar 1786 flüchtet Richter unter Pfarrer Vogels Dach in Rehau, um ein paar Tage im Warmen zu sitzen und zu schreiben. Es liegt noch Schnee. Am 15. März bietet er seinem Berliner Verleger Voss eine Fortsetzung der *Grönländischen Prozesse* an, doch Voss sitzt noch auf den ersten beiden Bändchen. Anfang März hat Richter so viel zusammengeborgt, dass er das Porto für ein Paket mit Satiren bezahlen kann, das er August Meißner nach Prag schickt. Tinte und Papier spendiert ihm Vogel, den er im Namen der heiligen Anna, der Schutzheiligen der Armen, um zehn oder wenigstens acht Gulden angebettelt hat. Schon wieder muss er mit seinen Satiren hausieren gehen. Einen Aufsatz über *Wunderglauben und Aufklärung*, seine Antwort auf die Preisfrage der Preußischen Akademie, ob sich Aufklärung für das gemeine Volk schicke, expediert er an die *Berlinische Monatsschrift*. Christoph Martin Wieland, Herausgeber des *Teutschen Merkur*, wird mit einer großspurigen Epistel «an Merkur» bedacht, die ihm die beigelegten satirischen «Nachtgedanken» eines Schlafwandlers eher versauert haben dürfte.[15]

Zwei Wochen später antwortet der Geraer Buchhändler und Verleger Christoph Friedrich Bekmann, dem Richter Anfang Januar die *Scherze in Quart* angeboten hat. Er wolle sie drucken, wünscht aber eine gründliche Überarbeitung sowie einen anderen Titel und bietet einen halben Goldtaler Honorar pro Bogen, Auflage 750 Exemplare. Richter ist in Hochstimmung und fordert dasselbe Honorar, das ihm Voss für die *Grönländischen Prozesse* geboten hat, aber Bekmann bleibt hart. Am 14. April muss der hungernde Schriftsteller die heilige Anna noch einmal zum Betteln ausschicken – zu dem Kaufmann Franz August Köhler, einem der vier vierteljährlich wechselnden Hofer Bürgermeister.[16] Diesmal erhört ihn die Heilige nicht nur gnädig, sie schneit auch schon am nächsten Tag mit einem Brief von Helene Köhler herein, der siebzehnjährigen Tochter, mit dem sie den «Dichter und galanten Mann» zusammen mit Christian Otto für den kommenden Abend zum Essen einlädt.

Köhler handelt mit Feinkost und Gewürzen und zählt zu den fünf reichsten Kaufleuten der Stadt. Der Hofer Teufel zeigt sich von seiner besten Seite, die Bürgermeisterin ist entzückt. «Kindlich bis zur Naivetät war er immer bescheiden, offen und gut.» Sein bartloses Milchgesicht bringt die Mütter zum Lächeln, sein witziger Charme die Töchter, sein durchdringender Verstand die Väter. «Mitten in der Stadt», wird sich Helene Köhler fünfzig Jahre später erinnern, «auf einer einsamen, klösterlichen Stelle, dem alten Schloßplatze, wo sonst ein markgräfliches Schloß gestanden hatte, welches nach der Sage eine Zeit lang der fabelhaften Fürstin desselben, der weißen Frau, zum Aufenthalt diente, und wo sich jetzt nur noch ein verödeter Brunnen, ein begraster, gepflasterter Platz und ein längliches Viereck verfallener Häuser zeigte, stand an der äußersten Spitze ein kleines einstöckiges Häuschen, welches sich ländlich und idyllisch unter den übrigen verbarg. Es hatte ein nettes Gärtchen, eine schattige Hollunderlaube und einige bescheidene Rosenstöcke vor dem Fenster, und drinnen wohnte mit seiner Mutter ein junger Mann, der es heimlich zu einem Tempel der Musen weihte und arm, unbekannt, ungeschützt die ersten Schwingen seines Adlerflugs regte.»[17]

Der «Tempel der Musen» ist eine niedrige lange Stube, die sich Friedrich Richter mit der Mutter, dem achtjährigen Samuel, dem sechzehnjährigen Heinrich, dem achtzehnjährigen Gottlieb, mit Tauben, Singvögeln und dem Familienhund teilt. Im Holunderhaus fehlt es an allem: an Feuerholz, an Kartoffeln, dem Hauptnahrungsmittel im armen Vogtland, an Lichtern. Bei dem jüdischen Kaufmann Gulden versucht Richter, zwei Pfund Kaffee anschreiben zu lassen, «den ich zum Bücherschreiben eben so wenig entrathen kann als andre Leute zum laxiren».[18] Nicht einmal ordentliche Stiefel, geschweige denn einen Rock besitzt er, um sich in Gesellschaft sehen lassen zu können. Während sich Erhard Vogel beim Konsistorium in Bayreuth um eine kleine Pension für Rosina Richter bemüht, borgt Friedrich bei den Otto-Brüdern und bei dem reichen Oerthel. Zur selben Zeit geht er seine einstige Patronatsherrin Frau von Reitzenstein, geborene Plotho, um fünfzehn Gulden an, einen zweiten Brief setzt er in Rosinas Namen an ihre Verwandten in Wunsiedel auf und wandert im Sommer selbst hin.[19]

Not macht kleinlich. Mit Pfarrer Vogel gerät er fast in Streit, weil er meint, dieser habe ihm das Honorar für einige kleinere Aufsätze vorenthalten. Ohne dass es in der gelehrten Welt groß bemerkt worden wäre, haben Richters theologische Freunde nämlich einen kleinen «Atheismusstreit» unter die Druckpresse gegeben. Zur Ostermesse 1786 erscheinen bei der Lübeckischen Buchhandlung in Bayreuth zwei Bücher der Schwarzenbacher «Atheisten»: die *Mixturen für Menschenkinder aus allen Ständen* von Samuel Völkel und der zweite Band von Erhard Vogels *Raffinerien für raffinierte Theologen*, beide ohne Nennung des Autors. Für die *Mixturen* hat Friedrich Richter neben sieben kleineren Texten eine (anonyme) Vorrede beigesteuert, die Völkel aber nicht passend erschien, und für Vogel vier Abhandlungen, darunter einen älteren Aufsatz *Über die Religionen der Welt.*

Zu den erfreulicheren Neuigkeiten seiner Hofer Hungerjahre ist zu rechnen, dass Richter die 1776 abgebrochene Schachpartie mit seinem Lehrer Samuel Völkel wieder aufgenommen hat. «Mir träumte vor einigen Tagen», schreibt er ihm, «ich hätte Sie sechsmal aus dem Schachfelde mit meinen Officiers geschlagen. Wenn nun Träume die wirklichen Echos des Wachens sind und der Schlaf nichts als die Geschichte des Tages wiederholet: so hab' ich Grund zu glauben, daß die geträumten Siege wirkliche zum Voraus sezen und daß Sie nicht so gut spielen als es zuweilen scheint.»[20]

Doch die «kleine Aufklärung» im nordöstlichsten Winkel des Fichtelgebirges wird bald übertönt von dem Getöse um den Tod eines großen Philosophen und Menschenfreundes: Moses Mendelssohn.

2. WAS HEISST ÜBERHAUPT AUFKLÄRUNG

Deutschland, Anfang 1786

Ende 1785 erschüttert die gelehrte Welt ein kurzer, aber heftiger und sehr persönlich geführter Philosophenstreit. Er wird ausgelöst durch ein Gespräch über Spinoza zwischen Gotthold Ephraim Lessing und Friedrich Heinrich Jacobi, das dieser zum Anlass genommen hat, Lessing in einem Brief an Moses Mendelssohn einen Pantheisten zu nennen. Lessing ist 1781 gestorben und kann sich nicht mehr wehren, als ihn Jacobi im Oktober 1785 in seinem Buch *Über die Lehre des Spinoza in Briefen an den Herrn Moses Mendelssohn* zum Kronzeugen seines Gefühlschristentums ernennt. Mit seinen Jugendromanen *Woldemar. Eine Seltenheit aus der Naturgeschichte* und *Eduard Allwils Briefsammlung* hatte Jacobi der empfindsamen Generation um 1780 die Köpfe verdreht. Er ist ein Mann der eleganten Konversation, ein ästhetischer Gourmet, der ein ausgedehntes Korrespondentennetz unterhält und sich nun als Philosoph versucht. Der spinozistische Gottesbegriff einer göttlichen Allnatur sei der einzige Ausweg aus der erwiesenen Unmöglichkeit, Gott mit den Mitteln der logischen Vernunft zu erklären, führe aber letztlich in den Atheismus. Nur der Salto mortale in den Glauben, das heißt in die durch nichts beweisbare innere Gewissheit der Existenz Gottes, könne die rationalistische Philosophie noch vor dem Atheismus retten.

Mendelssohn ist entrüstet über die ungefragte Veröffentlichung privater Mitteilungen und beklagt sich bei seinem Königsberger Freund Immanuel Kant über den selbsternannten Philosophen; «der Kopf von Göthe, der Leib Spinoza, u die Füße Lavater».[21] Nicht nur bei Lessing, auch bei Kant will Jacobi eine Art spinozistischen Pantheismus entdeckt haben, was zu jener Zeit dem Atheismusverdacht gefährlich gleichkam. Zufällig erscheint gut einen Monat nach Jacobis Buch Mendelssohns Abhandlung *Morgenstunden oder Vorlesungen über das Daseyn Gottes*, in der Mendelssohn als Rationalist der Leibniz'schen Schule Gott aus dem notwendigen Dasein einer unendlich wirkenden Intelligenz erklärt. Der «Magus im Norden», Johann Georg Hamann, Philosoph, Freund und Kollege von Kant, versichert Jacobi indessen, Kant sei nicht im mindesten verstimmt über dessen Buch, da ihm Mendelssohns «System» ohnehin nie schlüssig erschienen sei.

Gelassener als Mendelssohn reagiert Jacobis Duzfreund Goethe, den Jacobi – ebenfalls ungefragt – mit einem Gedicht auf dem Innentitel seines Buchs gewissermaßen zum Oberspinozisten ernannt hat. Er erwarte allenfalls, schreibt Goethe an Jacobi, dass man «wie bey dem noch ärgerlichern Prometheus mit Fingern auf mich deute [...] Herder findet lustig daß ich bey dieser Gelegenheit mit Lessing auf Einen Scheiterhaufen zu sitzen komme.»[22] Jacobi habe Spinoza übrigens nicht richtig verstanden. «Du erkennst die höchste Realität an, welche der Grund des ganzen Spinozismus ist, worauf alles übrige ruht, woraus alles übrige fließt. Er beweist nicht das Daseyn Gottes, das Daseyn ist Gott. Und wenn ihn andere deshalb *Atheum* schelten, so mögte ich ihn *theissimum* und *christianissimum* nennen und preisen.»[23]

Der Disput schlägt immer höhere Wellen im philosophischen Goldfischteich. Neben Goethe und Herder beteiligen sich der Jenaer Philologe Christian Gottfried Schütz, der jüdische Berliner Arzt Marcus Herz, der Verleger und Schriftsteller Friedrich Nicolai sowie Johann Erich Biester, Herausgeber der *Berlinischen Monatsschrift*. Den Berliner Aufklärern ist Jacobi nichts weiter als ein religiöser Phantast vom Schlage Johann Caspar Lavaters. Jacobi fühlt sich verkannt. «Wer nicht Deist oder Berlinischer Christ ist, der ist, wißentlich oder unwißentlich, ein Kryptojesuit und muß bis zum Austrag der Sache unter die Alchymisten, Schröpfianer, Lavaterianer und Martinisten gerechnet werden.»[24]

Dabei können sich die aufgeklärten deutschen Großdenker noch nicht einmal über die Frage einigen, was eigentlich Aufklärung sei. Schon im September 1784 hat sich Mendelssohn in der *Berlinischen Monatsschrift* zur Preisfrage der Preußischen Akademie der Wissenschaften «Was ist Aufklärung?» geäußert. Der Unterschied zwischen Mensch und Bürger, erklärte er, sei derselbe wie zwischen Aufklärung und Kultur. «Menschenaufklärung kann mit Bürgeraufklärung in Streit kommen. Gewisse Wahrheiten, die dem Menschen, als Mensch, nützlich sind, können ihm zuweilen als Bürger schaden.» Die Bestimmung des Menschen sei die Eingangsfrage jeder Vernunft. «Der Mensch als Mensch bedarf keiner Kultur: aber er bedarf Aufklärung». Genauer gesagt: «Aufklärung verhält sich zur Kultur, wie überhaupt Theorie zur Praxis; wie Erkenntnis zur Sittlichkeit; wie Kritik zur Virtuosität.» Mendelssohn ist überzeugt, die Aufklärung müsse gewisse Grenzen respektieren. «Unglückselig der Staat, der sich gestehen muß, daß in ihm die wesentliche Bestimmung des Menschen mit der wesentlichen des Bürgers nicht harmonieren, daß die Aufklärung [...] sich nicht über alle Stände des Reichs ausbreiten könne; ohne daß die Verfassung in Gefahr sei, zu Grunde zu gehen. Hier lege die Philosophie die Hand auf den Mund!»[25]

Im Dezemberheft des Jahres 1784 widersprach ihm Kant, wie man es von ihm gewohnt war: kategorisch. Der Unterschied zwischen dem Menschen und dem Bürger sei nicht der zwischen Aufklärung und Kultur, sondern der zwischen dem privaten und dem öffentlichen Nutzen der Aufklärung. «Habe Mut, dich deines eigenen Verstandes zu bedienen! Ist also der Wahlspruch der Aufklärung.» Kant will dies ausdrücklich als Aufforderung verstanden wissen, «von seiner Vernunft in allen Stücken öffentlichen Gebrauch zu machen. [...] Ich verstehe aber unter dem öffentlichen Gebrauche seiner eigenen Vernunft denjenigen, den jemand als Gelehrter von ihr vor dem ganzen Publikum der Leserwelt macht. Den Privatgebrauch nenne ich denjenigen, den er in einem gewissen ihm anvertrauten bürgerlichen Posten, oder Amte, von seiner Vernunft machen darf». Von Mendelssohns «Menschen»-Aufklärung hält Kant nichts. Aufklärung sei nicht möglich ohne bürgerliche Freiheiten; diese aber müssten im gesamten öffentlichen Raum gelten.[26]

Dem Sprachphilosophen Hamann wiederum ist der Vernunftkult des «kosmopolitischen Chiliasten» Kant «ein kaltes unfruchtbares Mondlicht ohne Aufklärung für den faulen Verstand und ohne Wärme für den feigen Willen», und Kants Wort vom Ausgang aus der «selbst verschuldeten Unmündigkeit» sei «ein ebenso schiefes Maul, als er dem ganzen schönen Geschlecht macht.»[27]

Seinem Verlauf nach ist der Spinoza-Streit nicht nur ein Philosophenstreit um die Grenzen der aufgeklärten Vernunft, sondern ein Streit um die Grenzen der politisch-religiösen Denkfreiheit und insofern schon ein Vorbote des Atheismusstreits im Herbst 1799, in dem der junge Jenaer Philosoph Johann Gottlieb Fichte in aller Öffentlichkeit von seinem Bürgerrecht auf freie Meinungsäußerung Gebrauch machen wird. Publizität als notwendige Bedingung für Aufklärung schließt in Kants Augen lediglich die Religion aus. Denn diese müsse Privatsache sein. «Gemeinde ist nur häuslich», da in Glaubensdingen die Kirche die «Obervormundschaft» über das Volk führe. Kein Fürst habe das Recht, seine Untertanen auf eine Konfession zu verpflichten. Damit spricht Kant der Trennung von Kirche und Staat das Wort, wie sie Friedrich II. in seinen preußischen Ländern praktizierte und wie sie mit dem Toleranzedikt von Kaiser Joseph II. 1781 zum ersten Mal seit dem Westfälischen Frieden für alle Reichsglieder galt. Katholiken, Protestanten, Reformierten und orthodoxen Lutheranern wurde im Habsburgerreich freie Religionsausübung garantiert (und ein Jahr später auch den niederösterreichischen Juden). Anlass für Kants Besorgnis war der Übertritt des sächsischen Kurfürsten August des Starken zum Katholizismus. Das Gerücht einer jesuitischen Unterwanderung der protestantischen Fürstentümer geisterte seither durch die Gazetten und geheimen Gesellschaften. Die von der Akademie gestellte Frage, ob «wir jetzt in einem aufgeklärten Zeitalter» leben, beantwortete Kant kurz und bündig mit: «Nein! Aber wohl in einem Zeitalter der Aufklärung.»

«Was giebts sonst?», erkundigt sich Goethe Anfang Dezember 1785 bei Jacobi in Pempelfort. «Laß mich wieder von dir hören. Was hast du zu den Morgenstunden gesagt? Und zu den jüdischen Pfiffen mit denen der neue Sokrates zu Werke geht? Wie klug er Spinoza und Lessing eingeführt hat. O du armer Criste wie schlimm wird dir es ergehen! Wenn er deine schnurrende Flüglein nach und nach umsponnen haben wird! Machst du gegen Anstalten? Und wie?» Jacobi antwortet postwendend, die «Rabbinischen Vorlesungen» hätten ihn gelangweilt, und dass «der Jude ein Erzjude sey», zeige schon die Vorrede. Auch Hamann habe ihn ermutigt, mit dem Rabbi werde er schon fertig.[28]

Am 4. Januar 1786 stirbt Moses Mendelssohn in Berlin. Zwei Monate später erscheint seine Anti-Jacobi-Schrift *Moses Mendelssohn an die Freunde Lessings. Ein Anhang zu Herrn Jacobi Briefwechsel über die Lehre des Spinoza.* «Was sagen Sie denn zu dem Aufruhr, der seit und über Moses' Tod unter Predigern und Genies, Teufelsbannern und possigten Dichtern, Schwärmern und Musikanten beginnt», schreibt Marcus Herz verschwörerisch an Kant, «zu dem der Geheimrat zu Pimplendorf [d. i. Jacobi] das Zeichen gab? Wenn doch ein Mann wie Sie diesem lumpigten Schwarm ein einziges ernsthaftes *Stille da*! zuriefe; ich wette, er würde zerstreut wie Spreu vom Winde.»[29] Kant erwidert besonnen, auf Beruhigung der Gemüter bedacht: «Die Jacobische Grille ist keine ernstliche, sondern nur eine affektierte *Genieschwärmerei*, um sich einen Namen zu machen und ist daher kaum einer ernstlichen Widerlegung wert. Vielleicht dass ich etwas in die Berl. M. S. einrücke, um dieses Gaukelwerk aufzudecken.»[30] Auch Biester drängt Kant, sich öffentlich gegen die Jacobi-Lavater-Fraktion auszusprechen, und nennt Jacobi einen «arroganten, kindlich eitlen, verächtlich egoistischen» Menschen. Schweige Kant, so begebe er sich in Gefahr, als Atheist verleugnet zu werden.

Im Herbst 1786 nimmt Kant notgedrungen noch einmal die Feder in die Hand, beschränkt sich aber auf eine Prüfung der philosophischen Prämissen von Mendelssohns *Morgenstunden*. Die Berliner Vernünftler ermahnt er, es gebe «kein einziges sicheres Mittel, alle Schwärmerei mit der Wurzel auszurotten als jene Gränzbestimmung des reinen Vernunftvermögens.»[31] Der spekulativen Phantasmen müde, rät Goethe seinem «lieben Bruder» in Pempelfort, von seinem Streitross abzusteigen. Gott habe Jacobi nicht nur mit Haus, Hof, Reichtum, Pempelfort, Kindern, Schwestern und Freunden gesegnet, er habe ihn auch «mit der Metaphisick gestraft und dir den Pfahl ins Fleisch gesetzt, mich dagegen mit der Phisick gesegnet, damit mir es im Anschaun seiner Werke wohl werde, deren er mir nur wenige zu eigen hat geben wollen.» Eben durch die Lektüre von Spinoza sei er ermutigt worden, «mein ganzes

Leben der Betrachtung der Dinge zu widmen». Jacobi setze aufs Glauben, er aber halte sich lieber ans «Schauen».[32]

In Hof im Vogtland reibt sich der Teufel die Hände; «in Deutschland hält man die Philosophen für Atheisten und in Frankreich die Atheisten für Philosophen.»[33] Gut zehn Jahre später wird sich Friedrich Richter alias Jean Paul den Spinozisten Goethe und den Glaubensritter Jacobi zu Freunden zu machen suchen. Was den Druck der überarbeiteten *Scherze in Quart* angeht, bietet Bekmann ihm zwei Taler Bogenhonorar bei einer Auflage von 750 Exemplaren, vertröstet den Autor aber immer wieder mit Bedenken um den Titel. Auf den bayerischen Skandalautor Johann Pezzl und die Wiener Satireschule anspielend, schlägt er vor, das Buch *Faustin literarischer oder kosmopolitischer Nachlaß* zu nennen. Richters Antwort ist nicht überliefert. Ein Jahr später geht es aber immer noch um den Titel; «verargen Sie mirs also nicht, wenn ich sage: daß ich kein Buch drukke, wenn es nicht einen Titel hat, der dem Publikum auffällt; denn ich drukke es um es zu verkaufen; wählen wollen wir aber nicht bis ans Ende der Welt».[34] Bekmanns neuer Vorschlag lautet: *Auswahl aus Sir Luzifers Papieren*. Man einigt sich schließlich auf den Titel *Auswahl aus des Teufels Papieren nebst einem nöthigen Aviso vom Juden Mendel*.

3.
DAS VIRTUELLE KAFFEEHAUS

Hof, im Herbst 1788

Dass in dem vorangestellten *Aviso* dem Juden Mendel B. Abraham, einem Vertreter der verachtetsten Menschenklasse, einem jüdischen «Teufel», das erste Wort der *Teufelspapiere* überlassen wird, darf man wohl als subtile Verteidigung Moses Mendelssohns gegen die antijüdischen Schmähungen seiner Freunde verstehen. Mendel nämlich verteidigt seinerseits den christlichen Verfasser der Satiren, seinen verstorbenen Schuldner, vor dem Verdacht des (jüdischen) Atheismus. Dieser Hasus habe das Judentum geliebt und «wollte sich deswegen die heilige Schrift vom Buchbinder kaufen». Auch sei er ein guter Mensch gewesen und «weichherzig und wollte sich aus Unmuth hängen, als er erfuhr, daß die Almosenkasse Kapitalien häufe und verleihe». Er, Mendel, könne sich nicht vorstellen, dass derselbe Mann der Verfasser so «fataler Stachelschriften» gewesen sei. Vielmehr nimmt er an, «der Teufel ist des nachts in den guten Körper meines Schuldners wie in eine Schreibmaschine gefahren».[35]

So entledigt sich Friedrich Richter in seinem zweiten Buch auch gleich des unglücklichen Pseudonyms, das in der literarischen Welt so wenig Furore gemacht hat. Er lässt Hasus sterben. In leicht veränderter Fassung ist den *Teufelspapieren* ein Gedanke von Montaigne vorangestellt: «Les bêtes nous peuvent estimer bêtes comme nous les estimons.»[36] («Die Tiere könnten uns, so wie wir sie, für Tiere halten.») Durch die Pforte des Skeptizismus betritt also der sehr gebildete Leser, den sich der Verfasser in drei «Zusammenkünften» mit ihm zudem als «angenehmen Leser» vorstellt, das Buch, wie er ein Kaffeehaus betreten würde. Er setzt sich an einen der freien Tische, bestellt Kaffee und beginnt ein beiläufiges Gespräch mit einem anderen Gast. Mehr braucht es nicht als diesen Tisch und die Aussicht auf belebenden Kaffee und anregende Gespräche, um zu begreifen, was Literatur ist. Man freundet sich an. Man streitet, lacht und scherzt miteinander. Man verabschiedet sich. Der dann schon «ebenso müde als beliebte Leser» klappt das Buch zu, tritt vor die Tür, vor ihm liegt ein schöner Frühlingstag. Alles blüht, «er fühlet die Eitelkeit aller menschlichen Dinge» und geht, versponnen in seine Gedanken, zufrieden nach Hause.

Denkt man sich mit Friedrich Richter ein Buch «als den papiernen Abdruck eines Menschen»,[37] dann ist Literatur ein öffentliches Gespräch zwischen Autor und Leser in einer imaginären Republik der Bücher.[38] Aber was war aus der guten alten *république des lettres* der französischen Aufklärer geworden und aus deren deutscher Filiale, wie sie Friedrich Gottlieb Klopstock 1774 in seiner *Gelehrtenrepublik* entworfen hatte, wo Aldermänner über die Einhaltung ständischer Zunftregeln im Reich der Gelehrsamkeit, Tugend und Wahrheit wachten?[39] Die Geistesmonarchie einer Handvoll mächtiger Männer, die darüber bestimmten, was geschrieben und was gedruckt, was rezensiert und was totgeschwiegen wurde oder in der Flut gedruckter «Makulatur» (Aloys Blumauer) klaglos untergehen sollte. Die närrischen Auswüchse eines inflationären Buch- und Pressemarktes hatte Swift schon achtzig Jahre zuvor in seiner Republik Laputa lächerlich gemacht, jener fliegenden Insel voll gelehrter Narren, die aus Spinnweben Seide und aus Lichtstrahlen Gurken züchten.[40]

Dagegen setzen die *Teufelspapiere* eine neue Form literarischer Öffentlichkeit nach dem Modell des Londoner «Scriblerus Club»: das (virtuelle) Kaffeehaus. Mit der Aussicht auf eine breite Auswahl von «coffeehouse-tables» hatte Joseph Addison die Abonnenten des *Tatler* gelockt: «All Accounts of Gallantry, Pleasure, and Entertainment, shall be under the Article of White's Coffee-house: Learning under the Title of Grecian: Foreign and Domestick News you will have from St. James's Coffee-house: and what else I have to offer on any other Subject, shall be dated from my own Apartment».[41] Als Kritiker wie als eleganter Stilist übertraf Addison selbst seine Freunde Swift, Steele oder Pope. Er wurde der Urvater des modernen englischen Essays, der sich durch sprachliche «wildness» zwischen «daily papers» und unterhaltsamer Satire, zwischen Bildung und Konversation gleichermaßen von Kunstprosa wie von gelehrtem Traktat unterschied.[42]

In Wien war nach der Liberalisierung der Zensurgesetze unter Kaiser Joseph II. die Kaffeehausliteratur in einer Grauzone zwischen geheimen Gesellschaften und Öffentlichkeit für einige Jahre schon Wirklichkeit geworden. Im Kaffeehaus «Zum Kramer» im Alten Schlossergässchen trafen sich in den 1780er Jahren die Brüder der Freimaurerloge «Zur wahren Eintracht» mit einheimischen und zugereisten Künstlern, Literaten, Intellektuellen: den Exjesuiten Aloys Blumauer[43] und Michael Denis, den «Ausländern» Johann Carl Wezel, Mozarts Librettisten Lorenzo da Ponte und Johann Pezzl, genannt der bayerische Voltaire, der mit dem Roman *Faustin oder das philosophische Jahrhundert* einen Skandalerfolg erzielte.[44]

Genau das wollen auch die *Teufelspapiere* sein: «die erste künstliche Wildnis der Gedanken in Deutschland», zusammengewuchert «aus 2000 Materien».[45] Nicht kaufmännische Gewinnmargen oder persönlicher Besitzanspruch auf Ideen, Bücher, Titel, Denksysteme, sondern friedliche Koexistenz in einer Universaldemokratie aller je geschaffenen Werke, Formen, Stile und Handschriften: das ist Richters Ideal für eine grenzenlose literarische Öffentlichkeit, eine Republik der Bücher. Seine besten Werke, scherzt er in der Vorrede, Swifts *Märchen von der Tonne* zum Beispiel oder *Tristram Shandy* von Sterne und Herders sämtliche Werke, habe er schon vor seiner Geburt geschrieben, als er noch vergnügt auf einem «besseren Planeten» lebte, «aus dem uns einige Todsünden auf diese Pönitenzpfarre des Universums, auf die Erde durch die Geburt heruntertrieben» (Pönitenz = Buße, Reue). Wie erstaunt sei er daher gewesen, als er «nach langem Harren von einigen Jahrzehnten auf das Theater des Lebens niederspringen durfte und inne ward, daß die besten Werke, die ich schaffen können, schon unter fremden Namen umliefen und daß mehr als 19 der besten Köpfe sich in den großen breiten Lorbeerkranz getheilet, den ich allein aufhaben wollte und der so schwer wie Davids Krone war, welche mehr als 113 Pfund gewogen.»[46]

Überwachten in Klopstocks ständischer Gelehrtenrepublik Aldermänner die literarischen Gesetze, so heißt des Teufels Aldermann Wolfgang Habermann und ist ein reisender Bratschist, ein kultivierter Teufel, der in immer neue Rollen schlüpft. In Wien tritt er als kriegsverletzter Generalfeldzeugmeister auf, wird auf einem Ball von einer Dame geohrfeigt und findet statt Aufklärung nur Schein-Aufklärung. In Syrien trifft er den Grafen Cagliostro, dessen wichtigstes Körperteil die Nase ist, da er sich als Juden ausgibt und behauptet, Atheisten riechen zu können – eine süffisante Replik auf den Spinoza-Streit. In Erlangen besucht Habermann den Theologen Georg Friedrich Seiler, Verfasser orthodoxer Predigt- und Katechetenbücher sowie einer zensierten Bibelfassung, der abwechselnd mit seinem Geist und seiner Seele schreibt und den Restkörper benutzt, um die anstößigen Stellen aus den heiligen Büchern auszuschwitzen.[47] Im vogtländischen Hof findet er Köpfe, die außer Modejournalen nichts enthalten; «die nämliche Hirnschaale [...] deckt ein Gehirn in welchem das Gehirn der Grosmutter, als eine verkleinerte Mumie noch konserviret wird, kurz, das 18. Jahrhundert wird vom 16. nur durch die Hirnschaale getrennt – wodurch alles wieder gut wird».[48] In «Fg.» lässt sich Habermann von seiner Frau scheiden, räsonniert lange darüber, warum es überhaupt Weiber gibt, «zumal schöne», und entwickelt eine drastische Methode, wie man «solche Gipsabgüsse von Engeln» lieben lernen könne. Denn es sei nicht ganz zu begreifen, wozu diese Engel sonst auf der Welt seien. «Die schimmernde Oberfläche des Weibes und die Lokspeise in ihren Augenhöhlen soll ieden Mann nöthigen, ihr so eifrig nachzusetzen, als wär' er ein Narr und sie ein Engel, wovon sie doch nur die ausgestopfte epidermis ist.»[49]

Neben politischen und Gelehrtensatiren enthält der Band ebenso glänzende Grotesken, Possen, Anekdoten, Abhandlungen, Dialoge und Traktate in allen erdenklichen Stil- und Tonarten. Der Begriff «Satire» kann hier bestenfalls als Provisorium geltend gemacht werden. Die erste «Zusammenkunft» mit dem Leser wird eröffnet durch Habermanns *tour de force* durch das (mehr oder weniger) aufgeklärte Europa. Darauf folgen dreizehn satirische Episteln, von denen sich die letzte in drei Unterepisteln verzweigt, die elfte als «launigter», die zwölfte als witziger und die dreizehnte als ernsthafter Anhang posiert. Bei der zweiten «Zusammenkunft» wird das Europa der Fürsten und Staaten besichtigt, wo es zugeht wie in einem Insektenbuch. Sie beginnt mit einem komischen «Autodafé» vor dem Inquisitionsgericht der Wahrheit, dessen Vorsitz der Autor-Teufel innehat. Als Beisitzer erscheint der König von Portugal, der sich rühmen darf, in den 1780er Jahren die katholische Inquisition in seinem Land wieder eingeführt zu haben.[50] Wiederum folgen dreizehn Geschichten mit einem ironischen, einem witzigen, einem launigen und einem ernsthaften Appendix. Die dritte «Zusammenkunft» bietet zehn Kuriosa aus dem Reich der Körper- und Geisterwelt nebst einem derbkomischen fäkalogischen «Epilog oder was ich auf dem Stuhle des Sanktorius etwann sagte». Der italienische Mediziner Sanctorius von Padua war dafür bekannt, dass er auf einem speziellen Nachtstuhl die Flüssigkeits- und Nahrungsmengen, die er zu sich nahm, dreißig Jahre lang wog und mit den Ausscheidungsmengen von Harnblase und Darm verglich. Der Autor empfiehlt den tragbaren Abort jedem Rezensenten. «Dieser Stuhl ist meine Allgemeine deutsche Bibliothek und er rezensirt iede Seite meines Buchs eben so unpartheiisch als eine, aber viel schneller.»[51]

Spätestens an dieser Stelle dürfte auch dem wohlgesonnensten Leser allmählich ungemütlich werden. Was ist aus dem göttlichen Gleichnis geworden, dem Menschen, von dem Lavater fünfzig Jahre zuvor in den *Physiognomischen Fragmenten* geschwärmt hatte: «Siehe da seinen Körper! Die aufgerichtete, schöne erhabne Gestalt – Nur Hülle und Bild der Seele! Schleyer und Werkzeug der abgebildeten Gottheit! Wie spricht sie von diesem menschlichen Antlitz in tausend Sprachen herunter! Offenbart sich mit tausend Winken, Regungen und Trieben nicht darin, wie in einem Zauberspiegel, die gegenwärdige, aber verborgne Gottheit?»[52] Die «Gottheit in eine grobe Erdgestalt verschattet» ist zerborsten. Ihre Trümmer bilden ein «menschliches Naturalienkabinett», die Müllhalde von 3000 Jahren Menschheitskultur: brahmanische Nasen, ein quietistischer Nabel, Stücke von Lots Weib, das Gerippe der Helena, adeliges Blut, Affenschwänze (weil «Affen so gut Menschen sind als die Leute»), ein hohler Advokatenkopf, des Autors eigene närrische Ideen, «ein paar wolgewachsne Waden aus Schafwolle», ein empfindsamer Damenkopf und am Ende der Körper des Autors, «den ich durch meinen sauren Spiritus schon seit 24 Jahren konservire».[53] Statt freier Menschen produziert der Genius des 18. Jahrhunderts – die «cartesianische Maschine» des Rationalismus – leblose

Wachsfiguren, Ideale von Idealen, Kopien von Kopien. Sogar der arme Leibniz erscheint in zwei Teilen – die Seele in Hannover, der Körper in London.

Aber immer schimmert in diesen surrealen Ansichten durch die satirischen Fratzen der Totenschädel der barocken Vanitas hindurch und beklagt mit Donnerworten die Eitelkeit der «besudelten Menschheit» auf der «Kotkugel» der Erde. Das Ich, das sich zum Herrn dieser Wildnis gemacht hat, ist so uneins mit sich wie die Welt, die es beschreibt. Mal sitzt sein schreibender Körper als «dünner durchsichtiger Madensack von Todten auferstanden» am Tisch, betrachtet nachdenklich seine rechte Hand und will sich totlachen «darüber, daß ich mit ihr auf diesem Nebelstern anno 1789 ein spashaftes Buch wie hundert andere neben mir zum besondern Vortheil eines ieden zusammengeschrieben und vorzüglich ienes Lachen des iüngsten Tages schon zum voraus auf dem lezten Bogen des Buches geweissaget habe – welches vielleicht etwas ist.»[54] Dann wieder ergeht es sich in Sottisen gegen die Fürstenherrschaft und bissigen Anspielungen auf die Landesgeschichte der Markgrafschaft Brandenburg-Bayreuth oder, wie in der schwer entschlüsselbaren Satire *Aus der Naturgeschichte eines Edelmannes*, auf die jüngsten Ereignisse um den Grafen Cagliostro alias Giuseppe Balsamo, Erfinder des ägyptischen Ritus in der europäischen Freimaurerei.

Die Geschichten um den italienischen Glücksritter faszinierten damals ganz Europa. 1786 erschienen gleich zwei Bücher über ihn: *Mémoire pour le Comte de Cagliostro, accusé; contre M. le procureur-général, accusateur, en présence de M. le Cardinal de Rohan* von dem Rechtsanwalt Thilorier und *Lettre du Comte de Mirabeau à *** sur MM. De Cagliostro et Lavater*. Denn am 31. Mai 1786 endete der Prozess gegen Kardinal Louis René de Rohan und den Marchese Cagliostro, in dem beide in der sogenannten Halsbandaffäre um die Königin von Frankreich, Marie Antoinette, der Fälschung von Briefen und des Betrugs beschuldigt worden waren. Paris tobte vor Begeisterung, rote Mützen flogen durch die Luft: Das *Parlement* hatte beide Angeklagten freigesprochen. Die Affäre war gleichsam ein boulevardeskes Vorbeben der Französischen Revolution. Friedrich Richter übernimmt Mirabeaus Sicht auf die Rolle Cagliostros als edler Reisender, Erzfeind des Katholizismus und intellektueller Vorbereiter der Revolution nahezu wörtlich für seine allegorische Fabel von der Wachtel, dem einzigen Zugvogel, der auf seinem Flug vom Morgen- zum Abendland zur giftigen Speise des Adels werde.

Die Sprache dieses jungen Mannes musste jedem deutschen Christenmenschen dissonant in den Ohren schrillen. Sie war schneidend hart wie Diamant, plastisch und bildhaft, barock und lästerlich, boshaft und glühend von heiligem Zorn,[55] ein Wirbel der Idiome aus lukianischer Phantasie, englischer Ironie, Lessing- und Lutherdeutsch. Das vielgerühmte Jahrhundert der Aufklärung wird seines Heiligenscheins entkleidet. Kants «Grenzbestimmung des reinen Vernunftvermögens» kehrt sich mit Bravour gegen die Verehrer der reinen Vernunftreligion selbst. Nicht der Schlaf der Vernunft, sondern der Traum von einer vernunftbestimmten Gesellschaft gebiert in diesen Satiren die Ungeheuer des Irrationalismus.[56] Aufklärung heißt hier Ent-Täuschung. Unter den Trommelschlägen dieser luziden Intelligenz zerspringt der utopische Entwurf einer durch Schönheit, Tugend und Wahrheit verbesserbaren Gesellschaft. Nackt steht der Mensch vor den Trümmern seiner stümperhaften Ideale: kein Teufel und kein Seraph, sondern ein Geschöpf seiner Zeit, das irrt und verzweifelt, lebt und liebt und leidet.

Am 1. Dezember 1788 geht die vierte, stark überarbeitete Fassung der *Teufelspapiere* nach Gera und – bleibt da wieder ein halbes Jahr ungedruckt liegen. Erst sechs Wochen vor dem Sturm auf die Bastille, das Pariser Hauptgefängnis, wagt Bekmann, das Buch anonym und ohne Verlagsort auf den Markt zu bringen, das doch so sanftmütig mit der Erinnerung an einen jungen Mann ausklingt, «der beim Anfange dieses Buchs noch in diesem träumenden und stummen und mit bunten Dünsten um uns her spielenden Leben war: aber die zitternde Brust hat keine Stimme und die Todten stehen hoch gegen ziehende Schatten unter den Wolken und eine Ephemere zerrinnt doch nur ein wenig früher als die andere.»[57]

4. PHYSIK VERSUS METAPHYSIK

Töpen im Vogtland, 1787/88

Ausgebreitet in einer Senke liegt beiderseits des Kupferbaches nahe der bayerisch-thüringischen Grenze das Dorf Töpen mit seinen armseligen Trüpfhäusern und Achtelhöfen. Bis zum Ende des Heiligen Römischen Reiches blieb es königlich-böhmisches Lehen und damit reichsunmittelbar. Von Gottfried von Zedtwitz an die Herren von Beulwitz verkauft, die es an die Familie von Reitzenstein weiterverkauften, war das Dorf seit 1774 im Besitz des Kaufmanns und Kommerzienrats Johann Georg Oerthel. Am 1. Juli 1783 werden Oerthel und sein Bruder, der Herr auf Köditz, mit allen ihren Nachkommen vom Kaiser in den Reichsgrafenstand erhoben. Friedrich Richter hat jetzt einen adeligen Freund.

Von Hof nach Töpen ist es ein Fußmarsch von drei Stunden. Aus Leipzig ist Adam Oerthel 1785 so krank zurückgekommen, dass er sich der Ewigkeit schon mehr zugehörig fühlt als der Welt. Die Krankheit bricht in Schüben aus, zwischen denen oft Wochen oder sogar Monate vollständiger Gesundheit liegen. Er hat panische Angst, dass es nicht die Schwindsucht oder ein Blasentumor sei, der sein Lebenslicht zum Flackern bringt, sondern die Syphilis, die durch Geschlechtsverkehr übertragene «venerische Krankheit».[58] Sexualität ist ein Lieblingsthema des Triumvirats Oerthel – Richter – Hermann. Im Juni 1786 macht sich Richter noch einen Spaß daraus, Oerthel aus einem medizinischen Buch die günstigste Art nahezulegen, Knaben zu zeugen; demnach gebe «die Samenfeuchtigkeit der rechten Hode einen Knaben, und die der linken ein Mädgen». «Schwerlich wirst Du soviele Hunde und Pferde zu sehen bekommen als Henke [der Autor] zur Prüfung seiner Hypothese abwechselnd um ihre Hoden brachte.» Als Methode zur Erzeugung frischer Soldaten werde der König von Preußen aus dieser Erkenntnis seinen Nutzen ziehen. Überdies entfiele damit der Grund, auf «eine Ausführung der Damen aus ihrer iezigen babylonischpolitischen Gefangenschaft» zu drängen, da es genüge, so viele Männer in die Welt zu setzen, «als wir zur Fortsezung unsrer uneingeschränkten Universalmonarchie für nöthig erachten. Wahrhaftig ich sehe sie schon an als ob sie aus Christensklaven Negersklaven geworden wären».[59]

Wie eine schleichende Krankheit durchzieht das unterdrückte Gespräch über Sexualität die Gesellschaft mit versteckter Frivolität, Gewissensnöten und verborgenen Lüsten. Jungen und Mädchen werden in öffentlichen Schulen getrennt unterrichtet; Geschlechtertrennung wird auch im Angesicht des Herrn beim Gottesdienst praktiziert. Selbst kleinen Kindern ist die Entblößung des Körpers verboten. Onanie gilt als seelische Krankheit. Die menschliche Biologie ist öffentlich tabuisiert, während in aufgeklärten Erziehungsanstalten großzügige Aufklärung über Sexualität und Fortpflanzung an Menschenpuppen betrieben wird. Die Kehrseite der Aufklärung: alles zu wissen, aber nichts zu dürfen.

Als sein Zustand immer kritischer wird, schlägt Adam seinem Vater vor, Friedrich Richter als Hofmeister seines jüngeren Bruders Christian nach Töpen zu holen. Im September 1786 ist alles in geheimen Verhandlungen vorbereitet. Doch am 16. Oktober stirbt Adam Lorenz Oerthel mit dreiundzwanzig Jahren.

Trotzdem tritt Richter zu Neujahr 1787 die Stelle in Töpen an. Er hat keine Wahl, nämlich keine andere Aussicht auf ein Einkommen. Sein Zögling, der zwölfjährige Christian von Oerthel, ist das Ebenbild seines Bruders, schön und empfindsam, doch wenig berührt von Bildung. Die Arbeit als «maître des plaisirs et de langue» ist leicht: einige Stunden täglich Französisch-Unterricht, dazu arithmetische Übungen, die der Lehrer in amüsante Reisebriefe aus Wien kleidet (womit er beiläufig die mathematische Textaufgabe erfindet), und deutsche Orthographie. Dafür darf Richter die Bibliothek des Hausherrn benutzen.[60]

In den zweieinhalb Töpener Jahren ist Richter oft melancholisch bis zur Hypochondrie, schwankend «zwischen Erinnerung und Vergessenheit, zwischen Vergnügen und Schmerz». Jede Krankheit, über die er liest, meint er selbst zu haben. Im Frühsommer 1787 hat sein anderer Seelenfreund, Bernhard Hermann, sein Medizinstudium abgebrochen; er hat kein Geld mehr. Von Leipzig war er zuvor nach Erlangen gewechselt. Nun tritt er in Hof bei dem preußischen Rittmeister Carl Gottlob Adolf von Wessenig eine Stelle als Hauslehrer an. In diesen Wochen lebt ihre Freundschaft wieder auf, soweit es dem hustenden, ewig müden Hermann möglich ist. Die «greßliche Dürftigkeit» zermürbt ihn, er ist erbost, dass er sein Leben «theils mit Pflegung des Körpers, theils mit dem vermischten Gefühl von Sorgen, Aergerniß über thätige Nicht-Unterstützung u. von allen, was nur Seufzer u. dergleichen beschreiben können, verschwenden muß».[61]

Seit drei Jahren forscht er über eine neue Theorie des Lichts, ein Aufklärer im buchstäblichen Sinn, ein Wahrheitssucher, der nichts mehr fürchtet als den Hohn, als Phantast belächelt zu werden, und sich «täglich u wöchentlich keinem andern Ruhm, als dem eines Cagliostro, oder Swedenborgs entgegen» gehen sieht. «Es ist leicht von der Liebe zur Wahrheit auf Enthusiasmus, von da auf Schwärmerey, u. von da auf eigentliche Narrheit zu gerathen».[62] Für genau das hält ihn auch Richters alter Freund Wilhelm Vogel, für einen «Belletrist[en]» und Schwärmer. «Der hat ka bisla Welt».[63] 1786 ist im Verlag von George Jacob Decker unter dem Akronym J. B. Marne Hermanns erstes Buch, *Über die Anzahl der Elemente. Ein Beytrag zur allgemeinen Naturlehre*, erschienen. Das nächste hat er in Erlangen geschrieben: *Über Feuer, Licht und Wärme. Noch ein Beytrag zur Naturlehre* (erschienen 1787). Es geht von einer strengen methodologischen Unterscheidung zwischen dem Licht und den Lichtstrahlen, zwischen Optik und Physik aus und sucht Antworten auf die Frage, «was die Natur und das Wesen des Lichtes selbst sey». Hermanns Hypothese: Licht ist keine Form der Materie, sondern zusammengesetzt aus materiellen und immateriellen Teilen. Er vermutet also richtig eine Doppelnatur des Lichts, verwirrt sich aber immer wieder in metaphysische Spekulationen über feurige Erscheinungen in der Atmosphäre, bei Gewittern, über Irrlichter und Kometen.[64] Der Rezensent in der *Allgemeinen Literaturzeitung* vermutet, der Verfasser müsse in seiner Jugend so viele alchemistische und theosophische Bücher gelesen haben, dass sein Widerwille gegen Metaphysik ihn zum Naturforscher gemacht habe.

Ähnliche Hypothesen über Licht, Feuer und Kometen, die Newtons Korpuskulartheorie widerlegen sollen – die einzige an Universitäten gelehrte Theorie des Lichts –, entwickelt zur selben Zeit in London der Arzt Jean-Paul Marat, ein Schweizer mit einem sardischen Vater, der sich in England den Freimaurern angeschlossen hat und mit Benjamin Franklin korrespondiert. Was Hermann in der theoretischen Physik, will Marat mit seiner Fluidum-Theorie experimentalphysikalisch beweisen.[65]

Der empirischen Naturkunde und ihren noch jungen Disziplinen Physik, Chemie, Biologie und Geowissenschaften, wie sie an den philosophischen Fakultäten als Schattenpflänzchen der Aufklärung mehr geduldet als gefördert werden, fehlen zu dieser Zeit heuristische Regeln oder, wie sie der Göttinger Physikprofessor Lichtenberg gern nennt, «Erfindungsregeln», also ein solides wissenschaftstheoretisches Fundament. Dass es an der Zeit sei, die Verfahrensregeln der Vernunft beim Erkennen empirischer Gegenstände selbst einer kritischen Prüfung zu unterziehen, hat Immanuel Kant bereits in seiner Doktordissertation über das Feuer und zwanzig Jahre später in den *Metaphysischen Anfangsgründen der Naturwissenschaft* begründet. In der *Kritik der reinen Vernunft* hat er schließlich die philosophische Grundfrage aller Forschung, wie sich Erkenntnissubjekt und Erkenntnisobjekt zueinander verhalten, ausführlich dargestellt – und beantwortet. Hermann und Richter bewundern den ostpreußischen Großdenker schwärmerisch. «Kant ist kein Licht der Welt, sondern ein ganzes stralendes Sonnensystem auf einmal.»[66]

Dass Hermanns lichtphysikalische Hypothesen nicht aus der Luft gegriffen sind, beweist rund hundert Meilen nördlich von Hof der Geheimrat von Goethe, der im Frühling 1790 über den schmalen Steg von der Spekulation zur Methodologie, den Kants Kritizismus ihm gebaut hat, «die Bahn der Naturgeschichte als Schriftsteller» betritt. «Ich bin neugierig was das gelehrte und ungelehrte Publikum mit einem Schriftchen machen wird, das über die Metamorphose der Pflanzen einen Versuch enthält. Im Studio bin ich viel weiter vorwärts und hoffe über Jahr eine Schrift über die Gestalt der Thiere herauszugeben.»[67] Doch dann kommt dem Vielbeschäftigten die personelle Unordnung in der Weimarer Theaterintendanz dazwischen und gleich darauf der Feldzug der antifranzösischen Koalition, zu dem ihn sein Herzog als Beobachter mitzunehmen wünscht. Im April 1792 berichtet er Jacobi befriedigt, ihn beschäftige seit jüngstem «die Optik und besonders der Theil von den Farben». Fünfzehn Monate darauf schickt er ihm aus dem Militärlager bei Marienborn eine Vergleichung der «Neutonischen Lehre» mit der «Maratischen Lehre» über das Licht.[68]

Bei Hermanns Besuch am 20. März 1788 in Töpen ist das einzige Thema zwischen den Freunden sein drittes Buch, «welches Berge ins Meer zu versenken versprach» und seit Monaten bei einem Verleger liegt (möglicherweise Bekmann in Gera).[69] Was Hermann vorschwebt, ist ein wissenschaftstheoretischer Systementwurf aller Einzelwissenschaften. «Mein einziger Wunsch wäre dieser, daß alles oder das meiste in der Philosophie so bestürmt würde, daß selbst der gutmüthigste Philosoph nicht mehr wüste, was er glauben, oder ob er zweifeln sollte. Vielleicht entstünde dann eine Begierde, sich mehr an die doch selbst gepriesenen Grundkentnisse von der Natur u. ihren Gesetzen halten zu wollen, als auf den Vorurtheilen seines einmal so u. nicht anders gewöhnten Kopfes, u. geblendet von dem Ansehen seit Jahrhunderten vergötterter Männer zu bauen». Die einzige Wissenschaft, die «zu einer heterodoxen u unumstöslichen Philosophie führen kann», bleibt für ihn die Experimentalphysik.[70] Für Gott oder Unsterblichkeit ist in Hermanns «Sistem» so wenig Platz wie für Frauen, an denen er nicht das geringste Interesse zeigt. Heiraten werde er nur seine Mutter, sagt er. «Wenn nur der Winter vorbey wäre! Und ich alsdann wenigstens nur in dem Zustande zu seyn hoffen kann, in dem ich in Leipzig war! Wo nicht, so geht's nach Ostindien, u. in meinem ganzen Leben wird dann weder mehr an Wissenschaft gedacht.»[71]

Zum Abschied schreibt Richter dem Freund, der in Göttingen sein Studium fortsetzen wird, eine lange humoristische Epistel in sein Stammbuch, in der er sich anzüglich über männliche Ejakulationsnöte ergeht. «Welchen geringen Begrif von der Keuschheit der Verfasser noch überdies dieser Purismus geben mus, weis der Moralist gut genug: denn die überladne Natur mus sich selbst helfen und wie gewöhnlich eine Sekrezion durch die andre ersezen und wer es vernachlässigt, seine Zunge wie beim Zorn hierin zum Ventilator und Erdbebenableiter zu machen, der ist sehr schlimm daran.»[72]

In Wahrheit ist Friedrich Richter alles andere als lustig zumute. Es ist ihre letzte Begegnung. Seit diesem Besuch duzen sie sich. «Ich kann die Universalgeschichte deines fortgerükten Schiksals kaum abwarten», versichert er Hermann im Dezember 1788 und ermuntert ihn, seine naturphilosophischen «Paradoxien» furchtlos auf Göttinger «Frisuren und Perükken und Köpfe» niedergehen zu lassen.[73] Nach Oerthels Tod ist der geniale Eigenbrötler ihm noch unverzichtbarer «in einem Traum- und Theaterleben [...] in dieser dunkeln Ecke des Universums, in einer Welt, die der kleinste Zähler einer bessern ist, in einer hypochondrischen, in einer verwitternden, zerstöhrten und zerstöhrenden, in einer wo man im 24 Jahr noch nicht in Weimar sizt».[74]

Auf der Reise nach Göttingen berichtet Hermann ausgiebig von seinen Besuchen in der Sternwarte Gotha und bei dem Chemiker und Apotheker Johann Christian Wiegleb in Langensalza, dem Autor eines Handbuchs der natürlichen Magie. Aus Göttingen kommen lange Briefe mit gynäkologischen Details über weibliche Genitalien, die er an schwangeren Huren sammelt (denn nur diese lassen sich vor versammelter Studentenschaft öffentlich untersuchen) und Nachrichten über drei englische Prinzen, die im selben Gasthaus abgestiegen sind. Derweil fängt Richter, angeregt durch ihre Gespräche über Naturwissenschaften, in Töpen mit täglichen Beobachtungen zum Wetter und zum Mondlauf an. Er notiert sie in ein Quartheft, das er bis 1823 weiterführen wird. Als empirisches Verfahren werden Wetterbeobachtungen in den gelehrten Gesellschaften in Leipzig und Hamburg und in einschlägigen Zeitschriften seit längerem praktiziert. Eingeführt hat sie der *Augsburgische Intelligenz-Zettel*, das erste europäische Wissenschaftsmagazin, in dem neben Beiträgen aus deutschen, französischen, britischen und schweizerischen Journalen monatlich, seit 1777 wöchentlich Messdaten zu Luftdruck und Temperatur veröffentlicht werden. «Am meisten aber nehme ich die Naturlehre in ihrem weitesten Umfange mit, so viel was nützlich ist, und wunderbar heißt», hatte der Redakteur Andreas Erdmann Maschenbauer in der ersten Ausgabe von 1748 versprochen, «und will auch die Arzneykunst, die sich guten

Theils auf die Naturlehre gründet, nach allen ihren Theilen darunter begreiffen.»⁷⁵

Maschenbauer gehörte dem Augsburger Gelehrtenkreis um den Mathematiker und Philosophen Johann Heinrich Lambert an, dessen bedeutendste Mitglieder Georg Friedrich Brander, Gründungsmitglied der Bayerischen Akademie der Wissenschaften, der Marbacher Astronom und Instrumentenbauer Tobias Mayer, der Pfarrer Johann Christoph Thenn und der Silberdrechsler Jakob Langenbucher waren. Lamberts philosophische Hauptwerke, das *Neue Organon* und die *Cosmologischen Briefe*, nimmt Richter seit der Schulzeit regelmäßig immer wieder zur Hand, wie seine Exzerpte festhalten. Lange vor Kant, mit dem Lambert bis zu seinem Tod 1777 lebhaft korrespondierte, bewiesen die *Cosmologischen Briefe über die Einrichtung des Weltbaues*, dass Naturphilosophie jenseits scholastischer Metaphysik möglich sei. Im philosophischen Gedankenspiel bevölkert Lambert die Kometen, damals eines der letzten Rätsel des Sonnensystems, mit irdischen Astronomen. «So wie wir auf jedem Staube eine belebte Welt, und in jedem Tropfen ein Meer voll Creaturen durch die Vergrösserungsgläser entdecken, so finden diese Astronomen Himmel voll grosse Weltkörper. Und wie uns bey unseren Betrachtungen einzele [sic] Stunden vergehen, so vergehen denselben bey der Betrachtung ganzer Sonnensystemen Jahrtausende.» Für die Weltenwanderer sind Zeit und Raum aufgehoben, «und die Unsterblichkeit müßte ihr Erbtheil seyn, weil sich die Zeit nach ihren Verrichtungen ausmißt.»⁷⁶ Mit diesem Denkbild veranschaulicht Lambert die astronomische Erkenntnis, dass sich Kometen nicht wie Planeten auf elliptischen Umlaufbahnen bewegen, sondern das unendliche Weltall auf intergalaktischen Bahnen durchwandern. Seine Kosmologie ist der Schlüssel, das *missing link*, die Gedankenbrücke zwischen Kants erkenntnistheoretischem Kritizismus und den modernen Naturwissenschaften, über die wir gewissermaßen auch den ersten Blick in Jean Pauls poetisches Universum werfen können.

Im Sommer nach Hermanns Abreise nach Göttingen entsteht in Töpen ein kleines Traumstück, die Prosaskizze *Was der Tod ist*, der «unter hypochondrischem Herzklopfen und verschwindendem Athem geborne» Versuch einer Beschreibung der letzten Gedanken eines Sterbenden.[77] Gewiss verdankt sich dieser über aller Realität schwebende Text auch einem empathischen Moment der Trauer um den toten Seraph Adam Oerthel. Er ist ein philosophisches Gedankenspiel, geboren aus dem Geist der Wissenschaft. Die Phantasie dringt in Regionen vor, aus denen noch nie ein Mensch zurückgekehrt ist. An den Rändern des Bewusstseins, im flackernden Erlöschen der physiologischen Gehirnfunktionen, spielen «Fantasiebilder» dem Sterbenden eine zweite Welt vor, eine gespenstisch verdichtete Wirklichkeit aus Farben und Tönen, «bis endlich hinter dem dicken Leichenschleier des Schlafes sich der Himmel nachäffende Traum mit einem zaubernden Kuße um ihn klammerte» und ein Engel erscheint. Doch dieser Engel der letzten Minute ist kein metaphysisches Wesen der christlichen Dämonologie, sondern ein literarischer Trick, ein Engel der Poesie. Die Phantasmagorie einer zweiten Welt jenseits der Welt gibt sich als virtuelle Reise in das Innere eines Bewusstseins zu erkennen, das sein eigenes Verlöschen erlebt. Richter beschreibt, was im 20. Jahrhundert häufig als Nahtoderfahrung geschildert werden wird: Die Psyche löst sich von der Körperwahrnehmung und blickt gleichsam von außen auf den Sterbenden. Was nach Kant jenseits der Grenzen der reinen Vernunft liegt, die jenseitige Welt, wird in das menschliche Gehirn selbst und dessen Projektionen verlegt und damit aus der Zuständigkeit der Philosophen, Astronomen und Metaphysiker in die von Medizinern, Psychologen und Dichtern. Aus den absterbenden Nervenzellen steigen Erinnerungsbilder auf, die sich als täuschend echte Kopien an die Stelle sinnlicher Wahrnehmungen setzen, wie es beim Träumen geschieht. Der Himmel ist innen, aus dem der Engel des Endes steigt und in den er zurückkehrt, nachdem er gelernt hat, was der «Menschentod» sei: ein grausamer, ein hässlicher Tod, der nur erträglich wird durch jenen den «Himmel nachäffenden Traum» eines zweiten Lebens.[78]

Der Traum ist das Medium reiner Transzendenz jenseits der Religionen, die Bildersprache einer anderen Welt, in der wir aus unserem «trägen, schläfrigen Wurm- und Baumleben» erwachen, wie es bei Herder heißt: Ursprungsort aller Poesie. Wer träumt, ist ein Gott. «Denke dich Einen Augenblick in Eine andre, eine Dichterwelt nur ... in einen

Traum? Hast du nie gefühlt, wie im Traum dir Ort und Zeit schwinden? was das also für unwesentliche Dinge, für Schatten gegen das was *Handlung*, Würkung der Seele ist, sein müssen? wie es bloß an dieser Seele liege, sich Raum, Welt und Zeitmaß zu schaffen, wie und wo sie will? Und hättest du das nur *einmal* in deinem Leben gefühlt, wärest nach *einer* Vierteilstunde erwacht und der dunkle Rest deiner Traumhandlungen hätte dich schwören gemacht, du habest Nächte hinweg geschlafen, geträumt und gehandelt! – dürfte dir Mahomeds Traum, als Traum noch *einen* Augenblick ungereimt sein! und wäre es nicht eben jedes Genies, jedes Dichters, und des dramatischen Dichters insonderheit *erste* und *einzige* Pflicht, dich in *einen* solchen Traum zu setzen?»

So beschreibt Johann Gottfried Herder in seinem Essay über Shakespeare 1778 die zweite Welt der Poesie und wird damit neben Johann Heinrich Lambert zum zweiten Geburtshelfer von Jean Pauls poetischem Universum. Denn was ist ein Dichter anderes als der Übersetzer innerer Seelen- in willkürliche Zeichensprachen, der stummen Bilderschrift des Bewusstseins in die lebendige Stimme der Dichtung? «Und nun denke», fährt Herder fort, «welche Welten du verwirrest, wenn du dem Dichter deine Taschenuhr, oder dein Visitenzimmer vorzeigest, daß er dahin und darnach dich träumen lehre? Im Gange seiner Begebenheit, im ordine successivorum und simultaneorum *seiner* Welt, da liegt sein Raum und Zeit. Wie, und wo er dich hinreiße? wenn er dich nur dahin reißt, da ist seine Welt.»79

Zusammen mit der satirischen Antwort auf die (fiktive) Preisfrage der Berliner Akademie, «ob man den Pöbel aufklären dürfe», schickt Richter *Was der Tod ist* am 1. September 1788 an Herder mit der Bitte, ihn Wieland für einen Abdruck in dessen literarischer Zeitschrift *Merkur* zu empfehlen. Schon einmal, vor drei Jahren, hatte er Herder, den Weimarer Schriftsteller, Historiker, Philologen und Superintendenten, dessen Gedanken über den Ursprung der Sprache und über Geschichte in der Abhandlung *Auch eine Philosophie der Geschichte zur Bildung der Menschheit* ihn schon als Student beeindruckt hatten, um Hilfe bei der Suche nach einem Verleger gebeten – und drei Monate vergeblich gewartet. «Ach ich hofte, mir durch mein Manuskript den Weg zur nähern Bekantschaft mit dem Man zu bahnen, den ich so liebe und be-

*Johann Gottfried Herder,
Porträt von Friedrich
Rehberg, 1784*

wundere».⁸⁰ Statt des Weimarer Superintendenten antwortet diesmal dessen Frau Karoline Herder. *Was der Tod ist* habe ihr gut gefallen. Die beiden Texte erscheinen dann nicht im *Merkur*, sondern im *Deutschen Museum*.⁸¹

Nach zweieinhalb Jahren legt Friedrich Richter am 2. April 1789 überraschend sein «Schul- und Theaterszepter weg» und kehrt zurück «in die Kulisse meiner Studirstube». Angeblich erfolgt die Trennung von seinem Zögling aus «Alimentenmangel» des Vaters, obwohl der alte Oerthel einer der reichsten Männer des Vogtlands ist. Möglicherweise gab es Meinungsverschiedenheiten zwischen Vater, Sohn und Hofmeister, «denn ein Hofmeister ist nicht blos der 2te Vater sondern auch der Vater der 3te Hofmeister».⁸²

Hermanns Brief vom März, eine medizinische Abhandlung und Bemerkungen über Lichtenbergs Wärmetheorie enthaltend, bleibt wochenlang unbeantwortet liegen. Im Holunderhaus sind Trauer und Entsetzen eingezogen. Denn Anfang April ist Friedrich Richters zweitjüngster Bruder Heinrich zwei Monate vor seinem neunzehnten Geburtstag in der Saale bei Joditz ertrunken. Später wird von diesem Tod nie mehr die Rede sein, nicht davon, wie Heinrich starb und ob er ein christliches Begräbnis fand. Erst 1810 wird in *Leben Fibels, des Verfassers der Bienrodischen Fibel*, das verschlossene Schränkchen der Erinnerung noch einmal für einen flüchtigen Blick in Heinrichs kurzes Leben geöffnet.

«So sieht der Schmerz aus und mit solchen Marterwerkzeugen bohrt er sich in unser gequältes Herz ein», schreibt Richter Ende April an Hermann.[83] Ob der plötzliche Tod seines Lieblingsbruders oder die homophile Liebe seines vierzehnjährigen Zöglings ihn mehr bekümmert, darauf geben die Briefe keine Antwort. Jedenfalls ist es Richter, der die «Kinderkomödie» abrupt beendet. Erhalten hat sich der Abriss einer Briefkopie des Lehrers an den Schüler: «Und wer bist du, daß du meine vielen Thränen über dich mit dem bittersten beschliessest, die du 2 Stunden weit aus meinem gequälten Herzen quetschest. Aber deine elende Liebe reisset der Athem der kleinsten Verleumdung, eines Zufals um?»[84] Der schöne Knabe bittet Richter im Oktober noch einmal förmlich um Rückgabe entliehener Bücher und Noten. Richter schreibt auf Französisch zurück, er habe ihn nicht vergessen, er liebe ihn noch. Aber durch ihn sei ihm sein Bruder (Adam) zweimal gestorben.

5. DIE ZEITUNGSMACHER

Paris, im Frühsommer 1789

Als ich in Paris ankam, wurde von nichts anderem gesprochen als von einer Verschwörung, deren Anführer der Graf von Artois und andere Prinzen waren», berichtet François-Noël Babeuf, ein Landvermessergehilfe aus Roye, seiner Frau am 23. Juli 1789 aus der französischen Hauptstadt. Es heiße, die Brüder des Königs planten, die Revolution in einem Blutbad zu ersticken, «einen großen Teil der Bevölkerung auszurotten und anschließend alle in den Sklavenstand zurück zu versetzen». Im ganzen Land organisiert sich der Widerstand. Babeuf ist wie betäubt. «Die Hinrichtungen haben begonnen.»[85]

Was sich seit dem Abend des 14. Juli in Paris abspielt, ist so beispiellos, dass George Washington aus New York seinem alten Kampfgefährten General Lafayette gratuliert: «Die Revolution [...] ist von so wunderbarer Natur, daß der Geist sich die Tatsache kaum vergegenwärtigen kann. Geht sie so zuende, wie unsere letzten Berichte vom 1. August ankündigen, so wird diese Nation die mächtigste und glücklichste in Europa werden. Ich fürchte jedoch, daß es, ob sie zwar triumphierend durch ihren ersten Kampf hindurchgegangen ist, nicht der letzte sein wird, der ihr zu schaffen macht, ehe die Dinge endgültig geregelt sind.»[86]

Endgültig geregelt werden die Dinge auch auf längere Sicht nicht sein. An dem Sturm auf die Pariser Bastille wird sich fortan zu messen haben, was den Namen Freiheit, Gleichheit und Brüderlichkeit verdient. Ein ungeheuerlicher Terror, ein Mordrausch setzt von beiden Seiten der Barrikaden ein. Alle Schleusen öffnen sich dem uralten Hass, auf dem die europäischen Monarchien gegründet sind: zwischen Herr und Knecht, Arm und Reich, Bürger und Aristokrat, Franzose und Engländer, Russe, Pole oder Preuße.

Begonnen hatte alles damit, dass der König für den 1. Mai 1789 die Generalstände nach Paris einberufen hatte; über Monate wurde öffentlich über die Zahl der Abgeordneten der drei Stände gestritten. Der Abbé Sieyès, die Abgeordneten Mirabeau und Lafayette und ein paar liberale Mitglieder der *noblesse de robe*, des Amtsadels, bestanden darauf, den dritten Stand der Bürger und Beamten nach Köpfen entsprechend ihrer Mehrheit im Volk an den Abstimmungen zu beteiligen. In den Kommunen lagen *cahiers* für die Beschwerden der Bevölkerung aus. «Die Wut des Volkes», berichtet Babeuf im Juli weiter, «ist weder durch den Tod des Gouverneurs der Bastille, die Zerstörung dieses teuflischen Gefängnisses und den Tod des Vorstehers der Kaufmannschaft noch durch die Verzeihung, um die Ludwig XVI. seine Untertanen soeben angefleht hat, die Wiedereinsetzung der Neckers und anderer ehemaliger Minister in ihre Ämter oder die Zurückziehung der neuen Regimenter und der Truppen besänftigt worden.»[87]

Am selben Tag, an dem Babeuf dies schreibt, teilt das ansbachische Regierungskollegium dem bayreuthischen in einem höchst geheimen Schriftwechsel mit, man werde keine Maßnahmen gegen etwaige revolutionäre Umtriebe ergreifen. «Da dermalen in dem fränkischen Craiß überhaupt, besonders aber in den hochfr. Ober- und Untergebürg eine allgemeine Ruhe, Zufriedenheit und vorzüglicher Wohlstand unter den Unterthanen herrsche, sie auch mit ausgezeichneter Milde beherrscht würden; so würde ein dergleichen Dehortatorium [Abwiegelung] nicht nur überflüssig, sondern um deswillen auch für bedenklich anzusehen seyn, weil daraus der Anschein eines heimlichen Misstrauens geschlossen werden, dieses vielleicht nurmehr eine Empfindlichkeit erregen und unruhigen Köpfen die Veranlassung zu Vermuthungen geben mögte, als ob vielleicht das Volk Ursache zu gerechter Beschwerde habe.»[88]

Die *Erlanger Zeitung* hatte schon im Vorjahr besorgt über revolutionäre Umtriebe im Nachbarland berichtet. Die *Bayreuther Zeitung* ist Anfang April 1789 noch erfreut über «die zum Besten des Staates bevorstehende Revolution» und verspricht regelmäßige Berichte ihres Pariser Korrespondenten. Am 25. Juli nennt der Redakteur G. Christian Hagen, ein siebenundzwanzigjähriger Kanzleisekretär im Polizeisekretariat, die «Revolution» eine «Volkstragödie».[89] Im Februar 1790 sind seine Kommentare bereits ausgesprochen feindselig. Die Enteignung der Klöster und die Abschaffung des Adels in Frankreich, heißt es im August, könne man hierzulande nur für einen Witz halten. In Hof und Ansbach gibt es überhaupt keine Zeitung – die *Höfer Intelligenz-Zeitung* ist am 31. Dezember 1787 eingestellt worden.[90]

Das Erste, was Friedrich Richter am 17. Mai 1789 in Hof macht, ist – eine Zeitung. Handgeschrieben und in bester Laune. Im ersten Stück sagt er weiter nichts, als wer das Blatt warum wo für wen schreibe, er selbst nämlich «in Hohbergers Haus und hinter der Stadtmauer, die uns alle belagert und blokirt und unsern Lungen frischen Wind abschneidet», und dass das geistliche Oberhaupt der Hofer ein Schaf «zur Rechten Christi» und das weltliche Oberhaupt ein Bock zur Linken sei. Im zweiten Stück steht nichts als die höfliche Anfrage des Teufels, ob «das Püttnersche Haus» kreditabel sei. Am 26. Juli kursiert die vorläufig letzte Ausgabe von Richters keckem *Höfer Vierzehntagblatt*, in der er sich über den jungen Doktor Joerdens lustig macht, seinen Freund, und etwaige Zensoren zum Narren hält, die an dieser Ausgabe wirklich nicht das Geringste auszusetzen fänden. Mit allen, ob Freund oder Feind, treibt er seine Späße. Anlässlich des Reformationstags lässt der Zeitungsmacher am 11. November eine ungemein bissige Persiflage der Luther-Gedenkrede, die Konrektor Rennebaum am Hofer Gymnasium gehalten hat, als *Vierzigtags-Blatt* in Hof kursieren. Auf die Rache der Engstirnigen muss er nicht lange warten.

Zur selben Zeit sitzt an der württembergisch-fränkischen Grenze ein Mann auf einer Burg gefangen, der in ganz Deutschland für seine periodischen Blätter bekannt und mehr noch berüchtigt ist. Er heißt Ludwig Wekhrlin, ist neunundvierzig Jahre alt und beiläufig der Erfinder des fälschlich Jean Paul zugeschriebenen Örtchens Krähwinkel. Seit fast fünfundzwanzig Jahren bringt er seine broschierten Satyr-Journale unter die Leute, die ersten handgeschrieben an der Wiener Zensur vorbei. *Das Graue Ungeheur*, die *Hyperboreischen Briefe*, die *Chronologen* sind jedem Freund der Freiheit ein Begriff: rabenschwarze Spiegel der politischen Gegenwart, beleuchtet von der Laterne eines schwäbischen Diogenes. «Die Folianten bilden Gelehrte, die Broschüren Menschen», so erklärt Wekhrlin im *Grauen Ungeheur* seine Leidenschaft fürs Zeitungsmachen, «und diesen sind wir die Revolution schuldig, in Begriffen und Sitten. [...] Es lebe die Kleinigkeit!»[91]

Der Sohn eines schwäbischen Dorfpfarrers steht im Ruf eines Bonvivant und Hochstaplers; in Wahrheit lebt er genügsam wie ein buddhistischer Mönch und stellt sich gern selbstironisch als französischer Legationssekretär oder «Ritter Wekhrlin» vor. Nach abenteuerlichem Wanderleben zwischen Wien, Straßburg, Paris, Augsburg und Regensburg hatte er sich 1778 in Nördlingen niedergelassen, dem vogtländischen Hof in Sitten und Gesetzen äußerst ähnlich. Es war der Buchhändler Carl Gottlob Beck, der die Aufklärung nach Nördlingen gebracht hatte; mit lexikalischen Handbüchern über «Arzneygelahrtheit», Verwaltungswissenschaft (Kameralistik) und Ökonomie suchte er seinen Mitbürgern den Geschmack an praktischer Bildung beizubringen. Er druckte zunächst überwiegend Predigt- und Andachtsammlungen sowie Landeschroniken und brachte 1766 die erste *Nördlinger Zeitung* heraus. Dem abwechselnd als österreichischer und französischer Spion verdächtigten, aus Augsburg verbannten Wekhrlin die Redaktion einer Zeitung anzuvertrauen (*Das Felleisen*) und seinen ersten satirischen Roman (*Anselmus Rabiosus' Reise durch Oberdeutschland*) zu drucken, war mutig. Doch schon ein Jahr später zerstritten sich Autor und Verleger, und Wekhrlin zog in das nahegelegene Dorf Baldingen. Seine nächsten Journale, die *Chronologen* und *Das Graue Ungeheur,* erschienen in einem Nürnberger Verlag.[92] Als sich der Nördlinger Bürgermeister in einer von Wekhrlins Glossen als Harlekin und Erzgaukler wiederzuerkennen glaubte, wiederholte sich, was schon in Augsburg geschehen war: Wekhrlin wurde verhaftet und zu Festungshaft verurteilt. Einem Adligen verdankte er es, dass die Haft in Hausarrest umgewandelt wurde.

Im selben Jahr, 1787, endete für einen anderen liberalen Publizisten, der an Wekhrlins Journalen eher unfreiwillig beteiligt war,[93] seine zehnjährige Festungshaft: Christian Daniel Schubart (dessen Sohn Ludwig Wekhrlins erster Biograph wurde). Nach zehnjähriger Unterbrechung erscheint seine politische Zeitung *Deutsche Chronik* nun wieder in Stuttgart. 700, dann 1000 und im August 1789 2400 Exemplare sind im Nu vergriffen. «Ich war sonst», schreibt Schubart am 10. Juli, «mit vielen meiner Landsleute, gewaltig entrüstet gegen die Franzosen, schalt ihren Kleinigkeitssinn, ihr Modegift, womit sie wie mit aqua tofana ganze Provinzen voll Krüppel und Geistessiechlinge machten; aber nun küss' ich dem französischen Genius die Hand, denn er ist ein Geist der Freiheit, und Größe und Wahrheit ist in seinem Gefolge.»94

Der Zweck des Richter'schen *Höfer Vierzehntagblatts* ist bescheidener: Es soll das Fehlen einer politischen Zeitung in den Zeiten der Revolution fühlbar machen. Über die Otto-Brüder gelangen die Blätter zu der Hofer Medizinerdynastie Joerdens und von dieser in die Kaufmannshäuser.95 Seine Schreiberei ängstlich vor den Mitbürgern verborgen zu halten, ist nicht des Verfassers Art. Seine Eitelkeit ist beträchtlich. Der Kreis seiner «Leser-Brüdergemeinde» wird langsam, aber stetig größer: Der Postmeister Wirth zählt sich dazu, der reiche Kaufmann Johann Georg Herold, ein witziger Mann, der zwischen Wien, Paris und Berlin weit herumkommt, und Friedrich Wernlein aus Kulmbach, den Herold als Hauslehrer für seine Töchter angestellt hat. Kaufmann Köhler hat Richter schon in der Leipziger Zeit für sich eingenommen. Mit Mädchen kommt er besser zurecht als mit gleichaltrigen jungen Männern, sie sind sanft und gelehrig und hängen an seinen Lippen. Mit scheuem Abstand bewundern sie das skandalumwitterte Genie mit dem krausen Haarschopf und dem schüchternen Lächeln in dem zarten, fast bartlosen Gesicht: die Apothekertöchter Fischer und Renate, die vierzehnjährige Tochter des Postmeisters Wirth, der ein Haus voll Kinder aus drei Ehen hat, und Friederike Otto, die jüngere Schwester von Richters Freunden.

Die Mehrzahl der zwanzig Hofer Kaufleute ist dem Fortschritt nicht abgeneigt. Sie beziehen ausländische Zeitungen. Ihre Frauen kleiden sich nach der neuesten Pariser Mode. Sie lassen ihre Söhne studieren und ihre Töchter Romane lesen und bezahlen ihnen Klavierlehrer. Der Kaufmannschaft zuerst kommt jede Lockerung der Gewerbefreiheit zugute in einem Ländchen, dessen Wirtschaftskraft sich ausschließlich auf den Export von Tuchen, Baumwolle und Leinenwaren stützt und das neunzig Prozent aller Waren des täglichen Bedarfs importieren muss. In Wunderlichs Manufaktur klappern hundert Webstühle. Siebenundzwanzig Zeugmacher, sechsundvierzig Tuchmacher, neunzehn Strumpfwirker arbeiten in der Stadt. «Die Handlung ist in Hof am florisantesten und die dortigen Kaufleute hat vorzüglich der Handel nach Böhmen und Sachsen gehoben. Es sind Kaufleute in Hof, die auf allen Handlungsplätzen unumschränkten Credit haben und viele große Städte an Geschäften übertreffen. Der Commerzienrath Püttner in Hof ist wohl der reichste Mann im Lande.»[96]

Das ist Friedrich Richters Publikum: Kaufleute, Ärzte, Rechtsgelehrte und kleine Mädchen. Ein anderes hat er nicht. In einer Stadt ohne Leihbibliothek, ohne Theater, ohne höfische Aristokratie ist ein Schriftsteller ein Paradiesvogel. Anders steht es in Bayreuth und Ansbach, wo 180 Personen als Beruf Schriftsteller angeben und der Hofadel das Schreiben französischer Verse noch als Lebensstil pflegt, auf Assemblées exotische Chinoiserien und pastorale Schäferspiele aufführt und sich Panegyriker und Hofdichter aus dem Bürgertum hält wie Johann Christoph Krauseneck, Amtsrichter und Kammerkommissar zu Kirchenlamitz und Verfasser von Schauspielen für das Bayreuther Liebhabertheater. «Wer zur Canzley gehört oder von Adel ist, der hat Respect, und es fliegen die Hüte auf zwanzig Schritt für ihn herunter».[97]

Das Ergebnis vierjähriger Satirenschreiberei, die *Auswahl aus des Teufels Papieren,* erscheint am 30. Mai 1789. Weder Verleger noch Autor verdienen damit Geld; die Auflage wird nach ein paar Jahren makuliert. Für das Honorar des ersten Bändchens (das zweite ist noch im Druck) kann Richter bei Bekmann alle vierzehn Tage sechs Bücher ausleihen, was ihn jedes Mal einen Taler kostet. Noch einmal so viele Entwürfe und Ideen liegen in seinen Notizheften bereit. Die Logistik seiner «satirischen Essigfabrik» verschlingt einen Gutteil seiner Lebenszeit, zumal sein Hauptbibliothekar, der Rehauer Pfarrer, als künftiger Superintendent «*et Pastor Primarius im Uranus*» nach Arzberg versetzt wurde.[98] Den Brüdern Otto dediziert Richter sein «rotes Buch» am 14. Juni als seinen Sarg und schreibt sich auch gleich selber die Leichenrede. «Seze dich halb in deinem Sarge in die Höhe, seeliger Dedikator, und sage hier sämtlichen ansehnlichen Leichenkondukt selbst, daß du einmal an einem Sontag mit der linken Hand dein rechtes Ohr, das noch hört, vor dem Kriegs- und Feldgeschrei zweier nachbarlicher Eheleute zuspündetest, um mit der linken eine lange Dedikazion an die H. Otto hinzuschreiben.»[99]

In diesem Gipfeljahr der europäischen Geschichte beschreibt sich der Büchermacher in Hof vorzugsweise als lebendigen Toten. Am 19. Juli 1789 bietet er seinem alten Freund Wilhelm Archenholtz, Herausgeber des politischen Journals *Minerva*, eine neue Satire an, den rasanten Nachruf auf seinen alten Menschen J. P. F. Hasus: *Was für Säze nach meinem Tod iährlich sollen erwiesen werden und was ich dafür testamentarisch legire* ist das einzige fertige Stück für einen neuen Satirenband mit dem Titel *Frazzen*, an dem Richter in den Sommerwochen arbeitet. Es ist ein Epitaph auf seinen «alten Adam», das selbstironische Porträt eines gelehrten Querulanten und Verfassers zweier ungelesener Bücher, der den «graduirten Schreibefingern Europas» ihre Überflüssigkeit beweist, dem deutschen Publikum vorwirft, es habe seine Bücher schlechtweg verschlafen, der von seinen Mitbürgern als atheistischer Teufel denunziert wird und den testierenden Notar am Ende aus dem Fenster wirft (in Anspielung auf den Prager Fenstersturz von 1618). Am Ende fragt sich der halbtote Haselant selbstironisch: «Aber warum marter' ich mich so ab?»[100]

Die *Frazzen* sind als eine Art periodisches Journal von und für Hof gedacht. Mit ätzender Ironie werden das devote Hüteziehen vor Höhergestellten, die Modesucht der Kaufmannsgattinnen, die verheerenden Folgen der Jagdfron für die Dorfbauern, der elende Zustand der Bibliotheken an den Pranger der neuen Zeit gestellt. Fertig geworden ist davon außer dem genannten Stück nur die Vorrede und ein «Anhang für meine einfältigen Leser». Unter den Fragmenten befindet sich eine komische Autobiographie *d'outre tombe*, die nach drei Seiten abbricht. Ein Medizinstudent erklärt darin seine «akademische Kapitulazion», nachdem er an geistiger Erschöpfung gestorben ist (*Meine Überzeugung, dass ich todt bin*).

Die Symptome des gelehrten Hypochonders – «[i]ntermittierender Puls wie einer mit einem Herzpolyp, Fieberfrost, Stammeln»[101] – sind fraglos Richters eigene. Er ist überarbeitet, seine Nerven sind angegriffen. Das Buch, das er jetzt kaum mehr aus der Hand legt, ist *Von der Gesundheit der Gelehrten* des Schweizer Nervenarztes Samuel Auguste Tissot.[102] «Wir Autoren strengen uns bis zum Übermaasse an», klagt er mit komischer Verzweiflung in *Meine lebendige Begrabung*, «und schreiben Fibeln, Mordpredigten, periodische Blätter oder Reinigungen und andern aufklärenden Henker; aber unsern Madensack zerlöchern und zerzausen wir dadurch entsezlich und doch meints niemand ehrlich mit uns». Der schlecht behandelte Held der Geschichte zieht es aus Kummer und Erschöpfung vor, aus einer schweren Ohnmacht nicht mehr aufzuwachen. «Eine wahre Wohltat wars für mich, daß ich noch lebendig war, da ich begraben wurde: sonst könt' ich iezt noch maustod sein so gut wie irgend einer.»[103] Als ihn der «Vesperprediger», mit dem kein anderer als Konrektor Rennebaum gemeint sein kann, noch am offenen Sarg als «brabantische[n] Stöhrer der öffentlichen Ruhe nicht sowol als der privatisierenden» beschimpft, springt er wie ein Auferstandener heraus, droht ihm Prügel an und jagt ihm durch die ganze Stadt nach. Der echte Hofer Vesperprediger und spätere Schulrat Helfrecht revanchiert sich einige Jahre später mit einer ebenso talentlosen wie boshaften Schmähschrift auf Jean Paul für dessen Hofer Jugendsünden.

Richters satirisches Temperament explodiert geradezu. Im Wirbel der Nachrichten aus Frankreichs Hauptstadt scheint er wie betäubt und zerrissen zwischen Weh- und Übermut. Der Anbruch einer neuen Zeit ist der Tod der alten. Nichts würde mehr bleiben, wie es immer gewesen ist. Richter ermuntert Archenholtz, «uns aus unsern monarchischen Ketten und Bandenagen aufzurütteln durch das Beispiel eines Volks, das sich frei bewegt und iene nur Missethätern und diese nur Kranken umflicht; mög' es Ihnen nie an Zeit und sc. fehlen, unserm Freiheitsgefühl (das wie Gewächse unter Steinen, unter Thronen kränkelt) durch lebende Beispiele, nicht vage Bruder Redners Predigten Luft und Sonne zu geben.»[104] Mehr geben die Briefe aus jenen dramatischen Monaten nicht preis über das flammende Geschichtszeichen, das im Westen des Kontinents erschienen ist, um über Europas Zukunft zu entscheiden. Dem Postgeheimnis ist nicht zu trauen.

Richters Stand in der Kaufmanns- und Handelsstadt Hof mit ihren knapp 5000 Einwohnern wird immer prekärer, wo niemand liest, weil alle rechnen, und die geistliche Orthodoxie die Köpfe in dumpfem Aberglauben festhält. Die Nachrichten aus Frankreich verbreiten Unruhe und Angst. Die Stimmung ist aufgeheizt. Jeder Freidenkende wird beargwöhnt, insgeheim revolutionäre Gesinnungen oder Beziehungen zum Ausland zu pflegen. Mit der Zahl von Richters Lesern wächst auch die seiner Feinde, allen voran seine ehemaligen Lehrer und die Geistlichkeit, die ihm «Fundamental-Irrlehren» vorwerfen und ihn von der Kanzel herab «Sündenkind» nennen.

Solange der Landeshauptmann von Weitershausen seine schützende Hand über ihn hält, hat Friedrich Richter nichts zu befürchten. Als aber 1790 Weitershausen gegen seinen Willen von Markgraf Karl Alexander zum Regierungsdirektor befördert und nach Bayreuth versetzt wird, bleibt Richter kein anderes Mittel, die kleinstädtische Duckmäuserei und Bonhomie, die Scheinheiligkeit im biederen Bürgerrock zum Schweigen zu bringen, als Flucht in die Mimikry. Seinen alten Freund Pfarrer Vogel in Rehau überrascht er eines Tages mit der kapriziösen Mitteilung: «Ich habe mich enthülset und meinen bisher brochirten Leib in Franzband eingebunden. Meinen Hals presset jetzt das Zilizium und der Ringkragen einer Binde und meine Haare laufen in ein *suffixum* und einen *accentus acutus* aus, den man hie zu Lande einen Zopf nent.»[105] Der Bürgerschreck vermummt sich als Bonhomme, der scharfzüngige «Bonmotist» macht aus sich selbst ein selbstironisches Bonmot.

Dass es sich unter Masken leichter leben lässt, ist ihm sogleich eine ironische Epistel wert, zugeschnitten auf Hofer Verhältnisse (*Nachricht von einigen neuen Larven, die bei Benstof in der Veitstrasse zu bekommen sind. Aus unserer Zeitung*).[106] In der Kunst der Verstellung – «eironeia» bedeutet, sich dümmer zu stellen, als man ist – hat er sich als Autor bereits ausgiebig an Swifts Vorbild geübt. Ironie beruht auf dem stillschweigenden Pakt zwischen Leser und Autor, das Gegenteil von dem zu denken, was auf dem Papier steht. In diesen unruhigen Zeiten dürfte es von Vorteil sein, seine wahren Ansichten zu verbergen. Es kämpft sich besser mit geschlossenem Visier.

Erfreuliche Nebenwirkung der «Übersezung meines Leibes aus dem Englischen ins Vogtländische»: die jungen Damen finden Herrn Richter mit Zopf und Halstüchlein deutlich anziehender als ohne. In den Familienzirkeln seiner Kaufmannsfreunde ist er gern gesehen. Dort kann er seine furiose Liebe zur Musik ausleben, die Mädchen mit wilden Improvisationen auf dem Klavier beeindrucken, charmieren und seinem schlagfertigen Temperament beim Geschichtenerzählen freien Lauf lassen. «Wir alle waren jung, lebensfroh, zufrieden; wir ergötzten uns an Gesellschaftsspielen, bei welchen das witzige Schreibespiel obenan stand, und die reinste Heiterkeit herrschte in unseren Abendcirkeln, die oft in den verschiedenen Häusern wechselten.» Wie die Kaufmannstochter Amöne Herold sich erinnert, trug Richter sein Herz auf der Zunge. Er träumte gern laut von einer großen Zukunft als Schriftsteller und Familienvater; «und es würde von ihm im ganzen Lande die Rede sein, die Höfer würden – dies waren seine Worte – noch große Augen machen über ihren jetzigen kleinen, und Fürstinnen und Prinzessinnen würden uns noch einmal um das Glück seiner Gesellschaft beneiden».[107]

In Frankreich ist unterdessen der Adel mitsamt seinen Titeln und Besitzständen abgeschafft worden. Niemand soll mehr aus seiner Geburt das Recht ziehen dürfen, über andere zu herrschen. Im September 1789 gründet der ehemalige Leibarzt des Grafen Artois, der Physiker Jean-Paul Marat, in Paris die Zeitung *Ami du peuple* (*Der Volksfreund*), eine von fast zweihundert Zeitungen, Flugschriften und Journalen, die die Revolution binnen weniger Wochen ausschwitzt. Obwohl der König klein beigegeben und der erste Stand im August freiwillig auf einen Teil seiner Privilegien verzichtet hat, ist die Furcht vor einer Gegenrevolution groß. Marats *Ami du peuple* zweifelt am «Wohltätigkeitssinn» der Aristokraten; dafür sei es zu spät. «Ja, erst angesichts des Flammenscheins ihrer brennenden Schlösser finden sie jene Seelengröße, auf das Vorrecht zu verzichten, die Männer in Fesseln zu halten, die ihre Freiheit mit der Waffe in der Hand erobert haben. Erst beim Anblick der Strafe, die die Erpresser, Leuteschinder und Trabanten des Despotismus trifft, finden sie endlich die Großmut, auf ihre Grundzehnten zu verzichten und nichts mehr von den Armseligen zu verlangen, die kaum ihr Leben zu fristen vermögen.»[108]

Jetzt zeigt Marat sein wahres Gesicht: das Janusgesicht der Revolution. Aus dem Wahrheitssucher ist ein zu allen Mitteln entschlossener Antimonarchist, das gefürchtete Haupt des radikalen *club des Jacobins*, aus dem Theoretiker des Lichts ein Lucifer, aus dem «Physiker Marat» ein Teufel geworden, der aus dem Blau-Weiß-Rot der Freiheitskokarde das Schwarz der Septembermorde von 1792 mischt. So wird man es später in Jean Pauls *Siebenkäs*-Roman nachlesen können.[109]

J. P. F. Richter aber sucht seine satirischen Einfälle nicht mehr in Kaufmannshäusern und Verlagsbüros, sondern in Bordellen, Gefängnissen, auf Galgenbergen, in Kasernen und Dorfwirtshäusern, unter den Ärmsten der Armen, Soldaten und Feldschern, Bettlern, Invaliden und fahrendem Volk.[110] Seine neue Satirensammlung soll *Abrakadabra oder Die Baierische Kreuzerkomödie am längsten Tage im Jahr* heißen. Nicht ein bürgerliches Kaffeehaus, sondern ein ländliches Volkstheater ist der Schauplatz, wo ein ständiges Kommen und Gehen ist, weil der Zuschauer für einen Kreuzer auch nur einen Akt sehen darf. Zwei Akte mit vier und fünf Szenen und zwei ernsthaften Zwischenakten sind im Nachlass erhalten geblieben. In der zweiten Szene des ersten Akts erscheint noch einmal der Teufel auf einem Maskenball, um zu beweisen, dass er gar nicht existiert. Seine Rede wird von dem als Polizeispitzel verkleideten Verfasser mitgeschrieben. «Ich wüste nicht, weswegen ich diese fremde Arbeit (da ich bekantlich so viel eigne liegen habe) hätte drucken lassen sollen, wenn ichs nicht darum thäte, der Welt einmal durch Thatsachen zu beweisen, wie weit die Aufklärung schon ist – aller Teufel, und der Teufel selbst glaubt keinen Teufel mehr. Die Barometer steigen in ganz Europa, obgleich noch breite Wolkenflügel unbeweglich sich zwischen die Erde und die Sonne lagern; aber in kurzem wird der Himmel die Wolken einschlucken und uns mit einem grossen nakten Tage anstralen. Dan sollte man aber auch wochenlang davon reden, daß diese Aufklärung ia blos das Kind gewisser ausserordentlicher Köpfe ist, die iehretwegen an ihre Schreibpulte giengen».[111]

Offenbar geht es aber in einer Dorfschenke oder in einem «Prügelbureau» der ansbach-bayreuthischen Husaren nicht anders zu als zwischen Deisten, Spinozisten, Kantianern und Leibnizianern in der Gelehrtenrepublik (in Frankreich hieß die Zensurkommission *Bureau de la librairie)*. Ein Aktenbündel kann so gut wie ein philosophisches Buch als Prügelstock dienen. Und ein Dichter, der sich halbtot hungern muss, ist nicht mehr wert als ein Bettler, während die Bettler die neuen Dichter und Gelehrten der Nation sind und die Straßen und Plätze ihre Akademien. «Ich wollte einmal einen Aufsaz vol verdaueter Belesenheit abfassen und darin beweisen, daß die Gelehrten und mithin die neuern Barden die europäischen Brahminen sind: denn ich hätte zeigen können, daß diese Barden wie die Brahminen kein Fleisch und keinen Wein geniessen dürfen – daß beide immer unter freiem Himmel und in Mortifikationen leben und nichts am Leibe haben».[112]

Zwei Tage vor Weihnachten 1789 schickt Richter das Manuskript der *Kreuzerkomödie* zur Beurteilung an Wilhelm Archenholtz. Sechs Wochen später bricht dieser den Stab über das Buch: genial, aber unverkäuflich – «uneingekleidete Satyren» wolle niemand lesen. «Wäre dieser Aufwand von Witz u. Laune in Romanform gebracht, so bin ich gewiß die Buchhändler würden sich danach reissen. Warum in aller Welt thun Sie das nicht mit Ihren *Producten*? Die Kunst Handlung zu fingiren kann doch einem Manne nicht schwer werden, der die ungleich grössere Kunst versteht, witzig und launicht zu seyn.»[113]

Richter hat bald mehr Gläubiger als Leser. Die Familie lebt von Rosinas kleiner Pension. Gottlieb hat in Naila eine Stelle als Unterzolleinnehmer angetreten, Adam seinen Abschied vom Heer genommen, um sich zum Barbier und Wundarzt ausbilden zu lassen. Hilfsbereit hat der Schwarzenbacher Unternehmer Cloeter im Herbst dem jungen Schriftsteller angeboten, ihn als Hauslehrer für seine und die Kinder seiner Freunde Völkel und Vogel anzustellen. Obwohl Richter den ganzen Winter kein Holz zum Heizen hat und sich reihum bei den wohlhabenden Freunden aufwärmen muss, zögert er lange. Niemand geht gern an einen Ort zurück, wo er nicht glücklich war.

Die Enttäuschung über Archenholtz' niederschmetternde Absage verblasst indessen über einer anderen Nachricht. Am 3. Februar 1790 stirbt in Göttingen Bernhard Hermann, der «durch Kant Zweifel an seiner Existenz einsog und auch an diesen Zweifeln umkam».[114] Dieser Tod stürzt Richter in wochenlange Resignation. Er packt seine Sachen, verabschiedet sich am 3. März 1790 mit einem galanten Billett von der

Postmeisterin Wirth und geht als Schulmeister nach Schwarzenbach. Sein Abschied von Hof gleicht einer Kapitulation. Er ist siebenundzwanzig Jahre alt. Weimar ist entfernter, der Parnass unerreichbarer denn je. «Da ich Klopstocks Ode durchlas: so verwandelte ich meine bisherige Frage: ‹warum hast du von 3 Freunden 2 verloren› in die: ‹warum hast du unter der elenden Menschenmakulatur 3 gefunden›.»[115]

Von Schwarzenbach war er vor elf Jahren ausgezogen, um denken zu lernen. Hier endete an einem Ostersonntag seine Kindheit. Hier starb der Vater. Auf dem Friedhof sind die Gräber der Patronatsherrin von Plotho und seiner Vorfahren, der Schönfärbermeister und Kantoren, der Pfarrers- und Schultheißentöchter. Hierher kommt er zurück als erfolgloser Schriftsteller, Dorfschulmeister und brotloser *homme de lettres*. Bettelarm und in geborgten Stiefeln und Strümpfen feiert er am 21. März seinen achtundzwanzigsten Geburtstag.

Ein Traum schließt dieses Richter'sche Jahrzehnt der scherzenden Teufeleien und taktischen Camouflagen, des Hungerns und Hoffens, der Trauer und Satiren. Er träumt, er erwache auf einem Friedhof, die Turmuhr schlägt elf. Er meint, es sei vormittags, und sucht am schwarzen Himmel nach der Sonne. «Die Gräber standen aufgeschlossen wie die eiserne Thüre des Gebeinhauses; an den Mauern flogen Schatten, die niemand machte und andre Schatten giengen aufrecht in der blossen Luft.» Dann steht der Träumende unvermittelt in der nächtlich dunklen Kirche und sieht die versammelten Toten. «Die Todtenversamlung wurde dem Dunkeln immer zugerükt und es fras davon ab.» Sie liegen in ihren Särgen mit toten Augenhöhlen und herausgerissenen Herzen. Einige lächeln, andere strecken ihre Arme dem Träumenden entgegen, Hände greifen nach ihm. An der Decke kreist «das Ziferblatt der Ewigkeit» um sich selbst, ein Perpetuum mobile. Vom Altar tönt eine entsetzliche Stimme, «die aus einer edlen Gestalt wie fast Shakespears seiner tönte; aber man sah nicht, daß sie sprach.» Und die Stimme spricht: «Tönet nur fort, ihr zwei Mistöne; kein Gott und keine Zeit ist. Die Ewigkeit wiederkäuet sich und zernagt das Chaos.» Dann wendet sich die furchtbare Gestalt an den Träumer in der nächtlichen Kirche. «Ungestorbner dort! Drücke keinem Todten mehr die Augen zu, denn die Augenlieder faulen ab und dan sieht er; und sieht keinen Got mehr.» Der Gott des Gebets ist ein unmöglicher Gott, denn er ist nur geträumt. «Daher lächeln die schlafenden Todten noch fort; ihre Träume spielen die Erde nach und ihr stäubendes Herz betet noch einmal – ach betet ihn recht an, diesen geliebten Got, eh' er mit euerem Traume und Körper zerflattert!» Schließlich spricht die Stimme wieder zu der Totenversammlung. «Seht ihr denn nicht, ihr Todten, das stillestehende Aschenhäufgen auf dem Altar, ich meine das vom verfaulten Jesus Christus.»[116]

Viele Versuche hat man unternommen, *Des todten Shakespeare Klage unter todten Zuhörern in der Kirche, daß kein Got sei* zu enträtseln. Zwischen atheistischem Manifest und Programmschrift eines modernen poetischen Realismus zieht sich die Wirkungsgeschichte dieses Textes von Edgar Allan Poe über Alfred de Vigny und Gérard de Nerval, über den französischen Symbolismus bis zu Samuel Beckett und James Joyce durch die europäischen Literaturen. Doch unter all diesen Versuchen fehlt einer ganz: die Erwägung, dass der Text möglicherweise nicht als Kunstprosa gelesen werden will, sondern als Traumprotokoll und damit als authentisches Dokument einer biographischen Krise. Welcher Traum wäre aber großräumig genug, einem an sich selbst verzweifelnden jungen Schriftsteller die Botschaft zu übermitteln: Werde unsterblich, werde Dichter! Nur einem, William Shakespeare, gebührt die Ehre, den alten Schöpfergott der Bibel verdrängt zu haben und dessen Platz auf dem Altar der Natur einzunehmen. So hat ihn Johann Gottfried Herder porträtiert, als Urbild des Schöpfer-Dichters, und aus Herders Worten ist die gewaltige Traumgestalt geformt; «die ganze Welt ist zu diesem großen Geiste allein Körper: alle Auftritte der Natur an diesem Körper Glieder, wie alle Charaktere und Denkarten zu diesem Geiste Züge – und das Ganze mag jener Riesengott des Spinoza ‹Pan! Universum!› heißen.»[117] Die Natur hat keine Botschaft, sie *ist*. Kein Gott und kein Morgen erlöst die sterblichen Wesen, die ohne göttlichen Trost von der «Selbstmörderin Natur» durch ihr Dasein getrieben werden, diesem Sturm, «den nichts regiert», diesem «Ur-Orkan», vor dem sie am Ende ihres Lebens in die Erde «kriechen». Nur die Dichtung vermag, eine zweite Natur zu schaffen, die unsterblich ist. «Aus Szenen und Zeitläuften aller Welt findet sich, wie durch ein Gesetz der Fatalität, eben die hieher, die dem Gefühl der Handlung, die kräftigste, die idealste ist; wo die sonderbarsten, kühnsten Umstände am meisten den Trug der Wahrheit unterstützen, wo Zeit- und Ortwechsel, über die der Dichter schaltet, am lautesten rufen: ‹hier ist kein Dichter! ist Schöpfer! ist Geschichte der Welt!›»[118]

6. WUTZ ODER EIN GLÜCKLICHER SCHRIFTSTELLER

Auenthal, Spätsommer 1790

Mitten durch Schwarzenbach verläuft die Reichskreisgrenze. Mit dem Bodenhausenschen Gut gehört es zum fränkischen, mit dem Schönbergischen zum sächsischen Ritterkanton. Die Verwaltung des Schwarzenbacher Gutes hat Otto Karl Friedrich, der letzte Nachkomme der Grafen von Schönburg-Waldenburg, 1786 seinem Pächter Johann Gottfried Cloeter überlassen, einem Mann mit beachtlichen unternehmerischen Talenten. Als die Richters 1776 nach Schwarzenbach zogen, war Cloeter schon fünfunddreißig Jahre alt. Im Jahr darauf heiratete er eine Schwarzenbacherin, die ihm bis 1800 elf Kinder gebären sollte, gründete einen Eisenwarenhandel, übernahm in Kirchenlamitz einen stillgelegten Schiefer- und Kalksteinbruch und kaufte, wohlhabend geworden, das Erzbergwerk mit Stahlhütte nahe Marktleuthen an der Eger, den sogenannten Wendenhammer.

Schulmeister Richter wohnt und unterrichtet im Haus des alten Webers Johann Lorenz Hölzel. Aus der aufgeklärten Welt ist er zurückgekehrt zu den Einäugigen und Blinden. «O du glücklicher Steifschetter-Krämer, der du 68 Jahre und ein Paar Schok Schett[er] auf dem Rücken hast, deine fünf Sinn[en]bäche tragen mehr Freude in dein Herz als das wirbelnde Meer der Phantasie! Ruhe, Ruhe der Brust».[119] Zu Richters siebenköpfigem «Kinderseminarium» gehören die beiden Söhne seiner Freunde Völkel und Vogel und vier der neun Cloeter-Kinder, darunter als einziges Mädchen Wilhelmine. Der jüngste Schüler ist der siebenjährige Emil Völkel, Leo Vogel ist mit fünfzehn der älteste. Dazu kommt der Barbiergeselle Karl Christian Rolsch, der schreiben lernen will, weil er in Völkels Tochter Sophie verliebt ist. Die Kinder erinnern ihren Lehrer täglich daran, was er war und was er wurde. «Über die verwelkten KindheitsJahre weht auf uns ein Wolgeruch herüber, der schwer zu erklären ist, wenn man auch 2erlei weis – daß erstlich die KindesSinne nicht wie unsre die Eindrücke aufnehmen sondern aufgreiffen, indes bei uns ieder Gegenstand sein Petschaft auf erkaltetes und hartes Siegellak drükt –».[120]

Er ist der Freund seiner Schüler, nicht ihr Zuchtmeister. Wenn er sie zum Wettstreit ermuntert, wer die längsten Aufsätze schreibt (es ist Leo Vogel, der Sohn des Aktuars), wer am schlagfertigsten ist (die besten Bonmots sammelt er in einem Heft), wenn er ihrer Phantasie und Lernbegierde nicht die Fesseln der Grammatiken und Regelwerke anlegt, die seine eigene Phantasie erdrückten, wird er wieder zum Kind. «Bildung ist wie das frühere Erziehen nicht vergrössern irgend einer Seelenkraft sondern Lenken derselben. Ich mag es nicht Entwicklung nennen.» Erziehung und Bildung machen also nicht aus dummen Menschen kluge und aus schlechten gute. «Das Meiste und Beste, was die gute Erziehung kann, ist, die schlimme auszulöschen».[121]

Nachdem Richter am 10. August seinen Schülern das vorgeschriebene Jahresexamen abgenommen hat, lädt er Schüler und Eltern zu einem Tanzvergnügen, wo es offenbar hoch hergeht. Am nächsten Tag ist er noch ganz «gelähmt und ausgepumpt» und berichtet Friedrich Wernlein, der in diesen Wochen sein engster Vertrauter ist, wie er sich vor zehn Jahren gefühlt habe, vor seinem Auszug nach Leipzig, ins gelobte Land der Bücher und Gelehrten, «wo ich aus dem Jugendparadies noch nicht geiagt war» und männliche und weibliche Herzen noch nicht unterschied, «wo meine ungetäuschte Seele (ausgenommen von sich selbst) alle Seelen umschlang und ich zugleich war 10 mal dümmer und glüklicher und närrischer und tugendhafter.»[122] Nachmittags geht er auf seine «empfindsame Reise» nach Venzka. Das Ritterlehen Venzka, das von den Herren von Beulwitz an die Grafen von Reuß verkauft worden ist, liegt fünf Kilometer von Töpen entfernt. Hier ist Herrnhuterland. Herr auf Venzka ist Heinrich George Traugott von Spangenberg, der früh verwaiste Sohn des Gräfisch Reußischen Amtmanns und Bruder jener frommen Beata, in der Oerthel-Abelard als Gymnasiast seine Heloise gefunden hatte. In den Töpener Jahren hat Richter sich eng mit ihm und seiner zweiundzwanzigjährigen Schwester

6. *Wutz oder Ein glücklicher Schriftsteller* | 145

Wilhelmine angefreundet, die als letzte von drei Töchtern unverheiratet im Haus lebt. Gut zwei Wochen später ist er mit dem *Leben des vergnügten Schulmeisterlein Maria Wutz in Auenthal* fertig, diesen «mit unendlicher Wollust empfangenen und gezeugten 4 Bogen», geschrieben innerhalb von zehn Tagen.[123] Auf einmal passt sein Leben in einen einzigen Gedanken: das Glück, ein Autor zu sein. «Warlich da das verhüllete Schicksal im grossen Weltatlas auch das Strömgen meines Lebens auf der Karte, durch Wonsiedel, Hof und Leipzig hinpunktierte: so mus es gesagt oder gedacht haben: ‹wir wollen ein ausserordentlich närrisches Wesen backen, das schon dadurch ein Trommetenfest – Luperkalien – Honigmonate und Flitterwochen und alles hat, wenn es nur neben einem Dintenfas, neben einem Bund Federn aus Hamburg und neben Wunderlich's Papier sizt».[124]

Dieser frischgebackene Schriftsteller kommt in das Dorf, in dem der alte Kantor, Löffelschnitzer und Schulmeister Maria Wutz seit seiner Geburt lebt, just an dem Tag, der dessen letzter ist. «Ich hätte überhaupt – ob ich gleich dreißigmal vor seiner Haustür vorübergegangen war – wenig vom ganzen Manne gewußt, wenn nicht am 12. Mai vorigen Jahrs die alte Justine unter ihr gestanden wäre und mich, da sie mich im Gehen meine Schreibtafel vollarbeiten sah, angeschrien hätte: ob ich nicht auch ein Büchermacher wäre. – ‹Was sonst, Liebe?› – versetzt' ich – ‹jährlich mach' ich dergleichen und schenke alles nachher dem Publiko.› – So möcht' ich dann, fuhr sie fort, mich auf ein Stündchen zu ihrem Alten hineinbemühen, der auch ein Buchmacher sei, mit dem es aber elend aussehe.» Der junge Schriftsteller findet ein freundliches Greislein in seiner Schlafkammer; «auf dem Deckbette lag eine grüntaftne Kinderhaube, wovon das eine Band abgerissen war, eine mit abgegriffnen Goldflitterchen überpichte Kinderpeitsche, ein Fingerring von Zinn, eine Schachtel mit Zwerg-Büchelchen in 128-Format, eine Wanduhr, ein beschmutztes Schreibbuch und ein Finkenkloben fingerlang. Es waren die Rudera und Spätlinge seiner verspielten Kindheit.»[125]

Und so setzt sich schließlich der junge Schriftsteller in den gemütlichen Großvaterstuhl neben dem Ofen «in der Stube, die er [Wutz] sich wie ein Loretto-Häuschen aus dem Kindheits-Kanaan herüberholte», und erzählt «eine Art Idylle», nämlich das Leben eines glücklichen Schriftstellers, «und an die grand monde über der Gasse drüben und ans Palais royal muß keiner von uns denken.»[126]

Wutzens Lebensbeschreibung ist also das Buch eines Schriftstellers über einen andern. Aber was ist ein Schriftsteller? Als legitimen Nachkommen des alten *grammaticus* der Spätantike und des Humanismus, der neben alten und neuen Sprachen, «der Grundlage allen Wissens», genauso Astronomie, Kosmologie, Philosophie und Mathematik beherrschen musste, wollte Voltaire nur den *homme de lettres* gelten lassen, den Gelehrten, nicht aber den *bel esprit*, «der nur wenig Wissen besitzt und nur ein einziges Genre pflegt». Aus der Gelehrtenrepublik warf er genau die Autoren grob hinaus, die gegen Ende des 18. Jahrhunderts den Hauptanteil des Buchhandelsumsatzes ausmachen sollten. «Wer nur Romane gelesen hat und daher nur Romane schreibt, wer ohne literarische Bildung auf gut Glück ein paar Theaterstücke verfaßt hat, wer ohne jede wissenschaftliche Bildung ein paar Predigten gemacht hat, der wird nicht zu den gens de lettres gerechnet.»[127]

Zehn Jahre später erwies der Chevalier de Jancourt Voltaire in der *Encyclopédie, ou Dictionnaire raisonné des sciences, des arts et des métiers* (im Artikel *Auteur*) seinerseits die Ehre, ihm zusammen mit Racine den Titel eines *auteur* zu entziehen und ihn ein wenig degoutant als *écrivain* zu bezeichnen, Corneille, Newton und Descartes hingegen als *auteurs*, denn sie hatten nach Ansicht des Chevalier Stil. Buffons beherzigenswerter Hinweis, der Stil sei der Mensch («le style est l'homme même»), hatte zu dieser Zeit allerdings angesichts der Schwemme von *libellers, grub-streetwriters, écrivains, scavants, auteurs, gens de lettres, beaux-esprits* und *philosophes*, die im Pariser Kaufhaus «Palais royale» und an den Quais der Seine wie Fischhändler ihre Broschüren anboten, längst den Glanz der Wahrheit eingebüßt. «Es gibt viele Schriftsteller, die keine Autoren sind», so heißt es in der *Encyclopédie* an anderer Stelle, «und das sind vielleicht die glücklichsten. Sie sind geschützt vor der Abneigung, die der Beruf des Autors manchmal zur Folge hat, den Streitigkeiten, die aus Rivalität entstehen, den Feindseligkeiten vorgefasster Meinungen und falscher Urteile; sie genießen einen besseren Ruf in der Gesellschaft; sie urteilen, und die anderen werden beurteilt.»[128]

Maria Wutz ist in diesem Sinne ein glücklicher Schriftsteller. Seine Geschichte wäre schnell erzählt. Er stirbt, wie er gelebt hat. Sein Leben ist ein ruhiger langer Schlaf zwischen zwei Träumen, seine Seelenstille ist pietistische Herzensfrömmigkeit. Kein widerstreitender Gedanke nahm je in diesem Kopf Platz.[129] Weil er zu arm ist, um sich Bücher zu kaufen, denkt er sich die *Allgemeine Bibliothek*, Goethes *Werther*, Schiller *Räuber*, Kants Vernunftkritik, Cooks und Forsters Reisen, Freimaurerschriften und den alchemistischen *Annulus Platonis* selbst aus und schreibt sich so in dreiundvierzig Jahren eine respektable Gelehrtenbibliothek zusammen. Mit den Querelen der Gelehrtenrepublik gerät er nicht in Konflikt. Höchstens wundert er sich zuweilen, wenn er die seinen mit den Originalwerken vergleicht, «warum der Buchführer das Gedruckte allzeit so sehr verfälsche und umsetze, daß man wahrhaftig schwören sollte, das Gedruckte und das Geschriebne hätten doppelte Verfasser, wüßte man es nicht sonst.»

Erst als es ans Sterben geht, fällt ihm ein, «er müss' aber einen haben, der seine Bibliothek übernehme, ordne und inventiere und der an seine Lebensbeschreibung, die in der ganzen Bibliothek wäre, seine letzten Stunden, falls er sie jetzt hätte, zur Komplettierung gar hinanstiße».[130]

Und so fällt sein schönster und sein letzter mit dem Tag zusammen, als der fremde Schriftsteller ihn besucht. «Ich war allein in der Stube – Ich hörte nichts als den Atemzug des Kranken und den Schlag meiner Uhr, die sein kurzes Leben wegmaß – Der gelbe Vollmond hing tief und groß im Süden und bereifte mit seinem Totenlichte die Maiblümchen des Mannes und die stockende Wanduhr und die grüne Haube des Kindes – Der leise Kirschbaum vor dem Fenster malte auf dem Grund von Mondlicht aus Schatten einen bebenden Baumschlag in die Stube – Am stillen Himmel wurde zuweilen eine fackelnde Sternschnuppe niedergeworfen, und sie verging wie ein Mensch – Es fiel mir bei, die nämliche Stube, die jetzt der schwarz ausgeschlagene Vorsaal des Grabes war, wurde morgen vor 43 Jahren, am 13. Mai, vom Kranken bezogen, an welchem Tage seine elysischen Achtwochen angegangen.»[131]

II. Des Teufels Schreibmaschine (1785–1795)

Gemeint sind die Wochen vor Wutzens Heirat, und dieser Hochzeitstag wird nun wie ein niederländisches Genrebild ausgemalt, sanft gestrichelt in den erdigen Farben des Lebensabends. Der Leser meint, die Krümel auf dem Küchenboden zu erkennen und den Duft der Kuchen und Schüsseln zu riechen, indes die dreiundvierzig Jahre, die Wutz danach noch zu leben hatte, unerzählt bleiben. Sein erstes Werk hat Wutz im Überschwang seiner «elysischen Achtwochen» zwischen Antritt der Schulmeisterstelle und Hochzeit angefangen: den *Messias*, ein biblisches Epos in zwanzig Gesängen, deren sechster dann von Justinas und Wutzens Hochzeit berichtet. Und so wissen wir jetzt auch, dass Wutzens Hochzeitstag auf den 9. Juli 1748 fiel, das Jahr, in dem die ersten drei Gesänge des *Messias* von Friedrich Gottlieb Klopstock im Druck erschienen. Warum sollte nicht ein Wutz den *Messias* so gut geschrieben haben können wie ein Klopstock, da seine Freudenwochen ein einziges Evangelium freudiger Verheißungen waren?

Denn der Herd bleibt auch am Hochzeitstag kalt, und der Tisch ist leer. Das Tafelservice: ein einziger zinnener Teller. All die Braten und Kuchen, den duftenden Kaffee, das flackernde Herdfeuer, diese herrlichen Gaben der Erwartung verdankt Wutz einzig seinem Genie zur Freude. Es gibt keine Hochzeitsbitter und keine Brautjungfern (Wutzens Mutter ausgenommen), keine festlich gekleidete Gästeschar, kein Hochzeitsmahl, keine Blumengirlanden. Ein Schwalbennest über der windschiefen Haustür macht die einzige Musik. Die Ausmalung der Vorbereitungen zum Fest ist schon das ganze Fest, und auf den schönsten Tag im Leben des vergnügten Schulmeisterleins folgt zwanzig Zeilen weiter gleich sein letzter. Unerzählt bleibt auch die ordentliche Einsegnung des Brautpaars vor dem Traualtar. Statt des Ringetauschs ein heimlicher Händedruck, bei dem sich ein leerer Ringfinger zärtlich in die Handmulde der Geliebten bohrt. Kein Sakrament, kein priesterlicher Segen begleitet das heilige Paar. Und regt sich nicht in der liebevollen Beschreibung von Justines Haarnadeln und der geschmückten Kirche der wehmütige Gedanke des Erzählers, dass solche eingebildeten Freuden auch das Los seines Großvaters Johann Richter waren, der in Rehau fünfzehn Jahre um seine Margaretha dienen musste, bevor er ein glücklicher und frommer Schulmeister und Ehemann in Neustadt am Culm werden durfte: ein Stufenmensch wie Maria Wutz und fast im selben Jahr geboren?

Durch Religion, Stand und Tradition ist der Mensch der frühen Neuzeit auf das Schwungrad im großen Uhrwerk der Zeit gebunden. Der Kirchenkalender ist seine Lebensuhr. Sechs Stufen tragen ihn der verheißenen Erlösung in einem besseren Leben nach dem Tod entgegen: drei hinauf zum Lebenszenit, der *adolescentia*, und drei wieder herab bis ins Grab, der siebten Stufe entgegen, dem Paradies. Maria Wutz ist an der letzten Schwelle angekommen. Ein genügsames Leben im Einklang mit sich und der Welt gerinnt zum Seelen-Stillleben. Wutz ist, was Fritz geworden wäre, hätte er sich nicht der Unausweichlichkeit namens Joditz entzogen: ein Wochenmensch, der den Jahreslauf am Kirchenkalender abliest, ein Stufenmensch auf dem «Blut- und Trauergerüste der sieben Lebens-Stationen».

Oft schreibt Richter jetzt an die Postmeisterin Wirth, um von der Tochter gelesen zu werden, der träumerischen Renate. Jeden Sonntag wandert er nach Hof, «um da zu essen – vom Quée [Queue] meines Stoks von einem Haus ins andre gestossen zu werden – zu geniessen Bier sowol wie Gesichter – zu hören Arien sowol wie Verläumdungen – zu spielen – zu misfallen –».[132] Im Oktober 1790 hat er neben den Merk-, Exzerpt- und Satireheften ein neues Büchlein angelegt, eine Art Gefühlstagebuch. Mit dem einen Ohr horcht er in sich hinein, während das andere hochempfindlich jedes kühle Lüftchen, jedes kränkende Wort registriert. 24. Oktober: «Gieng mit Hoffnungen in die neue Schenke; verdrüsliche Laune; kroch bei der Musik in einen neuen Sarg». Im folgenden Jahr schreibt er einmal versehentlich das falsche Datum; gleich bezichtigt er sich der «Lüge». Hat er das Wetter falsch vorhergesagt, nennt er es seine «Wetterlügen». Gibt es mit Cloeter Streit über seine Mittagspausen oder Feuerholz, rennt er erbost aus dem Haus bis nach Hof. Überwältigen ihn bei einem Konzert allzu heftige Gefühle, ergreift er die Flucht.

Neben seinen «Sonnabendclubs» geht er Montagabends regelmäßig zu den Winterkonzerten im Ratssaal, speist abwechselnd bei Kaufmann Herold und Postmeister Wirth, spielt mit den Töchtern «Sprichwörterspiele», bei denen sein aphoristischer Witz aufblüht. Seine größte Angst: im Eifer des Wortspiels versehentlich jemanden beleidigt zu haben. Er meint, was ihm fehle, sei «ein 2tes Herz», das seine «seltsamen» Gefühle teilen würde; «meine Empfindsamkeit immer stärker». 9. November: «Im Konzert, Muth zum Tanz – vertrauliche Dialogen mit Renata».

Im ersten Schwarzenbacher Sommer hat Richter angefangen, Bernhard Hermanns nachgelassene Schriften und Briefe wieder zu lesen. Während sich die Nebelkronen auf die Hügelkuppen senken, überkommt ihn große Traurigkeit. «Wichtigster Abend meines Lebens; denn ich empfand den Gedanken des Todes, daß es schlechterdings kein Unterschied ist ob ich morgen oder in 30 Jahren sterbe, daß alle Plane und alles mir davonschwindet und daß ich die armen Menschen lieben sol, die sobald mit ihrem Bisgen Leben niedersinken – der Gedanke gieng bis zur Gleichgültigkeit an allen Geschäften».

Das «seltsame» Gefühl bleibt. Es vermischt sich mit dem anderen beherrschenden Gefühl dieser Monate: Zum ersten Mal weiß er nicht nur – er spürt, dass er sterblich ist. Es ist der Körper, der es ihm meldet, der Körper eines gesunden, fortpflanzungsfähigen, achtundzwanzigjährigen Mannes. Jede Verstimmung unter Freunden, die Krankheit der Mutter – alles ist gezeichnet von Verlust. 9. Januar: «mein Schaudern vor der Vernichtung des Ich.» 2. Februar: «Mein Schrecken daß im 19., 30., 40. Jahrhundert nichts von mir da ist, keine Erinnerung.» 7. Mai: «Ich kann beim schönsten Wetter zu keinem vollen Genus meiner selbst kommen.»[133]

Kein Zweifel: Friedrich Richter ist verliebt. In dem «zugesperrten Jünglingsherz[en]» regt sich ein unbekanntes Gefühl. Es erinnert ihn daran, dass er sterblich ist, dass er einen Körper hat. Diesem körperlichen «Gefühl der Sterblichkeit» ist aber mit dem philosophischen Axiom der Unsterblichkeit so wenig beizukommen wie dem Begehren durch Lesen von Liebeslyrik. «Wenn es zutrifft, daß mit dem Wort ‹diabolisch› im wesentlichen das Zusammentreffen von Tod und Erotik bezeichnet wird, und wenn letztlich der Teufel nichts anderes ist als unser Außerunssein, wenn wir schluchzen, wenn uns der Schmerz zerreißt – oder auch, wenn uns wahnwitzige Lachkrämpfe überfallen –, dann können wir kaum umhin, aus der erwachenden Erotik auf ein erstes Erschauern vor dem Tod zu schließen (einem im übrigen nicht weniger lächerlichen als tragischen Tod).» (Georges Bataille)[134]

Während Tod und Eros um Friedrich Richters Seele streiten, hat sein dreiundzwanzigjähriger Bruder Gottlieb der Tochter des Fleischhackmeisters und Bambergischen Lehnvogts in Naila ein Kind gemacht, das am 30. Mai 1791 zur Welt kommt. Die halbe Landeshauptmannschaft Hof entrüstet sich über die Richter-Brüder: der eine möglicherweise ein Selbstmörder, der andere ein überführter Atheist, der dritte ein Sittenstrolch. Richter scheint es eher zu bedauern, dass ihm der Teufel «zu solchen Varianten», den Tauftag vor den Hochzeitstag zu verlegen, noch nicht verholfen habe. Wie es sich gehört, hat er Renate Wirth, die «ebenso schön schreiben als tanzen kann», mit Erlaubnis ihrer Eltern den ersten Brief geschrieben, gilt doch das Wechseln von Briefen zwischen Unverheirateten schon als eine Art Verlöbnis. Renate ist fünfzehn, er achtundzwanzig. Als Neujahrsgabe dichtet er für sie das Märchen vom guten und bösen Genius, die um ihre «unverkörperte Seele» ringen. Kurz darauf kommt es bei einem seiner Sonntagsbesuche im Hause Wirth zu einem heftigen Streit. Richter geht danach nicht mehr hin, Renate wird zu einer Tante nach Bayreuth geschickt. Während sie sich aus Bayreuth beschwert, dass er so selten schreibt, und ihm ihr Porträt schickt, wechselt er mit Helene Köhler Briefe über die Unsterblichkeit der Seele und sucht bei den Montagskonzerten die Nähe der schönen, unnahbaren Amöne Herold.

Als sich sein «zugesperrtes Jünglingsherz endlich im achtundzwanzigsten Jahre öffnen und lüften durfte: da ergoß es sich leicht und mild wie eine warme überschwellende Wolke unter der Sonne – ich brauchte nur zuzulassen und dem Fließen zuzusehen – und kein Gedanke kam nackt, sondern jeder brachte sein Wort mit und stand in seinem richtigen Wuchse da ohne die Schere der Kunst».[135] Nicht die Liebe, sondern ein Roman über die Liebe öffnet alle Schleusen seines Inneren. Der Eros der Schrift besiegt die Furcht vor der Vergänglichkeit seines Körper-Ich. Nachträglich vermerkt er im Tagebuch: «Die Mumien angefangen 15. März 1791, beschlossen Schalttag des 1792ten Jahrs.»[136] Im *Arbeitsbuch* sind längst Entwürfe zur Lebensgeschichte des kleinen

Gustav von Falkenberg festgehalten, der mit elfeinhalb Jahren «noch keinen Hofmeister» hatte und an seinem Konfirmationstag das erste Mädchen küsst – der wehleidige Held eines äußerst komischen Romans.[137]

Es ist ein schöner, warmer Frühling mit viel Sonne. Der Ostersonntag 1791 fällt auf den 24. April, und Richter unterbricht die Arbeit an den *Mumien* für einen langen Antwortbrief an Friedrich Wernlein, um ihm zu versichern, dass durch das Lesen der antiken Vorbilder noch niemand gut schreiben oder lesen gelernt habe. «Die Muster haben ia selber ohne Muster geschrieben und Polyklet hat seine Bildsäule ohne Polyklets Bildsäule gemacht.»[138] Für das, was er schreibt, gibt es in der Tat kein Muster in der deutschen Literatur. Dieser Roman gibt gar nicht erst vor, die Wirklichkeit nachzuahmen: Er hetzt ihr vielmehr atemlos hinterher. So kann es passieren, dass der Erzähler, um rechtzeitig am Ort des Geschehens zu sein, einen Tag früher da ist als seine Helden oder wegen Krankheit sieben Wochen gar nicht erscheint und nach 363 Seiten so erschöpft ist, dass er fürchtet, diese «Biographie» werde ihn noch umbringen. Der Autor kann, wie er klagt, nur an schulfreien Sonntagen schreiben, denn er ist ein Dorfschulmeister und hat sich in der Dachstube des vergnügten Schulmeisters Maria Wutz in Auenthal eingemietet.

Im Mai des nächsten Jahres haben sich erzählte Zeit und Erzählzeit eingeholt. Der Roman ist fertig, der Erzähler hat Pulsaussetzer und Herzrasen. Der beklommene Leser muss um ihn fürchten, wird aber nur beschimpft. «Im Grunde fragt kein Teufel viel nach meinem Siechtum. Ich sitze hier und stelle mir aus unvergolteter Liebe zum Leser den ganzen Tag vor, daß Feuer kann geschriien werden, das gleich einem Autodafé meine biographische Papiere in Asche legt und vielleicht auch den Verfasser.»[139]

Mit seinen Schwarzenbacher Freunden hat Richter am 21. Juni 1791 im Gasthof «Zur Birke» mit viel Bier und Wein die kürzeste Nacht des Jahres gefeiert. Man hatte sich den Namen einer nicht sehr geheimen «Birken-Gesellschaft» zugelegt; mit dabei waren Pfarrer Völkel und Aktuar Vogel, Amtsverwalter Cloeter, der «stat meines alten Teufels-Secretariats, das Birken-Secretariat» übernahm,[140] Christian Friedrich Ellrodt und «Edukationsrath Richter». Man trank, rauchte und spielte Billard; der Wirt posierte als «Birken-Maitre de plaisirs oder schottische[r] Meister der Birkenloge oder der Birken-Traiteur».

Im Juni setzt auch die Handlung der *Unsichtbaren Loge* ein, Richters *Mumien*, die in sechsundfünfzig «Sektoren» oder Kreisausschnitten die ersten einundzwanzig Jahre in Gustavs Leben erzählen. Die Geschichte ist in möglichster Kürze diese: Für den Obristforstmeister von Knör ist das Schachspiel sein «Himmel auf Erden» und seine Leidenschaft. Selbst seine Diener holt er sich aus dem sächsischen Schachdorf Strehpenick. Tochter Ernestine soll sich ihren Ehemann am Schachbrett erobern – oder erobert werden, je nachdem, wie die Partie ausfällt. Von Knörs Gemahlin, eine strenggläubige Herrnhuterin, besteht darauf, dass die Frucht dieser Ehe in einer geheimen Höhle aufgezogen werde. Der erste Bewerber, ein Rittmeister von Falkenberg, siebenunddreißig Jahre alt, hasst nichts so sehr wie Schach und Herrnhutismus, lässt sich aber auf das Spiel ein, das nach sieben Wochen von einer «Kopulierkatze» entschieden wird, die kurz vor dem Schachmatt des Bewerbers unter dem Tisch hervorspringt und, von der listigen Ernestine sanft geschubst, die Figuren umwirft. Ernestine, bei der Richter an die kluge Wilhelmine von Spangenberg gedacht haben mag, ist zwar die bessere Schachspielerin, aber in den Rittmeister verliebt.

Gustav, das Produkt aus List, Kalkül und Empfindsamkeit, wird erwartungsgemäß neun Monate nach der Hochzeit geboren. Der «Heldlieferant», Rittmeister von Falkenberg, ist ein vogtländischer «Reichs-Erb-Kasperl», ein typischer Vertreter der reichsunmittelbaren Ritterschaft. Für die eingeschobenen satirischen Extrablätter verwendet Richter einen Großteil der schon 1790 in den Satireheften Nr. 15 bis Nr. 17 entworfenen politischen Glossen über die Landestrauer, über den Kirchenschlaf oder die «falsche Bauart der Kirchen».[141] Nach Ablauf der ersten zwei Lebensjahre wird Gustav weltabgeschieden in einer Höhle im Falkenbergischen Park aufgezogen, nicht anders als der «wilde Markgraf» in Brückberg und der Pfarrerssohn Fritz Richterin in Joditz. Seine einzige Gesellschaft im «unterirdischen Pädagogium» sind ein kleiner Hund und sein Erzieher, ein bildschöner Jüngling aus der Herrnhuterzentrale Barby. Nach zehn Jahren, genauer am 1. Juni, wird Gustav in die freie Natur geführt, die er nur vom Hörensagen kennt, und steht «mit überschütteter Seele [...] vor dem unübersehlichen Angesicht der Natur».

Eine Abordnung der Herrnhuter soll seinen rechten Glauben prüfen, doch am Tag zuvor ist Gustav spurlos verschwunden. Als er nach drei Tagen wieder auftaucht, bringt er das Porträt eines ihm ähnlichen Kindes und einen italienischen Brief mit. Vater und Sohn Falkenberg brechen nach glücklicher Wiedervereinigung in die Residenzstadt Scheerau auf. Unterwegs finden sie im Wald einen blinden Knaben in Gustavs Alter. Sie bringen ihn zu Doktor Fenk, einem Augenarzt und Naturforscher, der ihm das Augenlicht wiedergibt. Gustav und Amandus fassen zueinander kindliche Liebe und sind fortan unzertrennlich. Grund der Reise ist der Tod des alten Fürsten und die Inthronisation seines Sohnes. Der chronisch insolvente Rittermeister von Falkenberg bietet dem jungen Fürsten an, ihm seinen Gustav für 13 000 Reichstaler und eine Kadettenstelle im fürstlichen Militär zu verkaufen. An dieser Stelle nun fädelt sich Richters Roman mit kunstvoller Raffinesse in die jüngste Geschichte der Markgrafschaft Ansbach-Bayreuth ein.

7. GUSTAV UND SEINE VERDERBER

Schwarzenbach/Saale, Frühling 1791

Im Januar 1791 werden die markgräflichen Untertanen von der Nachricht aus dem Schlaf der Unschuld gerissen, dass sie an den König von Preußen verkauft wurden. Der kinderlose Karl Alexander von Ansbach-Bayreuth zieht es vor, mit fünfundfünfzig Jahren in den fürstlichen Ruhestand zu treten. Bereits zwei Jahre zuvor wollte das *Hamburger politische Journal* von geheimen Abtretungsverhandlungen zwischen dem Markgrafen und König Friedrich Wilhelm II. von Preußen erfahren haben. Die *Bayrische Zeitung* dementierte die Meldung am 2. März 1789, am Tag darauf auch die *Erlanger Real-Zeitung*, als «seichtes Hirngespinnst eines sehr unreifen Politikers».[142]

In der Tat hielt Friedrich Wilhelm II. schon 1790 nach einem Statthalter für die hohenzollernschen Erbländer Ausschau, die ihm so unversehens zufallen sollten, nach einem Mann mit politischer Phantasie, der sich weder von der horrenden Leere in den markgräflichen Staatskassen noch von den zu erwartenden außenpolitischen Verwicklungen mit dem Wiener Hof abschrecken ließe. Seine Wahl fiel auf den eben aus England zurückgekehrten, frisch verheirateten, doch arbeitslosen Karl August von Hardenberg. Im Oktober 1790 macht sich der einundvierzigjährige Staatsrechtler, ein gebürtiger Hannoveraner und einer der führenden Freimaurer Niedersachsens, auf den Weg nach Franken. Er übernachtet in Hof und fährt am nächsten Morgen weiter nach Ansbach. Ohne genau zu wissen, was man von ihm erwartet, diniert er mit dem Regierungsdirektor Philipp von Weitershausen, trifft sich mit dem bayreuthischen Kammerpräsidenten von Flotow und wohnt mit seiner Frau fürstlich im markgräflichen Stadtpalais, während der regierende Karl Alexander sich noch in seiner Sommerresidenz in Triesdorf aufhält. Nach zwei Wochen fährt er nach Braunschweig zurück. In seinem Tagebuch vermerkt der Graf nachträglich: «Je ne savois pas quel role je jouerois dans le pays de Bareith.»[143] Es wird die Rolle seines Lebens, die ihm die Geschichte auf den Leib schreibt.

Im Januar 1791 wird Hardenberg als Sonderberater des Markgrafen und bald darauf als Chef des neuen preußischen *ministère séparé* vereidigt. Der Himmel kommt den Wünschen des Markgrafen gnädig entgegen. Am 18. Februar 1791 ruft er dessen gottesfürchtige Gattin, Markgräfin Caroline Friederike, zu den Seligen. Am 19. Mai verlässt Karl Alexander Land und Untertanen als freier Privatmann und heiratet am 30. Oktober in Lissabon seine Geliebte Elizabeth Craven, Tochter des 4. Earl of Berkeley. Am 2. Dezember wird in Bordeaux die offizielle Abdankungsurkunde unterzeichnet. Damit endet nach 476 Jahren die Regentschaft der fränkischen Hohenzollern in Ansbach-Bayreuth.

Jedem Leser der *Unsichtbaren Loge*, der mit der Landesgeschichte einigermaßen vertraut war, musste der Verkauf eines reichsunmittelbaren Landeskindes an den jungen Fürsten von Flachsenfingen als politische Metapher für den Machtwechsel in Bayreuth einleuchten. Doch wer außer Friedrich Richter glaubte, dass mit den Preußen auch die Aufklärung in die vogtländischen Dörfer und Städtchen einziehen würde? Denn genau dies wird an dem kleinen Reichsrittersohn Gustav exerziert. Er soll auf die Laufbahn eines Offiziers und Mitglieds des Hofadels vorbereitet werden. Zuvor aber muss die «pietistische Milchsuppe», wie sich Gustavs Vater ausdrückt, «ein bißchen kernhaft» gemacht werden, damit nicht «ein weinerlicher Soldat» aus ihm werde. Diese Aufgabe wird einem alten Freund des Rittmeisters, einem Hallodri und «Hinkefuß», übertragen, der sich als Rechtskonsulent und Weltmann ausgibt, sich als Klavierlehrer in seine Schülerinnen verliebt und als Flötist ins Unterscheerauer Orchester eingeschlichen hat, um sich dem «sehr jungen Fräulein von Röper» nähern zu können. Sein Name ist Jean Paul alias Friedrich Richter, der Verfasser der *Mumien* und Gustavs Biograph.[144] «Man muß nicht denken, daß ich Informator geworden, um Lebensbeschreiber zu werden, d. h. um pfiffigerweise in meinen Gustav alles hineinzuziehen, was ich aus ihm wieder ins Buch herauszuschreiben trachtete; denn ich brauchte es erstlich ja nur wie ein Romanen-Manufaktorist mir bloß zu ersinnen und andern vorzulügen; aber zweitens damals wurde an eine Lebensbeschreibung gar nicht gedacht.»[145]

Dieser Jean Paul hat sonderbare Freunde, die nacheinander auf Gustavs Erziehung Einfluss nehmen. Dazu gehört Kapitän von Ottomar, ein natürlicher Sohn des alten Fürsten von Scheerau (und Halbbruder des regierenden Fürsten). Ottomar verkörpert den zeitgenössischen Typus des philanthropischen Reformpädagogen vom Schlage Johann Bernhard Basedows, Joachim Heinrich Campes oder Heinrich Pestalozzis, die alle der Freimaurerei nahestanden.[146] Kinder sind die «Diener» in seinem Schloss, formbares Material wie die Figuren in seinem Wachsfigurenkabinett. Ausgestattet mit einem «beidlebigen Körper – das Amphibium zweier Welten», leidet er an panischer Geisterfurcht. Vor Jesuiten fürchtet er sich noch mehr als vor Pietisten. Einen Selbstmordversuch bricht er ab, als an seinem Grab zwei Mönche erscheinen, von denen einer das Stigma der Jesuiten aufweist, einen sechsten Finger.[147]

Der dritte im Freundesbund ist der «artistische und satirische Räuberhauptmann» und «korsarische Stoiker» Hoppedizel, ein moralphilosophischer Abenteurer und Streiter gegen Orthodoxie und Wunderglauben. Der Name Hoppedizel erinnert an die volkstümliche Figur der Düsseldorfer Fasnacht, den Hoppediz. In Düsseldorf lebte bekanntlich Friedrich Heinrich Jacobi auf seinem Gut Pempelfort, der Apologet des «geglaubten» Christentums,[148] das in einer köstlichen Szene, einer Parodie der Kanaanitischen Hochzeit aus dem Neuen Testament, illustriert wird. Hoppedizel bewirtet seine Freunde mit Wein, gibt ihn für Wasser aus und erklärt ihre Betrunkenheit für Einbildung, um zu beweisen, dass es keine übernatürlichen Wunder gibt ohne Glauben.

Der vierte ist der Augenarzt Doktor Fenk, der auf Staroperationen spezialisiert ist und sich als Illuminat zu erkennen gibt, eine Zeitung herausgibt, sich in Pavia als Botaniker Doktor Zoppo nannte und ein «lebendes Herbarium» besitzt. Er vertritt die naturwissenschaftlich-materialistische Richtung der Aufklärung.[149] Alle vier sind etwa Anfang dreißig (Fenks Alter wird zum Zeitpunkt von Gustavs Geburt mit einundzwanzig angegeben). Sich selbst hat Jean Paul die Rolle eines atheistischen Freigeistes auf den Leib geschrieben, der Fenks Materialismus und Hoppedizels christliche Blasphemien in seinen satirischen

Extrablättern auf die Spitze treibt. So bemerkt er über den christlichen Unsterblichkeitsglauben, dass wir ja die «meisten Glieder [...] bei der Auferstehung nicht wiederkriegen, z. B. Haare, Magen, Fleisch, H– und andre – daher freilich der große Connor leicht verfechten kann, ein auferstandener Christ falle nicht größer aus wie eine Stechfliege».[150]

Hoppedizels Übermut ist schließlich Schuld, wenn am Ende des zweiten Buches alle Helden im Gefängnis sitzen, einschließlich des unschuldigen Gustav. Hoppedizel hatte die Idee, einen Einbruch ins fürstliche Schloss von Scheerau vorzutäuschen; doch echte Einbrecher kommen ihnen zuvor, die von Polizeidirektor und «Kammerjäger» Robisch, der überall im Staate Flachsenfingen seine Spitzel hat, schon erwartet werden. Die Spaßräuber werden für die echten gehalten, ins Gefängnis wandern die Falschen, gewissermaßen die intellektuellen Anstifter der Scheerauischen Palastrevolution. Mit einer Parodie des Selbstmörders aus Liebe, Goethes Werther, endet das Buch: Ottomar hat versucht, sich zu erschießen. «Er lebt aber noch.»

Gustav, der aus den Händen seines frömmelnden Genius unter den Einfluss dubioser Abenteurer und Geheimbündler, aus der pietistischen «Erziehhöhle» in die «Spitzbubenhöhle» aufgeklärter Rationalisten geraten ist, wird im zweiten Buch, beginnend mit dem «Siebenundzwanzigsten oder Trinitatis-Sektor», vom Hofleben vollends verdorben und flieht in sentimentale Schwärmerei und Weltfremdheit. Bei seiner Ankunft am Scheerauischen Hof verliebt er sich unsterblich in Beata von Röper, die Tochter eines Ministers. Ihr Vorname erinnert sowohl an Beata Sturm, eine pietistische Aktivistin, die als Kind erblindete, als auch an Beata von Spangenberg, Adam von Oerthels Jugendliebe. Auch der seraphische Amandus, Doktor Fenks verheimlichter und wiedergefundener Sohn, der windige Hofdichter Oefel, der schlitzohrige Jean Paul und der junge Landesfürst sind in den Engel Beata verliebt. Wehrlos gemacht durch weltfremde Erziehung, werden die Kinder der adligen Sittenlosigkeit zur leichten Beute. Auf dem Weihnachtsball, bei dem Gustav offiziell ins Hofleben eingeführt werden soll, kommt es zur Katastrophe. «Für einen Kopf wie der Gustavische, der so viele Bestürmungen seiner Sinne heute zum ersten Male erfahren, war ein Tanzsaal ein neues Jerusalem.»[151] Die Residentin Bouse, seine Unerfahrenheit ausnutzend, verführt den schönen Jüngling in ihrem Boudoir zu, sagen wir: erotischen Handlungen. Er verliert seine jungmännliche Unschuld, doch nicht seine Tugend. Feierlich verzichtet er auf seine Liebe zu Beata. Am Ende hat Gustav auch seinen Glauben an ein Leben nach dem Tod und seine Zukunft am Scheerauer Hof verloren.

An Epiphanias, das in pietistischen Kreisen als Jungfrauenweihe begangen wird, hört der Erzähler für sieben Karwochen auf zu erzählen. Mit Beginn des 31. Sektors sind wir im Jahr 1786 angekommen. Gustavs Kindheitsfreund Amandus stirbt, während eine totale Mondfinsternis über dem scheerauischen Fürstentum aufzieht, und wird auf dem Eremitenberg in dem Dörfchen Marienhof beerdigt. Roman und Wirklichkeit haben sich eingeholt. Am 13. Oktober 1786 war Adam von Oerthel in Töpen gestorben. Eine Eklipse fiel astronomisch auf den 4. Januar 1787. So schließt sich der autobiographische Zirkel des Romans einer Bekehrung wider Willen, dessen Keimzelle jener Konfirmationssonntag 1776 in Schwarzenbach ist, der sich in Friedrich Richters Erinnerung gebrannt hat. Schon im Juli 1790 hatte er gegenüber Wernlein Andeutungen gemacht, dass er an einem Roman arbeite, «der ihn in sein zwölftes Jahr zurückversetze».[152] Was er dann sein «ägyptisches Predigen der Sterblichkeit»[153] in der *Unsichtbaren Loge* nennt, ist nichts anderes als der postume Vollzug seiner eigenen geistigen Entwicklung in den zurückliegenden vierzehn, fünfzehn Jahren. Mit spitzfindiger Komik werden die Gespenster altfränkischer Frömmigkeit, Mumien einer versunkenen Zeit, und die Geister der neuen, geheimbündnerischen Aufklärung aufeinandergehetzt.

Am 28. Januar 1792 werden vor dem Ansbacher Schloss Militär und Beamtenschaft auf den preußischen König Friedrich Wilhelm II. vereidigt. An den markgräflichen Landessäulen wird der rote brandenburgische Adler durch den preußischen schwarzen ersetzt. In einigen Dörfern gehen Bürger handgreiflich dagegen vor. Friedrich Richter aber kann seinem Freund und Lektor Christian Otto melden, dass nach einem Jahr «die konvulsivische Geburtszeit meines Romans vorüber» sei.[154] Sechzig Bogen sind beschrieben. Die letzten zwei Drittel gehen als unkorrigierte Fassung aus seiner «Konzept-Feder», die Kapitel noch unnummeriert, in einzelnen Heften nach Hof. Auf dem Titelblatt steht «romantische Biographie» und darüber der französische Name des Verfassers in lateinischen Buchstaben: Jean Paul.

Nach gründlicher Überarbeitung legt er Otto am 12. Juli eine kuriose Liste komischer Titel vor: «Markgrafenpulver, Hohe Oper, Die Urnen, Die Mumien, Mikrokosmus, Orion, Sirius, Abendstern, Sternbilder, Galgenpater». Jean-Paul-Forscher haben darüber sehr ernsthaft gerätselt. «Der beste bleibt folgender: ‹Die unsichtbare Loge oder die grüne Nachtleiche ohne den 9ten Nusknaker›. Da mir aber daran gelegen wäre, die wenigen Naturforscher, die diesen Titel recht gut verständen, auf mich aufmerksam zu machen: so möchten die Rezens[enten] so wie ich mir diese kleine Maconschürze verstatten.»[155] Die «Nachtleiche» karikiert die Geheimschrift der Freimaurer, die einige graphische Ähnlichkeit mit der hebräischen Kabbala der neun Kammern aufweist und ebenso wie die kabbalistische eine Quadratschrift ist. Das freimaurerische Gesetz der «unbekannten Väter», das Novizen und Maurern bis zum dritten Grad verbietet, ihre bürgerliche Identität offenzulegen, und das Gebot herrnhutischer Brüdergemeinden, sich statt mit Namen als Brüder und Schwestern anzusprechen, werden gleichermaßen in der Romanfabel persifliert. Niemand kennt hier seinen Vater. Ottomar ist ein illegitimer Fürstensohn, Amandus' Herkunft bleibt im Dunkeln, Gustavs Vater ist auch der Vater des verschollenen Bruders von Beata. Nicht nur der endgültige Titel, auch die Handlung selbst deutet darauf hin, dass Scheerau als ein anderes Abdera gedacht war – in Wielands höfischem Satireroman *Die Abderiten* errichtet eine «unsichtbare Genossenschaft» in dem Stadtstaat ihr geheimes Unsinnsregime. Schon im Sommer 1790 war Richter der Gedanke gekommen, «das nüzlichste Buch wäre eines, das die Vernunftmässigkeit alles menschlichen Unsins darstelte».[156] Versteckt in den absichtsvoll verwirrten Handlungsfäden um unbekannte Väter und verschwundene Söhne, bildet der Roman einer misslungenen Erziehung das groteske Panoptikum einer Aufklärung ab, die in ihrer letzten Phase zwischen Spinoza-Streit, Kantischem Kritizismus und medizinischer Anthropologie, pädagogischem Philanthropismus, wissenschaftlicher Scharlatanerie und konkurrierenden Geheimgesellschaften das Vernunftmäßige mit dem Unsinnigen zu verschmelzen wusste. Dem Komplott von Aufklärung und Okkultismus wäre auch der Romanverfasser in seinen Leipziger Jahren um ein Haar verfallen. Nach Ausbruch der Französischen Revolution gerieten die Geheimgesellschaften als vermeintliche Anstifter des Umsturzes erneut ins Fadenkreuz der Staatspolizei. Assistiert von der *Wiener Zeitschrift* als publizistischer Zentrale eines reichsweiten Informantennetzes, legte die Wiener geheime Staatspolizei Hunderte von Dossiers über prominente Freimaurer, «Atheisten» und Illuminaten an. Als einer der gefährlichsten Revolutionäre wurde der niedersächsische Schriftsteller und Freimaurer Freiherr von Knigge jahrelang verfolgt, beschattet und bedroht. «Man beklatschet den Volksaufwiegler Knigge wegen der unzählbaren Pasquillen, die er um des lieben Brodes willen schrieb. Alle deutschen Demokratennester sind der Widerhall Kniggischer Grundsätze, und Knigge ist der Wiederhall des amerikanischen Schwärmers Paine und der ganzen Aufklärungs-Propaganda. Durch Hauslehrer und Hofmeister, auf Philanthropinen verwirrt man jetzt mit dieser großen Völkerpädagogik der deutschen Jugend die Köpfe; durch eine große Menge deutscher Journale, gelehrter und politischer Zeitungen und Zeitschriften, erbittert und vergiftet man jetzt das ganze deutsche Volk, und suchet dasselbe unabläßig und unbestraft gegen seine Monarchen, Fürsten und Obrigkeiten aufzuhezen».[157]

Christian Otto ziert und windet sich nach der Lektüre ein wenig bei dem Bekenntnis, «daß die durchlesenen unschuldigen Blätter die Nahrung eines ungegründeten Verdachts bei mir waren». In Klammern setzt er dazu: «Du must dießen Verdacht, im Vorbeigehn gesagt, [...] ganz auf meine Rechnung bringen u vergeben.»[158] Ob dieser Verdacht den Verlust von Gustavs jungmännlicher Unschuld oder Richters Eingeweihtheit in Interna geheimer Gesellschaften betrifft, sei dahingestellt. Am 7. Juni verschnürt Richter das überarbeitete und abgeschriebene Manuskript und adressiert es nach Berlin. Der Empfänger heißt Karl Philipp Moritz, Verfasser der autobiographischen Romane *Anton Reiser* und *Andreas Hartknopf*, Hofrat und Mitglied der preußischen Akademie der Wissenschaften. Unter ärmlichsten Verhältnissen in einer streng pietistischen Dorfgemeinschaft aufgewachsen, gilt er als einer der besten Menschenkenner und theoretischen Köpfe der deutschen Genieästhetik. Seit 1783 gibt Moritz ein Periodikum *Gnothi seauton oder Magazin zur Erfahrungsseelenkunde als ein Lesebuch für Gelehrte und Ungelehrte* heraus. Offenbar weiß der stets gut informierte Richter auch von dem publizistischen Schlagabtausch, den sich Moritz drei Jahre zuvor mit seinem Verleger Campe über die Rechte des Verlegers und das «Dienstjoch» freier Schriftsteller geliefert hat: Nennt er doch den ihm Unbekannten umstandslos «geliebter Freund», und dass er ihm sein Manuskript zusendet, statt es «wie einen amputierten Ldor auf der Buchhändler-Börse zirkulieren zu lassen und es dem gefühllosen Tasten von geistigen Sklavenhändlern anzubieten, die ich nicht kenne», begründet er mit seinem natürlichen Misstrauen in die Redlichkeit der Verlegerschaft.[159]

Die Antwort aus Berlin trifft schon knapp eine Woche später in Schwarzenbach ein. Moritz ist entzückt und erkundigt sich nach dem Verfasser, der auch sogleich wahrheitsgemäß Auskunft gibt: «Was ich bin? Nichts, sag' ich sonst; aber blos ein Zähler von Nichts bin ich. Bei meinem unbezwinglichen Hasse gegen alle Brodstudien trieb ich die 3 Fakultätsbrodstudien, aber als Unterabtheilungen der Philosophie und des Spasses, dem ich verdanke, daß ich über den Sturmmonat des Gefühls unversehrt hinüberkam. Meine Anstrengungen zerfielen in Arbeiten sc. für den Teufel, und in einsiedlerisches Lesen. Ich blieb und bleibe bei meinem Verzichtthun auf alle Ämter».[160]

Anfang August 1792 schreibt Richter, ermutigt durch Moritz' begeisterte Zustimmung, eine lange Vorrede über das Schreiben einer Vorrede, während sich deren Verfasser auf den höchsten Berg des Fichtelgebirges tragen lässt. Dem Leser wird unterwegs begreiflich gemacht, dass er das vor ihm liegende Lesevergnügen allein dem Umstand zu verdanken habe, dass die Sänfte den schreibenden Autor nicht in den Sumpf befördert hat, kein Feuer ausgebrochen ist, dass der Postwagen beim Ausliefern der Bücher nicht umgekippt ist und der Drucker alles richtig machte beim Drucken. Das Land, in dem der Roman spielt, liegt ausgebreitet zwischen Böhmerwald, Erzgebirge und Schneeberg vor den Augen des Lesers – doch es ist nicht mehr dasselbe Land, in dem Friedrich Richter neunundzwanzig Jahre zuvor geboren wurde.

8.
ENDE EINES SATIRIKERS

Bayreuth, Herbst 1792

Als *Die Unsichtbare Loge* zur Frühjahrsmesse 1793 im Verlag von Moritz' Schwager Carl August Matzdorff erscheint, ist Ansbach-Bayreuth von französischen Revolutionstruppen umstellt. Das von Basedow gegründete Philanthropin in Dessau – ein Menschenlabor wie Ottomars Schloss – muss im selben Jahr wegen Geldmangel und inneren Streitigkeiten schließen. Die umstürzlerischen Pläne der Freimaurer und Illuminaten, jener «Nominalisten» der Revolution, sind von den «Realisten» des Pariser Wohlfahrtsausschusses unter dem Rechtsanwalt Maximilien Robespierre übertroffen worden. La Guillotine ist jetzt die mächtigste Dame in Europa. Zu Tausenden fliehen französische Aristokraten ins Ausland. Im kriegsneutralen Bayreuth sind es bald so viele, dass Goldtressen, Perückenpuder und Weißbrot Mangelware werden. In Neustadt an der Aisch werden mehrere Bürger unter dem Verdacht der Jakobinerei verhaftet. «Der Schwindelgeist misverstandener Freiheit spukte mit seinen roten Kappen auch in meinem Vaterlande gar gewaltig», erzählt ein Bayreuther Bürger, «und die Monarchenfeinde fanden beim Bürger und Landmann um so leichter Eingang, weil die neue Preußische Regierung ihr Conscriptsystem und Abgabensystem ziemlich rasch einführte, vorzüglich aber das erstere den Unterthanen anfänglich sehr drückend vorkommen mußte, die der starken Aushebungen nicht gewohnt waren.»[161]

Die fränkische Reichsritterschaft, seit 200 Jahren ein Staat im Staate, sieht sich zwischen den neuen preußischen Herren und den französischen Revolutionstruppen in die Enge getrieben. Als das preußische Regierungsdirektorium das landesweite Läuten der Kirchenglocken beim Tod von Kaiser Leopold II. am 1. März 1792 verbietet, empört sich am lautesten der kaisertreue Ritteradel. Preußens Erbfolgerecht ist zwar

1779 auf dem Teschener Friedenskongress für den Fall des Ablebens des kinderlosen Markgrafen festgeschrieben worden. Der staatsrechtlichen Legitimation stehen jedoch die zersplitterte Verwaltungsstruktur und die gespannten Beziehungen zwischen Ritterschaften, Reichsstädten, Bistümern und Landesregierung gegenüber. Am Wiener Hof weckt die Aushebung fränkischer Rekruten für das preußische Heer den Argwohn, Preußens Koalitionsfeldzug gegen das revolutionäre Frankreich sei nur ein vorgeschobener Grund zur Verstärkung seiner Militärmacht gegen Österreich.[162] Auch bei den bayreuthischen Untertanen stoßen die Stationierung des Halleschen Bataillons und die damit verbundenen Einquartierungen im März 1791 auf Widerstand. Karl August von Hardenberg aber ist der Mann der Stunde. Wie aus dem Nichts, genauer gesagt aus Englands Nebel war er in Bayreuth aufgetaucht, um ein praktisch unregierbares Land zu übernehmen. «Mehr als ein Drittel innerhalb unbestrittener Landesgrenzen befindlicher Unterthanen entzog sich den Unterthanenpflichten und waren für den Staat verloren, sie trugen nichts zu den Staatslasten bey», erinnert sich der Bayreuther Kammerrat Kretschmann, «ihre Steuern lieferten sie an ausländische Behörden, ihr Recht nahmen sie nur bei auswärtigen Gerichten, den gemeinnützigsten Landesanstalten traten sie entgegen, zu dem Schutze des Landes leisteten sie keinen Beistand und unter den unmittelbaren Unterthanen des Königs erregten sie Gährung, Mißvergnügen und Ungehorsam.»[163] Die Suche nach loyalen Beamten ist eine von Hardenbergs vordringlichen Aufgaben. Er löst die Regierungskollegien auf und stellt sich als preußischer Sonderminister an die Spitze eines eigens geschaffenen «Departements des Wirklichen Geheimen Etats- Kriegs- und Kabinetts-, auch in den fränkischen Fürstentümern dirigierenden Ministers Freiherrn von Hardenberg» mit Sitz in Berlin. Die ständischen Landeshauptmannschaften werden abgeschafft und durch einen staatlichen Beamtenapparat ersetzt.

Mit Hardenberg betritt eine neue Generation deutscher Politiker die Geschichtsbühne, aufgewachsen mit den Ideen der Aufklärung, erzogen im Geist freimaurerischer Ideale. In Preußen heißen sie Stein und Hardenberg, in Württemberg Wangenheim, in Bayreuth Schuckmann und Kretschmann, in Bayern Montgelas. Für viele bayreuthische Hof-

Das alte Logenhaus der Bayreuther Freimaurerloge «Eleusis zur Verschwiegenheit» (1880 abgerissen)

beamte wird Hardenbergs Sonderministerium zum Sprungbrett in die große Politik, wie zum Beispiel für Freiherr vom Stein zum Altenstein, für Theodor Kretschmann und Kaspar Friedrich von Schuckmann, der 1795 als Kammerpräsident in Bayreuth und ein Jahr später auch in Ansbach die Staatsfinanzen führt, einer der mächtigsten Männer in der fränkischen Provinzregierung. Kretschmann wird die Ausarbeitung eines Gutachtens zur staatsrechtlichen Strukturreform in der ehemaligen Markgrafschaft vor allem hinsichtlich der zu mediatisierenden reichsunmittelbaren Territorien übertragen, «welche sich auf nicht weniger als 44 Nachbarterritorien zu erstrecken hatte! So begegnen wir in dem bunten Verzeichnisse betheiligter Nachbargebiete u. a.: 3 Kurstaaten, 5 geistlichen, 4 weltlichen Fürstenthümern, 5 Reichsgrafschaften, 6 Reichsstädten, 4 Reichsritterschaften, 9 Prälaturen und 2 Reichslehen.»[164] Zügig werden Wirtschaftsreformen eingeleitet, den Bauern neue Feldbaumethoden, Obstanbau und Bienenzucht statt ausgedehnter Schafweiden empfohlen und die Einrichtung von Tuchmanufakturen gefördert. Das mittelalterliche Zunftsystem wird abgeschafft, der darniederliegende Erzbergbau wiederbelebt. Als Leiter des Bergwesens holt Hardenberg den jungen Naturforscher Alexander von Humboldt aus Berlin, der später als preußischer Gesandter die Verhandlungen mit der französischen Republik führen wird.

Politische Flugschriften bayreuthischer und ansbachischer «Libellisten» streiten derweilen um das Für und Wider des Machtwechsels. In den anonym erschienenen *Vertrauten Briefen über das Fürstenthum Baireuth* (Autoren waren unter anderen Kretschmann und Peter Weltrich), die für erheblichen Aufruhr bei Adel und Bürgertum sorgen, steht viel Schlechtes über Markgraf Karl Alexander, der sich «von einem Weibe lenken ließ», und viel Gutes über Hardenberg, der das Land von der verhassten «Lady» befreit habe (gemeint ist Elizabeth Craven). Über den Landeshauptmann von Hof, Philipp von Weitershausen, den der Markgraf 1790 zum Gouverneur und Wirklichen Geheimen Rat im Kammerkollegium befördert hatte, heißt es anerkennend, der größte Teil von Bayreuth sei sein Feind gewesen: die «Bürger, weil er ein scharfer Polizey-Direktor war; der Adel, weil er, ohngeachtet er seinen Adel zu schätzen weiß, jenem keine Vorrechte vor dem bürgerlichen Stande einräumte; die Regierung, weil er kein Freund von Innungen, Monopolien, Privilegien und überhaupt auch von Jurisprudenz ist; die Cammer, weil er die Cammerräthe nur für Plusmacher hält; die Landschaft, weil er zuviel befehlen wollte; das Consistorium, weil er nicht orthodox ist».[165]

Dass Hardenberg auch unkonventionelle Schritte nicht scheut, zeigen seine Maßnahmen zur Volksaufklärung. Mit der Überarbeitung des auflagenstarken *Ansbacher Curiosen Zeit- und Historien-Calenders* wird Schuckmanns ehemaliger Erzieher Christian Sigismund Krause beauftragt, der spätere Gründer des *Bayreuthischen Armenfreunds*. Statt Segenssprüchen, Horoskopen und Wetterprophezeiungen sollen dem abergläubischen Volk populärwissenschaftliche Sachartikel über die Nützlichkeit von Blitzableitern oder die Herstellung von Heilsalben, sympathetischer Tinte und gesunden Suppen schmackhaft gemacht werden. Der Exorzismus bei der Taufe, die kirchlichen Umzüge und die Seilersche Kirchenliturgie werden abgeschafft.

Die beiden einzigen Zeitungen – die *Erlanger Real-Zeitung* und die *Bayreuther Zeitung* – sind der preußischen Pressepolitik unterstellt. Eigens zur publizistischen Vermittlung der preußischen Reformen gründen Kretschmann und Karl Freiherr von Voelderndorff 1794 ein Rezensionsjournal für *Staatswissenschaftliche und juristische Literatur*. Die *Ansbachische Monatsschrift*, herausgegeben von Heinrich Christoph Büttner und Johann Heinrich Keerl, verschreibt sich der politischen Aufklärung für das gebildete Bürgertum, während sich der ab 1793 in Schwabach erscheinende *Fränkische Volksfreund* als volkstümliches Ratgeber- und Unterhaltungsblatt profiliert, genauso wie sein Nachfolger, die *Volkszeitung*, die ihren Lesern zuallererst erklären zu müssen meint, «woher die Donnerwetter entstehen».[166]

Mut und politische Phantasie beweist Hardenberg aber vor allem mit der Vergabe einer Zeitungskonzession an Wilhelm Ludwig Wekhrlin, den schwäbischen Diogenes und Feind des Despotismus, der 1791 – in der letzten Ausgabe seines satirischen Journals *Paragrafen* – den Regierungswechsel in Ansbach-Bayreuth als Anbruch der Aufklärung und Menschenrechte gefeiert hatte. «Von nun an, meine werthen Nachbarn, habt ihr nimmer zu fürchten, daß man euch nach Amerika oder Sibirien verkauft, um euch für Händel zu verbluten, die euch so wenig angehen, als den Mann im Monde. Man wird euch nicht mehr ausheben, auspressen, nothzüchtigen, um, wie Marktvieh, für baares Geld verkauft zu werden.»[167] Wer Wekhrlins Informanten in Franken waren und wer letzten Endes den alten, von Krankheiten geschwächten Mann in dieses Abenteuer gelockt hat, wissen wir nicht.[168] Im Februar 1792 jedenfalls verlässt der satirische «Ritter Wekhrlin» sein Asyl in Baldingen und reist zu den Huldigungsfeierlichkeiten für die preußische Krone nach Bayreuth. Einen Monat später wird ihm die Erlaubnis zur Gründung einer politischen Zeitung, der *Ansbachischen Blätter*, ausgestellt.

Sogleich begibt sich Wekhrlin ins französische Strasbourg, um Korrespondenten für sein Blatt anzuheuern. Im Juni mietet er sich im Ansbacher Gasthof «Zum Stern» am Unteren Markt ein. Der «Stern»-Wirt ist zugleich sein Finanzier und Teilhaber des neuen Zeitungscomptoirs.

Die *Ansbachischen Blätter* sind die einzige Zeitung in Franken, die als Korrespondentenberichte ausgewiesene, ungeschönte Nachrichten von den revolutionären Ereignissen und dem Feldzug der Koalition bringen. Seit 1. August erscheint sie zweimal wöchentlich, mittwochs und sonnabends. Montags gibt Wekhrlin außerdem ein Extrablatt mit Kritiken der Theateraufführungen heraus, die seit kurzem von dem unternehmerischen «Stern»-Wirt in der Gaststube geboten werden.

Anfang September ist Friedrich Richter in Bayreuth und meldet Renate Wirth auf Französisch seinen Besuch an. Zur selben Zeit stirbt in Töpen der junge Christian von Oerthel an der Krankheit, die noch immer die meisten Opfer unter Kindern und Heranwachsenden fordert: den Pocken oder Blattern. Zurück in seiner Schulmeisterstube, vermerkt Richter in seinem Tagebuch: «D. 21. Sept. fieng sich mit dem schlechten Wetter mein neuestes Buch an ‹Hundsposttage›».[169] Die letzten Oktobertage verbringt er «meteorologisch und psychisch heiter» über seinen «Posttagen», während sich fünfundzwanzig preußische Meilen entfernt in Ansbach über dem Haupt des dortigen Zeitungsmachers dräuende Gewitterwolken zusammenziehen. Am 24. Oktober, einem Mittwoch, sammelt sich vor dem «Stern» ein Grüppchen lautstark erregter Bürger, die von der kurz bevorstehenden französischen Besetzung der Stadt gehört haben wollen. Als Wekhrlin auf die Straße tritt, um nach dem Grund des Aufruhrs zu fragen, stürzen sie sich auf ihn, beschimpfen ihn als französischen Spion, werfen ihn zu Boden und misshandeln ihn. Vier Wochen darauf, am 24. November, stirbt Ludwig Wekhrlin, dreiundfünfzig Jahre alt, unter ungeklärten Umständen an den Folgen der Übergriffe.

«An übel berechnetem Orte, zu Ansbach, fängt Wekhrlin, ein armer Abentheurer, dem es unmöglich war, keine Sarkasmen zu machen, im August eine politische Zeitung an, und erndtet bald darauf, ohne Wissen des abwesenden Ministers, Gefängniß».[170] So lautete die offizielle Erklärung für das, was dem Revolutionsfreund Wekhrlin widerfuhr. Doch welcher Ort in Deutschland wäre damals auf Rechnung der Freiheit günstiger gewesen? Für Minister Hardenberg ist es eine schmerzhafte Lektion: Aufklärung und politische Reformen können nicht von oben kommen oder staatlich verordnet werden. Er lässt den «Märtyrer des Preßdrucks», wie Georg Friedrich Rebmann seinen Freund Wekhrlin nennen wird, auf Staatskosten beerdigen und ihm einen Gedenkstein errichten. Grab und Stein werden alsbald zerstört. So endet ein deutscher Satiriker. Ein Denkmal aus Druckerschwärze setzt ihm Ludwig Schubart 1794 in der *Deutschen Monatsschrift*. Jean Pauls späterer Freund Friedrich Schlichtegroll verpasst ihm 1798 im Supplementband des *Nekrologs* als «unvollendetem» Charakter und Lumpenhund noch einen kräftigen Fußtritt, der ihn aus dem Pantheon der deutschen Literatur vertreibt.[171]

Im Januar 1793 stirbt der König von Frankreich auf der Place de la Concorde vor den Augen seiner Untertanen unter der Guillotine. Marie Antoinette wird ihm im Oktober folgen, und wohl nie starb eine Königin unbeweinter. Die französische Republik erklärt ihren Feinden den Krieg. Im Namen des Rheinisch-Deutschen Nationalkonvents reist der Schriftsteller und Weltreisende Georg Forster Ende März nach Paris, um der französischen Nationalversammlung den Anschluss der «Republik Mainz» an Frankreich anzutragen. Aber schon im Juli ist Mainz von den Koalitionstruppen zurückerobert. Auch um den Hofer Teufel Friedrich Richter ist es still geworden. Der Teufel muss sich andere Schreibmaschinen suchen. In Bayreuth treibt er im März 1793 sein Gewerbe als antipreußischer *agent provocateur*, der nächtens ein Flugblatt gegen den «Staatswahlkongreß im Reich des Sir Satan» an die Bayreuther Marktsäule klebt.[172] In Berlin tritt ein «Schriftstellerteufel» auf, hinter dem sich der Schweizer Heinrich Zschokke versteckt.[173] Im nördlichsten und kältesten Winkel des deutschen Fichtelgebirges aber kündigt Friedrich Richter seinem Freund Christian Otto an, «ein Spizbube, der sich der ersten gallischen Hälfte meines Namens bedient», werde «zu Ostern 94 einige Winke über das Terzianfieber der Weltrevolution geben».[174]

Während die *Terreur* Frankreich in ein Blutbad stürzt, leuchtet das Glück des Beginnens aus jedem Satz der *Hundsposttage*; «warum ist ein Mensch zuweilen so glücklich? Darum: weil er zuweilen ein Literatus ist.»[175] Wie der Abendstern soll Jean Pauls *Hesperus*, sein zweiter Roman, über einem sterbenden Zeitalter aufgehen. Seinem Präzeptor Karl Philipp Moritz hat Richter in einem Briefentwurf anvertraut, «dem Gefühl beim Schreiben» gehe es derzeit «wie beim Spazierengehen, der blaue Glanz über uns umzieht sich mit den Pulverwolken, in denen man uns jezt die Göttin der Freiheit entzieht – die bethauete und die keimende Erde erinnert uns jezt nur daran, daß sie an Völkern, wie ein Vampyr liegt und Opferblut saugt – und wir stehen in unsern trüben Tagen an dem grossen Grabe, unter dem die im Sarg erwachte Freiheit poltert und heraus wil und sich Wunden reisset.» Man müsse an Individuen denken, wenn man schreibe. «Und da ich an drei Kritiker auf einmal denke, worunter mein Otto und Forster gehöhren: so wird meine zweite Biographie Ihrer Aufmunterung wenigstens in dem Grade würdig werden, den meine kleinen Kräfte suchen können.»[176]

9. HESPERUS

Flachsenfingen, Herbst 1792

Die Fabel des *Hesperus* ist ein Imitat der 1754 erschienenen Erzählung *Januarius und Maja* von Alexander Pope, in der ein sexbesessener Fürst an seinem sechzigsten Geburtstag das Gelübde ablegt, «sein sündliches Leben nicht weiter fortzusetzen. Es ist schwer auszumachen, ob ihm eine Heiligkeit dieß eingab, oder ob eine Narrheit sein Gehirn verrückt hatte. Genug, sein hoher Muth spornte ihn an zu heiraten, und das Vergnügen eines rechtmäßigen Bettes zu versuchen.»[177] Auch Fürst Jenner/Januar von Flachsenfingen, am Ende seines Lebens krank und seiner Mätressen überdrüssig, hat viele uneheliche Kinder in die Welt gesetzt, aber keinen Thronfolger. Aber was macht ein Jean Paul daraus! Während die Hochzeit des Fürsten mit einer italienischen Prinzessin eingefädelt wird, soll sein Lordkanzler Horion seine fünf «natürlichen» Söhne suchen und an den Hof heimholen. Doch der Lord treibt ein doppeltes Spiel. Drei der Prinzen hat er längst aufgespürt und sie heimlich auf englischen Universitäten zu aufgeklärten Naturwissenschaftlern ausbilden lassen, um zu gegebener Zeit durch sie Einfluss auf die flachsenfingische Hof- und Landespolitik zu nehmen. Ein vierter Sohn lebt in unmittelbarer Nähe, der fünfte bleibt verschwunden.

Ein geheimer Zuträger versorgt den Erzähler, der einsam auf der St. Johannes-Insel haust, mit neuesten Nachrichten von Hof, Staat und Stadt, die ihm ein Hund überbringt. Der Hund heißt Spitzius Hoffmann, die Hauptstadt des Staates Flachsenfingen (wie schon in der *Unsichtbaren Loge*) Scheerau, die Kapitel heißen «Hundspostbriefe». Allerdings wird erst im sechsundzwanzigsten Kapitel erklärt, was es mit dem Namen des hündischen Botschafters auf sich hat, mit dem kein anderer als einer der eifrigsten Geheimagenten der Gegenaufklärung gemeint ist: Leopold Alois Hoffmann, der Herausgeber der *Wiener Zeitschrift*. Absender der Briefe ist ein gewisser Knef, dessen Name ein Anagramm des wilden Doktor Fenk aus der *Unsichtbaren Loge* ist. Als *kemateph* oder *kneph*, «Der seine Zeit vollendet hat», oder als *Kneph-Amun*, «der Verborgene», kennt man ihn in der ägyptischen Mythologie. Weltgeist und Schöpfergott, steht er ranggleich neben dem griechisch-römischen Zeus-Jupiter. In dem von Cagliostro begründeten ägyptischen oder Memphis-Ritus der Freimaurerei wurde der fünfundneunzigste und höchste Meistergrad als «Kneph» bezeichnet, symbolisiert im geflügelten Weltei als Sinnbild der Schöpfung, das von neun Sternen umgeben ist.[178] Selbst die Anzahl der Hundspostbriefe (es sind fünfundvierzig) ist eine Chiffre, da sie das Fünffache der Zahl neun ist. Fünf steht für die verlorenen Söhne, neun für die Neunheit der Schöpfung, die in den neun Sternen des Schöpfungssymbols von *Atum-re*, dem Gott der Neunheit, symbolisiert ist. Auch der Name des Lordkanzlers Horion ist von einem ägyptischen Hauptgott abgeleitet, von *Horus*, dem Beschützer der Kinder. Denn um Kinder geht es wieder in diesem satirischen Haupt- und Staatsroman: um die verlorenen Söhne des 18. Jahrhunderts.

Auf den 21. September 1792 hat Richter den Geburtstag seines zweiten Romans datiert. Das war der Tag, an dem in Frankreich die Republik ausgerufen und der Revolutionskalender eingeführt wurde. Im Juni war ein erstes Skizzenheft für «puncta salientia zum II Roman» und im August das dritte, *Pauliana*, für Figuren und Namen angelegt worden. Nichts wird dem Zufall oder erzählerischer Laune überlassen in diesem streng kalkulierten Verschwörungsroman, der wie der erste seine Kostüme aus dem Fundus der jüngsten Landesgeschichte der Markgrafschaft Ansbach-Bayreuth leiht. Aus dem Januarfürsten lässt sich leicht der letzte Markgraf Karl Alexander herauslesen, der im Januar sein Land an den preußischen König verkauft hat, aber ebenso sein ehebrecherischer Vorgänger, der kinderlos verschiedene «wilde Markgraf». Die italienische Prinzessin spielt auf Karl Alexanders Mätresse und spätere Gattin Lady Craven an, im Volksmund abschätzig die «Lady» oder die «Ultramontanerin» genannt, weil der Fürst sie auf einer Italienreise kennengelernt hatte.[179] Wie Karl August von Hardenberg in Bayreuth, ist Lord Horion in Flachsenfingen der Mann der Stunde, ein machtpolitischer Stratege aus «Genie und Kälte».[180] Selbst den eigenen Sohn opfert er seinen politischen Plänen, Viktor Sebastian Horion, der zufällig während einer Reise des Scheerauer Hofstaats zur selben Zeit in London geboren wurde wie der Sohn des flachsenfingischen Kammerherrn Le Baut und Flamin Eylmann, der hitzköpfige Sohn des Reisepredigers und Pfarrers von St. Lüne. Bis zu ihrem zwölften Lebensjahr wurden die drei Kinder in England von einem Hofmeister namens Dahore erzogen und liebten sich wie Brüder. Nur der Lord wusste, dass Le Bauts Sohn ein illegitimer Sohn des Fürsten Jenner und seiner eigenen Nichte ist, die nach der Geburt des Kindes den Kammerherrn geheiratet hatte, um die Sache zu vertuschen, und mit ihm noch eine Tochter bekam, Klotilde.[181]

Kurz bevor die drei Knaben – Viktor, Flamin und der heimliche «Infant» Le Baut – nach Flachsenfingen zurückgebracht werden sollten, erkrankte der «Infant» an den Pocken, erblindete und wurde in England zurückgelassen. Und hier schürzt sich der dramaturgische Knoten: Horion hatte die Kinder bereits kurz nach ihrer Geburt vertauscht. Flamin Eylmann ist in Wahrheit der Sohn des Fürsten Jenner, Viktor Horion der Sohn des Pfarrers von St. Lüne, und das blinde Kind heißt Julius und ist Horions eigener Sohn. Nur zwei Menschen wissen von dem Staatsgeheimnis: der flachsenfingische Minister von Schleunes und dessen Sohn Mathieu, «ein excentrischer Mensch» und intriganter «Form- und Gesichterschneider». Sie versuchen, Horions Pläne mithilfe des Hofapothekers Zeusel, einer dienstbaren Hofkreatur, und des abgesetzten Leibarztes Kuhpepper zu hintertreiben.

Der Roman setzt mit einer anmutig ländlichen Pfarrhausidylle ein, als Viktor Horion vom Medizinstudium aus Göttingen nach St. Lüne zurückkehrt, um seinen Kinderfreund Flamin Eylmann wiederzusehen. Zu seiner Überraschung ist sein vermeintlicher Vater Lord Horion ebenfalls angekommen, der in der Zwischenzeit erblindet ist und sich von Viktor den Star stechen lassen will. Durch diesen symbolischen Akt wird Viktor als Angehöriger des Illuminatenordens kenntlich, dessen Ordenszeichen «P. M. C. V.» («per me caeci vident», «durch mich werden die Blinden sehend») hier nach der *Unsichtbaren Loge* zum zweiten Mal als Erzählmotiv verwendet wird; dort hatte Fenk den blinden Amandus operiert.[182] Auch Viktors zweiter Name Sebastian ist als politische Chiffre zu lesen. Der Sebastianismus bezeichnete einen legitimistischen Mythos portugiesischer Patrioten, die sich gegen die spanisch-habsburgische Fremdherrschaft im 16. Jahrhundert auflehnten. Bei der Schlacht der Portugiesen 1578 gegen die Sarazenen in Alcácer-Quibir (im heutigen Marokko) starb der junge König Sebastian I. Sein Tod beendete Portugals Ära als aufsteigende europäische Seemacht, und wenig später fiel das Land an das Haus Habsburg. Der Mythos, Sebastian sei nicht tot, sondern lebe unter falschem Namen weiter, hielt die Unabhängigkeitsbewegung in Portugal über ein Jahrhundert wach.

Viktor Sebastian Horion aber ist ein Kind des späten 18. Jahrhunderts, in dem die große Revolution von 1789 einen gewaltigen Zeitenbruch hinterließ. In Jean Pauls Verschwörungsroman um Liebe und Eifersucht, vertauschte Kinder und höfische Intrigen verbirgt sich eine glänzende politische Analyse der Legitimationskrise, in die der Feudalabsolutismus nach dem Sturz Ludwigs XVI. von Frankreich geraten war. Denn worauf stützte sich das feudalabsolutistische System, wenn nicht auf das dynastische Prinzip der Erbfolge? Gemäß der pragmatischen Sanktion von 1713 war im Heiligen Römischen Reich Deutscher Nation Erbrecht gleich Verfassungsrecht. Fast alle regierenden Fürstenhäuser waren untereinander und mit dem österreichischen Kaiserhaus verwandt, Erbrechtsprozesse, Ländertausche und Erbrivalitäten an der Tagesordnung – in Flachsenfingen, diesem «Klein-Wien», ist das nicht anders. Die dynastische Politik der Reichsfürsten hatte mittlerweile groteske Züge angenommen, die das europäische Gleichgewicht immer wieder empfindlich störten. Vom Spanischen Erbfolgekrieg 1701–1714 bis zum Bayerischen Erbfolgekrieg 1778/79 waren beinahe alle Kriege des 18. Jahrhunderts Sukzessionskriege. Der Übergang von monarchischen zu demokratisch-republikanischen Regierungsformen wäre unter legitimistischen Gesichtspunkten nur möglich gewesen, wenn die Fürsten aus freien Stücken auf ihr Besitzrecht verzichtet hätten, wie dies Markgraf Karl Alexander im Jahre 1791 getan hatte.

Im Roman trifft unterdessen auch Flamins Geliebte Klotilde Le Baut in St. Lüne ein, wo Kirchweih, Eylmanns Geburtstag und die Taufe seines jüngsten Sohnes auf einen Tag fallen. Zwischen Klotilde und Viktor entspinnen sich in der abendlichen Laube zarte Gefühle. Als Lord Horion Viktor am Grab seiner Gattin «Lady» Mary schließlich gesteht, dass nicht er, sondern Eylmann sein Vater und dass Flamin Klotildes Bruder sei, beginnt Viktor auf Klotilde zu hoffen. Doch hat er geschworen, das Geheimnis, das den verliebten Flamin ins Unglück stürzen muss, nicht früher als eine Stunde vor seinem eigenen Tod zu verraten. Bei einem Besuch bei Emanuel, dem Astronomen und weisen «Pythagoras» auf dem «Berg des Ende» in Marienthal, stellt sich ferner heraus, dass dieser kein anderer ist als Viktors und Flamins Londoner Hofmeister Dahore. Der blinde Jüngling Julius, der bei Emanuel lebt und durch sein Flötenspiel bezaubert, ist der dritte der gleichaltrigen Knaben und Horions leiblicher Sohn.

Damit ist die Personnage des Romans aber noch nicht komplett. Flamin, ein leidenschaftlicher Republikaner und Feind der Fürstenherrschaft, hat in St. Lüne einen politischen «Verschwörerclub» gegründet, dem auch drei englische Prinzen, Hofkaplan Eylmann, der windige Ministersohn Mathieu von Schleunes und Viktor Horion angehören. Damit es sich der Leser in seinem Ohrensessel nicht allzu gemütlich mache, werden die Drillingsprinzen abwechselnd mit den Namen der Heiligen Drei Könige, des satirischen Dreigestirns Addison, Swift und Pope und dem magischen Quadrat der hebräischen Kabbala (Ator, Sator und Perotoras) bezeichnet. Es ist indes zu ahnen, dass sie die drei verschollenen flachsenfingischen Fürstensöhne sind, benannt nach den realen Thronfolgern von England, Portugal und Spanien: der «Walliser», der «Brasilier» und der «Asturier». Der vierte, verlorene Sohn heißt der «Infant», der fünfte nach dem Bruder des hingerichteten Königs von Frankreich «Monsieur». Zu guter Letzt taucht schließlich noch dieser auf, es ist – Jean Paul alias Friedrich Richter, der Erzähler, «Lebensbeschreiber, Roman-Bauherr» und Empfänger der fünfundvierzig Hundspostbriefe, der gewissermaßen seinen ureigenen Anspruch auf den flachsenfingischen Thron anmeldet und dabei seinen Spaßadel sichtlich genießt.

«Ich muß hier einen Gedanken äußern, der einigen Verstand verrät und mein Berechnen überhaupt. Mein Hund-Postmeister Knef sah wahrscheinlich nicht voraus, daß ich das Jahr und die Länge dieser ganzen Geschichte bloß aus der Mondfinsternis des 25. Febr. herausrechnen würde, deren er Meldung tat, so wie überhaupt große Astronomen durch die Mondphasen sehr hinter die geographische Länge der Erde kamen. 1793 fiel das in diesem Kapitel Erzählte vor: ich bin Mann dafür; denn da sich überhaupt die ganze Geschichte, wie bekannt, im 9ten Jahrzehend des 18ten Jahrhunderts begibt, und da darin keine Mondfinsternis von einem 25sten Febr. überall zu finden ist als im Jahre 1793, d. h. im jetzigen: so ist mein Satz gewiß. Zur Sicherheit hielt ich alle in diesem Buche einfallende Mond- und Wetterveränderungen mit denen von 1792 und 1793 zusammen; und alles passete schön ineinander – der Leser sollt' es auch nachrechnen. Ungemein ergötzend ist es für mich, daß sonach, da ich im Julius schreibe, die Geschichte in einem halben Jahre meiner Beschreibung nachkommt.»[183]

Während sich im Westen der Himmel vom «Blutmeer» der Revolution rötet und in St. Lüne ein Pulverturm explodiert, geht in Schwarzenbach der Morgenstern der Liebe auf. Richter muss Ordnung in seine Gefühlsökonomie bringen. In der Neujahrsnacht 1793 hat er für Amöne Herold die Vision *Der Genius* gedichtet – derselbe charmante Trick, den er zuvor schon bei Renate Wirth erfolgreich erprobt hatte. «Dein Genius schimmert wie eine Sonne im Regenbogenkreis von Wolken, die nun auf ewig von der engen Erde in die weite Ewigkeit geflogen sind.» Über Gefühle zu sprechen – das Schwerste für ihn, der in Gefühlen nur schwelgen kann, solange er sie beschreibt. «Mein Genius fliegt neben Deinem und seine Wolken decken, wenn Güsse in ihnen liegen, einen tiefen Schatten auf die des meinigen und einen Purpurwiederschein, wenn Abendgold sie überzieht.»[184]

Doch schon Anfang Februar gibt ihm Amöne den Abschied. «Das Spiel ist aus. Ich zerrütte alles durch meine Wuth alles entschieden zu sehen.»[185] Es fällt ihm schwer zu akzeptieren, dass nicht er es ist, den sie liebt, sondern sein Vertrauter und Lektor Christian Otto. Am

4. April fleht er sie um ein letztes Treffen an. Drei Tage später kommt Renate nach Hof. Nun ist sie es wieder, die mit leidenschaftlichen Briefen belagert wird. Er unterzeichnet als «der tolle, kahle, hagere, fröhliche, freundliche, liebliche Jean Paul» und wird offenbar über alle Erwartung erhört. «Am Donnerstag nach der Beschreibung des Elysiums d. 11 Apr 93» schreibt er der Geliebten – der einen oder der andern – einen leidenschaftlichen Liebesbrief. «Es gab eine Hand, die ich halten wollte bis meine zerstäubte – es gab eine Freundin, der ich zuviel gegeben, die mir zuviel genommen – es gab eine die mich eben so viel Thränen der Freude als des Kummers kostete – es gab eine, zu der ich in einer elysischen Minute sagte: ‹und wenn ich selber einmal sage und versichere, ich hasse dich, so ist es nicht wahr'… Aber ich allein (und sie nicht) sag in meinem einsamen Zimmer mit flutenden Augen: du liebst sie doch und ewig und ewig und ewig».[186]

Unterdessen ist am 5. März mit der Post aus Berlin Richters «gedruktes Buch» angekommen, *Die Unsichtbare Loge*, seine *Mumien* einer verflossenen Jugend. «Da ich selbst eine dürre todte Mumie bin», erklärt er Renate mit Überreichung ihres Exemplars, «so müssen auch meine Kinder *Mumien* sein.»[187] Für die nächsten Monate bleibt sie es, der allein er sein taumelndes Herz öffnet. «Meine liebe Renate! Wir wollen uns lieben, eh wir uns trennen – dieser Abend hat meinen Entschlus, aus Hof zu gehen, unveränderlich befestigt und beschleunigt – wenn wir uns an keinem Sonabend mehr sehen, werden wir uns sehen, aber vergeblich – wenn dein Herz kein Echo mehr um sich findet, wird es oft mitten in Freude sagen: ach der es kante, ist fortgegangen! Wenn es nicht so sagte: so wär' es gar zu unglüklich. – Schreib mir wieder, Freundin!»[188] Erfrischt von einer dreiwöchigen Wanderung nach Neustadt, Bayreuth und Erlangen im Juli, schwärmt Richter ihr von einer schwarzäugigen Christiana vor, mit der er einen ganzen Abend zwischen Glühwürmchen und Froschquaken glücklich gewesen sei, weil sie ihm ihren Arm ließ, indes an dem andern ihr Verlobter hing. Dieser Gentleman gesteht ein paar Tage später Friedrich Wernlein im Vertrauen: «gescheid ist er, das ist wahr, der Richter, recht gelehrt; aber [...] ich fürchte nur, daß er noch überschnappen könnte.»[189]

So oder so ähnlich wird es sich noch oft wiederholen. Amöne ist seine große Liebe, Renate seine Seelenschwester. Diese drei leiden umeinander, und es ist nicht ganz zu verstehen, warum. Anstatt sich dem körperlichen Begehren offen hinzugeben, wird Liebe als ein kompliziertes System von Gesten und Codes und vermummter Sexualität lustvoll choreographiert. Renates beste Freundin, Caroline von Flotow aus Bayreuth, die im August in Hof zu Besuch ist, erlaubt Richter sogar, ihr Tagebuch zu lesen. In Klotilde fließen die beiden Geliebten zu einer zusammen. An ihnen studiert Richter die Gefühlsskalen weiblicher Herzen, so wie er der aristokratischen Seele seines Viktors, der «der größte Freund feiner Menschen und feiner Wendungen war», viel von seiner eigenen «Weiber-Liebhaberei» und «Gesamt- und Zugleichliebe» einschreibt. «Ein Mann kann 26 Jahre kalt und seufzerlos in seinem Bücherstaube sitzen; hat er aber den Äther der Liebe einmal geatmet: so ist das eirunde Loch seines Herzens auf immer zu, und er muß heraus in die Himmelluft und beständig nach ihr schnappen.»[190]

Am 25. Juli 1793 erhält Christian Otto das «erste Heftlein» des neuen Romans: fünfzehn Hundsposttagskapitel. «Dieser erste Theil zwirnt nur das Garn, aus dem ich die Geschichte webe. – Er wird, da ich darin nur für *meine* Schwelgereien besorgt gewesen, blos für die Minorität, ja nur für die Minimität sein. – Es wird zu heftig sein. Meine Lieblingsgerichte werden zu oft wiederzukehren scheinen; aber die folgenden Theile unterbrechen sie schon: ich hoffe, es sol da Spizbübereien (solche wie bei der Residentin) und auch Freuden-Sektores genug geben.»[191] Während er auf Antwort wartet, gibt sich Richter, dessen «SeelenNerven jetzt blos liegen, weil er sich die Haut davon wegschreibt», der Erschöpfung hin. «Auch dieses wird vorübergehen und wenn man sich weich schreiben kann, wird man sich auch wieder hart schreiben können.»[192]

Doch zurück zum *Hesperus*. Flamin hat von Viktors und Klotildes heimlicher Verlobung erfahren (ohne zu wissen, dass er Klotildes Halbbruder ist) und will sich duellieren. Ein wildes Mantel- und Degenstück nimmt seinen parodistischen Lauf. «Schurke! schrie der heranstürzende Flamin», als er Klotilde und Viktor in einer Laubhütte des

Renate Wirth und Christoph Otto, um 1800

Parks eng nebeneinandergedrückt entdeckt, und zieht zwei Taschenpistolen. Emanuel erleidet vor Schreck einen Blutsturz. Klotilde hält es für das Blut ihres geliebten Viktor und fällt in Ohnmacht.[193]

Das «Duell» fällt in den November 1793, als Richter schon wieder in schweren Liebesnöten steckt. Ende April hat sich Renate mit Christoph Otto verlobt, dem Kaufmann. Am Abend des 3. November 1793 beobachtet dieser, wie sich Richter und Renate, vielleicht etwas zu liebevoll, im Schatten des Hausflurs verabschieden, und macht ihnen auf der Stelle eine heftige Szene. Sie weint, er wütet, der ertappte Liebhaber schweigt. Renate verteidigt ihn und nimmt alle Schuld auf sich. «Richter, mir ist kein edler Freund bestimmt; wir werden uns trennen müssen.»[194] Auch um Klotildes reine Seele kämpfen boshafte Geister am flachsenfingischen Hof: die verführerische Hofdame Joachime, die es auf Viktor, und Fürst Jenner, der es auf Klotilde abgesehen hat. Viktor glaubt, auf sie verzichten zu müssen, nachdem er von seiner bürgerlichen Herkunft als Sohn des Hofkaplans Eylmann erfahren hat. «Es schauerte ihn, da er auf ihrem bewegten Herzen eine schneeweiße Federnelke, in deren Mitte ein großer dunkelroter Punkt wie ein blutiger Tropfen ist, erzittern sah.»[195] Allerdings erfahren wir nicht, ob Flamin, Viktor oder der Fürst Klotilde die Federnelke der Unschuld befleckte, diese unübertrefflich zarte Metapher der Jungfräulichkeit, die wohl nur einem sexuell hinreichend erfahrenen Mann einfallen konnte. Nachdem das Duell notdürftig abgewendet ist, fordert Flamin Mathieu heraus, der sich als Drahtzieher der niederträchtigen Hofintrige an Klotilde, Viktor und Flamin für die Entmachtung seines Vaters rächen wollte. An seiner Stelle erscheint aber Klotildes Vater Le Baut auf dem Duellplatz und wird erschossen.

Mit dem einundvierzigsten Hundspostag sieht Flamin Eylmann im Kerker seiner Hinrichtung entgegen. Klotilde wird nach England verfrachtet. Viktor zögert noch immer, das Geheimnis ihrer Väter preiszugeben, um den Freund zu retten. Schließlich ist es der reaktionäre Verschwörer Mathieu, der Flamins Begnadigung beim Fürsten Jenner durchsetzt, indem er Flamins wahre Identität als natürlicher Sohn des Fürsten und zugleich die Machenschaften des «patriotischen Clubs» in St. Lüne verrät (in dem Viktors republikanische Reden Glanzpunkte politischer Rhetorik setzen). Eylmann, als Mitverschwörer der St. Lüner Pulverturmrevolte, versteckt sich in einem Steinbruch. In Wahrheit hatte allerdings ein Blitz in den Turm eingeschlagen. Aufgrund einer erwähnten Sonnenfinsternis lässt sich der geschichtliche Bezug wiederum genau bestimmen: Es ist der 5. September 1793, an dem um 13.52 Uhr eine ringförmige Sonnenfinsternis über Europa zu sehen war und an dem der französische Nationalkonvent die Gründung von Überwachungsausschüssen beschloss, um jeden Gegner der Revolution gnadenlos zu verfolgen und zu töten. Die Bürgerfreiheit erstickt im Blutrausch der *Jacobins*.

Viktor fällt beim Fürsten in Ungnade, Flamin wird neuer Fürst von Flachsenfingen. Die politische Komödie vom Ende der Markgrafenzeit in Ansbach-Bayreuth endet auf der freimaurerischen «Insel der Vereinigung». Lord Horion legt seine Machenschaften offen und stirbt. «Da schlug der von allen Wäldern nachgellallte Knall eines Schusses durch die stille Nacht – und die Insel der Vereinigung schwamm im Nachtblau auf, und ihr weißer Tempel hing über ihr – und neben dem Trauergebüsch, das über das Zerfallen eines jungen Herzens hinüberwuchs, schossen gen Himmel neun schmale Flammen, die an den neun Flören ausliefen, gleichsam Freudenfeuer zu einem Friedensfest.»[196]

Dieser Schuss ist das wohlkalkulierte literarische Echo jenes anderen Knalls im Leipziger Rosental, mit dem der Geisterbeschwörer Johann Schröpfer im Oktober 1774 die betrügerischen Finanzspekulationen der Freimaurerorden und ihre Verflechtungen mit dem kursächsischen Hof auffliegen ließ. Und so endet der Roman mit denselben Worten, die der Lord auf das mystische Grab der «Lady» meißeln ließ: «*Es ruht*». Das Aufklärungskomplott aus höfischer Geheimpolitik, Intrigen und Geheimorden ist gesprengt. Als witziges Aperçu erscheint zum Schluss noch der satirische Doktor Fenk persönlich auf der St. Johannes-Insel bei Jean Paul, «der gute alte Freitag dieses Robinsons», und berichtet, er habe auf der Durchreise vor dem Gasthof «Zum Goldenen Löwen» in der Stadt Hof im Voigtland, wo der soeben erzählte Roman spiele, den Lord Horion getroffen. Eben dort, man erinnert sich, übernachtete der preußische Sonderminister Karl August von Hardenberg bei seinem ersten Besuch am 9. Oktober 1790 auf der Durchreise nach Ansbach.

Das Jahr 1793 endet, wie es angefangen hat, mit Tod und Terror. Jean-Paul Marat stirbt durch die Hand der Girondistin Charlotte Corday in seiner eigenen Badewanne. Georg Forster stirbt am 10. Januar 1794 in Paris an einer Lungenentzündung. In Frankreich wird der «Kultus des Aberglaubens und der Heuchelei», die christliche Religion, abgeschafft und die öffentliche Verkündigung des Unsterblichkeitsdogmas bei Strafe verboten. Polizeiminister Joseph Fouché schlägt vor, an den Friedhofstoren den Spruch anbringen zu lassen: «Der Tod ist ein ewiger Schlaf». In ganz Frankreich werden Kirchen zerstört und an ihrer Stelle «Tempel der Vernunft» geweiht. Die bürgerlich-gemäßigte Fraktion der Gironde ist ausgeschaltet, ihre besten Männer und Frauen sind getötet. Jacques-Louis Davids Gemälde *Der gemordete Marat* wird an der Stirnwand des französischen Nationalkonvents über der Rednertribüne angebracht. Die Marat-Mörderin Corday stirbt unter der Guillotine. In der Vendée finden Hunderttausende Männer und Frauen, die ihre Religion nicht kampflos preisgeben wollten, den Tod.

Friedrich Richter aber hat aus dem «Terzianfieber der Weltrevoluzion» nicht seine Geliebten, aber immerhin seine Freundschaft gerettet. Anfang Februar 1794 hat ihm Amöne ihr Tagebuch zu lesen gegeben, in dem viel die Rede ist von Gewissenskämpfen und Melancholie. Einige Passagen schreibt er für Christian Otto ab, um den eifersüchtigen Freund zu beruhigen. «Unwilkührlicher Schauer ergreift mich», steht da unter dem 1. Januar 1794, «ergreift meinen Körper bei dem Gedanken an das Verhältnis, daß gerade vorm Jahr um diese Zeit mich um Seelen und Körper Ruhe, um Wünsche und Ansprüche auf die Zukunft brachte.»[197]

10. JEANPAULISCHES GEWITTER OPUS 1

Marienthal, Anfang 1793

Hesperus oder 45 Hundsposttage wird so erfolgreich, dass Jean Paul in der Vorrede zur zweiten Auflage seiner Verwunderung Ausdruck gibt, warum er statt als Lucifer als Venusstern aufgenommen worden sei, mit so viel Liebe, als ob «der verklärte Leib des Papiers eine verklärte Seele behause».

Wie war das möglich? Hatte er sich nicht ausdrücklich «kalte, philosophische Leser» gewünscht, weil er sich nicht vorwerfen wollte, «daß unschuldige Menschen bei den besten Auftritten dieses Hefts [des dritten Bandes] weinen und mit leiden»? Leser also, die mit dem Kopf lesen und sich fragen: «Wie lange dauert ein solches gedrucktes Unglück?»[198] Hatte er nicht in Viktor das psychologische Porträt eines zwischen Freiheitsverlangen und Liebesleidenschaft zerrissenen jungen Mannes gezeigt? «Ein tragbarer Nationalconvent in nuce ist man, ich kann keinen Schritt tun, ohne daß erst die rechte und linke Seite darüber haranguieren, und die enragés und die noirs, und der Herzog von Orleans und Marat. Das Abscheulichste ist im innerlichen Regensburger Reichstage des Menschen, daß die Tugend darin mit zehn Sitzen und *einer* Stimme sitzt, der Teufel aber mit einem Steiße und sieben Stimmen.»[199]

Doch die Eingeweihten schweigen. Die «Leber der gelehrten Republik» verschlingt den *Hesperus* unverdaut. Das «deutsche Hospital- und Narrenschiff voll romantischer Originalromane» hat einen blinden Passagier mehr. Die Klotilden, Beaten, Gustavs und Viktors sind unter seinen Lesern eindeutig in der Überzahl. Es waren Szenen wie diese in Viktors Brief an Emanuel, die sie zu Tränen rührten. «Warum frägt uns denn jeder schöne Frühlingabend, jedes schmelzende Lied, jede überströmende Freude: wo hast du die geliebte Seele, der du deine

Wonne sagst und gibst? Warum gibt die Musik dem bestürmten Herzen statt der Ruhe nur größere Wellen, wie das Geläute der Glocken die Ungewitter, anstatt zu entfernen, herunterzieht? Und warum ruft es draußen an einem schönen stillen hellen Tage, wenn du über das ganze aufgeschlagne Gemälde einer Landschaft siehest, über die Blumen-Meere, die auf ihr zittern, über die herabgeworfnen Wolkenschatten, die von einem Hügel zum andern fliehen, und über die Berge, die sich wie Ufer und Mauern um unsern Blumenzirkel ziehen, warum ruft es da denn unaufhörlich in dir: ‹Ach, hinter den rauchenden Bergen, hinter den aufliegenden Wolken, da wohnt ein schöneres Land, da wohnt die Seele, die du suchst, da liegt der Himmel näher an der Erde›?»[200]

Vorsicht vor Jeanpaulischen Gewittern! Wenn Gustav und Beata träumend zueinander «sterben», weil ihre frommen Seelen den Himmel schon auf Erden erwarten, wenn Viktor und Klotilde auf dem «Berg des Ende» ihre Seelen ineinander sinken lassen, dann ist das Gewitter nie weit. Es blitzt und donnert gewaltig und fast pausenlos in Jean Pauls Romanen. «Gegen Westen rückte ein Gewitter mit seinem Donner-Tritt über den Himmel und hing sein Bahrtuch von schwarzem Gewölk über die Sonne. Die Gegend sah wie das Leben eines großen, aber nicht glücklichen Menschen aus; der eine Berg glühte vom Flammenblick der Sonne, der andre verdunkelte sich unter der niederfallenden Nacht einer Wolke – – drüben in der Abendgegend brauste im Himmel statt des *Vogelgesangs* das himmlische Pedal, der Donner, und in Reihen von weißen Wassersäulen riß sich der wärmende Regen vom Himmel los und füllte seine Blumenkelche und Gipfel wieder, aus denen er gestiegen war – es war der Seele so feierlich, als würde ein Thron für Gott errichtet, und alles wartete, daß er darauf niederstiege.»[201] Der Gefühlszenit der *Unsichtbaren Loge* ist erreicht, als bei einem Ausflug nach Lilienbad die Gesellschaft von einem Gewitter überrascht wird. Auf den Kirchgang folgt «ein kleines Speise-Concert spirituel unter den Bäumen» als heiteres Scherzo, das sich in den nächsten Minuten zum Largo und schließlich zum Adagio con brio steigert, als am Himmel das Schauspiel eines nahenden Unwetters aufzieht. Vor allem zwei sind verzückt «in den Himmel versunken», die Verliebten Beata und Gustav. Als der Regen heftig prasselt, flüchten sie sich unter das Blätterdach der Bäume und betrachten verschämt das Farbenspiel der Wolken, «bis Gustav in der heißesten Sonnenwende seiner Empfindungen sich von der überschwemmten Abendgegend umkehrte zu Beatens Augen hin – ihre hoben sich langsam und unverhüllt zu seinen auf und der Mund unter ihnen blieb ruhig und ihre Seele war bei niemand als bei Gott und der Tugend.» Seine Hand tastet schüchtern nach ihrer, das Gewitter ist vorüber, die Sonne erscheint wieder, «der Himmel zitterte weinend über der Erde vor Freude und umarmte sie mit heißen unermeßlichen Lichtstrahlen.»[202] Wie zwei Engel stehen sie unter der «umdonnerten Sonne» und wagen sich nicht zu berühren; «sie schien wie eine Seele zu Gott gegangen zu sein, und ein Donnerschlag fiel in den Himmel nach ihrem Tode [...] Es dämmerte [...] die Natur war ein stummes Gebet [...] Der Mensch stand erhabener wie eine Sonne darin; denn sein Herz faßte die Sprache Gottes [...] aber wenn in das Herz diese Sprache kommt und es zu groß wird für seine Brust und seine Welt: so hauchet der große Genius, den es denkt und liebt, die stillende Liebe zu den Menschen in den stürmenden Busen, und der Unendliche lässet sich von uns sanft an den Endlichen lieben.»[203]

Als «himmlisches Pedal» wurde der Donner allerdings nur noch von Pfarrern betätigt, die angewiesen waren, bei Gewitter in ihre Glockentürme zu steigen und mit Gottvertrauen gegen Blitzeinschläge und Hagelstürme anzuläuten. Aus der prachtvoll inszenierten Bildsprache sprüht feindosierte Ironie. Der heilige Schauder des Erhabenen löste sich in Elektrizität auf, nachdem Benjamin Franklin 1750 den Zusammenhang zwischen Blitzen und der elektrischen Ladung der Atmosphäre nachgewiesen hatte. Sein Vorschlag, eine Metallstange auf dem Dach zu befestigen und diese durch einen Draht mit der Erde zu verbinden, um den Blitzeinschlag abzuleiten, wurde zwei Jahre später in Paris in die Tat umgesetzt.[204] 1770 folgte Hamburg mit einem Blitzableiter auf dem Turm der Jacobi-Kirche, 1783 Augsburg. Der Zyniker Jean-Paul Marat steuerte den praktischen Rat bei, nicht den Pfarrern das Läuten zu verbieten, sondern den Blitzableiterdraht doch mitten durch ihre Wohnstuben zu legen.[205] Von den wenigsten Lesern bemerkt, imitiert Jean Pauls Himmelsmalerei also nur die Sprache des pietistisch überformten Sentimentalismus, und zwar nach allen Regeln der Kunst, wie sie von der klassizistischen Ästhetik von Longinus über Boileau, Baumgarten und Gottsched gelehrt wurden. Wie Watteau in seinen venezianischen Tableaus *Landschaft innen* oder *Fête galante*, so leiht der Erzähler, der allemal klüger ist als seine Figuren, sich die Natur als Hintergrund, um darauf die inneren Seelenlandschaften seines frommen Liebespaars zu malen.

Höherer, gleichsam philosophischer Natur ist das Gewitter im achtunddreißigsten Hundsposttag, in dem sich der Weise auf dem «Berg des Ende», Dahore-Emanuel, zur selbst errechneten Todesstunde zu seiner «Ruhehöhle» begibt, um zu sterben. Im selben Augenblick lässt ein heftiges Gewitter die Luft erzittern. «Ein Sturmwind stürzte sich aus dem klaren Westen in die stumme arbeitende Hölle und jagte alle Blitze und alle Donner heraus. Siehe da flog aus dem zurückgewehten Gewölke der lichte Mond wie ein Engel des Friedens in das unbesudelte Blaue heraus».[206] Gleichzeitig schlägt ein Blitz in den nahen Pulverturm ein und löst eine gewaltige Explosion aus. Emanuel fällt ohnmächtig vor Schreck in die Grube. Als er erwacht, glaubt er sich gestorben und kommt zu dem «logischen» Schluss, er befinde sich auf dem Mond. Als Pythagoreer vermutet Emanuel-Dahore das Jenseits nicht, wie die Christen, irgendwo im Himmelsäther, sondern auf dem Erdtrabanten.[207] Da er Julius und Viktor vor sich sieht, muss er annehmen, auch diese seien gestorben. «Die Todesstunde war schon vorüber, doch das Leben noch nicht.»

Die Komik der Szene ist subtil. Emanuels platonisch-pythagoreische Seelenwanderung erweist sich als schlichte Sinnestäuschung. Moses Mendelssohn hat solche Idiopathien als Abwege der Vernunft bezeichnet, «auf welchem wir durch die subjective Ideenverbindung geführt werden; desto mehr ist unser wachender Zustand mit einer Art von Träumerey verbunden, deren Wirkung man in der Zerstreuung, Begeisterung oder Entzückung bemerken kann. Zuweilen ist die Kraft, mit welcher wir von einer gewissen Vorstellung eingenommen sind, so groß, daß sie die objective Reihe der Dinge überwältigt, uns aus der Ordnung der Natur völlig hinaus und auf eine subjective Ideenverbindung führt, die einem wachenden Traume gleich ist».[208]

Dem Metaphysiker Mendelssohn kann Richter nichts abgewinnen. Schon im Juli 1791 hat er sich ausführlich mit dessen «elenden» Beweisen für Leibniz' Dogma der prästabilierten Harmonie auseinandergesetzt, in der Natur gebe es zwischen Sein und Nichtsein keine Sprünge, nur Übergänge. Nach Mendelssohns Theorie der Unsterblichkeit wäre aber «der Tod der Seele ein Sprung».[209] Wenn andererseits die Seele, wie Mendelssohn behauptet, nach dem Tod des Körpers weiter «denkt», muss sie auch zu wahren Vernunftschlüssen über ihren veränderten Aufenthalt gelangen können. Der vom Donnerschlag betäubte Emanuel stolpert gewissermaßen blind in die Fallgrube aller transzendentalen Philosophie: das Dogma der Seelenunsterblichkeit.

Die Sterbeszene ist ein Glanzpunkt parodistischer Erzählkunst, das philosophische Herzstück des *Hesperus*. Emanuels Scheinverrückung auf den Mond widerlegt scharfsinnig Mendelssohns Theorie der Unsterblichkeit mittels seiner eigenen Psychologie. «Alle Täuschungen der schönen Wissenschaften und Künste fließen aus derselben Quelle. Sie gründen sich auf die Verbindung zwischen dem Zeichen und dem Bezeichneten, und auf den Schluß, den wir aus unvollständigen Inductionen zu ziehen pflegen. Wenn diese, durch öftere Wiederholungen, zur Gewohnheit geworden sind; wenn die Ideenfolge gleichsam zur unmittelbaren Empfindung wird; so schließen unsere Sinne von dem Zeichen auf das Bezeichnete ungehindert fort, und erwarten dieses, so oft sie jenes wahrnehmen.»[210] Wenn Emanuel aus der Annahme, er sei gestorben, den Schluss zieht, er befinde sich auf dem Mond, so ist er genau jener Scheinwahrheit aufgesessen, deren Ursachen Mendelssohn in der falschen Verbindung von ideellen Zeichen mit sinnlichen Wahrnehmungen erkannt hatte. Eine einzige Szene genügt Jean Paul, um den aktuellen philosophischen Diskurs zwischen dem metaphysischen «Vernunftglauben» einerseits, wie ihn Mendelssohn verteidigt, und einer kritischen Vernunft ins poetische Bild zu setzen, die nach Kant keine anderen Gesetze kennt, «als: die sie sich selbst giebt». «Dagegen kann der reine Vernunftglaube durch alle natürliche Data der Vernunft und Erfahrung niemals in ein Wissen verwandelt werden, weil der Grund des Fürwahrhaltens hier bloß subjectiv, nämlich ein nothwendiges Bedürfniß der Vernunft, ist (und, solange wir Menschen sind, immer bleiben wird), das Dasein eines höchsten Wesens nur vorauszusetzen, nicht zu demonstriren.»[211]

Doch treibt der Romanbauherr den Spaß mit der Unsterblichkeit noch auf die Spitze, wenn er in die Himmelfahrtszene eine kleine Groteske einarbeitet: in einiger Entfernung von Emanuels Grab springt ein Mann mit schmerzverzerrtem Gesicht im Kreis, den man «das tolle Totengebein» nennt; er hält sich die linke Hand in der fixen Idee, der Tod greife nach ihr, hackt sie sich schließlich ab und beerdigt sie feierlich. Ist diese Hand beseelt? Hat sie ein Ich? Wird sie der Unsterblichkeit teilhaftig, gewissermaßen als ein beseeltes Partial-Ich? Im Leibniz'schen Sinn wäre dies der paradoxe Beweis, dass Leib und Seele zwar teilbar, nicht aber voneinander trennbar sind.

Richters philosophischer Gewährsmann ist wiederum Johann Heinrich Lambert. «Z. E. ein Mensch wächst von Kindheit auf, wird größer, älter, verständiger, krank, wieder gesund», erklärt Lambert im *Neuen Organon*, «so, daß man anstehen kann, wieviel von dem Stoff, daraus sein Leib besteht, nach einigen Jahren noch übrig bleibt, der sich nicht mit neuem verwechselt hätte. Es ist klar, daß man hierbei, dieser Änderungen ungeachtet, den Cajus immer für den Cajus, und Titius für den Titius halten wird, solange die Masse des Leibes in ihrem Leben und Verbindung bleibt. Es kommt hier auf den Verlust der Theile an, mit welchen das Leben notwendig aufhört.»[212] Passend dazu wird zu Anfang des «Neunten Schalttags» Viktors medizinischer Aufsatz über «das Verhältnis des Ich zu den Organen» eingeschaltet. Wenn aber gar nicht die Seele oder der Körper, sondern allein das Gedächtnis als *res summa*, als höchstes Ding, den Begriff des Ich begründet, wie Emanuel im achtunddreißigsten Hundsposttag erklärt, dann ist Ich-Identität lediglich ein Produkt der Erinnerung, «Bewußtsein der gegenwärtigen Existenz». «Ohne Erinnerung ... gibt's kein Leben, nur Dasein».[213] Unter Viktors Wissenschaftlerblick zerfällt aber das Bewusstsein in «Bläschen», sobald der Körper zerfällt. Von seinem Ich bleibt nichts als ein «Schaumglobus von Wesen». Eine Unsterblichkeit, die nicht zugleich die Fortdauer seines Ich garantieren könne, interessiert Viktor nicht. «Wir blicken alle zum Himmel auf und bitten um Trost; aber droben im unendlichen Blau ist keine Stimme für unser Herz – nichts erscheint, nichts tröstet uns, nichts antwortet uns. – Und so sterben wir.»[214]

Und hier liegt der springende Punkt, das philosophische *punctum saliens* des *Hesperus*: Alle Figuren kommen infolge falscher Vernunftschlüsse zu «falschen» Vorstellungen über ihr Ich, solange sich ihr Bewusstsein nicht aus den Phantasmagorien einer zweiten Welt jenseits des Lebens befreit. Der Glaube an die Fortdauer des Ich nach dem Tod erscheint als unlösbares Paradox jeder Religion. Dem ohnmächtigen Emanuel erscheint der Todesengel als sein zweites Ich. «Plötzlich sah jeder neben sich noch einmal Sich – das zweite Ich zitterte durchsichtig neben dem ersten, und beide lächelten sich zerstörend an».[215] Das Gegenstück zu Emanuels Traum ist Ottomars Traumvision aus den nicht verwendeten Entwürfen zur *Unsichtbaren Loge*, die Richter am 22. April 1795 unter dem Titel *Die Vernichtung* einem Dresdener Verleger zum Abdruck in dem Taschenbuch *Erholungen* verkaufte. Der sterbende Ottomar hört im Fiebertraum die «Totenglocke der Natur» und fragt das furchtbare Schreckgespenst, das auf seiner Brust hockt und ihm den Atem abschnürt: «Ist das die zweite Welt? [...] Die Gestalt antwortete: Die zweite Welt ist im Grabe zwischen den Zähnen des Wurms.»[216] Und es ist kein Himmel mehr über Ottomar, nur «die morsche Wesenkette», das «Schlachtfeld der Geister», «die Larvenwelt der vernichteten Menschen» und auf einer Eisscholle treibend der tote Christus mit frischen Kreuzigungswundmalen. Im Zeitraffer sieht Ottomar das Leben auf der Erdkugel entstehen, wachsen, altern und vergehen und zugleich sich selbst in einer Dorfkirche im Sarg liegen. Das Gespenst, die gestaltgewordene Todesangst, greift nach seinem Gehirn, um es herauszuziehen, denn da flackert noch sein Ich, und es sagt: «Entsetze dich und stirb, ich bin Gott.» Sein Ich fliegt hinaus in ein flutendes Lichtreich, Sonnen umziehen ihn, Nebel spielen auf den Tönen der Äthermusik. Weil es dem Menschen nicht möglich ist, das Nichts zu denken, verwandelt sich in den expressionistischen Farbexplosionen des Traums der vernichtende Gott der Natur in den rettenden Gott, Jacobis geglaubten Gott, den «Alliebenden». Dieser Glaube ist, «wie ein hoher Tempel», gleichsam dem paulinischen Modell des inneren Kosmos nachgebildet; «und im Tempel war ein Himmel, und im Himmel eine Menschengestalt, die ihn anblickte mit einem Sonnenauge voll unermeßlicher Liebe».[217]

Wenn es aber keine zweite Welt außerhalb des Bewusstseins gibt, dann ist auch Gott nichts als ein physiologischer Reflex, die narzisstische Vorspiegelung der Fortdauer des Ich. Nur wenigen erscheint er, Emanuels Engel der zweiten Welt, wie Viktor, Julius und Klotilde. Denn sie sind «Menschen mit Tränen, mit Träumen, mit Flügeln», «hohe Menschen», vom inneren Licht ihres Ingeniums Erleuchtete. Sie folgen «ihren befreieten Träumen». Wenn Viktor zuletzt sein «Wachsherz» zerdrückt und «nichts als ein Mensch» sein will, dann hat er mit seinen Erinnerungen an die geraubte Identität auch sein Ich wiedergefunden. «Der Anblick ist groß, wenn der Engel im Menschen geboren wird, wenn alsdann am Horizont der Erde die zweite Welt aufsteigt und wenn die ganze Sonnenwärme der Tugend auf das Herz nicht mehr durch Wolken fällt.»[218]

II.
VON AUENTHAL ÜBER HUKELUM NACH EUROPA

Hof, im Juni 1794

Am 3. Mai hat der Schwarzenbacher Schulmeister den Dienst quittiert. Friedrich Richter alias Jean Paul ist jetzt wieder privatisierender Büchermacher in Hof. Noch aus Schwarzenbach hat er am 27. März mit einjähriger Verspätung die *Unsichtbare Loge* zusammen mit einem Brief an Johann Wolfgang von Goethe geschickt. Denn nun kann er sicher sein, dass bald etwas Besseres in der Druckerpresse liegen wird. Er unterzeichnet mit: «Ewig der /Ihrige /Joh. Paull. Fried. Richter.»[219]

Es geschieht, was zu erwarten war: nichts. Der Genius von Weimar ist schon vergeben. Keine zehn Wochen nach Friedrich Richter hat sich ein anderer junger Schriftsteller formvollendet als «Euer Hochwohlgeboren/gehorsamster Diener und aufrichtigster Verehrer» bei Goethe vorgestellt und, statt mit der Tür respective Romanen ins Haus zu fallen, um Mitarbeit an seiner Zeitschrift *Die Horen* gebeten. Es ist der Dramatiker und Geschichtsprofessor Friedrich Schiller aus Jena. Damit beginnt eine Dichterfreundschaft, die beide Seiten hoch befriedigen wird. Sechsunddreißig Briefe werden noch im selben Jahr gewechselt, im nächsten sind es schon 101. Zwischen diese beiden passt kein Jean Paul mehr. Als der *Hesperus* ein Jahr später folgt, gibt Goethe ihn nach dem Lesen mit spottender Anerkennung an Schiller weiter: «Hierbei ein Tragelaph [Bockhirsch] von der ersten Sorte.»[220] Einer Antwort würdigt er den unbekannten Verfasser nicht.

Damit der Dichter weiter über ein bescheidenes Einkommen verfügt, sind ihm Christoph und Erdmuthe Wirth, Renates jüngste Geschwister, und Amönes Schwestern Helene, Jette und Julie als Schülerinnen anvertraut worden. Ein Freundschaftsdienst, mehr nicht, der dem abgewiesenen Liebhaber täglichen Zutritt zum Töchternest gestattet. Am

Johannistag 1794 ist der *Hesperus* bis auf die Vorrede beendet. Wie immer stellt sich die «närrische Erschöpfung» ein, «die keine körperliche ist, weil sie mehrere Wochen dauert, und keine des Gedächtnisses und der Kenntnisse, weil man über dieselbe Sache nach wenigen Wochen ohne neues Studium wieder besser hekt, sondern eine aus Uebersättigung.»[221] Vier Wochen später schickt Richter einige Probekapitel an Matzdorff, der sofort annimmt. Man einigt sich auf 250 Taler Honorar unter der Bedingung, dass die drei Bände zusammen erscheinen. Anfang August geht das Manuskript nach Berlin, das jetzt erst seinen endgültigen Titel bekommt: Hesperus, geschrieben zwischen den «Septembermassakern» des Jahres 1792 und dem Sturz Robespierres am 27. Juli 1794, dem neunten Thermidor nach dem Revolutionskalender.

Der besänftigte Satyr sei übrigens jetzt Bräutigam, lässt Richter Matzdorff beiläufig wissen. Seine Braut ist nur wenig älter als seine kleinen Schülerinnen. Es ist Caroline, Amönes fünfzehnjährige Schwester, mit der er seit Anfang Juli eine «freundschaftliche Stimmung» pflegt. Durch das Beschreiben der Liebe hat er sich wohl ein Verliebtsein zugezogen wie durch nasse Füße einen Schnupfen. «Ich bin von nichts so gerührt worden wie von H. Jean Paul – der hat sich hingesezt und durch seine Bücher mich verdorben und zerlassen. Jetzt bin ich ein Selbstzünder und brauche keine Geliebte um warm, keine Tragödie um weich zu werden.»[222] Zur Abkühlung verordnet er sich am 20. August ein strenges «Stunden-Regulativ», denn schon wieder sitzt er an einer neuen «Lebensbeschreibung». Es ist die Geschichte des hypochondrischen Dorflehrers Egidius Zebedäus Fixlein, der an der fixen Idee leidet, an seinem zweiunddreißigsten Geburtstag zu sterben. Die Vorrede zum *Leben des Quintus Fixlein* unterschreibt der Verfasser «zum ersten Male mit seinem *ganzen* wahren Namen», nämlich Jean Paul Friedrich Richter. Fixleins «Gemüthsgeschichte» wird die wachsende Jean-Paul-Gemeinde in *Hesperus*-Freunde und *Fixlein*-Freunde teilen. Der alte Johann Wilhelm Ludwig Gleim ist von dem Buch so erwärmt, dass er seinen Brief an Richter vom 23. Mai 1796 als «Septimus Fixlein» unterzeichnen wird.

Was treibt diesen Mann von einem Buch ins nächste, wo doch schon der letzte Tag im Leben des Schulmeisterlein Wutz mit der Klage des

Büchermachers endet: «Warum will ich schon wieder ein neues Buch schreiben und in diesem die Ruhe erwarten, die ich im alten nicht fand?»[223] Er ist im 32. Lebensjahr, hat vier Bücher geschrieben und wird demnächst eine Familie gründen. Er müsste zufrieden mit sich sein, warum ist er es nicht? Die Erschöpfung schlägt in Schwermut um; «ich sehne mich nicht mehr nach Satiren sondern nach Elegien und mein Inneres ist oft so jämmerlich-weich als läg' es in der Brust eines Mädgens von 17 1/2 Jahren.»[224]

Diesmal ist er sich nicht ganz sicher über die Wahl des Stoffes. «Das gröste Elend eines Autors ist, daß er keiner Materie den Grad der Verschönerung ansehen kann, den sie anzunehmen fähig ist und daß er zu spät die Wahl der Materie bereuet.» Seit einigen Wochen führt er wieder – danach nie mehr – ein Gefühlstagebuch. Caroline wird mit dem Zeichen Δ verschlüsselt. Die letzte Eintragung ist vom 9. Oktober. Im Geburtstagsbrief für Amöne ist ihm «das Bette nichts als ein breiterer Sarg», was seine fünfzehnjährige Verlobte nicht gern hören dürfte.[225] Caroline und ihre Schwestern haben den qualvollen Tod ihrer Mutter noch nicht verwunden, die im Vitriolwerk zwischen Hof und Bayreuth von Schwefelsäure verätzt worden und am 30. Mai 1794 nach sechswöchigen Leiden gestorben war. Für sie schreibt Richter *Was der Tod ist* in den Traumepitaph *Tod eines Engels* um. Christian Otto, der das kleine Werk begutachten soll, kann damit nichts anfangen und zögert die Antwort über Wochen hinaus. Caroline wird mit altväterlichen Ratschlägen traktiert, ihre hausfraulichen Qualitäten lassen Wünsche offen. Die anfängliche Schwärmerei des jungen Mädchens für den Dichter kühlt merklich ab. Amöne nimmt den Bräutigam zwar gegen Carolines «Launen» in Schutz, doch das Unbehagen wird auf beiden Seiten des Brautbetts größer. Richter sucht die Ursache bei sich: «O Gott, mach mich sanfter und fester.»[226] Er wird erhört. Im November löst Caroline die Verlobung auf. Der Bräutigam nimmt es gefasst.

Am 8. Januar 1795 bittet er seine Hofer Freunde – Georg Herold mit seinen drei Töchtern und Friederike Otto mit ihren Brüdern und Freundinnen – zu einem kleinen Fest, dessen Anlass wir nicht kennen, ins Holunderhaus. Eine Woche später kommt ein Bote aus Schwarzenbach mit der Nachricht vom Tod seines «Genius», des Schwarzenbacher

Pfarrers Samuel Völkel. Zum letzten Mal wird Richter in der Pfarrstube gestanden haben, in der sein Vater seine Sonntagspredigten schrieb, zum letzten Mal aus dem Fenster der Kammer, in der der Vater vor sieben Jahren gestorben war, auf die Saale gesehen haben.

Am 30. Januar 1795 ist die erste Fassung der Lebensbeschreibung des Egidius Zebedäus Fixlein in einem Zug durchgeschrieben, erzählt aus fünfzehn «Zettelkästen» (Kapiteln) «bis auf unsere Zeiten». «Die Stadt heißt Flachsenfingen, das Dorf Hukelum, der Hund Schill und die Jahreszahl 1791».[227] In der Vorrede bekennt der Erzähler, er habe das Werk «eilig und unter ungewohnten Störungen gemacht und unter Zudrängen auf meine allerneueste Biographie, nach der ich ordentlich lechze».[228] Es hebt damit an, dass Zebedäus Fixlein, fünfter Lehrer (Quintus) am flachsenfingischen Gymnasium, im «Herrschaftsgarten» von Hukelum spazieren geht. Die «gute Mutter» sorgt für ihn, Vater und Bruder sind tot. Einträchtig wohnen sie zusammen im kleinen «Gärtnerhäuschen, das mehr eine Stube als ein Haus war, in der westlichen Landspitze des Schloßgartens» von Hukelum (benannt nach einem realen Ort in Südholland). Vor dreiundvierzig Jahren, wird erzählt, brannten Kirche und Pfarrhaus von Hukelum mitsamt den Kirchenbüchern ab, in denen Taufen, Hochzeiten und Todestage verzeichnet waren. Kein Hukelumer weiß, wie alt er ist. Fixlein wünscht sich nichts sehnlicher als die Pfarrstelle, denn er möchte seine geliebte Thienette heiraten. Durch die Gunst der Patronatsherrin Frau von Aufhammer (eine Wiedergängerin der Joditzer Freifrau von Bodenhausen), die ihn in ihrem Testament bedenkt, bringt er es lediglich zum Konrektor. Auf die vakante Pfarrstelle wird statt seiner der Subrektor Hans von Füxlein, ein entfernter Vetter, berufen. Durch einen Schreibfehler gelangt die Berufungsurkunde jedoch in Fixleins Hände, als er sich am Tag der Vorstellung des neuen Pfarrers vor dem Konsistorium gerade ankleidet. Fixlein, gar nicht dumm, nutzt die Gunst des Zufalls, erscheint statt des Rivalen zur Disputation und zieht am 15. April 1793 als Pfarrer in Hukelum ein. Am 9. Mai feiert er Hochzeit mit Thienette, und ihn umspülen «heisse Strudel der Lust».

Im Mai des folgenden Jahres wird Fixleins Sohn geboren. Einer der Taufgäste heißt Jean Paul, der Lebensbeschreiber, der auch dem feierlichen Aufsetzen eines neuen Kirchturmknopfs beiwohnt. Beim Abriss des alten wird eine Bibel gefunden, aus der Fixleins Taufdatum hervorgeht: Sein zweiunddreißigster Geburtstag fällt mit dem Tauftag seines Sohnes zusammen. Darüber erschrickt Fixlein so sehr, dass er sich zu Bett legt und in Todesphantasien versinkt, bis er fast den Verstand verliert. Kein anderer als Jean Paul bringt ihn schließlich wieder zu sich, indem er Fixleins altes Kinderspielzeug vor ihm ausbreitet, ihm seine Kinderhaube aufsetzt und die Mutter anweist, ihn wie ein Kind zu behandeln. Durch den Gegen-Wahn, er sei erst acht Jahre alt und müsse die Pocken auskurieren, wird er geheilt und steht nach drei Tagen munter von seinem Krankenbett auf.

An Fixleins Geschichte ist wenig erfunden. Sie schöpft aus der Erinnerung an Köditz, Joditz, Schwarzenbach und an Richters Vater Christoph, der ebenso wie Fixlein, dieser «unvollendete Charakter», an unheilbarer Schwermut litt, weil er die schmerzliche Erinnerung an sein früheres Leben verloren oder, psychoanalytisch gesprochen, verdrängt hatte. Es kann gewiss nicht schaden, Fixleins Geschichte versuchsweise als Richter'sche Familienanamnese zu lesen, eine psychologische Studie nach dem Muster der anekdotischen Fallgeschichten, wie sie sich in Karl Philipp Moritz' *Beiträgen zur Erfahrungsseelenkunde* großer Beliebtheit erfreuten. Viktor Horions skeptische Selbsterfahrung, dass der Mensch ein Bruch und keine Einheit sei, ist bei Fixlein krankhaft gesteigert. Aber Fixlein ist auch ein Seelenbruder von Maria Wutz, ein Stufen- oder Wochenmensch. Allein seine «fixe Idee» wirft ihn aus dem vorbestimmten Lebenskreis zwischen Geburt und Tod in die Ungewissheit des Daseins, denn, so weiß der Erzähler, «jede fixe Idee, die jedes Genie und jeden Enthusiasten wenigstens periodisch regiert, scheidet den Menschen erhaben von Tisch und Bett der Erde – – gleich dem Paradiesvogel schläft er fliegend».[229] Geburt und Tod fallen ihm in eins. Er hat «vergessen», dass die Fortdauer des Ich der Erinnerungsarbeit bedarf. Er hat vergessen, dass auch er einmal ein Kind war. Als sein Seelenarzt und Biograph fügt Jean Paul die zerbrochene Erinnerungsarchitektur wieder zusammen und heilt ihn von seinem Wahn.

Die erzählerische Rekonstruktion dieses zerbrochenen Ich-Bewusstseins bedient sich eines textübergreifenden Verfahrens, mittels dessen unterschiedliche rhetorische Formen um einen gemeinsamen thematischen Schwerpunkt komponiert werden. Neben der Titelerzählung enthält der Band zwei ältere psychologische Humoresken: *Des Amts-Vogts Josuah Freudel Klaglibell gegen seinen verfluchten Dämon* und die schon drei Jahre zuvor skizzierte Satire über die Reise des engherzigen Rektors Fälbel (des Gegenbilds zum braven Schulmeisterlein Wutz) durch das Fichtelgebirge sowie zwei Phantasien im leichten Stil des Sentimentalismus als «Mußtheil für Mädchen» und schließlich einen tiefsinnigen Essay *Über die natürliche Magie der Einbildungskraft*. Darin baut Richter die im *Hesperus* vorgetragenen Gedanken über die Bedeutung von Erinnerung und Gedächtnis für die Entwicklung eines kohärenten Ich theoretisch aus und legt dar, «daß unser bekanntes *Ich die Sukzession* in der Phantasie (wie das Simultaneum in der Empfindung) ordnet und regelt, sogar im Chaos des Traums». Ich-Bewusstsein ohne Erinnerung ist demnach so wenig denkbar wie Gedächtnis ohne Phantasie. Jede abwesende Person, jedes künftige oder vergangene Ereignis wird «auf dem Zauberboden der Phantasie» der zeitlichen Ordnung individueller Wahrnehmungen und Empfindungen unterstellt. «So zieht das Fernrohr der Phantasie einen bunten Diffusionsraum um die glücklichen Inseln der Vergangenheit, um das gelobte Land der Zukunft.»[230]

Ohne sich nur einen Tag Ruhe zu gönnen, wird das im *Fixlein* erprobte neue Erzählverfahren, verschiedenartige Textformen konzentrisch um einen Haupttext anzuordnen, gleich noch einmal unter ganz anderen Auspizien durchgeführt. Das neue Projekt heißt *Biographische Belustigungen unter der Hirnschale einer Riesin* und wird am 16. April 1795 angefangen. Im ersten Teil, einer «Geistergeschichte», berichtet Jean Paul – immer noch als Sohn des flachsenfingischen Fürsten Jenner verkleidet – vom Besuch einer Kolossalstatue, der «Jungfer Europa» in dem Städtchen Neuengleichen. «Im Kopfe des modischen Kolossus soll man (les' ich) wie in Herschels Teleskop ein musizierendes Orchester eingestellt haben; aber unter dem Kranium der Miß Europa soll (hör' ich) ein ganzes besetztes Inquisitions-Gericht mit seinen Sessionstafeln Platz genug vor sich haben. Das ist keine Unmöglichkeit; – aber noch gemächlicher muß im Kopfe ein kleines Schreibepult und ein Sessel aufzustellen sein. Wenns also bei jetziger Jahrszeit in der Blei-Riesin nicht zu kalt ist: so wird übermorgen der erste Ausflug, den ich in Waldkappel tue, der in Europas Kopf sein (es geht innen eine Treppe bis an den Hals); und ich gedenke, unter ihrer Hirnschale meinen Schreibetisch wie ein Nähkissen einzuschrauben und daselbst – indem ich zugleich aus ihren Augenhöhlen die herrlichste Aussicht von der Welt genieße – den größten Teil der gegenwärtigen *Belustigungen* und *Mémoires* ungemein heiter abzufassen.»[231]

Vor ihm liegt die politische Landschaft des Jahres 1795, das Europa der Fürsten zwischen Revolution und Reaktion. Den Realentwurf einer «Jungfer Europa» lässt sich der Landgraf von Hessen-Kassel justament 1795 für sein Lustschloss Wilhelmshöhe bauen: eine überdimensionale Herkules-Figur als Wahrzeichen der absoluten Macht eines Winkelstaatmonarchen, der seine Landeskinder als Söldner im Kampf gegen die französischen Revolutionstruppen verkauft hat. Drei Jahre später wird sie zusammen mit Schloss und Park Wilhelmshöhe in Kassel eingeweiht. Mehr als 12 000 Hessen wurden auf englischer und niederländischer Seite gegen die französischen «Sansculotten» in den Tod getrieben. «Beiläufig! Sonst wurde der Mörtel zum Staatsgebäude, wie anderer, mit der *Wolle* oder den *Haaren* und dem *Blute* des Untertans zugleich festgeknetet; jetzt aber wird mit dem Blute dieses Tiers bloß im Kriege der *Zucker* des Friedens raffiniert. So wenig hat eine freie Regierungsform, wo nur die Gelder der Landessassen zu nehmen stehen, mit einer despotischen gemein, wo man auch das Leben anpackt; auf gleiche Weise wurde dem Teufel (besonders anfangs) nur vergönnt, Hiobs Effekten und Immobiliarvermögen anzutasten, nicht aber sein Leben, was viel später geschah. Aus der Blei-Soldateska und aus der Blut-Akzise wurde nun eine kolossalische Jungfer Europa gegossen, die drei Ruten lang ist und also 5 rheinländische Zolle mehr hält als der hessische Herkules.»[232]

Mit der Ortsbezeichnung Neuengleichen hat es eine ähnliche Bewandtnis: Sie ist das politische Symbol des Niedergangs der Revolution. Frankreich bewegt sich seit dem neunten Thermidor auf eine bürgerliche Wirtschaftsdiktatur unter einem fünfköpfigen «Direktorium» zu. Einer ihrer schärfsten Gegner ist François Noël Babeuf. «Die

Revolution ist nicht beendet», heißt es in einer Flugschrift seiner «Gesellschaft der Gleichen», «denn die Reichen reißen alle Güter an sich und gebieten allein, während die Armen wie wahre Sklaven arbeiten, im Elend umkommen und im Staate nichts zu sagen haben.»[233] Im November 1795 gründet Babeuf den *Club Panthéon*. Babeufs egalitärer Plebejismus ist der vorläufig letzte Versuch, die Ideale des 14. Juli 1789 gegen die bourgeoisen Tendenzen des Direktoriums zu verteidigen.

Man begreift leicht, wie nützlich die Camouflage eines satirischen Schriftstellers als fiktiver Erbprinz und Edelmann sein kann, wenn schon allein die Beschreibung des Kopfes der Statue als eines riesigen Blitzableiters in Gestalt einer Stachelkrone an politischer Schärfe nichts zu wünschen übrig lässt. «Aber beim Himmel! wenn nicht ein regierender Herr an Europa den *Kopfputz* in eine *Stachelkrone* verwandeln darf, so seh' ich nicht ein, wer sonst das Recht dazu haben soll, oder wie mit einem größeren die Holländer den *Freiheitshut* – die Jakobiner die *Freiheitsmütze* – die Staatsinquisitoren die *Dogenmütze* – und die Fürsten ihren eignen *Fürstenhut* in eine *Krone* umzustülpen Befugnis hatten: das seh' ich niemals ein.»[234] Unter dem harmlosen Titel populärer Journale als «Belustigungen» des Verstandes getarnt, ist diese politische Brandschrift ein Feuerwerk humoristischer, empfindsamer, poetisch-allegorischer, rhetorischer, musikalischer und emblematischer Motive und Erzählformen wider den Despotismus unter dem Haupt der «Jungfer Europa».[235]

Der zweite Koalitionskrieg, die französische Besetzung der Niederlande, die Unterstützung der französischen Emigranten des Ancien Régime durch die englische Regierung, der Verkauf hessischer und fränkischer Landeskinder als Söldner der Koalitionsheere – all das wird mit brennender Ironie an den Pranger gestellt. «Im Staate müssen Paläste früher als Hütten und überhaupt wie in jedem Bienenstocke die obern Zellen zuerst gezimmert werden, wie am Leibe der Kopf sich früher ausbaue als der Rumpf. Auch baue man, wie Friedrich II., der ganze Dörfer schuf, von Zeit zu Zeit einige morsche Bauernhütten auf – in den englischen Gärten, um zu zeigen, wie wenig man sich ihrer schäme; und am Ende reichten schon die artistischen Dorfschaften, die man zu Ofenaufsätzen oder zu englischen Partien brauche, überhaupt statt aller wirklichen hin, und man könnte die wahren auf dem Lande leicht wie auf den homannischen Karten durch eine Nulle andeuten, da ohnehin die Felder den englischen Gärten das beste und meiste Erdreich entzögen.»[236]

Es ist bekannt, welche Hassliebe die englische und die französische Monarchie seit Jahrhunderten verband. Der Roman um die Ehe eines englischen Lords und einer französischen Gräfin im zweiten Teil des Buches ist eine hintersinnige Parabel auf die gescheiterte politische «Ehe» zwischen England, dem Mutterland der Demokratie, und Frankreich, der Wiege der *liberté* und *égalité*. Mittels kunstvoller rhetorischer Arabesken aus stimmlich-akustischen, visuellen und allegorischen Resonanzen und Assoziationen werden die drei Teilstücke des Buches zu einem Stimmenkonzert zusammengefügt. So kehrt beispielsweise das Blumenmuster der Wiesen und Rabatten zu Füßen der «Jungfer Europa» in einer Abbildung des Motivs auf der Porzellanvase wieder, die Lord Lismore seiner Braut zur Hochzeit schenkt.

Landgraf Wilhelm IV. von Hessen-Kassel, der Erbauer der Herkules-Säule, Enkel des englischen Königs George II. und Neffe des schwedischen Königs Friedrich I., war auf dem Schachbrett der europäischen Machtpolitik zu einer wichtigen Figur der Gegenrevolution geworden.[237] Wenn im dritten Stück, der *Salatkirchweih in Obersees oder fremde Eitelkeit und eigne Bescheidenheit*, Jean Paul sich selbstironisch als schwedischer Seraphinenritter ausgibt, so denkt er dabei wiederum an den Landgrafen von Hessen-Kassel als Träger des Seraphinen-Ordens. Dieser Orden – ihn durften nur Monarchen, Feldherren und Bischöfe tragen – war 1748 von Friedrich I. von Schweden als höchste Auszeichnung des Königreichs und zugleich als militärisch-katholisches Elitekorps gestiftet worden, deren Träger sich als «Mitglieder» bezeichneten. Eingearbeitet in die *Salatkirchweih* ist eine schöne Abschweifung über «kühlende Poeten» und zu erhoffende «kühle Zeitalter der deutschen Dichtkunst». Deutschland wird aber noch eine Weile warten müssen. Erst Jean Pauls politische Enkel Heinrich Heine und Georg Büchner werden die «Jungfer Europa» aus dem politischen Dornröschenschlaf wecken und dem alten Europa der Fürstenpaläste den Krieg erklären.[238]

Wie er als Satiriker in jungen Jahren das Zwiegespräch mit dem Leser als öffentliches Ereignis coram publico inszenierte, so verlegt Richter sein poetologisches Bekenntnis dieses Mal in die Vorrede zum satirischen Anhang der *Biographischen Belustigungen*. In Erwiderung auf Beschwerden seiner Leser(innen) über die ermüdenden satirischen Einschiebungen seiner Romane macht sich Jean Paul als Narrator selbst den Prozess, was sich als passable Gelegenheit zu einer ironischen Romantheorie in eigener Sache erweist. Der gewiefte Selbstankläger und -anwalt lässt seinem polemischen Temperament alle Zügel schießen – auf Kosten der etwas dümmlich argumentierenden Klägerinnen. An sie ergeht der Bescheid, «daß Beklagter, Jean Paul, Büchermacher, nicht befugt sei, in seinen historischen Bildersälen mitten unter Damen Spaß oder Extrasachen oder andere Sprünge mit seinem ererbten Bocksfuße zu machen – daß ihm aber in Betracht, daß er mit besagtem Fuße behaftet und daß alle Völker Traumfeste und Narrenfeste hatten und daß man noch jetzt bei Weinlesen, auf der Themse und beim Ankeraufwinden das Recht hat, Stachelreden vorzubringen, daß in diesem Betrachte Beklagtem unbenommen bleibe, hinten an seinen Bildersaal ein Wirtschafts- und Hintergebäude (obwohl in einiger Entfernung) anzustoßen, um da sein Wesen zu treiben und seinen satirischen Tabaksrauch ohne Schaden der Damen, denen sonst die Schminke abfließet, auszublasen.»[239]

Der satirische Appendix selber, eine Burleske, zeigt nämlichen Jean Paul, verkleidet als falscher schwedischer Graf von Torsaker, wie er eine «Salatkirchweih» auf einem fränkischen Dorf besucht, wohltätig als Ehekuppler wirkt, einem toten alten Bettler zu einem fürstlichen Begräbnis verhilft und sich des hinterbliebenen Hundes annimmt. Den Bettlertext hat Richter erst in letzter Minute, im Februar 1796, eingefügt, als das Buch schon im Druck war, möglicherweise unter dem Eindruck des Verbots von Babeufs *Club Panthéon*, mit dem das Ende des französischen Egalitarismus besiegelt war. Am 10. Mai 1796 wird Babeuf verhaftet, seine Zeitung verboten.

Um sein selbst gesetztes Arbeitspensum zu bewältigen, hat sich Richter bei der Arbeit an den *Belustigungen* ein neues «Studier-Reglement» mit straffer Tageseinteilung und diätetischen Regeln verordnet («Ein Loth Kaffe am Morgen»). Auf dem Bücherregal, seinem «Repositorium», wächst die Reihe der geschriebenen und gedruckten Bücher, der Skizzenhefte, *Gedanken*, Exzerpte zur Geschichte und Ästhetik, der Entwurfsmappen, Erfindungsbücher, Wörterbücher und Merkblätter, die nachträglich zu Merkheften gebunden werden. «Oben stehen Logik und Metaphysik – Jugendaufsäze – Paquets satirische Bruchstücke – Übungen im Denken – Heloise – Hermans chemische Wörter».[240]

Das Erfinden und Finden neuer Erzählideen wird beim kostbaren, weil fast unerschwinglichen Kaffee vorgenommen, Korrekturen nur vor dem Kaffee. Für die Benutzung der Arbeitshefte müssen bestimmte «Exerzitien» (Denkregeln) und ein «Kalender» zu Rate gezogen werden. Wann er sein «dickes blaues Buch» (die Wörtersammlung), wann und in welcher Reihenfolge die Exzerpthefte vornimmt – alles ist minutiös vorgeschrieben. So arbeitet kein Dichter, sondern ein Feldherr, der die Manipel und Kohorten seiner Buchstabenheere über die «Kettengebirge der Arbeit» führt, um den ruhelosen Andrang der Gefühle aufzuhalten. Denn sein bester Feind ist er selbst; «viel zu weicher Jean Paul, dessen Kreide immer auf dem Flor der Melancholie die Modelle der Natur nachzeichnet, härte dein Herz ab wie deinen Leib, um nicht dich und andere aufzureiben.»[241] In den kommenden anderthalb Jahren wird keine Mädchenseele ihn umflattern, kein weibliches Wesen sich ihm nähern außer Rosina, seiner Mutter. Seine kleinen Schülerinnen hat er nach der Trennung von Caroline Herold aufgegeben. Amöne entzieht sich seinen Blicken. Am 24. Juni 1795 heiraten Christoph Otto und Renate Wirth.

Der Sommer dieses Jahres ist ungewöhnlich kalt. Im Holunderhaus geht das Holz zum Heizen und Kochen aus, nicht einmal auf dem Jacobi-Markt Ende Juli gibt es welches zu kaufen. Die Lübeckische Buchhandlung in Bayreuth hat Interesse am Druck des *Quintus Fixlein* gezeigt. Die Verhandlungen überlässt Richter zunächst seinen neuen Freunden in Bayreuth. Unter ihnen ist Emanuel ihm besonders nahe, ein ungewöhnlich belesener neunundzwanzigjähriger jüdischer Scheren- und Messerhändler aus dem oberfränkischen Altenkunstadt, mit dem Renate Wirth ihn bekannt gemacht hat. Zwei Jahre zu-

Emanuel (ab 1814 mit bürgerlichem Namen Emanuel Osmund)

vor ist Emanuel von zwei jungen Offiziersbrüdern aus Ansbach halb totgeprügelt worden. Nach mehreren Monaten ohne Gehör und Gedächtnis aus der Bewusstlosigkeit aufgewacht, hat er sich noch immer nicht vollständig von den Misshandlungen erholt.[242] Einer von Emanuels Freunden, der Privatgelehrte Gottfried Andreas Schäfer, unterhielt in früheren Jahren enge Beziehungen zum Illuminatenorden. Mit dem jungen Verleger Johann Christoph Gottlieb Lübeck handelt er im Juni in Richters Namen 180 Gulden für den Druck des *Quintus Fixlein* aus, davon 100 gleich, den Rest bei Erscheinen. Das ist Richter zu wenig. Er wandert selbst nach Bayreuth und nutzt die Gelegenheit zu einem Besuch bei Emanuel. Zehn Tage später erhöht der Verleger auf 200 Gulden und weitere 160 für die zu erwartende zweite Auflage.[243]

Im Herbst erscheinen die ersten Rezensionen des *Hesperus*, die zwischen grenzenloser Bewunderung (*Jenaische Allgemeine Literaturzeitung*), ungläubigem Staunen über das «Abentheuerliche und Wilde» (*Neue Nürnbergische Gelehrte Zeitung*), Respekt vor der überquellenden Phantasie dieses «angenehmen Sonderlings» (*Berlinisches Archiv der Zeit und ihres Geschmacks*) und schroffer Verärgerung schwanken. Richter ist in Hochstimmung. Sein *Hesperus* verkauft sich reißend, adlige Damen beglücken ihn mit zügellosen Liebeserklärungen. Neue Verehrer gewinnt er im Flug. Matzdorff, untröstlich über den entgangenen *Fixlein*, fragt dringlich nach einem neuen Werk. Richter nennt ihm am 12. August mehrere Titel, von denen Matzdorff in Erwartung einer gut verkäuflichen Ehekomödie *Blumen- Frucht- und Dornenstücke oder Ehestand, Tod und Hochzeit des Armenadvokaten F. St. Siebenkäs* wählt und pro Bogen sieben preußische Taler zahlen will – ein Spitzenhonorar und das Dreifache dessen, was Richter für die *Teufelspapiere* bekam.

Als das Jahr 1795 endet, sind die *Biographischen Belustigungen* bis auf den satirischen Appendix beendet, *Hesperus* und *Quintus Fixlein* erschienen, der erste Band des *Siebenkäs* fertig, ein fünfter Roman in zehn Kapiteln skizziert. Durch tägliche strenge Exerzitien erfüllt Friedrich Richter das unabänderliche Gesetz, das kein anderer als er selber über sein Leben verhängt hat: Herr im eigenen Haus des Seins zu werden und – zu bleiben. «Ich werde doch einmal das Jahr erleben wo ich die olympischen Wettspiele meiner Kräfte in mir ausschreiben kann, damit jener große Kardinal- und Kapitalroman zusammengeknetet werde von dem ich im Voraus nicht genug reden kann, wie auch von dem kleinen Werklein, wozu mir Klopstock und seine Meta jeden Abend und auf Reisen Feuer einblasen».[244] Das «kleine Werklein» wird ein Meisterwerk, das 1796 unter dem Titel *Das Kampaner Tal* erscheint.

12.

ICH UND ICH ODER SIEBENKÄS
UND SEIN LEIBGEBER

Kuhschnappel, 1785/86

Am 11. Februar 1786, so weissagt der Kuhschnappeler Superintendent Ziehen, werde «ein Stück vom südlichen Deutschland sich durch das Erdbeben wie Lagerhorn in die Unterwelt senken».[245] Dieser Tag ist nicht nur der neunzehnte Geburtstag von Lenette Wendeline Egelkraut, deren Hochzeit mit dem Armenadvokaten Firmian Siebenkäs der Leser im ersten Kapitel beiwohnt, sondern auch der Tag, an dem Brandenburg-Ansbach-Bayreuth als eines von vierzehn süddeutschen Fürstentümern aus dem Reichsverband austrat – was einem politischen Erdbeben nicht unähnlich sah. Kraft ihrer Kurfürstenwürde hatten die Könige von Sachsen und Preußen mit England einen Geheimvertrag unterzeichnet, der in die deutsche Geschichte als «Fürstenbund» einging. Trotz aller Beteuerungen ihrer loyalen Gesinnung gegenüber Kaiser Joseph II. war den sächsischen und preußischen Unterzeichnern klar, dass damit der erste Stein aus dem 700-jährigen Bauwerk des Heiligen Römischen Reichs Deutscher Nation gefallen war.

Angesichts der verheerenden Niederlagen der Österreicher gegen das revolutionäre Frankreich trommelte der Landgraf von Hessen-Kassel im Sommer 1794 in Wilhelmsbad eine politische Konferenz deutscher Reichsstände zusammen, unter den Teilnehmern war auch der preußische Sonderminister Karl August von Hardenberg. Sein Vorschlag: eine eigene «Bundesarmee» mit 40 000 Mann gegen die Franzosen aufzustellen, finanziert durch Kredite und verbunden mit der Gründung eines neuen «Fürstenvereins», dessen Vorsitz sich der Landgraf selbst vorbehielt. Allein schon das Reizwort «Fürstenverein» bewog Kaiser Leopold, sich entschieden von dem Vorhaben zu distanzieren. Der Basler Sonderfrieden zwischen Frankreich und Preußen im April 1795 durchkreuzte die Pläne des Landgrafen. Preußen trat aus der Koalition und aus dem Krieg aus. Österreich verbündete sich mit England. Das «Reich» sprach nicht mehr mit einer Stimme.

Vor diesem aktuellen politischen Hintergrund verlegt Richter seinen *Siebenkäs*-Roman ausgerechnet in den «H. R. R. freien Marktflecken Kuhschnappel», «der eigentlich eine kleine Reichsstadt ist und eine große war», das Miniaturmodell eines kantonalen Gemeinwesens, bei dem man nicht nur an die altfränkischen Landeshaupt- und Amtshauptmannschaften Hof und Wunsiedel, sondern genauso gut an die schwäbische Freie Reichsstadt Nördlingen, die Freie Reichsstadt Nürnberg oder die Schweizerische Stadtrepublik Bern denken mochte. Mit dem Eid auf die helvetische Verfassung hatten die Berner 1785/86 nach 300 Jahren ihre Autonomie als patrizischer Stadtstaat verloren.

Höhepunkt des zweiten Bändchens, geschrieben etwa im April 1796, ist das Kuhschnappeler Vogelschießen – in Hof hieß es Plothoisches und fand am letzten Augustsonntag zu Jacobi statt. Den hungrigen Armenadvokaten Siebenkäs lockt der Hauptpreis, eine ganze Kuh, und so lässt er sich, obgleich den örtlichen Sitten und Traditionen alles andere als geneigt, in die Schützenliste eintragen. Das Ziel ist ein k. u. k. Reichsadler, der samt kaiserlichen Insignien hoch auf einer Stange schwankt.

Die Zerschießung des Staatsvogels durch einen sächsischen Friseur und einen «kuhschnappelischen» Advokaten gelingt erst nach mehreren Anläufen – «der lecke Vogel wankte nicht». Doch schließlich gelingt Siebenkäs der Meisterschuss. Stolz trägt er den zerrupften Reichsvogel samt zerschossenem Reichsapfel und «Staaten-Perpendikel» (= Zepter) ins eheliche Heim und teilt die Prämie – die Kuh – demokratisch mit seinen Hausnachbarn. «Zu wünschen wär' es, die zwölf Stämme und in den neuern Zeiten das römische Kaisertum wäre so redlich oder vielfach zerteilt worden als unsere Kuh und Polen.»[246] Acht Jahre vor Schillers *Wilhelm Tell* fällt damit ein wenig vom Ruhm des Schweizer Freiheitshelden auf den Kuhschnappeler Schützenkönig.

Gleichviel, ob man den Roman als politische Komödie über die krisenhafte Zuspitzung des Konflikts zwischen Reichspolitik und deutschen Territorialherrschaften während der Koalitionskriege liest, ob als philosophisches Schelmenstück oder als kleinbürgerliche Ehefarce: der *Siebenkäs* ist ein Meisterstück komischer Erzählkunst. Das erste Bändchen erzählt vom dornigen Leben des Armenadvokaten, der mit seiner jungen Frau auf keinen grünen Zweig kommt, weil sein Vormund Heimlicher ihn um sein Erbe betrogen hat. Autobiographische Ähnlichkeiten mit dem Hofer Friedrich Richter sind alles andere als zufällig. Der langwierige Erbrechtsprozess seiner Mutter, der Hunger im Holunderhaus, die ungeheizte Stube, das Schuldenmachen, die Anfeindungen der Hofer Honoratioren, Richters «Rüpel-Rolle» als Zeitungsmacher und seine wundersame Bekehrung zum bezopften Bonhomme – all das erlebt noch einmal Siebenkäs. Anders als Friedrich Richter hat aber Siebenkäs zu seinem Glück ein zweites Ich, einen Seelenbruder, Heinrich Leibgeber. Sie «machten schöne bürgerliche Sitten zwar richtig nach, aber sehr zum Spaße; jeder war zugleich sein eigner spielender Kasperl und seine Frontloge».[247] Dieselbe «Lachlust in der schönen Irrenanstalt der Erde», Freiheitsliebe und stolze Verachtung von Besitz und Titeln verbinden die Freunde. «Beide lebten überhaupt in einer Gütergemeinschaft des Körpers und Geistes, die wenige fassen.»[248]

In Leipziger Studententagen hat Siebenkäs mit Leibgeber die Namen getauscht. Siebenkäs, der sich also jetzt Leibgeber nennt, tritt als ein «aristophanischer Gassenhauer mit unpoetischen und poetischen Härten» auf, hingegen der als Heinrich Leibgeber auf die Welt gekommene nunmehrige Siebenkäs «mehr eine horazische Satire» von ironischem Naturell ist. Der echte Siebenkäs wird als hinkend, der echte Leibgeber mit einem Muttermal hinter dem linken Ohr vorgestellt, das er sich nach dem Namenstausch füglich wegoperieren ließ. Danach hinkt Leibgeber,[249] und Siebenkäs ist der mit dem verschwundenen Muttermal. Nach Abschluss seines Studiums ging Leibgeber als Armenadvokat Siebenkäs nach Kuhschnappel, während Siebenkäs alias Leibgeber in den Jahren nach 1774 verschollen blieb.

Elf Jahre später sehen sich die Freunde auf Siebenkäsens Hochzeit mit der kleinen Lenette Wendeline Egelkraut aus Augsburg in Kuhschnappel wieder. «Als beide Ebenbilder einander in der Kirche erblickten, lockerten und kräuselten sich ihre errötenden Gesichter sonderbar». Bei den anschließenden «4 syllogistischen Figuren oder vier Fakultäten» des Hochzeitsessens sind sie wie ein Herz und eine Seele. «Einen solchen Fürstenbund zweier seltsamer Seelen gab es nicht oft.»[250] Als Siebenkäs am nächsten Tag seine Erbschaft von 1200 Talern abholen will, wird Heimlichers Betrug aufgedeckt, der den Namenstausch zu seinem eigenen Vorteil ausgenutzt hat. Die Erbschaft ist verfallen. Nachdem Leibgeber dem hinterlistigen Vormund im Namen der Gerechtigkeit Prügel angedroht und das Menetekel von Heimlichers Schande mit magischer Tinte, die erst bei einem gewissen Erwärmungsgrad sichtbar wird, auf dessen Ofenwand hinterlassen hat, zieht er hinaus in die Welt.

Das «Fruchtstück» im dritten Band verklammert die Handlungszeit des Romans mit der Zeit der Niederschrift. Es ist der *Brief des Doktor Viktor an Kato den Älteren über die Verwandlung des Ich ins Du, Er, Ihr und Sie*, geschrieben in Flachsenfingen, und zwar am Tag nach Viktors (und Friedrich Richters) zweiunddreißigstem Geburtstag, dem 21. März 1795. An diesem Tag haben Klotilde, Viktor, Flamin, Jean Paul und einige andere *Hesperus*-Figuren eine gemeinsame Schiffsfahrt auf dem Rhein unternommen, dem deutschen Schicksalsfluss, der Demarkationslinie zwischen dem republikanischen und dem feudalistischen Europa. Als Siebenkäs in dem sicheren Glauben, mit diesem Mittel der Armut zu entgehen, auch noch ein Buch mit dem Titel *Auswahl aus des Teufels Papieren* schreibt, sind sämtliche Selbstfiktionen und Eventual-Ichs des Romanverfassers Friedrich Richter in *einem* Roman vereint. Wir stehen inmitten einer Richter'schen Selbstgalerie, einem Pandämonium psychologischer Projektionen. Lebensstationen und Werke werden in «metamorphotischen Spiegelungen» zu «Figuren» verdichtet, die wiederum in neuen Blumen- und Fruchtstücken, Werken und Werklein aus Richters poetischem Gartenbau fortwuchern werden.

Für Siebenkäs und seine Lenette bessert sich freilich auch nach Meisterschuss und *Teufelspapieren* nichts. Stück für Stück muss der Hausrat versetzt werden, was der ehelichen Harmonie alles andere als förderlich ist. Als sich Siebenkäs in die Gräfin Natalie verliebt und Lenette von ihrem Verehrer, dem Schulrat Stiefel, immer hartnäckiger umworben wird, ersinnen Siebenkäs und Leibgeber einen abenteuerlichen Plan. Siebenkäs wird seinen Tod vortäuschen, Lenette und Kuhschnappel heimlich verlassen und als Heinrich Leibgeber dessen Stelle als Sekretär eines Grafen in Vaduz übernehmen. Der Plan gelingt. Nach vollendetem Scheinableben entsteigt Siebenkäs nachts heimlich seinem Sarg. Leibgeber erwartet ihn zwischen Bayreuth und Hof, sie übernachten in Berneck und tauschen die Kleider. «Endlich erreichten sie beklommen», berichtet der Erzähler Jean Paul, «das Grubstreet oder die Münz-Stadt, wo ich gegenwärtige Assignate für halbe Welten kütte und färbe – *Hof* nämlich. Es ist freilich mein Vorteil nicht, daß ich damals von allem nichts erfuhr, was nun halb Europa erfährt durch mich.»[251] Bei Töpen trennen sich die Freunde. Leibgeber geht unter anderem Namen «ins Sächsische», Siebenkäs als Leibgeber nach Vaduz. Einige Jahre später kommt er zurück. Lenette ist tot, an Siebenkäsens Grab trauert noch immer Gräfin Natalie, ein Schatten ihrer selbst. Die Liebenden fallen sich in die Arme, und alles wird am Ende doch noch gut.

Wie die *Auswahl aus des Teufels Papieren* Firmian Siebenkäs zugeschrieben wird, so taucht dieser ein Jahr später in den *Palingenesien* oder *Fata und Werke vor und in Nürnberg* folgerichtig unter dem Namen Jean Paul auf, während der echte Jean Paul, ebenfalls in Nürnberg eingetroffen, sich bei der Torwache mit gefälschtem Pass als ein Graf von Baraillon eintrug. Heinrich Leibgeber wiederum wird im *Titan* als Peter Schoppe auferstehen und zu Tode erschrecken, als eines Tages der leibhaftige Siebenkäs vor ihm steht. Aber wer zum Teufel ist dieser Jean Paul?

Die einzig mögliche Antwort: Es gibt ihn nicht, es sei denn, als klassischen Syllogismus. Friedrich Richter hat sich in der *persona* Jean Paul noch einmal erschaffen als sein eigener Schöpfer und schreibender Prototypus, wie Leibgeber im Brief an seinen lieben «Bruder und Vetter und Oheim und Vater und Sohn» Siebenkäs so schön sagt. «Überhaupt von den vortrefflichsten Leuten werd' ich der Ur-Papa und du die Ur-Mama werden, ist es uns sonst beliebig. Ich sage dir, ... ich hab' es hier in meinen Exzerpten und Kollektaneen schwarz auf weiß, daß ich der Vorfahr, der Ahnherr, das Bethlehem und die plastische Natur eines

Aristoteles, Platon, Shakespeare, Newton, Rousseau, Goethe, Kant, Leibniz sein werde, insgesamt Leute, die noch gescheuter denken als ihr Protoplast selber. [...] ich schwöre dir, ich werde eine Stunde voll einiger seligen Ewigkeiten haben, wenn ich auf dem Nebenplaneten den Kreis von Klassikern und von Wiedergebornen flüchtig durchlaufen und endlich vor Wonne auf den Satelliten niederknieen und sagen werde: ‹Guten Morgen, meine Kinder!›»[252]

Um sich als biographische Einheit denken zu können, braucht der Mensch – nach Richters eigener Theorie im *Hesperus* und *Fixlein* – ein konsistentes Ich. «Ohne dieses helle Bewußtsein des Ich gibt es keine Freiheit und keine Gleichmütigkeit gegen den Andrang der Welt».[253] Umgekehrt aber auch kein Ich ohne Freiheit. Einer der vier «Paralogismen einer transcendentalen Seelenlehre», durch die der Mensch zu falschen Schlüssen über sein Ich gelangen kann, ist nach Kant die Verwechslung von logischer Person («Ich denke, daß ich bin») und empirischer oder phänomenologischer Person. «Was sich der numerischen Identität seines Selbst in verschiedenen Zeiten bewußt ist, ist insofern eine Person.»[254] Die höchste Lebenskunst liegt in der Möglichkeit, sich als empirisches Ich im Laufe seines Lebens immer wieder neu zu erfinden, mit Masken und Rollen zu spielen. In Jean Paul verkörpert sich demnach die «numerische Identität» der bürgerlichen Schriftstellerexistenz Friedrich Richter. Jean Paul ist insofern keine empirische Person, sondern die logische Idee eines Selbst unter der Bedingung unumschränkter Freiheit. Freilich fordert der Gebrauch dieser Freiheit, dass sich der Mensch aus den engen Grenzen biologischer und sozialer Uhrwerke und Maschinerien löse; «als Eintagsfliege über einer Welle Zeit, braucht [er] überall Uhren und Datumzeiger zu Abmerkungen am Ufer des Zeitenstroms; er muß, obgleich jeder Tag ein Geburt- und Neujahrtag ist, doch einen eigenen münzen».[255] Im dreizehnten Kapitel des *Siebenkäs* hat Richter die Dialektik von innerer (Lebens-)Zeit und raumzeitlichem Kontinuum der Natur ins poetische Bild der Menschenuhr gefasst.[256] Wie die kleinstädtischen Handwerker und Marktfrauen, die Korbflechter und Friseure von Kuhschnappel, die Wochen- und Stufenmenschen Maria Wutz und Quintus Fixlein nach festen zeitlichen Rhythmen leben, die ihnen Abstammung, Geburt und sozialer Rang in der feudalistischen Gesellschaft vorschreiben, so erscheint die deterministische Menschheitsgeschichte als eine chronobiologische «Uhr aus Menschen». Persönliche Freiheit bedeutet zuallererst, sich dem biologistischen Regime des Chronos zu widersetzen. Wenn Siebenkäs und Leibgeber mit ihren Namen zugleich ihre physische Identität tauschen, wenn Siebenkäs sich dem biologischen Zweck der Ehe – der Fortpflanzung – durch sein Scheinsterben entzieht und als ein Anderer Kuhschnappel verlässt, dann ist damit ein Akt existentieller Freiheit vollzogen, nämlich die Möglichkeit, «als identisches Subjekt in jedem Zustande meines Denkens» ein anderer sein zu können, wie Immanuel Kant drei Jahre nach Erscheinen des *Siebenkäs* in seiner *Anthropologie in pragmatischer Hinsicht* bestätigt. Der symbolische Tod ist im Gegensatz zum biologischen nicht das Ende des Ich, sondern Verjüngung, zweite Geburt. Anders gesagt: Wer öfter stirbt, lebt länger. «Daß der Mensch in seiner Vorstellung das Ich haben kann, erhebt ihn unendlich über alle anderen auf Erden lebende Wesen. Dadurch ist er eine Person und vermöge der Einheit des Bewußtseins bei allen Veränderungen, die ihm zustoßen mögen, eine und dieselbe Person.»[257]

Dass Jean Pauls *Blumen- Frucht- und Dornenstücke* nicht nur beträchtlichen philosophischen Humor, sondern vor allem gefährliche politische Konterbande gegen Kaiser und Reich enthielten (gar nicht zu reden von seinen religiösen Blasphemien), bemerkte zuerst die Wiener Zensurkommission: Sie setzte den Roman kurzerhand auf den Index verbotener Bücher. Die österreichischen Zensoren waren klug genug zu erkennen, dass in der komischen Ehegeschichte aus einer süddeutschen Kleinstadt eine geschickte Diatribe über Fürstenbundpolitik versteckt war, in der sich die jüngste Krise im fränkischen Reichskreis wahrheitsgetreu spiegelte. Nach der Einführung des Preußischen Landrechts in der ehemaligen Markgrafschaft Bayreuth-Ansbach war es auf dem in Permanenz tagenden fränkischen Kreistag in Nürnberg 1796 zu lautstarken Auseinandersetzungen zwischen Minister Hardenberg und dem Kreisgesandten der fränkischen Reichsstände, Friedrich Adolph von Zwanziger, gekommen. Zwanziger stammte aus der reichsunmittelbaren Grafschaft Castell und hatte sich als Kanzleidirektor um die

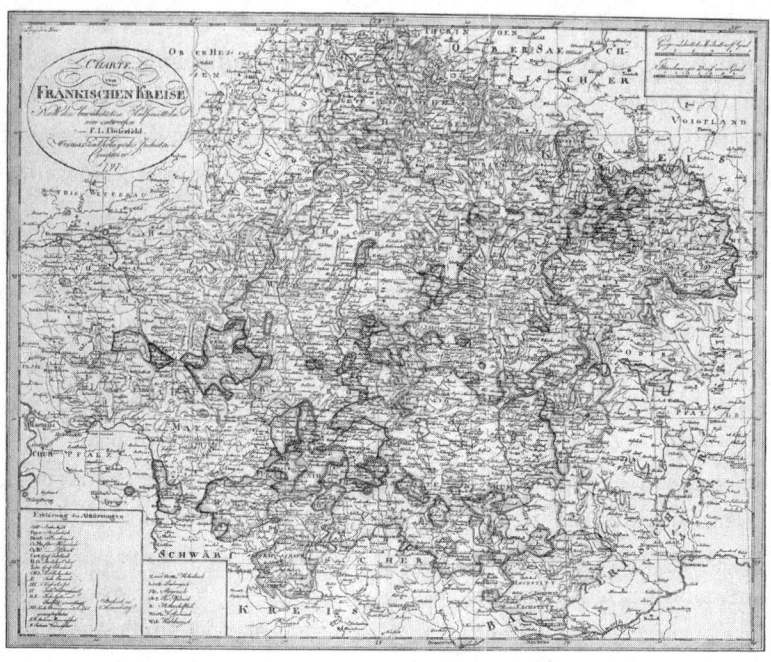

«Charte vom Fränkischen Kreise», 1797

Modernisierung des Finanz- und Verwaltungswesens in dem Miniaturstaatlein verdient gemacht. Als Hardenberg im Mai und Juni die Freien Reichsstädte Dinkelsbühl, Hohenlohe-Neuenstein und Nürnberg von preußischen Truppen besetzen ließ, um sie zur Annahme der preußischen Gesetze zu zwingen, nahm Zwanziger am 30. Juli an der Spitze einer Reichskreisdelegation Verhandlungen mit den französischen Generälen Moreau und Jourdan auf, die sich zur selben Zeit mit gewaltigen Armeen den fränkischen Grenzen näherten. Kurz darauf reiste er selbst nach Paris, verhandelte mit dem Direktorium und legte Außenminister Delacroix den Plan vor, den fränkischen Reichskreis unter französischem Schutz zum Kreiskonvent auszurufen.

Hardenberg schickte umgehend seinen Sekretär Bayard nach Paris; der machte in seinen Berichten Zwanziger als radikalen Republikaner aus, welcher mit den berüchtigten *Académiciens* unter einer Decke stecke, philosophierenden «Genieköpfen», die unter dem Deckmantel des

Kosmopolitismus, Philanthropismus und der Freimaurerei überall in Deutschland ihre Agenten hatten und zur Revolution aufriefen. Im Oktober 1796 reiste Zwanziger zurück; weder in Paris noch in Wien hatte er mit seinen Forderungen nach politischer Autonomie Gehör gefunden. Auch nicht alle Nürnberger standen auf Zwanzigers Seite; die Kaufmannschaft vor allem versprach sich von dem Anschluss an Preußen mehr Handelsfreiheit, niedrigere Zölle und Steuern sowie steigende Umsätze. Hardenberg ließ die Bürgerschaft abstimmen. Die Hälfte der Stimmen war auf seiner Seite. Doch nun war es König Friedrich Wilhelm II., der mit der Unterzeichnung der Mediatisierungsakte zögerte – und alles blieb in Nürnberg vorerst beim Alten.

Im Februar 1796 hat Friedrich Richter einen liebenswürdigen Brief von einer jener *Hesperus*-Leserinnen erhalten, denen weniger an politischen Brandschriften als an Jean Pauls poetischen Preziosen gelegen ist, die «gleich lieblichen Phantomen aus dem Geisterreich» durch ihre empfängliche Seele schwimmen. Es ist Charlotte von Kalb, geborene Marschalk von Ostheim, Schriftstellerin und Gattin eines weimarischen Offiziers, die fest an die Macht des Geistes glaubt; «denn welche Gewalt hat der Gedanke, das Wort und der Wille! – können ihre Klagen, ihr Sehnen nicht in die Welt des Geistes und der Geister greifen?»[258]
Charlotte wird Jean Pauls ergebenste Botschafterin im klassischen Weimar. Wieland habe Jean Paul «unsern Yorik, unsern Rabelais» genannt, berichtet sie stolz, und Herr von Knebel und Herr von Einsiedel rechneten sich ebenfalls zu seinen Freunden und Bewunderern. Beglückt schreibt Richter zurück und deutet an, demnächst selbst in Weimar erscheinen zu wollen. Im März liest Frau von Kalb den druckfrisch erschienenen ersten Band des *Siebenkäs*, der eröffnet wird mit zwei «Blumenstücken»: der *Rede des toten Christus vom Weltgebäude herab, daß kein Gott sei* (einer Version der Shakespeare-Rede von 1790) und einer Variation auf den *Tod eines Engels* aus dem *Fixlein*. Begeistert von der poetischen Schönheit nennt Charlotte von Kalb das erste Blumenstück «Michel Angelo», das zweite «Raphael im Goldglanz».[259] Hingegen wird der vierundzwanzigjährige Hitzkopf Friedrich Schlegel, seit kurzem programmatischer Kopf der Jenaer Frühromantiker, diesen

Friedrich Richter für seine patinierten Heiligenbildchen öffentlich an den literarischen Pranger stellen. Beide Parteien übersehen, dass das Gold Katzengold ist, dass von der christlichen Transzendenz einer anderen Welt bei Jean Paul nichts geblieben ist als ein Phantasma aus den dunklen Grenzregionen des Bewusstseins, wo «die Erde [...] ein Traum voll Träume» ist, umstellt von abgründigen Paradoxien und doppelten Spiegelungen. Richters literarische List, mit somnambulen «Blumenstücken» seine empfindsamen *Hesperus*-Leserinnen in einen politisierenden Zeitroman zu locken, misslingt indessen auf der ganzen Linie.[260] Charlotte mag die derbrealistischen Szenen der «Dornenstücke» nicht; sie nennt sie «krank und krampfhaft». Während Richter noch konzentriert am zweiten Band arbeitet, erwartet sie den Autor ungeachtet dessen mit heißer Sehnsucht in Weimar. Ihr letzter Brief ist vom 13. Mai. Aus Bewunderung ist Vergötterung geworden. «Sie sind ein tiefer Forscher, ein ferner Seher», sagt sie, «ein Phaenomen, dessen diese Zeit von Krieg und Kampf» bedürfe. Darunter steht schlicht: Charlotte.[261]

Anfang Juni ist Band drei des *Siebenkäs* abgeschlossen. Nachdem die empirische Person Johann Paul Friedrich Richter am 2. Juni 1796 bei der Hofer Hauptmannschaft einen Reisepass in das Sachsen-Weimarische Herzogtum beantragt hat, wird die Vorrede zum zweiten und dritten Band, datiert auf den 5. Juni, in höchster Eile geschrieben. Es ist seine ultimative Kriegserklärung gegen die deutsche Klassik. Eher wird er die Hauptstadt des poetischen Absolutismus mit seiner Feuerfeder anzünden, so verspricht er vollmundig, als sich im Tempel des Goethe-Kults vergiften zu lassen vom «*arbor toxicaria macasseriensis* des Ideals, unter dem mir schon einige graue Haare ausgegangen sind». Verspielt überlässt er es dem Verfasser des *Hesperus*, Jean Paul Fr. Richter, das nächste Werk vom Verfasser des *Siebenkäs* anzukündigen, seines Namensvetters Jean Paul Fr. Richter: *Der Titan*. In diesem Werk, seinem «Kardinalroman», werde er «der Hekla sein», ein feuerspeiender Berg in Island, «und das Eis seines Klimas und sich dazu entzweisprengen und (wie der isländische Vulkan) eine kochende Wassersäule von 4 Schuh im Durchmesser in eine Höhe von 90 oder 89 Schuh auftreiben, und zwar mit einer solchen Hitze, daß, wenn die nasse Feuersäule wieder heruntergefallen ist und in den Buchläden schwimmt, sie immer heiß genug sein soll, um Eier hart zu kochen oder deren Mütter weich.»[262] Weimar, erzittere!

Fast auf den Tag ein Jahr nachdem er Goethe seinen *Hesperus* mit der Bemerkung überreicht hat, *dieser* Abendstern gleiche einem Kometen, schickt Richter den Brocken des *Siebenkäs* II und III nach Berlin und sich selbst als feurigen Kometenschweif nach Weimar.[263] Christian Otto hat alles noch eilends durchsehen müssen. Am 9. Juni 1795 passiert Richter die Hofer Stadtwache, in der Tasche seinen *Siebenkäs*, den Roman einer Selbstbefreiung, einer Losreißung von allem, «was mich einmal einklemmte, da ich unter den herkulanischen Altertümern meiner Kindheit herumreisete. Es warfen sich wieder um meine Brust die eisernen Banden und Ringe, die sie in der Kindheit zusammengezogen, worin der kleine Mensch noch vor den Leiden des Lebens und dem Tode hülf- und trostlos zittert; man steht mitten innen zwischen dem abgerissenen Fußblock, den aufgesperrten Hand- und Beinschellen und zwischen dem hohen brausenden Freiheitbaume der Philosophie, die uns in den freien offnen Waffenplatz und in die Krönungstadt der Erde führte.»[264]

III. BUCH

AD PARNASSUM (1796–1804)

Welches war hier auf Erden bisher
die größte Sünde?
War es nicht das Wort dessen, der sprach:
«Wehe denen, die hier lachen»?
                            Friedrich Nietzsche

1.

MAN WAR BEI GÖTHE

Weimar, Anfang Juni 1796

Johann Paul Friedrich Richter, dreiunddreißig Jahre, Haare dunkelblond, Augen blau, Größe fünf Fuß, Gewicht 120 Pfund. Am ersten Tag schafft er vierzig Kilometer, übernachtet in Schleiz, bricht in aller Herrgottsfrühe auf, läuft durch kleine thüringische Dörfer, wo es «abscheuliches» Bier gibt, genießt mit trunkenen Augen das anmutig von Baumgruppen und Wiesen gewürfelte Orlatal zwischen Triptis und Saalfeld und kommt über Pößneck am nächsten Nachmittag in Jena an. Um vier Uhr, während er auf die Extrapost nach Weimar wartet, schreibt er an Christian Otto. Er ist 120 Kilometer marschiert, um die letzten fünf wie ein vornehmer Herr zurückzulegen und vor dem Weimarer «Erbprinzen» vorzufahren.

Er hat richtig gerechnet; der Wirt gibt ihm ein herrliches Zimmer «vorn heraus». Um sieben zieht er seinem «längst ersehnten Eden entgegen»: Der Hausbote wird mit einem Billett zur Freiherrin von Kalb geschickt. «Endlich, gnädige Frau, hab' ich die Himmelsthore aufgedrükt und stehe mitten in Weimar. – Ich bin noch nicht aus der Reisekruste heraus, so nehme ich schon die Feder zur bittenden Frage, welche einsame Stunde – denn zwischen dem ersten Sehen sollte nie das dritte Paar Augen stehen – Sie mir vergönnen.»[1]

Das *cœur-à-cœur* findet am nächsten Vormittag statt. Auf den ersten Blick ist er begeistert von ihren großen Augen, ihrer großen Seele, wie sie lacht, wie sie träumerisch die Lider halb hebt und schließt, «wie wenn Wolken den Mond wechselsweise verhüllen und entblössen». Nach sechsunddreißig Stunden in Weimar weiß er alles: «Ach hier sind Weiber! Auch habe ich sie alle zum Freunde, der ganze Hof bis zum Herzog lieset mich.»[2] Der Großmeister der kunstvollen Übertreibung ist auch im Alltag höchst beeindruckbar.

Charlotte von Kalb, 1785

In der Stadt, die er im Handstreich zu erobern vorhat, seiner «heiligen Stadt Gottes, nach welcher er von Jugend auf wie nach einer Keblah [verdeutscht für Quibla, Gebetsrichtung gen Mekka] seine Augen richtete», wohnen gottlob mehr Menschen als Götter.³ Am Nachmittag nach seinem ersten Besuch geht er wieder zur Ostheim, wie Charlotte von Kalb sich lieber nennen lässt. Ihre Ehe ist nicht glücklich; im Jahr zuvor hat sie sich von ihrer Liebe zum Hofmeister ihres jüngsten Sohnes, Friedrich Hölderlin, losreißen müssen, wie schon einmal von Friedrich Schiller. Nun ist Richter der Erwählte. Bei Charlotte von Kalb trifft er an jenem Nachmittag auf den Kammerherrn Karl Ludwig von Knebel, «Göthens Affe[n] und Pajazzo», wie ihn Karl August Böttiger, Gymnasialdirektor, Redakteur des *Neuen Teutschen Merkur* und «Argus» von Weimar, nennt.⁴ Richter wird «mit den wärmsten Umarmungen» bewillkommnet und erkennt in dem Hofmann sogleich den Weltmenschen; «ein geschmakvoller feiner epikureischer – Horaz, für den die andere Welt nichts reelleres ist als ein Regenbogen».⁵

Zu dritt spazieren sie zu Knebels Garten am Stadtrand. Unterwegs kommt ihnen Friedrich Hildebrand von Einsiedel in seiner Kutsche entgegen, einer der Kammerherren der Herzoginmutter Anna Amalia, der die Fürstin eben zum Theater begleitet. Man sitzt in Knebels

Laube im Abendlicht unter Jasmin- und Fliederbüschen, Graf Einsiedel kommt zurück und setzt sich dazu, kurz darauf trifft Konsistorialrat Herder mit Frau Karoline und zweien seiner erwachsenen Kinder ein. Friedrich Richter glaubt sich im Elysium. Alle, berichtet er Christian Otto, lagen sich in den Armen, küssten sich und weinten vor Freude. «Mit Herder bin ich jetzt so bekannt wie mit dir». Herder lobe alle seine Werke, «sogar die grönländischen Prozesse». «Er sieht nicht so edel aus als ich ihn mir dachte; spricht aber so wie er in den Humanitätsbriefen schreibt.» Richter ist glücklich; jedes Wort nimmt er für ein Herzwort, jede Umarmung als Freundschaftsbund. «Und ich sagte immer, da wir alle nebeneinander sassen, wenn nur mein Otto da wäre und es hörte.»[6]

Fünf Stunden ist ihm, als spreche man nur von ihm und seinen Büchern. Ihm schwindelt von den sich überstürzenden Eindrücken wie von «Meerwundern, von ganz unbegreiflichen, unerhörten Dingen». Den Abend verbringen sie gemeinsam in der Stadt bei Charlotte von Kalb, wo gegessen und getrunken wird. Richter, wie gewöhnlich angespannt wie eine Armbrust, schießt Witzpfeile nach allen Seiten.

Die nächsten Abende ist er bei Herder oder allein mit Charlotte, die sich des treuherzigen Menschen annimmt und ihn mit der Weimarer Stadtfama vertraut macht. Der Herzog, dessen Favoritin kürzlich von einem Sohn entbunden wurde und nun Knebels Geliebte ist. Goethe, der mit der Manufakturarbeiterin Christiane Vulpius einen siebenjährigen Sohn hat. Bergrat Johann August von Einsiedel, ein Bruder des Kammerherrn, der vor zehn Jahren mit «der kleinen Werthern» nach Afrika durchbrannte, nachdem sich seine Geliebte zum Schein für tot erklären und unter großer Anteilnahme der Weimarer zu Grabe tragen ließ. Richter staunt, lauscht – und genießt.

Charlotte sorgt auch dafür, dass er nach drei Tagen aus dem viel zu teuren «Erbprinzen» in das Haus von Ludwig von Oertel umziehen kann, einem Bruder seines Brieffreunds, des Leipziger Schriftstellers und Übersetzers Friedrich von Oertel. Zwei Zimmer nahe am Ilmpark stehen ihm zur Verfügung, sogar Briefcouverts liegen auf dem Schreibtischchen bereit. «In jedem Zimmer ein Licht – einen kehrenden, wichsenden, klopfenden Bedienten (an der Stelle meines frere ser-

1. Man war bei Göthe

vant) – alles, alles sogar der Nachtstuhl am Bette, bis auf die kleinste Aufmerksamkeit ist erschöpft».[7] Für Wein und Bier «zum Frühstück» sorgt Charlotte. Am Tag nach dem Umzug muss sie nach Jena, in ihrer Abwesenheit ersinnt Richter für sie wunderschöne, etwas komplizierte Liebesmetaphern: «du bist das Universum um mich und ich gebe deinem nahen Herzen alles, was der Geist um uns in meinem erschaft. Er ist ein Vulkan, aussen überschneit, innen vol geschmolzner Materie.»[8] Eine Woche mit ihr sind ihm zwanzig Jahre in seiner «Universalhistorie».

In der Hoffnung, Christoph Martin Wieland anzutreffen, fahren sie gemeinsam am 16. Juni nach Tiefurt zum Residenzschlösschen Anna Amalias. Wieland ist aber nicht da, sondern in Italien. Richter hinterlässt ein gedrechseltes Briefchen. Die alte Fürstin hat einen Blick für ungewöhnliche Menschen. Dieser schüchterne Romandichter gefällt ihr. Sie vergleicht ihn mit Haydn, mit Mozart – ein großer Künstler, ein einfacher Mann, ein angenehmer Gesellschafter. «Er ist so unschuldig wie ein Kind, und so befangen. Kommt er in Wortwechsel über gewisse Punkte, so sieht man offenbar, dass es ihm nicht um Worte oder Verteidigung seiner Meinung, sondern nur um die Wahrheit zu tun ist.»[9]

Noch immer ist die siebenundfünfzigjährige Anna Amalia der heimliche Mittelpunkt des höfischen Weimar. Nach dem frühen Tod des Herzogs Ernst August II. von Sachsen-Weimar-Eisenach hatte sie das Land bis zur Volljährigkeit des ältesten Sohnes Carl August sechzehn Jahre allein regiert, eine aparte Dame des ausgehenden Rokoko, die täglich in einer gläsernen Kutsche, aus der zu beiden Seiten ihr Reifrock ragte, zur Mittagstafel ins Stadtschloss gefahren kam, begleitet von einem opernhaften Aufzug von Heiducken, Dienern, Läufern und Hofzwerg, die zu den fliegenumschwärmten Dunghaufen vor den Häusern, zu den knietiefen Löchern in den Seitenstraßen kräftige Kontraste setzen. Als Landesherrin machte sie sich den Landständen mit aufklärerischen Ideen zur Einrichtung besserer Schulen und eines Geburtshauses unbequem, als Liebhaberin der Künste den Mitgliedern des Uradels in ihrem Regierungskabinett. Sie war es, die bürgerlichen Dichtern, Malern, Musikern den Zugang zu Kirchen- Hof- und Regierungsämtern ermöglichte, durch die Goethe, Wieland und Herder nach Weimar fanden. Sie reiste gern, liebte Italien mit seiner leichten Lebensart und seinen Kunstdenkmälern, ließ Parks und Promenaden anlegen. Und sie war es letztlich, die das verschlafene Städtchen am Ettersberg, das bis 1776 nicht einmal eine Poststation hatte, zu dem machte, was Musenjünger an ihm rühmen werden: einem Memorial der schönen Künste zwischen Rokoko, Sentimentalismus und Klassik.

Zu einer Residenzstadt, wie es zur selben Zeit das hügelumkränzte Gotha mit seinem prachtvollen Schloss Friedenstein ist, wo Anna Amalias Gatte Ernst August Constantin als Pflegesohn der alten Herzogin aufgewachsen war, fehlt Weimar nichts als ein wohlhabendes Erwerbsbürgertum und ein sinnenfreudiger, weltoffener Hofadel. Von 6000 Weimaranern sind vier Fünftel Kleinbürger, Hofkanzlisten, Gastwirte und Bauern, die übrigen Sattler, Böttcher, Tischler, Schlosser und Stadtarme, die nicht mehr als 200 Taler jährlich haben, während der Wirkliche Geheime Rat von Goethe seit Jahr und Tag ein Jahresgehalt von 3100 Talern bezieht. Sachsen-Weimar-Eisenach ist mit rund 120 000 Einwohnern eines der kleinsten und jüngsten deutschen Fürstentümer. 1741 durch die Vereinigung von Sachsen-Eisenach und Sachsen-Weimar zustande gekommen, ist es eines von sieben Bruchstücken aus den Erbländern der ernestinischen Wettiner, der Nachkommen des sächsischen Kurfürsten Friedrich II., deren vier rivalisierende Herrscherfamilien nur darauf warten, in dem einen oder andern Nachbarstaat die Erbfolge anzutreten, sobald staatserhaltende Nachkommenschaft ausbleibt.

Den Hauptteil des Staatsbudgets von Sachsen-Weimar-Eisenach verschlingt die Hofhaltung. Herzog Carl August, seine Mutter und der jüngere Bruder Constantin haben jeder einen eigenen Hofstaat. Lakaien und Höflinge in Hofuniformen, gepuderten Perücken und Haarbeuteln promenieren wie vor fünfzig Jahren gemessenen Schrittes zwischen Ilmpark, Wittumspalais und Schloss über die Esplanade. Erst die junge Herzogin Luise, Carl Augusts Gemahlin, führte zum Unwillen ihrer Oberhofmeisterin schnelle, lange Morgenspaziergänge und Ritte in Weimar ein, und auch Schiller muss, wenn er nach Weimar kommt, seinen langen Beinen das Langsamgehen erst wieder beibringen.

Am 17. Juni 1796 ist Friedrich Richter bei Geheimrat von Goethe am Frauenplan zum Essen gemeldet. Ihm ist bange. Charlotte hat den Dichter als «kalt für alle Menschen und Sachen» geschildert und Richter auf «etwas Steifes, reichsstädtisch Stolzes» an ihm vorbereitet. Das schreckt den Besucher nicht; er könne ja, verspricht er, durch Trinken von viel Mineralwasser «ihm etwan im vortheilhaften Lichte der Statue» begegnen. Charlottes Rat befolgend, gibt sich Richter seinerseits steinern; ungerührt schreitet er die elegante Zimmerflucht ab, vorbei an italienischen Landschaften und antiken Skulpturen, dem Diener ins Gartenzimmer nach; «endlich trit der Gott her, kalt einsylbig, ohne Akzent: Sagt Knebel z.B., die Franzosen ziehen in Rom ein. ‹Hm!› sagt der Gott. Seine Gestalt ist markig und feurig, sein Auge ein Licht (aber ohne eine angenehme Farbe).» Durch die offenen Fenster duften südländische Kräuter und Blumen aus dem kleinen Hausgarten. Man setzt sich zu Tisch: mit steifem Rücken Richter, leutselig Kammerherr von Knebel, mit gesundem Appetit der stattliche Goethe. Man trinkt sich mit Champagner zu, man spricht über Kunst, «und – man war bei Göthe». Beim Kaffee liest der Hausherr – ein wohlgenährter und -gekleideter Endvierziger mit vollem Haar – den Gästen ein Gedicht vor.[10] Hingerissen lauscht der Gast aus Franken der klangvollen Stimme. «Sein Vorlesen ist nichts als ein tieferes Donnern, vermischt mit dem leisen Regengelispel: es gibt nichts Ähnliches.» Richters innere Bewegung malt sich so deutlich auf seinem Gesicht, dass er vom Hausherrn mit gerührtem Händedruck bedankt wird. Die Statuen haben sich bewegt. «Beim Himmel wir wollen uns doch lieben», jubelt Richter.[11]

Goethes Tagebuch vermerkt für diesen Tag: «Roman. Knebel und Richter von Hof zu Tische. Bohnen und Kressen unter den Topf.»[12] Goethe ist nicht der Mann, der sich krumm macht. Nicht vor Bewunderern, Kunstrichtern noch Höflingen in diesem kleinstädtischen Miniatur-Fürstentum. Ein reichsstädtischer Patriziersohn begnügt sich mit einem knappen Kopfnicken, verschränkt die Hände auf dem Rücken und nimmt es hin, dass man ihn landauf landab für einen Eisblock hält. Dass der große Goethe gewaltig «frisset», wie sich der schmächtige Franke nachher ausdrücken wird, bot künftigen Legenden nahrhafteren Stoff als ein nüchterner Hausökonom und ein halbverhungertes Genie bei

224 | *III. Ad parnassum (1796–1804)*

*Johann Wolfgang Goethe,
Gemälde von Heinrich Meyer,
um 1795*

literarischen Fachsimpeleien. Die übergroße Ehrfurcht fällt allmählich von ihm ab. Nur aus der Ferne glänzen die Sterne. «Kurz ich bin nicht mehr dum. Auch wird' ich mich jetzt vor keinem grossen Man mehr ängstlich bücken, blos vor den Tugendhaftesten.» Dass Herder, Wieland und Goethe, «die drei Thurmspizen unserer Litteratur», nicht sehr nah beieinander stehen, ist mit bloßem Auge erkennbar. Am 23. Juni ist Richter noch einmal bei Goethe geladen, der drei Tage später ins Tagebuch notiert: «Roman fertig». Es sind *Wilhelm Meisters Lehrjahre*.

Der Erstürmer des Parnass fühlt sich in Weimar so wohl, dass er es nur aushält, wenn er sich die schönen Tage schon als vergangen denkt, um sie erinnernd genießen zu können. Alles entzückt ihn: Oertels Gesellschaft, der Ilmpark, die täglichen Besuche bei Herder. «Ich bin ganz glüklich, Otto, ganz, und nichts fehlt mir mehr in der weiten Welt als Du, aber auch nur Du.»[13] Das Glück hat einen Namen: Charlotte. Er ist mit Haut und Haaren an ihr «Felsen-Ich» geschmiedet. «[I]ch reiche dir die Hand über Zeit und Raum, es war eine Zeit, eh' ich dich kante und liebte; die Ewigkeit begint für die Liebenden. Sie ist der Stral, der das Unendliche erhelt und begeistert.» Und eine Woche später: «Der

Mensch bezahlt jede Freude mit einem doppelten Schmerz, dem der Sehnsucht und der Sättigung: nur mitten inne zwischen der Stunde, wo man das Sehnen fühlt, und der 2ten, wo man es befriedigt hat, liegt das Paradies, nämlich die 3te, wo man es befriedigt».[14] Ihre Empfindungen treffen sich auf asymptotischen Linien im Unendlichen.

Charlotte hat ihren Schützling bei Friedrich Schiller in Jena melden lassen, der mit Frau und Kindern bescheiden in einem Hinterhaus wohnt, zu dem man von der Johannisgasse durch einen Wirtschaftshof voll Fässer, Stiegen und Gerümpel gelangt. Vierzehn Tage zuvor ist Schiller Vater eines Söhnchens geworden. Richters erster Eindruck ist unsicher. «Seine Gestalt ist verworren, hart-kräftig, vol Eksteine, vol scharfer schneidender Kräfte, aber ohne Liebe. Er spricht beinahe so vortreflich als er schreibt.»[15] Goethe hat seinen Jenaer Freund beiläufig auf den merkwürdigen Besucher aus dem Vogtland vorbereitet – bis Mitte Juli ist Goethes *Wilhelm Meister* ausschließlicher Gegenstand ihres Briefwechsels. «Richter ist ein so kompliziertes Wesen, daß ich mir die Zeit nicht nehmen kann, ihnen meine Meinung über ihn zu sagen.» Man schätze ihn «bald zu hoch, bald zu tief, und niemand weiß das wunderliche Wesen recht anzufassen.»[16]

Man umkreist sich mit Worten, in breitem Schwäbisch der ernste, wie alle großgewachsenen Menschen leicht vornübergebeugte Schiller, ein Monument der Selbstbeherrschung, mit rollendem Zungenschlag der sprudelnde Franke. Dass Friedrich Richter einen Todkranken vor sich hat, der sich seit Jahren mit Tabak, Wein, starken Opiaten und Fiebermitteln über die wiederkehrenden «Anfälle» hinweghilft, welche ihn zwingen, seine Vorlesungen zu unterbrechen oder mitten in der Vorstellung das Theater zu verlassen, ist unübersehbar. Mit der freundlichen Einladung, gelegentlich für Schillers *Horen* Beiträge zu liefern, fährt er am nächsten Tag zurück nach Weimar.

Richter wäre ein brauchbarer Mann, urteilt Schiller Tage später gegenüber Goethe. Der brauchbare Mann bewegt die Einladung einige Tage in Kopf und Herz – und kommt nie wieder darauf zurück. Herder, den er liebt und verehrt wie einen Vater, ist mit dem *Horen*-Kreis zerstritten, nachdem ihm – nach hoffnungsvollen Anfängen mit eini-

Friedrich Schiller, Gemälde von
Johann Friedrich Tischbein, 1806

gen Beiträgen über Homer und Ossian – Schillers Missfallen an seinem Aufsatz *Iduna oder der Apfel der Verjüngung* zu Ohren gekommen ist. Grund genug, sich nicht in den Streit der Weimarer Fraktionen hineinziehen zu lassen. Die Entzweiungen gehen zurück bis in den Frühling 1774, als der damals vierundzwanzigjährige Verfasser der *Leiden des jungen Werther* sich des klassizistischen Regiments des amtierenden Weimarer Literaturfürsten Christoph Martin Wieland auf die unglücklichste Art zu erwehren gesucht hatte, die einem jungen Dichter einfallen konnte: Mit dem Pasquill *Götter Helden und Wieland* verspottete er Wieland in aller Öffentlichkeit und bewies, dass auch er in «pasquinischer Manier» schreiben könne. Wieland hatte sich 1773 mit dem *Deutschen Merkur* eine publizistische Plattform gegen die *Frankfurter Gelehrten Anzeigen*, die Festung der Stürmer und Dränger, geschaffen. Es waren die goldenen Zeiten der deutschen Literatur. [17] «So große Köpfe und noch dazu eine solche Menge derselben wies außer Utopien noch kein Land auf als Deutschland von anno 1770 bis 1780», wird Friedrich Richter, der da noch als Tertianer die *Allgemeine Deutsche Bibliothek* durchbuchstabierte, seinerseits in den *Palingenesien* über die alten Götter spotten. «Daher verschattete damals einer den andern, der eine wurde nur zur Elle des andern gebraucht (denn Größe

1. Man war bei Göthe | 227

ist relativ) [...]. Hat nun ein ganzes Volk von Riesen die Vergrösserung eines Parnasses im Ernste vor und wirft jeder seinen Musenberg mit zu den Musenbergen der andern hinauf: so wird ja wohl ein solcher Parnaß am Ende selber ein Riese unter den Parnassen werden müssen. Und das wurde der deutsche dann wirklich, und zwar so sehr, daß mir, wenn ich oben auf ihm stand und mich umsah, der gallische nicht viel größer vorkam als dessen Fußtritt.»[18]

Goethes zeitweilige Verschattung war indessen mehr eine Folge seiner erotischen Eskapaden, seiner jahrelangen Liaison mit der verheirateten Frau von Stein und der wilden Ehe mit Christiane Vulpius, wiewohl seine ästhetischen Meinungsverschiedenheiten mit Herder, der unter dem Talar des obersten weimarischen Kirchenherrn bitteren Swift'schen Hass gegen Despotismus und Fürstendienerei verbarg, unter dem Einfluss Schillers immer deutlicher wurden. Nicht der tragische *Tasso*, nicht die edle *Iphigenie*, nicht das biedere Liebespaar *Hermann und Dorothea* werden das Bild des jungen Goethe als Libertin und lendenstarker Oberkalmücke korrigieren. *Wilhelm Meisters Lehrjahren*, deren erster Band Anfang 1795 erschienen ist, sagt Jacobi nach, dass «ein gewißer unsauberer Geist darinn herrsche».[19] Fahrendes Volk, Schauspieler und die Verführungskünste einer Philine haben seiner Ansicht nach in einem Kunstroman nichts zu suchen. Selbst Charlotte von Stein mokiert sich, dass Goethes «Frauens drin alle von unschicklichem Betragen» seien, «und wo er edle Gefühle in der Menschennatur dann und wann in Erfahrung gebracht, die hat er all mit einem bißchen Kot beklebt, um ja in der menschlichen Natur nichts Himmlisches zu lassen.»[20]

Fürs Himmlische ist gottlob nun dieser Friedrich Richter zuständig, der freilich einen anderen Goethe kennenlernt als den stürmischen Verfasser des *Werther* und des *Götz von Berlichingen*; einen, der jetzt selber mit dem Marmormeißel schreibt, der Hof hält wie Wieland und sich von der gebändigten Urkraft in Jean Pauls Romanen an ein Künstlertum erinnert sehen muss, das er selbst vor Jahren gegen die gemächliche Existenz eines Weimarer Staats- und Kunstbeamten eingetauscht hat. Jean Paul *ist*, was Goethe *war*. Richters Fazit nach drei Wochen Weimar: «Das goldne sechzehnkaratige Zeitalter unserer Literatur (das kraftgenialische) ist leider jetzt in ein verkalktes umgesetzt».[21]

Nachdem es in den letzten Tagen ausdauernd geregnet hat, kehrt er am 2. Juli den «Gipfeln des literarischen Gesetzberges» den Rücken und schreibt zu Hause in Hof, noch unter den frischen Eindrücken der Reise, in einem Zug die Vorrede zur zweiten Auflage des *Quintus Fixlein*, datiert auf den 22. August. Darin verwickelt Herr Jean Paul einen gewissen Kunstrat Fraischdörfer auf der Chaussee zwischen Hof und Bayreuth in ein Gespräch über Kunst, während er mit gierigen Blicken einer vor ihm gehenden Dame folgt (es ist die aus der Vorrede zum *Fixlein* bekannte Kaufmannstochter und Jean-Paul-Leserin Pauline). «Herr Kunstrat Fraischdörfer aus Haar-Haar [...], der nach Bamberg ging, um von einem Dache oder Berge irgendeiner zu hoffenden Hauptschlacht zuzusehen, die er als Galerieinspektor so vieler Schlachtstücke, ja selbst als Kritiker der homerischen nicht gut entbehren kann», ähnelt deutlich erkennbar dem Geheimrat Goethe, der als Schlachtenbeobachter so gut bekannt ist wie neuerdings als Homer-Exeget.[22] Dem Kunstrat ist alles Kunst, Jean Paul (der sich vorsorglich als Zebedäus Fixlein ausgegeben hat) ist alles Pauline. So muss er stumm die Suada des Kunstrats über diesen Jean Paul anhören, der «seinen biographischen Brei nicht wie Landleute recht glatt auftrage, und daß er sich überhaupt nicht vor dem Spiegel der Kritik anputze» und seine Werke aus nichts als Materie bestünden, wiewohl doch bekanntermaßen die Form in der Kunst mehr sei als der Stoff, «wenn anders ein Kunstwerk jene Vollkommenheit erreichen solle, die Schiller fordere». Form aber hatten nach Ansicht des cholerischen Kunstrats die alten Griechen, worauf Fixlein schlagfertig zu erwidern weiß, diese hätten aber dafür von Humor nichts gewusst, weil ästhetischer Humor «nur die Frucht einer langen Vernunft-Kultur sei», die erst «mit dem Alter der Welt so wie mit dem Alter eines Individuums wachsen müsse».[23]

Das Kunstgespräch endet in gegenseitiger antipathischer Erbitterung zwischen dem «Milchbruder Jupiters» und der «Salzsäule aus satirischem Zitronensalz», dem Klassizisten und dem Modernen. Abgeblitzt bei den Göttern des deutschen Parnass, wirft sich Richter mit dem sentimentalen Phantasiestück *Die Mondfinsternis*, das die satirische Vorrede beschließt, ostentativ der antigoetheschen Tugendfraktion in die Arme. Poetischer Realismus oder ästhetischer Idealismus.

1. Man war bei Göthe | 229

Jean Paul oder Goethe, Inhalt oder Form: das ist Zündstoff im verlegerischen Kampf um das deutsche Publikum. Die *Geschichte meiner Vorrede zur zweiten Auflage des Quintus Fixlein* erscheint umgehend als Flugschrift, obwohl die zweite Auflage selbst noch gar nicht gedruckt ist, im Spätherbst zugleich mit dem vierten und letzten Band von Goethes bürgerlichem Bildungsroman *Wilhelm Meisters Lehrjahre*.

Erst eine gute Woche nach seiner Rückkehr aus Weimar nimmt Richter sich beherzt eine halbe Stunde für den Geburtstagsbrief an Charlotte. «Ich kann es nicht ertragen, ein Herz, das ich gern an meines fassen möchte, ohne körperliche Form in die ganze transparente Masse des Publikums verflossen zu wissen – ich kann keine anonyme Liebe ertragen – der Titan hat seine Raupenhülse zerrissen».[24] Er will, soll das heißen, nicht Ideale, sondern die Frau lieben. Einmal habe er seinem «innere[n]Mensch[en]» hervorzutreten erlaubt, der nun verwundet sei und sich verbluten müsse. Wie reimt sich das aber mit der Mitteilung an seine Freundin und Verehrerin Wilhelmine von Kropff in Bayreuth, ihn wundere nach seinem Besuch in Weimar «nichts als daß ich mich nicht verliebet habe»?[25]

Sechs Wochen später wandert über die Poststraße von Weimar nach Jena ein Grüppchen klassischer Distichen, für Schillers jüngst aus der Taufe gehobenen *Musen-Almanach* bestimmt, zu denen Goethe, wie er sagt, «eine arrogante Äußerung des Herrn Richters, in einem Briefe an Knebel» disponiert habe.[26]

> Der Chinese in Rom
> Einen Chinesen sah ich in Rom; die gesamten Gebäude
>   Alter und neuerer Zeit schienen ihm lästig und schwer.
> «Ach!» so seufzt' er, «die Armen! ich hoffe, sie sollen begreifen,
>   Wie erst Säulchen von Holz tragen des Daches Gezelt,
> Daß an Latten und Pappen, Geschnitz und bunter Vergoldung
>   Sich des gebildeten Augs feinerer Sinn nur erfreut.»
> Siehe, da glaubt ich, im Bilde so manchen Schwärmer zu schauen,
>   Der sein luftig Gespinst mit der soliden Natur
> Ewigem Teppich vergleicht, den echten, reinen Gesunden
>   Krank nennt, daß ja nur *er* heiße, der Kranke, gesund.[27]

Schiller bedankt sich noch am selben Tag. «Der Chinese soll warm in die Druckerei kommen; das ist die wahre Abfertigung für dieses Volk.»[28] Erst ein Jahr später wird er deutlicher, wer mit dem «Volk» gemeint ist: «diese Schmid, diese Richter, diese Hölderlin» mit ihrem «idealischen Hang», die aus «Opposition der empirischen Welt» Sentimentalität statt «Freiheit, Ruhe und Klarheit» für poetische Tugend halten.[29]

Mitte Oktober erscheinen in Schillers *Musen-Almanach für das Jahr 1797* die *Xenien*, kleine epigrammatische Wurfgeschosse aus dem Goethe-Schiller-Hauptquartier. Wieland wird als «prosaischer Reimer» abgefertigt, gleich nach ihm «Jean Paul Richter»: ein schmerzhafter Ritterschlag für den Erschütterer des Musenbergs.

> Hieltest du deinen Reichtum nur halb so zu Rate wie jener
> Seine Armut, du wärst unsrer Bewunderung wert.

Selbst der ehrwürdige Gottfried Herder, Jean Pauls wärmster «Lobredner» in Weimar, wird nicht verschont.

> Meinst du, er werde größer, wenn du die Schultern ihm leihest?
> Er bleibt klein wie zuvor, du hast den Höcker davon.[30]

Unverdient sieht sich Richter nicht nur unter die großen Köpfe, sondern auch in eine Reihe mit «Schwätzern und Schmierern», «Invaliden Poeten», Kleingeistern der Antigoethe-Fraktion gestellt, wie dem Leipziger Kritiker Friedrich Manso und dem Verleger Dyck. Das ist also die Quittung dafür, dass er Herder die Treue gehalten hat.

Es ist kalt auf dem Parnass. Die Liebe der Weimar-Jenaer Dioskuren hat Richter sich mit der Absage an den *Horen*-Kreis verscherzt. Friedrich von Oertel fordert ihn auf, sich öffentlich zu verteidigen. Doch «der Chinese» schweigt und lächelt. Sich mit Goethe öffentlich anzulegen, scheint wenig ratsam;[31] «ich antworte nie einem Menschen, der meinen Karakter nicht antastet; wiewohl G. nur satirisches Kurzgewehr hat und ich Langgewehr». Seine Zeit wird kommen. Statt sich zu duellieren, gibt er sich ritterlich. Er habe «gegen Göthe und Schiller eben so viele Liebe als eigentliches Mitleid mit ihren eingeäscherten Herzen».[32] Diese hochmütigen Sätze leiten eine lange Frostperiode zwischen den

Hauptfraktionen der deutschen Literatur ein, der klassischen und der romantischen. David schleudert den Stein gegen Goliath. «Göthens Karakter ist fürchterlich: das Genie ohne Tugend mus dahin kommen», empört sich Richter gegenüber Oertel,[33] wiewohl der Brustton moralischer Entrüstung vernehmlich Herders und Jacobis Tugendfraktion abgehört ist. Umgekehrt dürfte Goethes Eindruck, da verschwende einer sein literarisches Talent auf literarische Nichtigkeiten, weniger von ästhetischem Unbehagen an Jean Pauls Romanarchitektur hervorgerufen worden sein als viel mehr von dem Wunsch, den hochgelobten Schützling Herders und Wielands mit einem kurzen Federstrich dem Tross literarischer Parvenüs und Fußsoldaten einzureihen.

Dieser schmächtige junge Mann aus dem Waldgebirge an der böhmischen Grenze, der jedes Jahr einen neuen Roman herausbringt, elektrisiert die literarischen Gemüter. Sein Ruhm eilt den Büchern voraus wie ein Komet. Am 5. September, wenige Wochen vor Erscheinen der *Xenien,* trifft Richter beim Hofer Montagskonzert im Ratssaal Johann Friedrich Reichardt, Verfasser der *Vertrauten Briefe* aus dem revolutionären Paris, die ihn sein Amt als Hofkapellmeister in Berlin gekostet haben. Seither muss er sein tägliches Brot als preußischer Salzinspektor verdienen. Auch Reichardt hat noch nichts von Jean Paul gelesen, aber gehört, er sei ein «humoristischer Geist [...], wie ihn die deutsche Literatur noch gar nicht habe».[34] Am nächsten Abend besucht Richter ihn in seinem Gasthaus, als der Salzinspektor gerade beim Abendessen sitzt. Jahre später erinnert sich Reichardt der skurrilen Erscheinung: «er schlurrte in zu weiten Schuhen die Stube auf und ab, mit langem, geradem, fast hintenüber gebogenem Rücken und in die Höh geworfenem Kopfe, dessen kahle Glatze er mit der rechten flachen Hand oft bedeckte». Mitessen will der Dichter nicht, weil er schon gegessen habe. So trinkt man Wein, redet über dies und das und vor allem über Weimar, auf das Reichardt nicht gut zu sprechen ist. Vergebens hatte er sich vor Jahren um eine Anstellung am Theater bemüht. Als Reichardt beiläufig von seiner Frau spricht, bricht Richter in Tränen aus. «Er springt auf, umfaßt mich, weiß sich nicht zu lassen, der schönste poetische Ausdruck einer überströmenden Empfindung ergießt sich aus ihm über die Seligkeit, einen Mann zu sehn, der in solchen Augenblicken sich sein Weib zur Seite wünschen kann.»[35] Reichardt ist peinlich berührt. Am nächsten Tag darf er noch einen Blick ins Holunderhaus werfen, das er irrtümlich für Richters Geburtshaus hält. Bewundernd vermerkt er, dass «der altväterische Stuhl und Tisch, an dem du vielleicht zuerst dich aufrichtetest und die ersten jugendlichen Züge hinmaltest, noch nicht zu altmodisch geworden; und daß so deine ganze Umgebung dich durch nichts aus dir selber herauszieht, du so in seliger Abgeschiedenheit mit dir selbst wie mit deinem besten Freunde lebst.»[36]

Reichardt bleibt nicht der Einzige, der meint, in der Stube des Schulmeisterleins Wutz gewesen zu sein, während er bei Friedrich Richter war. Der Keim des Jean-Paul-Mythos ist in die Erde gelegt, aus dem die Legenden erblühen werden. Man wird nicht schlau aus dem Mann, den eine Aura aus Unschuld und hintergründigem Witz umscheint. Richters nächste Arbeit, die Geschichte vom *Jubelsenior* in dem flachsenfingischen Walddorf Neulandpreis, hat daran keinen geringen Anteil, wird sie doch von der Mehrzahl ihrer zeitgenössischen Leser als autobiographische Idyllendichtung gedeutet. Pfarrer Schwers, der Jubelsenior, feiert sein fünfzigjähriges Amtsjubiläum zusammen mit seiner Goldenen Hochzeit in der Vorfreude, seinen Sohn Ingenuin demnächst als Nachfolger auf der Kanzel zu sehen. Sämtliche Ingredienzen – die festlich erleuchtete Wohnstube, der warme Stalldunst des «Familienschauspiels der Liebe», die um den großen Tisch versammelte fromme «Singschule» – entnimmt Richter seiner eigenen strenggläubigen Joditzer Kindheit. Sogar die Joditzer Patronatsherrin, die alte Freiherrin von Bodenhausen, bekommt wieder ihren dezenten satirischen Auftritt, diesmal als Amanda Gobertina von Sackenbach am Arm ihres einstigen Verehrers, eines Herrn von Esenbeck. Als kurz darauf die offizielle Berufung des jungen Pfarrers vom Landeskonsistorium widerrufen wird, weil der junge Theologe in einer Zeitschrift kritische Anmerkungen zur lutherisch-orthodoxen Kirchenliturgie veröffentlicht hat, fällt auch die ersehnte Hochzeit Ingenuins mit seiner geliebten Pflegeschwester Alithea ins Wasser. Herr von Esenbeck ist es, der als Engel der ausgleichenden Gerechtigkeit dafür sorgt, dass Fürst Jenner persönlich, der flachsenfingische Landesherr, Ingenuins Ernennung beim

Konsistorium durchsetzt. Esenbeck ist aber kein anderer als Jean Paul. In den idyllisch ausgeleuchteten Genreszenen ist ein ironisches *Asaroton* verborgen, ein autobiographisches Vexierbild. «Eine Biographie oder ein Roman ist bloß eine *psychologische* Geschichte», so wird in der Vorrede erklärt, «die am lackierten Blumenstab einer äußern emporwächset. Es gibt kein ästhetisches Interesse ohne Schwierigkeiten und Verwicklungen, d. h. keine Neugierde nach Dingen, die man – weiß.» Die Geschichte spielt in einem Staat, der im Herbst und Winter 1797, als sie ersonnen wird, seit sechs Jahren verschwunden ist, und erzählt von einem Konflikt, der mit ihm obsolet geworden ist: dem Konfessionsstreit zwischen Landesherr und Reichsritterschaft bei der paritätischen Besetzung der Patronatspfarren in Ansbach-Bayreuth. Der theologische Dissens zwischen Pietismus, lutherischer Orthodoxie und natürlicher Theologie, dem Ingenuins Lebensglück beinahe zum Opfer gefallen wäre, hätte vermutlich auch Friedrich Richters Karriere als Pfarrherrlein, wie es der unausweichlichen Tradition und dem Wunsch seines Vaters entsprach, zunichte gemacht. Darum nennt Jean Paul seine Geschichte «Appendix», eine von ihm, wie er behauptet, erfundene Gattung des Komischen, mit der nichts anderes gemeint ist als die postume autobiographische Verarbeitung einer schwierigen Vater-Sohn-Beziehung. «Ein guter Appendix erzählt wenig und scherzt sehr.» Das Kunststück des Erzählers liegt darin, sich in der Figur des jungen Ingenuin in die Welt der Väter und Vorväter zurückzuversetzen und simultan als den zu imaginieren, der er geworden ist: der Schriftsteller Jean Paul. Seit sechzehn Jahren ruht Christoph Richter auf dem Schwarzenbacher Friedhof; seinen abtrünnigen Sohn aber quälen noch immer Skrupel, den Vater um die schönsten Hoffnungen betrogen zu haben: den Lebensabend als *Jubelsenior*, wie er dem Großonkel Lorenz Richter in Joditz einst beschieden war. Die poetische Phantasie kann postume Genugtuung leihen; Geschehenes ungeschehen machen kann sie nicht. «Der Dichter – das Widerspiel des Menschen – ändert die Form an der materiellen Welt mit einem Schlage seines eingetunkten Zauberstabs, aber die der geistigen nur mit tausend Meißelschlägen.»[37]

Am 3. Januar 1797 bekommt Christian Otto den Schluss des *Jubelseniors* zu lesen. Drei Tage später baut Richter schon an einem neuen

Stück, und wieder ist es nicht der Hauptroman. Wilhelm Hennings, ein Geraer Verleger, hat im Dezember über Heinrich von Spangenberg, Richters Freund aus Venzka, nach einem Jean-Paul-Werk anfragen lassen und für März eines versprochen gekriegt. Als Honorar fordert Richter stolze vier Louisdor pro Bogen. Herders Werke neben sich, wie er sagt, schreibt er es in einem Zug vom 6. Januar bis zum 11. Februar 1797 nieder: ein geschliffener Diamant, funkelnd von philosophischem Witz und klassischer Formstrenge. Nun, knapp drei Jahre bevor es endet, traut er sich die Antwort auf ein philosophisches Problem zu, das Edward Young zur Grundfrage des 18. Jahrhunderts erklärt hatte: die Unsterblichkeit. Sein neues Werk heißt:

2. DAS KAMPANER TAL

In der zweiten Welt

Es beginnt mit dem geheimnisvollsten Präludium der deutschen Literaturgeschichte: «Ich schlug häufig in der Destillation über den Helm das Phlegma der Erdkugel nieder, die Polarwüsten, die Eismeere, die russischen Wälder, die Eisberge und Hundsgrotten, und extrahierte mir dann eine schöne Nebenerde, ein Nebenplanetchen, aus dem Überrest: man kann eine sehr hübsche, aber kleine zusammengeschmolzene Erde zusammenbringen, wenn man die Reize der alten exzerpiert und ordnet.»[38]

So ernsthaft der Erzähler auch behauptet, er habe im Juli 1796 im Kampaner Tal, das Young lange vor ihm gerühmt habe, die schönsten Stunden verbracht: man glaube ihm kein Wort. Das Kampaner Tal liegt nicht in Frankreich am Fuß der Pyrenäen, aber auch nicht im metaphysischen Jenseits, wie Youngs «Thal des Todes».[39] Es besticht nicht, wie das Orlatal, das Rheintal, das Seifersdorfer Tal bei Bautzen durch landschaftliche, sondern durch sprachliche Schönheit. Es ist ein Denkort, ein logisch-philosophischer Topos.

Auch ist die «Destillation über den Helm» nicht der Name eines Wirtshauses, sondern – gemäß dem *Conspectus Chemiae Theoretico-Practicae* von Johann Juncker (Halle 1749–1753) – ein chemisches Verfahren, mittels Zuführung von Wärme die flüssigen und gasförmigen Teile einer Substanz zu trennen. Dabei unterscheidet der Chemiker die Destillation unterwärts, seitwärts und «über den Helm», je nachdem, wo die Wärmequelle ansetzt. Das kolbenförmige Gefäß, Helm genannt, kann durch ein glockenförmiges ersetzt werden; dann handelt es sich um eine *destillatio per campanem*.

Nachdem der Verfasser sein poetisches Verfahren erklärt hat – der chemische Vorgang entspricht der sprachlichen Verfeinerung eines poetischen Stoffes bis zu höchster Formreinheit –, bietet er im ersten Teil eine Art Novelle im Stil empfindsamer Reisen. Zwei junge Männer, Jean Paul und der Rittmeister Karlson, unternehmen eine Bergwanderung in die Pyrenäen, um den Baron Wilhelmi zu besuchen, ihren Freund, der sie zu seiner Hochzeit eingeladen hat. Jean Pauls Briefe an seinen Freund Viktor (den wir aus dem *Hesperus* kennen) entfalten vor grandios beschriebenen Landschaften die *voyage pittoresque* einer adligen Lustgesellschaft. Der philosophische Schalk will es aber erstens, dass die Hochzeitsreise mit einer Leiche beginnt, und zweitens, dass dem Leser nur die Briefe Nummer 501 bis 507 mitgeteilt werden. Die andern 500 habe er, entschuldigt sich der Briefschreiber listig, dem Erlanger Geographen Fabri gegeben, Verfasser der *Elementargeographie*.[40]

Angekommen in Wilhelmis «arkadischer Kartause», finden die Reisenden neben dem Baron und der Braut Gione deren Schwester Nadine und den Hauskaplan Phylax (griech. «Wächter») vor, einen trockenen philosophischen Kopf. Die jungen Damen haben sich mit Sonnenschirmen und Sitzrollen versehen, die von den Herren getragen werden, diese mit Wein. Im «Konzertsaal» der Natur wiegt man sich auf «dithyrambischen Wellen», «die der Körper wirft». Allein der spröde Kaplan kann dem Erotikon nichts abgewinnen. Jean Paul verliebt sich in Nadine und mogelt ihr heimlich ein aphrodisierendes Duftsäckchen in die Rocktasche. Das Adourtal, der Marmorbruch, der Wein, der samtblaue Himmel, eine Eintagsfliege in der Rinde eines Baums geben philosophischen Anschauungsunterricht aus dem großen Buch der Natur. Das «mendelsohn-platonische Kolloquium» wird eröffnet mit der Jagd nach einer Warzenheuschrecke – die der schönen Nadine unter dem Auge eine kleine Warze abfressen soll. So schön (und so lächerlich) kann philosophische Aufklärung in den höheren Kreisen sein.

Allmählich gerät die Konversation zum ernsten Disput über Leibniz' *Monadologie* und Kants *Kritik der Urteilskraft*, über das Schöne im Verhältnis zum Vernünftigen, über «philosophische Eintagsfliegen», Ephemere und Seraphe (oder Warzenheuschrecken und Engel in Mädchengestalt), Unsterblichkeit und geistigen Gigantismus. Auf dem Weg zur Kampaner Höhle, im schützenden Schatten hoher Bäume, vorbei an

2. *Das Kampaner Tal* | 237

rieselnden Quellen, ist es Rittmeister Karlson, der vor den Augen der jungen Damen zwei «Bomben» gegen das Theorem der Seelenunsterblichkeit in die schöne Natur wirft. Erstens, meint er, sind Körper und Geist untrennbar eins, müssen also auch zusammen untergehen. Gedankenmodelle, wie er sie bei Bonnet und Platner gefunden habe, wonach die Seele in «Unterzieh-Körperchen» oder «Seelen-Schnür-Leibchen» wie in einer Kapsel den sterbenden Körper verlasse, erscheinen ihm absurd. Und zweitens sei das Jenseits, die «Umhüllung der zweiten Welt», nichts als ein Phantasma, eine «transzendente Schäferwelt, von der wir weder ein Ab- noch Urbild kennen, eine Welt, der nichts Geringers als Gestalt und Name und Atlas und Planiglob und ein Weltumsegler Vespucius Americus abgehe, für die uns weder Chemie noch Astronomie die Bestand- und Weltteile liefern wollen, ein Dunst-Universum, auf dem aus der entlaubten verdorrten Seele ein neuer Leib ausschlage, d. h. ein Nichts, auf dem sich ein Nichts beliebe».[41]

Jean Paul protestiert, wie Karlson mit seiner «schöne[n] Seele eine zweite Welt, die schon hienieden in die physische vererzet ist, wie lichte Kristalle in Gletscher», so kaltsinnig ignorieren könne, «nämlich die in unserem Geiste glühende Sonnenwelt der *Tugend, Wahrheit* und *Schönheit*». In einer zwei Seiten langen Replik legt er seine Version der zweiten Welt dar. Die Wissenschaft habe zwar den Zusammenhang von sinnlichen Wahrnehmungen und Empfindungen aufgedeckt. Es müsse aber möglich sein, «auch bei dichterischen, artistischen, numismatischen, anatomischen Ideen» eine Resonanz auf der «Tastatur» des Körpers nachzuweisen «und auf die Noten der Sprache» zu setzen.[42]

Wie für den Hofer Gymnasiasten Richter lautet die Kardinalfrage des dreiunddreißigjährigen Dichters noch immer: Was ist die Seele? Wie und wo entstehen Gedanken? Was ist Geist? Beiläufig werden Swedenborgs somnambule Engel- und Planetenwelten als unvereinbar mit den modernen Erkenntnissen der Astronomie verworfen. «Wer den sogenannten Geist oder Spiritus rektifizieren will, indem er ihn aus dem Brennkolben eines Planeten in den andern überzieht, der kann ebenso gut versichern, daß die Geister aus dem verschlackten Merkur in einer Destillation durch Niedersteigen in unsere Erde ihre Dephlegmation erhalten, kurz daß die Erde die zweite Welt für Merkur und

Venus ist».⁴³ Die Schwierigkeit liege ja gerade darin, dass eine vernünftige Erklärung für die inneren Vorgänge des Denkens und Vorstellens mittels chemischer oder physikalischer Experimente (noch) nicht möglich sei. «Nur der Moralist, der Psycholog, der Dichter, sogar der Artist fasset leichter unsere innere Welt.»⁴⁴ Das Gehirn arbeite wie «eine Uhr, die sich selbst aufzieht», auch dann noch weiter, wenn der Körper alt, schwach oder krank ist, und schicke noch dem Sterbenden Träume und innere Bilder. Nicht in den Molekülen seines Körpers, sondern in seinem unzerstörbaren Ich muss also das Rätsel der Seele verborgen sein. «Wenn eine zerriebene Pulsader in der vierten Gehirnkammer des Sokrates das ganze Land seiner Ideen unter ein Blutbad setzt; so werden zwar alle seine Ideen und seine moralischen Neigungen vom Blutwasser überdeckt, aber nicht zerstört, weil nicht die ertränkten Gehirnkügelchen tugendhaft und weise waren, sondern sein Ich.» Sogar ein Theologe, der das Grab als «Kommunikationsgraben bloßer verwandter Globen» ansieht, meint Jean Paul zuversichtlich, müsse sich mit seiner Theorie anfreunden können – was der Glaubenswächter Phylax mürrisch bestätigt.⁴⁵

Jean Pauls Modell einer zweiten Welt im Gehirn, parodistisch gerahmt von der Satire auf das ihm so verhasste gegenwärtige «philosophische Laternisieren alles (innern) Lebendigen»⁴⁶, läuft auf eine rationale psychologische Theorie des Bewusstseins hinaus, lange bevor sich dieser Begriff im wissenschaftlichen Denken einbürgern wird.⁴⁷ Im Bewusstsein werden die räumlich entfernten «verschiedenen Erden und Nebenerden über und um uns» in derselben Form abgebildet wie «entfernte Weltteile» in Amerika: als reine Vorstellungsbilder jenseits der wirklichen Anschauung. Diese zweite Welt des Bewusstseins existiert autonom von der ersten Welt der empirischen Erscheinungen, «weil wir in unserer Brust einen Himmel voll Sternbilder tragen und verschließen, für den keine beschmutzte Weltkugel weit und rein genug ist».⁴⁸ Dieses innere Universum ist eine Parallelwelt wie das Kampaner Tal, «eine höhere Welt, als sich an einer Sonne wärmt. Daher sagt man mit Recht nicht die zweite Erde oder Weltkugel, sondern die zweite *Welt*, d.h. eine andere jenseits des Universums.»⁴⁹ In ihr liegt der Ursprung von Vorstellungen, Ideen und abstrakten Begriffen, denen keine lebendige Anschauung zuzuordnen ist, wie Schönheit, Tugend und Wahrheit, diese «drei transzendenten Himmelsgloben», oder auch das «Riesen-Ideal einer Gottheit», für das sich noch kein Urbild in der materiellen Welt finden ließ.

Nicht alles, was denkbar ist, ist also auch wirklich. Ohne Körper keine Seele, ohne erste keine zweite Welt. «Oder hätte ein unbeleibtes Ich, mit allen hiesigen Logiken und Metaphysiken in das vacuum postiert, je durch Denken *eine* Ader seiner *jetzigen* Verkörperung und Menschwerdung erdacht?» Der Mensch hat aber die Freiheit, sich Bilder von der Welt zu machen, die sein sinnliches Dasein, den «Tierdienst» seiner physischen Existenz, übersteigen. «Warum wurde auf den schmutzigen Erdenkloß ein Geschöpf mit unnützen Lichtflügeln geklebt, wenn es in der Geburtsscholle zurückfaulen sollte, ohne sich je mit den ätherischen Flügeln loszuwinden?»[50] Die «zweite Welt in uns» ist der einzige Ort, an dem wir uns unsterblich denken dürfen. Ohne Bewusstsein kein Ich, ohne Ich keine Freiheit. Anders als der Idealist Schiller versteht Jean Paul Freiheit nicht als Abkehr von der Wirklichkeit, sondern als psychischen Akt der Selbstüberschreitung. Nicht im Reich der Träume, sondern im Ich und seinem Wollen, modern gesprochen: in der Existenz, ist Freiheit.[51] Wie zum Beweis endet die «voyage pittoresque durch Planeten» hoch über französischen Weizenfeldern, als Jean Paul und Gione höchst lebendig am Ende dieses Tages in zwei Heißluftballons in den abendlichen Himmel aufsteigen.

«Ja! Es muß einen Gott, eine Tugend und eine Ewigkeit geben. Wenn die Ungewitter dieses Lebens die holden Blüthen der Phantasie an unserm innern Menschen längst hinab auf den Boden geschüttelt haben; wenn das Zeitalter die Früchte unserer Bemühungen genießt u. uns tadelt, daß wir nicht mehrere und bessere trugen, wenn endlich die rauhen Winterstürme uns vollends alle Blätter abstreifen, was hält uns arme, kahle, abgeblätterte Menschen in den frostigen Dezembernächten unsers Lebens noch aufrecht, als dieser große Gedanke?»[52] So wie Friedrich Wernlein sprechen und schreiben jetzt viele Jeanpaulisch, die dem Dichter des *Hesperus* den Enthusiasmus für Gott, Tugend und Ewigkeit hoch anrechnen.

Ein eklatantes Missverständnis. *Das Kampaner Tal* läutet allen metaphysischen Träumen vom Jenseits des Diesseits das atheistische Totenglöckchen. Wo Gott war, soll Ich sein. Denn ein höheres Prinzip, eine überpersönliche Dimension der Zeit verschweißt die Kontingenz der einzelnen Ichs, ihre Eintagsfliegenleben, zu einer unabsehbaren Generationen- und Menschenkette: es ist die Idee der Geschichte, die aus dem Tod Gottes folgt, da sie sich nicht in der materiellen Geschichte und ihren Einzelpersonen und Artefakten, sondern in dem «lebendigen oder geistigen Weltganzen» manifestiert. Die logische Lücke zwischen Leibniz' Metaphysik und Kants Kritizismus wird mit einem originellen geschichtsphilosophischen Gedankenspiel geschlossen. «Um die Unstatthaftigkeit einer durch verschwindende Geisterreihen laufenden Vervollkommnung lebhafter anzuschauen, kürze man nur die Lebenszeit eines Geistes so weit ab, daß er z. B. nur *eine* Seite in Kants Kritik [*der reinen Vernunft*] durchbringt und dann vergeht. Für die zweite Seite entsteht ein zweiter Geist und so überhaupt 884 Geister für die neue Auflage. Jener Irrtum wurde vielleicht den meisten durch das zunehmende Monden-Licht der Aufklärung geläufig, das allmählich über die nacheinander entschlafenden Jahrhunderte aufsteigt; aber eben die Notwendigkeit des Ersatzes fordert die Unsterblichkeit.»[53]

Weder haben demnach in Richters Augen die «Idealisten der äußern Welt» Recht, «die glauben, die Wahrnehmungen machen die Gegenstände» (wie Kant) noch die der inneren Welt (wie Fichte), «die das Sein aus dem Scheinen, den Schall aus dem Echo, das Bestehen aus dem Bemerken deduzieren.»[54] Unsterblichkeit jenseits der Religion zu glauben heißt anerkennen, dass es keine «geistige Mortalität» von Ideen gibt, weil in jedem einzelnen Gedanken die Gesamtidee lebt. Nicht die Seele ist unsterblich, sondern in ihr allein «der ewig säende und niemals erntende Weltgeist, der eine Ewigkeit die andere betrauern sieht.»[55] Den letzten Schritt, als bekennender Atheist das theologische Dogma der Unsterblichkeit zu leugnen, wagt Richter nicht, so deutlich auch die zusammengetragenen Hinweise sind, dass die modernen Naturwissenschaften bislang den Beweis der Möglichkeit eines Lebens nach dem Tod schuldig blieben.

Zwei Gründe sind es nach Richters Ansicht, die das Bedürfnis nach Trost im Jenseits nicht verstummen lassen: «der ewige Hunger im Menschen, die Unersättlichkeit seines Herzens», und ein hungriger Magen, dieser «mit Düngersalz gefüllte Treibscherben der Blüte der Völker». Wie die Völker, so die Einzelnen. Religion ist die tägliche Speise von Millionen Armen, deren enttäuschte Hoffnungen auf ein besseres Leben sich ins Jenseits wenden. «Um meine innern Augen voll Tränen versammelten sich alle die Gestalten, deren Herzen ohne Schuld und ohne Freuden waren, die hienieden keinen einzigen Wunsch erreichten und die, unter dem Frost und Schneegestöber des Verhängnisses erliegend, sich, wie Menschen im Erfrieren, nur *einzuschlafen* sehnten».[56] Die schönen Seelen im *Kampaner Tal* hingegen bedürfen des Jenseits nicht. Sie sind reich, jung, verliebt. Ihr Philosophieren ist Luxus, ihre zweite Welt ein erotisches Spiel mit der Sehnsucht. Wer aber nicht satt ist, wer krank ist und arm, für den wird der «Engel der zweiten Welt» zum «Würgengel und Höllengott», der in den Selbstmord, zu Verbrechen und in religiöse Phantasmen treibt. «Solange daher noch das Erdgeschoß des Staates ein Amsterdamer Raspelhaus voll Arbeitsstuben ohne Ruhebänke bleibt – und dieses bleibt es so lange, als im höchsten Stockwerk des Staates nichts als Braut- und Grahams himmlische Betten stehen, die man nur verändert und nie verlässet –: so geb ich nicht so viel, als ein altes Weib in *einem* Tag erspult, um die Kultur des Volks und um tausend andre Sachen.»[57]

Zu ihnen, den Zukurzgekommenen, steigt Jean Paul im zweiten Bändchen des *Kampaner Tals* herab; von seinem philosophischen Hochsitz in die Niederungen der sozialen Wirklichkeit. Es bietet eine *Erklärung der Holzschnitte unter den zehen Geboten des Katechismus*. Doch vorher gönnt sich Richter, nachdem er den durchgesehenen und überarbeiteten *Jubelsenior* noch unter der Arbeit an seiner *voyage pittoresque* nach Leipzig geschickt hat, im Februar zwei Tage Erholung bei Erhard Vogel in Arzberg.

Auf einer Reise durch Sachsen und Thüringen, so berichtet der Erzähler in seiner *Historischen Einleitung*, habe er in der Weimarer Hofbibliothek einen alten bayreuthisch-ansbachischen Katechismus entdeckt. Auf dem Vorsatztitel war ein Porträt abgebildet. «Das Kniestück war mit Dinte und Feder und weder aus Punkten noch Strichen noch Bögen, sondern aus krausen Schnörkeln gezeichnet.» Durch Umdrehen des Blattes fand er heraus, dass es sich um Buchstaben in Spiegelschrift handelte, die zusammengesetzt den Namen Krönlein ergaben; «ich hatte den Formschneider der 10 Holzschnitte für die 10 Gebote vor mir».[58]

Sehr zu Unrecht ist der skurrile sächsische Salzinspektor Lorenz Krönlein neben Maria Wutz, Gotthelf Fibel und Egidius Zebedäus Fixlein von der Nachwelt vernachlässigt worden. Er ist einer jener Armen, für die «das Bedürfnis der eiserne Schlüssel zur Freiheit» ihres inneren Menschen wird. Aus den von ihm geschaffenen Holzschnitten im bayreuthischen Katechismus «liest» Jean Paul statt der zehn Gebote die Passionsgeschichte des Lebenskünstlers Lorenz Krönlein heraus, dieses Maria Wutz der plastischen Kunst, der schon als Klippschüler «Fensterrahmen und Schulbänke für Formbretter verbraucht und in sie geschnitten» habe.

Lessing hatte in seiner Abhandlung *Laokoon oder Über die Grenzen der Malerei und Poesie* ein solches Verfahren verwendet, als er die abgebildeten Schlachtszenen auf dem Schild des Achill mit den erzählenden Szenen in Homers *Ilias* verglich. Die im Barock beliebte Formel ut pictura poesis aus Horaz' *De ars poetica* wird von dem Betrachter der zehn Holzschnitte mit hintergründigem Witz auf den lutherischen Katechismus appliziert. «Das ganze ex[eg]etische Werklein sol nichts sein als ein edler – Schwank und bedarf Karnevalsprivilegien.»[59] Was aber dabei herauskommt, wenn christliche Symbolsprache mittels eines hermeneutischen Tricks als figürliche Sprache gedeutet und somit profaniert wird, ist eine unverblümte Parodie religiöser Volksverdummung, einfältiger Volkskatechismen, heuchlerischer Kirchendiener, barocker Roben und Rituale, deren «religiöses Memorieren» nicht Christen, sondern «Lesemaschinen» erziehe.

Der Triumph der künstlerischen Freiheit über die Religion wird *gekrönt* durch *Krönleins* List, seinen Namen auf dem Titelblatt des Katechismus zu verewigen. Wo Gott war, *ist* hier Ich. Statt christlicher Heilsgeschichte bietet Krönleins Curriculum vitae einen haarsträubenden Katalog von Missgeschicken, einen wahren Passionsweg aus Ehebruch, Betrug und Misshandlungen. Aus den zehn Geboten eines guten Christen werden in dieser ungerechten Welt zehn gute Gründe, gegen sie zu verstoßen. Statt Künstler muss Krönlein Salzrevisor werden. Seine Frau betrügt ihn mit dem Bischof, mit dem Kirchenlautenisten und sogar mit dem Fürsten. Der Lautenist lauert (beim zweiten Gebot) mit seinen Kumpanen Krönlein auf und steinigt ihn. Krönlein haut dafür (beim fünften Gebot) den Lautenisten mit dem Lautenfutteral, wird vor Gericht gestellt und verurteilt. Kurz: Krönlein kommt auf keinen grünen Zweig, so sehr er sich auch anstrengt.

Damit die Geschichte aber noch ein gutes Ende nehme, wird in zwei weiteren Holzstöcken, den «Freudenstöcken», ergänzt, wie Krönlein Vater eines Söhnchens wird, dessen Geburtstag zusammentrifft mit dem vierunddreißigsten Geburtstag des Erzählers Jean Paul am 21. März 1797. Denn im Traum ist dem Erzähler der alte Holzschneider als sein eigener Urgroßvater erschienen. Gerührt erinnert er sich, wie die dreizehnte Platte des Lutherischen Katechismus schon in seiner Kindheit beim Auswendiglernen der Gebote die Fenster seiner Phantasie weit aufgemacht habe. «Und diese kosmopolitische Phantasie, die alle Menschen in meine Gevatter, Brüder, Konviktoristen und Litis-Konsorten [Rechtsverbündeten] verwandelt, geht noch bis auf diesen Geburtstag mit mir durch Gassen und Dörfer.»[60]

Sein Buch, *Das Kampaner Tal*, sei wie eine binomische Formel aus zwei Teilen zusammengesetzt, erklärt Jean Paul nachträglich in der Vorrede, die wie immer erst nach Abschluß des Werks geschrieben wird.[61] Diesem Versprechen ist der Erzähler glänzend gerecht geworden. Die komplizierten philosophischen Theoreme im ersten Bändchen werden im zweiten auf eine volkstümliche Burleske im barocken Stil heruntergerechnet. Ein chemisches und ein mathematisches Verfahren, Destillation und Arithmetik, finden als ontologische Techniken poetischer Erkenntnis neue Verwendung. Am 1. April sind beide Teile des binomischen Beweises der Unsterblichkeit im Manuskript fertig, Ende Mai gedruckt und ausgeliefert. Das «Vaterblatt», auf dem Richter sorgfältig die Geburtstage seiner literarischen Kinder notiert, führt *Das Kampaner Tal* als Nummer 18 (weil er jeweils die Teilbändchen seiner

Romane mitzählt). In den zurückliegenden Monaten hat er geschrieben wie der Teufel, denn er musste. Der *Siebenkäs, Quintus Fixlein*, die *Biographischen Belustigungen* sind erschienen. Allmählich bessern sich seine finanziellen Verhältnisse. Zum ersten Mal in seinem Leben hat er mehr Geld, als er braucht. Rosina Richter, die am 27. Juni 1797 ihren siebzigsten Geburtstag feiert, muss sich keine Sorgen mehr machen, dass sie den Arzt nicht bezahlen kann.

3.

WIEDERGEBOREN IN LEIPZIG

Hof, im Sommer 1797

Friedrich Richter hat eine Vorliebe für kapriziöse Frauen. Als die litauische Baronesse Juliane von Krüdener ihn im Herbst 1796 in Hof besucht hatte, stand er sogleich in Flammen. In der lasziven Lebedame und Königin der Kurbäder und Spieltische schlummerte eine mystische Sirene. «Sie kamen wie ein Traum, Sie flohen wie ein Traum und ich lebe noch in einem Traum.»[62] Dem reizvollen Gegensatz zwischen einer strengkatholischen Erziehung im Haus eines Deutschordensmeisters und den Redekünsten dieser Circe konnte er so wenig widerstehen wie ihren blonden Engelslocken und blauen Augen. Er hatte beschlossen, ihr nach Leipzig nachzureisen; doch dann war ihm bange geworden vor dem eigenen Ungestüm. Die Reise wurde abgesagt und stattdessen bei Charlotte Kalb angefragt, was sie von seinem Umzug nach Weimar halten würde, während er gleichzeitig dem Kammerherrn von Einsiedel anvertraut hatte, Weimar sei für ihn «eine untergesunkene atlantische Insel: ich kann mir kaum denken, daß ich einmal an diesem otah[eitischen] Ufer ausstieg.»[63]

Hocherfreut hatte Charlotte versprochen, sich um alles zu kümmern, eine billige möblierte Wohnung würde sich finden lassen. Sie würde für ihn kochen. Er hätte grenzenlosen Kredit bei den wohlhabenden Bürgern. Die Entscheidung wurde von Monat zu Monat hinausgeschoben. «Meine ewige Regel für lange fortwirkende Entschlüsse ist: zu zögern. Denn der Zufal gab mir immer bei wichtigen Dingen das Räderwerk und ich brauchte es nur aufzudrehen. Ich habe nun die Kometen-Linien des Verhängnisses so oft und lange berechnet, daß ich aus Einer die künftige errathe».[64]

Charlotte merkte, wie er ihr entglitt. «Wir sind ihm alle nur Ideen, und als Personen gehören wir zu den gleichgültigsten Dingen».[65] Irritiert über sein Zögern und Gerüchte über seine Affäre mit der mondänen Baronesse, wollte sie nach Hof kommen. Er versicherte eifrig, dass keine andere sein Herz gefangen halte. «In mein enthus[iastisches] Feuer ist Schnee gefallen.»[66] Als aber Charlotte über die Vorrede zur zweiten Auflage des *Hesperus* gereizt erklärt hatte, sie finde darin «einen christkatholischen Geschmack», Richter möge «die armen Dinger» von Leserinnen mit seinen «gräßlichen» Verführungsszenen künftig verschonen, war *er* verschnupft; «über ihr Einmengen in mein ästhetisches Leben will ich ihr einmal für immer die entschiedenste Meinung sagen.»[67] Drei Damen – Charlotte, Amöne und Frau von Krüdener – rangen um sein Herz, und der Mann wusste sich nun gar nicht mehr zu helfen. «Ich bin jetzt überal von Liebe umschwommen und beglükt bis zur Bangigkeit.»[68]

Seine «drei geistigen Grazien mit einem Initial-K» (Kropff, Krüdener, Kalb) drängen ihn, der immer noch mit Mutter und Brüdern in einer Stube wohnt, sich eine eigene Wohnung zu suchen. Im Februar 1797 hat er bei dem Hofer Bäcker Zelt ein möbliertes Zimmer gemietet. Dort findet ihn am 23. März der Zeichner Heinrich Pfenniger aus Zürich, um ihn für die Titelvignette der zweiten Auflage des *Hesperus* zu porträtieren. Lavater hat ihn geschickt, dessen physiognomische Charakterstudien auf der fertigen Zeichnung deutlich stärker durchschlagen als das Urbild. Die lange knöcherne Nase, das zurückspringende Kinn, die scharfe Wangenfalte eines Magenkranken, die possenhaft hochgezogenen Mundwinkel, das blinzelnde Auge mögen wem auch immer ähneln. Besucher sind angenehm überrascht, sehen sie stattdessen vor sich einen hübschen jungen Mann mit mädchenhaft geschwungenen Lippen und feinen Brauen über lebhaften graublauen Augen. Briefe, Besucher und Ruhm mehren sich täglich. «Die Welle die mein geworfner Dintentropfen macht, dehnet sich immer weiter aus, besonders unter den höhern Klassen.»[69] Gleim fragt nach dem neuen Roman. Henriette von Schuckmann, die Schwester des Bayreuther Kammerpräsidenten, und seine neueste Verehrerin Wilhelmine von Kropff, eine reiche Kaufmannsgattin, müssen mit Briefen beliefert und nach Karlsbad gelockt werden, wohin der Dichter im Frühsommer wegen seiner chronischen Magenschmerzen reisen will. An Emanuel und Charlotte

Jean Paul, Hesperus oder 45. Hundsposttage, 2. Auflage, Innentitel mit Porträt des Verfassers von Heinrich Pfenniger, 1798

von Kalb muss das frisch gedruckte *Kampaner Tal* geschickt werden. Er muss Herder seiner «unaussprechlichen» Liebe versichern und mit Charlotte weinen. «Jeder Tropfe in meinen Augen gehört Ihrem geliebten Herzen».⁷⁰ Er muss seine Wetterprognosen unter das Volk bringen. Er muss auf die begeisterten Briefe des jungen Pfarrers Kosegarten von der Insel Rügen und des Physikstudenten Kaspar Horner aus Göttingen antworten. Er muss an das Ehepaar Herder schreiben. Einer vornehmen, anonym bleiben wollenden Dame aus Anhalt-Zerbst muss er danken für den selbstbestickten Geldbeutel mit den Worten: Dem grossen Genius des Hesperus. Auch sie wird mit einem empfindsamen Briefchen in *Hesperus*-Manier beschenkt. Schließlich muss er noch Friedrich Bouterweks Roman *Gustav und seine Brüder* lesen, in dem Jean Paul als Romanfigur von Jean Paul auftritt, und in Bayreuth so bedeutende Männer kennenlernen wie den Regierungspräsidenten

Baron von Voelderndorff und den Kriegs- und Domänenrat Theodor Kretschmann. Bei alledem muss er zuerst an seine Unsterblichkeit denken; «der Same, den meine Schreibfinger auswerfen, überdauert meine Hülse aus Erde [und darum ist es meine Pflicht und Freude, alles, alles meinem Schreiben aufzuopfern ...].»[71]

Die ungewohnten Ablenkungen, die Erschöpfung nach zwei fertigen Büchern setzen ihm zu. «Ich mache alles schlechter, oder schlecht, was ich nicht mit Liebe oder vielmer Hofnung mache. Meine persönliche Stimmung hat längst ihren Einflus auf mein Schreiben verloren. [...] Ich sehne mich nach Arbeiten, worin mir meine bisherigen Erfahrungen seit einem Jahre, helfen können.»[72] Unter allen, die er mit Liebe versorgen muss, hat er offenbar seine Nächsten vergessen. Die Hofer Jugendfreundinnen und Freunde – Christian Otto, Amöne, Caroline, Renate – fühlen sich zurückgesetzt. Sie werfen dem Berühmten Hochmut vor. Er wiederum glaubt sich beleidigt; «ich mag diesen Kontrast mit meinem ausserhöfischen Verhältnis und mit meiner Liebe nicht mehr ertragen.» Es ist das erste Mal, dass in den Kreis der Geliebten «Wundenblut» tropft. «Ach es wird euch allen zu leicht, mich nicht zu haben.»[73]

Der Ruhm hat auch nützliche Seiten. Ende April ist er für zwei Wochen in Bayreuth, lässt sich einen halbseidenen Rock nebst Hosen machen und fühlt sich gleich wie ein neuer Mensch. «Mein Sommerrock setzt die Welt in Erstaunen.»[74] Seine Bekanntheit wirft Richter in die Waagschale, um bei Regierungspräsident Kaspar Friedrich von Schuckmann zugunsten seines Bruders Gottlieb vorzusprechen, der seine Stelle als Sparnecker Unterzolleinnehmer zu verlieren droht. «Jetzt erst kann ich sehen, daß mich die Bayreuther, wenigstens die von's, gelesen.»[75] Er wohnt bei seinem Herzensfreund Emanuel, der das Gastzimmer sorgsam mit einem «Reiseklavier» ausgestattet hat. Der Sohn des fahrenden Händlers Samuel Enzel aus Uhlfeld und seiner Rösel hat sich inzwischen durch Wechselgeschäfte ein kleines Vermögen erworben, so dass er in Bayreuth ein Haus kaufen konnte; erst 1799 wird er als «Schutzjude» volles Bürgerrecht erwerben.

Der Aufenthalt in Bayreuth wird durch die Sorge um die kranke Mutter abgekürzt. «So oft ich ein frisches Hemd aus dem Koffer hebe, fühl' ich, daß ich ein Heimweh nach meiner Mutter habe als wäre ich niemals rasiert und niemals gereiset.»[76] Bei seiner Rückkehr zieht er am 11. Mai von Bäcker Zelt in das Haus des Kaufmanns und Senators Widmann um. Anfang Juni ist der *Hesperus* für die zweite Auflage überarbeitet. Zwischen Frankreich und Preußen ist der Krieg zu Ende, der Friedensvertrag von Campo Formio beruhigt die fränkischen Reichsstände, die nun haben, was sie verlangten: Neutralität. Auch der Kaiser von Österreich, der russische Zar und der preußische König sind zufrieden. Nur der polnische König ist es nicht: Sein Königreich ist wie Siebenkäsens Kuh in drei Stücke zertrennt und «Polen» von der europäischen Landkarte getilgt worden.

Anfang Juli beendet ein Zufall namens Emilie von Berlepsch Richters Zögern vor der Zukunft. Sie ist Schriftstellerin und, wie die Krüdener, eine Freundin von Henriette von Schuckmann. Am 3. Juli besucht sie den Dichter auf der Durchreise nach Franzensbad. Drei Wochen später, am 25. Juli, reist Richter ihr nach. Am Abend holt ihn ein Bote von Hof mit der Nachricht ein, dass seine Mutter am selben Tag gestorben sei. Er kehrt um und steht am nächsten Tag an ihrem Totenbett. Am Morgen zuvor hatte sie ihm noch gute Reise gewünscht. Auf einmal quält ihn der Gedanke an die bittere Armut ihrer letzten Lebensjahre, und «daß meine Mutter nichts, nichts, nichts auf der Erde gehabt und daß ich ihr so wenig gegeben». Er erschrickt, als er ein kleines Heft findet, «worin sie aufschrieb, wieviel sie sonst von Monat zu Monat gesponnen. – Wenn ich alle Bücher der Erde wegwerfe, so les' ich doch gute Mutter deines fort, worin alle Qualen deiner Nächte stehen und worin ich dich in der Mitternacht mit der keuchenden stechenden Brust den Faden deines kargen Lebens ziehen sehe.»[77]

Nachdem er die Mutter auf dem Johannis-Friedhof beerdigt hat, reist er am 5. August wieder ab und verbringt eine Woche mit der Berlepsch in Karlsbad. Zurück bleibt der verwaiste neunzehnjährige Bruder Samuel. Eine stürmische Affäre nimmt ihren Lauf. Emilies schöne Seele wohnt in einem schönen, üppigen Körper. Acht Jahre älter als Richter, war sie siebzehnjährig mit einem Hofrichter und Landrat verheiratet worden und hat zwei erwachsene Kinder. Sie ist die Person, die er für den neuen Roman braucht, seinen «Mahmuth-Titan», der seit einigen Monaten seine Gedanken beherrscht, und er sagt es ihr. *Titan* soll davon handeln, «daß die ganze idealische Welt nur vom innern, nicht vom äussern Menschen betreten und beschauet werden kann – daß der Irrthum, sie zu verkörpern, der Wunsch, sie zu be- und erleben, [...] so viel ist als Geister in Körper, Gott in die Welt, Idyllen in Schäfereien verwandeln wollen.»[78] Neben der eloquenten Baronesse von Krüdener und der geistreichen Amöne Herold zählt Richter Emilie zur «Klasse der poetischen Genies», von der er Frauen keineswegs ausnimmt; «am andern Geschlecht fallen die egoistischen Mängel nur mehr auf. Mein ½ Titan streitet gegen diese Götter und Göttinnen: eben diesem Titan verdank' ich eine Aufklärung und einen ewigen Ruhepunkt, der meiner Seele bisher fehlte». Menschen und Orte in diesem Roman sollen wirklichen Personen nur ähneln, nicht gleichen, «so daß ich blos in eine grosse Stadt mit einem Hofe darum nicht ziehe, weil eine im Titan ihr ähnlicht».[79] Der Schauplatz steht schon fest: Pestitz, die «Lindenstadt», eine mitteldeutsche Residenzstadt, die so gut in Thüringen oder Sachsen wie in Franken liegen könnte.[80]

Am 13. August ist Richter zurück in Hof, dreizehn Tage später ist auch Frau von Berlepsch wieder da. Sein Entschluss ist unverrückbar. Er wird (dem Roman zuliebe) nicht nach Weimar zu Charlotte, sondern mit Emilie nach Leipzig umziehen und entdeckt immer mehr Qualitäten an ihr, die seine Entscheidung rechtfertigen sollen. Samuel wird er mitnehmen; er soll in Leipzig studieren. Heinrich ist tot, Adam hat bei der Ansbacher Lotteriedirektion einen kleinen Posten, Gottlieb hat in Sparneck eine eigene Familie gegründet. Der sich ewig sehnt, «von der Messiade zum Epigram, vom Kampaner Thal in die Holzschnitte, von der Dichtkunst ins bürgerliche Leben, vom Land in die Stadt», hat auf einmal sehr genaue Vorstellungen, wohin mit sich.[81] Über Emanuel bestellt er bei einem Bayreuther Schneider ein Paar helle, «zum weissen Rok passende kasimirte» Hosen. «Ich habe Hosen genug, aber keine ganzen. Er sol sie mit Leinwande foliieren weil ich keine Unterziehsachen trage als meine eigene Haut.»[82]

Der Oktober vergeht mit Erbschaftsangelegenheiten und Packen. Von Christian Otto leiht sich Richter einen Koffer und lässt sich die fälligen Gebühren für geliehene Bücher ausrechnen. Den Familienhund nimmt Familie Herold in Pflege. Wie Firmian Siebenkäs verlässt Friedrich Richter die Stadt Hof, den «Begräbnisplaz der Jugend», heimlich und ohne Abschied; «ich gehe zu weich, verschlossen und mit voller Brust herum, nicht in der Stadt sondern um die Stadt».[83]

An einem frühen, kalten Oktobermorgen steigt er mit Samuel in die Postkutsche, die sie über Schleiz und Auma nach Gera bringt. Heinrich von Spangenberg begleitet sie, der sich in Gera niedergelassen hat, und macht Richter mit dem Verleger Wilhelm Heinsius bekannt, der ihn abends ins Gasthaus einlädt. Richter kommt mit Heinsius überein, eine Neuauflage der *Teufelspapiere* herauszubringen. Unter dem Titel *Palingenesien* plant er eine «völlige Umschmelzung aller satirischen Gipsabgüsse aus meiner Jugend», ergänzt durch neue Satiren, damit es sich auch finanziell lohnt. Denn für neue Texte will Heinsius pro Bogen vier Louisdor, für überarbeitete nur drei zahlen.[84]

Als berühmter Mann von einigem Vermögen kommt er am übernächsten Tag in der Stadt an, aus der er fünfzehn Jahre zuvor als armer Teufel mit falschem Mantel, Hut und Namen «geflohen» war. Seine beiden Zimmer in der Petersstraße 32 – das Haus gehört dem Grafen Christian Gottlieb von Hohenthal – sind über alle Erwartung bequem. Die Fenster gehen nach vorn heraus, «auf der Gasse klappern die Brief-, Heerings-, Lichter-, Bier- und Wasserträgerinnen».[85] Johann Gottlieb Beygang, Buchhändler und Inhaber einer großen Leihbibliothek in der Petersstraße, des 1795 eröffneten «Museum für Freunde der Wissenschaften, der schönen Künste und Lektüre», hat ihm die Wohnung vermittelt und besorgt auch einen «Traiteur», der das Mittagessen liefert. Beygangs «Museum» besteht aus drei großen Sälen, bis zur Decke gefüllt mit Büchern, Zeitungen und Gemälden, in denen Leipzigs Grub Street – Intellektuelle, Journalisten und Künstler – ihren Treffpunkt hat. Gleich in den ersten Tagen macht Richter die Bekanntschaft von August Mahlmann, Herausgeber der *Zeitung für die elegante Welt*, und des Theaterdichters August von Kotzebue, der ihn zweimal mit seinem Besuch beehrt. Mitte November lernt er im «Museum» den zweiundzwanzigjährigen Magister Joseph Schelling kennen, der zwei Jahre zuvor eine philosophische Abhandlung im Geist des Fichte'schen

Subjektivismus[86] und soeben sein erstes Buch veröffentlicht hat, *Ideen zur Philosophie der Natur*. Trotz seiner braunen Locken, des jungenhaften, offenherzigen Gesichts gefällt er Richter «so wenig als die ganze verfluchte Philosophen-Horde: ich macht' ihn doch höflich nach dem ersten Wort auf das hinter mir hängende Gemälde aufmerksam, das die Babylonische Thurmbaute – und die Philosophie – vorstelte.»[87]

Als er nach einem Konzert spätabends zurück ist in seiner Wohnung, tritt ein «Mensch ohne Hut mit straubigem Haar, aphoristischer Stimme und Rede, frei und sonderbar» herein – es ist Paul Emile Thieriot, ein liebenswürdiger siebzehnjähriger Geiger, der von diesem Tag an wie ein nachäffender Schatten dem Mann folgen wird, den er mehr liebt und verehrt als alles in der Welt. Er wohnt im selben Haus wie die Richter-Brüder. Der Dichter ist ein wenig unwirsch und bleibt reserviert.[88] Er ist nicht in satirischer Stimmung. Er hat Heimweh. Sein verlässliches Gegenmittel: er mietet sich ein Fortepiano. Auf Christian Ottos Vorwürfe, Richters kometenhafter Ruhm scheine ihm mehr zu bedeuten als die Liebe der Jugendfreunde, legt der Gescholtene eine Generalbeichte ab. «Ich dachte oft, manche werden das voraussezen und es eben deswegen – sehen: ich betheuer‹e› dir, mein Inneres konnte durch alle die Lorbeerbäume nicht um 1 Zoll höher gehoben werden als es vor den ‹Mumien› war». Christian, sein Berater in Lebens- und Liebesfragen, sein politisches und literarisches Gewissen, wird ihm mit wachsender Entfernung unentbehrlicher. «Ich habe eine Demuth in mir, die niemand erräth und die kein Sieg sondern eine Nothwendigkeit ist, weil ich meinen Fleis [...] von meinen Kräften abzusondern weis.» Vor allem meint er dem Freund erklären zu müssen, wie ihn das Schreiben in den letzten Jahren in eine Anspannung getrieben habe, die sich niemand vorstellen könne. «Ich weis nicht, ob du von der fürchterlichen zerstörenden Empfindlichkeit, die die Anstrengungen der Phantasie zurüklassen, und von ihrer 2fachen Äusserung genug weißt. Was ich sehe und nicht denke, ertrag ich kalt und wärs ein Gestorbner. Wenn aber die Gestalt aus dem Auge in die Phantasie rükt, die die Schlüssel meines Herzens hat: dan wird mir die Erweichung so zerreissend, daß ich mit Leichtsin stat alles Trostes blos suche, nicht daran zu denken.»[89]

Die Türen, die dem unheiligen Paulus fünfzehn Jahre zuvor verschlossen blieben, stehen dem *Hesperus*-Dichter weit offen. Dasselbe «Aufklärungskomplott» aus Kaufleuten, Geheimräten, Buchhändlern und Schöngeistern, die sich damals bei Christian Felix Weiße in Stötteritz zu treffen pflegten, ist nun bei Ernst Platners «etwas kostbaren und leckerhaften» Abendsoupers versammelt, bei denen der Eingeladene den Bedienten Trinkgeld zu geben hat – was sich als kostspieliges Vergnügen für einen armen Poeten erweist. Diese geselligen Abende gehen bis ein Uhr nachts und folgen den Ritualen der besseren Gesellschaft; zuerst wird Tee getrunken, gegen neun Uhr diniert, wobei in Tischreden auf elegante Konversation nach Platners Geschmack Wert gelegt wird. «Ich poliere mich unsäglich, ganze Stükken fallen ab.» Den Professor selbst findet Richter im Vergleich mit dem «Stralenreif», den er ihm als «Lehrer der Jugend» angetragen hatte, «so steif wie seinen Kathederton, sein Herz eitel und untheilnehmend.»[90] Lieber hält er sich an Friederike und Louise, die Töchter des Buchhändlerehepaars Feind, die ihn umschwärmen, und an Platners neunzehnjährige Tochter, auch eine Friederike – während er Emilie von Berlepschs Eintreffen täglich erwartet. «Und komm' auch bald, du geliebte Seele! Und gieb dem November meiner Seele wieder Sterne und Morgenroth! Richter.»[91] Am 1. Dezember ist er zu einem großen Ball von fünfzig reichen Leipziger Familien geladen, wo er dem alten Professor Weiße und dessen Tochter Dorothea vorgestellt wird, die an dem dünnen Dichter des *Hesperus* offenbar großen Gefallen findet.

Am 20. Dezember, als Richter eben mit der ersten Fassung der *Palingenesien* durch ist, trifft Frau von Berlepsch in Leipzig ein, und er ist hingerissen. «Ich wurde noch von keinem Weibe so sehr und so rein geliebt wie von dieser».[92] Emilie malt ihm eine gemeinsame Zukunft aus, die ein wenig bizarr erscheint: Sie hat ein Mädchen in der Schweiz für ihn als Braut ausgesucht und will ihm ein Landhaus kaufen, in dem sie zu dritt leben würden. Die Berliner Schriftstellerin Esther Bernard, die er im Sommer in Franzensbad kennengelernt hat, nennt die Berlepsch ein «Irrlicht» und ist überzeugt, Richter werde einem «moralischen Irrthum» aufsitzen. Auch Charlotte von Kalb kühlt merklich ab. Aber Richters alte Taktik der Verzögerung verfängt bei Emilie nicht. Ihre

«Menschenliebe» ist so besitzergreifend, dass er dahinter bald «egoistische Kälte» argwöhnt. Unerbittlich stellt sie Forderungen an ihn, der alles ertragen kann außer Forderungen. Sie raubt ihm den Schlaf durch nächtliche Gespräche, «Blutspeien, Ohnmachten, fürchterliche Zustände», sobald er nur zaghafte Einwände macht gegen ihren Lebensplan. Eine Frau, die er heiraten könnte, sollte «nicht die Heilung bedürfen, die sie geben sol». Er ziert sich, entzieht sich, entschuldigt sich bei Emilie für seine Sprödigkeit. «Ich wil von nichts abhängen als von der Tugend und mir, nicht einmal von der Liebe. Warum kan ich keinen Abend haben, wo ich in Thränen und Liebe zerfliesse und vor schönem Schmerz nicht mehr reden kan.»[93] Doch jedes Mal, wenn er von Friedrich von Oertel zurückkommt, der in lustvoller Abgeschiedenheit mit seiner jungen Frau, einer Sängerin, auf seinem Landgut Belgershaim lebt, kommen ihm Zweifel. «Dein Glük jagt mich noch mit verhängtem Zügel in die Ehekammer».[94]

Anfang Januar überkommt es ihn morgens «beim Machen einer Satire von Leibgeber»: Am selben Abend willigt er ein, Emilie zu heiraten. «Sie will thun was ich will, will mir das Landgut kaufen wo ich will, am Neckar, am Rhein, in der Schweiz, im Voigtlande.»[95] Ein satirischer Einfall, dem kein langes Leben beschieden ist, außer in Richters nächstem Buch, *Jean Pauls Briefe und bevorstehender Lebenslauf*. Nur Oertel weiß von der Verlobung und der «innern Oede», die ihn umgehend befällt.[96] Erst vierzehn Tage später offenbart er sich Christian Otto. Die Briefe sind noch nicht auf der Post, da ist die Verlobung schon wieder gelöst; «zwei fürchterliche Tage» – und alles ist klar. Am 13. März jubelt er: «ich bin frei, frei, frei und seelig, geb ihr aber was ich kann».[97]

Nach der Trennung von Emilie lebt er deutlich auf. Auf der Frühjahrsbuchmesse ist er der Mittelpunkt beider Hemisphären der literarischen Weltkugel; berühmte Autoren wie Verleger geben sich die Ehre, ihn zu ihren Assemblees einzuladen. Mit einer sechsundzwanzigjährigen Französin, Gattin eines Leipziger Rats, flirtet er auf einem Ball. In eine Dame, mit der er eine Viertelstunde spazieren ging, verliebt er sich unsterblich. Die schöne Dorothea Weiße und Madame Hähnel, die anmutige Friederike Platner und die Feind-Mädchen – alle warten auf ein erlösendes Wort des umschwärmten Junggesellen, der so viel schöner und angenehmer ist als sein Porträt.

Die *Palingenesien* oder *Fata und Werke vor und in Nürnberg* sind vollendet. Emilie von Berlepsch ist in Gestalt der empfindsamen Hermina darin wiedergeboren, ein kapriziöses Blumenwesen, das wie ein bunter Schemen über den intellektuellen Untiefen der Satire schwebt. Neben den Drillingen Jean Paul, Heinrich Leibgeber und Firmian Siebenkäs treten alte Bekannte wie Wolfgang Habermann, der Jude Mendel und andere Figuren aus den *Teufelspapieren* auf. In neun «Reise-Anzeigern» wird über Jean Pauls Besuch in Nürnberg berichtet, in denen ältere (Leibgeberische und Siebenkäsische) Satiren mit neuen Jeanpaulischen zu einer komischen *tour de force* durch Geschichte und Gegenwart der deutschen Literatur geschickt verbunden sind. Das erste Wort wird Siebenkäs erteilt, der auf den Saturn versetzt wurde und den Saturnianern einen Vortrag über den «Genius des 18. Jahrhunderts», den Maschinen-Mann, hält. Heinrich Leibgeber wurde zum Erbprinzen der Milchstraße ernannt und treibt droben sein satirisches Unwesen. Richter hat sich mit Stadtplänen und der *Kurtzen Beschreibung der Reichsstadt Nürnberg. Ein Handbuch für Einheimische und Fremde* von Christian Gottlieb Müllers versorgt. Zehn Jahre im poetischen Curriculum des Jean Paul Friedrich Richter sind in Nürnbergs Gassen verdichtet, dem Bethlehem der deutschen Dichtkunst. Hier wurde der Lustspieldichter Hans Sachs geboren, der Schöpfer des deutschen Knittelverses. Hier erfand Philipp Harsdörffer seinen poetischen Trichter, und hier begann das ganze Elend der deutschen Kunstdrechselei mit ihren künstlichen Gliederpuppen und Metaphernblüten. Im «Irrhain der Pegnitz-Blumisten» schreibt Jean Paul, der sich im Torbuch von Nürnberg als Graf von Torsaker eingetragen hat, seinem Freund Siebenkäs einen Brief über seine Liebe zu Hermina; «ich wußte, daß der Irrgarten im Jahr 1644 für den sogenannten Harsdörferschen Hirten- und Blumenorden an der Pegnitz gesäet und gepflanzt wurde und als Kind hatt' ich oft in einem Quartanten voll Kupferstiche, den der Orden geliefert, herumgeblättert: das zog mich an.» Friedrich Richters Kindheit fiel mit der Kindheit der aufgeklärten deutschen Literatur zusammen, «worin Gellert,

Gärtner und die Belustiger des Verstandes und Witzes schrieben». Und so lässt sich die Stagnation des Geschmacks, die Zurückgebliebenheit der deutschen Literatur fünfzig Jahre später plausibel daraus erklären, dass «wir sie als Kinder lasen und nun die Wieglebsche Magie *unserer* Kindheit von der Magie der *deutschen* nicht mehr trennen können».[98]

Ein unerschöpfliches Arsenal von Spott, Hohn und intelligentem Witz wird gegen die Formdrechsler und Blumenmaler der deutschen Kunstpoesie verschossen. Die Beschreibung des Geburtshauses von Hans Sachs, in dem ein Marionettendrechsler seine Werkstatt hat, ist ein Kabinettstück narrativer Literaturkritik. Die Feststellung der «Ähnlichkeit zwischen den jetzigen *gräzisierenden Poeten* und den *Meistersingern*» geht freilich vor allem aufkosten des Weimarer Dichterfürsten Goethe, dessen Frühwerk *Erklärung eines alten Holzschnittes, vorstellend Hans Sachsens poetische Sendung* («In seiner Werkstatt Sonntags früh/steht unser theurer Meister hie») die Vorlage lieferte. «Meistersänger und Gesellensänger singen jetzt überall, aber freilich nicht in Kirchen, sondern in Buchladen. War sonst das Musenpferd ein Nürnberger Pferdchen von Holz, das mit geruchlosen hellen Blumen übermalet war, und das als Schwanz ein kurzes Pfeifchen ausstreckte, den flötenden Reim: so hat man jetzt bloß das Pfeifchen ausgezogen und die Blumenstücke abgewischt, das hölzerne Rößlein steht noch da.»[99]

Am Schluss der *Palingenesien* taucht der wiedergeborene Siebenkäs leibhaftig auf, gibt sich aber als Jean Paul aus, so dass nun zwei Jean Pauls sich gegenüberstehen, zwei Werke – *Siebenkäs* und die *Auswahl aus des Teufels Papieren* – in einem dritten wiedergeboren sind. In die Kapitelgliederung seiner «Werke vor und in Nürnberg» montiert Richter gleichsam die biographische Zäsur, die seine ersten satirischen Romane, *Die Unsichtbare Loge* und *Hesperus* von den frühen Satiren unterscheiden: Ganz unbescheiden hält er sie für die ersten deutschen Romane, die mit der barocken Ornamentik der Kunstpoesie, dem poetischen «Blumenwesen» der Nachahmungsästhetik radikal gebrochen und sie zugleich in moderne Erzählformen transformiert haben. Die Metamorphose des Satirikers zum Erzähler, also der Wechsel von der rhetorischen Tradition der Gelehrtensatire zur erzählenden Dichtung bedeutet in seinen Augen nicht Fortsetzung, sondern den radikalen Bruch mit der poetischen Tradition der Nürnberger Schule. «Blumenmaler» und «Blumisten», «Blumengirlanden», Blumenstücke und Blumenseelen bezeichnen lediglich Formen der figürlichen Sprache der Poesie im Gegensatz zur Begriffssprache der Philosophie und der Wissenschaften. Richter bedient sich hier unausgesprochen des Begriffs der symbolischen Erkenntnis, wie ihn Johann Heinrich Lambert in seinem *Neuen Organon* abgeleitet hat. Die klare Vorstellung eines Gegenstandes, dessen sinnliche Anschauung in der Vergangenheit liegt, nennt Lambert eine Vorstellung des «figürlichen Verstandes».[100] Figürliche Vorstellungen können durch Metaphern, Hieroglyphen, Musiknoten und andere stellvertretende Zeichen dargestellt werden. Symbolische Erkenntnis ist also logisches Denken in Bildern. Sie bedient sich bestimmter sprachlicher Zeichen, um Gegenstände, die in Zeit und Raum weit auseinanderliegen oder an mehreren Zeiten und Orten zugleich existieren, so darzustellen, als wären sie real vorhandene Gegenstände. Die figürliche Sprache vermittelt zwischen dem reinen Denken in analytischen Vernunftbegriffen und dem synthetischen Vorstellungs- und Empfindungsvermögen der Phantasie. Im Gegensatz zu älteren Sprachtheorien setzt Lambert damit den «verblümten Verstand» gleichberechtigt neben den «natürlichen».[101] Der symbolischen (oder ästhetischen) Erkenntnis wird damit derselbe heuristische Wert zugesprochen wie den logischen Operationen der Mathematiker oder den experimentellen Verfahren der Naturforscher. Deshalb rät Lambert, für jede Sprache Wörterbücher anzulegen, in denen Wörter nach semantischen Klassen und ihrer Zeichenfunktion geordnet werden. In die erste Klasse gehören die einfachen Begriffe, in die zweite und dritte Klasse Wörter mit abgeleiteten, «figürlichen» oder «verblümten» Bedeutungen. In Jean Paul Friedrich Richters Nachlass fanden sich zahlreiche Wörterbücher, in denen Lamberts semiotische Klassifikationsverfahren praktische Anwendung gefunden haben.[102] Die ersten dieser alphabetischen Register wurden um 1796/97 angelegt, wiewohl sich eine genauere Datierung als schwierig erweist, und lebenslang erweitert. Es bedurfte erst der ästhetischen Selbstvergewisserung in den *Palingenesien*, damit Richter von den heuristischen Verfahren der Erfindung von Fabel und Figuren, die er mittlerweile spielend beherrschte, über Lamberts symbolische Erkenntnis zur Einsicht in die kritische Erkenntnisfunktion der Sprache als Zeichensystem gelangte. Literatur ohne logischen Wahrheitswert ist in seinen Augen schlechte Literatur.

Im Mai lässt sich Richter von Emilie zu einer Reise nach Dresden und Dessau überreden. Die üblichen Dresdener Pilgerorte für Kunstkenner, Antikensaal und Gipsabgusssammlung, werden besichtigt; «jetzt kenn ich die Griechen und vergesse sie nie wieder».[103] Zu Himmelfahrt wird er Augenzeuge der katholischen Prozession durch die kursächsische Residenz: «die fürstliche heilige Familie nebst dem platgedrükten Hoftros» beim Einzug in die Hofkirche. «Ich habe dabei meine demokratischen Zähne geknirscht, am meisten über das gekrümte Schwarzen-Volk von Dresdenern, die nicht schön, nicht edel, nicht lesebegirig, nicht kunstbegirig sind, sondern nur höflich.»[104] In den Häusern des Geheimrats von Broitzen und des Freiherrn von Manteuffel fürstlich bewirtet, wechselt er Spottworte mit seiner Tischdame Caroline Schlegel, schüttelt Ministern und Grafen die Hände, schwärmt für eine Gräfin in Königsbrück, verliebt sich im Vorbeigehen in Frau von Ledebuhr und den Seifersdorfer Landschaftspark. Die Weiterfahrt nach Dessau sagt er ab. «Ach ich habe keine Freiheit, das ists – Otto und Freiheit, wo bist du sag ich tief in mir in jeder Stunde. Ich habe viele Bekanntschaften gemacht, aber keine von Bedeutung.» Fortan will er nur noch allein und zu Fuß reisen. «Ich reise nie mehr mit einer Dame.»[105]

Damenlos und zu Fuß macht er sich Mitte Juli auf den Weg nach Giebichenstein bei Halle, wo er Kapellmeister Reichardt besucht, und schaut bei dem alten Dichter Klamer Schmidt und dessen Mäzen Johann Wilhelm Ludwig Gleim in Halberstadt herein. Vom Geheimrat und Minister über Pfarrer, Rektor, Bürgermeister lieben ihn alle, vor allem deren lesende Töchter und Mütter. «Diese Gewisheit, daß meine Dinte sich durch alle Amtskleider etc. etc. frisset, erfreuet mich sehr und oft; aber nicht blos einige Moralität, sondern auch viel Freiheit geht auf solchen Zier-Prangern zum Teufel. Ach ich finde keinen Menschen für mein Herz, zwar Menschen, deren Schüler, aber nicht deren Freund ich sein kann! Und ich mus so den Bestrebungen, mich zu loben und zu lieben und zu errathen, mit zusehen!» Als er am 30. Juli zurück in

*Jean Paul Friedrich Richter,
Gemälde von Heinrich Pfenniger
für Johann Wilhelm Ludwig
Gleim, 1798*

Leipzig ist, hat sich Bruder Samuel mit dem bescheidenen Barvermögen, 200 Reichstalern, aus dem Staub gemacht. Später kommt ein Brief aus dem vogtländischen Naila: Der Junge ist zu Bruder Gottlieb geflüchtet. Auch die Berlepsch bleibt verschwunden. Am 17. August meldet er dem Ehepaar Herder und Charlotte von Kalb ziemlich überraschend seine Ankunft in Weimar. «Ich bin ein Auferstandener», verkündet er Charlotte vieldeutig, und «sehe eine himmelblaue Zukunft und einen Genius, dessen Flügel mich kühlen und tragen».[106] Sie lässt ihn kühl wissen, sie sei auf ihrem Landgut Kalbsrieth und bleibe dort bis zum Winter.

Als habe er Weimar nicht vor über einem Jahr verlassen, setzt sich am 22. August bei kaltem, regnerischem Wetter der Reigen der Empfänge in Tiefurt, der Mittagstafeln bei Herders, der Tees bei Berlepschs Tochter fort. In der Jenaer Mittwochs-Gesellschaft lässt er sich von den Universitätsprofessoren Loder, Batsch, Hufeland, Fichte in ein Gespräch über die jenaische *Allgemeine Literatur-Zeitung* und die Brüder Schlegel verwickeln. In Oßmannstädt freundet er sich mit Christoph Martin Wieland an, dem *gentilhomme* der deutschen Literatur, der seinem Gemälde sehr ähnlich ist: ein Aristokrat mit den Allüren eines Gutsherrn, stolz und hager, um den Kopf ein Tuch geschlungen, die rote Schärpe quer über dem langen Leib. Als der Besucher in seinem leichten Sommerrock friert, bietet ihm der Gastgeber, «ein wenig aristippisch gegen sich wie gegen andere», seinen langen Mantel samt Schärpe, in dem der schmächtige Richter zur allgemeinen Erheiterung schier verlorengeht. Dem ehemaligen Prinzenerzieher ist höfische Galanterie zur zweiten Natur geworden. Richter registriert es kühl. Wieland habe sich zu bescheiden gegeben «und unterordnete sich zu sehr und war zu begierig nach meinem Lobe seiner Sachen – Warlich mein Otto, wenn diese Erde so lumpig und so unter allen meinen Erwartungen ist, daß ich eine erfülle und etwas bin: so kann mich über den Verlust der angebornen gehoften erschmachteten Ideale nichts trösten als die Gewisheit, daß diese Leute mehr sind als das was sie loben [...]. Ach man hat nur die Wahl der Scham, entweder über die menschliche Natur oder über die eigne».[107]

Er hört, beobachtet, sammelt Augenblicke wie ein Voyeur. Es ist nicht mehr überfließende Menschenliebe, es ist der *Titan*, sein Kardinal-und Hauptroman, der seinen «Enthusiasmus für solche lebende Kunstwerke» befeuert, wie er nach seinem ersten Besuch im Vorjahr bemerkt hatte. «Es sind Woldemars und Göthe, die aus Künstlern Kunstwerke werden; die den poetischen Genus der Gefühle und Ideale auf die leichteste Art und auf d[ie] Kosten der Handlungen lieben. Es ist nicht die Eitelkeit, weswegen sie darstellen, sondern der Genus des Darstellens.»[108] Dass er alle zum Lachen bringt, dass er unbefangen wirkt wie ein Kind, gefällt so gut, dass Frau Wieland vorschlägt, ihn in ihr Haus und ihre Familie aufzunehmen. «Allein das geht nicht», stellt er rasch fest, «weil zwei Dichter nicht ewig zusammenpassen – weil ich keine Kette, und wäre sie aus Duft an der blassen Mondsgluth geschmiedet, anhaben will».[109] Zudem verdächtigt er Frau Wieland, ihn als Schwiegersohn für eine der Töchter zu umgarnen, die als Witwen oder ledige Jungfern mit im Hause wohnen. Sie sind ihm aber nicht schön genug.

Auch sein zweiter Besuch bei Goethe fällt entspannter aus. Er fühlt sich «freier, kühner und weniger vol Liebe und darum in mich gegründeter.» Man spricht über die jungen Jenaer Philosophieprofessoren

Fichte und Schelling, man tauscht vertraulich Erfahrungen mit Schreibstimulanzien aus – von Kaffee, den Richter bevorzugt, bis Malaga, wie Schiller ihn neben dem Kaffee beim Schreiben braucht, bis zu Goethes Rezepturen für «geistliche und leibliche Diätik».

Der eigentliche Grund für den Besuch mag ein anderer gewesen sein: Schillers *Musen-Almanach für das Jahr 1797* mit dem fatalen *Chinesen in Rom*. So wenig Richter mit den Jenaer Romantikern unter einen Hut gesteckt werden will, und sei es ein chinesischer, so wenig wird er sich auf die Seite der Weimarer Klassizisten schlagen. Vergiftete Pfeile fliegen zwischen Jena und Weimar. Nennen die Schlegel-Brüder Wieland einen «ästhetischen Ökonomen», schimpft dieser jene abfällig «Götterbuben». Im Mai 1798 ist die erste Nummer des *Athenäum* erschienen, der publizistischen Plattform der Romantiker, herausgegeben von den Brüdern Friedrich und August Wilhelm Schlegel. Dem von aller Welt gefeierten Jean Paul malen sie das «blutrote Himmelszeichen der vollendeten Unpoesie» auf die Denkerstirn. Sie ahnen nicht, dass dieses Verdikt die höchste Auszeichnung für den Erfinder einer poetischen Heuristik ist, der aus Erfahrung weiß, wie viel schwerer es ist, «eine philosophische als eine leidenschaftliche Gedankenfolge darzustellen.»[110] Nicht nur diagnostiziert Friedrich Schlegel an den «grotesken Porzellanfiguren» von Richters «wie Reichstruppen zusammengetrommelte[m] Bilderwitz», an den «bleiernen Arabesken im Nürnberger Stil» Willkür auf Kosten von Bildung. Sein abfälliges, wiewohl scharfsinniges Urteil hat es vor allem auf die «Blumenstücke» im *Siebenkäs* abgesehen. Richters «Frauen haben rote Augen und sind Exempel, Gliederfrauen zu moralisch-psychologischen Reflexionen über die Weiblichkeit oder über die Schwärmerei. […] Seine Madonna ist eine empfindsame Küstersfrau, und Christus erscheint wie ein aufgeklärter Kandidat. Je moralischer seine poetischen Rembrandts sind, desto mittelmäßiger und gemeiner; je komischer, je näher dem Besseren; je dithyrambischer und je kleinstädtischer, desto göttlicher: denn seine Ansicht des Kleinstädtischen ist vorzüglich gottestädtisch.»[111]

Der solcherart Verhöhnte nimmt Schlegel die derben Püffe sichtlich übel, mehr als Goethe dessen hochmütige Distichen. Er habe, wütet er, «dafür dem Seehund [irrtümlich vermutet er den älteren August

Wilhelm Schlegel als Verfasser] in einer Beschreibung von Dorfbibliotheken in der halberstädt. Quartalsschrift in einer leichtbewafneten Note ein oder 2mal auf die Schnauze geschlagen.» Schlegel schätze nur das Humoristische an ihm, «aber wegen alles übrigen bilt er mich an. Und ganz recht: so lang noch ein Bogen von mir 3 Leser hat, so hat seine windeierhafte Poetik 3 weniger.»[112]

Ein Meister der strategischen Vorsicht, hat sich Richter rechtzeitig mit neuen Verbündeten versorgt. Im Oktober, noch aus Leipzig, trug er Goethes und Herders Jugendfreund Friedrich Heinrich Jacobi seine Verehrung und Freundschaft «in diesem Wolfsmonat der Litteratur» an, «wo eine ästhetische ‹Schlegelsche› Erhebung über die Erhebung alles Positive unter Termen-Schnee vergräbt, und wo man an der moralischen Welt wie am Monde nur die verglasete Seite sieht». In Jacobi glaubt er einen Kombattanten zu gewinnen gegen den «transzendente[n] Fohismus [damals gebräuchlich für Buddhismus und Taoismus], der gern jeden Welten- und Kometenkern in einen Nebel zertreiben will», gegen die «ästhetischen enfans perdus» der Fichte-Schelling-Schlegel'schen Fraktion.[113] Den spekulativen Phantasten Jacobi denkt er sich – und liegt damit ziemlich richtig – als künftigen Idealleser seines *Titan*, seine «grüne Wiese» im felsigen Weimar. Als Jacobi überaus freundlich zurückschreibt, wird sogleich ein ganzes Rasenstück vertraulicher Tagebuchbriefe auf den Weg nach Pempelfort geschickt, aus dem eine Brieffreundschaft wächst, die erst mit Jacobis Tod enden wird. Zu Lessing, Lambert, Kant, dem Dreigestirn an seinem Philosophenhimmel, ist der Satellit Jacobi gekommen. Doch niemand steht über Johann Gottfried Herder, dem universalistischen Dichterphilosophen und Humanisten, dessen jüngstes Werk, die *Briefe zur Beförderung der Humanität*, im Vorjahr mit der zehnten Sammlung abgeschlossen wurde. Ihn bewundert der einundzwanzig Jahre jüngere Richter mit kindlicher Demut, «diesen durchgötterten Menschen, der den Fus auf dieser Welt, und Kopf und Brust in der andern hat – sein Wiegen der Arme, wenn ihn Gesang und Musik auflösen, und sein trunknes, schwimmendes Auge – sein Erfassen aller Zweige des Baumes der Erkentnis».[114]

Eine Wohnung am Markt wird für fünfzig Taler angemietet; dann fährt Richter über Weißenfels, wo er dem Salinendirektor von Harden-

Friedrich Heinrich Jacobi, 1801

berg, genauer gesagt dessen Hauslehrer Friedrich August Landvoigt, einen Besuch abstattet, nach Leipzig zurück. Am 21. September 1798 ist Band eins des *Titan* in der ersten Fassung durchgeschrieben. Vier Wochen später ist Richter schon auf dem Rückweg nach Weimar, wiederum mit Zwischenhalt in Weißenfels, von dem noch die Rede sein soll. Christian Otto muss glauben, der Freund fliehe vor den «Blumenketten» seiner Leipziger Freundinnen, vor der «Ungewissheit des Orts und Bleibens» ins Thüringische. Es ist aber der Kardinalroman, der ihn vor sich her treibt.

4. MASKEN, CHIFFREN, TITANEN

Weimar, Herbst 1798

Am Fuß des ästhetischen Gesetzbergs, frierend «im Sommerrok und mit Taschen vol Schuhen und Wäsche, ohne Mantelsack und ohne alles», steht Friedrich Richter zum dritten Mal am 25. Oktober auf dem Weimarer Marktplatz. «So treibe mich denn, Geschik, bis du mich auf dem rechten Beete deines Gartens hast!»[115] Nicht lange, und das Beet erscheint ihm als ein blühendes Kanaan, eine «Furche des Zuckerfelds».[116] Für die nahe Zukunft ist gesorgt. Sein Guthaben auf der Altenburgischen Landesbank, 500 preußische Kuranttaler, wirft zweieinhalb Prozent Zinsen ab.

Kaum hat er die Stiefel ausgezogen, als er zur Eröffnung der Ballsaison auf dem Maskenball im Redoutenhaus mit geliehener Augenmaske erscheint. Seine Wirtin kümmert sich rührend um ihn, dessen Schreib-Ich so abhängig ist von seinem Körper-Ich, dass er glücklich ist über «einen ganz neuen Bowlen-mässigen» Nachttopf, «bei dem ich 8 Seiten schreiben kann». Er lässt sich um sechs Uhr wecken und Kaffee kochen, arbeitet gewöhnlich von morgens bis abends sieben Uhr, geht dann zu Karoline Herder und mit ihr zu Herder hinauf in dessen Studierstube bis zum Nachtessen; um halb elf kehrt er heim. Ende November entwirft er ein Chiffriersystem, um Freund Otto diskret alle weimarischen Interna berichten zu können. «Arche bedeutet Göthe – Taube die Herzogin – H. Geist die verwittibte / Pegasus Herder / Nachtigal sie / Osterlam Herzog.»[117] Im Dezember kommt noch Charlotte als «Titanide» hinzu.

Sie habe ihm die Ehe angeboten, meldet Richter kurz nach Weihnachten nach Hof, und sei entschlossen, sich von ihrem Mann scheiden zu lassen. Er lehnt dankend ab, allerdings nach einigen Tagen Bedenkzeit, und widersteht ihrer «Grösse, Gluth, Beredsamkeit». «Ich habe endlich Festigkeit des Herzens gelernt», ist er überzeugt, «– ich bin ganz schuldlos – ich sehe die hohe genial[ische] Liebe, die ich dir hier nicht mit diesem schwarzen Wasser malen kan – aber es passet nicht zu meinen Träumen. – O Emilie, du sprachst mir die Liebe ab, und nur dieser opfer' ich Stand und Reichthum schon zum 2ten mal!»[118]

Nachdem auch dieser Anschlag auf seine Freiheit abgewendet ist, sieht er Charlotte von Kalb wieder öfter. «Nein, es giebt nichts heiligeres und erhabeneres als ihre Liebe. Sie ist weniger sinlich als irgend ein Mädgen», glaubt er, «man halte nur ihre ästhetische Philosophie über die Unschuld der Sinlichkeit nicht für die Neigung zur leztern [...] Sogar ihren Man liebt sie jezt mehr.»[119] Er irrt sich; zielstrebig betreibt sie ihre Scheidung von dem Hauptmann von Kalb. Sie hofft auf ihn, der sich auf Abstand hält mit der vagen Andeutung, schon anderseitig vergeben zu sein. «Müst' ich ihr freilich auf einmal den Namen einer Geliebten ansagen – leider weis ich keinen – so thäte sich ein Fegfeuer auf.»[120]

Den Anbruch des letzten Jahres des 18. Jahrhunderts begeht er verhalten. «Ich trete sonderbar weg von einem Jahr, das mir so viel aus dem Herzen ris; und ich trete, nicht scheu aber ahnend an den Vorhang des neuen, hinter dem meine Parze den Lebensfaden aus Hanf oder Seide, zu Stricken oder zu Bandagen spinnt.»[121] Im Februar wird der erste Band des *Titan* überarbeitet, die in Leipzig begonnene *Konjekturalbiografie* in aller Eile verbessert, in der neben komödiantischen Scherzen viel Hübsches und Gelehrtes über das Träumen gesagt wird. Als zweiter Teil von *Jean Pauls Briefen und bevorstehendem Lebenslauf*, in dem sich Jean Paul als adeliger Gutsherr in Mittelspitz vorstellt, kommt sie zur Frühjahrsmesse bei Heinsius in Gera heraus. Die Anspannung der letzten Monate macht sich bemerkbar. Richter ist oft schwindlig. «Noch in keinem Jahr strit und trank ich so viel. Mit Schiller neulich bis 12 Uhr Nachts; und mit ihm und Göthe bei der Kalb. Ich bin jetzt keker [!] als je.»[122]

Schillers neues Trauerspiel macht in der literarischen Gemeinde gewaltigen Lärm. Am 12. Oktober 1798 war das Weimarer Comödienhaus nach langwierigem Umbau mit *Wallensteins Lager* neu eröffnet worden. Goethe hatte die Inneneinrichtung persönlich überwacht und das Hoftheater «in ein freundliches, glänzendes Feenschlößchen verwandelt». Säulen, die wie Granit aussehen, Kapitelle wie gelber Marmor, das Gesims von grünem Cipollin, Galerien und Logen, darüber Gipsmasken tragischer und komischer Charaktere in antikem Stil. In der Mitte sorgt ein moderner großer Leuchter «von englischen Lampen», die mit Öl betrieben werden, für gleichmäßiges Licht im Zuschauerraum. Der Rußdunst wird über eine kleine Kuppel ins Freie geleitet. «Schiller hat doch in Jahren zu Stande gebracht, was Göthe vielleicht (die Studien abgerechnet) in einem Nachmittag hätte geschrieben, und das will immer viel sagen», raunt Caroline Schlegel nach der Premiere in einem Brief ihrem Schwager Friedrich Schlegel zu. «Er hat sich (dies komt von Wilhelm [Schlegel]) dem Teufel ergeben, um den Realisten zu machen und sich die Sentimentalität vom Leibe zu halten.»[123] Am 30. Januar folgt die Uraufführung der *Piccolomini*; das Stück sei «vortreflich, passabel und langweilig und flach», findet Richter. «Die schönste Sprache – kräftige poetische Stellen – einige gute Szenen – keine Karaktere – keine fortströmende Handlung – oft ein dramatisierter Zopf oder Essig – 3faches Interesse – und kein Schlus. Der dritte noch nicht fertige Theil ist der Schwanz am Rückgrat des 2ten: es sind nicht einmal jene zusammengewachsene Zwillingsschwestern in Ungarn.»[124]

Richters Vorliebe für Geheimnisse, Goethes Empfindlichkeit, Herders Solipsismus, Böttigers Klatschsucht, Schillers Stolz, Wielands Eitelkeit – eine explosivere Mischung literarischer Temperamente auf engstem Raum lässt sich kaum denken. Bei einem Souper Mitte Januar anlässlich der privaten Premierenfeier im Haus am Frauenplan sitzt Goethe zwischen Friedrich Richter und Herder. Schiller, Wieland, Böttiger sind ebenfalls anwesend. Herder verweigert Goethe den priesterlichen «Oelzweig des Friedens» und schweigt beharrlich. Richter, vom Champagner erhitzt, raunt Goethe vertraulich etwas über das «hiesige Tragische» zu, «worüber er empfindlich ¼ Stunde den Teller drehte», während sich Böttiger diebisch freut, dass der kleine Richter, dieses «animal disputax», den großen Goethe doch einmal zum Schweigen gebracht habe.[125] Die oft kolportierte Weimarer Abendmahlsszene fand sechzig Jahre später in Adolph Menzel sogar ihren da Vinci.[126]

4. *Masken, Chiffren, Titanen* | 267

Theaterzettel zur Uraufführung von Schillers Wallenstein am 20. April 1799 am Weimarer Hoftheater

Den ganzen April ist Friedrich Schiller zu Proben für *Wallensteins Tod* in Weimar, und Richter sieht ihn fast täglich. Schiller habe alles von ihm gelesen und finde nur «den Unterschied in der Erziehung; und darum sucht und liebt er mich jetzt [...] So viel ist gewis, eine geistigere und grössere Revoluzion als die politische, und nur eben so mörderisch wie diese, schlägt im Herz der Welt. Daher ist das Amt des Schriftstellers, der ein anderes Herz hat, jetzt so nöthig und braucht so viel Behutsamkeit. Ich nehme in meiner Brust keine Veränderungen auf, aber desto mehr in mein Gehirn; nur dieses hat in Weimar Irrthümer abzulegen.»[127] Andere haben mehr Irrtümer hinsichtlich Jean Pauls abzulegen, wie Schiller, dem er noch vor einem Jahr «fremd wie einer, der aus dem Mond gefallen ist», vorkam.[128] Die Formulierung lässt die Annahme zu, dass Schiller sich als aufmerksamer Jean-Paul-Leser noch gut an die Stelle im *Siebenkäs*-Roman erinnern konnte, wo Richters Alter Ego Heinrich Leibgeber ankündigt, sich «als ein Naturspiel,

III. Ad parnassum (1796–1804)

als ein diabolus ex machina, als ein blutfremdes Mond-Lithopädium unter die Menschen und auf die Erde zu stürzen vom Mond herunter.»[129]

Je besser es mit dem Roman vorangeht, umso gesünder wird Richter. Das gute Essen seiner «Hausfrau» setzt an. «Leben sizt mir um die Nase». Die Migräne bekämpft er mit viel Laudanum. Doch mit dem Frühling überfällt ihn Melancholie. Was fehlt ihm also? «Mein ewiges Unglük ist die Vielseitigkeit meiner Natur, wodurch ich mich an jeden und er sich an mich kettet; indes ich unter den schärfsten Unähnlichkeiten leide».[130] Unter den Weimarer und Jenaer Schriftstellern bleibt er der Fremde, ein flüchtiger Gast, der unter dem Dach Herders Schutz gefunden hat, des anderen großen Einsamen. Den Adel liebt er nicht; er studiert ihn, wie man ein Kunstwerk oder einen Schmetterling unter dem Mikroskop studiert. «Meine Seele ist trübe über das Leben, über das Jahrhundert und über mein leeres Herz – mein Auge ist trocken und mein Herz steif, ausser zu Hause an meinem Klavier und Tisch. Die Menschen haben mir nie viel gegeben; ich habe sie geliebt und liebe sie ewig, aber wie gesagt, sie gaben und geben mir nicht viel.»[131]

Und nun muss von dem Roman gesprochen werden, in dem das endende Jahrhundert in all seiner Pracht und seinem Elend noch einmal vorüberzieht, *Titan*, dem umstrittensten und zugleich meistbewunderten Roman der deutschen Literatur. «Es fehlt jetzt eine Moral für den Giganten-Geist der Zeit», erklärt Richter im Herbst 1800, als der dritte Band bereits weit gediehen ist. «Himmel! Wie viel tiefe Gräber seh' ich offen, die alle sich mit der Jetzt-Welt füllen, – wie viele volle Sterbebetten von Zeit-Greisen in Religion und Philosophie».[132] *Titan* ist die Diagnose einer kranken Gesellschaft, der jeder Sinn für Gemeinschaftlichkeit verloren gegangen ist, zerfallen in unglückliche Einzelne, die ihr Lebensglück verfehlen, weil sie, getäuscht von ihren überlebensgroßen Idealen und verführt von den Manipulationen ihrer Regierungen, ihrer inneren Stimme nicht mehr vertrauen. Jeder ist «seine eigne Einsidelei unter der Larve», eine sprachlose Insel im Weltmeer des höfischen Geplappers und der philosophischen Gaukeleien. Goethes Marmorkälte, Schillers «Giganten Manier»[133] und der «Fohismus» der Jenaer Roman-

4. Masken, Chiffren, Titanen

tiker entspringen in Richters Augen demselben Krankheitsbild: einer hypertrophen geistigen Kultur, die sich, statt der Freiheit des Menschen, dem Status quo einer verknöcherten, dem Untergang geweihten Gesellschaft unterworfen hat.

Den förmlichen Geburtstag des *Titan* datiert Richter auf den Johannistag 1797. An diesem Tag hatte Charlotte von Kalb ihm aus Weimar geschrieben: «Meine Seele hat nur zwei Flügel, aber sie messen sich kühn mit jedem andern, durch die Innigkeit meiner Liebe.»[134] Der Genius, dessen Flügel ihn nach Weimar getragen haben, heißt aber nicht Charlotte, sondern *Titan*. Alles, was er kann, wird er zeigen in «der längsten, aber besten Biographie, die ich je geschrieben und zu welcher mir täglich ganze Karren mit Aktenstücken, Urkunden, Attestaten usw. vor die Tür geschoben werden, weil ich kein Wort schreiben will, das ich nicht verbriefen kann.»[135]

Im Faszikel 19 des Nachlasses hat Jean Pauls Herausgeber Eduard Berend fünfzehn Arbeitshefte und um die 150 Einzelblätter zusammengestellt, die den Humus des Romans bilden. Das älteste Heft, *Das Genie* betitelt, wurde schon am 31. Dezember 1792 angelegt und bis 1797 weitergeführt. Am 7. April 1795 hatte er Christian Otto begeistert wissen lassen, er habe einen Brief verfasst, «womit heute Jean Paul seine *vierte* und letzte Biographie anhob.»[136] Fast auf den Tag genau vier Jahre später ist Otto wiederum der Erste, dem Richter den (bis auf zwei Kapitel) fertigen ersten Band zu lesen gibt. Spaßeshalber schlägt er vor, Otto solle aus dem ersten Teil den Fortgang der Geschichte erraten. «Das lezte Kapitel ist das einzige, das *ganz* erst jetzt aus meiner Seele flos».[137] Es schildert in üppigen Farben und barocken Vanitas-Bildern den Maskenball, auf dem sich die Haupthelden des Romans, Albano de Cesara und Roquairol de Froulay, zum ersten Mal gegenüberstehen: der schwarze und der weiße Ritter.

Prinz Jean Paul von Flachsenfingen, der Erzähler des *Hesperus*, tritt im *Titan* als Chef einer «Entzifferungskanzlei» auf, dem ein Heer von «Legations-Zeichendeutern», «biographischen Denunzianten» und «Clairvoyants» untersteht. Aus den Nachrichten, die er aus der Welt des Adels empfängt, setzt er «die ästhetischen Bauten [s]einer biographischen Narrenschiffe, Redoutensäle und Zauberschlösser» zusammen. «Und das ist eigentlich die echte, dem historischen Romane entsprechende romantische Historie. Nicht ich, sondern andere – nämlich der Lehnprobst und die Legationssekretäre – können entscheiden, inwiefern ich eine wahre Geschichte illusorisch behandelt habe. Ein Unglück ist's, daß schwerlich je die echte Geschichte meines Helden zum Vorscheine kommt; sonst dürfte mir vielleicht die Gerechtigkeit widerfahren, daß Kenner meine dichterischen Abweichungen von der Wahrheit mit der Wahrheit konfrontierten und darnach leichter jedem von uns das Seinige geben, sowohl der Wahrheit als mir. Allein auf diesen Lohn tun alle königliche Historiographen, skandalöse Chroniker nolens volens Verzicht, weil nie die wahre Historie zugleich mit ihrer erscheint.»[138]

Im fünfzehnten Kapitel wird diese Verschlüsselungstechnik ausführlich als politische Chiffre aufgedeckt. «Für Autoren, die wahre Geschichten zugleich erzählen und vermummen wollen, bin ich vielleicht im ganzen ein Model und Flügelmann». In Zeiten rigider Post- und Pressezensur und höfischer Geheimpolitik ist schon die Aufdeckung des Erzählverfahrens ein Akt demokratischer Subversion; «daß ich meine Geschichten nicht aus der Luft greife, sondern aus Depeschen, nötigt mich, mehr Mühe anzuwenden, sie zu verziffern, als andere hätten, sie aufzuschmücken oder auszusinnen. Kein kleineres Wunder als das, welches das Mauersche Geheimnis und die unsichtbare Kirche und die unsichtbare Loge vergittert und verdeckt, schien bisher die Entdeckung der *wahren* Namen meiner Historien abzuwenden, und zwar mit einem solchen Glücke, daß von allen bisher an die Verlagshandlungen eingeschickten, mit Mutmaßungen gefüllten Brieffelleisen keines Mäuse merkte.»[139]

Kurz nach seinem Umzug nach Leipzig hatte Richter Christian Otto wissen lassen, er habe jetzt «eine neue He[u]ristik zu Planen oder Geschichtgen erfunden und bekome soviel Stof, daß ich viel zu bald sterbe.»[140] Die «Verzifferung» von Geheimkassibern ist der höfischen Diplomatie entlehnt, wie sie alle europäischen Fürsten ebenso wie die Geheimorden der Freimaurer, Illuminaten und Rosenkreuzer unterhielten. Mittels Chiffriertabellen, *chiffres chiffrants*, wurden Briefe und Dossiers verschlüsselt. Nur wer Zugang zur Entschlüsselungstabelle hatte, dem *chiffre déchiffrant*, konnte sie lesen; der *chiffre banal* war hingegen allen Mitgliedern eines Hofes zugänglich (Richters «Taube» und «Osterlam» sind solche *chiffres banals*). Chiffriersysteme gab es übrigens nur in französischer Sprache – der Hof- und Verkehrssprache des 18. Jahrhunderts.[141]

Der *Titan* ist in fünfunddreißig Hauptkapitel – «Jobelperioden» genannt – und 146 Unterkapitel oder «Zykel» unterteilt. Auf die erste Jobelperiode folgt im neunten Zykel das «Antrittsprogramm des Titans». Dass Jean Paul damit erst nach fünfzig Seiten herausrückt, hat ebenfalls seinen Grund in der verschlüsselten Polemik gegen idealistische Geschichtskonstrukte. Ausführlich wird erklärt, dass die «Jobelperioden» auf Johann Georg Franck d. J. zurückgehen und eine «von ihm erfundne Ära oder Zeitsumme von 152 Zykeln» bezeichnen, «deren jeder seine guten 49 tropischen Mondsonnenjahre in sich hält».[142] Der lutherisch-orthodoxe Theologe griff auf eine alttestamentarische Chronologie zurück, nach der alle 7448 Jahre das Paradies, das Erscheinen des Messias, erwartet wird. Auf diese Weise versuchte er, die mosaisch-jüdische Zeitrechnung des Alten Testaments mit der astronomischen Kalenderrechnung zu synchronisieren. Weite Verbreitung erlangte seine Theorie durch den Göttinger Historiographen Johann Christoph Gatterer, dessen synchronistische Universal- und Weltgeschichte das konservative Gegenstück zu Schillers Programm einer progressiven Universalhistorie war. Gatterers Kernthese von der Geschichte als einer «idealen Gegenwart» wirkte vor allem in den Kreisen der jungen Romantiker um Fichte, Schlegel, Novalis und in Schellings späterer Geschichtsmythologie weiter, hingegen Jean Pauls *Titan* sie in Gestalt der Kapitelbezeichnungen als pseudowissenschaftlichen Humbug entlarvt.

Die ganze, auf vier Bände berechnete Romanarchitektur ruht auf den Säulen eines doppelten Staats-Körpers, eines typischen Miniaturzwillingsstaats mitten im Deutschland des 18. Jahrhunderts. Wie im *Hesperus* steht am Anfang ein Regierungswechsel ins Haus. Erbprinz Luigi von Hohenfließ ist der Letzte seines Stammes – er hat nur eine Schwester, Prinzessin Julienne – und muss um sein Leben fürchten. Denn bei seinem Tod würde das Fürstentum Hohenfließ seinem Nachbarn und Vetter, dem Fürsten von Haar-Haar, zufallen.

Im ersten Zykel steht der zwanzigjährige Albano de Cesara auf der Isola Bella im Lago Maggiore zum ersten Mal seinem vermeintlichen Vater Don Gaspard gegenüber, einem Minister des alten Fürsten von Hohenfließ. Bis zu seinem zwanzigsten Geburtstag wuchs Albano im Haus seines Pflegevaters auf, des Landschaftsdirektors Wehrfritz in Blumenbühl. Jetzt aber hat ihn Don Gaspard auf die Isola Bella bringen lassen, um ihn seinen neuen Hofmeistern zu übergeben. Der erste, von Augusti, bekleidete zuvor das Amt eines Lektors beim Erbprinzen Luigi. Der zweite heißt Peter Schoppe und ist ein zwielichtiger Straßenmaler und Spaßvogel, den Don Gaspard in der Nähe der Statue des Pasquino in Rom aufgelesen und nach Blumenbühl geschickt hat, um Albano abzuholen. Sich selbst stellt Schoppe als «wirklicher Titularbibliothekar des Großmeisters zu Malta und Abkömmling des sogenannten grammatikalischen Hundes, des gezähnten Humanisten Scioppius», vor. Er hegt herzliche Abneigung gegen den Hofadel und will Albanos weitere Erziehung nur unter der Bedingung begleiten, dass er nicht in «vornehme Häuser» muss, da ihm seine Freiheit über alles geht. Mit Albano und Schoppe ist der Maler Dian nach Italien gereist, von Beruf «Landbaumeister» in Blumenbühl und Albanos Jugendfreund. In Rom gedenkt er seine Kunststudien fortzusetzen, nachdem er Albano bei Don Gaspard abgeliefert hat.

Nachdem in Rückblicken Albanos behütete Jugend in Blumenbühl erzählt worden ist, verkündet Don Gaspard seinem Sohn am Ufer des Lago Maggiore in einer magischen Mondnacht das Mysterium seiner Zukunft, wie Lord Horion seinem vermeintlichen Sohn Viktor am Anfang des *Hesperus*. «Es werden einmal [...] drei Unbekannte, einer am Morgen, einer mittags und einer abends, zu ihm kommen, und jeder wird ihm ein eingesiegeltes Kartenblatt zustellen, worauf bloß der Name der Stadt und des Hauses steht, worin das Bilderkabinett, das Albano noch dieselbe Nacht besuchen muß, zu finden ist.» Albano müsse dann den geheimen Mechanismus finden, durch den eine in der Wand verborgene Uhr zwölf Mal schlägt. Dann werde eine weibliche Gestalt auftauchen, an deren Hand sich drei Ringe befänden. Drücke er diese nacheinander, so würden ein Sargschlüssel und ein Taschenfernrohr zum Vorschein kommen, und die Maschinenfrau werde zu schreiben anfangen und auf einem Zettel den Ort des Sarges bezeichnen, zu dem der Schlüssel passt. In diesem finde Albano eine schwarze Marmorstufe in der Form einer Bibel; «und wenn er sie zerschlagen hat, trifft er einen Kern darin, aus dem der Christbaum seines ganzen Lebens wachsen soll. – Ist die Stufe nicht im Sarge, so gibt er dem letzten Ringe des Ohrfingers [des kleinen Fingers] einen Druck – was aber dann dieses hölzerne Guerickes-Wettermännchen seines Schicksals beginne, wußte der Ritter selber nicht vorauszusagen.»[143]

Er kenne Uhrwerke, merkt der Erzähler an dieser Stelle trocken an, die genauso gut mit «zwei Rädern» laufen, so dass dem «bizarren Testamente» seine komplizierte Mechanik ohne Schaden entfernt werden könne. Der alte Graf prophezeit ferner, Albanos Schwester, nach der dieser sich seit Kindertagen sehnt, werde sterben, wenn der Abendstern untergehe. Des mystischen Unsinns ist kein Ende. Im siebten Zykel tritt ein echter Geist auf, ein Zahuri oder Mönch, und verkündet Albano drei weitere Menetekel: «Nimm die Krone», heißt das erste, «Liebe die Schöne», das zweite, «Liebe die Schöne, die ich dir zeige», das dritte. Noch später erscheint ein gespenstischer Kahlkopf, der sich als Urheber der Spukerscheinungen herausstellt, Gaspards Bruder und niederträchtiges Werkzeug «mit hängender Gesichtshaut auf bedeutenden Gesichtsknochen – ein aufgerichteter falber Werwolf, erst aus der tierischen Haut in die menschliche getrieben – gleich dem Würgengel, ein Würgmensch und doch ohne Leidenschaft.»[144] Der erste Band des Romans endet mit dem Begräbnis des alten Fürsten von Hohenfließ und der Huldigung des Volkes an den jungen Fürsten Luigi. Nach dem Willen des alten Grafen soll Albano in Pestitz, der Hauptstadt von Hohenfließ, ins Hofleben eingeführt werden.

Die Auflösung der phantastischen Scharade im Stil populärer Verschwörungsromane wird erst ganz zum Schluß im 142. Zykel geliefert, wiederum nach dem Muster des *Hesperus*. Albano – man ahnt es schon – ist in Wahrheit der Sohn des alten Fürstenpaars von Hohenfließ, der aus Furcht vor Mordanschlägen des Vetters in Haar-Haar von Pflegeeltern aufgezogen wurde. Eingefädelt wurde die Sache von dem intriganten Ritter Don Gaspard, der das alte Fürstenpaar vor vielen Jahren im Hause des Fürsten di Lauria in Rom kennengelernt hatte, als er noch den Namen de Cesara trug. Di Laurias Tochter liebte den Grafen de Cesara, durfte ihn aber nicht heiraten, da er nicht Träger des kaiserlichen Ordens vom Goldenen Vlies war. Dank seiner guten Beziehungen zum Wiener Kaiserhof war es dem Fürsten von Hohenfließ ein Leichtes, de Cesara den Orden zu beschaffen. Die Fürstin von Hohenfließ und die Gräfin de Cesara wurden zur selben Zeit schwanger. Die Fürstin brachte Zwillinge zur Welt, Julienne und Albano, die Gräfin eine Tochter, Severina. Um sich erkenntlich zu zeigen und sich zugleich am fürstlichen Hof von Haar-Haar zu rächen, der seinen Heiratsantrag an die Prinzessin Isabella zurückgewiesen hatte, erbot sich Don Gaspard als Beschützer des hohenfließischen Thronerben vor den Mordgelüsten des Vetters aus Haar-Haar. Gemeinsam beschloss man, Albano bis zu seinem dritten Geburtstag als Cesaras Sohn auszugeben und zusammen mit Severina auf Isola Bella aufwachsen zu lassen, während die Fürstin von Hohenfließ mit Julienne nach Deutschland zurückkehrte. Als Preis für sein Schweigen verlangte Gaspard, Albano solle dereinst, wenn die Kinder erwachsen sind, seine Tochter Severina heiraten. Nach drei Jahren wurde Severina unter dem Namen Linda de Romeiro mit ihrer Mutter in Spanien versteckt und Albano in dem Dorf Blumenbühl unter falschem Namen von Pflegeeltern aufgezogen. «Ein wunderbarer Zauberplan» musste entworfen werden, um Albano mit Severina-Linda zusammentreffen zu lassen und ihm Liebe einzuflößen. Doch der zum Jüngling herangewachsene Albano verdirbt alles, als er sich in Liane verliebt, die fromme Tochter eines Ministers im Staate Hohenfließ.

Dasselbe Menetekel des Erlöschens eines fürstlichen Hauses hing wie über Hohenfließ auch über den thüringisch-sächsischen Herzogtümern Eisenach, Altenburg, Gotha, Coburg, Meiningen, Weimar und Hildburghausen. Binnen hundert Jahren hatten die Nachkommen der Herzöge Wilhelm IV. von Sachsen-Eisenach, Albrecht von Sachsen-Weimar und Ernst I. von Sachsen-Gotha durch Erbteilungen, Verschwendungssucht und schlechte Verwaltung ihre Staaten an den Rand des Bankrotts geführt. Mehrere dieser Kleinstaaten standen unter Zwangsverwaltung einer kaiserlichen Schuldenkommission, und der

Kaiser musste nur warten, bis sie früher oder später als Reichslehen kassiert würden. 1791 einigten sich die rivalisierenden Häuser daher auf eine *successio linearis stirpes*: Bei Aussterben einer Linie sollten die anderen zu gleichen Teilen erben.

Die Romanstaaten Haar-Haar und Hohenfließ sind also keineswegs aus der freien Luft der Phantasie gegriffen. Als heuristisches Modell bildet die scheinbar abstruse Fabel exakt die Krise der deutschen Kleinstaaterei als Folge der dynastischen Politik ab. Was Richter einmal seine neue, «objective» Darstellungsweise nennt, ist der Versuch, ohne Eingreifen eines allwissenden Erzählers eine Geschichte sich aus ihrer eigenen Logik oder Unlogik heraus so entwickeln zu lassen, dass sich daran die allgemeinen Gesetze der Geschichte wahrheitsgetreu abbilden lassen. Denn Geschichte wird von Menschen gemacht, menschliches Handeln aber bleibt aus Jean Pauls Sicht den allgemeinen Gesetzen der Naturgeschichte unterworfen.[145] «Eigentlich ist doch im Weltal jede Physik Metaphysik und Teleologie, und jedes Gesez der Natur wird nicht von Endabsichten begleitet, sondern sogar gemacht, und diese thun entweder nichts oder alles, wie ja der volendet-moralische Mensch schon [...] in der elendesten Handlung einen moralischen Willen haben müsste.»[146] Dieser moralische Wille äußert sich im *Titan* als *diabolus ex machina* in Gestalt des intriganten Don Gaspard. Er manipuliert die Figuren, lässt Geister über Wassern schweben und Mönche in der Luft, verwirrt die Lebensfäden und verführt die Menschen blind zu Entscheidungen, deren Hintergründe sie so wenig durchschauen wie die Leser. Während Albano glaubt, seinem Schicksal zu folgen, wird er durch geheime Federn und Räderwerke dorthin gelenkt, wo er den politischen Plänen der Herrscher von Hohenfließ und Haar-Haar von Nutzen ist.

Don Gaspard agiert ersichtlich im Interesse des Wiener Kaiserhofs, indem er als Träger des Ordens vom Goldenen Vlies auftritt, dessen österreichischer Großmeister seit 1792 Kaiser Franz II. heißt. Die Isola Bella, auf der Albano seine Zukunft prophezeit wird, war bis Ende des 18. Jahrhunderts habsburgisches Territorium. Sollte Gaspards Plan gelingen und Albano sich mit Severina verbinden, so würde Hohenfließ zu einem Trabanten der Reichspolitik – ein Schicksal, das Sachsen-

Weimar-Eisenach, Sachsen-Gotha und ihren armen Verwandten in Hildburghausen und Coburg längst droht.

Gaspards Pläne und die Praktiken, derer er sich bedient, sind mit zynischer Präzision auf die Verführbarkeit von Menschen berechnet, deren idealische Weltfremdheit, deren geistiger und moralischer Titanismus sie anfällig machen für die Machinationen der Geheimorden und machtpolitischen Strategen in Wien. Der Geist der Zeit ist ein Gebräu aus Mystizismus und Obskurantismus. Darum müssen Politik und Psychologie auch im Roman ineinandergreifen wie die Räder eines Uhrwerks. «Der *gewöhnliche* Leser mus im ästhetischen Werke wie im kosmischen um uns überal nur Physik und nirgends Endabsichten antreffen», schreibt Richter Ende 1798 an Friedrich Heinrich Jacobi. «Mein Titan ist und wird gegen die algemeine Zuchtlosigkeit des Säkulums gewafnet, gegen dieses irrende Umherbilden ohne den punctum saliens [springenden Punkt] – gegen jede genialische Plethora [Blutfülle], d.i. Parzialität – gegen die ästhetische (artistische) und philosophische Trennung des Ichs von der Beschauung».[147]

Die Hauptsymptome der Krankheit der Zeit, die der *Titan* diagnostiziert, – religiöser Mystizismus, hypertrophe Vernunftkultur und Empfindsamkeit – verkörpern sich in Albano, seiner Geliebten Liane und deren Bruder Roquairol. Albano, ein prädestiniertes Opfer der «Welt-Maschine», läuft seinem vermeintlichen Schicksal blind in die Arme; er lebt «in der Verklärung, worin der Himmel ihm nur der Vergrößerungsspiegel einer schimmernden Erde war und die Vergangenheit nur das Vater- und Mutterland heiliger Eltern.»[148] Romantisch, nervenschwach, fern des höfischen und städtischen Lebens aufgewachsen, glaubt er, «jeder müsse so angespannt und glühend sprechen und fühlen wie er». Unschuldig gerät er, wie Gustav in der *Unsichtbaren Loge*, unter den Einfluss pragmatischer Realisten und zynischer «Weltmenschen». «Seine hohe ehrgeizige Seele war unfähig, sich zur kleinsten Lüge niederzubücken».[149] Aus Sehnsucht nach starken Empfindungen ritzt er sich die Unterarme blutig, er leidet an Alpträumen, verirrt sich heillos in Don Gaspards Zeichenlabyrinth und weiß am Ende nicht mehr, was wahr ist und was Täuschung, noch wen er liebt oder wer er ist.

Das Gegenbild zu Albano, dem hypersensiblen Träumer, ist der gleichaltrige Ministersohn Roquairol de Froulay, dem Albano auf einem Maskenball in Hohenfließ zum ersten Mal im Kostüm des schwarzen Ritters begegnet. Er ist stolz, exzentrisch und heroisch, ein Schiller'scher Charakter, aus dem «der himmelstürmende Titanen-Geist der Zeit» spricht, den Richter in Schillers *Wallenstein* erkannt zu haben meint und der «sich von den Nephilims und Faustrechthabern nur darin unterscheidet, daß er die geistige Stärke an die Stelle der körperlichen sezt».[150] Roquairol ist Karl Moor und Werther in einer Gestalt, deren Charakter durch literarische Vorbilder geformt wurde, ein grandioser Selbstdarsteller, ein zynischer Freidenker und -redner, beseelt von der kosmisch-trunkenen Sprache seines Erfinders. «Die Zeit umgab ihn mit vielfachen Dramas, und überall stand er zwischen Theatervorhängen.»[151] Übersättigt von Bücherwissen, spricht aus ihm der Irrwitz einer dekadenten Kultur, die den Blick für die Wirklichkeit verloren hat. «Roquairol ist ein Kind und Opfer des Jahrhunderts.»[152]

Das psychologische Porträt dieses Karl-Roquairol in der Beschreibung seines Schreibtisches ist ein Meisterwerk des Charaktermalers Jean Paul: ein Vanitas-Stillleben aus dem ausgehenden 18. Jahrhundert. «Auf der Tafel lagen verworrene Völkerschaften von Büchern wie auf einem Schlachtfeld, und auf Schillers Tragödien das hippokratische Gesicht von der Redoute, und auf dem Hofkalender eine Pistole – das Bücherbrett bewohnte die Degenkuppel neben ihrer Seifenkugel aus Kreide, ein Schokoladequerl, ein leerer Leuchter, eine Pomadebüchse, Fidibus, das nasse Handtuch und die eingetrocknete Mundtasse – das Glashaus der ausgelaufenen Standuhr und der Wasch- und der Schreibtisch standen offen, auf welchem letztern ich mit Erstaunen umsonst nach Unterlage und Streusand suche – der Pudermantel lehnte sich in der Ottomane zurück, und ein langes Halstuch ritt auf dem Ofenschirm, und das Hirschgeweihe an der Wand hatte zwei Federhüte aufs rechte und linke Ohr geschoben – Briefe und Visitenkarten waren wie Schmetterlinge an die Fenstervorhänge gespießet.»[153]

Albanos Geliebte Liane, eine religiöse Schwärmerin, eine jener Hypernervösen des 18. Jahrhunderts, ist das dritte Extrem der kranken Zeit. Die Schriften der Madame Bourignon, die Richter durch Charlotte von Kalb kennenlernte, sind ihre Lieblingslektüre. Ihr Somnambulismus ist christlich präformiert, ihre Hellseherei sublimiert erotische Bedürfnisse nach weiblicher Hingabe. Ihre Erblindung ist ein Leitsymptom der nervösen Hysterie, der Modekrankheit in höheren Kreisen, die sie zum magnetopathischen Medium prädestiniert – immerhin zehn Jahre bevor der Mesmerismus seinen Triumphzug durch die bürgerlichen Salons nehmen wird. Ganze dreizehn Jobelperioden hat es gedauert, bis Albano und Liane am Ende des zweiten Bandes ihre Liebe zueinander gestanden. Geschrieben wurden sie zwischen August 1799 und Oktober 1800. Dazwischen liegen Friedrich Richters Verlobung mit und Entlobung von dem Hildburghausener Hoffräulein Caroline von Feuchtersleben.

5. EIN CITOYEN BEI HOFE

Sachsen-Weimar-Eisenach, Frühling 1799

Am 29. März kommt es im Jenaer Gasthof «Zur Sonne» zu einer pikanten Begegnung zwischen Friedrich Richter und seinen beiden ehemaligen Geliebten Charlotte von Kalb und Amöne Herold, die in Begleitung von Christian Otto nach Weimar gereist ist. Nach einigen Tagen fährt Otto zurück nach Hof, das Manuskript des *Titan* I in der Tasche, und Amöne bleibt als Gesellschaftsdame bei Frau von Kalb. Zwei Wochen zuvor hat ihm eine französische Baronin aus Pommern einen von Verehrung glühenden Brief geschrieben, und Anfang April vervollständigt Emilie von Berlepsch Richters Galerie schöner Seelen und Eheanwärterinnen. Aus dem April ist ein kleines Billett an Amöne erhalten, worin Richter ihr mitteilt, dass er jeden Mittag von zwölf bis eins im Ilmpark spazieren gehe und hoffe, sie zu treffen. Amönes Nähe – oder was auch immer – verhängt ihm die Freuden des nahenden Frühlings, den er sonst ausgelassen zu begrüßen pflegt. Amöne möchte, dass Richter mit ihr nach Hof zurückkehrt. Als er ablehnt, reist sie mit der Kalb Anfang Mai weiter nach Kalbsrieth. Richter aber fährt Mitte Mai, nachdem er Knebel in Ilmenau besucht hat, nach Hildburghausen zu einer «lieben Freundin».[154]

Die «liebe Freundin» heißt Caroline von Feuchtersleben und ist im Begriff, den Rest ihres fünfundzwanzigjährigen Lebens als Hofdame in der Residenz des Herzogs von Sachsen-Hildburghausen zu verbringen. Einige Wochen zuvor hatte sie dem Dichter des *Hesperus* ihr silhouettiertes Bild mit einem Brief gesandt, der mehr als gelegen kam. Für den Mai hat sich in Hildburghausen hoher Besuch angemeldet, den der poetische Voyeur der Aristokratie nicht versäumen will. Herzogin Charlotte, eine geborene Prinzessin von Mecklenburg-Strelitz, erwartet ihre Schwestern, die Fürstinnen von Solms und von Thurn und Taxis sowie die preußische Königin Luise. Die herzogliche Familie rechnet es sich als Ehre an, den berühmten Jean Paul bei Hofe zu empfangen, der solcher Ehre spottet, sie aber annimmt. «Auch hier habe ich eine anständige Brüder- und Schwestergemeinde; und kann der Zinzendorf sein. – Nein, es wäre Undank, wenn ich nicht die Liebe meiner Deutschen für den reichsten Lohn meiner Federfechterei hielte».[155]

In Hildburghausen geht es nicht so höfisch zu wie in Weimar oder Gotha und schon gar nicht, wenn Spargelzeit ist und der Gast recht verhungert wirkt. «Der Herzog (ein wenig borniert, aber gutmüthig), machte anfangs nicht viel Fait von mir; aber jetzt ist er mir recht gut, und er merkte an, daß ich mir zu wenig Spargel genommen und gab mir ausser diesem noch die ersten Hirschkolben zu essen, die nicht sonderlich sind.» Was Richter am Essen spart, trägt er zum Barbier, weil er bei Hofe täglich mit tadellos rasiertem «Kin-Igel» erscheinen muss.[156] Seine Anwesenheit soll nicht unbelohnt bleiben. «Ich kann jetzt leicht von einigen Herzogen Gratis-[Titel] bekommen und werde einen [annehmen], um nicht wie ein [Hund] herumzulaufen [mit naktem] Namen.»[157]

Die herzogliche Familie lebt alles andere als üppig. Die Ausgaben werden peinlich überwacht, jeder Pfenning wird umgedreht. Auch die sechs überlebenden Kinder des Fürstenpaars werden knapp gehalten. Sachsen-Hildburghausen steht seit 1762 unter Zwangsverwaltung einer kaiserlichen Debitkommission, der Amalie Charlotte von Sachsen-Meiningen vorsteht, die Mutter der Gothaer Fürstin Charlotte. Herzog Friedrich, im selben Alter wie Richter, ist der Sohn einer Prinzessin von Sachsen-Weimar-Eisenach. Er wurde in Wien unter der Obhut eines Urgroßonkels erzogen und 1785 mit Charlotte zwangsverheiratet. Da deren Schwester Königin Luise von Preußen ist, würde das Fürstentum an Preußen fallen, falls das Paar keine Kinder hinterließe.

Friedrich Richter ist im Herzen des Titanismus angelangt. Er muss gleichsam nur vor die Tür gehen, um Modelle für die Figuren und Schauplätze seines Romans zu finden. Am späten Abend des 14. März ist er, einer plötzlichen Eingebung folgend, die Nacht hindurch nach Gotha gewandert. Er bleibt eine Woche und sieht sich gründlich um.

Ernst II. von Sachsen-Gotha-Altenburg, ein Enkel des vorletzten Herzogs von Sachsen-Meiningen, hat seine Residenz zu einem «Klein-Weimar» gemacht, wie sich Gotha gern nennt, in dem die Künste und Wissenschaften blühen. Unter dem Logen-Namen Quintus Severus und Timoleon ist er zugleich einer der aktivsten deutschen Freimaurer. Adam Weishaupt, Gründer der Geheimgesellschaft der Illuminaten, hatte 1784 nach seiner Verbannung aus Bayern Asyl in Gotha gefunden. Auf Schritt und Tritt hinterlässt das historische Gotha Zeichen und Spuren in Jean Pauls Roman. Auf der Straße von Pestitz nach Lilar leuchtet dem Leser von weitem eine goldene Kugel entgegen, die an die Hamburger Freimaurerloge *Zur Goldenen Kugel* und einen der prominentesten deutschen Illuminaten denken lässt, den in Gotha geborenen Theologen, Historiker und späteren Bischof von Seeland Friedrich Münter. Sein Großmeister war Christian Georg von Helmolt, ein Kammerherr des Herzogs Ernst II. und Meister vom Stuhl der Gothaer Loge *Zum Rautenkranz*. Auf der Suche nach Dokumenten für seine Geschichte des Templerordens gründete Münter 1787 in Neapel eine Illuminatenloge und führte über seine Reisen durch Italien ein Tagebuch in maurerischer Geheimschrift, dessen mystischer Geist sich – von Don Gaspard ins Werk gesetzt – in den Neapelszenen des *Titan* im vierten Band wiederfindet.[158]

1787 ließ der Herzog auf dem Seeberg eine Sternwarte errichten.[159] Sein Astronom Franz Xaver von Zach, der das Observatorium 1790 eröffnete, stellte als Mitarbeiter den Zürcher Johann Kaspar Horner ein, der ein Verehrer der Werke Jean Pauls ist. Als Naturforscher wird Horner 1803 die erste russische Weltumsegelung unter Admiral Krusenstern begleiten.

Zu den Teilnehmern des internationalen Astronomiekongresses in Gotha im August 1798, den Richter bei seinem zweiten Besuch in Weimar knapp verpasste, gehörte neben prominenten Naturforschern wie Jérôme Lalande aus Paris, dem Berliner Instrumentenbauer Heinrich Pistor, dem Hallenser Physiker Gilbert und Johann Elert Bode, Herausgeber des *Astronomischen Jahrbuchs*, auch Herzogin Charlotte Amalie von Sachsen-Gotha-Altenburg, eine geborene Prinzessin von Sachsen-Meiningen. Zach und die Herzogin verbindet nicht nur die Liebe zu den

Sternwarte Gotha auf dem Seeberg, um 1800

Sternen. Nach dem Tod des Herzogs werden sie heiraten und nach Italien ziehen. Die Herzogin ist zum Zeitpunkt von Richters Besuch siebenundvierzig Jahre alt und noch schön, in Astronomie und Kunst hoch gebildet: das lebendige Vorbild der Prinzessin Idoine von Haar-Haar. Im dritten Band des *Titan* besuchen Albano und Idoine die Sternwarte von Haar-Haar und beobachten gemeinsam durch ein Fernrohr die Mondflecken und die Krater des Erdtrabanten. Es ist die erste literarische Darstellung einer deutschen Sternwarte, lange vor Goethe, dessen Besuch auf dem Seeberg für 1803 verzeichnet ist. Die in Gotha vorhandenen Instrumente werden genau beschrieben: eines zur Messung von Planetenpassagen, ein Heliometer, einige englische Uhren und Refraktometer.

Die zweite Leidenschaft der Fürstin ist das Hoftheater im Schloss Friedenstein. Die Lustspieldichter Friedrich Wilhelm Gotter und Johann Carl Wezel waren hier fest engagiert. Unter der Leitung von Conrad Ekhof in ganz Deutschland gerühmt, verlor es nach dessen Tod 1778 seine Strahlkraft. Der Schlosspark im englischen Stil – der Name des Hofgärtners Christian Heinrich Wehmeier findet, in Albanos Kindheit versetzt, im ersten Band des *Titan* Verwendung – ist um zwei große Teiche angelegt. In einem hat sich der Herzog nach freimaurerischer Sitte eine Begräbnisinsel anlegen lassen.

Anfang August 1800 ist Richter noch einmal für einige Tage in Gotha, dieses Mal als Gast des Erbprinzen Emil August von Sachsen-Gotha. Wie sein Vater, der regierende Herzog Ernst II., ist er Freimaurer (mit dem Logennamen Walter Fürst); als idyllisierender Schriftsteller nennt er sich Emile. «Der Erbprinz hat die Titano-Manie», verrät Richter seinem Freund und Lektor Christian Otto, «und fürchtet blos die Unmöglichkeit, den Titan so fortzusezen. Von Lilar will er mir Zeichnungen entwerfen lassen und senden».[160] Prinz August ist überzeugt, in Jean Pauls zauberischem Lilar, «dem Lust- und Wohngarten des alten Fürsten» von Hohenfließ, sein gothaisches *Little Weimar* wiedererkannt zu haben. Hier also, in Lilar, beginnt zwischen «Tartarus» und «Elysium», den beiden Teilen des weitläufigen Landschaftsparks, Albanos und Lianes Liebesgeschichte; hier spaziert Albano mit seinem Kunstlehrer Dian und dessen Frau Chariton durch das «Flötental»; hier ist Lianes Grab; und hier inszeniert Roquairol im Prinzengarten auf der «Schlummerinsel» am Fuß des Schneckenbergs den grausigen letzten Akt seines Lebenstrauerspiels, seinen Selbstmord.

Nach seinem ersten Besuch in Hildburghausen ersucht Richter bei Herzogin Charlotte um die Erlaubnis, ihr und ihren drei Schwestern Luise, Therese und Friederike den *Titan* zu widmen. Am 2. Juni 1799 übergibt er den Prolog als «Traum der Wahrheit» der schon recht bejahrten Oberhofmeisterin Magdalene von Wolzogen – und wird huldvoll erhört. Die Dedikation ist das blumengeschmückte Triumphtor, durch das jene Leser in den Roman gelockt werden sollen, die darin beschrieben sind: die höfische Hocharistokratie. Mit eisiger Berechnung ist der Plan entworfen, dieses Publikum zu erobern. Weder ist Richter ein Höfling noch ein Parvenü, der nach Titeln, Pensionen oder Ämtern jagt. «Überhaupt steig ich ja in die Nester der höheren Stände nur der Weiber wegen hinauf, die da wie bei den Raubvögeln grösser sind als die Männer», beteuert er gegenüber Christian Otto am 2. Juli 1799.[161] Doch mag es für andere anders aussehen, daher er dem Hofer Freund erst Ende August von dem Vorhaben berichtet. «Ich trage den Gedanken umher, meinen Titan Fürstinnen – am liebsten jenen 4 auf einmal – zu dedizieren (denn ich mache keine Vorrede); warum sol ich muthwillig alle Springstäbe und Steigeisen des Fortkommens wegwerfen? Aber beleidigt sie der Titan nicht? Und ist nicht schon diese Frage ein Kerker des Schwungs? Rede!»[162]

Auf seiner Reise nach Erfurt, Eisenach und Gotha, deren Anlass nicht bekannt ist – sofern wir seiner Aufschneiderei mit allerlei erotischen Capricen keinen Glauben schenken wollen –, stattet Richter in der dritten Juli-Woche dem Verleger seines *Kampaner Tals*, Wilhelm Hennings, einen Besuch ab. Hennings ist von Gera nach Erfurt gewechselt und macht mit anonymen Drucken frivoler Liebesromane, politischer Broschüren und anderer literarischer Dubiosa gute Geschäfte. Kurz nach seiner Rückkehr erklärt Richter am 29. Juli dem Fräulein von Feuchtersleben, dass er sie liebe. Zwei Wochen später lässt ihm der Herzog durch die Geheimrätin von Koppenfels die Ernennungsurkunde zum Hildburghausischen Legationsrat aushändigen, ein Titularposten ohne dienstliche Verpflichtungen. Am 18. August bringt Richter den Dankesbrief an den Oberhofmarschall zu Papier und macht sich auf den Weg über Rudolstadt nach Hof.

Ende August ist das Manuskript von Band eins des *Titan* auf dem Postweg nach Berlin zu seinem alten Verleger Carl Matzdorff. Dem «Komischen Anhang», einem satirischen Journal mit dem Titel «Pestitzer Realblatt», soll noch eine philosophische Satire folgen, deren Ausarbeitung Richter auf den Herbst verschiebt. Bevor der Sommer zu Ende ist, hat Charlotte von Kalb ihre Weimarer Wohnung Friedrich Schiller überlassen. Frau von Berlepsch ist nach Schottland abgereist. Den September verbringt Richter in Hof. Anfang Oktober reitet er abermals nach Hildburghausen und bleibt vierzehn Tage. In dieser Zeit ruft ihn die Fürstin Charlotte oft zu sich nach Seidingstadt auf ihr Jagdschloss Landsejour. Das Vergnügen scheint gegenseitig zu sein. Sie ist mit ihren dreißig Jahren eine schöne Frau, die sich nach neuester Mode bunte Tücher in ihr volles dunkles Haar bindet, für ihre ausgebildete Singstimme bewundert und von ihrem Gatten Jahr für Jahr geschwängert wird. Selbstverständlich unterliegt Richter der Anmut der «himmlischen Herzogin mit schönen kindlichen Augen», ohne dabei den kalten Blick fürs Wesentliche zu verlieren. «Ich studiere an diesem Höfgen doch die Kurialien mehr ein für meine Biographien: Wenn alles aus den Vorzimmern in den Speisesaal zieht: so schreitet das kurze Kammerjunker- und sonstige Volk (und ich mithin mit) wie die Schule vor der Bahre voraus und die fürstlichen gepaarten Personen schleifen nach.»[163]

Während er sich vom Adel hofieren lässt und an dessen Tischen speist, weht ihm anderorts eisige Feindschaft entgegen. Über die Schmutzschrift unter der scheinheiligen Maske einer Biographie, *Shakal, der schöne Geist*, die Richters früherem Lehrer, dem nunmehrigen Rektor des Hofer Gymnasiums Benjamin Helfrecht, zugeschrieben wird, ist er so erbittert, dass ihn Christian Otto beruhigen muss.[164] «Wie die Sachen in der Welt jetzt stehen, oder vielmehr, wie ich sie sehe, must du, wenn die halbe Welt dir zufällt, die andere Hälfte zum Gegner haben». Trösten kann der Freund ihn nicht. Wer sich mit der halben Welt anlege, so der pragmatische Otto, müsse «mit Schmerzen und Unsicherheit den Zeitpunkt erwarten, der die Lämmer auf deiner, auf Jacobis und Herders Seite vermehrt u die Zahl der egoistischen, idealistischen u formalen Bökke auf der Seite Kants, Göthes, Fichte's u.s.w. vermindert.»[165]

Ansonsten geht alles herrlich. Mit Herder ist die gemeinsame Herausgabe einer Zeitschrift *Aurora* für 1801 beschlossen. Der in Weimar recht unbeliebte Lustspieldichter August von Kotzebue gibt Richter schmeichlerisch seine Stücke zum Lektorieren, der Maler Jakob Büri malt sein Porträt. Bei alledem ist Herder seine feste Burg, der Vater, nach dem er seit zwanzig Jahren auf der Suche ist. Herder kann keinen Abend mehr ohne Richter sein und dieser nicht ohne ihn. Seit er vor dreiundzwanzig Jahren nach Weimar kam, ist der Tag- und Wochenlauf des Superintendenten und des Gelehrten derselbe. Morgens um zehn eine Schale Kaffee, abends noch einmal zwei Schalen. Sonnabendnachmittags kommen die Aktenkästen für die nächste Konsistoriumssitzung, die er bis Sonntagabend durcharbeiten muss. Montagvormittag ist Sitzung, am Nachmittag kann er sich endlich seinen Korrespondenzen, der Lektüre und einem Mittagsschläfchen widmen. Dienstagvormittags ist Session des Oberkonsistoriums im düsteren Roten Schloss, nach der er oft schlecht gelaunt ist. Der Mittwoch ist der Lektüre der Berichte seiner Landpfarrer und Schulmeister vorbehalten, oder sie kommen selbst. Für seine eigenen philosophischen und literarischen Arbeiten bleiben nur zweieinhalb Tage pro Woche, kaum genug, um noch seine Liebe zum Klavierspiel und überhaupt zur Musik, vor allem zu Gluck und Händel, zu pflegen.

Häufig sitzen im Hauptquartier der Antigoetheaner, bei Johannes Daniel Falk am Marktplatz gegenüber Richters Wohnung, abends Herder, Richter, Wieland und Böttiger zusammen, wo man über Fichtes druckfrische *Appellation an das Publikum* debattiert und herzlich über den Jenaer «hypermetaphysischen Mysticismus» herzieht.[166] Dass ihn Herder um kritische Durchsicht seiner *Metakritik zur Kritik der reinen Vernunft* gebeten hat, einer grundlegenden philosophischen Abrechnung mit dem Kantischen Vernunftbegriff, nimmt Richter als Vertrauensbeweis, den er mit einer gewissenhaften Liste von Anmerkungen erwidert.

Im November 1799 erscheint im Verlag von Wilhelm Heinsius in Gera *Die Zauberlaterne oder der Wanderer aus der Hölle*, eine anonyme Satire auf Absolutismus und Hofadel, illustriert mit sechs originellen Kupferstichen. Unter Friedrich Richters nachgelassenen Papieren befindet sich das Fragment eines Briefes an einen gewissen Verdion, geschrieben am 14. Februar 1799, aus dem hervorgeht, dass dieser der Schöpfer der Karikaturen war.[167] Friedrich August Landvoigt, den Richter in Weißenfels auf der Durchreise von und nach Weimar aufsuchte, hatte ihm Arbeiten von Verdion zugeschickt mit der Bitte, vielleicht eine längere Erzählung dazu zu schreiben. Möglicherweise war dies der Grund für Richters zweimaligen Besuch, denn offenbar hat Richter es getan. Er schreibt in jenem Brief: «Die Zauberlaterne sol kein metamorphotischer Spiegel sein, der verziehet statt zu verkleinern.»[168]

In Briefen an seinen Freund, den Kardinal Rapsoda di Bastia, berichtet ein gewisser Samelino Paulinski in dem Buch von seiner phantastischen Reise durch Himmel, Mond und Hölle. «Die Erstrede», so hebt der Erzähler an, «ist auch die Nachrede zugleich, weil sie der Autor zulezt macht, aber keine böse, sondern eine gute auf sich selbst. Ich will keine von beiden. Erstere werden mir die Rezensenten besorgen, die

Die Zauberlaterne oder der Wanderer aus der Hölle. Schlußstück zu Hans Kiekindiewelts Reisen und zu Ludwig Wagehals, mit sechs Kupfern, Leipzig/Gera 1799, Tafel «Der Adelsbrief»

leztere erlaubt mir mein Selbstgefühl nicht. Ich wünschte, daß man das zuerst läse was ich zuerst geschrieben – beigeschlossenen Brief an meinen Freund, den Kardinal Rapsoda di Bastia, gegenwärtig in der Welt; denn bestimmter kann ich den Brief nicht adressieren. Er ist ein Emigrant; und wenn man den Wohnsiz eines ganzen Volks zur Zeit der alten Völkerwanderung kaum bestimmen konnte, wie will man den eines wandernden Einzelwesens in der neuern, ausfindig machen?»[169]

In dem Namen des Emigranten (Rapsoda di Bastia ist metaphorisch zu übersetzen mit: ein Dichter auf der Festung, d. h. ein Gefangener) ist ein Anagramm von Rabiosus verborgen, wie sich der unglückliche Zeitungsmacher Ludwig Wekhrlin in seinen Journalen nannte.[170] Der Verfasser gibt seinen geographischen Standort exakt an: 51° 10′ n. B., 10° ö. L. Nach heutigen Koordinaten befindet sich an dieser Stelle die Burg Spangenberg, damals Staatsgefängnis des verhassten Landgrafen Wilhelm IV. von Hessen-Kassel.

Richter empfiehlt Christian Otto das Buch dringend und nennt als Verfasser seinen alten Freund aus Venzka: Heinrich von Spangenberg.

Otto äußert sofort Zweifel an Spangenbergs literarischen Fähigkeiten und hält *Die Zauberlaterne* für eine Jean-Paul-Imitation. Einige Monate später bemerkt auch der Rezensent der *Allgemeinen Deutschen Bibliothek* anspielungsreich: «Eine weiter getriebene Bildsprache ist dem Rec. in langer Zeit nicht vorgekommen, als etwa in den grönländischen Prozessen oder satirischen Skizzen, die in den 80er Jahren erschienen. [...] So viel ist aber gewiß, dieß Buch zeigt von einer glühenden Phantasie seines Verf.»[171] Aus Wollin an der Ostsee bittet am 29. Januar 1800 eine adlige Leserin, die Jean Paul ebenfalls für den Verfasser des *Wanderers aus der Hölle* hält, um Aufschluss und möchte sich mit ihm treffen. Im Jahr zuvor, als Amöne und Caroline Herold im Dezember 1798 überraschend ihren Besuch in Weimar angekündigt hatten, um sich nach einer Stellung «an einem Hof» umzusehen, hatte Richter mürrisch bemerkt, er habe nichts dagegen, weil er «keinem abrathe, in den Mond hineinzufliegen. Und warlich ein Hof ist der Mond, nur daß da nicht wie in dem des Ariosts der Verstand gefunden sondern verloren wird.»[172] Später hat man die Satire, die sich im Untertitel als *Schlußstück* zu Georg Friedrich Rebmanns satirischem Schelmenroman *Hans Kiek-in-die-Welt* ausgibt, diesem zugeschrieben. Der glühende Republikaner Rebmann, der von 1791 bis 1798 im Pariser Exil lebte, wurde im August 1798 als Richter an das Strafgericht im französisch besetzten Mainz berufen und gab die literarische Laufbahn zugunsten seiner politischen Publizistik auf. Einem stilkritischen Vergleich mit der *Zauberlaterne* hält seine letzte literarische Arbeit, die Politsatire *Das Ministerium der Hölle* von 1796, ohnedies nicht stand. Das Ganze aber wirkt mehr wie eine eilige Kompilation aus Bruchstücken und unfertigen Skizzen, deren Bildsprache und Temperament Jean Pauls Handschrift verraten. Wenn nicht Friedrich Richter der Verfasser dieser geistreichen Aufsässigkeiten gewesen sein sollte, dann hätte er in dem Unbekannten einen kongenialen satirischen Kopf gefunden. Die raffinierte Verschlüsselungstechnik, das Spiel mit politischen Chiffren, die ästhetischen Reflexionen über Autorschaft und Stil waren jedenfalls dem politischen Pragmatiker Rebmann so wenig zuzutrauen wie dem Forstmeister Spangenberg. In der «Standrede des Teufels an die Menschheit auf der Erde» spricht sich ein so radikaler Demokratismus gegen das «Europa der Fürsten» aus, wie ihn außer Wekhrlin und Jean Paul (in den *Biographischen Belustigungen*) kein anderer deutscher Schriftsteller öffentlich zu äußern gewagt hätte. «Erbärmliche Träumer, ihr werdet ewig bleiben, was ihr seid. Tyrannen und Bonzen werden euer Experiment der Vervollkommnung verderben. Blut wird ewig fließen; bloß zur Veränderung werdet ihr euch morden, weil ihr euch ewig nach Wechsel sehnet, und mit innerer Lust, die ihr euch selbst nicht gestehet, an Tod eurer Freunde, an Unglück, Zerstörung und Revolution denkt. Die Hüttensassen werden Revolution wünschen, damit was neues an die Tagesordnung komme, und weil vielleicht einiges armseliges Gerede im allgemeinen Tumult zu kapern seyn möchte; Eure Thronsassen werden sie ewig wünschen, um größer zu werden. Sie werden sich erdrosseln, vergiften, zusammentreten, und einen Dritten ab- und in Pension setzen, Republiken aus den Erdkarten ausstreichen, und ihren Namen und Wappen darüber setzen. Mag eine halbe Tonne Goldes von Menschen darüber an den Klippen ihres Thrones zerschellt werden oder in Sümpfen verfaulen, das ist das wenigste, was sie kümmert. Nur Volksrevolution ists, was sie hassen, gegen Thronrevolutionen haben sie nichts.»[173]

Zumindest darf man zweifelsfrei annehmen, dass es sich bei der *Zauberlaterne* um eine Hommage an die standhaften Demokraten Georg Friedrich Rebmann und Ludwig Wekhrlin handelt, dessen Verfasser mit dem Pseudonym Samelino Paulinski mit voller Absicht auf Jean Paul Friedrich Richters Autorschaft anspielt, der in den ersten Herbstwochen 1797 seine Leipziger Wohnung mit Bruder Samuel teilte. Es wäre allerdings äußerst unklug gewesen, hätte sich Richter mit einem radikalen Pasquill gegen Adel und Fürstenherrschaft in die höfische Gesellschaft Weimars einführen wollen, nachdem feststand, dass er Leipzig verlassen und seinem *Titan* zuliebe nach Thüringen ziehen würde. So bliebe nur Paul Emile Thieriot, Jean Pauls grimassierender Schatten und Stimmenimitator, der als Urheber oder Kompilator dieser literarischen Maskerade in Frage käme.[174] Offen und redselig wie ein Buch, war Richter bekanntlich gegen jedermann freizügig mit geschriebenem und erzähltem Leben.

Unterdessen sieht es danach aus, als könnte seine Reise durch die Häuser der thüringischen Aristokratie demnächst im Ehehafen enden. «Ihre Farbe ist weis und blasroth», rühmt der verliebte Dichter, «die Stirn poetisch- und weiblich-rund, die Augenbrauen stark (zu sehr fast) die Augen schwarz, die Nase das Gegentheil einer kleinlichen und kurzen, die Lippen originell beschnitten, das Kin kräftig erhoben; kurz alles deutet auf Bestimtheit; trotz der Schönheit.»[175] Der «Schicklichkeit» wegen sind Caroline und ihr Verlobter nie allein. Ihre Schwester, die verwitwete Frau von Beck, und die «siech-bängliche» Mutter lassen kein Auge von dem Mädchen. Richter unterzieht sich geduldig der Läuterung und rühmt ihre «hohe, strenge, unnachlassende, religiöse Moralität», die ihn an seine Freundin aus Venzka erinnert, die kluge Wilhelmine von Spangenberg. «Sie würde, wenn ich mit ihr verbunden wäre, mein ganzes Wesen bis auf den kleinsten Flecken ausreinigen.»[176] Vorsorglich hat er sich im Sommer von einem Weimarer Schneider «Moralitätshosen» [Unterhosen] machen lassen, auf die er bislang verzichten zu können glaubte. Rosenwolken umhüllen ihn, bis am 9. Oktober nach einem Brief von Caroline sein «Abendhimmel in Schneewolken ersoff». Was darin stand, lässt sich nur erahnen. Carolines Briefe sind nicht überliefert. Offenbar sind ihr Zweifel gekommen, alles sei nur ein «flatterndes Spiel». Er nimmt seinerseits erbost an, sie zweifle an seiner Liebe. Bei seinem nächsten Besuch ist sie «schneidend-anspielend, hart und ausser sich wie ichs nie sah». Briefe fliegen hin und her. Man streitet und versöhnt sich. «Widersprüche sind die weiblichen Reime in einem weiblichen Kopf».[177] Er gibt sich väterlich, erteilt diätetische Ratschläge, früh schlafen zu gehen, nicht die Nächte hindurch zu lesen, mehr zu essen, zu Mittag etwas Wein zu trinken – sie befolgt alles brav.

Am Tag seiner Abreise aus Hildburghausen ist ihr fünfundzwanzigster Geburtstag. Auf dem Rückweg nach Weimar nimmt Richter Carolines sechzehnjährige Nichte Auguste Beck mit, die von dem Ehepaar Herder in Pflege genommen wird. Sie verstehen sich gut, er nennt Auguste seine Schwester. Ein paar Tage später beteuert er Caroline erneut seine Liebe und spricht von Heiligung. «Ich kenne dich und mich; wir werden nur miteinander glüklich.»[178] Zum Beweis gibt er ihr die

Briefe seiner Verehrerin Josephine von Sydow zu lesen und glaubt fest, nach «den ausgebranten Ehe-Kratern» seiner amourösen Erkundungen, deren doch wohl mehr waren, als er die Nachwelt und Freund Otto wissen ließ, die Richtige gefunden zu haben. «In Jena, in Leipzig, Eisenach, Gotha (denn ich habe dir nicht alles schreiben können)», sogar in Tiefurt hinterlässt er sehnsüchtige Mädchenherzen.[179] In Hildburghausen kursiert das Gerücht, seine Reise nach Erfurt und Eisenach im Juli habe mit einer anderen Frau zu tun gehabt. Ein Mann von strengen ethischen Grundsätzen wie Friedrich Richter respektiert das Tabu der Jungfräulichkeit; ein gewissenloser Verführer, wie ihn die Leserinnen des *Titan* in dem Wüstling Roquairol kennenlernen werden, ist er bestenfalls in seinen Träumen. Was aber sollte dagegen sprechen, die sinnlichen Bedürfnisse und Eitelkeiten eines Mittdreißigers, die ihn wie einen Paradiesvogel von einer Verehrerin zur nächsten treiben, mit geschiedenen oder verwitweten Frauen auszuleben?

Der Herzogin von Hildburghausen dediziert Jean Paul Richter zu ihrem Geburtstag am 17. November ein galantes Briefchen. Er hat sie zu seiner Abgesandten bei den anderen Prinzessinnen ernannt, denen er seinen Roman widmen will: «Bitte um das Glück des vierfachen Jas. Der Titan ist der Morgenstern zum Hesperus oder Abendstern und er sol, wenn dieses Leben eine Wiege des 2ten ist, ein kleines tröstendes Wiegenlied sein.»[180] Zwei Tage später gibt er seine Verlobung mit Caroline von Feuchtersleben offiziell bei den alten Herders bekannt, die ihm weinend vor Freude um den Hals fallen. Josephine von Sydow, die französische Baronin aus Pommern, die ihm ihr Porträt übersandt und, wie Emilie von Berlepsch zuvor, sich und ein Gütlein dazu versprochen hat, fällt aus allen Wolken bei der Nachricht, er habe «die ewige Gefährtin seines Lebens» gefunden. Sein Herz fließt ihm in die Feder; «o lebe wohl, theurere, geliebte unvergesliche Josephine, unsere Seelen bleiben beisammen, denn sie waren beisammen, eh' sie sich einander nannten. Immer, immer wird' ich dich lieben. J. P. F. Richter.»[181]

Der Winter 1799/1800 ist der kälteste seit vier Jahrhunderten. Richter liest sich durch die weimarische Bibliothek: seinen geliebten Swift Band für Band noch einmal, Kästners Geschichte der Mathematik,

Liscows Satiren, Noverre über Tanzkunst, Shaftesbury, Diderot. Er arbeitet zügig an Band drei des *Titan*, der mit Lianes Tod und Albanos Reise nach Italien endet. Im Dezember ist es so eisig, dass die Thermometer einfrieren. Auch sein «Verhältnis in Hildburghausen» steckt fest. Carolines Mutter ist entschieden gegen den Bräutigam, «weil dieser Gelehrte in Hinsicht seines Geistes sowohl als seines Körpers ein wahrer Sonderling ist, der äusserst auffällt – der nicht wissen kann, wie lange er den Beifall der Leser behält, wie lange er sich an einem Ort aufhalten darf, der bloß Phantast und nicht instruierender Schriftsteller ist».[182] Carolines Bruder Heinrich, Herzoglicher Oberjägermeister, nimmt die Partei der Mutter, die nicht bereit ist, ihren «Abscheu vor Gelehrten» der Tochter zuliebe zu überwinden. Vor allem wird bezweifelt, dass dieser windige Gelehrte in der Lage wäre, das erforderliche Kapital für Carolines Altersversorgung zu hinterlegen. Herders schalten sich ein und bürgen für die Liquidität des Bräutigams. Dieser schätzt seine «Konjekturaleinnahmen» phantasievoll auf 12 000 bis 16 000 Reichstaler. Nach langem Hin und Her stimmt die Mutter unter der Bedingung zu, dass sich der Ehemann ihrer Tochter in ihrem Hause nie mehr blicken lasse. Am 17. Januar beglückwünscht ihn Ernestine von Beck, Carolines Schwester, als ihren «Bruder». Eine Woche später dankt Richter der Schwiegermutter in spe und erhält die gewünschte Satisfaktion. Caroline ist überglücklich: «Geliebter, ich bin dein!»[183]

Für Ende März wird ein Treffen der Brautleute in Knebels Haus in Ilmenau verabredet. Fast zur selben Zeit trifft in Weimar ein zehnseitiger Brief von Josephine von Sydow und vier Tage darauf einer von der verzweifelten Emilie von Berlepsch mit der Bitte ein, von Richter und seiner künftigen Frau als Hausdame aufgenommen zu werden. Er sei ihre letzte Hoffnung. Richter versucht zu beruhigen. Josephine tröstet er mit der Aussicht, sich im Mai in Berlin mit ihr zu treffen. In ihrer Antwort nennt sie ihn «Gottmensch».

Zu seinem siebenunddreißigsten Geburtstag schickt Fräulein von Feuchtersleben eine gestickte Weste, die Herzoginmutter einen Wanderstock aus Rosenholz (jede Jean-Paul-Leserin weiß, dass der sanfte Dichter des *Hesperus* nichts so liebt wie Rosenholzstöcke und blumenbestickte Westen), und der alte treue Gleim einen Wechsel über 500 Taler, gedacht als Hochzeitsgeschenk. Am 21. März stehen Karoline Herder, ihre Tochter Luise und Auguste von Beck «himlisch gekleidet» in Richters Zimmer. Nun ist es der Jubilar, der «vor Freude und Liebe» weint.[184]

In den Tagen danach ist es kalt und regnerisch, der *Titan* stockt. Alles, was er braucht, ist: «Frankfurter Federn, Federn, Federn! Bier, Bier, Bier, Bier!»[185] Die Verlobten sehen sich nicht bis Anfang Mai. Richter erfindet immer neue Ausreden. Von Kränklichkeit ist die Rede, aber nicht von seiner, sondern der von Auguste Beck, Herders Pflegetochter. Ihm liegt so viel an dem Mädchen; dass er ihretwegen die Fahrt nach Ilmenau verschiebt und die Pferde wieder abbestellt. Stattdessen verschwindet er am 29. März überraschend aus unbekanntem Grund nach Gotha, während Caroline von Feuchtersleben und die Sydow ihre Briefe an Richter und seine an sie austauschen. Caroline weiß sehr wohl von den zahlreichen Liebschaften ihres «sanften Richter», doch schenkt sie dem Verdacht seiner Untreue keinen Glauben, wiewohl sie überzeugt ist, Josephine liebe ihn. Sie ermuntert ihn sogar, diese nach Kräften zu trösten in ihrem «heissen Sehnen», «denn sie ist ein Weib, ist meine Schwester».[186] Richter ist sprachlos über so viel Großmut und bietet Josephine Mitte April das Du an.

Für den 2. Mai ist endlich das Treffen mit Caroline und ihrer Schwester Ernestine in Ilmenau fest verabredet. Johann Gottfried und Karoline Herder und Auguste von Beck fahren mit. Das Wetter ist schön, man sitzt im Freien unter Sonnenschirmchen in Knebels Garten. Die Dinge müssen auf den Tisch. Richters «liebendes Zürnen» mit der widerspenstigen Braut, Herders besänftigende Moralpredigten, Carolines «hysterische Krämpfe» und Richters treuherzige Beteuerungen. Drei Tage wird verhandelt und geredet und gerungen wie auf dem Rastatter Kongress. Er ist sich keiner Schuld bewusst, «die Herder hingegen zankte sich, während C. in Zuckungen lag, mit mir mit Furienaugen. Ich war ihr Freund. Ich wurde auch wild, aber nicht zu wild.» Man trennt sich noch in Ilmenau, für immer. Carolines «parziale Liebe gegen die nicht zugleich die kosmopolitische mit da ist», hat die Probe nicht bestanden.[187] Caroline reist weiter nach Würzburg, Richter drei Wochen später nach Berlin. Doch stellt er es ihr frei, die Verlobung offiziell aufzulösen. Sie sträubt sich; so spricht er das Nein. «Fremde und unsere Hände haben uns weit auseinandergestoßen. – Wenn man sich liebt, ist alles gegenseitig und man weis nicht, wer bekomt oder giebt.»[188]

Im Juli steht es fest. Friedrich Richters Weimarer Gastspiel wird in Kürze enden; den Winter wird er in Berlin verbringen. Sein Verleger Matzdorff ist der Erste, der es erfährt; er soll sich nach einer «Nadelbüchse für den dünnen Satiriker» umsehen.[189] Er habe, schreibt dieser an Caroline von Feuchtersleben, «schmerzlich gelernt, der kurzen Almacht der stärksten Gefühle die ewige Macht der kältern Vernunft vorzuziehen. Sie halten Liebe gegen ferne Wesen so leicht für Liebe gegen nahe und trauen den Träumen des Herzens, in denen sich freilich alle Ecken des Andern und der Wirklichkeit leicht glätten.»[190] Als offizieller Trennungsgrund muss die Vermögenslosigkeit des Bräutigams herhalten. Richter legt aber Wert auf die Feststellung, dass er mehr verdient als ausgibt und daher als vermögend gilt. «Nun treibt und stürmt mich das Schiksal wieder in ein unbestimtes wüstes Leben hinein in einer inneren Verfassung, worüber es keine Worte giebt.»[191]

6. SCHOPPE UND DER ICH

Jena/Weimar, Herbst 1799

Ein Aufsatz von Johann Gottlieb Fichte, *Über den Grund unseres Glaubens an eine göttliche Weltregierung,* im ersten Heft des von ihm gegründeten *Philosophischen Journals* und ein anderer von Friedrich Karl Forberg im selben Heft über das Recht auf Gewissens- und Glaubensfreiheit haben im Oktober 1798 den sächsischen Klerus aufgeschreckt. Das Konsistorium in Dresden erstattete beim kursächsischen Kabinett Anzeige wegen atheistischer Äußerungen, forderte die Einziehung des Heftes sowie die Bestrafung der Autoren und Herausgeber. Preußen, Braunschweig, Hannover und Sachsen-Weimar wurden in diplomatischen Noten aufgefordert, sich dem Verbot anzuschließen. Andernfalls werde man die «Landeskinder» von der Jenaer Universität abziehen. Im Januar 1799 verfasste Fichte seine Verteidigungsschrift als *Appellation an das Publikum,* ließ sie drucken und verschickte sie ohne Genehmigung des Rektorats an 150 Gelehrte und Schriftsteller. Es sei nun einmal nicht seine Natur, «ein niederträchtiger Höfling und Speichellecker» zu werden, um in Jena ein «mächtiger Mann» zu sein und zu bleiben, erklärte Fichte aufrichtig. Er sei «dieser geheimen Gänge überhaupt schon seit langem müde».[192] Goethe, der Fichtes Berufung auf den Lehrstuhl für Philosophie in Jena fünf Jahre zuvor maßgeblich befördert hat, war ungehalten über den unschicklichen Verstoß gegen den Amtsweg. Da er die Oberaufsicht über die Jenaer Universität innehat, erteilte er am 30. März seine Zustimmung zu Fichtes Entlassung. Die Regierungen in Gotha, Coburg und nach längerem Zögern auch Meiningen – die vier thüringischen Höfe tragen gemeinsam die Jenaer Universität – schlossen sich im April dem Reskript an.

Unter den ersten Empfängern der *Appellation* war Friedrich Heinrich Jacobi; «habe ich bei der Abfassung dieser Schrift an irgendeinen

Mann oft und lebhaft gedacht», schmeichelt ihm Fichte, «habe ich gewünscht, daß sie einem gefallen möchte, so waren Sie es, Verehrungswürdiger».[193] Jacobi fällt aber nichts Besseres ein, als dem ehemaligen Jenaer Philosophieprofessor Carl Leonhard Reinhold, Freund Schillers, Fichtes und Schildknappe des Kantischen Kritizismus, am 26. Februar nach Kiel zu melden, Fichte sei nicht zu entschuldigen, «und es schadet ihm nicht, wenn er etwas geängstet wird. Es ist doch nicht eine Spur von stiller Größe, von Erhabenheit in seinen Reden und Taten, aus allem spricht der Himmelstürmende Titanengeist».[194]

Für Schiller ist Jacobi fortan nichts als ein unerträglicher Doppelzüngler. Die gelehrte Welt entzweit sich über den Jenaer «Atheismusstreit». Nur Friedrich Richter hält sich heraus, gibt sich ahnungslos und sagt, er habe von Fichte fast nichts gelesen. Erst als er von Fichtes Entlassung hört, geht ihm die Galle über. Goethe sei, sagt er zu Jacobi, «Gott gleich, der, nach Pope, eine Welt und einen Sperling mit gleichem Gemüte fallen sieht, um so mehr, da er keines von beiden schafft; aber seine Apathie gegen fremde Leiden nimmt er schmeichelnd für eine gegen die seinigen».[195] Auch Konsistorialrat Herder wird in die Sache verwickelt. Am 22. März hat Fichte in einem persönlichen Brief Goethes Amtskollegen Voigt gedroht, einen öffentlichen Vergleich seiner und der philosophischen Positionen Herders anzustellen, um zu beweisen, dass diesem mit gleichem Recht Atheismus nachzuweisen wäre wie ihm. Wiederum ist es Jacobi, der am lautesten kräht; «er erinnert mich an Klingers kalten Geist, ich kann ihn nicht lieben.»[196]

Im Frühling 1799 reichen die Beschuldigten ihre Rechtfertigungsschreiben bei den vier thüringischen Höfen ein. Sie erscheinen im Juni im Druck. Statt sich zu verteidigen, greift Fichte in seiner Schrift die Weimarer Regierung offen an. «Ich bin ihnen ein Demokrat, ein Jakobiner, dies ist's. Es ist nicht mein Atheismus, den sie gerichtlich verfolgen, es ist mein Demokratismus. Der erstere hat nur die Veranlassung hergegeben.»[197] Im Juli zieht er nach Berlin.

Als Spätfolgen des Atheismusstreits kehren bedeutende Gelehrte wie der Mediziner Justus Christian Loder, Christian Gottfried Schütz, Redakteur der *Jenaischen Allgemeinen Literaturzeitung*, Schelling und der Jurist Gottlieb Hufeland Jena den Rücken, das seinen Ruf als aufgeklärteste Universität Deutschlands mit einem Schlag einbüßt. Das *Philosophische Journal* erscheint zum letzten Mal Anfang 1800.

Man kann wohl einem vertriebenen Philosophen keine größere Ehre antun, als sein philosophisches System zu studieren, und das tut Friedrich Richter im Herbst 1799, nachdem der «Komische Anhang» zum *Titan* geschrieben ist. Dass Dichter keine Philosophen sein müssen, ist ihm aus Lessings Essay über Pope geläufig. «Der Philosoph, welcher auf den Parnaß hinaufsteiget, und der Dichter, welcher sich in die Täler der ernsthaften und ruhigen Weisheit hinabbegeben will, treffen einander gleich auf dem halben Wege, wo sie, so zu reden, ihre Kleidung verwechseln, und wieder zurückgehen. [...] Allein ein philosophischer Dichter ist darum noch kein Philosoph, und ein poetischer Weltweise ist darum noch kein Poet.»[198]

Im Gegensatz zu Jacobi, der durch Fichtes «System» seinen eigenen Gefühlsdeismus bedroht sieht, vergnügt Richter der Atheismusvorwurf gegen Fichte insgeheim, weil er ihn in seinem Urteil über Fichtes Wortphilosophie bestätigt. Die «geschlossene runde logische Welt» in Fichtes *Grundlage der gesamten Wissenschaftslehre*, die Subjekt und Objekt in der «Tathandlung» des erkennenden Denkens ineins setzt, hat in Richters Augen einen Geburtsfehler, wie er Jacobi wissen lässt; «weil nämlich [...] die Philosophie in einer gewissen Höhe, wo der Begriff, die Abstrakzion, Reflexion etc. wieder der Gegenstand des Begrifs, etc. etc. ist und die Thätigkeit der Thätigkeit, jede Sprache eine Lügnerin und Verfälscherin ist. Du hast dan eben die Wahl zwischen 1) Metapher 2) Irthum 3) Nichtsin ‹Oede›.»[199]

Als Vernunftmensch bewundert er Fichte, als Dichter muss er ihn hassen, weil nach dem Fichte'schen «Ich» als Subjekt-Objekt von der menschlichen Existenz nichts als ein ödes Eisfeld übrig bliebe, kalter Wortzauber, gedichtete Philosophie, in der kein Vogel singt, kein Baum rauscht, keine Mondnacht schimmert. Fichtes «Sorites aus Wörtern» lehnt er als ein falsches Schlüsseziehen ab, weil deren Prämissen nicht logisch, sondern der sprachlichen Willkür unterworfen seien. «Das innige dunkle, nicht einmal dem Begrif und dem Anschauen unterworfne Sein in Spiel-(Wörter-)marken die aus jenen geformt sind, wieder zu zerschneiden (d.h. zu erklären) in Spielmarken! – Für die Sinne sei die Sprache». Nach seiner Ansicht sind Wörter außerhalb der sinnlich anschaulichen Welt «nicht einmal Schattenbilder», sondern «Schnupftuchsknoten der Erinnerung, die nichts malen». Auf Fichtes deistische Grundsätze geht er wohlweislich mit keinem Wort ein. Als gelehriger Schüler von Herder hält er sich an dessen Grundsatz in der *Metakritik*, kritische Philosophie müsse a priori Sprachkritik sein. Fichtes «logische[r] Algebra» fehle die Reinheit der Begriffe, erklärt er Jacobi, da er Qualität und Quantität nicht auseinander halte (nach Kant zwei der vier grundlegenden Urteilsfunktionen), während doch «die ganze Sprache nur wie die mathematische der breitere Umris beliebiger Quantitäten sein» müsse. Fichte ersetze in seinem Begriff der intellektuellen Anschauung die «Schlüsse aus der Anschauung» durch «Schlüsse aus den unreinen und doch öden Zeichen der Anschauung».[200]

Im Sommer 1800 nimmt er sich Fichtes gerade erschienene Abhandlung über *Die Bestimmung des Menschen* vor. «Die Gesandten haben eine Chiffre», resümiert der Romancier fachkundig, «die sie die vernichtende nennen, weil sie allemal das Gegentheil bedeutet. In dieser vernichtenden ist für die esoterischen Leser das Werklein gemacht.»[201] Für ihn steht fest, dass dieses doppelte Spiel der Sprache, das er selbst so meisterhaft beherrscht, das Geschäft der Dichter, nicht der Philosophen sein muss. «Tödtlich hass' ich diese 5. Akte eines konsequenten Wörterschauspiels. Zugeben muss man alle seine [Fichtes] Schlüsse, wenn man ihm die Sprache zugiebt.»[202]

Als Ergebnis seiner Fichte-Studien verbucht der *Titan*-Autor, er halte «jezt die Luftschlösser der philosophischen Lehrgebäude für eigentliche Spizbubenherbergen und Schwefelhütten».[203] Welcher Spitzbube könnte sich da heimischer fühlen als der alte Spötter Peter Schoppe alias Heinrich Leibgeber, sein satirisches Alter Ego. Und so legt er Schoppe die *Clavis Fichtiana*, den ironischen Schlüssel zu Fichtes Subjektphilosophie, in den Mund und verlegt seine ernsthafteren Einwände, wie sie in seinen Briefen an Jacobi entworfen sind, in Jean Pauls Vorrede.

Eingeschlossen im «babylonischen Thurm des Fichtianismus», schreibt er binnen vierzehn Dezembertagen des Jahres 1799 diese brillante Parodie auf Fichtes philosophischen Denkstil. «Ich habe alle seine

Werke auf meinem Tisch», meldet er Christian Otto, «und kenne sein polytheistisches System, das niemand aus der Appellazion erräth und kaum aus ihm ohne Kentnis des Spinoza. Ich sende die Satire an Jacobi, um gewis zu sein, daß ich nicht fehlgreife und fehlschlage».[204] Jacobi soll entscheiden, ob die *Clavis* dem *Titan* angehängt werden oder als Einzeldruck erscheinen soll.

Im ersten Band des *Titan* war Schoppe, dem skurrilen Bibliothekar, nicht mehr vergönnt als die Rolle eines humoristischen Zwischenrufers in einer Welt des Wahns und der närrischen Selbstprojektionen. Erst jetzt bekommt er eine maßgeschneiderte philosophische Spitzbubenbiographie – als Fichteaner. Die Leser erfahren, dass er in seiner Jugend in die Prinzessin di Lauria verliebt war, die er Jahre später unter dem Namen einer Gräfin de Cesara auf Isola Bella wiedertraf. Sie hatte zwei Kinder bei sich, die er für ihre eigenen hielt. Er malte sie, signierte das Porträt mit einem seiner Heteronyme – dem dänischen Namen Löwenskiold – und wurde so unwissentlich zum Handlanger von Don Gaspards Plänen. Seit ihm in «Rattos Keller» in Pestitz der grausige Kahlkopf – Gaspards Bruder und Kreatur – prophezeit hat, er werde wahnsinnig, fürchtet sich Schoppe so sehr, dass er es schließlich wird. Der Ich, wie Schoppe sich das Fichte'sche «Gedankending» eines absoluten Ich übersetzt, verfolgt ihn. Er führt Selbstgespräche mit seinem Spiegelbild. Nachts steigt er auf die Kanzel der Kirche von Blumenbühl und hält eine «Kasualpredigt an sich selbst», während er die Toten in ihren Grüften und seinen geliebten Swift anredet, dessen edler Menschenhass reine Literatur geworden ist, «in der heißen Träne des Lebens endlich zerbeizt und zerlassen».[205]

Im letzten Band des *Titan* tötet Schoppe Don Gaspards Bruder, den Urheber der Geistermachinationen, mit denen Albano willfährig gemacht werden sollte. Er stellt sich wahnsinnig, um dem Gefängnis zu entgehen, und stirbt. An einem der Abende bei Falk im Januar 1799, als man über Fichtes *Appellation an das Publikum* sprach, war es Herder, den Fichtes Philosophieren an «Wetzels Narrheit» erinnerte, «der sich für Gott hält».[206] Schoppe, dem abgedankten Satiriker, ist das Schicksal des unglücklichen Johann Carl Wezel bestimmt, über den die wahnwitzigsten Gerüchte umlaufen. Er sucht im (vorgetäuschten) Wahnsinn Zuflucht vor dem Irrsinn einer verleumderischen, zerstörerischen Welt, verschanzt sich auf dem Schlossdach und geistert als Nachtwandler im roten Mantel durch die Pestitzer Nächte. Schoppe weiß nie, mit welchem seiner Ichs er es gerade zu tun hat, und glaubt zuweilen, «daß ich das All und Universum bin», also Gott. «Da sitzt ein Herr leibhaftig und ich in ihm, welcher aber ist solcher?»[207]

Totgeschwiegen und von falschen Freunden verraten, denunziert, resigniert, aber unbesiegt lebt der einst gefeierte Verfasser des *Tobias Knaut* und des *Belphegor* nach dem Verbot seines anthropologischen Hauptwerks *Versuch über die Kenntniß des Menschen* 1786 in großer Armut im thüringischen Sondershausen, eine Tagesreise von Weimar entfernt, wo Wezels Biographen zufolge seine Mutter lebt. Er verlässt sein Zimmer nur selten, spielt Trompete und empfängt niemanden. 1794 haben mehrere deutsche Schriftsteller eine Spendenaktion zu seinen Gunsten veranstaltet.[208] Seitdem ist es still geworden um den sächsischen Swift, den Mann im roten Mantel. Das letzte Buch, das unter seinem Namen erschien, ist die *Volksmetaphysik für alle Stände* von 1797, ein gut geschriebener, leicht verständlicher Vergleich der Kantischen und Fichte'schen Begriffe von Gott, Freiheit und Unsterblichkeit, wie Jean Pauls *Clavis Fichtiana* in Paragraphen gegliedert. Doktor Samuel Hahnemann, ein Logenbruder aus alten Leipziger Zeiten und Erfinder der Homöopathie, untersucht Wezel 1800 in seiner Hamburger Klinik und befindet ihn für geistig gesund. Vier Jahre später erscheint bei dem geschäftstüchtigen Erfurter Verleger Hennings ein Buch mit dem Titel *Gott Wezels Zuchtrute des Menschengeschlechts. Werke des Wahnsinns von Wezel, dem Gottmenschen*, aus – möglicherweise geraubten – autobiographischen Aufzeichnungen und Gesprächsmitschriften des vergessenen Dichters grobschlächtig kolportiert. Doch selbst in diesem bizarren Machwerk ist Wezels origineller Denk-und Sprachstil, die künstlerische Handschrift eines verletzlichen Menschen noch erkennbar, wenn er mit dem Satz zitiert wird: «Im Menschen wohnt ein kleines, kurzes Menschchen, welches man, wegen seiner Durchsichtigkeit, Seele zu nennen pflegt. Wie aber das Dinglein sonst noch aussehe, ob es zuweilen verrückt, zuweilen traurig erscheine, hat meines Wissens noch kein Philosoph, ja selbst Mendelsohn nicht, zu erklären gewagt.»[209] Das ist Jean Pauls Schoppe, wie er leibt und lebt! Im Wahn wird das Leben ganz Traum, «wo der Mensch ohne Störung in dem Schattenreich und dem Barataria-Eiland seiner Ideen das regierende Haus allein ist und der Johann ohne Land und er wie ein Philosoph alles *macht*, was er *denkt* – wo er auch seinen Körper aus den Wellen und Brandungen der Außenwelt zieht und Kälte, Hitze, Hunger, Nervenschwäche und Schwindsucht und Wassersucht und Armut ihn nicht mehr antasten und den Geist keine Furcht, keine Sünde, kein Irrtum im Irrhaus».[210]

Ist es bei Liane ein religiös sublimierter Somnambulismus, bei Roquairol der Schiller'sche Heroismus und bei Albano poetischer Sentimentalismus, in denen sich die Krankheit einer an ihren Idealen zerbrechenden Zeit äußert, so spricht aus Peter Schoppe das Elend der idealistischen Philosophie, deren Ideensysteme den einen Kopf erleuchten, den andern in «erhabene Dunkelheit» stürzen. Als vierte Spielart des geistigen Gigantismus verkörpert Schoppe den «moralische[n] Egoismus, der sich mit dem transzendenten mehr verschwägert, als der edle Fichte errät».[211] Als luziferischer Gesandter der Freiheit tritt er lachend ins Licht der Welt, bevor er im vierten Buch als ein Hiob verlischt.

Am 4. Februar 1800 beendet Richter die *Clavis*, die nunmehr doppelt so umfangreich ist wie geplant, dieses Gaukelspiel der sich selbst denken wollenden transzendentalen Subjektivität. Wie Galilei vor der römischen Inquisition widerruft am 29. Juni Fichtes Mitangeklagter Friedrich Karl Forberg vor dem Konsistorium in Altenberg und bekennt sich zu einem allmächtigen und persönlichen Schöpfergott. Der Lohn ist eine Stelle als Rektor des Saalfelder Gymnasiums. Nach einem Jahr wechselt er an den herzoglichen Hof von Sachsen-Coburg-Altenburg. Im Mai 1800 erscheint in Matzdorffs Verlag der erste Band des *Titan*, Auflage 3000 Exemplare – mit der Widmung an die vier fürstlichen Schwestern. Kurz darauf fährt Richter nach Leipzig und nach fünf Tagen weiter nach Berlin, wo er einen Monat bleibt. «Er wohnte damals in einem ziemlich obscuren Wirths- oder eigentlich Kaffeehause, ja das vulgäre Wort ‹Kneipe› möchte für dasselbe das bezeichnendste Wort gewesen sein.»[212] Richters alter Freund Hans-Georg Ahlefeldt, für den er vor Jahren in Bayreuth den *postillion d'amour* gespielt hat, als dieser sich unsterblich in «seine Klotilde», die verheiratete Wilhelmine Kropff, verliebt hatte, überlässt ihm ein Zimmer seiner Wohnung und leiht ihm einen schwarzen Ausgehrock, damit sein Erscheinen in der Weltstadt Berlin à la mode gerät. Die Damen umflattern den Dichter, die Schauspieler des Schauspielhauses am Gendarmenmarkt spielen nur für ihn Schillers *Wallenstein*. So jedenfalls will es ihn Esther Bernard glauben machen, die sich jetzt Sophie nennt. Die Berliner Freimaurer geben einzig für ihn ein Fest im Logengarten. Berlin ist ein Triumphzug. Die Damen betteln um Haare von seinem lichten Haupt, um daraus nach der Mode Bändchen für Uhrketten zu flechten, «und viele gab mein eigner Scheitel her, so daß ich ebenso wohl von dem leben wollte – wenn ichs verhandelte – was *auf* meiner Hirnschaale wächset als was unter ihr».[213]

Von Richters kapriziösen Freundinnen ist neben der Bernard die erst siebzehnjährige Helmina von Klencke zu nennen, Enkelin der preußischen Sappho Louise Karsch, und die «philosophische Dlle Chamfort», wie er die geistreiche Salondame Rahel Levin respektvoll tituliert. Berlin hat viele literarische Frauen: geniale Leserinnen, scharfdenkende Kritikerinnen, Liebhaberinnen weniger genialer Männer. Die Salons sind Heiratsmärkte, auf denen die Aktie Jean Paul hoch gehandelt wird. Eines schönen Sommertages kommt noch die angenehm unkomplizierte Karoline Mayer dazu, Tochter eines angesehenen Berliner Juristen. Ahlefeldt hat sie und ihre Schwester Ernestine dem begehrten Junggesellen auf dem Freimaurerfest vorgestellt. Kurz darauf hat Richter sie bei einer Landpartie nach Pichelsdorf bei Spandau an der Havel wiedergesehen. Auf der Rückreise lernt er in Dessau auch ihre andere Schwester Minna und deren Verlobten Karl Spazier kennen. Gemeinsam besuchen sie den Wörlitzer Park, statt mit Sehrohren und Parkführer mit einer Flasche Wein gerüstet. Minna glaubt fortan und erzählt es jedem, Jean Paul liebe sie. Dieser fleht Ahlefeldt an, sie über ihren Irrtum aufzuklären. Der Frühsommertag in Spandau mit Karoline glühe wie ein Landschaftsgemälde von Claude Lorrain in seiner Seele weiter. Nachdem ihn aus Hof die Nachricht von Amönes Hochzeit mit Christian Otto erreicht, löst er acht Tage später endgültig seine Verlobung mit Caroline von Feuchtersleben.

Zurück in Weimar, ist er wie ein abgerissenes Blatt. Sein Gewissen drückt ihn. Von Herder glaubt er sich verstoßen. Nach der Hildburghausener Caroline sehnt er sich auf einmal wieder. «Durch Poesie wird der Schmerz dreischneidig und zerfrisset das Leben.»[214] Am 26. Juli besuchte er Wieland ein letztes Mal in Oßmannstädt. Die Kurzfassung seiner Hildburghausener Affäre: «Caroline ist edel, Herder betete sie an bei dem ersten Sehen – die Familie willigte ein – ich schied mich – aber wir schreiben uns fort».[215]

Am selben Tag erzählt er seinem «pythagoräischen Heinrich», nämlich Jacobi, von seinem Entschluss, im Oktober nach Berlin zu wechseln. Die letzten Wochen will er mit Reisen nach Erfurt, Jena, Rudolstadt verbringen; aber das schlechte Wetter hält ihn fest. Er ist – wieder einmal – wie ausgewechselt. Seine erotischen Affären haben ihn ermüdet. Er muss an die Zukunft denken und ersinnt eine kleine Erzählung über die verbreitete Unart der Männer, uneheliche Kinder in die Welt zu setzen und deren Erziehung den ledigen Müttern zu überlassen: *Das heimliche Klaglied der Männer*. «Das Schiksal wird mich doch nicht in Göthes Pferdefus-Stapfen [d. h. in eine wilde Ehe] jagen wollen, oft überleg' ichs freilich, aber es ist nicht daran zu denken; sogar in einer solchen Un-Ehe sänn' ich wieder auf Ehe. Ich mus und werde ein Mädgen heiraten, dessen ganze Sipschaft ein Freudenfest feiert, daß ich mich herabgelassen. Und doch spekulier' ich seit einiger Zeit fast mit auf Eingebrachtes; eine bemittelte Gräfin oder so etwas, denk' ich oft, kann sich in Dich verschiessen und dan hieltest du dir dein Reitpferd – wenigstens den Reitknecht – und sprengtest nach Bayreuth und überhaupt das Fet wüchse fort, das sich jetzt ansezt.»[216]

Die bemittelte Gräfin steht längst *ante portas* und legt «Franziskanerstricke» um Richters «empirisches Ich». Sie heißt Henriette von Schlabrendorf und ist ihm am 31. August aus Berlin nachgereist. Sie lebt mit der achtjährigen Tochter Amanda auf einem Gut nahe Meiningen; der sechsjährige Sohn wurde bei ihrem geschiedenen Mann in Preußen zurückgelassen. Die Gräfin ist siebenundzwanzig, schlank, vornehm und angenehm unprüde. «Denke dir mich unter dem Bilde eines Hasens, den der Jäger in immer nähern Kreisen umschleicht: so hast du es».[217] Ohne Gegenwehr gibt er sich hin. Zusammen fahren sie

Henriette von Schlabrendorf, um 1800

nach Gotha und leben vier Tage Wand an Wand im selben Gasthaus. Dem hingerissenen Dichter zuliebe legt die Gräfin sogar ihren kostbaren Diamantenschmuck ab, als sie sich auf einem Sofa noch ein wenig näher kommen. Er streichelt ihre Brust; «ihr globulus hatte die Farbe und – Weichheit der Wolkenflocken».[218] Nachher malt er sich aus, wie die Szene in einem Roman wirken würde. «Ich könnte die Schilderei noch romantischer färben, hätt' ich soviel Leinwand als Farbentusche. Ich hatte eine ½ Himmelskugel unter meiner halben Hauptkugel. Luna oder Lucina. Man müste sich ein Publikum in der Neujahrsmesse auf den Kauf bestellen, um dan davor es zu wagen, in der Ostermesse mit einem breiten Gemälde von allem auszustechen, von der Gluth – dem Spiel etc., womit man solche Kanapeeslustra rosenhaft auslaubt. Freier spielten nie die Kräfte.»[219] Man ahnt es: In Richter arbeitet es an den Szenen des dritten Bandes seines *Titan*, in dem der Verführer Roquairol, «von sieben Eheweibern umworben», seinen grandiosen Auftritt haben wird.

Über Dessau fährt Richter am 30. September in Gesellschaft von Minna Spazier nach Berlin. Vom Fuß des Parnass zieht er aus als geschlagener Feldherr, aber der Feind ist er selber. «Weimar ist eine abgebrante Stadt, auf deren heisser Asche ich noch schlafe. Jede Stadt scheint mir vor dem Auszug eben so verkohlt. Die Poesie erbeutet bei dieser Völkerwanderung durch Oerter und Herzen; aber das Herz [wird] ein armer emigré; ich wolt' ich wär ein réfugié in meiner Hochzeitstube. Wie ausgebrant und brennend, leichtsinnig und traurig, stoisch, poetisch, sat[irisch], liebend, kalt, kek, sanft, weich etc. meine Seele jezt ist und besonders in welchen Mischungen das alles miteinander – dazu wird' ich schwerlich einen biographischen Karakter finden, um es an den Tag zu bringen, es müste denn mein eigner sein in meiner Selbstbiographie. Nun werden Roste geheizt und Physiognomien von mir verfertigt, um sie darauf gahr zu braten. Wehmut der Äolsharfe schwimmt auf langen Wogen».[220]

Am 3. Oktober steigt er vor der Neuen Friedrichstraße 22 (heute Littenstraße) vor Ahlefeldts Haus ab. Die Gegend ist grün: hinterm Haus ein Garten, die Spree einige Schritte entfernt. Sein erster Weg führt ihn zu Karoline Mayer.

7. BERLINER VERHÄLTNISSE

Berlin, Herbst 1800

Wenige Wochen zuvor hat ihm Böttiger erzählt, «in Pyrmont trage man jetzt Überröcke Paul-Jean genant; ein gutgewählter Ausdruk, man mag nun damit mein altes Überroks-Einwindeln andeuten wollen oder meine Verkehrtheit in dergleichen oder mein Umwenden meiner Habite.» In Ahlefeldts Anzug macht er eine gute Figur. Seinen modischen Berater in Bayreuth, Emanuel, lässt er wissen, «daß ich jetzt langarmige Hosen trage und ein schwarzes Galakleid mit schwarzem Samtkragen, wodurch meine Figur sich ungewöhnlich zeigt und hebt. Ich verjünge mich täglich und werde bald, wenn ich nur aus den Dreissigern bin, ein Zwanziger werden».[221]

Am 8. Oktober nimmt Richter die Arbeit am *Titan* wieder auf. Drei Wochen später kennt er alles, was sich in Berlin für wichtig hält: Iffland, Merkel, Herz, Nicolai, Bernhardi, Schleiermacher. Jeder zweite ist hier gedruckt. Mehr als fünfzig gesellige Vereine, Clubs und Lesegesellschaften gibt es in Berlin, neben den privaten Salons. Geselligkeit ist höchste Tugend und Friedrich Schleiermacher, Ex-Herrnhuter und Prediger an der Charité, ihr stiller Gesetzgeber. Richters Erscheinung belebt die Stadtfama. «Daß er jetzt hier ist», steckt Schleiermacher einem Freund von Rahel Levin, «wirst du wissen und die Levi Dir vielleicht mehr von ihm schreiben; ich habe ihn nur ein Paar mal flüchtig gesehn und er hat keine besondere Notiz von mir genommen. Er will eigentlich nur Weiber sehn, und meint selbst eine gemeine wäre immer wenn auch nicht eine neue Welt doch ein neuer Welttheil [...] Uebrigens ist er ganz voll von seiner Polemik gegen den Idealismus und er meint sie gewiß, ob sie gleich dem Titan angehängt ist, nicht bloß für die Nichtdenker.»[222]

Schleiermacher zählt sich eindeutig nicht zu Jean Pauls Bewunderern. Richter besorgt sich hingegen dessen *Reden über die Religion* und findet sie gar nicht übel. Andere halten ihn aus anderen Gründen für befremdlich, wie seine Nachbarin Henriette Herz. «Richter war im Allgemeinen in Berlin nicht eben wählig hinsichts seiner Wohnungen, und einmal hatte er sich in dem Hause in der neuen Friedrichsstraße, in welchem ich wohnte, ein ziemlich schlechtes Stübchen im Hofe gemiethet. Dies hinderte jedoch nicht, daß die ausgezeichnetsten und vornehmsten Damen dort bei ihm vorfuhren, und ihn besuchten, und besonders viel war die bekannte Gräfin Schlaberndorf, zugleich eine Freundin Sophiens, dort bei ihm.»[223]

Mitte Oktober reist ihm Henriette von Schlabrendorf nach, kurz darauf kommt Emilie von Berlepsch an. Doch der Dichter ist beschäftigt. Der unkapriziösen Obertribunalratstochter Karoline Mayer hat er sich mit einem zärtlichen «adio cara» in Erinnerung gebracht, denn «die Liebe ist die italienische Schule des Mannes». Er schickt ihr leidenschaftliche Billetts. «Einzige! endlich hat mein Herz sein Herz – endlich ist mein Leben gerade und licht.»[224]

Dass Jacobi vom *Titan* enttäuscht ist, dass die Kritiken zurückhaltend sind, ärgert ihn zwar, aber nicht sehr, da der romantische Schriftsteller Ludwig Tieck und mit ihm die ganze Berliner Schlegel-Sekte sich auf seine Seite schlagen. «Ich und die Schlegelsche Parthei rüken einander immer näher, aber nicht feindlich».[225] Auch Fichte, den vertriebenen Jenaer Philosophen, trifft er an einem Abend Ende Januar 1801 wieder. «Fichte ist gut mit mir, obgleich zwischen uns nur solange Waffenstillstand ist, als wir trinken.»[226] Am Neujahrestag hat Fichte sich in der Beilage zur *Allgemeinen Zeitung* zu Jean Pauls *Clavis Fichtiana* geäußert. Die «*Clavis* schliesse nicht», Jean Paul habe ihn nicht verstanden. Dieser pariert mit der Bemerkung, jeder Philosoph müsse sich von seinen Disputanten missverstanden fühlen, andernfalls müsste er sein Philosophieren ändern. Sie streiten anderthalb Stunden, bis Richter meint, ihn «besiegt» zu haben. Fichtes Gesicht sei «eine Fortsezung oder Ankündigung des Gehirns», vermerkt er anerkennend, «mit einer herkulischen Stirn und Nase und wie eine Granit-Alpe anzusehen». Fichte lebe «unbekränzt», «einsam und stum» in Berlin, der unphilosophischsten Stadt Deutschlands.[227] «Philosophie, Dichtkunst und Malerei finden hier nur Sand für ihre Wurzeln».[228]

Die Gelehrsamkeit wird in Berlin genauso geschäftsmäßig betrieben wie der Heiratsmarkt. «Man sehnet sich fast wieder in die genialische Spizbüberei in Jena und Weimar zurück».[229] Doch ist ihm «der jezige ästhetische Heuschreckenzug» der Berliner Romantiker gegen den erschlafften Zeitgeist gerade Recht. «Sie behandeln das Leben poetisch, und das Leben daher Sie», schreibt er Rahel Levin, der Hohepriesterin des Berliner Goethe-Kults, nach Paris. «Sie bringen die hohe Freiheit der Dichtkunst in die Gebote der Wirklichkeit und wollen die Schönheiten dort, auch als Schönheiten hier wiederfinden; – aber die poetischen Schmerzen sind, in die Prose des Lebens übersezt, rechte wahre Schmerzen. – Vor der Muse ist der Teufel schön und die Parze; aber sie wohnt nur in uns, und der Teufel so oft ausser uns und hat dan keine milde Beleuchtung.»[230] Dasselbe poetische Lebensgefühl stört ihn an seinem jungen Freund, dem Geiger und Schriftsteller Paul Emile Thieriot, der ihn seit ihrer Bekanntschaft vor drei Jahren in Leipzig mit Briefen voll Liebe, Witz und Klagen belagert. «Ich habe nichts dagegen», ermahnt Richter ihn väterlich, «daß Sie so die Poesie des Scherzes in die Wirklichkeit hereintreiben, sobald Sie nach der Fortuna, die allein über diese herrschen wil, nichts fragen und nach den Stössen ihres Rads. Ich kenne aus eigner Erfahrung die pikante Süssigkeit dieser Doppelrolle, worin man sein Leben zugleich spielt, lebt und parodiert. Aber wie gesagt, unter den erbärmlich-gesteiften schlafröckigen Deutschen (vollends Sachsen) – oft sogar vor Gegen-Humoristen – verschüttet man sich dadurch unausbleiblich seine Goldschachte und die Ehrenbogen fallen dem Spasvögelein auf die Hirnschaale.»[231]

Anfang November 1800 hat Richter Karoline Mayer bekannt, dass er sich zu ihr hingezogen fühlt. So zügig ist er diesmal die Treppe zum Ehehimmel hinaufgesprungen, dass man wohl an Flucht denken muss. Am 9. November bat er ihren Vater um ihre Hand. Er habe sich unter den Frauen lange genug umgesehen und sich für Karoline, dieses «so weiche, so reine, so zarte, so liebende Wesen», entschieden.[232] Er schreibt sie sich schön in täglichen Briefexerzitien. «Ich kann jezt kaum noch die Stunden unserer Sichtbarkeit erwarten; und durch mein Lieben lern' ich immer mehr lieben.»[233]

*Paul Emile Thieriot,
Federzeichnung von
Eva Hoffmann, 1815*

Gräfin Schlabrendorf, als sie davon hörte, sank in Ohnmacht und schloss sich in ihr Zimmer ein. Richter tat so, als habe er nichts bemerkt. Ahlefeldt hingegen ergriff die Gelegenheit und machte der schönen Gräfin einen Heiratsantrag. Diese hatte aber keinen anderen Gedanken, als Jean Pauls Braut zu begutachten. Der nächste Schritt im diplomatischen Protokoll: ein Treffen zwischen Ahlefeldt, Richter, der Gräfin und Karoline. Ihr Vater riet von dem delikaten Unternehmen ab, doch Richter beredete sie. Die Zusammenkunft sollte am Abend des 23. November stattfinden. Mayer bestand darauf, dass ihre Verlobung vorher öffentlich bekannt gemacht werde, und bereitete eine Anzeige für die *Vossische Zeitung* vor. Richter ließ in höchster Eile Verlobungskarten drucken und Karoline am Vorabend des pikanten Rendezvous ein Muster überbringen. Nun erst war sie beruhigt, weil alles nach den Regeln der Schicklichkeit arrangiert war. Am Morgen schickte er «der Verbundnen» die Karten nebst einer Liste der Empfänger mit den Worten: «Hier ist unser Logenbillett für das schöne Melodrama unsers Lebens».[234]

Durch ihren Bruder, den Erbprinzen von Mecklenburg-Strelitz, ließ Königin Luise dem Paar als Verlobungsgeschenk ein silbernes Teegeschirr überbringen. Am Weihnachtsabend dinierte Richter mit Helmina von Klencke (seit kurzem verheiratete Frau von Hastfer), Sophie Bernard und der Gräfin Schlabrendorf. Seine Verlobte war zu Hause geblieben und hatte einen Wintermantel, ein Kamisol und eine Weste geschickt. Am nächsten Tag beschenkte sie ihn zu der «Nachtweste» noch mit einer zweiten seidenen und einem Perlenring. Der Dichter war beschämt. Die Kleider, die er für sie gekauft hatte, kosteten nur fünf Louisdor.

Die schärfsten Satiren auf die deutsche Kleinstaaterei schreibt er in seinen Flitterwochen, zwischen dem 14. Dezember und dem 7. April. Am Ostersonntag des Jahres 1801 schließt er mit einer Vorrede den «Komischen Anhang» zum zweiten Band des *Titan*: *Des Luftschiffers Giannozzo Seebuch*. Roquairol-Kälte und Frühlingsgefühle wechseln sich in ihm ab. «Ich bin im komischen Anhang wilder als sonst. Ich lege viele meiner Urtheile einem über ganz Deutschland (in der Montgolfiere) wegschiffenden Giannozzo, einem wilden Menschenverächter in den Mund, der blos in seinem Namen spricht.»[235] Eine schönere Schimpfrede auf den elenden Untertanengeist hat die literarische Welt noch nicht gehört als jene, die sich aus Giannozzos Heißluftballon über deutsche Städte, Dörfer und Residenzen ergießt, eine republikanische Schmähflut ohnegleichen, die selbst einen Chamfort hätte erröten lassen, Frankreichs zynischsten Antimonarchisten. Wenn die Königslilie des französischen Hauses Valois mit einer Kröte verglichen wird, wenn vorgeschlagen wird, die königlichen Schildwachen durch Pappfiguren zu ersetzen, wenn ätzender Spott auf fränkische Ritterorden («Krötenorden») verspritzt und der altehrwürdige englische Hosenbandorden als «Staats-Aderlaßbinde» bezeichnet wird; wenn der Luftschiffer bei seiner Visite beim regierenden Fürsten von Vierreuter bei der Tafel «vierundvierzig Worte» und «fünfundvierzigtausend Seufzer» zählt und die Stummheit der Deutschen bei Hofe beklagt; wenn sich der Schelm Giannozzo (Johannchen) an den Tafeln des Adels totstellt, um nicht an Langeweile zu sterben, oder den aristophanischen «Frosch- und Mäusekrieg» ins Reichsdeutsche übersetzt, indem er inmitten der Hofzeremonie Fledermäuse aus seiner Tasche zieht; wenn er die

Hofgesellschaft ein «morastiges Krebsloch» nennt, eine Jubelrede auf den Galgen schreibt, diesen «Dreizack, der das Land beherrscht», und wenn er schließlich «die drei Pfeiler» der legalisierten Staatskriminalität beim Namen nennt, die sich «durch alle Stockwerke des Staatsgebäudes» ziehen: betrügerische Bankrotteure, illegale Nachdrucker und aristokratische Hazardeure – dann sehen wir einen anderen Jean Paul als den Liebling der Aristokratie und Freund aufgeklärter Fürstinnen, nämlich den Apostel republikanischer Freiheiten, den unbestechlichen Kritiker des Ancien Régime und seiner Moralheuchelei.

Das *Seebuch* des unerschrockenen Giannozzo enthält ein politisches Zeitgemälde, eine Momentaufnahme von den schweizerischen Schauplätzen der Koalitionskriege am Gotthard-Pass und in der schwer umkämpften Innerschweiz im Sommer 1799. Die Ausrufung der Helvetischen Republik als französischem Satellitenstaat im Vorjahr war besonders in der alten Stadtrepublik Bern, im Wallis und in Graubünden auf massiven militärischen Widerstand gestoßen. Friedrich Richter steht offensichtlich dem Lager der Kritiker der Helvetik nah. In einem Gewittersturm lässt er den republikanischen Luftschiffer direkt auf die Wand des Montblanc-Massivs zu treiben. Auf seiner Brust hat sich ein schwarzer Hahn niedergelassen, der ihm die Besinnung raubt. Es ist Cardanos Hahn des Todes, ein treffliches politisches Symbol für den drohenden Niedergang der großen Revolution, das freilich nur sehr gebildeten Lesern geläufig gewesen sein dürfte. Der rote Hahn, das gallische Wappentier, ist für viele Revolutionsfreunde zum Würgeengel republikanischer Freiheiten geworden. In Paris hat am 9. November 1799, dem 18. Brumaire nach dem Revolutionskalender, General Napoleon Bonaparte mit zwei Konsuln das Staatsruder übernommen und steuert auf eine römische Diktatur zu. Für Giannozzo ist die Reise in der Schweiz zu Ende. «Bis auf die letzte Schlag-Minute schreib' ich, vielleicht wird mein Tagebuch nicht zerschmettert.»[236] Der Ballonkorb zerschellt am Berg und stürzt ab. In der Jackentasche des toten Giannozzo findet der Herausgeber – es ist Peter Schoppe alias Heinrich Leibgeber – das «Seebuch». Es stellt sich heraus, dass Giannozzos Luftreise nichts anderes war als ein Traum des republikanischen Schoppe im Zwiegespräch mit seinem zweiten Ich. «Giannozzo, wo lebst du,

Lämmchen? Kannst du mir nicht erscheinen? Wahrlich, ich gedenke deiner, armer Teufel».[237] Damit endet der zweite Band des *Titan*, der wenige Wochen später in den Buchläden ausliegt.

Daneben macht Richter Gelegenheitsarbeiten für Taschenalmanache. Als künftiger Hausvater muss er Geld verdienen. «Ich arbeite wie ein Pferd.»[238] Im Januar 1801 hat er dem Bremer Verleger Friedrich Wilmans zwei neue Texte verkauft, die zusammen in einem Band erscheinen sollen. Der eine ist *Das heimliche Klaglied der Männer*, der andere *Die wunderbare Gesellschaft in der Neujahrsnacht*, ein philosophisches Capriccio in Form eines Traums, eine Art poetisches Seitenstück zu dem Altar, den Herder in der Ankündigung seiner Zeitschrift *Aurora* dem 18. Jahrhundert als einem «der wichtigsten in der menschlichen Geschichte» geweiht hat. Feiert der Geschichtsphilosoph das Ende des Säkulums als Anbruch eines neuen Zeitalters der Wissenschaften, vergleichbar dem Geburtsjahr der Renaissance 1440,[239] so macht sich Jean Paul eher Sorgen, ob ihn dann noch irgendeiner lesen werde. «Wie bisher, so muß künftig mit der Ausdehnung und Durchkreuzung der Wissenschaften, mit dem Veralten der Schönheiten und mit der Übung des geistigen Auges die Kürze des Stils, die Verwandlung alter Bilder in neue Farben und kurz der ästhetische Luxus höher steigen; mithin wird ein zeitiger Schreiber wie ich zwar anfangs noch eine Zeitlang als korrekt mitlaufen, aber endlich werd' ich als gar zu nüchtern, als ein zu französischer ha- und magerer zweiter Gellert, der bloß glatt- und matten Leipzigern gefallen will, beiseite geschoben.»[240]

Die *Aurora* bleibt Idee, an ihrer Stelle erscheint 1801 Herders letztes Zeitschriftprojekt mit dem vielsagenden Namen *Adrastea*, die sanfte Schwester der Rachegöttin Nemesis. In Geschichtsbetrachtungen, Briefen, Gesprächen, Miszellen, Dramenauszügen, Märchen und Romanen wird ein Zeitalter besichtigt, das herrliche Paläste aus Papier und Druckerschwärze hinterlassen hat, deren Wunderkammern die Schätze aus 2000 Jahren Dichtung und Philosophie gesammelt haben. Aber nicht mehr in den Erfindungen der Dichter werden die großen Erzählungen des 19. Jahrhunderts ihren Stoff finden, sondern in den Abenteuern der Naturforscher und Weltentdecker. «Erfanden Newton, Dollond, Herschel ihre Fernröhre vergeblich? Und auf unsrer Erde, umschifferen kühne Weltumsegler sie umsonst? Wagte Cook sich umsonst bis an die Pforte des Südpols? Sahen die Forster, die Bougainvilles nichts Neues, nichts Wunderbares? Und im Reich der Kräfte, haben der Magnet, die Electricität, der Galvanismus keine neuen Ansichten der Dinge verliehn? Haben Linné, Haller, Werner den Dingen der Welt keine neue Ordnung gegeben?»[241]

Niemand kann ahnen, schon gar nicht Richter selbst, dass ausgerechnet im Zeitalter der Chemie, der Elektrizität und der Dampfmaschinen der feinfühlige Blumen- und Seelenmaler Jean Paul den Satiriker und Erforscher menschlicher Narrheiten und Wahnsysteme in der Gunst seiner Leserinnen und Leser überflügeln wird. Ihm genügt es, sein Ich gründlich gewendet zu haben: vom Erotomanen zum Ehemann und Familienvater. Berlin bedeutete seine ganz persönliche Zeitenwende; «vom Höfer Paul ist nichts übrig als die vordere Zahnlücke».[242] Obwohl der *Titan* von seiner Vollendung noch weit entfernt ist, hat schon wieder ein neuer Roman in ihm Platz genommen, «der den Siebenkäs, Fixlein und Wuz vereinen und übertreffen sol». Der Plan ist, seine Jugendjahre, die Jahre des Suchens und der moralischen Verwirrungen zu erzählen. Seine Flegeljahre, glaubt Richter, liegen hinter ihm – in dem Helden des nächsten Romans, einem jungen Rechtsanwalt aus einem reichsherrschaftlichen Dorf, sollen sie erzählt werden. «[I]ch arbeite kräftig und reich an meinem Notarius Bliz; die Materie strömt mir entgegen.»[243] Bei dem studierten Juristen Christian Otto erkundigt er sich über «die etwa möglichen närrischen Kollisionen, die in eines Schulzen Hause vorfallen können, dessen eine Stuben Hälfte unter landesherrlicher Jurisdikzion steht und die andere unter adelicher».[244] Der Alltag eines Autors hat ihn wieder. Erst am späteren Abend geht er aus. Tagsüber sitzt er im Garten seines Schwiegervaters, wo der Hausdiener ihm Wein bereitstellt, und schreibt fleißig an seinen *Flegeljahren*, nur Anfang Mai unterbrochen von dem Aufsatz *Über den Tod nach dem Tode; oder der Geburtstag*, den Johann Georg Jacobi, ein Bruder des Philosophen, in seinem *Taschenbuch für das Jahr 1802* abdrucken wird.

Seinen Geburtstag feiert der Dichter im bewährten Charlottenburger Damenkränzchen. Zu Gräfin Schlabrendorf, Karoline Mayer und ihrem Vater gesellt sich seine alte Freundin Juliane von Krüdener. Ahlefeldt und die Gräfin Schlabrendorf sind schon wieder entlobt. Die Gräfin reist kurz darauf nach Meiningen ab, um eine Wohnung für das Brautpaar anzumieten, und nennt Jean Paul nur noch «den Einzigen». Die Berlepsch ist nach Leipzig entschwunden und will Gerüchte über die Auflösung von Richters Verlobung gehört haben; aber nichts wäre falscher. Obertribunalrat Mayer hat seine Tochter standesgemäß in die preußische Witwenkasse eingeschrieben, und Richter ist gefordert, seine finanziellen Verhältnisse offenzulegen: Schuldverschreibungen, Bankguthaben um die 2000 Taler und siebzig Taler in bar. «Erleb' ich nur noch 8 oder 10 Jahre, so geb' ich meine opera omnia, die jetzt schon 26 Theile machen – welches fürchterliche Heer für einen Leser, der bei dem ersten anfängt! – mit den künftigen heraus und glaube damit wenigstens 10,000 rtl. gewinnen zu können.»[245]

Vater Mayer trägt auch Sorge, dass das Paar nach der Hochzeit nicht etwa zu dritt mit Ahlefeldt in dessen Wohnung hausen muss. Sein Angebot, Richter könne mit Karoline nach Potsdam in das Haus von deren verstorbener Mutter ziehen, wagt der Bräutigam nicht auszuschlagen. Es wäre ihm gerade Recht, räumt er ein, um sich «vor dem schönen stillen Angesichte der Natur» dem Andrang der Öffentlichkeit zu entziehen, denn das «Visiten-Hausieren» sei ihm ein Gräuel. In Wahrheit steht sein Plan längst fest. Christian Ottos Versuche, ihm Bayreuth schmackhaft zu machen, weist er entschieden zurück. «In deinem Bau-Anschlag rechnest du offenbar auf einen zu grossen Fus; was kümmern mich die Menschen und der Möbeln- und Visiten-Schein? Ich will frei und zynisch leben; und meine gute C. ist überal so philosophisch als ich nur wil.» Ein Meisterstück zynischer Diplomatie ist Richters Geburtstagsschreiben für Königin Luise; nicht als katzbuckelnder Höfling, sondern mit stillem Vorwurf als einer von vielen Untertanen, die an Thronen weinen, stellt er sich der wohltätigen Königin vor. Sein zukünftiger Schwager Karl Spazier veröffentlicht den Brief am 21. Mai 1801 in der Dresdener *Zeitung für die elegante Welt*. Mit kaltem Pragmatismus verfolgt Legationsrat Friedrich Richter sein Ziel, eine Pension, den «Ehrensold» eines gekrönten Mäzens zu ergattern. «Ich habe, von der Königin an, eine ganze arbeitende Weiber-Suite; es ist aber vielleicht jetzt keine Expektanz dazu offen».²⁴⁶ Auch Frau von Krüdener zählt er zu den «Schöpf- und Saugwerken», die ihm zu einem «Kanonikat vom König» verhelfen sollen. Ebenso taktisch ausgetüftelt wie sein Schreiben an Königin Luise ist sein Bewerbungsbrief an den friedfertig-frommen Friedrich Wilhelm III. Er schreibe, um «den sinkenden Glauben an Gottheit und Unsterblichkeit und an alles was uns adelt und tröstet zu erheben und die in einer egoistischen und revoluzionairen Zeit erkaltete Menschenliebe wieder zu erwärmen».²⁴⁷ Dem Graf von Alvensleben, der den Brief bestellen soll, bekennt er weit aufrichtiger, er schreibe weniger, «um zu leben als um recht zu schreiben».²⁴⁸ Um politische Rücksichten zu nehmen wie die alte Garde der Literaten – Jacobi, Wieland, Goethe, Schiller –, sei er zu jung, hatte er Jacobi im Vorjahr stolz erklärt.²⁴⁹ Auf die Pension wird er denn auch bis zu seinem Tod vergebens warten.

Kurz vor seiner Abreise von Berlin macht Richter die Bekanntschaft des kleinwüchsigen, buckligen Gerichtsassessors Ernst Theodor Wilhelm Hoffmann, der ihm seine beiden ungedruckten Geheimbundromane in die Hand drückt, und des Kaffeehausliteraten, Maultrommelspielers, Weltbürgers rumänisch-jüdischer Herkunft Michael Kosmeli: «ein herlicher derber Sünden-Naturalist und Gigant». Er «wurde hier [...] mein *gehorsamer* Freund und schied weinend und wil aus Paris an mich schreiben.»²⁵⁰ Hoffmann, ein geistsprühender Feuerwerkskörper aus Witz und Intelligenz, wird ein paar Jahre später als Komponist, Karikaturist und Verfasser phantastischer Spukromane berühmt werden – vermutlich der einzige Zeitgenosse, der es in Schnelligkeit des Denkens und schlagfertigem Witz mit Friedrich Richter aufnehmen konnte, auch wenn sich beide nicht besonders sympathisch waren.

Am 6. Mai 1801 erscheint der zweite Band des *Titan*: ausschweifend bildhaft wie der erste, doch strenger in den szenischen Arrangements aus den innersten Gemächern der Aristokratie. Herder wird einer der größten Lobredner des Buches sein. Am 27. Mai heiraten Johann Paul Friedrich Richter und Friederike Leopoldine Caroline (Karoline) Mayer in Berlin. Die Braut muss sich kurz vorher einen entzündeten Zahn ziehen lassen. Ihr Vater wird von der Aufregung krank, muss er doch auch seine zweite Tochter Ernestine gehen lassen, die den Dresdener Redakteur August Mahlmann heiratet.

Am 30. Mai annonciert das frisch verheiratete Paar in der *Vossischen Zeitung* seine Abreise nach Meiningen. Am 2. Juni abends sind sie in Weimar. Gleich am nächsten Morgen stellt Richter seine Frau bei Herders und Böttiger vor. Eine Einladung nach Tiefurt lehnt er ab, da der bürgerlichen Karoline der Zutritt bei Hofe nur zum Teekränzchen gewährt wird. Eine Woche nach Karolines Geburtstag lässt sich das Paar in Meiningen nieder. Die Gräfin hat in aller Eile Bücherbretter und Bettgestelle besorgt. Am liebsten wäre ihr gewesen, die Frischverheirateten wären in ihr Haus gezogen.[251]

8. MEININGER LUSTPARTIEN

Sachsen-Meiningen, Juni 1801

Welchen vernünftigen Grund konnte es wohl geben, statt nach Potsdam, Bayreuth oder Leipzig in ein südthüringisches Residenznest mit feuchten, engen Gassen zu ziehen, in dem Charlotte von Kalb ihre traurige Kindheit als Waise im Haus ihrer Pflegemutter Frau von Türk verbracht hatte, der Hof und die lutherische Orthodoxie den Ton angaben, wo Schiller in dem nahen Dorf Bauerbach unter dem Namen Doktor Ritter auf der Flucht vor Herzog Carl Eugen von Württemberg *Kabale und Liebe* geschrieben hatte und seine genügsame Schwester Christophine als Gattin des Hofbibliothekars Reinwald noch immer lebte?

Gerade diese vier Gründe sprachen für dieses Meiningen, die «fränkische Pforte» an den Ausläufern des Thüringer Walds. Enge Köpfe, heroische Träume. Verwinkelte Gassen, italienische Landschaften. Der *Titan* braucht, um zum Ende zu kommen, den Kontrast: Liane muss sterben, Albano nach Rom reisen und mit der Geliebten Linda nach Pestitz zurückkehren. So will es der Roman, und der Roman ist Gesetz.

In den ersten sechs Wochen gibt sich das frischvermählte Paar den irdischen Freuden der Liebe hin, bei denen der Ehemann in «einigen Lustpartien» Fähigkeiten «eines Halbgotts» an sich feststellt. Was ihn an Karoline begeistert, ist «ihr unbedingtes Hingeben in meinen Willen». Sie «mache nirgends viel Wind», sei «jungfräulich-besonnen, tragend, ruhig und frohsinnig». Ihre «poetische Trunkenheit» wird ihm fast zu viel. «Noch immer bin ich ihr ein J. P., nicht R.»[252]

Am 19. Juni vermerkt Richter die Weiterarbeit am Roman, dessen dritter Band ein gutes halbes Jahr später fertig ist und pünktlich zur Frühjahrsmesse 1802 erscheinen wird. Albanos Pflegeschwester Rabette wird von Roquairol im Park von Lilar vergewaltigt. Liane und die Tugend sterben, Albano fällt in ein delirierendes Nervenfieber und träumt, die Sonne sei Gott. «Oben zogen große Weltkugeln auf; auf jeder wohnte ein einziger Mensch.» In Begleitung von Don Gaspard verlässt er Pestitz bei Nacht, der Wagen gespenstisch von Fackeln beleuchtet, und reist nach Italien. «Der Saturn ging eben auf, und der Gott der Zeit reihte sich als ein sanfter, blitzender Juwel in den schimmernden Zaubergürtel des Himmels. Mit zugebundnen Augen wurde der unwissende Jüngling von der Senne seiner Jugend herabgeführt und aus dem Hirtentale seiner ersten Liebe hinweg und den großen, ewigen Sternbildern der Kunst entgegen», während auf dem Blumenbühler Hügel Lianes Sarg durch die Nacht dem Friedhof entgegenrollt.[253] Das dritte und vierte Buch mit seinen bizarren, surrealen Szenen zwischen Peterskirche und Kolosseum, Neapel und Ischia, schwebenden Mönchen und mystischen Grotten wird geschrieben in dem engen, kalten, deutschen Meiningen, zwischen schwarzem Fachwerk, kleinen Reisen und aufdringlichen Besuchern.

Für die mystisch-romantischen Impressionen bietet Meiningen, neben den schon erwähnten Reisetagebüchern des Gothaer Illuminaten Friedrich Münter[254], Anschauungsmaterial aus erster Hand. «Da ich nie in Italien gewesen, so mag meine Schilderung davon am ersten zeigen, daß ich nicht erdichtet, sondern nach Nachrichten geschrieben.»[255] Eine der Quellen ist möglicherweise der Herzog selbst, Georg I. von Sachsen-Meiningen und sein ehemaliger Hofmaler Johann Christian Reinhart. Vor dreizehn Jahren hatte der Herzog, zwei Jahre älter als Richter und Meister vom Stuhl der von seiner Mutter gegründeten Freimaurerloge «Charlotte zu den Drei Nelken», seinen Logenbruder Reinhart in Meiningen aufgenommen, Richters Hofer Schulfreund. Bald darauf ermöglichte ein Stipendium des bayreuthischen Markgrafen dem jungen Zeichner 1790 einen längeren Aufenthalt in Italien. An Reinharts Landschaftsradierungen, die dieser im Auftrag eines Nürnberger Verlegers zwischen 1791 und 1799 fertigte, zeichnet sich der allmähliche Übergang von der sentimentalischen zur idealen Landschaft ab.[256] In der Meininger Hofbibliothek konnte Richter das Mappenwerk gewiss studieren. In den Romszenen im vierten Band des *Titan* findet sich Reinharts atmosphärische Lichtdramaturgie in wortmalerischer Übertragung wieder. Vor dem südlichen Nachthimmel erscheint die «Heldenstadt» im roten Mondlicht als Schattenspiel, aus dem eine Menschengruppe auf einem Dach, eine Zypresse, eine Säule scharf hervortreten. Albano hat in Rom seinen Kunstlehrer Dian wiedergefunden, «diesen auf einen Römer geimpften Griechen», und besichtigt mit ihm die berühmtesten Ruinen Europas. Dian sucht nach «ewigen Schönheiten», Albano steht noch im Bann von Lianes christlicher Mystik und sieht nur das Vergehen, den Verfall auf dem «Schlachtfeld der Zeit», das «Gebeinhaus der Völker». Es ist das frühchristliche Rom, das ihn anzieht, die «Bergstadt Gottes» als «Blut- und Throngerüst der Menschheit», das Kolosseum als blutgetränkte Wanne voll der Leiber christlicher Märtyrer. Auf dem Weg nach Neapel und Ischia verändert sich der Blickwinkel fast unmerklich. Bei der Betrachtung der Ruinen des Amphitheaters von Albano, des Wohnhauses von Marcus Tullius Cicero in Mola oder der Villa Vestidio Basso von Tivoli verschmelzen Antike und christliche Romantik im Wechsellicht magischer Projektionen. Fliegende Mönche und nächtliche Halluzinationen verwirren den armen Albano, der nur einen Gedanken hat: die väterliche Prophezeiung zu enthüllen und seine verborgene Schwester zu finden. Die halsbrecherisch konstruierte Familienkabale in einem fürstlichen Haus nähert sich dem Höhepunkt. Fürstin Isabella, die Schwester des regierenden Fürsten von Haar-Haar (der als einziger anonym bleibt) und Gattin des Fürsten Luigi von Hohenfließ, ist ihrem einstigen Verehrer Don Gaspard nach Italien nachgereist. Sie liebt ihn immer noch, musste aber aus dynastischen Rücksichten – entgegen aller genealogischen Plausibilität – den jungen Fürsten Luigi heiraten.[257] Zugleich stellt sie dem schönen Albano nach, während sich Roquairol zur selben Zeit in Pestitz in Isabellas Schwester Idoine verliebt, die aber ebenfalls Albanos Liebreiz verfallen ist und überdies auffallende Ähnlichkeit mit Albanos Jugendliebe Liane besitzen soll. Albano hat beschlossen, sich dem Freiheitskampf der Franzosen gegen die antirevolutionäre Koalition anzuschließen (der Roman spielt, wie anfangs erwähnt, um 1790). Fürst Luigi von Hohenfließ ist im Begriff, in Pestitz an einer Geschlechtskrankheit zu sterben; sein Tod geht offenbar auf Rechnung des perfiden Machtstrategen Gaspard und seiner Handlanger. Der Hohenfließer Thron wird also in Kürze vakant. Don Gaspard macht sich Hoffnungen auf Isabella. Auf Ischia begegnen sich Albano de Cesara und Linda de Romeiro «mit heiligen Augen» und verlieben sich auf der Stelle, wie es der Plan des intriganten Ritters vorsieht. Albano weiß noch nicht, dass sie Don Gaspards versteckte Tochter Severina ist. Stattdessen eröffnet ihm Lindas engste Freundin Julienne, Fürst Luigis Schwester, dass er ihr Bruder sei. Die Erklärung der näheren Umstände ihrer Verwandtschaft verschiebt die Prinzessin verschwörerisch auf die Rückkehr nach Pestitz.

Vom Herzog und dessen Gattin Charlotte Eleonore wird der *Titan*-Dichter oft hinaufgebeten ins Schloss. «Ich und der Herzog sind uns sehr freundlich und oft nahe.»[258] Einmal besucht der Fürst das Paar in dessen bescheidener Remisenwohnung in der Unteren Marktgasse zum gemeinsamen Mittagsmahl – das er sich freilich vom Schloss liefern lässt. Er bietet an, Richter in Meiningen ein Haus bauen zu lassen, was dieser dankend ablehnt. Als die Herzoginmutter Charlotte Amalie stirbt, äußert der Herzog die Bitte, Richter möge als «ihr Historiograph» eine Lebensbeschreibung der Serenissima verfassen, die Sachsen-Meiningen zwanzig Jahre klug regierte, mit bedeutenden Gelehrten ihrer Zeit korrespondierte und nach zwei kleinen Prinzessinnen noch die Geburt des sachsen-meiningischen Erbprinzen erleben durfte. Richter entzieht sich diplomatisch; «ich sagte Ja, da sie moralisch wie jetzt theologisch volendet ist [...]; begehrte aber von ihm aufgesezte Notizen. Daher wird es wohl Zeit haben und dann nichts.»[259]

Georg I. ist nicht der Einzige, der sich um den Dichter bemüht. Die fürstlichen Vettern streiten um den Paradiesvogel, der sich da sein Nest bei ihnen gebaut hat. Im Winter lässt Erbprinz August von Sachsen-Gotha dem verehrten Jean Paul ein kostbares Exemplar von Youngs *Nachtgedanken* überbringen, mit Kupferstichen von William Blake, in rotes Saffianleder gebunden, mit Goldprägung und schwarzledernem Schuber und verbunden mit den schmeichelhaftesten Worten; «eine ächte Goldkette geendigt mit einer grossen Perle dient stat der Zwerg-Zettel die du in Bücher legst».[260] Die Fürstin von Solms, eine der vier Prinzessinnen, denen der *Titan* gewidmet ist, hat ihm eine goldene

Dose geschenkt. Wie wenig ihm an solchen Kleinodien liegt, zeigt die umgehende Weiterverschenkung an Emanuel, der sie für 117 Taler verkauft.

Nach einem Ausflug mit der Gräfin Schlabrendorf auf das herzogliche Lustschloss in Altenstein flüchten Richter und Karoline am 26. August nach Franken, «wo jedes Zelt aus Hungertuch gespant ist».[261] Die Gattin soll den Freunden und Brüdern vorgestellt werden. In Bayreuth stellt sich Bauchweh ein; sie glaubt sich schwanger. Um sie zu schonen, wird die Reise abgebrochen. Mit Karolines «Hoffnung» war es aber nichts, und so fährt das Paar, wieder in Begleitung der Gräfin, Ende September weiter nach Kassel.

Karolines Schwester Minna Spazier findet das Arrangement *à trois* skandalös. Sie streut Gerüchte von einer «Gattin zur linken Hand». Karoline ist ihrerseits empört über Minnas Verdacht. Vater Mayer erfährt von den Zerwürfnissen, nimmt den Schwiegersohn in Schutz. Zurück in Meiningen, lebt sich Karoline in ihre Lebensrolle ein. Mehr praktisch als geistig begabt, mehr hübsch als schön (es gibt aus dem Vierteljahrhundert ihrer Ehe kein Bildnis von ihr), mehr energisch als zart, sucht sie sich als Kopistin, Sekretärin und Schlüsselwärterin seines häuslichen Lebens nützlich zu machen. Souverän nimmt sie sich der gesammelten Korrespondenzen des Gatten an. Verlegerbriefe heißen nun «Briefe, die mir Ehre machen»; solche von Verehrerinnen «weibliches Herzens-Ragout».[262]

Ihr Ehearrangement wirkt vernünftig, seines nicht minder. Er verlange nichts als «Bücher, Berge und Bier» und sei gesünder denn je, lässt Richter den alten Knebel wissen, «weil mich keine Berliner-Berlepschs-Kalbs-Vormitternächte aufzehren». Seine Tuttiliebe verebbt im Alltag des Schriftstellers. «Himmel! Welche Romane hätt' ich machen wollen mit den Kräften, die ich sonst ansetze, sie zu spielen!»[263] Am 14. Juli hat er die Hildburghausener Caroline wissen lassen, dass er noch an sie denke. Sie schrieb noch am selben Tag zurück. Stolz und verletzt noch immer, richtete sie das Wort nicht an ihn, sondern an Richters Frau. «Auf die Frage Ihres Mannes über Kommen und Sehen antwort ich hier: Haben *Sie* Muth genug, eine Unglückliche zu sehen, so kommen Sie.»[264] Emilie von Berlepsch, seit Juni bürgerlich verheiratete

Frau Harms, deutet er an, seine «Argonautenzüge nach dem goldnen Vlies der Weiber» seien Vergangenheit.[265] Um dem Gerede ein Ende zu machen, legt auch die schöne Gräfin von Schlabrendorf im Januar 1802 Hofjuwelen und Adelstitel ab, heiratet den erstbesten Meininger Kabinettsekretär und ist jetzt nur noch Frau Schwendler – letzte Liebesbeweise an den demokratischen Liebhaber. Dieser vermisst in seinem Ehehimmel nichts, wie er Ahlefeldt wissen lässt. «Bruder, die Ehe rottet alle Simultan-Liebe mit der Wurzel aus; man fragt fast gar zu wenig nach neuen Weibern, was wieder zu deutsch ist.»[266]

Dafür macht sich ein neuer, unangenehm patriarchalischer Zug an ihm bemerkbar, dem Allliebenden, Versöhnlichen. Als sein jüngster Bruder, der dreiundzwanzigjährige Samuel, eines Tages vor dem Haus in der Unteren Marktgasse erscheint, abgerissen, hungrig wie ein Bettler, wird er nicht empfangen und Christian Otto ermahnt, ihn nicht mehr durch Almosen zu unterstützen. In seiner Not lässt sich Samuel bald darauf als Soldat werben und zieht in den Krieg – vier Jahre später ist er tot. Der andere Bruder Gottlieb wird schroff gerügt, weil er sich für die acht Reichstaler, die Richter ihm im Februar zukommen ließ, nicht bedankt hat. Vor ihm, dem kleinen Zolluntereinnehmer, prahlt der Dichter mit seinen adeligen Freunden und deren kostbaren Geschenken. Sieh an, Bruder, will er wohl sagen, wie weit man's aus eigener Kraft im Leben bringen kann. Als ihn Charlotte von Kalb im Januar besucht, findet sie ihren alten Freund kalt. Nach einer Woche reist sie ab – und liebt und leidet und wartet weiter in Waltershausen.

Von Herder kommt im Juli ungeteiltes Lob für den zweiten Band des *Titan*. «Die Einleitung ist eine *wahre Epistola Horatii ad pisones*; die Luftfahrt ist eine Geburt wahrer jugendlicher Lustigkeit (ich kann das Wort Laune so wenig als *Humour* leiden) und der Stil ist rein, correct, elegant, wie von Ihrer Taube belesen.»[267] Nachdem der erste Band die Exposition und psychologische Grundierung, der zweite die Irrwege und Täuschungen der menschlichen Natur, der dritte den moralischen Kampf der Seelen und Leiber gezeigt hat, fehlt noch im vierten Band der finale Akt, der Auftritt der allmächtigen Nemesis, der ausgleichenden Gerechtigkeit. Zwischen der Scylla der Fichte'schen Subjektphilosophie und der Charybdis religiös-sentimentaler Liebesmystik oder, in Jean Pauls Manier gesagt, zwischen dem Abgrund «nach oben und nach unten, ein umgekehrtes oder unteres Himmelsgewölbe zum obern, in welche beide wir hangend schauen», zieht der *Titan* ruhig seine Bahn.[268] Bei der Aufführung eines «Trauerspiels» im Prinzengarten von Lilar ist die komplette Romanpersonnage noch einmal versammelt um Roquairol, den Autor, Regisseur und Hauptdarsteller in einer Person. Die Kunst erscheint als höhere Wahrheit, mächtiger als alle Wirklichkeit, durch einen breiten Wassergraben vom Publikum getrennt: die Schauspieler auf der «Schlummerinsel» und die Zuschauer am anderen Ufer, in der Mitte des Sees ein sprechender Rabe, der die zauberhafte Shakespeare'sche Dramaturgie eines grausigen Sommernachtstraums in Gang setzt. Nur der bösartige Kahlkopf und Schoppe, sein Mörder, fehlen. Der Geist einer kranken Zeit richtet sich selbst. Der Freundschaftsschwur zwischen Albano und Roquairol, die Liebe zwischen Liane (gespielt von Idoine, der Prinzessin von Haar-Haar) und Albano (gespielt von Roquairol), Roquairols Eifersucht und Gewissensqualen, seine Trunksucht, seine sexuellen Ausschweifungen – alles, was im *Titan* zuvor erzählt worden ist, wiederholt sich Stück um Stück auf der Illusionsbühne. Roquairol-Karl, der Rabette vergewaltigt, sich als Albano ausgegeben und in der Nacht vor der Aufführung dessen Geliebte Linda de Romeiro heimtückisch entjungfert hat, schießt sich vor den Augen des Publikums eine Kugel in den Leib. So vollzieht er an sich das Urteil über eine dekadente Gesellschaft, in der jeder nur noch sich selber spielt, aber niemand mehr er selbst ist. «Für diese Abgebrannten des Lebens gibt es dann keine neue Freude und keine neue Wahrheit mehr, und sie haben keine alte ganz und frisch; eine vertrocknete Zukunft voll Hochmut, Lebensekel, Unglauben und Widerspruch liegt um sie her. Nur noch der Flügel der Phantasie zuckt an ihrer Leiche.»[269]

Vierteljährlich, zuweilen wöchentlich, wechselt Richter zwischen den letzten Szenen des *Titan* und seinem nächsten Roman, der «Geschichte meines Bruders, von Jean Paul». «In dieser kann ich die höchsten Satyr-Sprünge machen, die Objektivität gewint blos dabei.»[270] Seinem

Helden, dem Notarius Bliz, hat er einen Zwilling hinzuerfunden, der aufs Haar dem wilden, lustigen, zynischen Michael Kosmeli gleicht, der am 16. Oktober 1801 aus Paris zu Fuß in Meiningen angekommen ist. Damit ist der organisierende Drehpunkt des Romans gefunden, der «Schreibvertrag» zwischen zwei ungleichen Brüdern.[271] Kosmeli ist «ein naher Vetter von Giannozzo», ein politischer Abenteurer und Freigeist ohne festen Wohnsitz. «Dieser Komet hat doch einen tapfern festen Kern, troz seines närrischen Schweifs».[272] Richter lässt durch Boten bei der Gräfin Schlabrendorf anfragen, ob er ihn abends mitbringen solle, «diesen Wolf, ich Lam?»[273]

Je näher der Abschluss des *Titan* rückt, umso mehr zieht sich Richter vom Meininger Hof zurück. Zum Geburtstag des Herzogs hat er statt sich selbst eine schriftliche Gratulation geschickt und sich entschuldigt, dass er «weniger mit der Hof- als Herzensordnung bekannt» sei.[274] Indessen mochte es gute Gründe geben, Georgs I. Einladung zu einer Schlittenpartie durch das meiningische «Oberland» Ende Januar nicht auszuschlagen. Begleitet von dem Prinzen von Hessen-Philippsthal, dem Onkel des Herzogs, und einer riesigen Entourage aus Lakaien, Köchen und Kammerdienern, besucht man die Aufführung eines Dorftheaters und in Hildburghausen Richters schöne Verehrerin, Herzogin Charlotte.

Richters Seufzer, ewig bleibe er nicht in Meiningen, wiederholen sich nun liturgisch. Seine Gesundheit hat sich dramatisch verschlechtert. Beim Mittagsschlaf hat er Puls- und Atemaussetzer, nachts leidet er an Atemnot und schläft schlecht. Er schwört darauf, dass starkes, dunkles Bier ihn wieder herstellen werde, Bayreuther Bier, das er über Emanuel bezieht. Karoline sorgt dafür, dass nichts den Tagesablauf eines schreibenden Menschen stört, der es gewohnt ist, jede Minute seines Lebens dem strengen Regime geistiger und leiblicher Diätetik zu unterwerfen. Nach der morgendlichen Schreibarbeit werden bei Tisch Zeitungen gelesen, um fünf zur Teezeit wird empfangen oder besucht. Um viertel nach neun wird schlafen gegangen, um halb sieben morgens aufgestanden. Ein Hund wird gekauft. «[Der] Dichter geht so leicht im wirklichen Leben», stöhnt er in jenen Monaten auf, «wie einer mit Schlittschuhen auf der Strasse, nämlich elend.»[275]

Ende März – der dritte Band des *Titan* ist eben erschienen – kommt Emanuel aus Bayreuth zu Besuch, gleich darauf für eine Woche der Kritiker und Philologe Friedrich Bouterwek, im April Paul Emile Thieriot und ein junger Schriftsteller namens Arnold Kanne, die sich für drei Wochen einmieten. Nicht nur als satirischer Schriftsteller zeigt Thieriot beträchtlichen Ehrgeiz, in Jean Pauls Fußspur zu wachsen – er kann sogar Richters Handschrift täuschend echt imitieren. Dieser fühlt sich von der Eitelkeit und «Wissenskälte» des jungen Spaßvogels belästigt, den er sonst amüsiert ertrug.[276] Er ist gereizt. Sein literarisches Porträt der Marat-Mörderin Charlotte Corday im *Taschenbuch für 1801* [277] hat einen Sturm der Entrüstung im literarischen Haifischbecken ausgelöst. Der Literaturkritiker Garlieb Merkel schimpft den Verfasser einen «völlig verwachsenen Humoristen», noch ausfallender Merkels Freund, der literarisch dilettierende Berliner Jurist Heinrich Julius von Rohr: «Dieser Schriftsteller gleicht einem Manne, der alle, die zu ihm kommen, im Schlafrock ungekämmt und mit der Nachtmütze auf dem Kopf empfängt. [...] Herr Richter ist bisher beständig vor dem Publikum en negligé erschienen; das fängt so auszusehen, als glaubte er, es wäre das ganze deutsche Publikum nichts mehr wert [...] als setze er einen Wert darauf, auch in der besten Gesellschaft sich äußerlich als eine ganz andere Gestalt zu geben als andre Menschen, und glaube etwa gar im Ernste, Jean Paul ohne weiteres, bedeute mehr als Johann Paul Richter.»[278]

In der *Allgemeinen Deutschen Bibliothek* hat Friedrich Nicolai den zweiten Band des *Titan* «bis auf ein Paar Knochen aufgefressen; ich antworte dem Kläffer nichts. Überhaupt sollte man der Thorheit nur durch ihr Widerspiel oder doch nur im Ganzen entgegenarbeiten. Erschlage 12 Narren; im nächsten Winkel gebiert eine Mutter wieder neuen Saz.» Wie ein zorniger Gottvater schimpft Richter seinerseits auf die neue Literatur und die jungen Autoren, die nur in kritischer Rebellion posieren und nichts Neues produzieren. «Unendlich in Verachtung wird man durch die unaufhörliche Plat-Schief-Leerheit der schreibenden Menschen geübt; noch ekler ists, daß eben die Platten etc. das Edelste geniessen und nach ihrem Magen einen succ[um] et sang[uinem][279] daraus gewinnen, der ein Schlangengift des Edelsten wird.»[280] Gnadenlos auch seine Urteile über Goethe und Wieland, Fichte und Schelling, Schlegel, Bernhardi und Kotzebue. «Die Einseitigkeit trägt jetzt die Fahne der Litteratur. Bei Gott, ich folge nie dieser Fahne und möchte sie lieber zerreissen und verbrennen; ich werde daher nirgends in der Poesie (wenn ich einmal darüber schreibe) schonen oder lästern oder angehören.» Sogar gegen «Schiller, den deutschen Young, hab' ich viel; gegen diesen brittischen Prosa-Glanz.»[281]

Aus Tübingen nimmt im Frühsommer 1802 Johann Friedrich Cotta, Schillers und Goethes Verleger, die Reise nach Meiningen auf sich, um den Mann kennenzulernen, der schon zu Lebzeiten in Chrestomathien und Lesebüchern gehandelt wird wie ein Idol. 1801 sind bei Weigand *Sentenzen aus Jean Pauls und Hippels Schriften* und bei J. Feind in Leipzig *Jean Pauls Geist; oder Chrestomathie der vorzüglichsten, kräftigsten und gelungensten Stellen aus den Sämmtlichen Schriften des Jean Paul Friedrich Richter* erschienen.[282] Letztere wird bis 1821 fortgeführt und erlebt zahlreiche Auflagen, ohne dass Autor oder Originalverleger einen Pfennig daran verdienen. Dieser bereinigte, zensierte, konfektionierte, mit Goldflitter bestäubte Jean Paul ist ein marktkonform gestutzter Engel. Die Herausgeber rechnen mit einem Massenpublikum, das ausdrücklich vor den wahnsinnigen «Sprüngen», der «künstlichen Wildnis», dem anmaßenden Selbstgefühl, den «künstlerischen Verwirrungen und Fehlern» und der mangelnden «Klassicität» des Originalautors gewarnt wird. Schreibe er so weiter wie bisher, werde sich Jean Paul, statt wie Lessing und Schiller in die Nachwelt überzugehen, höchstens selbst überleben.[283]

Cotta aber wittert ein gutes Geschäft, nämlich eine lange Zukunft dieses Autors, der sich allen literarischen Moden hochmütig entzieht. Richter, der nie Verträge abschließt, bevor ein Buch geschrieben ist, verabschiedet den Verleger der Schiller'schen *Horen* und der auflagenstarken *Allgemeinen Zeitung* mit der vagen Aussicht auf einen neuen Roman. Vier Monate später werden sie brieflich über die *Flegeljahre* handelseinig. Richter nutzt die Gelegenheit, im zweiten Kapitel das «Schaf, das eine Chrestomathie oder Jean Pauls Geist aus meinen Werken auszog mit den Zähnen», kräftig an den Ohren zu ziehen.[284] Der 121. Zykel des *Titan* nennt noch einmal den Preis, den ein Satiriker dafür zahlen muss, dass er sein Leiden an der Welt und an den Menschen, seine Hoffnung «auf lautere redliche Wahrhaftigkeit, Freundestreue, stolzen Mut, bittern Haß der Süßlichkeit, des Schlangengangs und weicher Unzucht» in Werke verwandelt, die nicht durch Liebe für sich einnehmen, sondern durch Schärfe und Logik. Der chrestomathische Jean Paul wirft seine Raupenhülle aus Tränen und Aurikelduft ab, und hervor kommt – der humoristische Bibliothekar Peter Schoppe. «Teufel! Frei will ich bleiben auf einer so verächtlichen Erde – keinen Lohn, keinen Befehl in diesem großen Bedientenzimmer erhaltend – kerngesund, um kein Mitleiden und keinen Hausarzt zu erwecken».

Nicht mehr Marat und Robespierre, die moralischen Ungeheuer der Revolution – die Außenseiter und Einzelgänger sind es jetzt, in deren Namen die Freiheitsschwätzer und Doppelzüngler der schönen Literatur zur Rede gestellt werden. «Wer nicht vor der Revolution ein stiller Revolutionär war», lässt er Schoppe sagen, «– wie etwan Chamfort, mit dessen feuerfesten Brust ich einmal in Paris an meiner schönes Feuer schlug, oder wie Montesquieu und J. J. Rousseau –, der spreize sich mit seiner Tropfenhaftigkeit nicht breit unter seine Haustür aus. Freiheit wird wie alles Göttliche nicht gelernt und erworben, sondern angeboren. Freilich sitzen im Frank- und Deutschreich überall junge Autoren und Musensöhne, die sich über ihren schnellen Selbst-Gehalt verwundern und erklären, nur verflucht erstaunt, daß sie nicht früher ihr Freiheitsgefühl gefühlt, weiche Schelme, die sich als ganze blasende Walfische ansehen, weil sie einiges Fischbein davon um die Rippen zu schnüren fanden – Immer würd' ich in einem Kriege, wie ihn die tote Zeit geben kann, glauben, zwar gegen Toren zu kämpfen, aber auch für Toren.» Einem Kritiker, mit dem kein anderer als Friedrich Nicolai gemeint ist, Herausgeber des Rezensionsjournals *Allgemeine Deutsche Bibliothek*, erklärt der satirische Bibliothekar bei einem Spaziergang im Berliner Tiergarten, warum er keine Satiren mehr machen wolle. Lust hätte er ja, sagt er, «aber ach wird nicht der seltsame Scherzmacher, sogar in ihrer ungemeinen Bibliothek, [...] dem Stachelschweinmanne in London [...] gleichen, der bei dem Tierhändler Brook den Dienst hatte, den fremden im wilden Viehstand und ausländischen Tiergarten herumzuführen, und der auf der Schwelle dabei anfing, daß er sich selber zeigte als Mensch betrachtet?» Gegen die Kotzebue'sche «ehr- und zuchtlose Weichlichkeit», die Heuchelei, Koketterie, Eitelkeit der Modeliteraten lohne sich die Mühe nicht. Lieber schwinge er seinen «Satyr-Schweif» hier und da gegen eine «gelegentliche Bremse», nur werde er keine Bücher mehr daraus machen und sich selbst zum Knecht der Verleger und Zensoren. «Was hat [...] einer nun übrig, den, wie gesagt, so vielerlei anstinkt» in Zeiten, «wo man, wie jetzt im Druck, aus *Schwarz* zwar nicht *Weiß* macht, aber doch *Grau* und wo man, wie Katecheten sollen, gerade die Fragen auf *Nein* und *Ja* vermeidet – was hat er noch übrig außer seinem Hasse der Tyrannen und Sklaven zugleich und außer dem Zorne über die Mißhandlung sowohl als über die Gemißhandelten?»[285]

Für Juni 1802 planen Friedrich und Karoline eine Reise nach Leipzig. In der Nacht vor der Abreise ist Richter wieder unwohl, sie wird verschoben. Seit Jahren nimmt er gegen seine Migräneanfälle sieben Tropfen Opiumlösung (Laudanum Sydenh.). Das starke Bayreuther Johanniter-Bier hilft zwar gegen die Herzattacken, macht aber asthmatische Anfälle. So versucht er es jetzt mit Kulmbacher in Fünfeinhalblitereimern, von denen er seit Emanuels Besuch im März schon drei verbraucht hat: sein «Palliativ gegen Meiningen».[286] «Dieses verdamte Bedürfnis meines Magens und Gehirns treibt mich und mein Haus aus allen grossen Städten – z. B. Dresden – zurük und endlich immer südlicher entweder einmal nach Bamberg, Erlang etc.»[287]

Am 4. Juli wird das Ehepaar Richter von dem Erbprinzen Emil August in Gotha empfangen, dem Stifter des roten Saffianbuchs. Richter muss ein Gedicht des Fürsten beurteilen. Dem Gothaer Hofbibliothekar, einem jungen Schweizer, schreibt er ins Stammbuch: «Der Kampf für die Freiheit ist noch eine. Wie das Sehnen nach Unsterblichkeit der Beweis und schon der Anfang derselben ist: so ist Sehnen nach Freiheit selber Freiheit. Daher wird aus dem Golgatha der Alpen einmal ein Tabor werden; und dasselbe Erdbeben, das in der Natur die Berge verschlingt, erschaft sie auch.» Es ist der amerikanische Unabhängigkeitstag, an dem er das schreibt.[288] Richters fahren weiter nach Weimar, wo der Eheherr offiziell bekanntgibt, was ohnehin zu sehen sein dürfte.

Im Oktober soll er Vater werden.[289] Bei Gelegenheit dieser Reise stehen sich die im siebten Monat schwangere Karoline Richter und die Hildburghausener Caroline von Feuchtersleben zum ersten Mal gegenüber – letztere noch immer feindselig.

Friedrich Richters «fruchttragende Frau» bringt am 20. September um elf Uhr vormittags, einen Monat vor dem erwarteten Geburtstermin, eine Tochter zur Welt. Richter wohnt der Geburt bei. Während die Mutter die Nachgeburt auspresst, macht der Kindsvater in seinem Zimmer, was er am besten kann: schöne Gedanken. «Gott steht bei einer Entbindung, wer ihn da nicht findet bei diesem unbegreiflichen Mechanismus des Schmerzes, bei dieser Erhabenheit seines Maschinenwesens und bei der Niederwerfung unserer Abhängigkeit, der findet ihn nie.»[290] Am 17. Oktober wird das Kind in der Meininger Hofkirche auf die Namen Emma Emanuele Georgine Amalie Idoine getauft. «Letzern Titans Namen geb' ich aus pädagogischer Klugheit.»[291] Was nur Rang und Namen hat, wird als Taufpate rekrutiert: Anna Amalia von Sachsen-Weimar, Georg I. von Sachsen-Meiningen, der Gatte der ehemaligen Gräfin Schlabrendorf, Kammerpräsident Heim mit Frau, Karolines Vater und natürlich Richters geliebter Emanuel (der, weil er Jude ist, aber nicht ins Kirchenbuch eingetragen wird).

Dass es kein Junge ist, beruhigt den Vater hinsichtlich der künftigen Erziehung, «weil die Eltern-Erziehung an einem Knaben (das Universum, und die Vergangenheit sind seine Hofmeister) wenig vermöchte, aber an einem Mädchen alles».[292] Sechs Wochen nach Emmas Geburt, am 1. November 1802, fährt Richter nach Coburg, die Hauptstadt des Nachbarstaates Sachsen-Coburg-Saalfeld. Nach drei Tagen ist er mit dem festen Entschluss zurück, im April Meiningen gegen Coburg zu tauschen. Die Ausarbeitung der letzten Jobelperioden des *Titan* fällt in den Spätherbst. Der Roman endet in der Hofkirche von Pestitz. Pfarrer Spener, ein Abbild des Meininger Hofpredigers Pfranger, hält Luigi, dem Fürsten von Hohenfließ, die Trauerpredigt. Albano heiratet Idoine, das täuschende Traumbild seiner geliebten toten Liane, und wird als neuer Fürst vereidigt. Haar-Haar und Hohenfließ sind wieder in einer Herrscherhand vereint. Freudetrunken begrüßt Prinzessin Julienne den neuen Bund; «schauet auf zum schönen Himmel, [...] der Regenbogen des ewigen Friedens blüht an ihm, und die Gewitter sind vorüber, und die Welt ist so hell und grün – wacht auf, meine Geschwister!«[293] Mit diesen Worten ist der Leser aus dem *Titan* entlassen, wissend, dass sie nichts anderes sind als Illusion – wie alles in diesem karnevalesken Enthüllungsroman. Am 6. Dezember 1802, ein halbes Jahr nach Napoleons Kriegserklärung an England, geht das Manuskript nach Berlin ab.

9. COBURGER PROZESSE

Coburg, Juni 1803

Der Umzug zieht sich über Wochen hin. Mehrmals muss der Spediteur hin und her fahren. Das Städtchen streckt sich idyllisch zwischen der mittelalterlichen Veste Coburg und dem bewaldeten Adamiberg durch ein enges Tal. Da sitzt nun der Legationsrat Richter seit dem 2. Juni 1803 in der Gymnasiumsgasse in Coburg und ernennt sich simultan am 6. Juni 1803 zum designierten Chronisten seiner *Flegeljahre*. Das Drillingsstaatlein Sachsen-Coburg-Saalfeld bietet alles, was zu einem komischen Roman nötig ist. Er muss nur sehen, hören – und schweigen. Gute Schwanenfedern bekommt er für drei Taler je fünfundzwanzig Stück bei Buchhändler Johann Daniel Meusel, einem jüngeren Bruder des bekannten Erlanger Historikers und Philologen Johann Georg Meusel, Herausgebers des biographischen Lexikons *Das gelehrte Teutschland* und der *Erlanger Litteratur-Zeitung*. Der dritte Meusel führt in Coburg eine Barbierstube. Drei lebenswichtige Besorgungen lassen sich so in einem Gang erledigen: das Bartscheren, die neuesten Nachrichten aus der Hof-, Stadt- und Gelehrtenwelt sowie Papier und Federn. Sogar gute Tinte bietet Meusel, so dass der Dichter sie nicht, obgleich darin bestens geübt, aus Eisengalluspulver und Wasser selber mischen muss.

Das Fürstenpaar befindet sich mitsamt dem Hofstaat und drei unverheirateten Töchtern noch im Kurbad. Die vierte Prinzessin wurde vierzehnjährig mit dem russischen Großfürsten Konstantin, dem Bruder des Zaren Alexander I., verheiratet. Bei der Wahl des Landesherrn in seinem Zwillingsroman war Richter lange unentschieden. Von Christian Otto ließ er sich beraten, ob er «ihn denn den 98, 99ten Herrn nennen [könne] wie die Reuss.? – Anfangs wolt' ich zu einem Marggrafen greifen und kans noch: darf ich?»[294] Hier liegt alles beisammen. Coburg

Friedrich Richters Wohnhaus in Coburg in der Gymnasiumsgasse

ist der topographische Schnittpunkt zwischen den thüringischen und fränkischen Herrscherdynastien. Eine der Schwestern des vorletzten Herzogs Franz Friedrich Anton von Sachsen-Coburg war die 1791 verstorbene Markgräfin von Brandenburg-Ansbach-Bayreuth, die jetzige Herzogin ist eine Tochter des Reichsgrafen Heinrich XXIV. Reuß zu Ebersdorf, Enkelin von Anna Elisabeth Zinzendorf und strenggläubige Pietistin. Als der regierende Herzog Franz I. 1800 die Nachfolge antrat, war das Ländchen praktisch bankrott. Seit 1773 steht es unter Zwangsverwaltung einer Kaiserlichen Debit- und Administrationskommission. Die fürstlichen Vettern Georg I. von Sachsen-Meiningen, Ernst II. von Sachsen-Gotha-Altenburg und (bis 1787) Prinz Joseph Friedrich von Sachsen-Hildburghausen versehen das Amt Kaiserlicher Kommissare. Notorische Kopfschmerzen bereitet dem Herzog die gemeinschaftliche Herrschaft über Saalfeld mit Herzog Ernst II. Es liegt mitten im Fürstentum Gotha-Altenburg, reicht bis kurz vor Leipzig und umschließt die reichsunmittelbare Grafschaft Reuß-Köstritz. Ernst II. erhebt seit Jahren Anspruch auf die Steuereinnahmen aus Saalfeld, die ihm angeblich als «Akzessit-Stücke» aus dem Erbvertrag zustehen, der bei der Teilung von Sachsen-Gotha 1680 im *Nexus Gothanus* niedergelegt worden ist. Auch der andere Vetter macht Probleme. Als Herzog Franz I. militärisches Inventar der Veste Coburg zu Geld machen will, muss ihn Georg I. von Sachsen-Meiningen daran erinnern, dass ihm einige Kanonen auf der Veste ebenfalls als Akzessit-Erbe [Teil- oder Pflichterbe] zustehen. Anfang 1803 reicht der Meininger Herzog in Wien Klage gegen Franz I. ein und fordert eine Million Gulden Entschädigung. Drei Monate vor Richters Ankunft in Coburg bestätigt der Reichshofrat alle hoheitlichen Ansprüche der Verwandten.

Richter hat die ganze Geschichte im Winter zuvor als Reisebegleiter von Georg I. von Sachsen-Meiningen im herzoglichen Schlitten brühwarm erfahren. Der Coburger Erbstreit kommt ihm für seinen Notarroman mehr als gelegen, handelt es sich doch dabei ebenfalls um eine Erbschaftssache. Die Geschichte spielt in der Residenzstadt Haßlau, möglicherweise benannt nach den Haßbergen zwischen den fränkischen Bistümern Würzburg und Bamberg, wo Richter einige Male Gast des Truchsess auf Bettenburg war. Der frisch von der Leipziger Universität angekommene Notar Gottwalt Peter Harnisch, «ein recht feines, blondes, liebes Bürschchen» von vierundzwanzig Jahren, wird von dem reichen Kaufmann van der Kabel überraschend zum Alleinerben bestimmt. Das Testament enthält sechzehn Klauseln und ist sowohl ein Enterbungsvertrag, nämlich für die sieben noch lebenden leiblichen Verwandten des Erblassers, als auch ein Erbsukzessionsvertrag – gesetzt den Fall, dass Gottwalt die testamentarischen Auflagen meistert. Nach dem letzten Willen des Kaufmanns muss Gottwalt, um in den Genuss des erheblichen Barvermögens sowie mehrerer Wald- und Stadtgrundstücke zu gelangen, neun Bedingungen erfüllen, die darin bestehen, dass er des Kaufmanns «Leben, wie folgt, wieder nach- und durchlebt»: Er muss nacheinander alle Berufe ausüben, die van der Kabel zu dem gemacht haben, der er wurde: vom Klavierstimmer über Pfarrer, Gärtner, Notar, Korrektor, Jäger, Buchhändler und Landschullehrer bis zum reichsten Kaufmann der Stadt. Entscheidend ist dabei, dass er zum Schluss Pfarrer mit einer ordentlichen «Vokation», also Berufung durch die Superintendentur wird. Es steht dem jungen Mann aber frei, die «Lebens-Rollen» zu wählen «und z. B. früher die Schul-Stube als die Messe zu beziehen.»[295]

Kabel ist das niederländische Wort für Los. Das Verlosen oder Versteigern von Bieren und Weinen hieß daher Kabelung und verlostes

Bier Kabelbier. Dem Biertrinker Richter war das durchaus geläufig. «Bei der Einfahrt eines Bierfasses in Koburg läuft er seliger umher als bei dem Eintritt eines Kindes in die Welt»,[296] und dank der schwatzhaften Karoline weiß es bald die ganze Welt. So ist es nur folgerichtig, dass der Erblasser in den *Flegeljahren*, wie aus dem Testament hervorgeht, Niederländer ist und von Geburt eigentlich Friedrich Richter heißt. Gottwalt Harnisch erwirbt, wenn er alles richtig macht, mit seinem Erbe zugleich das Recht, den Namen weiterzuführen; «es kommt aber sehr auf seine Eltern an.»[297]

Auf diese Weise wird die satirische Pointe des Romans sehr witzig mit der Selbstparodie seines Autors konterkariert. Sie zielt auf die Grundfesten der spätmittelalterlichen Adelsherrschaft. In der feudalen Ordnung ist Besitz (*feudum*) untrennbar von Name und Person des Besitzers, erkennbar an dem kleinen «von» im Adelstitel. Darum muss Gottwalt Harnisch mit seinem Erbe auch die Identität des Erblassers annehmen. Zuvor muss er bei jedem der «Akzessit-Erben» eine Woche im Hause wohnen: Macht er Fehler, so schlagen sie sich als Abzüge von der Erbmasse zugunsten der Enterbten nieder. Statt träumend über der Wirklichkeit zu schweben, muss er sich in fremde Akzessit-Ichs und Lebensrollen zerteilen. Eine schier unlösbare Aufgabe für diese «dichterischste, zarteste und zärtlichste etc. etc. individuelste kindlichste Seele»,[298] die denn auch folgerichtig nach dem dritten Akzessit-Stück abgebrochen wird. Der Autor des humoristischen Lebensromans porträtiert sich hingegen gleich in vierfacher Ausfertigung: als ungleiches Zwillingspaar, Erblasser und Chronist in der haßlauischen Erbsache. Die dreizehnte Klausel des van der Kabelschen Testaments verfügt, dass von allen absolvierten Pflichtaufgaben ein Protokoll anzufertigen sei. «Ließe sich ein habiler, dazu gesattelter Schriftsteller von Gaben auftreiben und gewinnen, der in Bibliotheken wohl gelitten wäre: so soll man dem venerablen Mann den Antrag tun, die Geschichte und Erwerbzeit meines möglichen Universalerben und Adoptivsohnes, so gut er kann, zu schreiben.» Es wird niemanden überraschen, dass dieser habile Schriftsteller Jean Paul heißt, den der Stadtrat von Haßlau «aus 55 000 zeitigen Autoren zum Geschichtsschreiber eines Harnisch ausgelesen.» Im zweiten Kapitel erstattet er knapp seinen Dank. «Ihnen mit bunten Farben das Vergnügen zu schildern, daß ich mit solchen Arbeiten und Mitarbeitern beehrt worden; dazu hatt' ich vorgestern, da ich mit Weib und Kind und allem von Meinungen nach Coburg zog und unzählige Dinge auf- und abzuladen hatte, ganz natürlich keine Zeit.»²⁹⁹

Während sich Gottwalt, genannt Walt, gehorsam abmüht, taucht in Haßlau eines Tages sein Zwilling Quoddeus Vult auf. Die Brüder, Söhne eines Schultheißen aus dem Dorf Elterlein, könnten gegensätzlicher nicht sein: Walt der leidende, folgsame Träumer und Vult der aufbrausende Spaßvogel und Weltenbummler. Als reisender Flötist und Lebenskünstler wechselt er die Namen und Identitäten, verwandelt sich einmal in einen Bilderhändler, ein andermal in einen dubiosen Taschenspieler mit «eiserner Maske» in einem Wirtshaus, eine der rätselhaftesten Figuren in Jean Pauls Œuvre. Wenn der «häusliche», liebreiche, verträumte Walt und der kosmopolitische Vult im zehnten Kapitel einen «Schreibvertrag» schließen, um gemeinsam einen Roman zu verfassen, streben zwei diametral entgegengesetzte Poetiken, zwei literarische Strömungen der Zeit zur Synthese, die indessen nicht mehr zutage fördert als ein romantisches «Hoppelpoppel» aus Walts pindarischen Versen oder «Polymetern» (die deutlich Hölderlins um 1800 entstandenen Oden nachempfunden sind) und Vults Satiren, für das sich kein Verleger erwärmen kann. «Das Schulmeisterlein Wutz von J. P.», schwärmt Walt, «macht' es wie ich, so wunderbar errät ein Dichter das geheimste. Ich möchte wohl Tage lang über die kleinen Frühlingsblümchen der ersten Lebenszeit reden und hören.» Vult denkt bei dem Wort Kindheit indessen an den prügelnden Vater und den schikanösen Schulmeister in Elterlein. «Der Kindheit werf' ich nichts vor als zuweilen – Eltern.»³⁰⁰ Psychologisch überzeugend schält sich denn auch gegen Ende der *Flegeljahre* aus dem vagabundierenden Freigeist Vult der satirische Autor der *Grönländischen Prozesse* heraus. Wenn Gottwalt mit der «Zauberlaterne des Lebens» zu einer Fußreise über herrnhutische Friedhöfe in herrnhutischen Dörfern in sein Kindheitsdorf aufbricht, von der im Kapitel «Papiernautilus» berichtet wird, erscheinen auf dem Reißbrett der literarischen Phantasie Sachsen, Franken und Thüringen als politischer Flickenteppich dynastischer

Verflechtungen und territorialer Kleinstaaterei zwischen Frankenwald, Thüringer Wald, Leipziger Tiefebene und Niederlausitz. «Im Norden lag Elterlein; im Osten standen die Pestitzer oder Lindenstädter Gebürge, über welche die Straße nach Leipzig [...] weglief; zwischen beiden nun nahm der Notar den Weg.»[301] Und wie durch Schwarzenbach an der Saale läuft durch Elterlein, das Geburtsdorf der Harnisch-Zwillinge, und sogar mitten durch ihr Geburtshaus die Grenze zwischen zwei Herrschaften – reichsunmittelbar (reußisch) die eine, landeshoheitlich (bayreuthisch) die andere.

Vier Wochen nach der Ankunft in Coburg bricht Richter mit Karoline und Emma zu «Lebens-Antiquitäten-Reisen [...] durch meine Kindheitspläze» auf.[302] Am 8. Juli 1803 kommen sie in Bayreuth an. Sie wohnen bei Emanuel. Zwei Tage später unternimmt Richter allein eine Wanderung nach Sparneck zu Bruder Gottlieb. Die Beschreibung der Reise findet sich als Walts Wandertagebuch im neununddreißigsten bis sechsundvierzigsten Kapitel der *Flegeljahre* wieder. Es ist Friedrich Richters Kindheitslandschaft, wie er sie unzählige Male zu jeder Jahreszeit, bei jedem Wetter durchwandert hat: südöstlich der Talgrund der Kössein, der Waldnaab und der Haidenaab mit ihren kegelförmigen Basaltbergen zwischen Neustadt am Kulm und Waldsassen, abfallend Richtung Berneck und Rodach, im Nordwesten der Thüringer Wald mit Ober- und Unterrodach, das Saaletal mit Hirschberg und Lichtenberg, im Norden Erzgebirge und Egerland mit den Ausläufern des Böhmerwalds. Geographisch muss man sich Elterlein demnach im Fichtelgebirge vorstellen, das hier «Lindenstädter Gebürge» heißt. Das Tal Rosana, das schon im *Titan* vorkam, meint das Tal der Saale, die Thüringen, Sachsen und Franken durchfließt. Dass die Meilen als Wersten bezeichnet werden, soll an die slawische Vorgeschichte der Gegend erinnern. Richard Otto Spazier, Richters Neffe, berichtete, dass die Dörfler im Fichtelgebirge damals noch ihre alten wendischen Trachten trugen: Wangenhauben, gefältelte Röcke und kurze Jacken die Frauen, gelbe oder schwarze lederne Kniehosen die Männer.

Am 19. Juli sind Richters zurück in Coburg und bei Minister Kretschmann, Friedrich Richters altem Bekannten aus Bayreuth, zum Essen eingeladen. Um der Zwangsverwaltung zu entkommen, hat der Herzog von Sachsen-Coburg 1801 den Bayreuther Vizekammerdirektor Theodor Konrad von Kretschmann als beratenden Minister nach Coburg berufen, einen Kenner des deutschen Staats- und Territorialrechts. Der Dichter ist von Kretschmanns staatsmännischem Auftreten sichtlich beeindruckt; «ein rein durchschreitender energischer (Präsidenten-)Karakter – ein von den Besten geachteter Man – das Land, nicht den Thron bauender Man – der Antichrist des Schlendriannischen Antichrist, der kekste Feind der Justiz-, Kammer-, und Hof-Wöchnerei und Spizbüberei – und ein Man, der dadurch in kurzer Zeit vor ganz Deutschland aus einem Unglükskometen zu einem Weisen- und Glüksstern werden wird, daß er seine ganze Organisazion und alle Angriffe derselben und alle fürstlichen etc. Briefe drucken lässet.»[303] Im August 1802 hat Kretschmann kurzerhand die kaiserliche Debitkommission für aufgelöst erklärt, den *Nexus Gothanus* im Namen des Herzogs aufgekündigt und einen Entschuldungsplan vorgelegt, der die Gründung einer Landesbank und die Aufnahme eines Darlehens über 300 000 Gulden durch die ständische Versammlung (Landschaft) vorschlägt.[304] Doch die Landschaftsabgeordneten verweigern ihre Zustimmung. Kretschmanns Sanierungsplan ist aus ihrer Sicht nichts anderes als der Versuch, die Staatsschulden auf die Untertanen abzuwälzen und deren Mitsprache bei der Verteilung der Steuerlasten einzuschränken. Ihr Wortführer ist der neunundzwanzigjährige Karl August von Wangenheim, ein gebürtiger Gothaer. Kretschmanns Anordnung, die Coburger Häuser mit Hausnummern zu versehen, wird von der Bürgerschaft als Vorzeichen für neue Besteuerungen gedeutet. Die Menge zieht vor das Rathaus, verlangt vielstimmig die Zurücknahme der Anordnung und die Entfernung von Kretschmann aus dem Kabinett. Herzog Franz fordert eilends Soldaten von seinen thüringischen Vettern zur Verstärkung seines Heers, lässt die Stadt besetzen und den Tumult niederschlagen.

Am 8. September ist Richter zuversichtlich, dass im nächsten Frühjahr zwei Bände der *Flegeljahre* erscheinen können. Am 30. Oktober geht das Manuskript nach Stuttgart. Sieben Louisdor Bogenhonorar hat ihm

Cotta zugesichert, der sich einen neuen *Siebenkäs*, also einen Bestseller verspricht, bei sagenhaften 4000 Exemplaren Auflage – und sich damit gewaltig verrechnet. Die humoristische Diatribe über Sein und Haben, Mobilien und Immobilien, Liberalismus und Feudalismus ist für das breite Publikum zu raffiniert, für die höheren Stände zu frivol. Schon die Kapitelüberschriften, in denen sich die versteinerte Ordnung des kleinstaatlichen Feudalismus als Lapidarium spiegelt, überfordert die Phantasie vieler Leser. Gleichwohl ist die imposante Liste von vierundsechzig Versteinerungen, Mineralien und präparierten Tierkörpern, darunter so schöne wie «Mondmilch vom Pilatusberg», «Trödelschnecke» und «Congeries von mäusefahlen Katzenschwänzen», wie bei einem Universalisten wie Richter nicht anders zu erwarten, auf dem neuesten Stand der damaligen naturwissenschaftlichen Forschung. So wurde der «Titanschörl» genannte rote Schörl oder Sandkristall 1794 in Ungarn von dem Chemiker und Mineralogen Martin Heinrich Klaproth identifiziert. Das «Blätter-Erz», ein schwefelhaltiges Quarzgestein, beschrieb ebenfalls Klaproth 1802 in den *Beiträgen zur chemischen Kenntnis der Mineralkörper*; den «Surinamischen Äneas», eine Beutelrattenart, den «Pfefferfraß», eine Holzschnäblerart, und andere Tierarten fand Richter bei Buffon.[305] Die geologischen Kenntnisse seines Freundes, des Vizekonsistorialpräsidenten Johann Ludwig Heim, dem der Herzog von Coburg ein Naturalienkabinett mit wertvollen Fossilien und Mineralien verdankt, kamen ihm dabei sicher zugute.[306] Listig mischt er aber unter die naturgeschichtlichen Species den «Blaumüller», womit ein fettloser Wasserbrei bezeichnet wurde, das Hauptnahrungsmittel der hungernden vogtländischen Bergarbeiter.[307]

Am 9. November 1803 bringt Karoline einen Sohn zur Welt. Er wird getauft auf die Namen Maximilian Emanuel Ernst. Ihre Schwester Ernestine hat sich für einige Wochen in der Gymnasiumsgasse einquartiert und kümmert sich um die kleine Emma, in den Augen des Vaters «das schönste Kind der Stadt». Im zeitigen Frühjahr mietet Richter auf dem Adamiberg ein Gartenhäuschen; er liebt es, unter freiem Himmel zu schreiben. Wenn er von seiner Wohnung morgens hinaufwandert, in schlichter blauer Baumwolljoppe und Stiefeln, die Bauernmütze mit breitem Schirm über die Augen gezogen, den Rosenstock schwingend, ein Blümchen im Knopfloch, heißt es in Coburg: Da geht Jean Paul. Geht er zu Hofe, um Soupers, Theateraufführungen und Redouten zu besuchen, muss er sich freilich umziehen, aber er hat ja noch Ahlefeldts schwarzen Rock mit Samtkragen und den halbseidenen weißen Sommeranzug aus Bayreuth. Dem sanftmütigen, stets um seine Gesundheit besorgten Herzog Franz hat sich Richter längst durch diätetische Ratschläge und Wetterprognosen unentbehrlich gemacht. Zum Coburger Weihnachtsball muss er – ohne Karoline, die als Bürgerliche am Hof nicht zugelassen ist – auf Weisung des Hofmarschalls mit dreieckigem Hut, Schnallenschuhen, Seidenstrümpfen und dem vorgeschriebenen Degen erscheinen, den er sich von dem Freiherrn von Wangenheim leihen muss, dem Vizepräsidenten der Landschaft. «Emanuel, ach es komt am Ende mit mir so weit, daß ich mich nicht mehr kenne, sondern elegant aussehe und dum und inkonsequent und verflucht verändert!»[308] Aber schon auf dem kurzen Weg ins Schloss Ehrenburg verliert er eine Schuhschnalle. An Ersatz ist nicht mehr zu denken. *Quel malheur*! Sein einschnalliges Erscheinen ist ein so grober Verstoß gegen die Hofetikette, dass es der anwesende Hochadel mit degoutantem Erschrecken registriert. Ein Hofdiener bringt ihm die Schnalle am folgenden Tag zurück, doch auf dem nächsten Ball verliert der Schalk gleich beide und setzt das *corpus delicti*, um wenigstens guten Willen zu demonstrieren, anonym zur Fahndung im *Coburger Wochenblatt* aus.[309]

Nach dem Schuhschnalleneklat gibt es bei Richters den ersten Ehekrach. Karoline versteht in Fragen der Schicklichkeit keinen Spaß. Ein paar Tage verkehren die Eheleute nur schriftlich. Ein versöhnliches Briefchen des unbußfertigen Sünders stellt den Hausfrieden wieder her, aber nun steht größerer Ärger ins Haus. Am 3. Februar 1804 berichtet Richter nach Bayreuth, Wangenheim und Kretschmann «kämpfen jetzt den Vernichtungs-Krieg». Wangenheim hat im Namen der Ständevertretung ein Gutachten verfasst, in dem von einem Minus von 170 000 Gulden in der Staatskasse die Rede ist. Minister Kretschmann bestreitet das und beruft eine Staatskonferenz ein. Am Vortag schickt er Richter ein freundschaftliches Billett. «Die Konferenz wird bei offenen Thüren gehalten und ich will Ihnen einen Zutritt in das Vorzimmer verschaffen, wo ohnehin alle Rendanten versammelt sind, wenn Sie Lust dazu haben.»[310]

Richter geht hin, obwohl er seine Meinung über Kretschmann seit längerem geändert hat und überzeugt ist, daß Kretschmann « alle Menschen und Kollegen zu Maschinen macht wie jeder Minister – keine Geseze achtet als die er giebt – das Land zur Staffel des Throns macht oder zum Fruchtteller auf der Hoftafel», dass er sein überlegenes rhetorisches Talent missbrauche, «Ehrgeiz ohne Ehrliebe» besitze. Die Landschaftsdeputierten versuchen, Kretschmanns Integrität in Frage zu stellen, und ziehen alte Geschichten über Vorteilsnahmen während seiner Zeit als Bayreuther Kammerdirektor hervor. Unter anderem soll Kretschmann sein Landgut in Erkersreuth im oberfränkischen Landkreis Wunsiedel auf ungesetzlichem Weg erworben haben. Kretschmann hingegen beschuldigt Wangenheim, dieser habe in seinem Gutachten wissentlich die Schuldenhöhe zu hoch angegeben, um die Landstände und den Herzog gegen ihn und seinen Sanierungsplan aufzuhetzen. Da sich der politische Interessenkonflikt als unlösbar erweist, beruft der Herzog eine Untersuchungskommission ein, vor die am 19. April auch Legationsrat Richter zitiert wird. Er ist als Hildburghausener Titularrat nicht verpflichtet zu erscheinen, stellt sich aber dem Verhör, «um meinen Spaß und meine Prüfung zu haben».[311] Er wird befragt, «ob er nicht vor einiger Zeit mit Durchl. Herzog über die Mißverständnisse zwischen Herrn Minister von Kretschmann Excell. u. Herrn Vicepräsident von Wangenheim sich in Unterredung eingelassen?» Richter antwortet, der Herzog habe von einem «grosse[n] tableau» von Wangenheim gesprochen, das der Herzog aber noch nicht gelesen hatte, worauf Richter ihn auf seine Pflicht hingewiesen habe, es zu lesen, «um die Relationen zu beurtheilen». Daraufhin wird er scharf befragt, woher er denn Kenntnis von Wangenheims finanzpolitischem «tableau» gehabt habe. Vom Herzog und den beiden Beteiligten selbst, antwortet Richter. Gelesen habe er es jedoch nicht. Sodann wird der entscheidende Punkt berührt. Ob er nicht gegenüber dem Herzog geäußert habe, Wangenheim arbeite schon seit Monaten an einem Papier, um Kretschmann «auf den Treffer zu passen», also um dessen Sturz zu betreiben? Richter verneint dies. Ob Wangenheim ihm gegenüber «von dem Banquerout des fürstlichen Hauses gesprochen»? Darauf zu antworten, weigert sich der Zeuge mit dem Hinweis, «daß er der Commission diese Frage, welche in vertraulichen Privatgesprächen auf Zimmern gehen, nicht zu beantworten verbunden sey». Er gebe aber zu, dass er etwas vom Erbprinzen von Leinigen (dem Schwiegersohn des Herzogs) erfahren habe, der es von Wangenheim hatte. Der Erbprinz «habe discursive sich geäussert, daß bis Ende Mai, wo sich die Rechnungen schlössen, ein Deficit in der Rechnung ergeben würde, von einem Staatsbanquerout aber habe er nicht gesprochen». Zwar sei er, Richter, wöchentlich Gast in des Ministers Haus gewesen, doch habe man sich wechselseitiger Verschwiegenheit versichert.

Das alles genügt der Kommission nicht. Der Herzog vertraut Kretschmann mehr als Wangenheim. Kammerpräsident Goebel, Vizepräsident von Wangenheim und Rechnungsrat Feder werden entlassen. Am 4. Mai ist Richter noch einmal vorgeladen. Ob Kretschmann ihm Einsicht in die Kommissionsakten gegeben habe, auf welcher Seite er, Richter, gestanden und wieviel er «von den Verhältnissen des Hofs» gewusst habe. Jetzt wird es auch für ihn ungemütlich, der bis dahin das Vertrauen beider rivalisierender Männer wie auch des Herzogs genossen hat. Wohl habe er von Wangenheims Papieren gewusst, ist die diplomatische Antwort, er verstehe aber zu wenig von derlei Dingen und sei nicht «vollkommen davon unterrichtet». Er müsse die Frage zurückweisen, «weil man sie zu thun nicht berechtigt ist».[312]

Nach dem zweiten Verhör hat Richter nur noch einen Gedanken: Weg von Coburg, obwohl er noch sechs Monate zuvor von «mehreren Jahren» gesprochen hatte, «um als ein vernünftiger Man endlich einen lezten Ort zu wählen, den er ein paar Jahre hinter einander und nicht blos die ersten Wochen durch lobt».[313] Sieben Jahre hat er die höfische Gesellschaft studiert. Er hat an den Tischen des Adels gegessen und sich von ihm hofieren lassen. Er hat mit Prinzen, Herzoginnen, Dichtern und Musikern die schönen Seiten des Feudalabsolutismus genossen und an dessen schlagendem Herzen gelegen, sofern es ein weibliches war. Er hat dessen Naturgesetze erforscht und sie zu Romanen verarbeitet. Drei Monate nach den Verhören ist dieses Kapitel für immer beendet. In Sachsen-Meiningen mündet eine titanische Vergangenheit in eine kleine Gegenwart. Wangenheim wird des Landes verwiesen und findet in den unterfränkischen Haßbergen Zuflucht bei dem Truchsess von Wetzhausen auf Bettenburg, «dem letzten deutschen Ritter», wie ihn Richter nennt. Der *Nexus Gothana* wird 1805 vom Reichshofgericht offiziell kassiert. Minister Kretschmann wird ein Jahr nach der Inthronisation von Herzog Franz' I. Sohn und Nachfolger Bernhard Anfang 1808 entlassen und zieht sich als Publizist und Privatkonsulent auf sein Gut in Unterfranken zurück.

10.

KRITIK DER POETISCHEN
VERNUNFT

Coburg, Winter 1803/04

Der deutsche Musenberg ist umwölkt. Der Theaterschriftsteller August von Kotzebue ist in seiner Komödie *Der Hyperboreische Esel* über die Brüder Schlegel hergefallen. Daraufhin hat August Wilhelm Schlegel in seinem komischen Heldengedicht *Die Ehrenpforte* boshaft gewünscht, Kotzebue möge irgendwo in der Südsee verschollen sein. Clemens Brentano sekundiert mit einer antikotzebueschen Theaterfarce, Johannes Daniel Falk lässt Goethe auf dem Parnass, der wie die Kuppel des Petersdoms aussieht, «steif wie ein Jovisbild» thronen, während tief unter ihm die Schlegel-Brüder auf Maulwurfshügeln krabbeln.[314] Ludwig Tieck verspottet Goethe als «Schalk» und Waschweib.[315] Gespannt ist auch das Klima zwischen Weimar und Berlin, nachdem Falk in seinem satirischen Taschenbuch (Dorothea Veit-Schlegel nennt es eine «Taschenschweinerey») Henriette Herz als «Judenweib» und ihren notorischen Begleiter Friedrich Schleiermacher als «Buckel» tituliert hat.[316] 1803 stürzt sich Kotzebues Freund, der Kritiker Garlieb Merkel, Herausgeber des *Freymüthigen*, mit Leipziger *Ansichten zur Literatur und Kunst unsres Zeitalters* in den Meinungskampf. Das Titelblatt, das von dem preußischen Berliner Hofbildhauer Gottfried Schadow stammen soll, ziert eine Karikatur Goethes in Gestalt des Teufels, der ein Heer zottliger Xenien anführt. Als Goethes Stück *Die natürliche Tochter* im Juli 1803 am Schauspielhaus in Berlin uraufgeführt wird, bestellt Schadow angeblich eigens «Auspocher» (Buhrufer) ins Publikum. Unfehlbar gerät auch Jean Paul ins Kreuzfeuer der ästhetischen Heckenschützen. In der Theaterposse *Das jüngste Gericht* macht sich Tieck in seinem *Poetischen Journal 1800* sehr gekonnt über den unsterblichen *Hesperus*-Dichter und Liebling prüder Damen lustig und lässt ihn im Himmel mit Friedrich Nicolai zusammentreffen. Ein gewisser Julius von Voss verfasst eine Travestie auf Richters Schwager Karl Spazier, Herausgeber der *Zeitung für die elegante Welt*, und dessen Frau Minna. Und schließlich treten im Januar 1801 alle – Klassizisten, Romantiker, Rezensenten, Libellisten, Trivialisten, Berliner, Leipziger, Weimarer – zusammen in der anonymen Holperposse *Der Thurm zu Babel* auf, in der ausgiebig Weimarer Interna ausgeplaudert werden und Jean Paul, bekleidet mit einer Jacke aus grellbunten Buchtiteln, so schwungvoll auf die Bühne springt, dass «alles zittert und kracht», woraufhin ein Chor aus Frauenstimmen aus dem Bühnenhintergrund wispert: «Jean Paul, ich liebe dich!»[317] Eifrig fahndete die literarische Welt nach dem Urheber; unter den Verdächtigen wurde Richters exaltierter Freund Paul Emile Thieriot hoch gehandelt.

Richter ist besonders wütend auf den hochtalentierten jungen Tieck, der ihn, «den Bekanten und Nachgeahmten», für den eigenen Ruhm missbrauche. «Bisher sas ich noch gelassen da und hatte den Krokodilrachen offen für alle Mücken und alles was darin stach und sog; wenn sie mich aber zu arg stacheln, so schnapp' ich zu.»[318] Wieland, Goethe und Schiller – die Xenienritter und «Jupitersbuben» in Weimar – sehen der Posse des deutschen Literaturbetriebs mehr oder weniger gelassen zu, aber im Februar 1803 wird es selbst Schiller zu viel: «Die Schlegel-Tieck'sche Schule erscheint immer hohler und fratzenhafter, während dass sich ihre Antipoden immer platter und erbärmlicher zeigen».[319]

Die Idee zu Jean Pauls *Vorschule der Ästhetik* kommt also keineswegs aus heiterem Himmel. Ende September 1803, noch mitten in den Arbeit an den *Flegeljahren*, bittet Richter seinen Leipziger Freund Friedrich von Oertel, dieser möge in seinem Namen eine Anzeige ins *Intelligenzblatt der neuen Leipziger Literaturzeitung* setzen, die das Erscheinen von «Programmen oder ästhetische[n] Untersuchungen» von Jean Paul ankündigt. Sie erscheint am 15. November. Ein «Schmierbuch» wird angelegt und ein Programmschema mit fünfzehn Hauptpunkten skizziert, darunter Poesie, Laune, Witz, Ironie, Genie, Sprache, Komisches, Rezensenten, Publikum, Roman/Epos, Charaktere, «Schlegeliten». Geplant sind etwa zweiunddreißig Druckbogen, wie Richter dem Frankfurter Verleger Friedrich Wilmans am 14. Januar 1804 mitteilt. «Der Inhalt ist das zwanzigjährige Resultat *meiner* ästhetischen Bemerkungen während meiner Autorschaft.»[320] Nachdem Wilmans, bei dem Friedrich und August Wilhelm Schlegel unter Vertrag stehen, das Angebot abgelehnt hat, soll Perthes, Jacobis Hamburger Verleger, die *Vorschule der Ästhetik* drucken, wie das Ganze heißen wird. Ende Februar sind vier Louisdor pro Bogen bei einer Auflage von 1500 Exemplaren ausgehandelt. Sofern Richter bis Ende April Probekapitel schickt, kann das Buch zur Herbstmesse erscheinen.

Die «ästhetischen Programme» eröffnen mit einer Würdigung von Goethes Roman *Wilhelm Meisters Lehrjahre* – nicht ohne ihm Jean Pauls *Titan* souverän zur Seite zu stellen – und schließen mit einer Rede auf Schiller. Der Plan, sich in «kritischen Briefen» nach Lessings Vorbild über ästhetische Fragen der eigenen Arbeit zu verständigen, liegt Jahre zurück. «Gieb es zugleich mit philosophischen Aufsäzen [...] heraus», hat sich Richter 1796 in seinem Arbeitsbuch für «ästhetische Untersuchungen» vorgenommen. In Weimar fasste er erneut den Vorsatz zu «kritischen Untersuchungen», von denen er voll Zuversicht hoffte, dass sie eines Tages «die Herausgabe der opera omnia ankündigen und erleichtern» sollten.[321] Damit ist der Anspruch hoch gesetzt: ein Werk zu schaffen, das sich selbstbewußt in die Nachfolge der großen Lehrmeister stellt. Lessings und Herders Geist durchweht Stil und Methodik der *Vorschule der Ästhetik*, die sich im ersten «Programm» als «Thetik», im zweiten als Polemik und im dritten als praktischer Anschauungsunterricht «für Stilistiker und Poetiker» in Form einer akademischen Vorlesung ausgibt (so die Vorrede zur ersten Auflage). Zunächst geht es um «die Poesie überhaupt», um poetische Nihilisten (womit die romantischen Dichter gemeint sind) und Materialisten (Vertreter der Nachahmungsästhetik wie Gellert und Klopstock), deren «Unpoesie» hoch übertürmt wird von den drei großen Realisten: Shakespeare, Cervantes, Goethe. In den folgenden sieben Programmen werden Dichtarten, Genres und Stile untersucht. Handwerkliche Regeln für verschiedene Formen und Kategorien (Witz, Humor, Fabel, Charaktere, epische und dramatische Genres, Stil) sind Gegenstand der Programme IX bis XV, bis im letzten Teil das Material der Dichter, die Sprache, genauester Prüfung unterzogen wird.

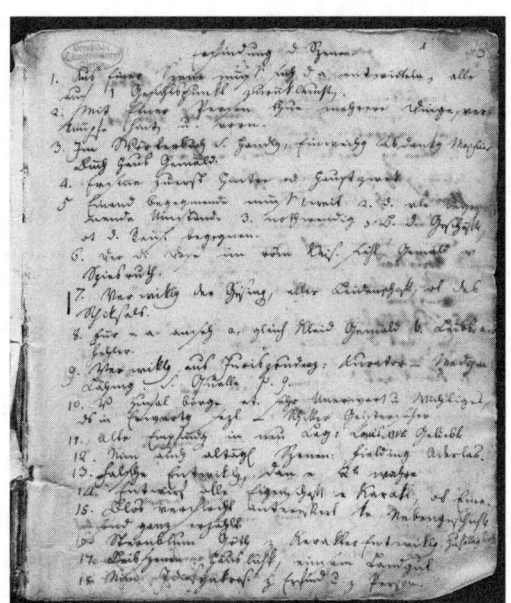

Seite aus Jean Pauls «grünem Erfindungsbuch»

Die Regeln und Präliminarien für das Machen eines Kunstwerks sind diesem Autor von jeher so wichtig wie das Machen selbst. Seine «Textwerkstatt» gleicht einem alchemistischen Laboratorium. In «Erfindungsbüchern»[322] sammelt er Verknüpfungsmuster für Handlungselemente. In anderen Heften werden Reflexionen über «schöne Wissenschaften» festgehalten, wie sie ihm während des Schreibens in den Kopf kommen. Ein «Deklinatorium», semantische Wörterbücher nach Lamberts Klassifikationen, Merkblätter, Exzerpthefte, «Ideenwürfel», «Gedankenregister» liegen griffbereit in Richters Repositorium neben dem Schreibtisch. Er experimentiert mit neuen Stoffen und Techniken, mischt Farben und Stile, arrangiert Figurengruppen und Sujets, entwirft heuristische Modelle seiner Romane, verteilt Licht und Schatten wie die alten Meister der Renaissance. Im alten aristotelischen Sinne ist Kunst in erster Linie Handwerk und *techne*, persönlicher «Stil» hingegen lediglich «Werkzeug der Darstellung». Woher der Künstler seine Ideen nimmt, steht, da das «Wesen der dichterischen Darstellung [...] wie alles Leben nur durch eine zweite darzustellen» ist, auf einem anderen Blatt. In Pinselführung, Proportion und Perspektive gibt sich der Künstler zu erkennen. Allerdings: «Das Mächtigste im Dichter, welches seinen Werken die gute und die böse Seele einbläset, ist gerade das Unbewußte. Daher wird ein großer wie Shakespeare Schätze öffnen und geben, welche er so wenig wie sein Körperherz selber sehen konnte». In diesem Reich der Träume, Bilder und Fiktionen, dieser dunklen Kammer, die sich die Kunst mit Träumen, Wahn und Geistern teilt, überlässt sich der Künstler einem «göttlichen Instinkt» oder inneren Sinn, «welcher seine Gegenstände ewig ahnet». «Es ist einerlei, wie man diesen überirdischen Engel des inneren Lebens, diesen Todesengel des Weltlichen im Menschen nennt oder seine Zeichen aufzählt: genug, wenn man ihn nur nicht in seinen Verkleidungen verkennt.»[323]

Die letzte Unbekannte im künstlerischen Prozess ist also das Unbewusste, die verborgene Quelle der Imagination. Kein Schriftsteller vor Jean Paul hat eine Psychologie des Schaffens als «Vorschule» jeder Ästhetik überhaupt nur in Betracht gezogen. Letztlich kann aber auch er nicht erklären, warum das poetische Genie Dinge sieht und begreift, die andere («die gemeinen Geister») nie sehen und begreifen. «Wären wir uns unserer ganz bewußt, so wären wir unsre Schöpfer und schrankenlos. Ein unauslöschliches Gefühl stellet in uns etwas Dunkles, was nicht unser Geschöpf, sondern unser Schöpfer ist, über alle unsere Geschöpfe. So treten wir, wie es Gott auf Sinai befahl, vor ihn mit einer Decke über den Augen.»[324] Das einzige Kriterium, nach dem sich im dunklen Raum des Unbewussten die Träume der Poesie von Mystizismus, Aberglauben und christlicher Transzendenz unterscheiden lassen, ist die Logik der Sprache als Zeichensystem. Die «angeborene unwillkürliche Poesie» ist aber zugleich selbst «Stoff» der Dichtung. Poetische Charaktere – und das sind alle Protagonisten in Jean Pauls Werken von Maria Wutz, Quintus Fixlein, Firmian Siebenkäs bis zu Albano, Roquairol und Walt – sehen die Welt in einem «poetischen Spiegel». In ihnen «ist entweder jeder Gedanke Gedicht oder gar keiner». Kunst entsteht demnach, wenn zu der inneren Wirklichkeit des Künstlers einerseits der äußere Stoff, zum andern die bewusste Anstrengung der Formgebung tritt. Erst dann erscheinen anschauliche Gegenstände in Gestalt von (sprachlichen) Zeichen, die den ursprünglichen sinnlichen Eindruck und seine Wirkung auf die Seele möglichst wahr wiedergeben.[325] Für die Dichtkunst bedeutet das: Je sinnlicher die Erzählweise, je anschaulicher die Wörter der natürlichen Sprache, das heißt je ähnlicher das Zeichen dem Bezeichneten, umso größer der Wahrheitswert der Darstellung. Der Dichter muss die Wirklichkeit erfahren haben, um sie beschreiben zu können. «Wie wurden nicht Shakespeare und noch mehr Cervantes vom Leben durchwühlt und gepflügt und gefurcht, bevor in beiden der Blumensame ihrer poetischen Flora durchbrach und aufwuchs! Die erste Dichterschule, worein Goethe geschickt wurde, war nach seiner Lebensbeschreibung aus Handwerkerstuben, Malerzimmern, Krönungssälen, Reichsarchiven und aus ganz Meß-Frankfurt zusammengebauet.»[326] Wörter, die anschauliche Gegenstände bezeichnen, können Empfindungen erregen, die an wirklich Gesehenes oder Gehörtes erinnern. Eines der bewährtesten Mittel, etwas durch etwas anderes darzustellen, ist die Metapher, die «Brotverwandlung[en] des Geistes». Solche Gleichnisse, die auf der Ähnlichkeit zwischen Zeichen und Bedeutung beruhen, können oft mehr aussagen als begriffliche Definitionen. Als Beispiel führt Jean Paul den Satz an: «die Poesie ist die einzige *zweite* Welt in der *hiesigen*», obwohl hier anstelle konkreter Dinge abstrakte Begriffe metaphorisch bezeichnet werden.[327] Mit Berufung auf Jacobi und Lambert stellt er wenig später fest, dass gerade die Lieblingswörter des literarischen Sentimentalismus – Gott, Himmel, Hölle, Geist, Seele – denen keine sinnliche Realität zuzuordnen sind, in einem realistischen Kunstwerk farblos und unplastisch blieben.[328] «Unsere Sprache schwimmt in einer so schönen Fülle, daß sie bloß sich selber auszuschöpfen und ihre Schöpfwerke nur in drei reiche Adern zu senken braucht, nämlich der verschiedenen Provinzen, der alten Zeit und der sinnlichen Handwerkssprache.»[329]

So wie sinnliche Täuschungen auf falschen Zeichen, auf Trugbildern des Bewusstseins beruhen (was die irregeleiteten Figuren in *Hesperus* und *Titan* hinlänglich erfahren haben), so entstehen falsche Vorstellungen der Wirklichkeit dann, wenn die «Ähnlichkeit» von Zeichen und Bezeichnetem verlorengegangen ist. Wenn Richter im *Clavis Fichtiana* die Sprache eine «Zeichenmeisterin der äußern

Wahrnehmungen» nennt, von der die «spätern innern» nur «das Zeichen des frühern Zeichens» empfangen haben, so dass sie also in die «Kleider der Kleider» geschlüpft sind, dann sagt er letztlich dasselbe wie Lambert in seiner Semiotik über die Wörter der dritten Klasse. Damit wird Lamberts Definition der «symbolischen Erkenntnis» mithilfe des «verblümten Versandes» mit einem Wahrheitskriterium ausgestattet, das es erlaubt, wahre von falschen Vorstellungen zu unterscheiden. Jean Pauls *Vorschule der Ästhetik* ist, im Licht von Lamberts Semiotik betrachtet, weniger eine kategoriale Ästhetik der literarischen Formen, sondern in erster Linie eine Kritik der poetischen Vernunft, nämlich Sprachkritik. Nicht durch originalgetreue Abbildung, sondern durch richtige, den Gesetzen der Logik folgende Verknüpfungsregeln ihrer zeichenhaften Repräsentanten erfüllt Kunst ihren Wahrheitsanspruch gegenüber der Wirklichkeit. Das Göttliche in der Kunst, das die Genieästhetiker und literarischen Hitzköpfe der 1770er Jahre so begeistert hatte, ist also nichts als – Handwerk und Intuition. Ein realistischer Schriftsteller muss Psychologe, Philosoph *und* Meister seines Fachs sein. Nur ein Kunstwerk könne aber wirklich ausdrücken, was Kunst ist; «mit Farben kann man nicht das Licht abmalen, das sie selber erst entstehen lässet».[330] Genau das will Jean Pauls *Vorschule der Ästhetik* sein: ein Kunstwerk über das Machen von Kunst, eine poetische Psychologie der Kreativität oder, so könnte man auch sagen, eine Topographie des poetischen Bewusstseins. Poesie sei der «Zauberspiegel der Zeit, welche nicht ist», heißt es in der «Kantate-Vorlesung» im dritten Teil, und der Dichter, «wie der Philosoph, das Auge». Spiegel und Spiegelbild, das Sehen und das Gesehene, Kunst und Leben führen im Künstler einen beständigen Dialog, «weil eine doppelte Natur zugleich nachgeahmt wird, die äußere und die innere», so dass «beide ihre Wechselspiegel» sind.[331] Folgerichtig muss Jean Paul, wie in den Romanen auch, in der *Vorschule der Ästhetik* nicht nur als numerische Identität des Schriftstellers Friedrich Richter, sondern simultan als poetischer Charakter auftreten. Dies geschieht in den drei fiktiven Vorlesungen an der Leipziger Universität, bei deren letzter nur ein Zuhörer erscheint: Es ist Albano aus dem *Titan*, ein Verächter der Werke Herders, mit dem sich der Vorleser in ein

Gespräch über die Differenz von Stoff und Form, Idealität und Realität verwickelt.

Thomas de Quincey hat die *Vorschule der Ästhetik* für ihren Witz und die hohe Kunst des Essays über alle Bücher der Erde gestellt. Für Arthur Schopenhauer und die Mehrzahl der deutschen Kritiker hingegen war Jean Pauls «fröhliche Wissenschaft»[332] gar zu humoristisch: Schopenhauer hielt sie für schlechte Philosophie, obwohl der Verfasser der «Notwendigkeit deutscher witziger Kultur» vorausschauend einen ganzen Paragraphen reserviert hatte. «Alle Nationen bemerken an der deutschen, daß unsere Ideen wand-, band-, niet- und nagelfest sind und daß mehr der deutsche Kopf und die deutschen Länder zum Mobiliarvermögen gehören als der Inhalt von beiden.»[333] Es mangele den Deutschen wohl an «Geschmack für den Witz, aber gar nicht [an] Anlage zu ihm. Wir haben Phantasie; und die Phantasie kann sich leicht zum Witz einbücken, wie ein Riese zum Zwerg.» Die Schlussfolgerungen, die der Humorist daraus zieht, sind durchaus ernster Natur. «Da dem Deutschen folglich zum Witze nichts fehlt als die Freiheit: so geb' er sich doch diese!»

Doch mit dem Humor ist der deutschen Sprachnation offenbar auch ihre Identität abhanden gekommen. Die Beispiele füllen mehrere Seiten der *Vorschule*. «Wenn der Brite sein I (Ich) in der Mitte der Perioden groß schreibt: so schreiben noch viele Deutsche in Briefen es an der Spitze klein». Die Anglophonie hat ihr *me myself*, die Frankophonie ihr *moi, je* und *moi même*. Die Deutschen setzen als einzige grammatische Nation an die Stelle der zweiten Person in der Anrede die dritte – Er, Sie –, um nur ihr ungeliebtes Ich zu umgehen. «Es gab Zeiten, wo vielleicht in ganz Deutschland kein Brief mit einem Ich auf die Post ging». Ein Deutscher ist nach Jean Pauls Ansicht «mit Vergnügen alles, nur nicht er selber», weil er «viel zu höflich [ist], um vor ansehnlichen Leuten ein Ich zu haben». Mit dem Ich der Deutschen steht es insofern noch weit schlechter als mit ihrem Humor, da jenes diesen voraussetzt. «Daher spielt bei jedem Humoristen das Ich die erste Rolle; wo er kann, zieht er sogar seine persönlichen Verhältnisse auf sein komisches Theater, wiewohl nur, um sie poetisch zu vernichten. Da er sein eigener Hofnarr und sein eignes komisches italienisches Masken-

Quartett ist, aber auch selber der Regent und Regisseur dazu: so muß der Leser einige Liebe, wenigstens keinen Haß gegen das schreibende Ich mitbringen und dessen Scheinen nicht zum Sein machen.»[334] Humor ist immer politisch. Diese Einsicht verdankt die deutsche Literatur Jean Paul. «Mit dem alten Kernernste ging den Deutschen – zuerst im lustigen Leipzig – der Hanswurst verloren. Gleichwohl wären wir vielleicht alle noch ernsthaft genug für einen oder den andern Spaß, wenn wir mehr Staat-Bürger (citoyens) als Spieß-Bürger wären. Da nichts öffentlich bei uns ist, sondern alles häuslich: so wird jeder rot, der nur seinen Namen gedruckt sieht, und ich erinnere mich, daß der Verfasser dieses, als er den Verlust seiner Patentschnalle auf der [Coburger] Redoute ins Wochenblatt setzen ließ, statt seines Namens bloß beifügte: ‹bei wem? erfährt man im Intelligenzkomptoir.›»[335]

Ende April 1804 gibt der Selberdenker, Selbernarr, Selberlebensbeschreiber, Selberarzt und Selberprofessor die ersten zwanzig Bogen seiner *Vorschule einer künftigen deutschen Ästhetik der Freiheit* auf die Post zu Friedrich Perthes nach Hamburg, dem er die Rechte verkauft hat. Das Unternehmen erweist sich als ein Zauberbrei, es quillt ihm unter den Händen auf vierzig Bogen, so dass Carl Friedrich Ernst Frommann in Jena, der in Perthes Auftrag den Druck übernommen hat, portionsweise, pro Monat zehn Bogen, drucken muss. Mitte Juli, nach einer Reise im Juni nach Erlangen, ist der Schlusspunkt gesetzt. Fehlt noch die unverzichtbare Vorrede; ihre Niederschrift datiert Richter auf den 20. August 1804. Es ist der Tag seines Umzugs nach Bayreuth, und wie immer ist das Datum mehr der Liebe zur Chronotopik geschuldet als der historischen Wahrheit. Welcher andere Schriftsteller würde es für möglich halten, zwischen Kisten, Mantelsäcken, Koffern und Möbeln die Vorrede zu einer Ästhetik zu schreiben?

Am 18. Dezember 1803 ist Johann Gottfried Herder gestorben, der «wie ein Brahmine mit dem hohen Spinozismus des Herzens jedes Tierchen und jede Blume wert und am Herzen fest» gehalten habe, der kein Dichter, sondern «ein Gedicht, ein indisch-griechisches Epos» gewesen sei und gewünscht habe, im Mittelalter statt im 18. Jahrhundert geboren zu sein. «Er und Goethe allein (jeder auf seine Weise) sind für uns die Wiederhersteller oder Winckelmanne des singenden Griechentums, dem alle Schwätzer voriger Jahrhunderte nicht die Philomele-Zunge hatten lösen können.»[336] Mit seinem feierlichen Andenken schließt Jean Pauls ästhetische Vorschule.

Eines bleibt noch zu tun: sein Abschiedsgeschenk an die Welt des Adels und der Fürsten, das *Freiheitsbüchlein*. Am 16. Juli, mitten in den Umzugsvorbereitungen, bittet Richter den ehemaligen Erbprinzen und nunmehrigen Herzog August von Gotha um Erlaubnis, ihm seine «Aesthetik» widmen zu dürfen. Der Herzog zeigt sich geschmeichelt; er bittet sich nur aus, eines seiner eigenen Werke, das höfische Schäferspiel *Polyneon*, in Jean Pauls Propädeutik erwähnt zu finden. Auf Richters Rückfrage, ob er das als Erlaubnis auffassen dürfe, kommt ein zweiter Brief, den Richter als Zustimmung nimmt. Ende August geht der letzte Teil des Manuskripts samt Widmung an Frommann nach Jena.

Nach zwei Wochen teilt ihm Frommann mit, der Jenaer Zensor habe die Druckgenehmigung verweigert (es ist der Mathematikprofessor und Dekan der philosophischen Fakultät Johann Heinrich Voigt). Obwohl der Dichter die beiden herzoglichen Briefe vorlegt, bleibt die Zensurkommission bei ihrem Votum. Richter lässt es auf einen öffentlichen Eklat ankommen. Am 22. September schildert er dem Herzog die Vorgänge und schlägt ihm vor, Widmung und Briefwechsel in einem eigenen Bändchen drucken zu lassen. Der Herzog ist begeistert, wiederholt aber die Bitte um Würdigung seiner dichterischen Werke.

Am 8. Oktober macht Richter erste Notizen in einem neu angelegten Notizheft: «Broschierte Dedikazion. Über Preßfreiheit.»[337] Mit Jean Pauls Herausgeber Eduard Berend daraus zu schließen, Richters Arbeitskraft sei geschwächt, die Aufnahme des *Titan* beim Publikum ein Rückschlag, die Widmung der *Vorschule* «an eine fürstliche Persönlichkeit» daher die demütige Geste eines Ausgeschriebenen gewesen, dem nichts mehr zu hoffen blieb als eine fürstliche Pension,[338] hieße Richters Kampflust zu verkennen. Schon am 13. Oktober rückt Karl Spazier in die *Zeitung für die elegante Welt* eine *Nachricht für Leser der Vorschule der Ästhetik* ein, in der die Geschichte des Dedikationsgesuchs und die Ankündigung seiner Veröffentlichung «nebst einigen allgemeinen Betrachtungen über die Rechte und Gränzen der Preßfreiheit» angekündigt werden. Da Frommann nichts wagt, verhandelt Richter eilig mit Friedrich Perthes. In nur neun Wochen schreibt er die dreizehn Paragraphen, Abschnitte genannt, seiner «Dissertatiuncula pro loco» oder «Lokal-Disseratiunkel» über deutsche Zensur und Presseunfreiheit als Postscriptum der ästhetischen Vorschule. In vorgetäuschter Zerknirschung bewirbt er sich abschließend um das Amt eines Selberzensors bei den deutschen Fürsten. Denn was nütze die beste Ästhetik ohne «die große Freilassung der freigeborenen Gedanken».

Jean Pauls jüngstes Schelmenstück fällt in die Vorbereitungszeit der Krönung Napoleons zum Kaiser von Frankreich am 2. Dezember 1804. Dies ist die Antwort des Mannes, für den ein Thron nicht mehr war als ein mit Samt bezogenes Brett, auf die Krönung Franz' II. zum Kaiser von Österreich am 11. August. Das Wahlkaisertum, einst Grundpfeiler der Macht und Ausdehnung des Heiligen Römischen Reiches, ist nur noch Theaterpopanz. Napoleon besteht darauf, dass derselbe Papst Pius VII., den er wenige Jahre darauf zu seinem Gefangenen erklären wird, nach altem Zeremoniell die Salbung vornimmt, und besticht ihn mit einträglichen Gebietserweiterungen für den Kirchenstaat. Schon während des Konsulats hat er verstanden, dass die Inszenierungen der Macht mittels symbolischer Zeichen und Rituale mehr bewirken können als Armeen und Kabinette; «ich wirke nur auf die Einbildungskraft der Nation. Sollte mir dieses Mittel fehlen, werde ich nichts mehr sein, und ein anderer wird mir nachfolgen.»[339] Nach der Krönung in der Hauskathedrale der Bourbonen Notre-Dame ruft Napoleon den Maler Ingres zu sich, der ihn in monarchischem Hermelin und rotsamtenem Kaisermantel, den Speer in der Hand, als thronenden Jupiter malt. Das Porträt wird vom *Corps législatif* angekauft und im Ratssaal der Zwölf aufgehängt.

Jean Pauls *Freiheitsbüchlein*, diese politische Kampfschrift für Denk- und Pressefreiheit im brokatenen Gewand einer fürstlichen Dedikation, steht der französischen Theaterkaiserfarce an Impertinenz nicht nach. Mit einer List hat er die verbotene Widmung – «falls nicht neue Zensuren untersagen» – doch noch unter das Volk gebracht, begleitet von dem ironischen Euphemismus, dass «diese dünne, blasse, scharfe Mondsichel von Büchlein» mit ihren «stößigen Mondhörner[n]» sich «zu einer milden Scheibe runden» werde. «Nur ihre Flecken werden dann der Phantasie schärfer den Mann in diesem Monde abschatten», der unter dem Datum des 2. Dezember 1804 unterzeichnet als seiner Durchlaucht dem Herzog von Gotha untertänigster Jean Paul Fr. Richter.[340]

IV. BUCH

DAS ORAKEL VON BAYREUTH
(1805–1815)

Er zuerst wagte das jedem Deutschen so grause Wort Ich auszusprechen, und wenn die Freiheit nicht darin besteht, daß man ohne Gesetze lebe, sondern daß jeder sein eigener Gesetzgeber sei, so war es Jean Paul, der für unsere Enkel die Saat der deutschen Freiheit ausgestreut.

Ludwig Börne

1. DER ARMENFREUND

Bayreuth, am Sonnabend, 12. August 1804

Der Mann, der nach sieben Wanderjahren sein bescheidenes Mobiliarvermögen vor dem Haus Nr. 54 in der Bayreuther Hauptstraße abladen lässt, ist nicht mehr derselbe wie bei seinem Auszug aus Franken. «Indes ist Richter jetzt nur noch der halbe Jean Paul», bemerkt sogar ein Kritiker des *Titan*; «die schöne Idealwelt verwandelt sich in die gemeine wirkliche, die Poesie in Prosa – das bezauberte Publikum wird entzaubert».[1] Die Wohnung ist geräumig, teuer und liegt direkt am belebten Marktplatz. Ein weißes Sofa, davor der Schreibtisch, daneben das Repositorium, der Kanarienvogel im Käfig vor dem Fenster: mehr braucht er nicht. Um Emanuel oder Christian und Amöne Otto zu sehen, muss er nur ein paar Schritte tun. Sein erster Brief ist an den Erbprinzen in Gotha. Mit feinen Schlingen zieht sich das Netz um den fürstlichen Reimer zusammen. Die Antwortschreiben des Prinzen gehen Anfang September an den Jenaer Zensor, dem bei der Entzauberung dieser seltsamen Freundschaft zwischen Prinz und Bürger die entscheidende Rolle zufällt.

Aber auch Bayreuth hat sich verändert. Nach markgräflichem Schlendrian sind preußische Zucht und Ordnung eingezogen. Marktplatz und Hauptstraßen sind gepflastert und nachts beleuchtet. Im Alten Schloss hat sich Anfang des Jahres eine Lesegesellschaft mit Zeitungskabinett etabliert, die «Harmonie». Gegen Zahlung von neun Gulden vierundzwanzig Kreuzer Eintrittsgeld wird Friedrich Richter am 11. Oktober Mitglied.[2] Ein sechsköpfiges Medizinalkollegium überwacht Landärzte und Apotheker, setzt Preise für Arzneien und Gebühren fest und bietet seit vier Jahren kostenlose Kuhpocken-Impfungen für Kinder. Nach Eröffnung einer Hebammenschule und eines Gebärhauses kommt auf 400 Gebärende nur noch ein Todesfall. Im Stadtteil St. Georgen, wo auf einem künstlichen See hundert Jahre zuvor Segelschiffe zum Vergnügen des Markgrafen kreuzten, hat der junge Stadtarzt Johann Gottfried Langermann damit begonnen, gegenüber dem Zucht- und Arbeitshaus ein modernes Irrenhaus mit hellen Schlafsälen, Bädern, Werkstätten und Garten für vierzig Patienten einzurichten.

Doch in den neuen Tuchmanufakturen gibt es keine Arbeit. Der Handel stagniert. Schlechte Ernten, hohe Steuern und gestiegene Kornpreise seit Kriegsausbruch treffen vor allem Alte, Kinder und Stadtarme. Im Sommer ziehen sie zu Hunderten als Bettler und Tagelöhner durch das Land, im Winter hungern sie. Am 10. Januar 1805 ergeht ein Reskript des fränkischen Departements an die Direktion der Armenanstalt Ansbach, unterzeichnet von Minister Hardenberg, in dem das Straßenbetteln bei Androhung von Strafe verboten wird. Christian Sigismund Krause, ein junger Assessor an der Kriegs- und Domänenkammer, hat im Vorjahr eine wohltätige Zeitung ins Leben gerufen, den *Baireutisch-Ansbachischen Armenfreund*. Das Blättchen kostet im Jahresabonnement einen Gulden und vierundvierzig Kreuzer. Den redaktionellen Inhalt bestreitet Krause mit Regierungsanordnungen, Lebensmittelpreislisten, Rezepten für Kartoffelbrot oder Rumfordische Suppen.³ Aus dem Erlös und privaten Spenden wird eine Suppenküche für die Ärmsten der Armen betrieben. Im ersten Winter 1803/04 sind über 13 000 Portionen Suppe und 5500 Halbpfundbrote ausgegeben worden. In Hof hat Stadtphysikus Dr. Joerdens ebenfalls eine aus privaten Spenden finanzierte Speise- und Armenanstalt gegründet, Ansbach folgt im August 1805.

Als am 14. November in Bayreuth ein Feuer im Viertel der Armen in St. Georgen ausbricht, verfasst Legationsrat J. P. Friedrich Richter einen Spendenaufruf für den *Armenfreund*.⁴ Doch er tut noch mehr. Im Dezember lässt er sich zum Vorsteher der Speiseanstalt in seinem Stadtviertel wählen und führt nun täglich die Ausgabelisten. Offenbar findet er so viel Gefallen am wohltätigen Zeitungmachen, dass er das Blättchen regelmäßig mit Gelegenheitstexten bereichert und seine Freunde zum Schreiben anstiftet. So kann Krause melden, «daß Hr. Postmeister Wirt, und Hr. Kommissionär Otto in Hof [...] auf die uneigennützigste und tätigste Weise an der Beförderung des Armenfreunds Teil nehmen».⁵

Ein Bericht im 4. Stück des *Armenfreunds* über Kinderbälle, wie der Verfasser sie in Flachsenfingen kennengelernt haben will, löst Anfang 1805 in und außerhalb Bayreuths moralische Entrüstung aus. Die Abonnentenzahlen schnellen erfreulich in die Höhe, so dass Redakteur Krause in der nächsten Ausgabe um mehr «anstössige» Beiträge bittet. Darauf meldet sich ein Leser zu Wort, der sich v. R***r nennt; er wisse zwar nicht, wo dieses Flachsenfingen liege, finde aber den Artikel ebenfalls recht bedenklich, die Zeitung im Übrigen indes langweilig. Wer wolle immer nur über Arme lesen. Der *Armenfreund* müsse viel «lustiger, satirischer, mehr für die grosse Welt» sein. Und wirklich bringt das Blatt neben Statistiken und Silbenrätseln in den nächsten Monaten Auszüge aus Romanen, informative Beiträge über die sogenannten Korrektionshäuser (Arbeitshäuser) und volkspädagogische Aufklärung. *Eine Pestalozzische Übung für große Kinder* in Jean Pauls Geist empfiehlt den Genuss von Wein, weil Berauschtsein noch keinem Menschen geschadet habe. Von F. Richter erscheint ein Dialog zwischen einem Wirt und einem Boten *Über den Schnupfen* und im selben Band ein kurzes *Gespräch über die satirische Bitterkeit* von Firmian Siebenkäs.[6]

Am 9. November 1804, Max' erstem Geburtstag, bringt Karoline Richter ihr drittes Kind zur Welt, Amöne Odilia Minna. Im Winter unterbricht der Tod ihrer Schwester Ernestine Mahlmann und ihres Schwagers Karl Spazier den Alltag der fünfköpfigen Familie. Kurz darauf ist Richters alter, halbblinder Spitz Alert verschwunden. Er lässt einen neuen kaufen. Am nächsten Tag ist Alert 1 wieder da – sehr zu Karolines Kummer, der schon der eine zuviel war. Der Hausvater hat seine liebe Not, die fünfköpfige Familie mit seinem «Schreibfinger» zu ernähren. Ende Februar ersucht er bei Friedrich Wilhelm III. von Preußen erneut um eine Pension. Der Zeitpunkt ist günstig; im Sommer wird das Königspaar zur allerhöchsten Landesvisitation in der fränkischen Provinz erwartet. Karl August von Hardenberg dichtet ihm zu Ehren ein Festspiel, zu dem Richter ein kleines Intermezzo beisteuert, das von dem Berliner Königlichen Kapellmeister Friedrich Heinrich Himmel vertont werden soll: ein Zwiegespräch der Bergnymphen, die sich als königliche Himmelsthrone rühmen, mit den vier fichtelgebirgischen Quellnymphen Saale, Eger, Naab und Main. Statt Himmels Musik erklingen von Richters Freund Dr. Langermann komponierte Töne. Doch wird es daran kaum gelegen haben, dass sich der König seines im März gegebenen Versprechens nicht mehr erinnern kann, dem fränkischen Dichter die nächste «Vakanz» reservieren zu lassen, und dessen delikates *Freiheitsbüchlein* dürfte dem königlichen Gedächtnis schwerlich aufgeholfen haben. Nachdem es mit dem 2. Dezember 1804 als fertig ins «Vaterblatt» eingetragen und am Neujahrsmorgen auf die Post nach Hamburg gebracht ist, kommt von Friedrich Perthes Wochen später der Bescheid, er habe Gründe, den Verlag abzulehnen, halte es überdies in «pecuniärer Hinsicht» für uninteressant. Postwendend schickt Richter das Manuskript an Friedrich Cotta nach Tübingen, wünscht die Auslieferung noch zur Ostermesse und verlangt stolze sechs Louisdor pro Bogen. Cotta ziert sich nicht lange. Am 13. Mai 1805 liegt das Büchlein in den Buchhandlungen: ein Ruhmesblatt in der Geschichte der deutschen Pressefreiheit, finanziell tatsächlich ein Fehlschlag auf der ganzen Linie.

Im April flüchtet Richter vor Kindergeschrei und städtischem Markttreiben in die Dürschnitz, ein ehemaliges Gutsdorf der bayreuthischen Ministerfamilie von Seckendorff nordöstlich des Bayreuther Hofgartens (unweit des heutigen Jean-Paul-Museums). An seine Stelle als Distriktvorsteher der Speise- und Armenanstalt tritt Major von Schütz, wie der *Armenfreund* am 2. April meldet. Am 30. Mai vermerkt Richter auf dem «Vaterblatt» den Abschluss der *Flegeljahre*, geschrieben zwischen Herders Tod am 18. Dezember 1803 und Schillers Tod am 5. Mai 1805: eine autobiographische Lebensreise durch Friedrich Richters Flegeljahre voll köstlichem Wortwitz, erzählerischer Volten und poetischer Reflexionen – von der Hungerzeit als Hofer Teufel und Zeitungsmacher, den Absagen der Verleger, den Schwarzenbacher Liebesnöten um Renate und Amöne bis zum Erscheinen seines ersten Romans, der *Unsichtbaren Loge*. Im letzten Bändchen leben Walt und Vult Harnisch, die ungleichen Zwillinge aus Elterlein, einträchtig im Rausch des Erschaffens in einer Stube, schreiben an ihrem Roman, dem «Papierdrachen», träumen davon, dass aus Haßlau einst ein «Harnischopolis» würde, die Stadt ihres literarischen Ruhms, und verschicken die fertigen Bögen an etliche deutsche Buchdrucker und Kritiker. «Denn ein Werk kann immer mit dem hintern Ende noch in der Schneckenschale des Schreibpultes wachsen, indes das vordere mit Fühlhörnern schon auf der Poststraße kriecht.»[7] Aber kein Verleger will den Roman über die «Ausschweifungen des Hoppelpoppel oder das Herz» drucken. In anderer Hinsicht erweisen sich die hoffnungsvollen Autoren als tödliche Rivalen. Beide sind heimlich verliebt in die polnische Generalstochter Wina. Als der sanfte Walt, der soeben als Akzessit-Erbe des Haßlauer Hofbuchhändlers seine Woche als Kopist und Korrektor absolviert hat, «durch seinen poetischen Anteil an der Haßlauer Zeitung das Vertrauen des Herausgebers» erworben hat, schmuggelt er in aller Öffentlichkeit einen Neujahrsgruß für seine Angebetete in die Zeitung. Zur Revanche erschleicht sich der eifersüchtige Vult – boshaft und wild wie Roquairol – auf dem Maskenball in der Neujahrsnacht Winas Liebe, indem er sich für Walt ausgibt. Am Morgen darauf befällt ihn Reue. Aus Scham beschließt er, heimlich und ohne Abschied die Stadt und den Bruder zu verlassen. Walts «dichterische Nachtigallen» und Vults satirische «Schrei- Miß- und Zorntöne» trennen sich für immer. «Noch aus der Gasse herauf hörte Walt entzückt die entfliehenden Töne reden, denn er merkt nicht, dass mit ihnen sein Bruder entfliehe.»

Jean Paul aber schließt Frieden mit Friedrich Richter und überlässt es dem satirischen Vult, der klassischen Kunstperiode ihr Abschiedsliedchen zu pfeifen. Zurück bleibt Walt, ihr letzter Zeuge. «Gehab dich wohl, du bist nicht zu ändern, ich nicht zu bessern; so wollen wir einander denn in wechselseitiger Luftperspektive entlegen erblicken, und jeder von uns sage: ‹Warum warst du ein Narr und kein Lamm?› Und doch Walt, bist du allein an allem schuld».[8]

Das Jahrhundert der Aufklärung ist Vergangenheit. Dem Parnass laufen die Kinder davon. Schoppe und Giannozzo sind tot, Johann Carl Wezel und Friedrich Hölderlin entziehen sich einer Welt, die sich nicht ändern lässt, und verstummen im Wahnsinn. Schillers *Horen*, Schlegels *Athenäum*, Herders *Adrastea* sind Geschichte. Friedrich Schlegel ist als Zeitungsmacher nach Paris ausgewandert, sein Bruder Wilhelm begleitet die französische Schriftstellerin Germaine de Stael, Napoleons blitzgescheite Feindin, auf ihren Reisen durch Europa. In Weimar stehen Goethe und Wieland bald allein auf den zerborstenen Tempeln der römisch-griechischen Antike. Die jüngste romantische Generation, die Berliner Nordsternbündler um Varnhagen, Chamisso und Bernhardi, sucht ihr Heil in germanischem Mittelalter und altindischer Philosophie. Jean Paul Friedrich Richter aber will kein Doppellauter mehr sein, kein Chiffriermeister und Schein-Ich, nicht Narr und nicht Lamm. Für ihn wird es Zeit, die Wahrheit unverblümt herauszusagen.

2. DER MUND DER WAHRHEIT

Bayreuth-Dürschnitz, Sommer 1805

Am 1. Juni wird ein neues Notizheft angelegt, betitelt *Miszellen und Erziehungsbuch*, für Einfälle zu «Brotarbeiten», Glossen, Aufsätzen für den florierenden Markt der Almanache, Taschenbücher und Kalender. Nachdem der Pensionsbewerber und seine Fichtelgebirgsnymphen am 14. Juni auf der Luxburg bei Wunsiedel dem preußischen Königspaar vorgestellt worden sind, vermerkt Richter am 5. Juli die ersten Ausarbeitungen für eine «Pädagogopädie» oder «Kinderlehre für Kinderlehrer» über das «Erziehen von Menschen».

Levana will er sein Buch nennen, nach der römischen Göttin des Hauses und der Neugeborenen. Gedacht ist neben «Bruchstücken» eines entwicklungspsychologischen Abrisses lebensgeschichtlicher Phasen – von der frühen Kindheit (Infantia) über die Pubertät oder Knospenzeit bis zur Blüte der Jugend – an unterhaltende Anhänge in Form von Satiren, ein Kapitel über Mädchen- und eins über Knabenerziehung, über Fürsten und Hofmeister und ein Elterntagebuch, als dessen Adressat der geistreiche Spötter Thieriot vorgesehen ist.[9]

Wie es aussieht, hat die schöne Literatur auch als Amme und Zuchtmeisterin der Sitten ausgedient. Der freie Verkehr der Bücher habe auch die Erziehung revolutioniert. «Die Bücher stiften eine Universalrepublik, einen Völkerverein oder eine Gesellschaft Jesu im schönen Sinne oder humane society, wodurch ein zweites oder doppeltes Europa entsteht.»[10] Niemand dürfe mehr «allfolgsam, knochenlos, abgerichtet, alltragend» durch «Maschinenmeister» zum «Zögling» der «Staatsbrauchbarkeit» und Wachspuppe des Zeitgeists erzogen werden. «Nicht für die Gegenwart ist das Kind zu erziehen – denn diese tut es ohnehin unaufhörlich und gewaltsam – sondern für die Zukunft.»[11]

Das «pädagogische Jahrhundert» nähert sich dem Ende. Jetzt heißt es: Bewegung an frischer Luft statt Schiller'scher Nationalerziehung, gesunde Hausmannskost statt Romanen, Märchen statt Lateinbüchern. Die Ratifizierung des philanthropischen *acte finale* wird an Ort und Stelle an Richters eigenen Kindern vollzogen: der dreijährigen Emma, dem anderthalbjährigen Max und der sieben Monate jungen Odilie. Man muss kein Anhänger Rousseaus sein, um seinen Kindern zu erlauben, «daß sie halbe Tage bei milder Luft und Sonnenschein, wie Adam, nackt in ihrem Paradiese der Unschuld spielen dürfen». Ideale sind dazu da, heruntergebrochen zu werden auf den empirischen, lebenswarmen Menschen; «in einem Anthropoliten (versteinerten Menschen) kommt der Idealmensch auf der Erde an; ihm nun von so vielen Gliedern die Steinrinde wegzubrechen, daß sich die übrigen selber befreien können, dies ist oder sei Erziehung.» In jedem Kind wohne sein eigener «individueller Idealmensch», das «harmonische Maximum» seiner Möglichkeiten. Nicht aufgeklärten Pädagogen und Weltbürgern, sondern den Müttern, den Herrinnen der bürgerlichen Privatsphäre, wird die Aufgabe übertragen, aus Kindern Menschen zu bilden.

Jean Pauls Pädagogik für Hausmütter steht in deutlichem Einklang mit dem *Code civil*, dem napoleonischen Gesetzbuch, das am 21. März 1804 in Frankreich in Kraft getreten ist. Es ist das erste europäische Gesetzeswerk, in dem die Rechte natürlicher Personen, statt aus dem *feudum* als Rückgrat der patriarchalischen Ordnung, aus dem bürgerlichen Eigentums- und Erwerbsrecht abgeleitet sind. Die niedere Gerichtsbarkeit territorialer Kleindespoten ist abgeschafft. Die bürgerliche Familie ist der Mittelpunkt des Staates, dieser die oberste Instanz im Schuld-, Erb- und Familienrecht. In einer Zeit, da die ersten Zivilstandsregister in deutschen Rathäusern angelegt werden, müssen Kinder auf ein Leben vorbereitet werden, in dem nicht mehr Geburt und Titel, sondern allgemeine Bürgerrechte über ihr Fortkommen entscheiden.

«Gleichwohl ist der Mensch früher als der Bürger und unsere Zukunft hinter der Welt und in uns größer als beides; wodurch haben sich denn Eltern, die im Kinde den Menschen sofort zum Diener einkleiden und umschnüren, z. B. zum Zollbedienten, Küchenmeister, Rechtsgelehrten etc., das Recht gewonnen, sich anders fortzupflanzen als körperlich, anstatt geistige Embryonen zu zeugen?»[12] Noch fünf

Jahre zuvor hat Richter darüber anders gedacht; «damit der Mensch gut werde, braucht er ein lebenslanges Pädagogium, nämlich – einen Staat. So lange unsere Regierungsform sich nicht so ändert, daß aus Sklaven Menschen, aus Egoisten Freunde des Vaterlands werden – so lange uns nicht der Staat und der Ruhm darin ein Motiv wird, gros zu handeln – so lange der Reichthum geachtet wird, (und das mus so lange dauern als die Sklaverei die Mittel erschweret, nicht zu verhungern) [...]: so lange bleibt die Menschheit ein elender niedriger ängstlicher Schwarm, aus dem nur einzelne moralische Halbgötter vorragen und den alles Predigen und Erziehen nur veränderlich, aber nicht gut macht».[13] Und so denkt die Mehrzahl der aufgeklärten Pädagogen noch immer – sowohl die «positiven» Pädagogiken von Pestalozzi, Campe oder Basedow, die durch bessere Bildung bessere Menschen erziehen wollen, wie auch die Anhänger von Rousseaus «negativer Erziehung», die gewissermaßen den Nullzustand des freigeborenen Menschen wiederherstellen wollen.

Richter ist kein Rousseauist. Gleichwohl implantiert er Rousseaus Freiheitspathos unter psychologischen Gesichtspunkten in seine Erziehungslehre. «Freilassung der Kinder-Seelen» aus den autoritären Strukturen staatlich gelenkter Pädagogien ist das erste Gebot jeder freiheitlichen Erziehung. Die beste Erziehung des «inneren Menschen», also seines Bewusstseins, ist immer noch Selbsterziehung. Hat sich nicht Fritz Richter seit seinem fünften Lebensjahr selbst erzogen, hat er es nicht allein sich und seinen strengen Exerzitien und Lebensregeln zu verdanken, dass aus dem Joditzer «Geripplein» nicht ein Maria Wutz oder Fixlein wurde, ein «unvollendeter Charakter»? Wird er es mit den eigenen Kindern nicht besser machen wollen als Christoph Richter? «Ist der Mensch einmal aus seiner Individualität herausgeworfen in eine fremde: so ist der zusammenhaltende Schwerpunkt seiner innern Welt beweglich gemacht und irret darin umher, und eine Schwankung gehet in die andere über.»[14] Genauso irrte der kleine Gustav in der *Unsichtbaren Loge*, so irrten Viktor, Albano und Walt blind durch ihr Leben, weil ihnen durch falsche (Staats-)Erziehung ihr «zusammenhaltender Schwerpunkt», ihr Selbstgefühl genommen worden war. «Jedes Ich ist Persönlichkeit, folglich geistige Individualität», was nicht dasselbe ist wie Fichtes absolutes Selbstbewusstsein. «Sondern sie ist ein innerer Sinn aller Sinne, so wie das Gefühl der Gemeinsinn der vier äußern ist.»[15] Im Gegensatz zum Fichte-Schelling'schen Ich meint «Individualität» hier nicht die abstrakte Idee einer aus sich selbst wirkenden Subjektivität, sondern im Herder'schen Sinn den Menschen als psychophysische Einheit von Denken, Empfinden und Wollen. Den entscheidenden entwicklungspsychologischen Einfluss schreibt Richter aber der Spracherziehung zu. «Durch welchen verklärten Leib wird nun das Menschen-Ich eigentlich sichtbar? – Bloß durch die Sprache, diese menschgewordene Vernunft, diese hörbare Freiheit.» Durch das «Seelentor der Sprache» gelange schon ein ganz kleines Kind zu Gewissheit über sich und sein Verhältnis zur Außenwelt. Durch ungezwungenes, freies Sprechen der Erwachsenen lerne es früh, frei zu denken und zu handeln. «Die Sprache ist der feinste Linienteiler der Unendlichkeit, das Scheidewasser des Chaos». Alle anderen Elemente der Bildung – Mathematik, Naturwissenschaften, Sexualaufklärung, Schönheitssinn – wirken erst über die Sprache auf die Ausbildung des Bewusstseins. Sprache ist das Medium, in dem sich die einzelnen Ichs zu gesellschaftlichen Gruppen zusammenschließen. «Nun ist keiner mehr allein, ja nicht einmal eine Insel im fernsten Meer.» Spracherziehung muss darum in erster Linie Erziehung zur Wahrheit sein, damit sich die Vereinzelten erkennen können. Lügendes Sprechen führe zu lügendem Handeln. In einer höfisch durchformten Welt, in der «falsche Adern, Zähne, Waden» so häufig sind wie falsche Freundschaft und Liebe, werde die Lüge zum «fressenden Lippenkrebs des innern Menschen». «Was macht sie so unheilig? Es ist dies: zwei Ich sind einander wie auf Inseln entrückt und versperrt im Knochen-Gitter und hinter dem Haut-Vorhang.»[16]

Den damit implizierten Wahrheitsanspruch der Sprache begründet der Autor der *Levana* mit der inneren Kohärenz sprachlicher Systeme. Sprache ist die einzige Demokratie, deren Gesetze für alle Menschen gelten. So steht es in Heinrich Lamberts *Neuem Organon*.[17] Mit berückender Logik leitet Richter aus den zentralen Themen seiner Erzählkunst – der Befreiung des Ich aus der Bevormundung religiöser und politischer Leitbilder und der Sprache aus den Fesseln der Form – in der *Levana* seine politische Philosophie der Freiheit ab. Zwanzig Jahre hat er gebraucht, um sich aus dem paulinischen «Haus des Ich» in die Mitte der Bürgergesellschaft vorzuwagen; den Mut zu haben, er selber zu sein, sich nicht hinter satirischen Posen zu verbergen. Noch einmal zehn Jahre wird er brauchen, um sein Evangelium der Freiheit mit unverstellter Stimme zu verkünden.

Die Arbeit «zwischen ernster Lyrik und Spaßhaftigkeit» geht ihm nicht leicht von der Hand, während seine eigenen Kinder vor seinen Augen im Gras spielen.[18] Karoline ist im Juli mit den Kindern nach Dürschnitz gezogen, die Stadtwohnung ist gekündigt. Max, Emma, Odilie sind immer dabei, wenn Besuch ins Haus kommt. Richters Erziehungsmaximen sind stoisch. Widerspruch duldet er nicht. Wenn Odilie schreit, ist es Karoline verboten, sie aus ihrem Bettchen zu nehmen. Schwägerin Ernestine war bei ihrem Besuch in Coburg entsetzt über Richters Anordnungen, die Kleinen mit kaltem Wasser zu waschen, sie barfuß laufen zu lassen und nicht von den Erwachsenen abzusondern; «das Kind auf seinem Stuhl mit am Tisch. Es ißt seine Fleischbrühe, es bekommt Braten, Wein – von allem etwas.»[19] Amüsiert notiert Vater Richter wie schon der Schwarzenbacher Schulmeister Richter jedes witzige Bonmot aus Kindermündern. In den Kindern, die er nicht schön genug benennen kann, diesen «Blüten, Tautropfen, Sternchen, Schmetterlingen», lebt die Poesie des Anfangs, das Paradies der Erinnerung.

Mitten in die Dürschnitzer Abgeschiedenheit platzt am 11. April 1805 die Nachricht vom Verteidigungsbündnis zwischen Russland und England, das sich seit zwei Jahren mit Frankreich einen Zermürbungskrieg um die Vorherrschaft auf den Meeren liefert. Die französischen Atlantikhäfen sind blockiert. An der französischen Kanalküste stehen 250 000 schwerbewaffnete napoleonische Soldaten. Das britische Kurfürstentum Hannover ist unter französischer Besatzung, der Binnenhandel über die Elbe eingefroren. Schließlich kann William Pitt, der britische Premierminister, Russland und Österreich von seinem Plan einer alliierten Offensive überzeugen, die im Spätsommer von drei Seiten zuschlagen soll. Gustav Adolf von Schweden und der Großherzog von Neapel schließen sich dem Plan an. Die dritte antifranzösische Koalition seit 1791 ist geschlossen.

Des aussichtslosen Seekriegs längst überdrüssig, setzt Napoleon Anfang September seine Kolonnen vom Oberrhein und von der Kanalküste Richtung Süddeutschland in Bewegung, während sich in Bayern ein österreichisch-russisches Heer sammelt. Preußen hält sich aufgrund seiner Neutralität aus allem heraus und Napoleon damit unfreiwillig den Rücken frei. Warnende Stimmen im Berliner Kabinett finden bei König Friedrich Wilhelm III. kein Gehör, der den Krieg um jeden Preis von seinem Land fernhalten will. Erst der Durchzug französischer Truppen durch preußisch-ansbachisches Gebiet im September ist der Tropfen, der das sprichwörtliche Fass zum Überlaufen bringt. Hardenberg, inzwischen preußischer Ministerpräsident, drängt den König zu Verhandlungen mit Russland und Österreich. Doch Friedrich Wilhelm III. zögert noch immer. Im Oktober besetzt General Bernadotte, ein Schwager Napoleons, ansbachisches Territorium. Regierungspräsident Schuckmann wird auf die Festung Mainz abgeführt. Ansbacher Bürger werfen Pflastersteine auf französische Soldaten. Im Aischgrund wird ein Wirt erschossen, weil er sich mit Besatzungssoldaten angelegt hat.

Zugleich mit den Franzosen zieht das Gerücht ein, das preußische Kabinett plane den Tausch Ansbach-Bayreuths gegen die bayerische Exklave Jülich-Kleve-Berg. Aufgeregte Bürger des Unterlands verfassen einen Brief an den preußischen König, in dem sie ihren «vaterländischen Patriotismus für Preußen» beschwören. In Ansbach vermerkt der junge August von Platen in seinem Tagebuch: «Im Oktober 1805 war meine Vaterstadt überschwemmt von armen flüchtigen Kaiserlichen, die elend und in Lumpen einhergingen. Sie erhielten viel in unserm Hause, und ich faßte den ersten Widerwillen gegen die Franzosen als die Feinde unserer Nation.»[20] 25 000 kaiserlich-österreichische Soldaten sind bei Ulm eingekesselt, ihr Anführer, General Mack, kapituliert Mitte Oktober vor der französischen Übermacht. Napoleons Weg nach Wien ist frei. Am 2. Dezember 1805, dem ersten Jahrestag seiner Kaiserkrönung, besiegt die *Grande Armée* bei dem österreichischen Dorf Austerlitz die koalierten russischen und österreichischen Heere.

Im böhmischen Pressburg setzt der römisch-deutsche Kaiser Franz II., als Kaiser von Österreich Franz I., am zweiten Weihnachtsfeiertag 1805 seinen Namenszug unter den Vertrag, mit dem er Napoleons kaiserliche Hoheit und dessen eigenmächtige Ernennung mehrerer deutscher Herzogtümer zu Monarchien anerkennt. Am 1. Januar 1806 wird Maximilian I. Joseph zum König von Bayern gekrönt. Gegen Bereitstellung von 30 000 Soldaten bekommt er im Tausch gegen das Herzogtum Berg die ehemalige fränkische Markgrafschaft Ansbach und die Reichsstadt Nürnberg zugesprochen. Das Königreich Bayern ist nun der mächtigste der drei deutschen «Mittelstaaten», Napoleons strategische Basis zwischen Preußen und Österreich. Bleibt noch, Preußen an kurzer Leine zu führen, das sich im Schönbrunner Vertrag verpflichten musste, sämtlichen Bedingungen des Pressburger Friedens zuzustimmen. Am 24. Februar 1806 wird an allen öffentlichen Anschlagsäulen der Anschluss der preußischen Provinz Ansbach an Bayern verkündet. Im Gegenzug überlässt Napoleon Friedrich Wilhelm III. das Kurfürstentum Hannover.

Zu den Gewinnern des dritten Koalitionskrieges zählen neben den neuen Königreichen Bayern, Württemberg und dem Großherzogtum Baden alle deutschen Fürstentümer, denen ehemals reichsunmittelbare Bistümer, Reichsstädte und Ritterschaften zugesprochen werden. Sechzehn deutsche Fürsten erklären am 1. August 1806 auf dem Regensburger Reichstag ihren Austritt aus dem Reichsverband. Von seinen Reichsständen verlassen, legt Kaiser Franz fünf Tage später die Krone des Heiligen Römischen Reichs Deutscher Nation ab. Das Reich ist Vergangenheit. Als oberster Protektor der am 12. Juli zusammengetretenen Rheinischen Konföderation deutscher Fürsten ernennt Napoleon den ehemaligen Kurerzkanzler von Mainz, Karl Theodor von Dalberg, zum Fürstprimas des sogenannten Rheinbundes. Mit Ausnahme von Österreich und Preußen, den Hansestädten Lübeck, Hamburg, Bremen, dem dänischen Holstein und Hinterpommern, dem Kurfürstentum Hannover und der Diözese Erfurt (die unter französischer Verwaltung stehen) schließen sich in den kommenden zwei Jahren alle deutschen Länder an.

Jetzt heißt es allerorten Farbe bekennen. Zu Ostern redet Ernst Moritz Arndt, Privatdozent an der schwedisch-pommerschen Universität Greifswald, dem zögerlichen preußischen König in der Streitschrift *Geist der Zeit* herzhaft ins Gewissen, für Deutschlands Freiheit in den Krieg zu ziehen. Die «Schreiber» fordert er auf, die Feder hinzuwerfen und mit dem Schwert in der Hand und Gottvertrauen in den vaterländischen Kampf gegen den (namentlich ungenannten) Usurpator Napoleon zu ziehen. «Ich werfe den Fehdehandschuh hin».[21] Der Hamburger Verleger Friedrich Perthes organisiert den antinapoleonischen Widerstand in der Hansestadt. Doch gibt es auch besonnene Gegenstimmen wie die des Leipziger Verlegers Joachim Göschen. «Mit Bücher, Zeitungen und Journale schlägt man und erobert man nicht», ist seine Überzeugung. «Sonst wären wir Deutschen, die mehr als Überfluß in allen diesen Dingen haben, die Herren der Welt.»[22] Nachdem er angesichts der tektonischen Verwerfungen in der politischen Welt lange keinen Verleger für sein Erziehungsbuch gefunden hat, wendet sich Friedrich Richter an Göschen, doch dieser lehnt ab, weil er sich finanziell an einer Wieland-Werkausgabe verhoben hat und keine geschäftlichen Risikoartikel ins Programm nehmen will. Der bewährte Friedrich Perthes wiederum nimmt Richter übel, dass er weiter gute Beziehungen zu seinem alten Freund seit Studententagen pflegt, dem bekannten Kosmopoliten Archenholtz, der «sein Deutschthum» vergessen habe.[23] Schließlich bleibt wieder nur Friedrich Cotta, der aber nach dem Fiasko mit den *Flegeljahren*, die sich (überwiegend wegen des «unschicklichen» Titels) schlecht verkaufen, statt der geforderten fünf nur drei Louisdor pro Bogen zahlen und die Veröffentlichung der *Levana* auf Ostern 1807 verschieben will. Kurzentschlossen schließt Richter am 8. April mit dem Braunschweiger Verleger Friedrich Vieweg ab, dem Schwiegersohn des Philanthropisten Joachim Heinrich Campe. Er hat diesmal ungewöhnlich hart verhandelt. Vieweg bietet schließlich 1000 Taler in Gold in zwei Raten (sechs Louisdor pro Bogen), bei einer Auflage von 2500, und schlägt für den Umschlag ein elegantes Titelkupfer vor. Das lehnt Richter zugunsten einer schlichten Aufmachung ab – und wird bei Erscheinen belohnt mit nahezu einhelliger Zustimmung in mehr als zehn Rezensionsblättern.

Der erste Band der *Levana* wird am 17. September, der zweite im November ausgeliefert – mit so vielen Druckfehlern, dass Richter dem Verleger ein scherzhaft kommentiertes Druckfehlerverzeichnis als *Ergänz-Blatt zur Levana* abnötigt. Jean Pauls Popularität als Verfasser der *Levana* ist ungeheuer. Schriftsteller sprechen ihn in den Vorreden ihrer Bücher persönlich an. Plagiatoren und Nachdrucker verdienen mit seinem Namen Geld.[24] Karoline Herder ist gerührt und nennt ihn «Heiland», Emilie von Berlepsch will ihren alten «heiligen» Jean Paul darin wiedergefunden haben, während Richter noch unentschlossen ist, wer er sein und was er denken soll. «Wüßt' ich gewiß», hat er Anfang 1806 in sein Tagebuch notiert, «dass Buonaparte Unrecht hätte und ebenso gewiß alle gerechten Mittel gegen ihn, o so wäre es ja leicht, selbst ein Leben gegen ihn zu wagen durch Schrift. Aber diese Ungewißheit lähmt so fürchterlich den Muth, den kosmopolitischen, der durchaus seine Zwecke in der Folge suchen mus».[25] Den politischen Jean Paul, den Architekten einer politischen Philosophie der Freiheit wird man in den nächsten zehn Jahren nicht im Handgemenge der Parteien und Fraktionen, Deutschbündler und Rheinbündler, Bonapartisten und preußischen Patrioten finden, sondern als Hofnarr des Zeitgeists im kosmopolitischen Luftraum einer universalistischen Vernunft, in poetischen Bauwerken, auf imaginären Kirchtürmen, Zuckerfässern, Maskenbällen und Planeten. Der Bayreuther Bürger Friedrich Richter aber zieht sich die Stiefel an und mischt sich unter sein Volk, ein dicklicher, beweglicher Mann mit Knotenstock, derben Stiefeln und Bauernmütze, der in Dorfwirtshäusern und Kleinstadtgassen gar nicht auffällt.

3.

ZWISCHEN DEN LINIEN

Preußische Provinz Bayreuth, 1806/07

Am 15. August 1806 wird zum ersten Mal in fränkischen Gemeinden der Geburtstag des französischen Kaisers Napoleon I. mit Illuminationen und Volksfesten gefeiert. Bayerischer Generalkommissair in Ansbach ist Graf Friedrich Karl von Thürheim, wie Schiller ein Zögling der Karlsschule, bislang Landesdirektor in Bamberg und Würzburg (das nun zu Österreich gehört).

Anfang Oktober ziehen die Richters von der idyllischen Dürschnitz zurück in die Stadt, in die Steingasse (heute Kulmbacher Straße). Wenige Tage später marschieren die Franzosen in Bayreuth ein. Am 9. Oktober erklärt Preußen Frankreich den Krieg. Fünf Tage darauf sind die preußischen Corps auf dem Jenaer Landgrafenberg nach einem einzigen Gefecht vollständig aufgerieben, während zur selben Zeit ihre Hauptarmee einige Kilometer weiter bei Auerstedt vernichtet wird. Die königliche Familie flieht nach Königsberg. Mit einem prächtigen Siegeszug nimmt der französische Kaiser am 27. Oktober die preußische Hauptstadt in Besitz.

Nachdem das druckfehlerbeladene *Ergänz-Blatt zur Levana*, gewissermaßen die pädagogische Invalidentruppe, der Erziehlehre nachgehinkt ist, will Richter endlich wieder etwas Komisches schreiben. «Übrigens ist in und außer mir eine dumme, tonlose Zeit; sogar das Wetter gehört dazu und meine Schreiberei. Ich seufze nach Scherzen. Alles liegt schon da zu einem rein komischen Pantheon, worin reine Spaß-Mysterien und Autos gefeiert werden sollen, sobald ich nur aufhöre, so verdammt ernst und wichtig und belehrend um mich zu blicken, als ich seit Semestern thun muß.»[26] Der Ingrimm über die Kritiker seines *Titan*, die ihn einen «Dichter für Verliebte» und Selbstmörder nennen, über die naserümpfenden Ignoranten seiner *Flegeljahre*, die sich nicht einmal trauen, den Titel des Buches in Gesellschaft laut auszusprechen, über die Verächter seiner Ästhetik, die sich über sein «Witzeln» mokieren, über all die «gelehrte[n] namenlose[n] Schein-Leichen» in Nicolais *Allgemeiner Deutscher Bibliothek*, über den Neid der Gelehrten, die Missgunst der Autoren, die borniertien deutschen Gelehrtenvereine, diese Nebenthrone der Wissenschaft, über den Größenwahn der wissenschaftlichen Akademien mit ihren Marmorgalerien toter Mitglieder – all das wird sich mit Swift'scher Ironie im nächsten Roman entladen, der Biographie des sanftmütigen Narren Gotthelf Fibel, des Verfassers der Bienrodischen Fibel für ABC-Schützen. So streitlustig Jean Paul in seinen Büchern, so empfindlich ist er gegen persönliche Kritik. Jacobi gegenüber offenbart er sich. «Die ganze Auflösung der Charade oder des Chronodistichons – wenn ich eines bin – ist die schon unter 1000 Räthsel gesetzte, daß mich eben der höhere Sinn ergreift [...] und daß ich mich der theilweisen Wahrheit von allen Seiten offen halte, weil mein Ich kein Tempel, Altar oder gar Repräsentant (Vicegott) der himmlischen Wahrheit sein kann. Eine erbärmlichere Erde gäbe es doch wahrlich nicht als eine, worauf nur 5 oder 6 Leute Recht hätten; – wozu denn die andern? Wozu Widerscheine des Widerscheins Gottes?»[27]

Doch aus dem *Leben Fibels* wird vorläufig nichts. In kriegerischen Zeiten wird Sprache zu Geschrei. Die Bühne gehört jetzt den Helden des Vaterlands. «Das gesegnete Unterland betrat zuerst der erbitterte Feind. Erlangen sah vom 1. bis 10. Oktober gegen 60 000 Mann französische Truppen unter den Marschällen Bernadotte und Davoust durch seine Thore gen Bamberg ziehen. Am 7. zog Marschall Soult mit 30 000 Mann durch Baireuth gen Hof, ihm folgte am 8. das 18 000 Mann starke Corps des Marschalls Ney auf demselben Weg und am 9. eine bayerische Division unter dem General Minucci, welche sich gegen Culmbach wendete.» So erinnerte sich Richters Bayreuther Mitbürger Peter Weltrich, zahlenmächtiger Buchhalter und Chronist der französischen Okkupation, den Richter aus der Harmonie-Gesellschaft kennt. «In Hof trafen schon am 8. französische Vorposten des Bernadottschen Corps von Crouach und Lichtenberg her ein, nachdem das daselbst gestandene Preußische AvantCorps unter dem General Tauenzien wenige Stunden vorher sich zurückgezogen hatte. Am 9. fieng daselbst der Durchmarsch des Soultschen Corps an, welches, wie die folgenden Corps, in dortiger Gegend übernachtete und immer am nächsten Tage seinen Marsch nach Plauen fortsetzte.»

Von den Hügeln um Bayreuth leuchten nachts die Feuer der französischen Soldaten. «Von allen Seiten hörte man das Getöse wilder Schaaren, das Gerassel und Geklirre der Waffen, das Rollen der Canonen und Wägen, die kriegerische Musik durchziehender Haufen, das Geblöcke des in großen Heerden mitgeschleppten hungrigen Schlachtviehes, zwischen durch das Geheul und Klagen mißhandelter Vorspanner und beraubter Bauern, das Fluchen ihrer barbarischen Treiber. Innerhalb einer Woche war weit und breit kein lebendes Huhn, kein Getreide und Mehl, keine Fuhrwerke und Pferde mehr zu haben.»[28]

Den Franzosen folgen wie ein Heuschreckenschwarm zehntausende Soldaten der verbündeten Württemberger, Bayern, Badener mit 30 000 Pferden. Am 14. November trifft Camille de Tournon in Bayreuth ein, der französische Stadtkommandant, lässt sich Torschlüssel und Stadtkasse aushändigen und verkündet im Namen des Kaisers Napoleon die Belegung der Provinz mit einer Kriegsentschädigung von 1,5 Millionen Franken. Das 1796 abgeschaffte ständische Landschaftsratskollegium wird mit französischer Amtshilfe wiederbelebt, um die Kontributionszahlungen zu überwachen. Am 27. November wird der Bayreuther Magistrat auf den Kaiser vereidigt. Von öffentlichen Gebäuden werden die preußischen Wappen entfernt. Was auch nur nach englischen Importen aussieht – Kaffee, Tee, Tuche –, wird wegen Verstoßes gegen Napoleons England-Embargo konfisziert.

Am 7. Januar 1807 lässt der französische Generalkommissair für die fränkische Provinz, Le Grand, eine offizielle Proklamation in die *Bayreuther Zeitung* setzen, wonach unter Beibehaltung der preußischen Verwaltungsstrukturen das Land der französischen Militärverwaltung unterstellt ist. Wegen des Krieges sind Konzerte und Bälle untersagt. Die öffentlichen Gesellschaften, die überwiegend von Offizieren besuchte «Ressource» und die «Harmonie», gleichen «stummen Zeitungsclubs», wie Weltrich erzählt. Man liest die französischen und deutschen Zeitungen, aber niemand wagt, offen seine Meinung auszu-

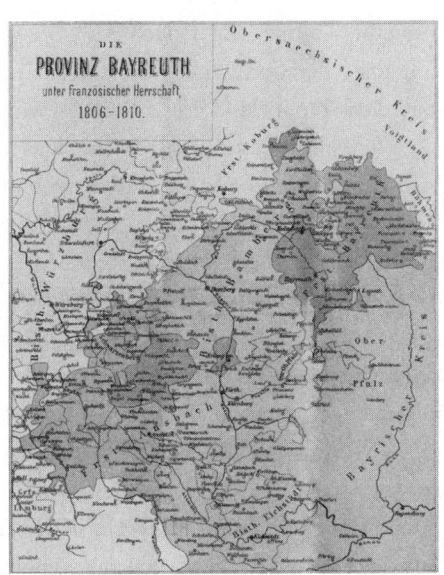

«Die Provinz Bayreuth unter
französischer Herrschaft
1806–1810»

sprechen. Als die konservative, österreichfreundliche *Erlanger Zeitung* unverhohlen frankreichfeindliche Berichte von den Kriegsschauplätzen druckt, wird ihr Redakteur im Februar 1807 verhaftet, die Zeitung eingestellt. Dasselbe blüht ein Jahr später der *Bayreuther Zeitung*.

Am schnellsten passen sich die protestantischen Pfarrer der neuen Lage an. «Theologische Kasuistik brachte es fertig, Napoleon und seine gottbegnadeten Siege zu verherrlichen.»[29] In den Kirchen wird, wie vorher für den preußischen König und noch früher für die Markgrafen, für Napoleons Siege gebetet. Auf der anderen Seite schüren preußische und österreichische «Emissäre» antifranzösische Stimmungen in der Bevölkerung. In der Gegend um Hof und Wunsiedel wirbt der preußische General von Nostitz, bestärkt von österreichischen Kundschaftern, Bauernsöhne für eine fränkische Freiwilligenlegion. Dabei helfen ihm der Diakon und ehemalige Bayreuther Schlossprediger Friedrich Wilhelm Hagen und der Forstmeister und Freiherr von Paschwitz in Selb. Um reibungslose Zusammenarbeit mit den französischen Behörden bemüht, untersagt das Bayreuther Kammerkollegium dem General am 24. April weitere «Unruhestiftung» und schickt zwei ihrer Mitglieder, Kriegsrat Fischer und den Wunsiedeler Kreisdirektor von Reitzenstein, als Unterhändler nach Selb. Sie werden unter dem Verdacht der französischen Spionage von österreichischen Offizieren verhaftet, nach Eger verschleppt und erst Ende Mai wieder freigelassen.

Offenbar gibt es in den Kreisen des Hofadels und des Militärs Pläne, sich gegen den Kotau der Ratsherren zu mobilisieren. In einem Briefkonzept vom Oktober/November 1806 – der Empfänger ist unbekannt – sucht Legationsrat Richter die Gemüter zu beruhigen. «Die Gewalt müssen wir erdulden, aber nicht benützen gegen unsre Obrigkeit. Der ganze Krieg wird gegen das Unrecht geführt, folglich dürfen wir keines begehen, ihn zu ertragen. – [...] Der General gebiete den seinigen – Er würde uns für niedrig halten, daß wir uns zu ihm bekehren, und wie wäre dieß einst vor Preußen zu verantworten.»[30] Vorsorglich sieht er sich nach Fluchtorten um für den Fall, dass der Krieg auch nach Franken komme. «Der Krieg frisset einem ohnehin das Geld aus dem Beutel, auch mitten im eignen Vaterlands Frieden. Und doch müßte man froh sein, wenn der deutsche Geist und Muth wieder auf den Thron stiege, wär' auch jede Stufe eine Leiche und Schlacht.»[31]

Offenbar ist Richter in die Bayreuther Ereignisse tiefer verwickelt, als der Öffentlichkeit bekannt wird. «Vom Ende meines Titans wär' ich weniger kühn gewesen für mein Leben», notiert er in dem Notizbuch, das in diesen Tagen unter der Überschrift *vita propria* angelegt wird, «blos um ihn eher zu enden als dieses; aber heute den 31. Oktober 1806 bin ich so halb fertig und ich habe nichts zu vertheidigen – nicht einmal mich – als Frau und Kind, wofür das Leben leicht zu geben ist.»[32] Mit dem patriotischen Diakon Hagen, einem Jugendfreund, wechselt er im November und Dezember 1807 noch mehrere Briefe. Als ihm Hagen im Mai 1810 sein Buch über den Pädagogen Pestalozzi zuschickt, hat er das politische Lager bereits gewechselt. Zusammen mit einem «Sendschreiben an den Herrn Legations-Rath Jean Paul Friedrich Richter in Baireuth» ist es dem Fürstprimas des Rheinbunds Karl Theodor von Dalberg gewidmet.[33]

Als Privatsekretär des Prinzen Wilhelm von Preußen hat Christian Otto, Richters engster Vertrauter, im Herbst 1806 die königliche Familie ins Exil begleitet. Während der französischen Belagerung von Danzig beschreibt er aus dem preußischen Hauptquartier in Heiligenbeil

Christian Otto

die Lage: «Ganze Gegenden sind verödet und menschenleer. Ganze Dörfer sind verlassen, Dächer, Thüren, Fenster, Zäune, Bäume, Balken abgerissen und verbrannt, kein Vieh, kein Getraide, kein Stroh, kein Heu; es giebt nichts mehr, kein Feld ist und wird bestellt. So sind ganze Gegenden verwüstet, wo die Franzosen und Russen stehen.»[34] Hardenberg ist mit dem Kabinett nach Riga geflohen, Christian Otto mit dem Prinzen über Königsberg nach Tilsit. Nachdem Danzig erobert ist, gibt sich der Zar geschlagen, bietet Napoleon den Waffenstillstand an und schlägt den preußischen Ministerpräsidenten Hardenberg als Verhandlungsführer vor. Napoleon nimmt an, macht aber Hardenbergs Entfernung zur Bedingung für den Abschluss des Friedensvertrags.

Die Vertragsunterzeichnung auf einer künstlichen Insel in der Memel bei Tilsit im Juli 1807 und die anschließende Begegnung Napoleons mit der preußischen Königin Luise werden sich dem nationalen Gedächtnis der Preußen schmerzhaft einbrennen. Hofmaler stehen bereit, das Ereignis festzuhalten: auf einer Treppe, mit feinem Lächeln über die Monarchen hinwegblickend, der französische Außenminister Talleyrand, der Architekt des Tilsiter Vertrags, viril und wohlgenährt Napoleon I., ihm zur Seite mit gefrorenen Mienen Zar Alexander und Friedrich Wilhelm III. in goldbestickten Hofuniformen, lieblich zwi-

3. *Zwischen den Linien* | 379

schen den Magnaten die mädchenhafte Königin Luise. Am 10. Juli 1807 verzichtet Preußen offiziell auf den Rest seiner hohenzollernschen Erbländer, die Markgrafschaft Bayreuth. «Ihr könnt in Deutschland Gott – Eure Noth möchte noch so groß sein – nicht genug danken, daß Ihr keinen Sieg der Russen erlebt habt», berichtet Christian Otto am 19. Juli aus einem ostpreußischen Pfarrhaus. «Es ist Friede! Friede, Friede! Ist unter allen Verhältnissen ein lieblich tönendes Wort; aber nach so einem langen Krieg etwas Unaussprechliches: Dein Freund, mein Lieber, ist sehr glücklich.»[35] Nach zwei Jahren Abwesenheit kommt er im Oktober 1807 zurück ins nunmehr französische Bayreuth, vom Kosmopoliten geläutert zum preußischen Patrioten.

Bis Dezember müssen die Bayreuther erneute Truppendurchmärsche und Einquartierungen erdulden. Auf kaiserliche Anordnung werden Lebensmittelmagazine mit 650 Ochsen, mit Salz, Hafer, Stroh und getrocknetem Gemüse für mindestens vier Wochen angelegt. Zugleich tritt in Bayreuth der *Code civil*, das französische Gesetzbuch, in Kraft. Die Belagerung der Plassenburg bei Kulmbach zieht sich über Wochen hin und den Kulmbacher Bürgern das letzte Huhn aus dem Topf. Aber weder der preußische Festungskommandant Generalmajor von Uttenhoven noch die nachrückenden Franzosen und Bayern zeigen sonderliche Lust, sich zu schlagen. So bleibt es bei gegenseitigen Drohungen. Die Szenerie findet sich später in Jean Pauls Antikriegssatire *Mein Aufenthalt in der Nepomuks-Kirche* wieder, in der von Uttenhoven als Festungskommandant «Ich sterbe täglich und mein Leben» eine komische Figur macht. Gewitzte Leser erkannten darin unschwer das Miniaturporträt des zögerlichen preußischen Königs Friedrich Wilhelm III., denn er war ein Mann von «sehr milder, milchiger Natur, nicht ein Brei, ein dicker, worin ein Knochen oder Degen feststeht, sondern eine weite knochenlose Marksuppe», ein «weicher butterner Löwe».[36]

Der Krieg an der publizistischen Front eilt dem Gemetzel voraus. Jeden Monat schießen neue patriotische Flugschriften und Journale aus dem vaterländischen Boden, politische Brandbeschleuniger. Friedrich von Cölln bringt 1807/08 die *Neuen Feuerbrände* heraus, Ferdinand Freiherr von Schrötter und Max von Schenkendorf die *Vesta*. *Für Freunde der*

Wissenschaft und Kunst, 1813/14 gefolgt von Friedrich Arnold Brockhaus' *Deutschen Blättern,* Heinrich Ludens und Friedrich Bertuchs *Nemesis.* Auf der pronapoleonischen Seite der Barrikaden bewähren sich ältere, aus der Revolutionszeit geborene Blätter wie Johann Ludwig Woltmanns Journal *Geschichte und Politik* oder Johann Wilhelm von Archenholtz' *Minerva,* von der 1809, als Friedrich Alexander Bran die Redaktion übernimmt, Herausgeber der einflussreichen *Nordischen Miszellen,* 5000 Exemplare abgesetzt werden.[37] Die Neugründungen seit den 1790er Jahren sind so zahlreich, dass ein findiger Kopf 1802/03 ein Über-Journal, den *Geist der Journale im Gebiete der schönen Wissenschaften und Künste,* für zweckmäßig hielt.[38] Schriftsteller und Publizisten sammeln sich um Generäle, Minister, Diplomaten. Sie rekrutieren ein Ersatzheer, das sich mit Federn und Lettern bekriegt: auf der einen Seite die «Rheinbundpatrioten», auf der andern die preußischen. Einer der ersten Märtyrer des Papierkriegs aus Rache an Preußens Kniefall in Tilsit wird der Nürnberger Buchhändler Johann Philipp Palm. Für die Drucklegung der antinapoleonischen Flugschrift *Deutschland in seiner tiefsten Erniedrigung* wird er in Ansbach inhaftiert und am 26. August auf der Festung Braunau am Inn erschossen.

Neben literarischen Eintagsfliegen wie Ludwig Tiecks *Poetischem Journal* und de la Motte Fouqués *Jahreszeiten,* Heinrich von Kleists und Adam Müllers *Phöbus* und Achim von Arnims *Zeitung für Einsiedler* (1808), Franz Karl Leopold von Seckendorffs Wiener *Prometheus,* Büschings und Kannegießers *Pantheon,* Schellings *Allgemeiner Zeitschrift von Deutschen für Deutsche* (1813) und Friedrich Perthes' *Vaterländischem Museum* (1810/11) wird sich Friedrich Cottas *Morgenblatt für gebildete Stände* als Methusalem der deutschen Pressegeschichte erweisen. Es erscheint seit dem 1. Januar 1807 sechsmal wöchentlich als Tageszeitung mit einer Auflage von 2500 Exemplaren. Hinzu kommen im Laufe der Jahre Extrablätter wie das «Kunst- oder das Intelligenzblatt». Die erste Ausgabe wird eröffnet mit einer humoristischen *Abschieds-Rede bei dem künftigen Schlusse des Morgenblatts* von Jean Paul. Schon im April und Mai liefert Richter neue Texte, in denen er aus voller Seele spaßen darf. Bis 1823 werden es fast vierzig für das *Morgenblatt* sein, die einzige Zeitung, für die er außer dem ebenfalls von Cotta verlegten *Taschenbuch für Damen* regelmäßig und mit sichtlichem Vergnügen schreibt: ein gnadenloser Scharfrichter des philosophischen Wechselfiebers wie des patriotisch-christlichen Un- und Übersinns. Cotta bezahlt gut, so dass Richter jährlich mit etwa 1000 Talern neben den Einnahmen aus seinen Büchern rechnen kann.[39] Verleger und Autor verbinden dieselbe politische Intelligenz und untrüglicher publizistischer Instinkt. Vor allem in der Bewunderung Napoleons und seiner Rheinbundpolitik sind sich der besonnene Schwabe Cotta und der dickköpfige Franke Richter einig, dem Cottas Zeitung gerade zur rechten Zeit kam. Cotta wiederum profitiert von dem Skandalon, das sich in der Öffentlichkeit mit dem Namen Jean Paul verbindet, ebenso wie von dem «Lieblingsdichter der Deutschen». So gut wie kein Beitrag passiert unbeanstandet die Zensurbehörde, aber die Auflagen steigen.

Im Januar 1807 unterbricht Richter die Arbeit an einer Groteske über einen Geburtshelfer, der sich als Fötus träumt, um für das *Morgenblatt* eine politische Satire über die *Beichte des Teufels bei einem grossen Staatsbedienten* zu schreiben, die sich einem kürzlich vorgefallenen Eklat in der preußischen Hauptstadt verdankt. Friedrich Wilhelm III. hat seinen Minister Friedrich Karl vom und zum Stein, der dafür bekannt war, kein Blatt vor den Mund zu nehmen, am 3. Januar als widerspenstigen, ungehorsamen Staatsdiener vom preußischen Hof gejagt, weil ihm Steins Vorschläge zur Reform des monarchischen Kabinettssystems entschieden zu weit gingen. Ebenso gut konnte aber mit dem «Staatsmännchen», das dem Teufel die Beichte abnimmt, der coburgisch-saalfeldische Minister Theodor von Kretschmann gemeint sein, Richters alter Bekannter. Nach der coburgischen Finanzkrise von 1804/05 hatte sich Kretschmann als «unbescholtener Staatsmann» in der Gunst des Herzogs halten können, während seine Gegenspieler in der coburgischen Ständeversammlung, Könitz und Wangenheim, entlassen worden waren. Wangenheim lebte seither unter bescheidenen Verhältnissen als Finanzrat in Hildburghausen, klagte vor dem Wiener Gerichtshof erfolglos gegen seine Entlassung und veröffentlichte 1805 seinen Briefwechsel mit dem Herzog von Sachsen-Coburg einschließlich der Repliken seines Freundes Friedrich Richter.[40] Ihre Freundschaft hatte die Affäre unbeschadet überstanden. Regelmäßig hielt Wangenheim Richter auf dem Laufenden über «die Furchtsamkeit und Inkonsequenz des Coburger Tyrannen».[41] Doch die Geschichte hat ein Nachspiel. Am 27. Januar 1807 rücken französische Truppen in Coburg ein und besetzen Stadt und Staatlein. Sechs Wochen zuvor ist Herzog Franz von Sachsen-Coburg gestorben. Der Thronfolger, Erbprinz Ernst, liegt schwerverwundet in einem preußischen Lazarett. Als geschäftsführender Minister legt Theodor Kretschmann den geforderten Eid auf die französische Verfassung ab. Die coburgischen Landschaftsdeputierten Imhof und Könitz trommeln daraufhin Bauern zum Widerstand gegen die Besatzer und den Kollaborateur Kretschmann zusammen. Wie in Bayreuth kommt es zu tumultuarischen Szenen zwischen Einheimischen und französischen Soldaten. Loyalitätskonflikte, wie sie Stein, Wangenheim und Kretschmann zu bestehen haben, sind während der napoleonischen Besatzung an der Tagesordnung. In der Politik gibt es kein Gut und Böse, keine Schuldigen, kein absolutes moralisches Prinzip. Die Ethik politischen Handelns ist, so legt Jean Pauls *Beichte des Teufels* nahe, eine Frage des politischen Gewissens jedes Einzelnen, so dass der Staatsbedienstete «bloß sich selber für den Teufel genommen, und daß Beicht-Vater und Beicht-Sohn oder die Dreiheit von Staatsmännchen, Staatsbedienten und von dem aus beiden hervorgehenden bösen Geist nur ein Wesen gewesen seien».[42] Der «Übergang vom Teufel zum Minister» ist demnach derselbe wie «von Unbewusstsein zu Bewusstsein» oder von blinder Gehorsamspflicht zu persönlicher politischer Verantwortung.

Offenbar sitzen im Tübinger Zensurbüro Männer, denen die Aktualität der *Beichte des Teufels* nicht entgangen ist. Die Druckgenehmigung wird verweigert. Doch so leicht lässt sich Richter nicht mundtot machen. Von April bis Juli schmiedet er ein noch heißeres Eisen: *Schmelzles Reise nach Flätz*, eine humoristische Erzählung über Nutzen und Nachteile der Zivilcourage in Kriegszeiten, eingeleitet von einer Jeanpaulischen Vorrede und dem *Zirkelbrief des Feldpredigers Schmelzle an seine Freunde, sein Davonlaufen und seinen Muth betreffend*. Mehr als fünfzig Erzählmotive werden zunächst in Skizzenheften notiert, bis aus dem Pädagogen Attila Frecht (einer veritablen Richter'schen Selbstparodie als Hypochonder und Hasenfuß) der Feldprediger Schmelzle geworden ist. Keinem Arzt vertraut er sich an. Seine diätetischen Regeln sind zahllos. Er reist in die Hauptstadt in der Hoffnung, den Militärdienst gegen einen ordentlichen Lehrstuhl für Theologie zu tauschen. Die versprochene Berufung wird jedoch von dem Minister-General von Schabacker verweigert, weil Schmelzle vor der Schlacht bei Pimpelstadt von seinem Regiment desertiert ist. Schmelzle verspürt auf der Stelle «eine wunderbare Neigung [...], irgendjemand auf der Stelle zu dreschen und zu fegen». Anders als den Staatsbediensteten drücken Schmelzle keinerlei Gewissensbisse. Sein Sieg über sich selbst gilt ihm mehr als alle preußischen: Er lebt noch. «Dieß ist eben mein Unterschied von Feiglingen, dass ich ohne Rücksicht auf Körper und bei völliger Gesundheit nicht nur diese schone und bewahre, sondern besonnen alles.»[43] Allerdings hat er nun im Flätzer Gasthof mit nächtlichen Gespenstern und seiner niedlichen Gattin zu kämpfen, dem Bergelchen, der ein Feldprediger nicht genug ist, so dass sein Sieg nur noch halb so viel wert und fast schon wieder eine Niederlage ist.

Blinder Gehorsam oder Verantwortung und Selbstsorge – das ist wiederum die Frage in diesem amüsanten Vexierstück, in dem der Autor sich als Legationsrat Jean Pierre eine kleine Nebenrolle als «halber Engel» geschrieben hat. Selbst die Fußnoten lassen die gebührende Loyalität zum General- oder Haupttext vermissen. Statt den Text zu kommentieren, wie es sich gehört, laufen sie gegen die Erzählrichtung wild durcheinander wie ein aufgelöstes preußisches Corps beim Rückzug, was der Erzschelm Jean Paul scheinheilig mit seiner Zerstreutheit entschuldigt. Was für ein Einfall!

Erscheinen soll *Schmelzles Reise nach Flätz* zu Neujahr 1808 bei Scherer in München, in einer sagenhaften Auflage von 2000 Stück und mit der *Beichte des Teufels* als Postskriptum. Sobald der Verleger aber im August 1807 das Manuskript gelesen hat, schützt er finanzielle Probleme vor. Also macht es wieder Cotta. Der erste Leser im Frühjahr 1808 ist Freiherr Karl August von Wangenheim, den die Sache ja auch besonders angeht. Cotta hat ihm, mit dem ihm eigenen politischen Instinkt, das Manuskript vor Drucklegung überlassen. Im *Morgenblatt* sind im März und September 1808 und im Januar 1809 Vorabdrucke zu lesen, die viel Aufsehen erregen, indes das Buch mit anderthalbjähriger Verspätung erscheint, als bereits Gras über die Stein'sche Affäre gewachsen ist. Der kampflustige Humorist aber hat sich an seinem Schmelzle nur warmgeschrieben.

4.

DER FAMOSE DOKTOR
KATZENBERGER

Bayreuth, August 1807

Der Richter'sche Kopf ist ein Globus, dessen zwei Halbkugeln immer gegeneinander kreisen, wie Erde und Gegenerde im pythagoreischen Kosmos. Mit Karoline hat er oft Streit. Über Kindererziehung, über sein selbstherrliches Entscheiden in geringsten Alltäglichkeiten, über Geld, von dem notorisch zu wenig da ist, über die wachsende Tiermenagerie in Richters Studierstube: der Wetterfrosch, der Hund, die Kanarienvögel, ein Eichhörnchen, das Richter persönlich gezähmt hat, und neuerdings Mäuse und ein Spinnentier, das vom Hausherrn mit selbstgefangenen Fliegen liebevoll gefüttert wird. Nachdem er im August von Emanuel zwei Kinderfibeln oder ABC-Bücher geliehen hat, sucht er das Weite. Er wandert nach Wunsiedel, einer seiner üblichen Tagesmärsche, etwa fünfzig Kilometer über Bischofsgrün und Lainach querfeldein durch Wälder und Wiesen. Zwei neue Projekte streiten in seinem Kopf, das eine nennt er seine *Vermischten Schriften*, das andere ist die Lebensbeschreibung des Bienrodischen Fibel-Verfassers.

Als er zurück ist, haben die *Vermischten Schriften* die Oberhand gewonnen. Auf einem «Kombinazionsblatt» werden Anfang September Einzelmotive für das Hauptstück, eine Erzählung, probehalber zusammengefügt. Als Hauptfigur ist der Arzt und Naturforscher Dr. Sphex aus dem *Titan* vorgesehen, der dort nur eine Statistenrolle innehatte. Wochenlang experimentiert Richter mit Erzählformen: Brief, Tagebuch oder Reisebeschreibung? Ein anderes Skizzenbündel ist «Geschichts Gang und Nebengeschichte» benannt, datiert auf die Zeit zwischen 5. August und 6. September. Schließlich wird «Sphex» durch Doktor «Amandus Katzenberger» ersetzt, der die Krankheiten mehr liebt als die Kranken. Stets auf der Jagd nach den «Schalttagskindern der Natur», führt er in seiner Reisetasche «Pockengift, Fleischbrühtafeln und Zergliederungszeuge» mit. Sein «Mißgeburten-Kabinett» ist eine imposante Sammlung ausgestopfter Tierleichen und Embryonen in Spiritus. Einer Missbildung kann Katzenberger so wenig widerstehen wie seine Tochter Theoda einem vollkommenen Gedicht. «Wer kann denn aber eine Mißgeburt, die sich so wenig als ein Genie fortpflanzt – denn sie ist selber ein körperliches, eine Einzigperle – nicht einmal ein Sonntagskind, sondern ein Schalttagskind –, ersetzen, ich bitte jeden?»[44]

Zusammen mit Theoda und dem inkognito reisenden Dichter Theudobach, «der bekanntlich mit Schiller und Kotzebue die drei deutschen Horatier ausmachte», ist der Doktor auf dem Weg ins Kurbad. Theudobach nennt sich Nieß und gibt sich als Überbringer eines Briefs des von Theoda angebeteten Dichters aus. Im Badeort soll das Mädchen ihren «Sonnengott» endlich persönlich treffen, und Herr von Nieß hat sich erboten, sie zu begleiten. Die Titelerzählung ist in fünfundvierzig Summuli, d. h. Sümmchen, gegliedert, die wie dramatische Aufzüge mit dem Auf- und Abgang der Personen beginnen oder enden.[45] Die neunundzwanzigste Summula enthält zum Beispiel nur einen einzigen Satz: «Er kam nicht zum Abendessen.»

Amandus Katzenberger ist ein Idealbürger jenes dritten Zeitalters der Wissenschaft, von dem Johann Gottlieb Fichte in seiner *Wissenschaftslehre* spricht. Beherrscht vom «Vernunftinstinct», ist er ein exemplarischer Zyniker («Heiratet eine alte Jungfer, untersucht, wie lange sie leben kann») und «gelehrter einsamer Riese» in den Augen seiner «dichtertollen» Tochter. Statt mit Gott zu würfeln, spielt er Schach mit der Natur. Denn Gott kommt in Katzenbergers Welt nicht vor. Theologen sind ihm ein Gräuel; «das Pfarrer- und Poetenvolk» beneidet er lediglich darum, «für ein Lumpengeld sich sein gedrucktes Lumpenpapier einkaufen» zu können.[46] So verkörpert er das komische literarische Gegenbild zu Doktor Saunderson, dem blinden Mathematiker und Naturforscher, dem Diderot im *Brief über die Blinden* ein Denkmal setzt. Als Nicholas Saunderson (1682–1739) auf dem Sterbebett liegt und man Pfarrer Holmes ruft, damit er ihm die Sakramente gebe, entspinnt sich zwischen ihnen ein Gespräch über die Existenz Gottes, in dessen Verlauf Saunderson dem Pfarrer erklärt, «Newton hätte an das

Wort Gottes geglaubt, während er – Saunderson – genötigt wäre, an das Wort Newtons zu glauben». Hinsichtlich der Entstehung der Welt seien gewissermaßen alle Menschen blind, weil niemand dabei gewesen ist, lässt Diderot den Doktor sagen. Der Verlust sinnlicher Wahrnehmungen schärfe in gewisser Weise die inneren Sinne, gleichsam die Augen des begrifflich-abstrakten Denkens. «Ich sehe nichts, erkenne jedoch in allem eine wunderbare Ordnung an». An die Stelle der sinnlichen Erfahrung tritt die wissenschaftliche Vorstellungskraft. «Könnten wir bis zur Entstehung der Dinge und Zeiten zurückgehen und wahrnehmen, wie sich die Materie bewegt und das Chaos klärt, so würden wir eine Menge von ungestalten Wesen statt einiger wohlgestalter Wesen entdecken.»47

Katzenberger sieht mit den Augen des Leibs wie Saunderson mit den inneren Augen des Naturphilosophen. Als Empiriker bestätigt der Doktor, ihn zugleich köstlich parodierend, Fichtes Grundsatz in der *Wissenschaftslehre*, «praktische Wissenschaft» sei «Tathandlung», wobei der Unterschied zwischen Tätlichkeit und Tathandlung für den Rabauken Katzenberger kaum ins Gewicht fällt. Um seine Wissbegierde zu befriedigen, schreckt er vor keiner Handgreiflichkeit zurück. Als er unterwegs von einem achtfüßigen Doppelhasen hört, der am Rücken zusammengewachsen ist, gerät er so außer sich, dass er ihn seinem Besitzer, einem Apotheker, der das seltene Stück nicht hergeben will, mit Gewalt und List entreißt.

Zwei philosophische Diskurse prallen in dieser Groteske über Mord und Totschlag im Reich der Ideen wuchtig aufeinander: der metaphysische und der naturwissenschaftliche Diskurs. Jeder Fortschritt in den Einzelwissenschaften wird noch immer vom Primat des philosophischen über das logisch-begriffliche Denken behindert. «Wir stehen vor einer großen Umwälzung in den Wissenschaften», hatte Diderot schon 1754 prophezeit. «Bei der Neigung, die die Geister jetzt, wie mir scheint, zur Moral, zur schönen Literatur, zur Naturgeschichte und zur experimentellen Physik haben, möchte ich fast versichern, daß man in Europa vor Ablauf eines Jahrhunderts nicht drei große Mathematiker zählen wird. Diese Wissenschaft wird plötzlich dort stehenbleiben, wo die Bernoulli, Euler, Maupertuis, Clairant, Fontaine, d'Alembert und

Lagrange sie verlassen haben. Sie werden die Säulen des Herkules errichtet haben. Man wird nicht darüber hinausgehen.»[48]

Das gegensätzliche Panorama sah Jean Paul 1798/99 in seiner *Konjekturalbiographie* am Horizont des 19. Jahrhunderts aufziehen: eine Ära der Naturwissenschaften, «worin Chemie und Physik und Geogonie und Philosophie und Politik verschworen den Isis-Schleier der stillen hohen Gottheit für eine Gestalt selber und die Isis hinter ihm für nichts ausgeben werden».[49] An den französischen Enzyklopädisten stört ihn von Jugend an bis zuletzt ein pragmatischer Wissenschaftsbegriff, der «den Eigennutz zum Prinzip des Handelns, d. h. die Unmoralität zum Prinzip der Moralität erhebt».[50] An Fichtes *Grundlage der gesamten Wissenschaftslehre* wiederum bemängelt er die begriffliche Unschärfe, die daraus resultiert, dass Fichte alles Wissen aus dem reinen Selbstbewusstsein unter Ausschluss der empirischen Forschung betrachtet; «er ist der gröste Scholastiker; aber die ganze Sekte hält das Licht (oder das Auge) für das Objekt ... Ich sezte noch dazu: zum blossen scharfsinnigen Philosophen kann man sich machen durch Fleis, indem dem tiefern ausser dem Auge auch die Gegenstände mitgegeben sind. Ich finde in Fichtes System eine mordende Luftleerheit.»[51]

Wo eine seelenlose Wissenschaft à la Katzenberger das empfindsame Herz ohne Trost lässt, muss die schöne Literatur aushelfen. «Das der Nemesis gehorsame Herz, das bescheidnere, frömmere Zeiten erzogen haben, wird zagen vor einer frechen, ruchlosen Titanenzeit, worin nur Handel und Scharfsinn gebieten und worin ein geistiges Faustrecht zu Gerichte sitzt.»[52] Dem phonetisch-diskursiven Anklang zuliebe muss die romanverschlingende Tochter, die ihre metaphysischen Bedürfnisse an poetischen Werken stillt, Theoda und ihr Dichter-Liebhaber Theudobach heißen. Wie Künste, Philosophie und Naturwissenschaften wieder miteinander ins Gespräch gebracht werden können über die letzten Fragen der Menschheit, ist die Frage, die sich in *D. Katzenbergers Badereise* stellt. Wohl gibt es genügend geniale Naturwissenschaftler und Entdeckungen im Gebiet der Natur. Was fehlt, ist das öffentliche Streitgespräch. «Die Wissenschaft ist etwas so Großes als die Religion», ist Katzenberger überzeugt, «– für jene sollte man ebensogut Mut und Blut daransetzen als für diese – und doch wagen die Rezensenten nicht einmal ihre Namens-Unterschrift daran. [...] ein unterstützter Irrtum kann ein Jahrhundert verfinstern. Wer sich der Wissenschaft weiht, besonders als Lehrer der Leser, muß ihr [...] sich und alles und jede Laune, sogar seinen Nachruhm opfern».[53]

Das schlagendste Argument gegen die Antiquiertheit metaphysischer Denksysteme – darin folgt Richter Diderot – bietet die Naturgeschichte selbst als Geschichte der Materie. Dutzende Biologen, Zoologen, Mediziner, Weltreisende haben durch das Sammeln unbekannter Pflanzen- und Tierarten, durch das Sezieren menschlicher Embryonen Leibniz' Behauptung widerlegt, die Schöpfung mache keine Sprünge. «Wie viele verunstaltete, mißratene Welten haben sich aufgelöst», lässt Diderot den sterbenden Saunderson sagen, «wie viele neue entstehen und vergehen vielleicht jeden Augenblick [...]! Ich darf Sie zum Beispiel fragen, wer Ihnen, wer Leibniz, Clarke und Newton gesagt hat, daß in den Anfangsstadien der Gestaltung der Tiere nicht manche ohne Kopf und andere ohne Füße waren. Ich kann Ihnen auch versichern, daß manche keinen Magen und manche keinen Darm hatten; daß diejenigen, denen Magen, Gaumen und Zähne eine gewisse Fortdauer zu versprechen schienen, wegen irgendeines Fehlers an Herz oder Lunge zugrunde gegangen sind; daß die Mißbildungen nach und nach alle ausgestorben, alle fehlerhaften Gebilde der Materie verschwunden und nur diejenigen übriggeblieben sind, deren Mechanismus keinen auffallenden Widerspruch enthielt, die also durch sich selbst fortbestehen und sich fortpflanzen konnten.»[54]

Im selben Jahr wie *D. Katzenbergers Badereise* erscheint in Paris das Buch des französischen Naturforschers Jean-Baptiste de Lamarck, *Philosophie zoologique*, in dem zum ersten Mal in systematischer Form die Grundzüge einer Evolutionsbiologie von den niedrigsten Klassen der Mikroorganismen bis zum Menschen vorgetragen werden. Nach dieser Theorie entstehen durch Urzeugung einfache Organismen, die durch Höherentwicklung ständig neue Lebensformen hervorbringen. Die Vererbung der nützlichsten Eigenschaften sorgt dabei für die Auslese und Optimierung der Anpassungsfunktionen. Schon 1802 hatte Lamarck in *Recherches sur l'organisation des corps vivants* hinter der Entstehung von organischem Leben einen chemisch-physikalischen

Stoffwechselprozess vermutet. Georges Cuvier, Mitglied der britischen Royal Society und Sekretär der physikalischen Klasse am Collège de France, war von der Urzeugungstheorie seines älteren Kollegen so empört, dass sich die beiden Forscher zeitweise Wand an Wand in ihren Hörsälen in der Pariser Universität mit konträren Theorien bekämpften. Schließlich hatte Lamarcks entwicklungsgeschichtliche Hypothese erhebliche theologische Konsequenzen für die Verteidiger des primären göttlichen Schöpfungsakts.[55]

Auch rein menschlich gesehen bleibt der tätliche Doktor ein schwieriger Zeitgenosse, der seine Rezensenten lieber verprügelt als widerlegt, vergeblich den «Zornteufel» in sich bekämpft und das Wohl seiner Mitmenschen über diätetischer Selbstsorge vergisst. Gefühle kennt er nur als «Gänsehaut und kalten Schweiß». Traurigkeit äußert sich bei ihm durch «Wolf- und Ochsenhunger und Fieberdurst». Er «gehörte eben unter die Menschen, welche so lange lieben als sie lernen – was die armen Opfer so wenig begreifen, welche nie vergessen können, daß sie einmal von dem Übermächtigen geachtet worden. Katzenbergers Herz war in dieser Rücksicht vielleicht das Herz manches Genies».[56] Insofern ist er ein Relikt der antisentimentalischen Wende seines Erfinders Friedrich Richter, die mit dem Tod seines Freundes Bernhard Herrmann im Winter 1790 und den Vorarbeiten für den ersten Roman zusammenfiel. Nicht zufällig trägt der famose Doktor Katzenberger denselben Vornamen wie der blinde Knabe Amandus in Jean Pauls *Unsichtbarer Loge*, dessen antagonistischer Wiedergänger er gewissermaßen ist. Die inneren Augen, das Organ der Phantasie, Empathie und Liebe, hat er zusammen mit der Blindheit abgelegt. Er ist «der blühende schwärmerische Jüngling nicht mehr, der sonst vor jeder schönen Gestalt oder Brust außer sich ausrief: Rumpf einer Göttin! Brustkasten für einen Gott! Und das feine Hautwarzensystem und das Malpighische Schleimnetz und die empfindsamen Nervenstränge darunter!»[57]

Tochter Theoda ist das ganze Gegenteil ihres Vaters. Sie liebt alles Schöne, Romane und Gedichte und vor allem Dichter. Die Verwechslungskomödie zwischen Nieß, Theudobach und Theoda darf man ohne weiteres als Ehespiegel Richter'scher Selbstreflexion verstehen. Vor sieben Jahren glaubte Karoline, einen Dichter geheiratet zu haben, um nun einen Hausdespoten, Pedanten und Generalissimus satirischer Streitmächte vor sich zu haben, der seine Studierstube nur noch zum Essen verlässt. «Kann er denn so viel dafür», nimmt der Autor sein nicht sehr vorteilhaftes Charakterdouble Nieß-Theudobach in Schutz, «daß seine Phantasie stärker als sein Charakter ist und Höheres von ihm abfordert und andern vormalt, als dieser ausführen kann?»[58] Und so liest sich des Herrn von Nieß nächtliches Selbstgespräch in der neunzehnten Summula wie der Monolog eines von Vorwürfen gebeutelten Ehemannes. «Geb ich ihr nicht meinen Stand und alles und mein Herz? Schlägst du nicht für fremde Freuden und Leiden stark? Und noch niemand hab' ich unglücklich machen wollen. Nicht stark genug ist mein unschuldiges Herz, aber ich hasse doch jede Schwäche und liebe jede Kraft. O wären nur meine Verhältnisse anders und hätt ich meine Seelenzwecke erreicht; ich wollte leicht trotzen und sterben.»[59] Im letzten Akt entscheidet sich Theoda nicht für den eitlen Egomanen Nieß alias Theudobach, sondern für einen Mathematiker gleichen Namens, der unvermittelt die Szene betritt.

Wissenschaftssatire, Literaturgroteske und Richter'sche Ehefarce verschlingen sich zur menschlichen Komödie um den ewigen Widerstreit zwischen Wissbegierde und transzendentalen Sehnsüchten. «Nur erst in neuern Zeiten wird uns das Doppel-Leben, das wir zugleich für den Himmel (aus Angst vor der Hölle) und für die Hölle (aus Vorliebe für den Sinnen-Himmel) leider zu führen haben, weniger sauer gemacht, indem wir durch Philosophie und Poesie das sogenannte Irdische und das Himmlische jetzo sanfter trennen und besser ineinander verflößen und vorzüglich der irdischen Lust und Sünde mehr himmlischen Anstrich von Stärke, Charakter, Lebensfülle, Poesie und dergleichen erteilen, so daß, da der Unterschied, folglich das Opfer und die Angst kleiner geworden, es fast einerlei ist, was man tut, weil man immer zweierlei zugleich tut.»[60] Der «Dioskuren-Hase» ist fortan Jean Pauls poetisches Wappentier, fühlt er sich doch selbst oft wie «eine lebendige Sozietät-Insel, ein zusammengewachsenes Hasen-tête-à-tête»,[61] und Generalmetapher für das janusköpfige Zeitalter der Aufklärung zwischen Wissenschaftsfortschritt und philosophisch-poetischem Idealismus. «Ein solcher Doppel-Hase [...] ist nun der gute Jetzo-Mensch von Bildung: immer kehrt er vier Läufe und zwei Löffel nach oben, um seinen Wandel im Himmel zu führen, indes er mit dem entgegenstehenden auf der Erde umhersetzt und satt wird.»[62]

In jedem Bändchen der *Vermischten Schiften* sollen – pars pro toto – der Haupterzählung «Werklein» beigegeben werden: literarische Marginalien und Arabesken in verschiedensten Stilen, von gelehrten über satirische und journalistische bis zu poetischen und bis zu Traumvisionen, die als eine Art chronologische Naturgeschichte des Denkens sorgfältig komponiert werden. Das erste Bändchen wird beschlossen von fünf satirischen Stücken, an erster Stelle die *Huldigungspredigt vor und unter dem Regierungsantritt der Sonne, gehalten am Neujahr 1800 vom Frühprediger Dahier.* Darin wird die Sonne – Symbol der Vernunft – sarkastisch zur Schutzgöttin der Rezensenten, zum Apollo culiciarius (Flöhe-Apollo) und Apollo Smintheus (Rattengott) umgewidmet. Das zweite Werklein ist eine Rezension von Johann Peter Hebels alemannischen Gedichten, die aus Hebels volkstümlicher Dialektdichtung gleichsam eine Form poetischer Urzeugung präpariert: «er ist naiv – er ist von alter Kunst erhellt und von neuer erwärmt – er ist meistens christlich-elegisch – zuweilen romantisch-schauerlich – er ist ohne Phrasen-Triller – er ist zu lesen, wenn nicht einmal, doch zehnmal, wie alles Einfache.»[63] An dritter Stelle folgt eine launige Posse über urdeutsche Namen und ihren «Wohlklang», an vierter die Leichenrede auf den Magen des Fürsten von Scheerau und an fünfter der Traum *Über den Tod nach dem Tode.* Das zweite Bändchen von *D. Katzenbergers Badereise* wird orchestriert mit einer diätetischen Glosse über *Die Kunst, einzuschlafen,* einer Betrachtung über *Das Glück, auf dem linken Ohre taub zu sein* (sowohl der preußische Minister von Hardenberg wie Richters Freund Emanuel waren eben dies) und mit der inneren Todeserfahrung des sterbenden Ottomar (*Die Vernichtung*). Der dritte Band schließlich klingt aus mit zwei politischen Essays, dem Porträt der Marat-Mörderin Charlotte Corday und dem des Reformators Martin Luther aus der Feder seines Zeitgenossen Marcus Musurus, des Schöpfers der ersten griechischen Drucklettern in Europa (Luthers Bibelverdeutschung erscheint aus Musurus' humanistischer Sicht als kul-

4. Der famose Doktor Katzenberger | 393

tureller Rückschritt), sowie mit lyrischen «Polymetern» in klassizistischer Manier, mit denen die Gegenwart erreicht ist.[64]

Nach achtmonatiger Arbeit schickt Richter im Mai 1808 die erste Fassung an den Jungverleger Johann Georg Zimmer, Mitinhaber der Heidelberger Verlagsbuchhandlung Mohr & Zimmer. Nachdem der Schweizer Verleger Geßner, die Dietrichsche Verlagsbuchhandlung in Göttingen und selbst sein alter Bekannter, der Drucker Grau in Bayreuth, abgelehnt haben, ist Zimmer der einzige, der den Mut hat, Jean Pauls ketzerisches Manifest einer neuen, evolutionistischen Naturgeschichte zu drucken. *D. Katzenbergers Badereise* erscheint zur Ostermesse 1809. In dem unausdenkbaren Raum zwischen Geist- und Körperwelt, zwischen dem Abgrund nach oben und dem nach unten schafft sich die Poesie ihre zweite Welt aus Bildern und Zeichen. Ihr zeitloser Glanz zieht sich wie ein unterirdischer Silberstrom durch die Jahrhunderte bis in die Gegenwart, wo sich ihre unbegreifliche Schönheit und ihr kaltglitzerndes Pathos in irgendeinem Leser oder Dichter immer von neuem verjüngt. Von dieser Art ist das «Werklein», das den ersten Band beschließt. Ein verliebter junger Mann denkt an seinem Geburtstag über den *Tod nach dem Tode* nach und träumt von einer Reise durch die zweite Welt. Körperlos steigt seine «sprechende Seele» in einen Himmel voller Sonnen mit mondmilden Menschengesichtern. In den unendlichen Räumen seines bilderproduzierenden Gehirns gehen die Mondsonnen eine nach der andern unter. «Nach jeder versiegten Sonne wurden unsere Gestalten verkleinert. Wir sind doch keine Träumer mehr wie auf der Erde, sondern schon Nachtwandler, und wir müssen bald erwachen, sagte ich; ja wenn wir aber erst kleine Kinder sind, sagten die andern. Die Körperwelt wurde immer flüssiger und rann leicht. Mit bloßen Gedanken bogen wir goldne Bäume nieder und rückten Gartenberge von tauigen Auen weg. Ein Eisberg, aus dichtem Mondlicht gegossen, stand mitten unter Rosen, ich nahm meine Gedanken und löste ihn auf und goß ihn gleißend über die befreite Rosenflur. Ich stand vor einem glatten blauen Palast ohne Tore, und mein Herz klopfte sehnsüchtig davor; siehe, wie vor dem Erdbeben Türen aufspringen und Uhren schlagen, so tat sich vor meinem Herzklopfen der Tempel auseinander; siehe, mein Erdenleben blühte darin an seinen Wänden, in Bilderchen angemalt, kleine Harmonikaglöckchen schlugen meine Jugendstunden nach; und ich weinte, und ein alter Erden-Garten war an der Wand, und ich rief: schon darin, schon in jenen grauen Zeiten drunten sehnte sich dein armes Herz wie jetzt, ach, das wird lange! –»[65]

5.

DER FRIEDENSPREDIGER

Bayreuth, Ende Mai 1808

Napoleon hat die iberische Halbinsel besetzt. In den Straßen von Madrid liegen Hunderte Tote. Der jüngste Sohn und Thronfolger König Karls IV., eines Urenkels des sächsischen Kurfürsten August des Starken, wird als Geisel in Talleyrands Schloss Valençay nahe Paris gebracht, Napoleons Bruder Joseph Bonaparte im Juni zum König von Spanien ernannt. Jean Paul hat seine Rolle als Hofnarr des Adels gegen die des Volkstribuns vertauscht. Seine *Friedenspredigt an Deutschland* liegt, freilich mit energischen Eingriffen der Zensur versehen, seit einer Woche in den Buchhandlungen neben Fichtes *Reden an die deutsche Nation*. Gestrichen wurde ihm auch die Widmung an den Fürstprimas des Rheinbunds, Karl Theodor von Dalberg. Nicht wie Fichte für den deutschen Nationalstaat der Zukunft erhebt das Bayreuther Orakel die Stimme, sondern für ein kosmopolitisches Europa unter Napoleons Gesetzbuch, in dem statt der Helmbüsche die Wissenschaften blühen, für ein Deutschland der denkenden Köpfe, das «Urgebirge der künftigen europäischen Bildungs-Gang-Gebirge». Nennt Fichte die Deutschen eine Sprachnation, so nennt Jean Paul sie einen Elefanten, «der das deutsche Wappentier sein sollte, weil er, schwerfällig in Wendung, schnell geradeausgehend, trinklustig und besonnen, gern tragend, seinen Wärter liebend und Kinder schonend, doch im Kriege Römer zermalmt und – als zahmer den freien fangen hilft». Nicht Fichtes zentralistisch geführtem absoluten Staat redet Jean Paul das Wort, sondern einer parlamentarischen Monarchie. Die alten ständischen Verfassungen, Urform des deutschen Demokratismus, gelte es zu erhalten. Es gebe nur *eine* kern- und urdeutsche Tugend, nämlich «Rechtlichkeit und Redlichkeit». «Und solange dieser Sinn in uns nicht zu ermorden ist, werden wir Knechtschaft hassen und Vaterland lieben.» Nicht über den «Glanz» der Friedenszeiten, sondern über die «Schwärze», nicht über Siege, sondern über «den Frieden mitten im Kriege» will er reden, nicht über Koalitionen, sondern über den «kleinen Krieg in der Brust».[66] Die Bürger mahnt er zur Bürgertugend. «In jeder Sünde wohnt der ganze Krieg, wie in jedem Funken eine Feuersbrunst». Die 120 Millionen Franken Kontributionen, die Napoleon Preußen auferlegt hat, will er seinen Landsleuten als eine Art Luxussteuer schmackhaft machen. «Das reißende Untier des Luxus kann kein Einzelner, sondern nur eine Menge bezwingen.» Zur Buße für «Ich-Sucht» und Hartherzigkeit schlägt er vor, «Entsagungs-Gesellschaften» zu gründen, die gegen «die oft erdrückende, aber giftlose Riesenschlange» des Konsumegoismus, aber mehr noch gegen den Augenegoismus der Eitelkeit vorgehen sollten, «die schimmernde Brillen- oder die vorlaute Klapperschlange, und beide sind die giftigsten Tiere». Die Hofleute sollen der Hurerei und Mätressenwirtschaft entsagen, die Bürger der Prahlerei mit Kapitalien.[67] Den deutschen Fürsten empfiehlt Jean Paul, sie sollten gut bedenken, ob sie nach der Zerpflückung der alten Reichsterritorien den «verwahrlosten Völkern» wieder Landesväter werden und den bunt zusammengewürfelten Untertanen ein Vaterland geben oder ob sie «einem Heere von kalten klugen Egoisten» gebieten wollten, «welche, wie man in Philadelphia bewegliche Häuser verkauft, nichts hätten als bewegliche Vaterstädte, Vaterländer und Herzen».

Mit andern Worten: Die Fürsten haben keine andere Wahl, als sich Napoleons Rheinbund als rechtlichem Nachfolger des zerschlagenen Reichsverbands anzuschließen. «Muss ein Staat erst tot sein, ehe man ihn zergliedern darf?» Die alte Reichsverfassung sei schon tot gewesen, bevor Napoleon sie mit dem Reich zerschlagen habe. «Das Alte hatten wir früher verloren als unsere Schlachten, und das Neue ist mehr Gegengift als Gift». Erst die kulturelle Vermischung der beiden Nationen, der besiegten und der sieghaften, der deutschen und der französischen, werde Deutschland den inneren Frieden bringen. «Frankreich wird von den Gesetzen beherrscht, und von Napoleon beschirmt und beschienen». Die Kraft seines Genius verbürge Gesetzlichkeit, denn große Herrscher herrschten durch Selbstbeherrschung. Deutschland müsse sich einig werden, welche Zukunft es wolle, «die Idee sei nun

Vaterlandsliebe, oder Freiheitssinn, oder Ehre, oder Religionseifer, oder die Anhänglichkeit an einen großen Mann, der selber die Freiheit oder ein ganzes Vaterland personifiziert, und der mit dem Geiste die Welt, die Geisterwelt nachzieht». Dieser große Mann stehe bereit. «Napoleon, oder wer es vermag, rette die letzten Deutschen und forme die übrigen.»[68]

Um einen Vorabdruck für ihre Eröffnungsnummer hatte sich die Heidelberger *Zeitung für Einsiedler* bemüht, die sich als romantisches Charivari, «Kunstkammer» und Gegenstück zu Cottas *Morgenblatt* versteht. In dem jungen Heidelberger Professor Joseph Görres, neben Clemens Brentano und Achim von Arnim einer der Herausgeber, hat der Friedensprediger einen leidenschaftlichen Verehrer. «Jean Paul ist überhaupt ganz eigentlich der Repräsentant der Modernen. Dieses wilde Durcheinandertreiben von regellosen Kräften; diese seltsamen Kurven [...] das alles ist das Bild der Zeit, die Heldenzeit der Literatur.»[69]

Aus allen Gegenden Deutschlands hatte man Jean Paul gedrängt, den «Lieblingsschriftsteller der Teutschen», seine Stimme für das Deutschtum und den Sieg der Koalierten ins Feld zu werfen. Eine adlige Leserin appelliert mit dem «Mutterruf an Levanas Vater», die Nation zu lehren, ihre Kinder zu einfachen, kräftigen, harten Menschen zu erziehen, soll heißen für den Krieg. Aus Hamburg schreibt ein junger Jurist, Doktor Beneke, am 30. April 1808: «Ach lieber menschenfreundlicher, religiöser Mann, Sie sollten izt ein Wort über Religion, und GottesDienst reden zu unserem Volke, ein herzliches, fruchtbares Wort; gewiß, Gottes Segen würde es herrlich gedeyhen lassen. Keins der deutschen Völker scheint mir empfänglicher dafür zu seyn als das Preußische.»[70] Aus Heidelberg erreicht Richter die Bitte des Pädagogen Friedrich Heinrich Christian Schwarz, Professor für Theologie und Mitherausgeber der *Heidelbergischen Jahrbücher*, Pate seines neunten Kindes zu werden. Charles Villers feiert Jean Paul in F. A. Brockhaus' Amsterdamer Exilzeitschrift *Le Conservateur* als Dreieinigkeit von Platon, Dante und Sterne.[71] «Man hat Sie längst für den Unerschöpflichen gehalten, und da Sie es noch sind, so ist dies ein gewisser Beweis davon», schmunzelt der alte Knebel über den orakelnden Friedensprediger, um den es bald sehr einsam wird.⁷² Die Apotheose Napoleons als des europäischen Messias bekommt ihm schlecht. Nicht einmal Christian Otto kann sich mit Richters Rheinbündlerei anfreunden. Dieser fühlt sich unverstanden. Emanuel vermittelt, wie immer. «Angenommen – aber auf OTTO durchaus nicht anwendbar –, die Menschen verstünden Sie nicht, wie Sie's von ihnen glauben – nun da wären wir ja unschuldig. Je höher die Menschen über andern sind, je weniger werden sie verstanden und Gott – wirds gar nicht von den Seinen.»⁷³ Auch Jean Pauls Hamburger Verehrer wird von Zweifeln an seinem Idol befallen, von dem er annahm, dass er «so deutsch ist, daß nur ein Deutscher Sie versteht».⁷⁴ Richter muss ihm in tiefem Ernst versichern, kein Freund Napoleons zu sein. Der martialische Pommer Ernst Moritz Arndt wirft dem Autor der *Levana* «Knochenerweichung» am deutschen Volk vor, das endlich entschlossen sei, sich dem Feind entgegenzuwerfen. Wer so konträre Ansichten auf sich zieht, kann nur für sich sprechen. Oder anders gesagt: Wer nur für sich spricht, spricht für viele.

Camille de Tournon, der neue Herr von Bayreuth, hat sich gründlich unter dem Völkchen umgesehen, mit dem er sich, ginge es nach Jean Paul, kulturell vermischen soll, und staunt. «Sobald ein Kind zu gehen anfängt, bekommt es Stiefel und verliert sie zeitlebens nicht mehr. Die Frauen aus dem Volke tragen ein ausserordentlich langes Mieder, vorn geknöpft und spitz nach rückwärts verlaufend, eine kleine Weste von Musselin und einen breiten schwarzen Filzhut; die Mehrzahl trägt Stiefel.» Unter dem Bürgertum dominiere eine Art Halbbarbar. «Die Männer finden sich mit Vorliebe in einer Art Klubs zusammen, welche man Ressource, Harmonie, Kasino benennt; dort wird gespielt, getrunken und Zeitung gelesen, während sie ihre Frauen allein zum Thee zusammenkommen lassen. Dieses Getränk wird einem in allen Zusammenkünften nach dem Mittagessen angeboten.» Besonders fremdartig erscheinen ihm die herrnhutischen Brüdergemeinen des Mistelgaus südlich von Bayreuth mit ihren mittelalterlichen Kleidern und runden schwarzen Hüten. «Die Tracht der übrigen Bewohner des Bayreuther Landes ist die schwarze Lederhose, die blaue lange Weste mit zahlreichen, dicken Knöpfen von Silber, lange Stiefeln und ein Dreispitzhut

5. Der Friedensprediger | 399

auf dem gefütterten Käppchen.»⁷⁵ Dem Stadtintendanten bleibt gerade noch Zeit, sein Manuskript mit einer Würdigung des 1806 in England verstorbenen Markgrafen Karl Alexander abzuschließen, bevor er als kaiserlicher Präfekt nach Rom abberufen wird.

Im Oktober 1808 expediert Richter die *Friedenspredigt* mit handschriftlicher Widmung, verbunden mit der verschämten Bitte um Gewährung einer «Winterpension» für einen «Winterarmen», an Karl Theodor von Dalberg. Der Sohn eines kaiserlichen Kammerherrn hatte sich als ganz junger Mann für das halbmönchische Leben eines Domizellars im Mainzer Domkapitel entschieden, einer klosterartigen Gemeinschaft von Klerikern, die seit dem Mittelalter als Verwaltungsbehörde des Erzbischofs von Mainz tätig war. Seit den 1770er Jahren stieg Dalberg vom Domherr in Worms, Konstanz, Mainz, Würzburg und Statthalter in der Diözese Erfurt in kürzester Zeit zum Koadjutor des Erzbischofs auf, ein Beraterposten mit Nachfolgerechten, für den er sich zum Priester weihen lassen musste. 1802 wurde er zum Kurfürsten und Erzbischof im rechtsrheinischen Teil von Mainz gewählt. Seit Kurmainz im Zuge der Säkularisierungen nach dem Reichsdeputationshauptschluss aufgelöst und das Erzbistum auf Regensburg übergegangen war, residierte Dalberg in der bischöflichen Residenz von Regensburg.

In Napoleons Kirchenpolitik war die Ernennung eines führenden Kirchenmanns zum Chef des Rheinbundes ein raffinierter Schachzug. An Dalberg wollte der Kaiser ein Exempel statuieren: Die französische Kaiserkatze verschlingt die deutsche Kirchenmaus. Der Fürstprimas hat sich in eine aussichtslose Lage manövriert. Nicht nur geriet er als französischer Vasall mit dem Papst in Konflikt, von dem er seit Jahren die Ernennung zum *primas germaniae* erhoffte, sondern auch mit den andern deutschen Fürsten, die ihm Nepotismus vorwerfen. Dalbergs Stellvertreter war ein Onkel von Napoleon, sein designierter Nachfolger hieß Eugène de Beauharnais, ein Stiefsohn des Kaisers. Schon 1810 wird Napoleon ihm das Fürstbistum Regensburg wieder wegnehmen und ihn mit dem Großherzogtum Frankfurt entschädigen – mit dem Effekt, dass die in Dalbergs Person verkörperte Einheit von Staat und Kirche zerschlagen ist und die geistliche Führerschaft des Metropoliten wie ein abgeschlagener Kopf seines Staatskörpers beraubt ist.

6.
WEIMAR IN EUROPA

Weimar/Bayreuth, Oktober 1808

Für zwei Wochen übernimmt Weimar im Herbst 1808 die Paraderolle einer Kulturhauptstadt Europas. Zum zweiten Jahrestag des großen Gemetzels bei Jena und Auerstedt hat Kaiser Napoleon I. im Rahmen des für Anfang Oktober geplanten Fürstenkongresses in Erfurt seinen Besuch in Begleitung des russischen Zaren Alexander angekündigt. Goethe ist die Organisation der Empfangszeremonien übertragen worden. Neben der vom Weimarer Herzog gewünschten Hasenjagd ist am Vorabend der offiziellen Feierlichkeiten ein Gastspiel des Pariser Théâtre Français am Erfurter Theater geplant, bei dem der legendäre Schauspieler François-Joseph Talma in Racines *Andromache* zu sehen sein wird. Auf dem Landgrafenberg hoch über Jena wird zu Ehren des Siegers die Kopie eines dorischen Tempels gezimmert, dessen Portikus die Inschrift trägt:

Praesentes divos nunc prisca thuringia iunxit
En novus attonitos iunget amor populos.[76]
(Die Götter der Welt hat jetzt das alte Thüringen verbunden
und neu verbindet Liebe die erstaunten Völker.)

Goethes Napoleon-Bewunderung kann sich neben der Jean Pauls durchaus sehen lassen. Die «Vereinigung deutscher und französischer Vorstellungsarten» ist einer seiner Lieblingsgedanken. Unter den mittel- und süddeutschen Fürsten sind Herzog August von Gotha und Carl August von Sachsen-Weimar die ersten gewesen, die sich Napoleons Rheinbund anschlossen. Seit Monaten hält sich das Gerücht, Napoleon wolle Jena «zur Zentraluniversität des Rheinischen Bundes» machen.[77] Und so sorgt Goethe persönlich dafür, dass eine Vorlesungsreihe des Jenaer Juristen Anton Ludwig Seidensticker über den «Code Napoleon» als «allgemeines Gesetzbuch des europäischen Staatenbundes», das «eine der größten legislativen Umwälzungen vorbereitet, deren Folgen für Sitten, Handel, Sprachen etc. noch gar nicht zu berechnen» sei, über Cottas *Augsburger Allgemeine Zeitung* in ganz Deutschland bekannt wird. Es geht um unsere politische Existenz, erklärt er seinem Verleger Cotta und versorgt das *Morgenblatt* in den folgenden Monaten exklusiv mit Berichten vom deutschen Parnass. Für den Winter 1808 trägt er sich mit dem Plan eines Kulturkongresses in Weimar.[78]

Undenkbar, dass ein Jean Paul bei einem solchen Gipfeltreffen nicht seine Stimme in die Waagschale geworfen hätte. Anfang August 1808 wird der Beginn des lange geplanten Romans über den ABC-Macher Fibel wiederum verschoben und ein neues Buch ausgetüftelt, die *Dämmerungen für Deutschland*, für das Richter lange nach einem ordnenden Punkt und Titel sucht – von «Morgendämmerungen» bis zu Tierkreisen, «Adresskalender für Deutschland – Neujahrswünsche nicht von, sondern für Fürsten/Städte», «Traumbuch» und «Alphabetisches Register oder Lexikon» gehen seine Überlegungen. Unter dem Titel «Weimar Dez. 1808» wird ein Notizheft für «Plane» zu einem «Politischen Taschenbuch» bereitgelegt. Mit der ersten Idee ist sogleich die zweite da: die *Dämmerungen* dem Erbprinzen Carl Friedrich von Sachsen-Weimar und dessen Gattin Maria Pawlowna zu widmen, der Schwester des russischen Zaren.

Mitte September ist es offiziell. Napoleon wird am 27. September in der kaiserlichen Staatsdomäne Erfurt eintreffen, um mit Zar Alexander über die europäische Zukunft zu beraten, effektvoll umrahmt von der Statisterie seiner Rheinbundvasallen. Jena, Erfurt, Weimar werden mit huldigenden Spruchbändern und französischen Fahnen geschmückt. Am 2. Oktober ist Geheimrat Johann Wolfgang von Goethe zum kaiserlichen Lever im Statthalterpalais am Hirschgraben geladen. In Dalbergs einstigem Regierungssitz summt es treppauf, treppab von Lakaien, Ministern, Fürsten, Gesandten, Kammerherren wie in einem Bienenhaus. «Der Kaiser sitzt an einem großen runden Tische frühstückend; zu seiner Rechten steht etwas entfernt vom Tische Talleyrand, zu seiner Linken ziemlich nah Daru [der französische Generalintendant und Gesandte in Preußen und Österreich], mit dem er sich über die Kontributionsangelegenheiten unterhält.»[79]

Neben Deutschlands berühmtestem Dichter sind ein gutes Dutzend andere zur Audienz geladen, Generäle und hohe Regierungsbeamte, die vor der Stirnwand des prunkvollen Statthaltersaals geduldig warten, bis sich der Kaiser ihnen zuwendet. Die Audienz dauert eine Stunde, die Goethe überwiegend mit Herumstehen verbringt, während er geduldig die Herrscherporträts aus dem 18. Jahrhundert an den Wänden betrachtet. Dann ist die Reihe an ihm. Er habe den *Werther* gelesen, spricht der Imperator, eine Stelle sei ihm besonders aufgefallen, da sie nicht «naturgemäß» sei. Sie reden über die französischen Klassiker, die Napoleon wie jeder gebildete Franzose gut kennt. Schicksalstragödien passten nicht mehr in die Zeit, die Politik sei jetzt das Schicksal. Der Kaiser wirkt auf den Dichter lebhaft, höflich, verbindlich, ohne die üblichen Zeichen imperatorischer Herablassung. Nach einigen Minuten wendet er sich unvermittelt dem Nächsten zu. Goethe steht wieder herum, ist unschlüssig, ob die Audienz damit für ihn vorbei sei und blickt unsicher im Saal umher. «Und so nahm ich Gelegenheit, bei dem Kammerherrn durch eine Gebärde anzufragen, ob ich mich beurlauben könne, die er bejahend erwiderte, und ich dann ohne weiteres meinen Abschied nahm.»[80]

Am 8. März 1809 sind Jean Pauls *Dämmerungen für Deutschland*[81] beendet, sein ganz persönlicher, tragbarer Kulturkongress. Karoline schreibt das Manuskript eilig ins Reine, und an seinem 46. Geburtstag geht es auf die Post nach Tübingen. Perthes, dem er es angeboten hatte, sagte ab. So macht es abermals Cotta, «der papierne Bonaparte», wie er in der Bücherbranche genannt wird.[82] Der Band enthält nach der Art eines Taschenbuchs oder Kalenders neun längere Essays und acht «Zwielichter», aphoristische Reflexionen über die politische Lage des Jahres 1809. Wie Goldstaub liegt Ironie über diesem Meisterstück politischer Publizistik, das die Eleganz des geschichtsphilosophischen Essays mit der Wendigkeit poetischer Improvisation anmutig vereint. Unbeirrt vom Strom der öffentlichen Meinung werden Germanismen und Gallizismen des herrschenden Zeitgeists munter vermischt. Eröffnet wird das Buch mit der Abhandlung *Über den Gott in der Geschichte und im Leben,* einer Hommage an den Historiker Johannes von Müller, der seit Anfang 1808 als Generaldirektor für das Bildungswesen im napoleonischen Modellstaat Westfalen zuständig ist. Den Schluss macht eine Betrachtung *Über die jetzige Sonnenwende der Religion.* Die *Kriegserklärung gegen den Krieg* gibt den publizistischen Einpeitschern die Mitschuld an den Kriegen, die bis 1815 mehr als eine Million Europäer das Leben kosten werden. Jean Paul, der Fatalist, hält es für unmöglich, aus der bisherigen Geschichte ein sinnhaft ordnendes oder gar göttliches Prinzip ableiten zu wollen. «Alles lehrt uns, daß wir, was geschehen wird, nicht wissen können. Darum trau' ich mehr der Wahrheit, die ich kalt empfinde, als ich meiner Vorsicht traue, die mich täglich irreführt, und als dem Dünkel meiner Weisheit. Nimia praecautio dolus.» (Zu große Vorsicht ist Hinterlist.)[83]

Als Geschichtsphilosoph ist Jean Paul ein hoffnungsvoller Pessimist. Statt schicksalhafter Nemesis sieht er überall das Prinzip des Zufalls wirken. «Auch was nur einmal da ist und nie wiederkommt, alexandrinische Bibliotheken, Schiffe und Städte voll Kunstgebilde, sanken unter: samt unersetzlicher Gedanken unsterblicher Griechen. Fast spöttisch band das Schicksal die Freiheit eines Staats an den Spinnfaden des Zufalls [...] Der besondere Saatwurf eines großen Individuums – entsprösse auch daraus ein seliges Jahrtausend – gilt vor dem Verhängnis so viel wie der Saatwurf eines Völker vergiftenden Samens; zufällig wird der eine, zufällig der andere beregnet, nicht einmal der Giftsame ausschließlich.»[84]

Das einzige Gesetz der Geschichte, das Jean Paul – im Gegensatz zu Herder oder Fichte – anerkennt, ist der fatale Wechsel «zwischen Glücken und Mißglücken jedes sittlichen oder unsittlichen Zwecks».[85] An Fichtes Theorie des notwendigen Übergangs vom «Notstaat der Aufklärung» zu einem utopischen Zeitalter der wissenschaftlichen Vernunft glaubt er so wenig wie an Herders Idee einer fortschreitenden Verbesserung des Menschengeschlechts. Völker- und Staatengeschichte empfiehlt er begrifflich sauber zu trennen. «Wie könnt ihr in den runden Totentanz des umkehrenden Untersinkens menschlicher Schöpfungen, d. h. der Staaten, die göttlichen hineinziehen, die Völker selber, in welchen nichts anders umkehrt als eben anders, welche auf unverwelklichem Stamme frische lebensgrüne Zweige den abgehauenen nachtreiben?»[86] Den «8266 deutschen Schriftstellern» legt er sarkastisch nahe, als unbezahltes Gesandtschaftspersonal in den Fürstendienst zu treten, als «eine geheiligte Gesellschaft von Männern, welche mit grenzenloser Zensur-Freiheit dem Fürsten alle wichtige gedruckte Aufsätze in Betreff des eigenen Landes und der eingreifenden Nachbarländer gewissenhaft anzeichnen und vorlegen müßten».[87] Die Dichter müßten den Regierenden nur einen Spiegel vorhalten, um besser regiert zu werden. «Wenn die Weltgeschichte der Steckbrief der Vergangenheit und die Sicherheitskarte der Zukunft ist und die Schriftstellerschaft das Observationscorps der Länder; wenn also jedes gute Buch ad usum Delphini und für eine Fürsten-Dauphiné geschrieben ist: so dächt' ich, läse man etwas.»[88]

Wie Richter als Student in Leipzig gedacht hat, so denkt er noch jetzt, fast drei Jahrzehnte später. Nicht Staaten und Regierungen, Menschen müssen verändert werden. Nur der «Geistes-Übermächtige» könne durch sein «sittliches Über-Vermögen» die Welt ändern. «Kopf und Herz zu *einer* Macht verknüpft; vollends ein Heiligenschein um einen großen Kopf greift mit Himmel und Erde, mit Gewitter und Erdbeben zugleich die Länder an und läßt hinter sich Throne und Tempel – gleich Muhammed.» Jesus von Nazareth, als historische Person gesehen, sei das beste Beispiel dafür, dass ein Einzelner den Gang der Geschichte verändern könne. «*War* er, so *ist* eine Vorsehung.»[89] Ist aber das Maß aller Geschichte die voll ausgebildete Individualität, das sittliche Handeln jedes Einzelnen, dann gilt das genauso für den großen wie für den kleinen Mann. «Wiegt ein verwitternder grober Sonnen-Klumpe ein geflügeltes Ich auf? Es zählt ja das arme lebendige Räupchen neben dir mit seinen Ahnen bis zu Adam weit hinauf, und seine Voreltern wurden, ungeachtet aller Sündfluten und Vögel und Jahreszeiten, dennoch seine Voreltern, und das diesjährige Laub grünte für das Räupchen! – Und wo gäb' es denn im All etwas echt Kleines. Das All geht ebensogut auf Würmchen-Füßen als das Epos auf Verse-Füßen, und beide gehören dem Heldengedicht; aber dann muß der Dichter mitten im Feuer auch die kleinsten Füße lenken.»[90]

Jean Pauls politisch-philosophischer Speisezettel für die Hochzeitstafel von Frankreich und Deutschland, garniert mit scharfgewürzten satirischen Hors d'œuvres, kommt freilich zu spät. Der Kulturkongress bleibt Idee, das Gipfeltreffen folgenlos. Der Triumphtempel auf dem Jenaer Landgrafenberg übersteht die ersten Herbststürme nicht und wird abgerissen. Goethes Hoffnungen auf eine deutsch-französische Liebesheirat schwinden schon im Dezember 1808, als er ernüchtert bilanziert: «Ich wollte nur, ich könnte durch ein ungeheures Wunder aus diesem französischen Tragödienspiel das Falsche durch einen Blitzstrahl herausbrennen, so hätte die Welt noch immer Ursache zu erstaunen über das Rechte, was übrig bliebe.»[91] Vier Jahre später verliert er bei der Brandschatzung Weimars durch französische Bataillone beinahe Leib, Gut und Leben.

Am Wiener Kaiserhof hat unterdessen die Kriegspartei unter dem Grafen Stadion ein neues Bündnis mit Einschluss Preußens und Russlands gegen den französischen Usurpator zu schmieden versucht. Doch Preußen hält sich weiter neutral und der russische Zar ist unentschieden. Am 9. April 1809 erklärt Kaiser Franz I. auf eigene Rechnung Frankreich und den Rheinbundstaaten den Krieg. In dem Glauben, Napoleons Militärmacht sei auf der iberischen Halbinsel auf längere Sicht gebunden, greift er an drei Fronten zugleich an: im Großherzogtum Warschau, in Rheinbundbayern und in Oberitalien, während Zar Alexander keine Anstalten macht, das in Erfurt gegebene Versprechen einer französisch-russischen Waffenbrüderschaft einzulösen. Der fünfte Koalitionskrieg ist da.

Für Jean Paul Friedrich Richter stehen die Zeichen der Zeit erstaunlich günstig. Der Fürstprimas Karl Theodor von Dalberg hat ihm eine lebenslange Pension über 1000 Taler jährlich ausgesetzt. Dass der zweite Pensionsempfänger Zacharias Werner heißt, ein eigenbrötlerischer Dramatiker, der sich in Weimar an Goethes Frackschöße geheftet hat und bald darauf Mönch wird, ist ein sicheres Zeichen, dass Dalberg in Jean Paul nicht den Kritiker der Herrschenden, den literarischen Frondeur ehrt, sondern den besonnenen Friedensprediger. Der Frankfurter Gelehrtenverein «Museum» ernennt Richter zur gleichen Zeit zu seinem Mitglied; seine Pflichten beschränken sich auf die Lieferung kleinerer Aufsätze, sofern sie nicht theologische oder politische Gegenstände berühren.

Karoline Herder gehört zu den ersten, die zur Pension gratulieren; gleichzeitig dankt sie für übersandte Schriften. «Zeichner, Schöpfer der Menschen u. der Gottes Welt! Blumist, der aus dem alten Blumensamen tausendfach neue Blumen erschafft im glücklichsten Augenblick – o Gott, wie thut mir dieser tausendseitig brillantirte Humor von Lachen u. Thränen dahinter, unaussprechlich wohl. In dem HeißHunger in dem ich alles verschlungen habe, will ich nur andeuten u. danken – 1.) Für das goldselige Bild, oder Paar, der Theoda u. des Theudobach! ‹ach Schicksal dichte doch selber öfters so! für Herzen die Dir so ganz gehören!› – Mit einer heißen Thräne schreibe ich dies. – Doch weg von dem Ernst. Dank für den lustigen barocken Katzenbergerschen Lebens- Welt- u. Menschen Rahmen in den Sie diese glücklichen Kinder der Natur eingefaßt haben. Dank, für die einzige Sonnenpredigt [...] u. für das Gebet! Dank, für des Teufels Beichte!! Und für alles andere auch.»[92]

Schon Anfang Mai sind die österreichischen Stellungen in Oberitalien zerschlagen. Die Österreicher ziehen sich über die Pässe zurück. Nach einer mörderischen Serie gewonnener Schlachten um Regensburg zeigt sich Napoleon am 13. Mai 1809, gekrönt vom Strahlenkranz seiner Siege, in Österreichs Hauptstadt Wien, annektiert kurz darauf den Kirchenstaat und erklärt den Papst zu seinem Gefangenen. Am 7. Mai wird in der Bayreuther Hospitalkirche eine feierliche Messe auf Napoleons Sieg bei Regensburg gesungen. Die Österreicher haben alle Donaubrücken gesprengt und sind unter Führung von Erzherzog Karl, einem Bruder des Kaisers, auf dem Vormarsch nach Sachsen und Franken, verstärkt von holländischen Truppen. Links und rechts der Donau stehen sich zwei schwerbewaffnete Armeen gegenüber.

Das Orakel des Friedenspredigers, der erpresserische Frieden (von Schönbrunn) werde sich nur allzu bald in «eine weitläuftig und langsam geschriebene Kriegserklärung» verwandeln, hat sich erfüllt. Die allgemeine Mobilmachung verwandelt in den folgenden fünf Jahren «alle Schulen zu Kriegs- und Fechtschulen», bis «Pflug und Feder und das Geräte aller Musen nur das Trieb- und Federwerk einer langsamen Kriegsmaschine werden» und die Landesväter den «ewigen Krieg» ausrufen.[93] Anfang Juni rücken 4300 Österreicher unter General Radivojevic in Bayreuth ein. Im *Morgenblatt* erscheint Jean Pauls Versuch *Über den Gott in der Geschichte und im Leben* als Vorabdruck aus den *Dämmerungen*. Der Verfasser ist am «Wechselfieber» erkrankt, wie er treffend kalauert, und hat sich in seiner Wohnung verbarrikadiert. Emanuel ist mit seiner Familie auf sein Gut in Döhlau geflüchtet. Am 12. Juni wird die Stadt für besetzt erklärt, der französische Stadtkommandant Camille de Tournon verhaftet und nach Ungarn deportiert. Kammerpräsident Dörnberg wird zur Kapitulation aufgefordert. Doch er weigert sich; die anderen Ratsherren schließen sich ihm an. Die Kammer wird aufgelöst. Der österreichische Generalstab richtet sein Hauptquartier in dem nahen Dorf Bindloch ein. Auf Anordnung von Radivojevic erscheint am 13. Juni die erste Nummer der *Bayreuthischen Kriegsblätter*.

Inzwischen hat sich Napoleons Vertrauter Andoche Junot, Herzog von Abrantès, bis nach Gefrees nordöstlich von Bayreuth durchgeschlagen. In der Nacht zum 9. Juli zieht ein Orkan mit schwerem Getöse über die Dächer, und der Herzog von Braunschweig mit 2000 Mann seiner berüchtigten Schwarzen Legion in Bayreuth ein, um den Österreichern zu Hilfe zu kommen. Die Straßenkämpfe halten mit unverminderter Stärke bis zum 12./13. Juli an. Die Österreicher gehen von Haus zu Haus und requirieren Schuhe und Stiefel. Die Bayreuther verschließen ihre Häuser aus Furcht vor Plünderungen. Bei Gefrees und Hof schlägt der braunschweigische General Kienmayer die Franzosen am 8. und 11. Juli Richtung Erfurt in die Flucht; doch es nützt nicht mehr viel. Der Krieg ist anderswo längst verloren. In der Schlacht bei Wagram am 5. und 6. Juli 1809 hat Napoleon die österreichischen Heere vernichtend geschlagen.

Auf Schloss Eremitage haust «mit sardanapalischer Schwelgerey» (Weltrich) nun der Herzog von Abrantès. Am 14. Oktober 1809 wird der Frieden zwischen Österreich und Frankreich unterzeichnet, der Symbolkraft wegen wiederum in Schönbrunn. Kurz darauf werden Jean

Pauls *Dämmerungen für Deutschland* ausgeliefert. Wie geplant schickt Richter das erste Exemplar, versehen mit einer handschriftlichen Widmung, am 17. November an das Erbprinzenpaar nach Weimar. «In den Dämmerungen regiert das Herz», behauptet der Verfasser, der «Heilsames» reden wolle.[94] Leider hat ihm Napoleon einen Strich durch die Rechnung gemacht. Und so verfasst Friedrich Richter, während den Bayreuthern noch die Kugeln um die Ohren pfeifen, im Juli eilends die köstliche Antikriegssatire *Mein Aufenthalt in der Nepomuks-Kirche*, in der dem Leser die Pointen nur so um die Ohren fliegen. Dass politische Satiren «warm wie Eselsmilch» genossen werden müssen, versteht sich von selbst; «denn was hilft das Aufleben eines Verlagsartikels nach dem Ableben des Verlegers, wenn der selber ein Ladenhüter des Sargs geworden».[95] Umso mehr, wenn das satirische Zielobjekt ein Verleger ist. Ausgelöst wird die Groteske durch den Umstand, dass «das Reichs-Städtchen Diebsfehra» mit dem Reichsdorf Ziebingen eine gemeinsame Gänseweide hat. Als am 4. Mai ein Hagelregen vierzig Gänse mitsamt ihrem Diebsfehraner Hirten erschlägt, treibt der Ziebinger Hirte die überlebenden Gänse auf die Ziebinger Festung. Die Diebsfehraner sehen darin einen niederträchtigen Diebstahl und reichen Klage ein, die von den Ziebingern umgehend dementiert wird. «Angebogen war noch ein physikalischer Beweis vom Stadt- und Landphysikus, daß nie eine Hagelwolke die ganze Erde treffe, sondern stets nur einen Streif, neben welchem folglich nicht einen Gänsefuß breit davon der ungetroffene liegen müsse; woraus erhelle, warum die in Frage gestellte Wolke sich bloß an den feindlichen Gänsen verschossen.»[96] Daraufhin schreiten die Diebsfehraner entschlossen zur Belagerung der Festung Ziebingen, deren Kommandant «Ich sterbe ewig und mein Leben» sich aber nicht recht entschließen kann, die Kriegserklärung anzunehmen.

Eingeschlossen in der belagerten Stadt sind auch der Schriftsteller Jean Paul und sein Verleger, der Buchhändler Peter Stöcklein, der dem patriotischen Hamburger Verleger Friedrich Perthes auffallend ähnelt. Dieser «Vielwisser, indem er Sortiments- und Verlagsbuchhändler zugleich» ist, verlegt ein «Belagerungsmagazin», «so wie jetzo Kleider-, Sarg- oder andere Magazine und bei Buchhändlern fast alle übrigen

Magazine zu haben sind», und wünscht auch von Jean Paul einen «Verlagsartikel». «Da ich aber keinen in der Tasche noch im Kopfe hatte: so schüttelte ich diesen; darauf sagt' ich, um zu mildern, scherzhaft: ließe ich im Diskurse etwas von Gewicht fallen, so mög' ers aufnehmen und den Käufern auftischen. Aber später sah ich, daß er wirklich mit der rechten in der Tasche arbeitete, um Einfälle aufzuschreiben, womit er seine Belagerung würzen wollte.»[97]

Der dem Autor jedes Bonmot ablauernde Buchhändler und Jean Paul flüchten in die Ziebinger Kirche, zusammen mit einem Elefanten (das deutsche Volk darstellend) und einer Gruppe Juden. Nachdem Jean Paul vom Kirchturm herunter eine Friedenspredigt gehalten hat, ist der Krieg zur allgemeinen Überraschung am nächsten Morgen aus. Beide Heere hocken mit angstschlotternden Gliedern und heruntergelassenen Hosen einander gegenüber, was einen schnellen Waffenstillstand unumgänglich macht. Buchhändler und Autor sehen am folgenden Tag dem Friedensfest zu, einträchtig auf einem Zuckerfass stehend – als der Deckel einbricht, so dass beiden im dunklen Diogenes-Fass der freie Blick auf den Fortgang der Geschichte versperrt ist. «Wenn schon einem Philosophen im Fasse, das, wie ein griechischer Tempel, nur oben dem Himmel offen ist, die Erde und ihr Ziebinger Getobe lächerlich vorkommt», freut sich Jean Paul, «wieviel mehr zweien auf einmal, die miteinander eine geschloßne, ja eingeschloßne Gesellschaft bilden!» Der Buchhändler flucht, der Autor lächelt. «Krieg um Gänse, von Gänsen geführt! O wie gleichgültig ist mirs, daß ich keinen einzigen Punkt der Kapitulation erfahren kann!»[98] Für Bayreuth geht die Sache ähnlich glimpflich ab. Die Österreicher ziehen ab, die Franzosen wieder ein.

Als Jean Pauls Gänsekrieg in Joachim Göschens *Kriegskalender für gebildete Leser aller Stände* für 1810 erscheint, macht er so viel Furore, dass Göschen für das nächste Jahr noch ein Stück bestellt. Ging das erste ganz auf Kosten Preußens und seiner zögerlichen Kriegspolitik, so wird in der *Doppelheerschau in Großlausau und in Kauzen*, geschrieben im Frühling 1810, den kriegführenden Fürsten, ihren Kriegsschreibern und -treibern der Narrenspiegel vorgehalten. Fürst Maria Puer von Großlausau ist «ein glanzliebender Herr», der mehr um die modische Bekleidung seines Schneiderheers besorgt ist als um Kanonen und

«Krieg um Gänse, von Gänsen geführt!» (Jean Paul, Mein Aufenthalt in der Nepomuks-Kirche), Karikatur, um 1815

Fourage. «Ein ganz anderer Fall wars mit dem Grenzfürsten von Kauzen, Tiberius dem Neunundneunzigsten (Tiberius LXXXXIX.), ein Herr von so wahrhaft kriegerischem Geiste, ein Feind aller marianischen Paradebetten und Paradepferde, aber ein Freund aller Paradeplätze.» Dieser führt «Narren und Affen» als Reserve in den Feldzug gegen seinen Großlausauer Erzfeind und hat «den Selbst-Vermittler Adam Müller auf seiner Seite». «Beide Länder oder Handwerker wünschten einander nun nichts als wechselseitigen Totschlag; alte und neue Kleider stifteten da hitzigere Sekten als sonst Altes und Neues Testament, oder jetzo ästhetische Antike und Moderne; Flicken des Trödels wurde für Schneidern genommen, ein kaum getragenes Kleid für ein neues und umgekehrt.»[99]

Mit Tiberius ist Jean Paul die treffliche Karikatur des österreichischen Kaisers Franz I., mit Maria Puer unter dem «großen französischen Kriegshut» die des Kurfürsten Friedrich August I. von Sachsen gelungen, der 1806 die Königskrone von Napoleons Gnaden empfing und so unvermittelt zum Kriegsgegner der ehemaligen Verbündeten Österreich und Preußen wurde. Ebenso schmerzhaft trifft die satirische Pfeilspitze die kriegerische Schreiberzunft. Denn anders als in der Realgeschichte werden nun statt der Länder die Fürsten ausgetauscht, was Kraus, dem Redakteur des *Patriotischen Archivs für Großlausau*, «einem bösen Possenreißer und Mokierspieler»,¹⁰⁰ nicht viel ausmacht. Statt für den Schneiderfürsten Maria spitzt er die Feder eben für den Trödlerfürsten Tiberius. Genauso wie Kraus macht es im andern Reich Maus, der Redakteur des *Kriegsboten von und für Kauzen*. «Kurz der Krieg war nun vom Festland aufs Papier gespielt, und beide Schreiber verwandelten sich zuletzt ernstlich in die Parteigänger, welche sie anfangs nur aus Schein auf fürstliches Drohen hatten spielen wollen.»¹⁰¹ Maus und Kraus – oder Müller und Gentz, wie sie im wahren Leben heißen – sind typische Satrapen im Tintenkrieg um Europas Zukunft. Man könnte genauso gut andere Namen nennen: Friedrich Schlegel oder Karl August Varnhagen. Der Dresdener Publizist und Staatsrechtler Adam Müller wechselte die Ämter wie die Kleider und vertrat in seinen Dresdener Vorlesungen die Ansicht, Intellektuelle müssten als «Staatsgelehrte» zuallererst dem Wohl des Staates dienen – welchem auch immer. Er trat 1810 aus katholisch-sächsischen in preußische «Dienste» und wurde später österreichischer Landeskommissar in Tirol. Sein Vorbild Friedrich Gentz, publizistisches Sprachrohr der österreichischen Kriegspartei und Intimus des Premierministers Clemens von Metternich, war von preußischen in sächsische und 1809 als Diplomat in österreichische Dienste konvertiert. Derlei politische Opportunisten unter der Maske staatsrechtlicher Vernunft oder – wie in Schlegels Fall – sittlicher Volksaufklärung trifft das volle Maß jeanpaulischer Ironie. «Ich will einen Augenblick über Zeitungsschreiber nachsinnen und dann erwägen, ob ihre nicht gemeine Fertigkeit, durch einen Sieg des Feindes plötzlich, wie oft der Magnet durch einen Blitzstrahl, die Pole umzutauschen – der abstieß, zieht jetzo an –, mehr zu wünschen, oder mehr zu verwünschen sei [...] Auf der andern Seite ist leider nicht zu bergen, daß ein solcher Schreiber mir ähnlich ist, als ich noch Philosoph war, oder andern, die es noch sind.»¹⁰²

Die Groteske über den Kleiderkrieg erscheint 1811 im dritten Band von Göschens *Kriegskalender für gebildete Leser aller Stände* und fällt dort zwischen gloriosen Berichten über die Belagerung Wiens, *Denkwürdigkeiten aus dem Kriege Frankreichs und Oestreichs im J. 1809* und idealisierten Kupferstichen der Kaiserin Marie Louise, Napoleons zweiter Gemahlin und Tochter Franz' I. von Österreich, des Zaren Alexander und des Kronprinzen von Schweden ganz wundersam aus dem Rahmen.

Als Rheinbündler und Bonapartist schreibt sich Richter mit den *Dämmerungen* vollends in die politische Isolation. «Ich bin der Dichter der Einsamkeit», notiert er in eins seiner Merkhefte. «Meine Plane erfand ich, vollführt ich ohne zu fragen und zu klagen; sogar in Berlin und Weimar.»[103] Noch sein Herausgeber Eduard Berend unterlag der Versuchung einer nationalen Umdeutung des Kosmopoliten Jean Paul. Ernst Moritz Arndt nennt ihn 1810 einen «gefährlichen Menschen» und brandmarkt ihn als einen jener «verbrecherischen Verweichlicher, dieser Nervenausschneider menschlicher Kraft, dieser Anatomen des innersten Heiligtums des Herzens, dieser dumpfen Totengräberseelen», die die deutsche Volksseele vergifteten.[104]

Jean Pauls Liebesaffären mit dem thüringischen Adel aber enden zu dieser Zeit mit einem Eklat. Nichtsahnend hat sich Richter im Sommer 1810 als Fürbitter eines Neffen von Charles de Villers an Herzog August von Sachsen-Gotha gewandt, seinen alten Freund. «Ich will Ihnen sagen», lautet die Antwort des Herzogs, «daß Ihr feiles Buhlen um die Gunst der das Alte und Unmodige vergessenden Welt mich ausserordentlich interessirt hat, und daß es mir damit geht, wie der übrigen Welt, die Ihnen wohlwollend zusieht, wie Sie mit alten Lorbeern um die grauen Locken wie eine Hetäre aus den Schmunzelfenstern de la petite maison und des petits maisons von zwanzig Journalen auf einmal herausblicken, und Ihre Weihrauch- und Nachtgefäße ohne Unterschied auf uns Deutsche herabsenken und schwenken.» Er glaubte sich geliebt von dem Dichter und sieht sich getäuscht von dem Friedensprediger. Jean Paul, der «deutsche Distelstrauch», treibe Wucherhandel mit Gefühlen; «ich liebe nicht Dreyeinigkeiten», tobt der in seiner Selbstliebe gekränkte Fürst in Anspielung auf Villers Lobhymne im *Conservateur*, «geschweige Viereinigkeiten, nur Zweyeinigkeiten, doch Ihre letzten Uneinigkeiten mit sich selbst in der LEVANA und mit sich selbst in Glaube, Hoffnung, Liebe, die beßer geschrieben sind, als

Sie je schrieben und nicht schrieben, hat mich so ergrimmt und über Sie durchrackert, daß ich sollte so witzig und so lieblos werden, wie Sie, um nicht gar mit Ihnen zu brechen.»[105] Der Herzog hat spät begriffen, dass er sich den Wolf im Schafspelz ins fürstliche Haus geholt hatte, als er ihn einlud, in Gotha «zu verpissen, was er in Liebenstein getrunken».[106]

Doch es gibt auch andere Stimmen, wie die des Hamburger Theaterschriftstellers, Kritikers und Schauspielers Karl Wilhelm Reinhold. «Ist je ein Schriftsteller von seinen Zeitgenossen falsch beurtheilt, mißverstanden (oder vielmehr gar nicht verstanden) und unwürdig, ich will nicht sagen, unbarmherzig behandelt worden, – ward je ein Mann als Mensch und Schriftsteller vielleicht um Jahrhunderte zu früh geboren, so ist es unstreitig Jean Paul!»[107]

Keiner hat aber auch so viel dafür getan, darf man wohl sagen. Als Richter sich bei einem Besuch bei Reinholds Freund, dem sechsundzwanzigjährigen Bamberger Weinhändler und Kunstmäzen Carl Friedrich Kunz, in einem Buch mit «Galgenreden, Monumenten, Grabschriften, Stand- und Leichenreden auf noch lebende arme Sünder» als steinernes Monument dargestellt findet, über das eine Hexe auf dem Besenstiel reitet, errötet er nach Kunz' Überlieferung wie ein ertappter Sünder: «Nun wahrhaftig, seinem Schicksale kann doch niemand entgehen.»[108]

7.
FRAU ROLLWENZEL UND
HERR FIBEL

Bayreuth, November 1809

Die Titanen sind gestürzt. Die Idyllen verwittern. Kühe lagern zu Füßen Apolls und seiner neun Musen am bayreuthischen Parnass, wie Markgraf Georg Wilhelm das künstliche Felsentor genannt hatte, das er 1718 an der Straße zu seinem Sommerschlösschen Eremitage anlegen ließ. Die klassizistischen Vasen sind abgeräumt, Rabatten und Hecken verschwunden. Schafherden grasen, wo einst Grafen und Fürstinnen in Schäferkostümen Bauerntänze aufführten und Klotilde und Viktor sich im Schatten romantischer Laubengänge küssten. An den Abhängen zum Roten Main ziehen Schnitter ihre Sensen durch hohes Gras. Der letzte Zeuge höfischer Illusionskunst, das Ruinentheater der Markgräfin Wilhelmine, ist selbst zur Ruine zerfallen. Die Eremitenhäuschen dienen den Hirten als Wetterschutz.

Fünf Jahre Krieg, die Furcht um Leib und Leben, die Sorge um Notpfennig und Zukunftskapitalien für die heranwachsenden Kinder haben Friedrich Richter zermürbt. «In diesen nahrlosen und doch geldfressenden Zeiten verkauft mancher Buchhändler, sich ausgenommen, fast nichts.»[109] Er habe, klagt er Emilie Harms, der Geliebten der Leipziger Jahre, «wenig andere Freuden mehr [...] als die, bis zum Sterben zu schreiben und nicht blos von der Feder, sondern auch für die Feder zu leben, müßt' er sie sogar in eignes Blut eintauchen». Doch sei er derselbe geblieben, «nur dicker und wilder».[110] Die Liebe seines entzauberten Publikums hat er sich verscherzt. Kritiker nennen ihn «einen wunderbar scheinen wollenden Mann», der sich einbilde, Jean Paul «bedeute mehr als Johann Paul Richter».[111] Jean Paul, dieser liebenswürdige intellektuelle Raufbold, ist den Bayreuthern nichts als ein bürgerliches *enfant terrible*. Seine Kinder gelten als vorlaut und «unerzogen», seine bäuerliche Kleidung als unmanierlich. Besucher sind befremdet über die Unordnung in der Wohnung des Schriftstellers. Henriette von Knebel, die Schwester des Weimarer Kammerherrn, erzählt überall in der Stadt herum, Richter trinke zu viel und alles durcheinander: Bier, Wein, Schnaps. Verleumdungen machen die Runde: Über seinen hochfahrenden Charakter, seine Trunksucht, seinen bohemienhaften Lebenswandel, das tierische Bestiarium in seiner Schreibstube. Als der Stadtpfarrer Österreicher ihn einmal bei einem Essen mit dem gottlosen Libertin Rousseau vergleicht, springt er entrüstet von seinem Stuhl auf und ist nur mit Mühe zu beruhigen. Nicht nur der Zeitgeist von Bayreuth, auch Karoline grollt dem Protokollanten des menschlichen Universums, der sein Schreibkanapee nur noch zum Essen verlässt und für Belehrungen unzugänglich ist. Die Ehegatten zerreiben sich im täglichen Streit um Nichtigkeiten. Seinem Schwiegervater gesteht Richter, sogar an Scheidung schon gedacht zu haben. «Ein Engel in Gesellschaft, gegen Mann, Kinder und Hausgenossen eine Furie».[112] Mit einer Eheposse für die Zeitschrift ihrer Schwester Minna Spazier rächt sich Richter in aller Öffentlichkeit an seiner häuslichen Xantippe. «Wenn der Kampfhahn und die Kampfhenne nach dem Paaren ihre ewige Beißsucht verlieren: so unterscheiden sich die menschlichen Kampfhennen schön vom Tiere und hacken später.»[113] Was für eine Demütigung! Wenig mehr als die Kinder hält die beiden noch zusammen, wenig hält ihn in Bayreuth. Mit Emanuel ist er zerstritten; von Christian Otto sieht und hört er kaum noch etwas. In letzter Zeit plagen ihn Schwindel und Migräne, begleitet von Übelkeit und Zittern. Er klagt über nächtliche Anfälle von «Brustbeklemmung». Er schwitzt und hat Angstträume. Dr. Langermann schlägt Pulver von rotem Fingerhut vor, ein herzstärkendes Mittel (Digitalis). Um besser schlafen zu können, erhöht Richter sein Laudanum auf zweiunddreißig Tropfen; dass er längst opiumabhängig ist, sagt ihm kein Arzt. Als Langermann Bayreuth 1810 verlässt, verliert der Dichter nicht nur den einzigen medizinischen Berater, dem er traut, sondern auch einen seiner wenigen Freunde. Einzig die Jahresexamen der Bayreuther Gymnasiasten lässt er sich nicht entgehen, zu denen ihn Konsistorialrat Kapp, sein einstiger Hofer Lehrer, alljährlich zu Ostern als Ehrengast einladen lässt.

*Jean Paul, Gemälde von
Friedrich Meier, 1810*

Nachdem Richter im November 1809 – die *Dämmerungen für Deutschland* sind eben erschienen – auf einem Ausflug mit Frau und Kindern in dem Dörfchen St. Johannis am Fuß der Eremitage die neueröffnete Schankwirtschaft besucht, fasst er einen bedeutsamen Entschluss. Vom zeitigen Frühjahr bis in den Spätherbst verlegt er seinen Lebensmittelpunkt, den Schreibplatz, hierher. Für die nächsten fünfzehn Jahre findet man ihn im ersten Stock in einer Stube mit Sofa, Tisch, Stuhl – spartanisch, wie er es liebt – neben dem Fenster oder im Garten der Wirtschaft unter hohen Bäumen sitzen. Tag für Tag marschiert er die drei vier Kilometer morgens aus der Stadt heraus durch die prächtige alte Kastanienallee, die alle Machtwechsel überlebt hat, und abends wieder hinein, die Jackentaschen von Büchern ausgebeult, den Spitzhund neben sich, ein frisches Blümchen im Knopfloch, auf dem Rücken den Lederranzen. Bei schönem Wetter arbeitet er bis in den späten November im Freien. Es ist ein Rückzug auf der ganzen Linie – von der heuchlerischen Bayreuther Bonhomie, von den Kritikern seiner Romane, von Karoline – und doch nur ein halber. Die wiedergewonnene Freiheit schrumpft auf das Quartformat der Skizzenhefte und Manuskripte. Der Aufbruch schlägt in einer geradezu rauschhaften Arbeitslust zu Buche, die ihn für alle Niederlagen entschädigt. Ein Schriftsteller darf nicht empfindlich sein, der genötigt ist, in einer Zeit vom Schreiben zu leben, da jeder Tag der öffentlichen Meinung eine andere Wahrheit diktiert. «In der Tat ist für Autoren Verhungern zwar ein abschüssiger, aber rauher Weg, die Unsterblichkeit zu gewinnen.»[114]

Anna Dorothea Rollwenzel, der nicht mehr ganz jungen Wirtin, ist der Dichter unter ihrem Dach ein Heiliger und das Mysterium seines emsigen Schreibens ein Buch mit sieben Siegeln, dem sie mit einer ehrfürchtigen Scheu dient, die Richter umso mehr genießt, als er sie bei seiner eigenen Frau vermisst. Und während Friedrich Richters «innerer Mensch» sich in seine «Rollwenzelei» zurückzieht, für tägliche Exerzitien ein «Freudenbüchlein» anlegt, anfangs als selbständiges Werk über die Kunst der Lebensheiterkeit oder *Ars gaudendi* geplant, und in einsamer Askese und stoischem Selbstverzicht übt, frönt die andere Hälfte der ausgelassensten intellektuellen Libertinage in seinem nächsten Roman. «Kein Werk wurde von mir so oft – schon den 16. Nov. 1806 das erste Mal – angefangen und unterbrochen als dieses Werkchen.»[115] Es ist die Lebensbeschreibung des Gotthelf Fibel, dieses Messias der Bücher und «Baumeister(s) eines neuen alphabethischen Gebäudes»: ein grandioses Wortbauwerk, in dessen Türmchen und Sälen, Gängen und Erkern 200 Jahre deutscher humanistischer Schriftkultur untergebracht sind. *Leben Fibels* ist Richters erste Arbeit am Fuß der markgräflichen Eremitage. Mehr als ein Jahr wendet Richter an dieses Buch, das unter allen seinen Werken am vollständigsten und zugleich mit hoher Komik das Paradoxon seiner schriftstellerischen Existenz zur Sprache bringt. Schon der Name «Fibel» ist Philosophie: jedes große Werk muss den Namen seines Schöpfers verewigen, wie auch der Dichter Jean Paul und der Formschneider Lorenz Krönlein (im zweiten Teil des *Kampaner Tals*) sich in ihren Namen verewigen. Ganze Bibliotheken über das Mysterium des Buchstabens sind in der poetischen Parabel vom Fibelschöpfer verdichtet, von der Beschreibung einer Laus, die unglücklicherweise auf dem Kinderkopf des kleinen Gotthelf Platz genommen hat, als er gerade von einem gelehrten Herrn geprüft werden soll – «gleichsam die Petit Schwabacher von Gottes Schrift im Buche der Natur, ein [..] homunculu[s] auf dem homine, ein [..] winzige[r] Fingerkalender der großen Ewigkeit» – bis zu den obszön-derben Nonsensversen, die sich der erwachsene Fibel für jeden Buchstaben seines

Leselernbuchs ausdenkt. Die verspielte Architektur des Romans steht in reizvollem Kontrast zu dem schlichten Gemütsmenschen Gotthelf Fibel. Dem Sohn eines armen, hartherzigen Vogelhändlers hat in früher Jugend ein Traum seine Berufung zum «Skribenten» verkündet. Rittlings auf dem Rücken eines lachenden Hahns flog er rückwärts durch die Lüfte, bis eine «mosaische» Stimme ihm befahl: «Sitze ab, Student, und ziehe aus eine Schwanzfeder dem Hahn und setze damit auf das Buch der Bücher, voll aller matres et patres lectionis, das Werk, das der größte Geist studieren muß, schon eh' er nur fünf Jahre alt wird, kurz das tüchtigste Werk mit dem längsten Titel, das so viele Menschen aus Kürze bloß das Abc-Buch nennen, da sie es das Abecedeeefgehaikaelemenopequeresteuvauweixypsilonzet-Buch nennen könnten; schreibe dergleichen, mein Fibel, und die Welt liest.»[116] Fibel folgt dem pseudoreligiösen Erweckungsruf alle Jahre seiner bedrückenden Kindheit und Jugend hindurch, bis endlich sein Lebenstraum und -buch geboren ist: ein Leselernbuch, das heilige Buch der Bücher, Fibels Bibel.

Wenn Fibel, das Kind, die Mittellaute und -wörter aus der Familienbibel zusammensucht und die Häufigkeit der Vokale feststellt, wenn er die im Dorf ergatterten Papierstreifen zu Minitaturbüchern zusammennäht, wenn er «neue Alphabethe» erfindet, «womit er vieles zur Probe aufsetzte, was niemand lesen konnte, auch er nicht ohne Einsehen ins Alphabeth» – dann steckt darin schon der halbe Fritz Richter, wie er in Joditz leibhaftig dasselbe tat. Aus Mangel an Spielgefährten lernt Fibel die Sprache der Vögel, bis er sich mit zehn Jahren in die kleine Drotta, ein Dorfmädchen, verliebt. Das größte Geschenk seiner Kindheit ist aber ein Weihnachtsfest, das er allein mit seiner hochschwangeren Mutter verbringt, seiner Förderin und Wohltäterin, die ihm sein erstes eigenes Buch schenkt. «Seit diesem Weihnachten [...] kam Gotthelf ins Lesen hinein und war von niemandem mehr zu halten. Es gibt glückliche Menschen – z. B. ihn selber – welchen ein Buch mehr ein Mensch ist als ein Mensch ein Buch».[117]

Nachdem der Vater gestorben ist (Fibel ist wie dazumal Fritz Richter fast sechzehn), macht er eine geheimnisvolle Erbschaft, heiratet Drotta, macht sein Glück mit der Erfindung der Fibel und lebt mit seiner Frau und seiner «ein wenig chaotische[n] Mutter» Engeltrud in seinem Heimatdorf Heiligengut einträchtig und bescheiden zusammen. «Fibel, obschon ein Ehemann, blieb doch seiner Mutter so untertan, als würd' er gar nicht älter.»[118] Doch eines Tages tritt der seinen geschäftlichen Vorteil witternde Magister Pelz in sein Leben, ein gelehrter Akademiker, der die Fibelproduktion auf massenhaften Umsatz umstellt, eine Fibelfabrik gründet und für die Distribution sorgt. Nachdem die ersten hundert Fibeln ausgeliefert sind und in «Baireuth, Münchberg, Hof, Plauen, Schleiz» noch mehr bestellt werden, stellen sich Ruhm, Erfolg und Wohlstand wie von selbst ein. Der gewiefte Magister weiß, dass auf dem modernen Buchmarkt nicht Bücher, sondern in erster Linie prominente Namen verkauft werden. Und so schlägt er dem Fibelautor vor, jeden Sonntagmorgen eine «biographische Akademie» einzuberufen, die aus ihm selbst und Fibel besteht, um durch wöchentliche Nachrichten aus Fibels Leben das Fibel-Geschäft zu beleben. «Setzen wir beide nun, ich und Sie, Ihr Leben lange genug so miteinander fort: so kann Ihr lebendiges Leben so stark ins Gewicht fallen als Faßmanns Quartanten-Gespräche im Reiche der Toten und Ihre Biographia Fibeliana so vielbändig werden als die Biographia britannica, ob diese gleich aus mehreren Leben besteht.»[119]

Fibel lässt sich willig darauf ein. Der Erfolg ist ihm, dem Närrchen und Träumer, zu Kopf gestiegen. Aus dem klassischen Trugschluss oder Kantischen «Paralogismus», Autor und Werk seien eins, zieht er die einzig richtige Folgerung. «Je länger aber Fibel überlegte, daß sein Ruhm fast größer sei als sein Büchelchen, das nur ein Bändchen stark war, und je mehr er sich mit andern Gelehrten verglich, welche einen ähnlichen großen Ruhm kaum durch ein Dutzend schweinslederne Folianten mit Register errangen: um so mehr hielt er es für Pflicht, noch etwas übriges zu leisten. Er erstand nämlich in Versteigerungen Bücher jedes Bands und Fachs und Idioms, welche auf den Titelblättern ohne Namen der Verfasser waren; in diese Blätter druckte er nun seinen Namen so geschickt hinein, daß das Werk gut für eines von ihm selber zu nehmen war».[120]

In diesem Sinne ist Fibels Vorstellung von seinem Ich nominalistisch, ein schlichter Anachronismus, der dem scholastischen Denken des Mittelalters verhaftet ist. Zwischen Ich und Nicht-Ich, Schreiber und Schrift oder Subjekt und Objekt ist für ihn kein Unterschied. Für seinen Compagnon, den Magister Pelz, ist die biographische Fibelfabrik hingegen praktisch angewandte Subjektphilosophie im Sinne von Johann Gottlieb Fichte. Fibel in seiner einfältigen Lust am Büchermachen und der Magister mit seinem ökonomischen Pragmatismus verkörpern gleichsam Anfangs- und Endpunkt humanistischer Buchkultur. Von den protestantischen Wurzeln bei Erasmus, Melanchthon und Hutten bis zur inflationären Ausbreitung des bürgerlichen Buch- und Zeitschriftenmarkts gegen Ende des 18. Jahrhunderts hat auch das Selbstverständnis des Autors eine erhebliche Wandlung vollzogen. Erst gegen Ende des 18. Jahrhunderts verdrängen Genieästhetik und romantischer Universalismus den alten *homo grammaticus*, zu dessen letzten Vertretern Johann Christoph Adelung zählt, Hofbibliothekar des sächsischen Kurfürsten und Verfasser des ersten *Grammatischen Wörterbuchs* der «hochdeutschen Mundart». Adelungs letzte wissenschaftliche Abhandlung war die Übersetzung des Vaterunser ins Arabische, Chinesische oder Türkische als Beispiele vergleichender Formenlehre. In parodistischer Form erscheint er in Fibel wieder, der griechische, hebräische, syrische und arabische Schriftzeichen zu lesen versteht, wiewohl er kein Wort davon übersetzen kann. Nach Abschluss seines Lebenswerks widmete Adelung sich bis zu seinem Tod 1806 der Arbeit an einem achtbändigen Kompendium mit dem Titel *Geschichte der menschlichen Narrheit, oder Lebensbeschreibungen berühmter Schwarzkünstler, Goldmacher u. a.* Seit 1806 verfolgt Richter auch die Forschungen eines anderen verdienstreichen «Narren» der deutschen Sprachkunde: des vergleichenden Philologen und Reformpädagogen Christian Heinrich Wolke. Nicht nur leiht er sich dessen Wortschöpfung «Blumine» (ein Pluraletantum für vielerlei Blumen, analog zu «Gemüse» für vielerlei essbare Pflanzen) für den Titel seiner gesammelten Essays und Satiren aus. In Cottas *Morgenblatt* hält er im Februar 1812 den Verächtern von Wolkes *Anleit zur deutschen Gesamtsprache oder zur Erkennung und Berichtigung einiger (zu wenigst 20) tausend Sprachfehler in der hochdeutschen Mundart* eine humorvolle Bußpredigt[121] und übernimmt fortan dessen wohlbegründete Opposition gegen das Verbindungs-s in deutschen Doppelwörtern in seine Privatorthographie. Ein Schüler der Reformpädagogen Basedow und Campe, war Wolke bis 1784 Vorsteher des Dessauer Philanthropins. Zu seinen bekanntesten Werken, die er gern mit eigenen, skurrilen Illustrationen versieht, gehört sein *Livre pour apprendre à lire* von 1785.[122] Campes Wörterbuch der deutschen Sprache, 1807 begonnen, vermerkte 50 000 neue Wörter. Wolke hatte versprochen, noch einmal so viele zu finden, nicht zu reden von den 60 000, die zur selben Zeit der Mundartenforscher Johann Gottlieb Radlof in altdeutschen Texten des 13. bis 16. Jahrhunderts zu sammeln begonnen hatte, ein Privatgelehrter, der mit der akademischen Sprachwissenschaft seit Jahren auf Kriegsfuß stand und von den Gelehrten denn auch standhaft ignoriert wurde.

Wolke, Fibel und Jean Paul Friedrich Richter sind aus demselben Holz geschnitzt: Spätlinge eines humanistischen Sprachbegriffs, in dem von Raimundus Lullus' *Ars combinatoria* und Athanasius Kirchers *Polygraphia nova*, dem Entwurf einer Universalsprache, über John Wilkins bis zu Montaigne, Rousseau und Condillac Sprache zum ersten Mal als ein unerschöpfliches System willkürlicher Zeichen verstanden worden war. Barocke Wortkombinatorik war inspiriert von universalistischen Wissenssystemen und der Suche nach der universalen Sprache. «Komm herbei! O Sprachkunst! Mit Deinem Buchstabenheere!», rief Quirinus Kuhlmann aus, der Erfinder des poetischen Wechselrads. Wenig später erblickte Swifts Mister Gulliver in der Akademie von Lagado eine große Maschine – gewissermaßen schon die Parodie auf die barocken Texterzeugungsmaschinen von Lullus, Kircher und Leibniz –, mit deren Hilfe «die unwissendste Person mit mäßigem Kostenaufwand und ein bißchen körperlicher Arbeit auch ohne die geringste Hilfe von Begabung und Studium Bücher über Philosophie, Poesie, Politik, Recht, Mathematik und Theologie schreiben» könne.[123]

Die neuhumanistische Wiederentdeckung antiker Philosophie und Redekunst im 16. Jahrhundert brachte auch die Fragmente stoischer Sprachlehren wieder zum Vorschein. Bei Zenon, der mit dem Begriff des «lektón» (etwa: Sinn oder Bedeutung von Aussagesätzen) die erste semantische Lesetheorie der Antike in Bruchstücken hinterließ, erscheint zum ersten Mal in der Geschichte des Denkens Sprache als ein System von Zeichen, deren syntaktische und semantische Kombination logischen Regeln unterliegt.[124] Eingebunden in ein philosophisches Regelwerk ethischer Lebensgrundsätze soll auch die Sprache in der Stoa, anders als noch bei Aristoteles und Platon, in erster Linie die Aufgabe einer Erzieherin zur Denk- und Lebenskunst erfüllen. Bei der Arbeit an *Leben Fibels* entdeckt Friedrich Richter in der Rollwenzelei seine Jugendliebe zu den stoischen Philosophen wieder. Jean Paul aber, der Romankonstrukteur, steht zugleich mit beiden Beinen auf dem Boden des barocken deutschen Humanismus, während er als Künstler ganz dem modernen Individualismus des 19. und 20. Jahrhunderts angehört. Walter Benjamin hat es als Einziger bemerkt. Die üppig allegorisierende Bildsprache in Jean Pauls Romanen, der Gebrauch systematischer Wörter- und Erfindbücher, die experimentelle Arbeit mit Sprachmaterial in den Exzerpt- und Merkheften, die Obsession für Wortschöpfungen und Etymologien, der Hang zur technischen Perfektion in Komposition und Fabel, die beispiellose Konstruktionskunst haben ihre Vorbilder bei den barocken Sprachmeistern des 17. Jahrhunderts[125] mit ihrer protestantischen Sprachfrömmigkeit, ihren poetischen Blumenorden und sprachreformerischen Gesellschaften, ihrer Leidenschaft für mechanische Spieluhren und Worterfindungsmaschinen. Daher muss in *Leben Fibels*, diesem autobiographischen Vexierspiegel eines Schriftstellers, dieser am Ende des Buches zwangsläufig seiner Romanfigur leibhaftig gegenüber stehen. Der einst hochberühmte Fibelschöpfer lebt unerkannt als 125-Jähriger in dem Dorf Bienroda (Richters Geburtsstadt, die Imkerstadt Wunsiedel, liegt da nicht fern), umgeben von Tieren, Kindern und selbst gepflanzten Bäumen in seinem Garten. Fibels Geburtsjahr fällt demnach in das Jahr 1686 und damit fast genau mit dem von Richters Großvater zusammen, dem frommen Neustädter Rektor. Fibel ist aber so geschrumpft, dass ihm Weste, Krawatte und Strümpfe aus besseren Tagen viel zu groß geworden sind. Er spielt mit einem Hasen. Nach ein paar höflichen Wechselreden über die menschliche Lebensdauer fragt Jean Paul das sanfte «Herrlein» nach Gotthelf Fibel. «Sagen Sie mir um des Himmels willen alles, was Sie vom seligen Manne wissen; denn in der Michaelis-Messe 1811 muss sein Leben in Nürnberg bei Schrag heraus. Er antwortete: ‹Exzellentes Genie – Literator – Man of Genius – homme de lettres – autor clariss....›. Da ich vermutete, der Greis ziele auf mich: so wollt' ich abwehren, er ließ sich aber nicht halten, denn er hatte sich selber gemeint. ‹Wie gesagt›, (fuhr er fort), ‹für alles dieses und für mehrere prächtige Titel, die ich alle deshalb auswendig gelernt, hab ich mich zwar sonst gehalten, als ich noch jener verblendete eitle Fibel war, der das gedachte, fast mittelmäßige Abcbuch gemacht und drucken lassen›».[126]

Zum Abschied schneidet Fibel «einen Zweig von einem aufbewahrten Christbaum seiner Kindheit ab» und verehrt ihn dem Besucher «als Vergißmeinnicht».[127] Und so nimmt der Lebensbeschreiber in eigener Sache nicht nur Fibels weißen Spitz aus Bienroda mit, sondern auch eine blaue Wicke im Tontopf, seine «romantische Lieblingsblume» – eine hübsche Selbstmythisierung, die ihre Wirkung bei den Jean-Paul-Verehrern nicht verfehlen wird.

Jean Pauls *Leben Fibels* ist keineswegs nur die Autoparodie des unverbesserbaren Bücher- und Schreibnarren Friedrich Richter, der in der Figur des Narren Gotthelf Fibel gleichsam die deutsche Literatur in den Stand kindlicher Unschuld zurückversetzt hat. Der Roman ist zugleich ein sprachliches Simultaneum des 18. Jahrhunderts sondergleichen. Auf engstem Raum (die Erstauflage hat 358 Oktavseiten) bietet es von der volkstümlichen Umgangssprache, der Gelehrten-, Amts- und Begriffssprache bis zum poetischen Sentimentalismus und Feuilletonismus, dem philosophischen Jargon der Fichteaner und der Sprache der Ökonomie alle Facetten des lexikalischen Reichtums der deutschen Sprache auf. Doch nichts übertrifft wohl Jean Pauls Lobrede auf den Buchstaben, eine der längsten und kunstvollsten Satzperioden, die je ein deutschsprachiger Stilist zustande gebracht hat. «Wer schon bloß bedenkt, was Buchstaben sind und wie sie einen Kadmus durch ihre Erfindung unsterblich gemacht – und Fibel hat sie bekanntlich forterhalten und gelehrt, Erhaltung aber ist zweite Schöpfung, conservatio altera creatio –; wer nur gelesen, daß unbedeutende Menschen schon dadurch auf die Nachwelt gekommen, daß sie den vorhandnen Buchstaben noch einige hinzuerfanden, z. B. Evander, der den Römern aus dem Griechischen die Buchstaben h r q x y z zuführte, indes unser Fibel auch die übrigen 18 darbringt – wer nur obenhin erwägt, daß über diese Vierundzwanziger kein Gelehrter und keine Sprache hinauszugehen vermag, sondern daß sie die wahre Wissenschaftslehre jeder Wissenschaftslehre sind und die eigentliche, so lange gesuchte und endlich gefundne allgemeine Sprache, aus welcher nicht nur alle wirkliche Sprachen zu verstehen sind, sondern auch noch tausend ganz unbekannte, indem 24 Buchstaben können 1 391 724 288 887 252 999 425 128 493 402 200 mal versetzt werden – und wer sich aus diesem allem sehr leicht erklärt, warum diese vierundzwanziger Union von jeher in solchem Werte gestanden, daß (zufolge dem Talmud) Gott noch Freitag abends kurz vor dem ersten Schabbes sie so wie der bileamschen Eselin Mund, mit welchem sie daher als Koätaneen (Gleichzeitige) immer in besonderer Freundschaft geblieben, nachgeschaffen – wer gar berechnet, daß sogar der Kaufmann, das arithmetische Tier, dem die Zahlen noch mehr gelten als einem Pythagoras, gleichwohl ihnen nicht so viel kreditiert als den Buchstaben, sondern hinter jede Zahlensumme die buchstäbliche Summe als Assekuranz nachfügt – ein Mann, sag' ich, der nun dies alles überschlüge und addierte, würde schwerlich sich der Frage enthalten: wer ist wohl größer als Fibel?»[128]

Jean Pauls neues Domizil, die «Rollwenzelei», ist unterdessen zur Attraktion für Bildungsreisende geworden. «Jedes Kind kennt den Jean Paul», berichtet ein Besucher, «aber vergebens fragte ich, als ich seine Wohnung noch nicht wußte, nach Friedrich Richter.»[129] Dieser kann bei schönem Wetter vom Fenster seiner Mietstube im Nordosten die gewellte Horizontlinie des Fichtelgebirges erkennen und darüber «das gefärbte Gewölk, das seit dreißig Jahren an diesem Ich vorüberzog und das ich Kindheit, Jugend, Leben hieß».[130] In der Gegenrichtung, im Westen, wird Weltgeschichte geschrieben. Um freie Hand gegen England zu haben, hat Napoleon die habsburgische Kaisertochter Marie-Luise zu seiner Gemahlin gemacht und rechnet damit, sich als Schwiegersohn Franz' I. Österreich gefügig gemacht zu haben. Von Kontinentaleuropa wälzt sich der Krieg auf die Weltmeere. Die unterworfenen Provinzen im südlichen Deutschland, seine militärische Basis gegen Österreich, braucht Napoleon jetzt nicht mehr. Mit Artikel I des Staatsvertrags verkauft er am 28. Februar 1810 die ehemalige Markgrafschaft Bay-

Jean Paul kommt in der «Rollwenzelei» an, Frau Rollwenzel erwartet ihn vor der Tür, Stahlstich von Theobald von Oer, 1863

reuth an den König von Bayern. Die Übergabe erfolgt am 7. April 1810 durch den Spezialbevollmächtigten des bayerischen Königs, Freiherrn von Rechberg und Rothenlöwen. Zu den Gästen des Festbanketts gehört auch Legationsrat Friedrich Richter. Am 30. Juni sind 460 000 Untertanen eingeladen, zwei Wochen lang mit Schauessen, Feuerwerken und Freibier zu feiern.

Mit Rezensionen für die *Heidelbergischen Jahrbücher*, mit Nach- und Neuauflagen sichert der Bayreuther Fibelist sein Haushaltsbudget, «weil ich die früher gedruckten Einfälle nicht gerne der Wahrheit aufopfern möchte, welche ohnehin einen armen Autor um so viele bringt und ihm oft die besten streicht.»[131] Eine Sammlung der verstreut erschienenen Satiren erscheint unter dem Titel *Herbst-Blumine* im November 1810 bei Cotta. Lieber hätte Richter sie von Johann Georg Zimmer verlegen lassen. Offenbar liegt ihm viel an dem jungen Heidelberger Verleger. Und so ist es wiederum Zimmer, dem er *Leben Fibels* zum Verlag anbietet. In Heidelberg lehren die Hermeneutiker und Homer-Exegeten Friedrich Creuzer und Friedrich August Wolf, hier graben die jungen Romantiker Arnim, Görres, Brentano und die Brüder Grimm nach dem Sprachschatz der deutschen Nation, volkstümlichen Sagen, Minnesang und Märchen. Gemäß der romantischen

Sprachtheorie ist Sprache genuin Poesie. Ihren logischen Strukturen, ihrer politischen Funktion als öffentliche «Redekunst» im Sinne der neuhumanistischen Philologie wird vergleichsweise wenig Aufmerksamkeit zuteil. Die deutsche Sprachwissenschaft und ihre Großmeister Humboldt, Grimm und Bopp stecken zu dieser Zeit noch in ihren Kinderschuhen. Das «Herabsinken» der Sprache zur Prosa wissenschaftlicher Begrifflichkeit registrieren romantische Sprachtheoretiker wie August Wilhelm Schlegel oder Friedrich Schleiermacher als Verlust nationaler Identität und Volkstümlichkeit.

Nach Vollendung des Fibel-Buchs, anderthalb Jahre vor Erscheinen des ersten Bandes von Goethes Autobiographie *Dichtung und Wahrheit*, überkommt Richter immer stärker die Lust, sein eigener Lebensbeschreiber zu werden, ganz ohne romanhafte Verkleidung dieses Mal. «Die dritte Person am besten: ich sage immer: unser Held. Auch wird's lächerlicher, wenn ich sage wie lächerlich er sich machte. Dabei bleibt mir immer, mich redend einzuführen. – Ich Selbbeschreiber gebe mir einen besondern Namen, womit ich gegen J. P. stehe.»[132] Dem Fibel'schen Trugschluss, das Ich eines Schriftstellers sei identisch mit seinem Werk, verfällt Richter nicht. Anstatt abzunehmen, wächst die Differenz zwischen Geschriebenem und Gelebtem mit jedem neuen Buch. Im *Vita-Buch*, in dem er seit 1804 Reflexionen über sein Schreiben, Denken und Träumen sammelt, gesteht er sich ein: «Ich als Ich kann mir nichts sein». Jeder Dichter müsse «durch seine Selblebensbeschreibung verlieren».[133] Im Frühsommer 1811 hält sich Richter für drei Wochen in Erlangen auf. Seine Gesundheit ist ausgezeichnet, so dass er nur noch selten Laudanum einnehmen muss. Karoline führt es auf die Trennung von ihr zurück, doch das weist er entschieden zurück. «Die Liebe gegen dich ist und war mir immer Bedürfnis, und über die Unterbrechung derselben trösteten mich Kinder und Bücher nie ganz.»[134] In Erlangen schließt er Freundschaft mit dem Arzt, Geologen und Schriftsteller Gotthilf Heinrich Schubert, einem Freund von Doktor Marcus, mit dem er im Jahr zuvor als Hausgast seines Weinlieferanten Carl Friedrich Kunz in Bamberg einen Abend lang so selbstvergessen getrunken und debattiert hatte, dass er eine galante Einladung der Schwester seiner alten Freundin Charlotte von Kalb zu einer Bootsfahrt auf der Regnitz prompt vergaß. Adalbert Friedrich Marcus, zehn Jahre älter als Richter, ist für die Stadt Bamberg, was Langermann für Bayreuth war: Er hat eine psychiatrische Heilanstalt, Hebammen- und Geburtseinrichtungen gegründet, die Alten- und Armenpflege erneuert und die verfallene Bischofsresidenz auf der Altenburg hoch über der Stadt auf eigene Kosten wieder aufbauen und zu Wohn- und Praxisräumen umbauen lassen, in denen er erfolgreich die neue Magnettherapie anwendet, bei der sich durch Bestreichen von Körperteilen elektrische Ströme vom Arzt auf den Patienten übertragen sollen. Schubert wiederum, auf seine spezielle Art ein Wissenschaftsnarr und Außenseiter wie der Sprachforscher Wolke, hat in seinem Buch *Ansichten über die Nachtseite der Naturwissenschaft* den Versuch übernommen, Traumsymbolik und Kosmologie unter dem Aspekt der Wechselwirkungen zwischen körperlichen und seelischen Vorgängen wissenschaftlich zu ergründen.[135]

Von Erlangen fährt Richter für einige Tage weiter nach Nürnberg, wo seit Jahren ein junger Gelehrter auf seine akademische Berufung wartet. Es ist Georg Wilhelm Friedrich Hegel, dessen *Phänomenologie des Geistes* Richter bei der Arbeit an *D. Katzenbergers Badereise* gelesen hat. Als junger Privatdozent hat Hegel an der Jenaer Universität zusammen mit Schelling das *Kritische Journal der Philosophie* herausgegeben. Seine Dissertation schrieb er über die Kepler'sche Planetentheorie, um mittels der pythagoreischen Mathematik den Nachweis zu führen, dass zwischen Mars und Jupiter ein siebter Planet sein müsse. Als die Franzosen in Jena einzogen, prägte Hegel beim Anblick Napoleons den Spruch vom «Weltgeist zu Pferde» – und floh ins fränkische Bamberg, wo er misslaunig so lange die Redaktion der *Bamberger Zeitung* führte, bis ihn sein Freund Immanuel Niethammer, oberster protestantischer Schulrat in Bayern, im November 1808 als Rektor des Egidiengymnasiums nach Nürnberg holte.

Durch Zufall erfährt Richter im Juni 1811, dass die komplette Auflage der *Levana* verkauft, die Überschusszahlung von Vieweg längst fällig ist. Sogleich macht er sich an die Überarbeitung des Textes und bietet die zweite Auflage Göschen an.[136] Dieser bedauert. «Mein ganzer Absatz würde sich auf ein paar miserable Provinzen des deutschen Reichs beschränken; da auch in Preussen wegen Armuth sehr wenig gekauft werden kann. In Oestreich kann man nur die im Lande fabrizirten Nachdrucke kaufen mit Banknoten zum vollen Preis. Dort wird alles nachgedruckt.» Für jedes Buch, das in die Rheinbundstaaten verkauft wird, muss der Buchhändler bei der französischen Regierung einen «Erlaubnisschein» beantragen. «Nach meiner Meinung müssen Sie die LEVANA einen Buchhändler in einer französ. gewordenen Stadt anbiethen, der allenthalben frei sein Buch Versenden und Verkaufen kann.»[137] Schließlich erbietet sich Cotta, die neue Auflage der *Levana* zu drucken.

Mit dem 1. Januar 1811 endete offiziell die Franzosenzeit in Bayreuth. Als Entschädigung für fünf Kriegs-und Besatzungsjahre stellt der Magistrat dem französischen Staat mehr als eine Million Franc in Rechnung. *Leben Fibels* erscheint zur Herbstmesse 1811, allerdings nicht bei Zimmer in Heidelberg, sondern bei dem Nürnberger Verleger Leonhard Schrag, Inhaber der Steinschen Buchhandlung, die vormals im Besitz des von den französischen Besatzern hingerichteten Buchhändlers Johann Philipp Palm gewesen war, und Verleger von Hegels *Wissenschaft der Logik*. Neben de la Motte Fouqués *Undine* und *Peter Schlemihls wundersamer Geschichte* von Adelbert von Chamisso wird Jean Pauls *Fibel* eines der literarischen Kronjuwelen in Schrags früher Verlagsgeschichte.

8. WISSENSCHAFTSGAUKLER UND HEILIGE NARREN

Bayreuth, im Herbst 1811

Ende September zieht Familie Richter von der Friedrichstraße in die Hauptstraße um. Die Wohnung liegt im ersten Stock über der Schlossapotheke des Medizinalassessors Braun. Die andere Bayreuther Apotheke wird seit 1802 von Friedrich Carl Maximilian Vogel geführt, dem Sohn des einstigen Rehauer Pfarrers.[138] Wie in Richters Jugend die beiden Hofer Ärzte, der weiße und der schwarze Doktor Joerdens, sind die beiden Bayreuther Apotheker Konkurrenten. Wie sollte die Apotheke in seinem Haus Richter also nicht an seine Hofer Jugend und seinen genialen Freund Bernhard Hermann erinnern, der vom Apothekerlehrling zum Kometen- und Lichtforscher geworden und an seinen wissenschaftlichen Träumen verhungert war. Und so wird mitten in den Umzugsvorbereitungen auf einem Spaziergang die Idee zu einem neuen Roman geboren. «Am 19. September erlebte ich die ganze Geschichte des Buches. Gott gab mir schönes Wetter, Berge und Höhen waren um mich, und mein Herz in mir.»[139]

Der Held des frisch ersonnenen Romans, des später so betitelten *Komet*, kommt als Sohn eines von zwei Apothekern der «Handelsstadt Rom» auf die Welt. «In Rom waren nämlich (es ist eine stadtkundige Sache) zwei Apotheken offen, die Hundapotheke (es ist eben die unseres Marggrafs) und die Drachenapotheke; jede hatte ihr Namentier, wie ein Schlitten, in hölzerner Abbildung vorgespannt. Ebenso gab es da zwei Ärzte, welche man, da sie Brüder waren, dadurch unterschied, daß man den, welcher nur aus der Drachenapotheke verschrieb, den Drachendoktor, und den andern (den Verschreiber aus der Marggrafschen) den Hundedoktor hieß».[140]

Der Roman spielt Ende der 1780er Jahre, als im *Teutschen Merkur* ein satirischer Bericht über den *Goldmacher zu London. Gespielt daselbst in Dr. James Price's Laboratorio* zu lesen war. Der britische Alchemist Price war einer der bekanntesten Okkultisten jenes Jahrzehnts, «ein stolzer Jüngling, voll Einbildungskraft, aber mit falschen Grundsätzen erfüllt! Wer ihn verführt hat, mag es verantworten.»[141] Autor des Beitrags war der Apotheker und Aufklärer Johann Christian Wiegleb. Ein anderes lebendes Exempel des alchemistischen Wahns war der falsche Graf und Freimaurer Saint Germain, ein Violinist, der um 1745 in London aufgetaucht war und das Geheimnis der Diamantenherstellung zu kennen behauptete. Der König von Frankreich ließ ihm in Versailles ein alchemistisches Laboratorium einrichten. Markgraf Karl Alexander von Brandenburg-Bayreuth stellte ihm in den 1770er Jahren sein Sommerpalais Triesdorf für Experimente zur Seidenfärberei zur Verfügung.

Ein «betrogener Betrüger», Hochstapler und Besitzer einer respektablen fixen Idee ist auch Happel, der Held von Jean Pauls neuem Roman.[142] In seinem Hinterstübchen sinnt der junge Apotheker auf ganz anderes als Hustenmittel und Rattengift. Aber nicht Gold, sondern den «Stein der Weisen» will er finden. Nach alten Rezepten seines Großvaters experimentiert er mittels Destillierkolben und Alchemistenofen an der Herstellung eines künstlichen Diamanten. Wie immer näht und beschriftet Richter zuerst ein neues Quartheft, um Einfälle für Figuren und Schauplätze zu sammeln. Der überwiegende Teil der Vorarbeiten, die mit sechzehn Heften aus der Zeit zwischen 1811 und 1821 umfangreicher sind als für jedes andere Werk, geht allerdings nach Richters Tod mit dem Nachlass seines Neffen Richard Otto Spazier verloren. Zwischen 1811 und 1815 werden die ersten Kapitel entworfen, denen vier Jahre später sechs biographische «Vorkapitel» aus der Kindheit des Helden vorangestellt werden. Erst dann wird aus dem Apotheker Happel der Luftschlossbauherr Nikolaus Marggraf, Wissenschaftler und Phantast, Narr und Heiliger. Sein «Ätherschloss» oder «Luftschloss» ist aus Idealen der Menschlichkeit gebaut, seine Träume sind Träume der Vernunft. Er möchte reich sein, nicht um in Luxus und Pracht zu leben, sondern um Gutes zu tun für Land und Leute.

Der Narr ist die letzte Denkfigur der Aufklärung. In den 1770er Jahren hatte sich im Vakuum zwischen Aberglauben, Krise des Rationalis-

*Elektrisches Experiment,
Ölgemälde von Amédée
van Loo, 1777*

mus und modernen Naturwissenschaften ein lebhaftes Geschäft szientistischer Schausteller und Scharlatane etabliert. Martin Berschitz aus Wien zog mit selbstgebauten Blitzableitergeräten über die Jahrmärkte und behauptete, sie seien besser als die von Langenbucher in Augsburg. Der Barometerverkäufer Giacomo Bianchi hielt in Wien physikalische Vorlesungen. Konrad Gütle aus Schwabach brachte in den 1790er Jahren Bücher über physikalische *Zaubergnomonik* auf den Markt. Und der schwäbische Feldprediger Gottlieb Christoph Bohnenberger informierte sich in der *Allgemeinen Deutschen Bibliothek* über wissenschaftliche Neuigkeiten, die er hernach gegen dreißig Kreuzer Eintrittsgeld auf Jahrmärkten als chemisch-physikalische Kunststücke vorführte. Die Abgrenzung all der wissenschaftlichen Gaukler, mystischen Schwärmer und Propheten von echten Gelehrten und Erfindern war gar nicht so leicht angesichts bedeutender Fortschritte in der Elektrizitätsforschung, Medizin und Chemie. Das zeigt sich etwa an Franz von Paula Gruithuisen, einem der erfindungsreichsten Köpfe der Naturwissenschaft, der erst mit zweiundvierzig Jahren seine akademischen Weihen als Professor an der Münchener Universität empfing. Gruithuisen glaubt fest, dass der Erdmond von intelligenten Geschöpfen bewohnt sei. Für ihn steht der Mensch im Mittelpunkt aller Wissenschaft. Auf originelle Weise verbindet er Kosmologie, Anthropologie, Astronomie und Physiologie und nennt die von ihm erfundenen Disziplinen Organozoonomie, Physiognosie und Heautognosie (Selbsterkenntnis). Er stellt Wetterprognosen aufgrund seiner Beobachtung der Sonnenflecken auf, sagt Erdbeben voraus und erfindet eine neue Methode, Berge zu vermessen, «ohne sie zu besteigen». 1811 erscheint sein Buch *Über die Natur der Kometen*. Von den einen als Phantast, von den andern als Genie gehandelt, studiert er durch Tierversuche die humansten Hinrichtungsarten und legt der bayerischen Landesregierung ein Memorandum vor. Die Mehrzahl der selbsterklärten Genies aber hat sich auf das Gebiet des Elektromagnetismus verlegt. Magnetiseure, die mit ihren Apparaturen über Land ziehen, bedienen das weitverbreitete Bedürfnis nach Wunderheilungen an hoffnungslos Kranken, bei denen die Schulmedizin am Ende ihrer Weisheit ist. Der sogenannte tierische oder organische Magnetismus, ein Nebenprodukt der Elektrizitätsforschung, war schon um 1740 durch spektakuläre Versuche in den Fokus der Öffentlichkeit gerückt, als Johann Heinrich Winkler, Philosophieprofessor und Experimentalphysiker in Leipzig, im Apelschen Garten zum ersten Mal elektrische Experimente an Menschen durchführte. Diese wurden an Seilen aufgehangen und durch Reibung ihrer Körper an einer rotierenden Glaskugel elektrisch aufgeladen, so dass sie, wie von unsichtbaren Händen geschüttelt, in der Luft zappelten. Unter den verblüfften Gästen war neben sächsischen Prinzen und Gräfinnen auch Markgräfin Wilhelmine von Bayreuth. Etwa um dieselbe Zeit erfand der Wittenberger Professor Georg Matthias Bose einen metallenen Kopfaufsatz, der durch elektrische Aufladung eine fluoreszierende Aura um den Kopf der Versuchsperson erzeugte, einen künstlichen Heiligenschein, bekannt geworden als «Bosesche Beatification».

Die ersten Versuche zur medizinischen Anwendung unternahmen der Regensburger Stadtphysikus Johann Gottlieb Schäfer und der Wiener Arzt Anton de Haen. Ihre um 1750 konstruierten Elektrisiermaschinen fehlten in keinem gebildeten Hausstand. Migräne, Muskel- und Gelenkschmerzen sollten damit im Nu verschwinden. Goethe besaß schon vor 1786 eine solche Maschine. Der Leipziger Schankwirt

Schröpfer benutzte sie als Geldbeschaffungsmaschine mittels Geisterbeschwörung. Der eigentliche Erfinder der Magnettherapie aber war der ehrenwerte Schweizer Arzt Anton Mesmer. Als Schüler des kaiserlichen Hofarztes Gerard van Swieten hatte Mesmer in Wien über den *Einfluß der Gestirne auf den Menschen* promoviert. 1775 legte er in dem *Sendschreiben an einen auswärtigen Arzt über die Magnetkur* seine Theorie des therapeutischen Magnetisierens dar. Unter dem Verdacht medizinischer Scharlatanerie drei Jahre später aus Wien ausgewiesen, gründete er in Frankreich eine Reihe gut besuchter Magnetisierpraxen unter dem Namen «Gesellschaft der Harmonie». 1790 entzog ihm die Revolutionsregierung, abergläubische Praktiken vermutend, Gelder und Konzession. Mesmer kehrte zurück nach Wien, wurde als Jakobiner verdächtigt, floh in die Schweiz und lebte seit 1807 zurückgezogen in einem Bergdorf. Sein bekanntester deutscher Schüler wurde der Berliner Mediziner Karl Christian Wolfart.

Im Jahr zuvor hatte sich Jean Paul in der Glosse *Der witzig und zornig gemachte Alltagsclub* für das *Taschenbuch für Damen* erstmals eingehender mit diesem Phänomen moderner Scharlatanerie beschäftigt. Er kam zu dem Ergebnis, dass die magnetischen Kuren nichts waren ohne «die geistige Heilkraft des Willens» aufseiten des Therapeuten und nichts «ohne Glauben und Vorsatz, oder gar mit Zweifel» aufseiten des Patienten.[143] Ihre Wirkung beruhe nicht, wie die reisenden Wunderheiler ihre Kundschaft glauben machen wollen, auf der elektrischen Übertragung von Energieströmen zwischen Arzt und Patient, sondern auf hypnotischer Suggestion und Autosuggestion. «Will man lieber zwischen Arzt und Kranken Ähnlichkeit mit dem Verhältnis zwischen positiver und negativer Elektrizität oder nördlicher und südlicher Polarität annehmen: so käme ja durch deren ausgleichende Mitteilung keine Verstärkung, sondern nur Indifferenz zustande.»[144]

Für das neue Romanprojekt steigt Richter noch einmal zurück in seine frühesten Erinnerungen, als er in Leipzig vom schnellen Ruhm träumte und sich in seinen *Übungen im Denken* Gedanken machte «Über Narren und Weise, Dummköpf' und Genie's». Aber schon nach einem Vierteljahr wandern die ersten Kapitelentwürfe zum Apothekerroman zurück auf das Repositorium zu den andern Projekten und bleiben da für die nächsten acht Monate liegen. Napoleon sollte Recht behalten. Nicht die Literatur, die Politik ist jetzt sein Schicksal. Am 30. November 1811 bittet Friedrich Schlegel um einen Beitrag für sein in Wien erscheinendes *Deutsches Museum*. «Willkommen ist uns alles was im Aeußren rechtlich, im Innern tief gefühlt oder gedacht also wahrhaft deutsch ist; ausgeschlossen nur Eins, daß was die Gemüther weglenkt von der Wahrheit und dem muthigen Bekentniß derselben, was dem Feinde fröhnt oder schmeichelt – das Antichristliche; dahin rechne ich auch jede wenn gleich versteckte Schutz u Lob-rede auf – – Karl den Großen [...] Ihre Stimme gilt sehr viel ... Deutschland weiß, was es an Ihnen hat.»[145]

Sofort setzt sich Richter mit Feuer und «Cayenne-Pfeffer», wie Lichtenberg einmal über ihn schrieb, an ein politisches Feuilleton aus fünf kurzen Texten, seine *Dämmerungsschmetterlinge oder Sphinxe*. Wieland hatte 1776 das poetische Sprechen in Rätseln, Sphinxen und Logogryphen [Worträtsel mittels Buchstabenweglassung] gelobt; Richter lobt es nicht. Was für den Roman taugt, ist in der Publizistik sträflich. Ein politischer Schriftsteller dürfe nicht «in sein Inneres alle denkbare Zeitfeinde, Ketzer, Staats-Zeichendeuter zusammenberufen und sie abhören, um nur seine Meinung so zu sagen, daß sie nicht mit der ihrigen zu vermengen ist». Die Wahrheit frei heraus zu sagen, sei allemal die beste Waffe gegen Selbstzensur, die überdies den Stil verderbe. «Dann schlägt es einem Manne, der gern ruhig, ja freudig schreiben wollte, die Feder aus der Hand, wenn ihm überall eine Entzifferkanzlei nachfährt, welche, lass' er auch allen Text weg, desto mehre Noten ohne Text macht.» «Wählt nicht Polemik», empfiehlt er seinen schreibenden Kollegen, «sondern Thetik, nicht Streitlehre, sondern Satzlehre. [...] Macht nicht für unterirdische Gänge Minierkompasse, oder Leuchtkugeln, um der feindlichen Beschädigung die rechten Stellen anzuweisen; sondern euer Licht sei ein Stern, welcher die unscheinbare Herberge anzeigt, wo der milde nackte kleine Heiland der Menschen schlief. Kein Heiliger ist zu bezwingen.»[146] Anders als in seinen frühen Jahren soll nun mit offenem Visier gegen die Unterdrückung der Meinungs-und Pressefreiheit gekämpft werden. Am 21. März 1812 fliegen die *Dämmerungsschmet-*

8. Wissenschaftsgaukler und heilige Narren

terlinge nach Wien. Sie erscheinen im zweiten (und gleich auch schon letzten) Band von Schlegels *Museum*. Der Wiener Zensor tut Jean Paul den Gefallen, waltet gewissenhaft seines Amtes und streicht ihm die fünfte «Sphinx» mit ihren sarkastischen Anspielungen auf Zensur und «Sonnenfinsternis» der Wiener Gegenaufklärung.[147]

Nachdem das erledigt ist, vertieft sich Richter wieder in naturwissenschaftliche Studien. In einer Abhandlung über die Magnettherapie, geschrieben für den Frankfurter Gelehrtenverein «Museum», konfrontiert er ein Jahr später die neuesten medizinischen Hypothesen (u. a. von Alexander von Humboldt, Hufeland und Reil), wonach die magnetische Wirkung auf dem Zusammenschalten von zerebralem und (wie wir heute sagen) vegetativem Nervensystem in der «Herzgrube (als Sonnengeflecht und Mittelpunkt der Nervenknoten)» beruhe, mit metaphysischen Spekulationen (bei Ernst Platner und Charles Bonnet) der Seele als feinstofflichem «Ätherleib» und physikalischen Theorien wie Galvanismus und Biomagnetismus.[148] Ebenfalls für den Gelehrtenverein verfasst er Anfang 1813 einen längeren Essay mit dem merkwürdigen Titel *Frage über das Entstehen der Pflanzen, Tiere und Menschen*. Die Formulierung spielt auf Goethes Plädoyer für die empirische Naturkunde in dessen Aufsatz *Der Versuch als Vermittler zwischen Subjekt und Objekt* von 1792 an, wo Naturforschung als «Anfrage an die Natur» bezeichnet wird. Durch Erfahrung, Versuch und Experiment, hatte Goethe festgestellt, müsse den grassierenden naturphilosophisch-metaphysischen Spekulationen begegnet werden, die durch vorgefasste Ideen der objektiven Erkenntnis vorgreifen. Richters Einwände gegen zeitgenössische Theorien über die Entstehung organischen Lebens von Cuvier, Buffon, Oken, Erasmus Darwin (dem Großvater Charles Darwins) oder Lamarck zeugen von gründlichem Studium der einschlägigen Forschungsliteratur. Was war vor der Entstehung der ersten einfachen Organismen, aus denen sich die Vielfalt der Pflanzen und Tiere entwickelt hat? Einen Anfang des organischen Lebens im Sinne der biblischen Schöpfungsgeschichte kann sich Richter nicht vorstellen. Wenn es aber keinen Anfang gibt, fragt er, warum sollte dann die Entwicklungsgeschichte irgendwann zum Stillstand gekommen sein, wie die meisten Paläontologen annehmen, warum sollten nicht immer wieder neue Arten entstehen? Ebenso wenig will ihm die neueste Hypothese einleuchten, beim entwicklungsgeschichtlichen Übergang von unorganischer zu organischer Materie hätten elektrogalvanische Reize aus toter Materie den Lebensfunken erzeugt, gleichsam eine Art biologischer Urknalltheorie. Solche Theorien, meint er, seien gedanklichen Zirkelschlüssen mehr als der Wahrheit verpflichtet. Einer ihrer Anhänger, der Physiker und Chemiker Thomas Seebeck, Experte für Photovoltaik und Lichtstreuung, wohnt im selben Haus wie Familie Richter. Neben Christoph Schweigger ist Seebeck Herausgeber des Nürnberger *Journals für Chemie und Physik*. Mit Hegel und Niethammer ist er eng befreundet. Mit Goethe, den er bei der Abfassung der *Farbenlehre* beriet, unterhält er engen brieflichen Kontakt.

Ein paar Jahre später, 1816, gesteht Friedrich Richter seinem Freund Jacobi: «Ach Gott! Erst im 53ten Jahre sieht man ein, wie wenig Zeit man für die Wissenschaften hat. Geschichte allein – Mathematik allein – Physik allein fodern ein ganzes Leben, und dann kommt noch vollends das, was man nebenher schreiben will.» Gleichwohl bleibt ihm die metaphysische Rückseite der Natur unersetzlich. Ihm behage nun einmal «ein blindes, taubes Spinoza-All» nicht. Im Gegensatz zu Goethe ist Richter kein uneingeschränkter Anbeter der wissenschaftlichen Objektivität. Obgleich überzeugter Atheist, will und kann er auf Gott nicht verzichten, «der nicht vergeht, weil er nie entsteht», in dem sich aber eine Vorstellung von der Unendlichkeit des Universums in Zeit und Raum personifiziert.[149] «Wir sollten eine solche Anthropologie des göttlichen Anthropomorphismus versuchen.»[150] Wenn auch die letzten Rätsel der Natur hinter dem Schleier der Isis ewig verborgen bleiben, so entspricht doch die Suche nach einem Urgrund allen Seins dem ewigen menschlichen «Heimweh nach einem Gott». «Gleichwohl wollen wir uns nicht verschweigen und verschleiern, daß die Urseele uns nur als eine immer hellere, aber ewige Aurora am All erscheint, und daß diese Sonne nie aufgeht, weil das Auge der Endlichkeit an der Sonne stürbe. Nur das göttliche Morgenrot sieht und verträgt der Menschenblick.»[151]

Kein Leichtes also für den wissbegierigen Dichter, zwischen den Mythosophen Jacobi und Schelling, den Wissenschaftstheoretikern Fichte und Hegel und der empirischen Katzenbergerei der Experimentalphysiker und -chemiker eigene, neue Denkwege zum Verständnis der «Seele» zu finden. Doch gibt es sie bereits; sie führen aus dem Makrokosmos der Physik geradewegs in das Mikroversum des menschlichen Kopfs und begründen um die Mitte des 19. Jahrhunderts zwei neue Wissenschaften: die Psychologie des Bewusstseins und die Neurologie des menschlichen Gehirns als Topographie jenes unerforschten Innenraums, den Jean Paul schon vor bald zwanzig Jahren die «zweite Welt» genannt hat.

Der Krieg zwischen Frankreich und Russland steht kurz bevor. Hamburg ist von französischen Truppen besetzt. Schwarzrotweiße Fahnen werden auf preußische Bajonette gepflanzt. Wegen der neuerlichen Kriegsgefahr denkt Richter immer häufiger daran, seinen Wohnort nach Nürnberg oder Erlangen zu verlegen. Doch für die nächsten sechs Monate hält ihn die Überarbeitung der *Vorschule der Ästhetik* für die zweite Auflage in Bayreuth fest. Zwei neue Merkhefte werden angelegt, das ältere Heft der «ästhetischen Untersuchungen» wird durchgesehen. Die neue Vorrede schreibt Richter am 12. Juni 1812 in Nürnberg, wohin er Seebeck für einige Tage begleitet hat. Auf der Durchreise nach München möchte ihn Friedrich Heinrich Jacobi im Nürnberger Hotel «Goldener Adler» treffen. Jacobi ist seit einem Jahr Präsident der Bayerischen Akademie der Wissenschaften. Richter und er sind sich noch nie leibhaftig begegnet, und Richter hat Bedenken, wie der philosophische Duzfreund mit dem empirischen Jean Paul zurechtkommen werde. «Freilich das Ding im Autor, das wider deinen Wunsch den Katzenberger und Fibel schreibt, muß auch im Menschen vorkommen.»[152]

Vor ihm steht ein feiner, schlanker Herr in den Sechzigern mit durchgeistigten Zügen und aristokratischen Manieren. Alles an Jacobi verrät den Ästheten, der das gute Leben nicht weniger liebt als den spekulativen Tiefsinn. In seiner weltgewandten Politesse ist nichts von der weichen Seelenmusik, die Richter an Herder so anzog. Doch alles geht gut; unverfänglichen Gesprächsstoff bieten die Neuordnung der

Bayerischen Akademie unter Jacobis Leitung und die Einführung von Richters altem Gothaer Freund Friedrich Schlichtegroll als Sekretär der Akademie.

«Also Sie spielten, Ihrer Gewohnheit gemäß, das Lamm im goldenen Reichsadler», bemerkt der vielwissende Emanuel, der sich in Richters Abwesenheit um Karoline und die drei Kinder kümmert.[153] Nicht nur vor Karolines Geburtstag am 7. Juni, auch vor dem grassierenden Fleckfieber in Bayreuth ist Richter, der hypochondrische Doppelhase, nach Nürnberg entlaufen. Als Seebeck am 9. Juni ohne Richter, doch mit einem Briefchen für Karoline nach Bayreuth zurückkehrt, bedankt sich diese mokant für die verspäteten Glückwünsche. «Dein Andenken an den widrigsten Tag jedes Jahres rührt mich tief – als Nachhall schönerer Zeiten, wo noch mein Dasein Dich nicht unglücklich machte.» Ihre Ehekrise tragen sie nun in Briefen aus. «Meine Stimmung ist dumpfe Resignation», schreibt Karoline, «und diese gibt mir den Anstrich von Kälte die dich oft tödtlich verwundet – und Stolz ist es und Furcht zurückgestoßen zu werden, warum ich nicht immer wieder sogleich nach gethaner Kränkung zu Dir zurückkehre.»[154]

Nach vier Tagen fahren Richter und Jacobi nach Erlangen, wo sie sich verabschieden. Bis zu Jacobis Tod bleibt es ihre einzige Begegnung. Seinen nächsten Brief beginnt Jacobi mit «Lieber Jean Paul», womit dem satirischen Zwilling ein für alle Male philosophische Satisfaktion erteilt ist. In Erlangen verweilt Richter fast vier Wochen, ungeachtet Karolines Klagen. Er will sich vom Opium entwöhnen. Die Stadt ist reizlos, von den 8500 Erlangern sind die Hälfte Fabrikarbeiter.[155] Die Universität gehört mit ihren 300 Studenten zu den unbedeutenden. Bemerkenswerte Geister beherbergt Erlangen kaum, abgesehen vielleicht von dem Zoologen und Geologen August Goldfuß, Direktor des Erlanger Naturalienkabinetts, von dem 1816 eine paläontologische Beschreibung des Fichtelgebirges erscheint, oder Christoph Schweigger, dem Richter Grüße von Emanuel ausrichtet.

Schweigger versorgt den Dichter in den nächsten Jahren regelmäßig mit den neuesten Ausgaben des *Journals für Chemie und Physik*. Im elften Band findet sich 1814 neben einer Abhandlung über den «thierischen Magnetismus» auch ein Bericht des Briten Dr. Marcet, der den

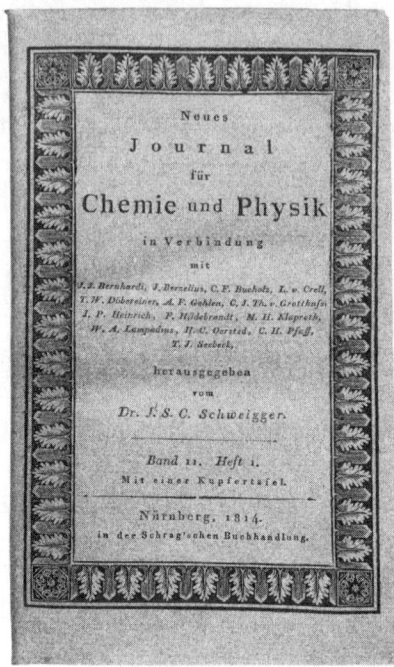

Titelblatt des Journals für Chemie und Physik XI/1814, Heft 1

Verfasser des Apothekerromans brennend interessiert haben dürfte. Er beschreibt, wie durch eine Gasflamme so hohe Temperaturen erzeugt werden können, dass ein Diamant, in die Flamme gehalten, in wenigen Sekunden schmilzt. Jean Pauls Apotheker behilft sich bei der Herstellung des großen Diamanten, mit dem er sein Glück machen wird, allerdings noch mit einem mittelalterlichen Alchemistenofen, dem «faulen Heinz», ist er doch ein trefflicheres Bild für die Alchemie des menschlichen Kopfes, der bei großer Erhitzung Träume brütet, die er dann für ewige Wahrheiten ausgibt.

Was alle Welt befürchtet hat, tritt Ende Juni 1812 ein. Napoleon erklärt Russland den Krieg und führt seine Heere Richtung Moskau. Er hat seinen Gegner unterschätzt. General Michail Illarionowitsch Kutusow erwartet den Eindringling tief im Landesinneren, geschwächt von wochenlangen Märschen. Mehr als 50 000 französische und Rheinbundsoldaten werden in der Schlacht von Borodino am 7. September

«Fauler Heinz», alchemistischer Ofen aus dem Mittelalter, 1574

getötet. Kutusow verliert eine Schlacht – und rettet Russlands Ehre. Die Einnahme des niedergebrannten und menschenleeren Moskau wird zu einer Demütigung für den Eroberer. Napoleons Friedensangebote bleiben von Zar Alexander unbeantwortet. Die Soldaten hungern und frieren erbärmlich. So bleibt nur der Rückzug aus einem Reich, das er besiegen, aber nicht erobern konnte. Mit den überlebenden Soldaten schlägt sich der Kaiser im tiefen russischen Winter bis zur ostpreußischen Grenze durch, Kutusows Truppen dicht auf den Fersen.

Während sich in Ostpreußen eine patriotische Volksfront organisiert, um Napoleons Streitkräften gebührenden Empfang zu bereiten, sitzt Friedrich Richter nächtelang auf seinem Kanapee und liest sich durch Journale und neueste Bücher von der Leipziger Messe, um sich herum alte Briefe, Notizhefte für den Apothekerroman, Exzerpthefte. In den Morgenstunden schreibt er, Kaffee und Wein trinkend, abwechselnd am Roman und an seinen naturwissenschaftlichen Aufsätzen für den Frankfurter Gelehrtenverein. Am 21. April 1813 stellt er die «vermischten Aufsätze» unter dem Titel *Museum von und für Jean Paul* (nach dem Muster des *Journals von und für Deutschland*) zusammen. Der Unterschied ist nur: er ist Herausgeber, Redakteur und Autor in einer Person, «nämlich ich selber».[156] So tut er doch auch etwas fürs Vaterland. Denn was ist eine Nation gegen ein Ich, das mit sich selbst beliebig Kriege führen und Frieden schließen kann? Was ist ein Gelehrtenverein gegen einen kritischen Kopf, der sich selbst «einen gültigen vollen Preßfreiheitbrief oder Selber-Konsens» ausstellt?[157]

Neben dem Aufsatz über Magnettherapie enthält der Sammelband Anregungen zu einer neuen, neuropsychologischen Theorie des Träumens sowie aphoristische Bemerkungen über Gott und die Welt, ein Allerlei über Frauen und Ehe, humoristische Einblicke ins Innere des menschlichen Körpers (*Des Geburtshelfers Walther Vierneissel Nachtgedanken über seine verlornen Fötus-Ideale*), die schon erwähnte Abhandlung über die Entstehung der Arten und ein fiktives Jahresprogramm seiner künftigen Monatsbeiträge für Cottas *Morgenblatt*. Statt wie geplant bei Leonard Schrag erscheint Jean Pauls *Museum* bei Cotta.

9. DER KOSMOPOLITIKER

Bayreuth, Anfang 1814

Den Anbruch des neuen Jahrs feiert Jean Paul mit einem furiosen Maskenspiel für Cottas *Morgenblatt*, sozusagen von höherem kosmopolitischen Standpunkt: *Mars' und Phöbus' Thronwechsel in der Silvesternacht 1813/14*. Der Kosmiker ist der Humorist der vierten Dimension. Man kann die Welt nur verlachen, wenn man über ihr schwebt. Auf die Hochkonjunktur des romantisch-christlichen Mittelalters in der Literatur antwortet Jean Paul mit der fröhlichen Anrufung jener heidnischen Götter, deren sich politische Schönredner und Hofmaler bei der Darstellung gekrönter Häupter noch immer gern bedienen. Auf einem Hofball lässt er Mars, den Gott des Krieges, auftreten, begleitet von seinem Hofnarren, der ihm einen kleinen Thronschemel nachträgt; «sein Kleid war aus lauter fingerlangen Kleiderchen aus allen europäischen Uniformen musivisch zusammengenäht und dadurch bunt genug». Statt mit dem Kriegshelm bedeckt der martialische Narr seinen Kopf mit einer Mütze, an der die Feder eines gallischen Hahns befestigt ist, «womit man sonst den Teufel abbildete». Durch eine andere Saaltür tritt Phöbus-Apoll, der Gott der schönen Künste, ebenfalls von seinem Hofnarren begleitet. Beide Narren tragen «einen Stern der Weisen, aber groß und nicht von Geldpapier, sondern von echtem Goldpapier, und der solarische [Apolls Narr] hatte sich mit dem seinigen Brust und Nabel gedeckt und die hinausstechenden Strahlen auf dem Rücken übergeschnallt. [...] Ich sann nach, ob Allegorie hinter allem steckte; es wollte sich aber nichts finden.»[158]

Mars teilt den Anwesenden mit, er übergebe, nachdem er Europa gerettet, nun den Thron seinem Bruder Phöbus. «Sire, Europa ist gerührt», antwortet der Sonnennarr. «Ohne Sie wäre die Jungfrau Europa eine Witwe, gleichsam ein Lustspiel von Niccolo Buonaparte geblieben». Die Peitsche des Krieges sei so lang gewesen, «daß ich für meine kurze Person, wenn ich den Stiel in St. Cloud [Napoleons Residenz] bewegt hätte, mit dem Riemen Buchhändlern in Nürnberg oder Nationalzeitungsschreibern in Gotha hätte die Nase bestreichen wollen» – eine subtile Anspielung auf den Tod des Buchhändlers Palm.[159]

Zehn Jahre napoleonische Eroberungskriege, Zensur, Unterdrückung bürgerlicher Freiheiten, zehn Jahre europäischer Geschichte ziehen als karnevalesker Bilderbogen vorüber. «Bauch heraus, Brust hinein! Schreiber und Sprecher gingen alle wie auf Eis, oder bergab, nämlich mit gebognen Knien und Rücken.» Jean Pauls Rückblick auf die Gegenwart beschönigt nichts und schont niemanden. «Politische Philosophie auf Druck- und Schreibpapier war so verboten wie papierne Laternen in Ställen, damit kein *Feuer* auskäme. Das belagerte Deutschland glich einer belagerten Stadt, worin man alle Fenster mit *Mist* zumacht. Gab einer aber Licht, so fing sogleich der eine und der andere Zensor an, das Licht wie einen Mohren so lange weiß zu waschen, bis es sich gebrochen und verdunkelt hatte.»[160]

Vor den Augen des Lesers zieht der letzte Akt dieses Jahrzehnts der Theatermonarchen und Tintenkriege, der vernichteten Staaten, Landschaften und Leben wie eine Minute vorbei. Anfang Januar 1813 waren die Franzosen von russischem Gebiet vertrieben. Preußen hat sich in der Konvention von Tauroggen mit Russland verbündet; der Zar lässt sich die Waffenhilfe hoch bezahlen und fordert die Rückgabe der 1807 von Preußen annektierten Gebiete des Königreichs Polen. Metternich sichert der russisch-preußischen Allianz Österreichs Neutralität zu, obwohl Preußen formal noch immer Frankreichs Bündnispartner ist. Napoleons Reich der Freiheit schlägt die letzte Stunde. Schon sind Hamburg und Lübeck befreit. In Danzig und Stettin sind französische Regimenter eingekesselt. Die junge deutsche Literatur sammelt sich um die schwarzen Fahnen der Freicorps, und alle, alle ziehen mit «Leyer und Schwert» hinterher: Max von Schenkendorf, Eichendorff, Arnim, Rückert, Uhland, Theodor Körner. «Es ist kein Krieg, von dem die Kronen wissen, es ist ein Kreuzzug, s' ist ein heiliger Krieg.»[161]

Für die preußischen Patrioten ist es ein Krieg um Deutschlands Einheit und Freiheit, für die Monarchen ein Krieg um die Legitimität ihres

Gottesgnadentums, für Staatsmänner wie Metternich, Hardenberg, Montgelas ein Krieg um das politische Gleichgewicht der Großmächte in Europa. Weder ist für die nachnapoleonische Zukunft Europas ein restauriertes Habsburgerreich gewollt, das sich mit Einschluss von Bayern bis zur Rhein-Main-Linie ausdehnen würde, noch ein Preußen von der Memel bis zur Maaß. Und schon gar nicht möchte man in Wien und Berlin Russlands Westgrenze gleich hinter Oder und Weichsel wissen. Jetzt jagen sich die Nachrichten. Der britische Admiral Wellington schickt zur Blockade französischer Häfen ein Geschwader ins Mittelmeer. Aus Madrid flieht Joseph Bonaparte, König von Spanien. Im April 1813 ist Sachsen frei, König Friedrich August I. «mit dem großen französischen Kriegshut»[162] wird auf der Flucht von preußischer Gendarmerie eingeholt und in Berlin-Friedrichsfelde inhaftiert. Er hatte versäumt, wie Bayern und Württemberg rechtzeitig die Seite zu wechseln. Napoleon gelingt es nicht mehr, seine Hauptstreitkräfte über die Elbe und Saale den russisch-preußischen Truppen entgegenzuwerfen; er scheitert am entschlossenen Widerstand der preußischen Landwehren. Anfang April sammelt er seine aufgeriebenen Bataillone in Sachsen und Thüringen.

Am 25. April ist der Kaiser in Erfurt, um von dort aus Richtung Halle und Leipzig vorzustoßen. Russische Husaren patrouillieren in Hof und Kulmbach. Im Preußischen verlieren die Franzosen Schlachten, die sie in Pommern gewinnen. Der Krieg wogt zwischen Oder und Elbe und legt immer neue Brandnester. Im Juni ist Napoleon zu Verhandlungen über einen Waffenstillstand bereit, der bis Ende Juli von allen Seiten eingehalten wird. Als Bedingung für den Friedensschluss verlangt der österreichische Premier Clemens von Metternich auf dem Friedenskongress in Dresden von Napoleon die Abtretung des Großherzogtums Warschau an Österreich, Preußen und Russland sowie die Wiederherstellung Preußens in den Grenzen von 1805, die Auflösung des Rheinbunds und die Rückgabe der besetzten Hansestädte. Das weist Napoleon als unannehmbar zurück. Auf dem Rückweg von Wien, wo er nach den gescheiterten Dresdener Verhandlungen eine lange Unterredung mit Metternich hatte, übernachtet der Kaiser am 3. und 4. August in Bayreuth, seiner verkauften Provinz. Am 11. August erklärt Österreich Frankreich den Krieg.

Just in diesen Tagen wird dem Legationsrat Richter die Wohnung in der Hauptstraße gekündigt. Zur selben Zeit bietet König Max I. von Bayern in einer Geheimbotschaft an Kanzler Metternich Österreich noch einmal so viele Soldaten gegen Frankreich an, wie er Napoleon für den Russlandfeldzug gegeben hatte (von 30 000 Männern kamen nur einige Hundert lebend zurück). Für den Fall des Siegs lässt Max I. sich volle Souveränität garantieren. Metternich stimmt zu. Bayern erklärt am 8. Oktober seinen förmlichen Austritt aus dem Rheinbund. Die Nachricht löst bei den Franken Jubel aus. In Altdorf wird eine der verhassten Rheinbundsäulen von Bürgern umgestoßen. Vorauseilend erlässt der Bayreuther Freimaurerorden eine Proklamation der «Treue für König und Vaterland».

Am 16. Oktober 1813 treffen südlich von Leipzig drei gewaltige Armeen aufeinander. Napoleon wird vernichtend geschlagen. Die koalierten Armeen verfolgen die Reste der *Grande Armée* über den Rhein. Zum ersten Mal seit zwanzig Jahren setzt der Krieg seinen eisernen Fuß auf französischen Boden. Im November wird Fürstprimas Dalberg abgesetzt, der Rheinbund aufgelöst.

Friedrich Richter muss nun um seine Pension bangen. Anfang November zieht er mit seiner Familie ein paar Häuser weiter in die Friedrichstraße 5. Am Neujahrstag 1814 kommentiert die *Erlanger Real-Zeitung* den Vormarsch der preußisch-russischen Truppen mit den Worten: «solche Heere überwältigen die Pforte der Hölle und gewiß auch den Napoleon.»[163] Beim Einzug der Koalierten wird in Kulmbach wie zu markgräflichen Zeiten von der Regierung ein (Schau-)Essen für die Untertanen spendiert. Dieselben Pfarrer, die 1806 für Napoleons Kriegsglück gebetet hatten, erklären ihn nun zum «Sohn der Hölle», von dem die Gnade Gottes im «Kampf der Heiligung» die Franken erlöst habe. Es fehlt nicht an gedruckten Schmähungen des besiegten Imperators und seiner Verbündeten. Unter der Bürgerschaft regt sich aber auch Unmut gegen die bayerische Regierung in München. Im April wird in Neustadt an der Aisch eine Flugschrift abgefangen, in der gefordert wird, Ansbach, Bayreuth und Nürnberg an Preußen zurückzugeben. «Deutschland, man kann es nicht oft genug sagen, wird zwar nie Eine Macht, nie ein Volk werden; aber eine Nation sind wir», schreibt

Jean Pauls letztes Wohnhaus in der Friedrichstraße 5 in Bayreuth

die *Erlanger Real-Zeitung* am 10. Juni, und unmissverständlich an die Adresse des Verfassers von *Mars' und Phöbus' Thronwechsel* gerichtet: «Eine eigensinnige Weisheit wollte den frostigen Kosmopolitismus an die Stelle der begeisterten Vaterlandsliebe setzen [...] wer aber aller Welt Freund zu seyn vorgibt, ist keines Menschen Freund [...] Für die Bürger gibt es ohne Vaterlandsliebe keine Tugend.»¹⁶⁴ Napoleons Abdankung nach der Einnahme von Paris am 11. April wird von der *Bayreuther Zeitung* hymnisch gefeiert:

> Ja, die Weltdespotin ist gefallen
> Und dein Stolz gebändiget, Paris,
> Das uns schöngeschminkte Laster sandte
> Das mit Höllenzauber lockt' und bannte –
> Das vom Mark der Länder gierig sog,
> Das die Völker und – sich selbst betrog.¹⁶⁵

«Politische Schriftsteller im weitesten Sinne», so heißt es mit unüberhörbarer Ironie in der Vorrede zu *Mars' und Phöbus' Thronwechsel*, «welche über Geschichte, Handel, Finanzen, Gesetze und Regierung schreiben, sind von einer nicht genug anerkannten Wichtigkeit für Länderglück; ihre Federn werden ebensogut zu Kompaßnadeln und Steuerrudern als zu Stacheln der Bohrwürmer, welche, nur langsamer als Klippen, das Schiff durchlöchern. Eine einzige Irr-Idee über den Handel im Kopfe eines Allmachthabers verstümmelt eine Welt.»[166] Er wünsche sich, gesteht Jean Paul den *Morgenblatt*-Lesern, ein «Fürsten- und Großenblatt oder -Spiegel», verfasst von Männern wie Johannes von Müller, Fichte oder dem oppositionellen württembergischen Staatsrechtler Johann Jacob Moser – alle drei Verteidiger der Idee eines europäischen Staatenbunds –, die den Mächtigen die Wahrheit ins Gesicht sagen.[167] Das Blatt könne «freilich nur von wenigen und für wenige und mit wenigem geschrieben werden, von großsinnigen Geschichtsschreibern, welche ohnehin von Natur Politiker sind, von Finanzweisen, also von größern Kameralkorrespondenten, als in Erlangen einer antwortet, von alten Staatsmännern, welche ohnehin lieber Erfahrungen als Systeme aufschreiben, lieber kleine Texte als lange Predigten darüber.»[168]

All das ging dem württembergischen Zensor dann doch zu weit. Er verweigerte die Druckgenehmigung für das *Morgenblatt*, weil Jean Paul ihm «als ein Totenkopfschmetterling gegen die Franzosen bedenklich schien; mit andern Worten, er verbot mir, gegen die Leute zu schreiben, gegen welche er und ich (auf Befehl unserer Regierungen) sogar zu schießen haben.»[169] Daraufhin ließ Cotta Jean Pauls *scherzhafte Flugschrift* als Sonderausgabe in Leipzig bei dem Buchhändler Kummer drucken. Sie erscheint am 6. April, eine Woche vor Napoleons Abdankung in Paris. Was für ein Streich, sie dem russischen Zaren Alexander zu widmen, einst einer der größten Bewunderer des französischen Kaisers, und per Feldpost am 22. April nach Paris zu schicken! Von einer Antwort ist allerdings nichts bekannt geworden.

Vor den Apotheosen der Sieger verblassen selbst die Götterspiele eines Jean Paul. Am 16. Juni zieht Kaiser Franz I. von Österreich durch die Triumphpforte am Kärntnertor in Wien ein und wird gefeiert wie ein Gott. Künstler bilden den Ritter vom Goldenen Vlies als lebendes Denkmal ab, das von Friedensengeln mit Palmwedeln umringt wird und zu dem selbst die Madonna mit dem Kreuz demütig aufschaut.

Apotheose Kaiser Franz' I. von Österreich, Ölgemälde von Friedrich Heinrich Füger, 1815

Eher unfreiwillige Komik gibt dem Wiener Festdichter Adolf Bäuerle angesichts der zahlreich versammelten Volksmenge die Verse ein:

> Erlauchter Kaiser! Lass es Dir gefallen,
> Dass diese heitre jugendliche Schaar
> Dir Kränze windet. Sieh, mit frohem Lallen
> Bringt sie Dir, Vater, ihren Jubel dar.
> Die Eltern senden Dir die frommen Kleinen,
> Sie selber können nicht, denn – Franz – sie weinen![170]

«Wenn Fürsten weinen, so bluten Völker», kommentiert grimmig der Bayreuther Kosmopolit in den *Satirischen Zeitbetrachtungen im Wonnemonat Europas*, indes er den «politischen Deutschfranzösinnen» unter seinen Leserinnen zu verstehen gibt, dass auf die «Flegeljahrzehende» der «vom Himmel herabgeborene[n] Freiheit» nun die Wiederkunft der Heiligen Drei Könige folgen werde.[171] Zum Zeichen seiner patriotischen Gesinnung lässt er in der *Bayreuther Zeitung* eilig einen Aufruf abdrucken, am Jahrestag der Leipziger Völkerschlacht auf dem Sophienberg ein Freudenfeuer abzubrennen. Während in Wien die Vorbereitungen für den europäischen Friedenskongress anfangen, mit

9. Der Kosmopolitiker | 449

dem dreiundzwanzig Jahre des Blutvergießens enden sollen, sind seine Gedanken bei denen, die ihr Leben verloren (unter ihnen der Maler Friedrich Meier, der Schöpfer eines seiner gelungensten Porträts), weil sie Liebe mit Vaterlandsliebe verwechselten – in der Elegie *Ein deutscher Jüngling in der Nacht des 18. Oktober 1814*.[172]

Als am 18. September in der Staatskanzlei am Wiener Ballhausplatz der Friedenskongress der Siegermächte mit einem großen Hofball eröffnet wird, tragen die Hauptdarsteller statt des Sterns aus Goldpapier den habsburgischen Orden vom Goldenen Vlies, den preußischen Roten Adlerorden, den russischen St.-Georgs-Orden auf der Brust. Die «Hofnarren» Adam Müller, Friedrich Schlegel, Karl August von Varnhagen und zahllose andere beobachten aus nächster Nähe die Neuordnung Europas. Johann Friedrich Cotta vertritt mit Friedrich Bertuch die «Kommission deutscher Verleger», um dem Kongress eine Denkschrift gegen den illegalen Nachdruck zu übergeben. Neben den Kaisern von Österreich und Russland, dem König von Preußen, König Friedrich VI. von Dänemark sowie dem britischen Außenminister Robert Viscount Castlereagh sind alle deutschen Fürsten angereist; auch jene, die sich noch im letzten Augenblick auf die Seite der Sieger geschlagen haben: Max I. Joseph von Bayern mit Kronprinz Ludwig, Friedrich I. von Württemberg, die Herzöge von Sachsen-Weimar, Sachsen-Meiningen, Gotha und Coburg und die Grafen von Reuß.

Die beherrschende Gestalt in Kongress-Wien aber ist der österreichische Staatskanzler Clemens von Metternich. Er steht im Zenit seiner Macht. Der Frieden ist sein Geschäft, nicht der Krieg. Er ist ein Schöngeist, in dem die Wendigkeit des Zynikers mit der Feinheit des Hofmanns, die Freimütigkeit des Realpolitikers mit der Süffisanz des Bonvivant auf gewinnende Art verbunden sind. Talleyrand und Napoleon waren seine diplomatischen Lehrmeister. In seiner Zeit als österreichischer Gesandter in Paris hat er Napoleons Polizeiminister Fouché den Aufbau eines dichten Netzes geheimer Korrespondenten abgelernt, das er in den nächsten dreißig Jahren zu einem beispiellosen Überwachungs- und Zensursystem, einer zweiten Macht im Staat, perfektionieren wird. Die erste Bewährungsprobe stellt der Kongress selbst dar. Die Zentrale des Spionageapparats ist die Geheime Ziffern-

Der Teufel diktiert Talleyrand die Erklärung des Wiener Kongresses vom 13. März 1815, durch die Napoleon zum vogelfreien Gesetzesbrecher herabgewürdigt wird, zeitgenössische Karikatur

kanzlei in der Wiener Stallburg; mit modernsten Methoden der Chemie und Physik werden hier die abgefangenen Briefe der Gesandten und gekrönten Häupter dechiffriert, während die ausgehenden Briefe der österreichischen Staatskanzlei mittels derselben Verfahren verschlüsselt und Dossiers mit Geheimtinte verfasst werden. Es geht zu wie in Jean Pauls *Titan*. An allen österreichischen Zollstationen sind sogenannte Postlogen eingerichtet, die die abgefangenen Sendungen an die Oberste Geheime Postloge in der Wollzeile hinter dem Stephansdom weitergeben, von wo aus sie an die Geheime Ziffernkanzlei gelangen.

Metternich hat dafür gesorgt, dass auf dem Wiener Kongress nur die vier Siegermächte über Europas Zukunft verhandeln dürfen. Zahlreiche Kommissionen widmen sich Einzelfragen wie der staatlichen Reorganisation Deutschlands. Sie kommen jedoch zu keinem Ergebnis, so dass der Beginn der eigentlichen Friedensverhandlungen immer wieder verschoben werden muss. Unlösbar scheint vor allem die polnische Frage; Russland und Preußen feilschen um Polens Herzstück, das Großherzogtum Warschau. Am 3. Januar 1815 beendet der britische Außenminister das unwürdige Gezerre und legt zusammen mit Talleyrand den Entwurf eines englisch-französisch-österreichischen Geheimvertrags vor, dem sich Bayern, Holland und das Königreich Hannover anschließen. Damit ist die europäische Friedensallianz gescheitert, bevor sie noch besiegelt ist. Maßgeblichen Anteil hat daran Charles-Maurice Talleyrand, Napoleons diplomatische «Feder» und langjähriger Außenminister. Frankreich kehrt als gleichberechtigter Partner an den Verhandlungstisch und in die europäische Staatenfamilie zurück, die dem Bourbonen Louis XVIII. den Weg auf den seit 1792 vakanten französischen Königsthron bahnen soll. Nicht die französische Nation, sondern allein Napoleon trage die ganze Kriegsschuld, so Talleyrand, der sich in einem bourbonischen Frankreich gute Chancen als Chef des *corps diplomatique* ausrechnet.

Das Orakel von Bayreuth hat Recht behalten. «Das Welttheater unseres Jahrhunderts ist ohnehin, wie ein römisches Amphitheater, so drehbar, und die Bühnenwände, zwischen welche man schauet, schieben sich so eilig durcheinander, daß man nicht schnell genug über einen Monat ein Urteil haben und fällen kann, wenn es nicht das nächste verfälschen soll».[173]

V. BUCH

KINDER DER TITANEN
(1815–1825)

Hunderte von Kommentaren besitzen wir über Schiller *und* Goethe, *auch nicht einen nur irgend erträglichen über* Jean Paul. *Soll ihn denn nie jemand außer seiner Frau* Rollwenzel *verstehen?*

Georg Herwegh

1. DIE HEILIGE ALLIANZ

Bayreuth, Anfang 1815

Das Jahr 1815 fängt mit starkem Schneefall an. In Bayreuth leiht ein Legationsrat von seinem Nachbarn einen Schlitten, um mit seinen Kindern zur Rollwenzelei zu fahren. In Wien begeben sich drei Majestäten in dreißig Schlitten zur Lustpartie nach Schönbrunn. Wie ein «Komet», hat Jean Paul den Lesern des *Morgenblattes* im Herbst vorausgesagt, werde Napoleon von seiner Verbannungsinsel Elba zurück auf die politische Bühne kommen: zu Pferde, die europäischen Fürsten an einem Strick hinter sich her ziehend, jeder einen Papagei auf seiner Schulter, «welcher französische Schimpfworte auf ihn ausstieß».[1] Am 26. Februar schlägt der Komet, begleitet von sechs Schiffen und tausend Soldaten, an der französischen Küste ein. Von Grenoble zieht die kleine Armee nach Paris, ohne auf Widerstand zu stoßen. In Wien, wo die Nachricht erst eine Woche später eintrifft, verursacht sie ein politisches Erdbeben. In Paris räumt Louis XVIII. sein noch warmes Bett dem Triumphator, der vierundzwanzig Stunden später, am 20. März 1815, die Stufen der Tuilerien hinaufgetragen wird. In aller Eile mobilisieren die Kongressmächte ihre Armeen. Napoleon legt im April der zweiten Kammer den Entwurf einer französischen Konstitution vor, in dem freie Wahlen und Pressefreiheit in Aussicht gestellt werden, lässt beide Kammern abstimmen und schwört am 1. Juni auf dem Marsfeld den Eid auf die neue Verfassung.

Am nächsten Morgen zieht der Kaiser mit seinen ihm treu ergebenen Soldaten den Regimentern des Generals Blücher in Belgien entgegen. Im Handstreich nehmen sie die preußischen Stellungen bei Ligny. Als britische Truppen unter General Wellington ihnen bei dem Dorf Waterloo unerwartet den Rückzug abschneiden, verlässt das Feldherrenglück den Imperator. Bei der zwölfstündigen Kanonade verlieren mehr als 50 000 französische, britische und preußische Soldaten und Offiziere ihr Leben.

Kometenhaft wie der Aufstieg des Hundert-Tage-Kaisers ist sein Absturz. Am 22. Juni dankt Napoleon I. ab, verabschiedet sich von seinem geliebten Malmaison, schreibt einen Abschiedsbrief an Louise und seinen dreijährigen Sohn in Wien, den kleinen «König von Rom», verlässt Paris und besteigt am 15. Juli in Rochefort das britische Schlachtschiff «Bellerophon» zu seiner letzten Reise nach St. Helena. Dem erschrockenen Louis XVIII. hinterlässt er eine unregierbare konstitutionelle Monarchie, die das Ende der Bourbonen besiegeln wird.

Nach fünfundzwanzig Jahren Revolutionen und Gegenrevolutionen, Krieg, Bürgerkrieg und Länderschacher ist überall in Europa Armut an der Tagesordnung. Industrie und Wirtschaft sind geschwächt. Württemberg erlebt die schlimmsten Hungerkrisen seit Jahrzehnten. Hunderttausende Landarme suchen als Auswanderer Brot und Heimat, wenn nicht das Glück. Im Königreich Bayern folgen auf schlechte Ernten Massenkonkurse in der Landwirtschaft. In Bayreuth werden jede Woche Kühe und Bauernstellen öffentlich versteigert.

Auch in der Familie Richter nimmt die Not zu. Emanuel, der «Nachbar der Gasse, des Herzens und der Gedanken», hilft, so gut er kann.[2] Kartoffeln bezieht Richter aus dem Dorf Bindloch von Pfarrer Seifert, Wein, den er «nur des Schreibens wegen trinke», aus Würzburg von Anton Dick.[3] Seit einem Jahr ist die Pensionszahlung ausgesetzt. «Soll ich in meine Biographie schreiben (und ich schreib' es hier im voraus): nicht einmal der Kongreß erhielt mich sondern er nahm mir das Gegebne von den kleinen Fürsten?»[4]

Während aller Augen auf Wien gerichtet sind, absolviert Jean Paul Fr. Richter den Parcours bei Königen, Kaisern und Ministern, um sie zur Übernahme seiner Pension zu bewegen – muss er auch seinen «Ekel an der Sache» unterdrücken. «Möge die Güte E[urer] D[urchlaucht] es verzeihen», schreibt er Metternich, «daß ich ein Auge, das jetzo nur auf der großen Länderkarte ruht und mißt, auf das kaum sichtbare Pünktchen einer Einsiedelei zu leiten gewagt!»[5] König und Königin von Bayern lässt er wissen, er habe «nach 25 Jahren schriftstellerischer Arbeiten für Religion, Dichtkunst und Philosophie» diese Pension erhalten, die ihm nun grundlos vorenthalten werde. Als «eingebohrner Unterthan» schmeichelt er dem König, der «die Sonne der Wissenschaft und Kunst über alle seine Länder aufgehen läßt». Als «Landeskind» empfiehlt er sich dem Herzen seiner Königin, der schönen Seele, die den Pforten des Paradieses gebiete. «An das Herz» Zar Alexanders appelliert er, «da die wolwollende Vorsehung gerade im Jahrhundert des Egoismus die Menschenliebe auf den höchsten Thron Europas gesetzt» habe, er möge die Verbündeten an ihre Pflichten als Beschützer deutscher Freiheit und deutscher Wissenschaft gemahnen.[6] Den Grafen Montgelas nennt Richter einen «großen Staatsmann», der «das Licht- und Sonnensystem der Wissenschaften von den Akademien an bis zu den Landschulen herab gleichsam als eine geistige Milchstraße heruntergeführt und mit unermüdeter Kraft fest erhalten» habe.[7] Schuckmann ruft er «die dunkle Zeit» der 1790er Jahre in Erinnerung, «wo Sie mich fanden».[8] Und Hardenberg schmeichelt er als Staatsmann, dessen «verdunkelte Zeiten durchblickender Geist zuerst den Ariadnens Faden spann und reichte, an welchem man den europäischen Minotaurus besiegte, und der jetzo die Ableitungskette europäischer Gewitter wurde».[9]

Natürlich ist Richter nicht so naiv, Antworten zu erwarten. Vielmehr verfolgt er einen politischen Plan. Er will seine Sache an die Öffentlichkeit bringen und, falls man ihn nicht erhört, den Pensionsbriefwechsel als Dokument hochfürstlichen Vertragsbruchs drucken lassen. Die Briefe lässt er auf sicherem Weg über Cotta nach Wien expedieren. «Wenn nur Metternich seinen Brief und den kaiserlichen nicht vergleicht, weil derselbe locus communis in beiden vorkommt.»[10] Aus Montgelas' Büro verlautet bald darauf beschwichtigend, die Milchstraße werde Milch geben. Anfang Februar 1816 lässt Cotta 600 Gulden für das Manuskript des zweiten Bandes der *Herbst-Blumine* anweisen. Die größte Not ist gebannt.

Neun Monate nach seiner Eröffnung, am 9. Juni 1815, gibt sich der Wiener Kongress seine offizielle Schlussakte. Die politischen Pragmatiker vom Schlage Metternichs, Talleyrands und Castlereaghs haben sich gegen die Ultramonarchisten durchgesetzt, die von einer Wiederherstellung des Ancien Régime träumten. Am Vortag der Unterzeichnung schlossen sich einundvierzig deutsche Fürsten zum «Deutschen Bund» zusammen. Die ersten zehn Artikel der Bundesakte sind auch Bestandteil der Schlussakte des Kongresses: Die «deutsche Frage» wird damit zu einem Element jeder künftigen europäischen Politik des Gleichgewichts. Das höchste Organ des neuen Bundes ist die Bundesversammlung in Frankfurt. Sie besitzt keine völkerrechtliche Souveränität, sondern garantiert lediglich gleiches Stimmrecht für die kleineren wie für die großen Staaten Bayern, Württemberg, Preußen und Österreich. Nach außen wirkt der Deutsche Bund als Verteidigungsbündnis. Jedes Mitglied verpflichtet sich außerdem zur Einführung einer ständischen Verfassung in seinem Staat.

Allein Zar Alexander traut einem europäischen Gleichgewicht nicht, das einzig auf völkerrechtlichem Vertragsrecht beruht. Durch Vermittlung der Hofdame Roxandre von Stourdza, einer Freundin der Baronesse Juliane von Krüdener, ist es dem bayerischen Theosophen Franz von Baader Anfang des Jahres gelungen, dem Zaren persönlich in Wien eine Denkschrift zu übergeben *Ueber das durch die französische Revolution herbeigeführte Bedürfniß einer neuen und innigeren Verbindung der Religion und der Politik*. Einige Monate nach Baader wird Frau von Krüdener selbst bei Alexander I. vorstellig. Ihr Liebreiz mag gealtert sein, nicht aber ihre verführerische Eloquenz. Der Zar ist so eingenommen von ihrem frommen Eifer, dass er sie zur Siegesfeier nach Paris einlädt. Sie ist eine enge Freundin und Jüngerin des pietistischen Schriftstellers Heinrich Jung, genannt Stilling, der als Großherzoglich Badischer Hofrat in Karlsruhe von einer herzoglichen Pension lebt und zwei christliche Erbauungszeitschriften herausgibt, *Der graue Mann* und *Des christlichen Menschenfreunds biblische Erzählungen*. Der Großherzog von Baden wiederum ist der Bruder der Zarin Elisabeth Alexejewna. Zar und Zarin, obwohl orthodoxe Katholiken, sind von Jungs persönlichem Charisma und seiner Glaubenskraft tief beeindruckt. Seine Botschaften sind seit drei Jahrzehnten dieselben: die demnächst erwartete Wiederkehr Jesu Christi und der Anbruch des Reiches Gottes auf Erden. Nachdem ihn das Zarenpaar bei Gelegenheit des Wiener Kongresses in Karlsruhe besucht hat, fordert Jung seine hungernden Landleute auf, nach Russland auszuwandern, wo der Glauben noch im Volksleben verwurzelt sei. Zehntausende Badener, Schweizer und Schwaben folgen seinem Rat und ziehen in langen Trecks Richtung Tiflis und Odessa.

Auf den Katalaunischen Feldern südlich von Paris, wo einst der Hunnenkönig Attila von römischen Legionen besiegt wurde, lässt Alexander I. in Anwesenheit der alliierten Monarchen die Heere der Sieger von Waterloo an sieben Altären vorbeidefilieren, um die Hochzeit des christlichen Mystizismus mit dem restaurativen Europa zu begrüßen. An der Seite des Zaren Baronesse von Krüdener, in ein schlichtes, madonnenblaues Gewand gekleidet, als Jeanne d'Arc der Heiligen Allianz.

Der Wortlaut des am 14./26. September geschlossenen Vertrags über diese Allianz der gekrönten Häupter Russlands, Österreichs und Preußens stammt von dem Publizisten Friedrich Gentz. Der nüchterne Castlereagh nannte das Dokument nach einem vielzitierten Wort «ein Stück sublimen Mystizismus und Unsinns».[11]

Der 22. November 1815 ist kein guter Tag für Frankreich. Im Zweiten Pariser Vertrag zwischen Österreich und Frankreich werden die Grenzen des Landes auf den Stand von 1790 sowie eine Entschädigungssumme von 700 Millionen Franken festgelegt, die Frankreich an die Verbündeten zu zahlen hat. Eine ausgeklügelte Finanz-Convention legt die französischen Reparationszahlungen auf fünf Jahre zinsfrei fest, abgesichert durch Renten. Drittens regelt eine Militär-Convention den Unterhalt der Besatzungstruppen auf Kosten des Kriegsverlierers. Ein Festungsgürtel an Frankreichs Ostgrenze soll das revolutionäre Feuer für alle Zeit eindämmen. In Straßburg und Metz sind 3000, in Calais, Arras und Dünkirchen 1000, in St. Omer 1500 Soldaten stationiert. Frankreich gleicht einer belagerten Festung.

Der Wind der Geschichte bläst auch Jean Paul Friedrich Richter kräftig ins Gesicht, sollte Europa, dieses Phantom kosmopolitischer Träumer des 18. Jahrhunderts, nun in der «christlichen Nation» als «Übernation» Gestalt annehmen. Indessen gibt es auch gute Nachrichten. Am 10. Dezember trifft die Zusage der Nach- und Weiterzahlung der Frankfurter Pension aus der bayerischen Staatskasse ein. Drei Tage später gehen die Dankbriefe an König und Königin von Bayern sowie an den Grafen Montgelas auf die Post. Am dritten Weihnachtsfeiertag treffen 1750 Gulden Pensionsnachzahlung ein. 1000 Gulden legt Richter bei Emanuel auf ein halbes Jahr verzinst an. Von den Hofer Stollen, die Albrecht Otto zum Fest geschickt hat, gibt er einen an Emanuel weiter. Er findet sich zu «fett»: «Ich muß jedes Jahr – so dick wird' ich – ein Pferd mehr vorspannen lassen.»[12] Dass ihm Hardenberg die Aussicht auf eine preußische Pension endgültig genommen hat, verschmerzt er scherzend. «Zuviel Geld schadet mehr als zu wenig.»[13] Doch lässt er ihn wissen, er werde die Hoffnung nicht aufgeben.

Am 31. Januar 1816 erscheint ein Bildhauer im Auftrag der bayerischen Königin Caroline in Bayreuth, um dem Dichter den Gipsabguss für eine Büste abzunehmen. Ruhig auf einem Kissen von Pensionsgulden könnte Friedrich Richter das ganze kommende Jahr endlich an seinem Apothekerroman weiterschreiben, wäre nicht die Welt der Neujahrsbotschaften des unerschrockenen Jean Paul im *Morgenblatt* bedürftiger denn je. «Seit vielen Jahren arbeite ich am Plane zu einem großen komischen Werke, versplittere mich aber immer in die verdammten Zeitschriften-Stücke. Ich habe so viel zu schreiben und habe noch so wenig zu leben; geht's so fort: so fahr ich aus der Welt und habe nichts darin gesagt.»[14]

Seit Anfang April regnet es fast ununterbrochen, dabei ist es kalt und stürmisch. Manche führen das auf die von Astronomen beobachtete Zunahme der Sonnenflecken zurück und deuten es als Vorzeichen für das Erkalten der Sonne und den ultimativen Weltuntergang. In Bayreuth verbreitet sich das Gerücht unter den Lesern der *Bayreuther Zeitung* vom 23. Juni, diese hat es aus dem Londoner *Herold*. In seinem Domizil am Genfer See beklagt bei Dauerregen und Gewittern der englische Dichter Lord Byron das nahe Ende der Menschheit.[15] Jean Paul hält sich lieber an naheliegendere Erklärungen für das viele schlechte Wetter. In einem *Schreiben des Rektor Seemaus über den mutmasslichen Erd-Untergang am 18ten Julius dieses Jahres* beklagt er sich über die «bußpredigende Propaganda» des Karlsruher Geheimrats Jung-Stilling. Das *Schreiben* erscheint pünktlich kurz vor Weltuntergang am 16./17. Juli. Die Prophezeiungen seien nichts als ein gefälliger Trick, erklärt er, um der Kirche neue Kundschaft zuzuführen; «es fehlt also nur an Propheten, wenn wir nicht genug Christen haben. Und zuletzt, wenn uns alle diese Galgenpater [...] ausgehen, zu was hängt denn der Himmel voll langer Kometenschwänze, welche von jeher die Fuchsschwänze gewesen, womit man die erkalteten Herzen wie Harzscheiben wieder elektrisch oder reibfeurig peitscht?»[16] Als himmlische «Zornruten» seien Kometen, da fast jedes Jahr einer erscheine, noch viel geeigneter als Hungersnöte, Epidemien und Dürreperioden, um die Erde, den «Hintern des Planetensystems», für ihre Sünden zu bestrafen. Doch bleibe am Ende der Trost, dass «Hofrat Jung-Stilling, welcher die Sache wissen kann», in seiner Menschenliebe die Prophezeiung so weit hinausschieben werde, bis ohnedies alle gestorben sind.

Nicht die Welt, aber der fromme Hofrat findet in Karlsruhe alsbald sein Ende.[17] Schuld an der weltweiten Abkühlung der Jahrestemperaturen war vermutlich, ähnlich wie schon 1786, eine gewaltige Aschewolke nach dem Ausbruch des indonesischen Vulkans Tambora im April 1815.

Um bei passender Gelegenheit gleich noch den Wetterpropheten der Volkskalender und Unterhaltungsblätter den Wind aus den Segeln zu nehmen, die gern aus Regenwolken und blauem Himmel die Gnade oder Ungnade Gottes ablesen, verfasst Richter im Mai und Juni 1816 den *Allzeit fertigen oder geschwinden Wetterpropheten*. Seit Jahren beobachtet er Wolkenbildung und Windrichtung, notiert in seinem Wetterbüchlein die jahreszeitlichen Veränderungen und ist überzeugt, in den alten Bauernregeln stecke uraltes Erfahrungswissen. Die käuflichen Dresseure der «Elementenungeheuer» dürfe man dagegen nicht ernst nehmen, denn «dieses ungeheure Element, worin eure meilenlangen Wolken nur Bläschen im Ozean sind, wollt ihr Urinpropheten des Himmels unten auf eurem Luftboden auswittern und durchschauen und ihm das Entkeimen und Ziehen und Zerspringen seiner oft meilenfernen Bläschen ansehen und ansagen?»[18]

Anfang August besucht ihn auf der Durchreise nach Paris der rheinländische Mathematiker Johann Friedrich Benzenberg, der 1804 die Rotation der Erde mittels fallender Bleikugeln experimentell nachwies und auf dem Feld der Barometer-Höhenmessungen in der Schweiz bedeutende Resultate aufweisen kann. Benzenberg ist Professor am

Düsseldorfer Lyceum und, seit das Großherzogtum Jülich-Cleve von der preußischen unter die bayerische Krone gewechselt ist, königlich-bayerischer Landvermesser. Kometen sind sein Lieblingsthema. Er hält sie für Mondgestein, das aus den Mondvulkanen auf die Erde geschleudert werde. Die Astronomen Heinrich Wilhelm Olbers und Pierre-Simon Laplace haben Benzenbergs Hypothese zwar längst durch physikalisch-astronomische Berechnungen von Flugbahnen und Entfernung der Kometen widerlegt, doch Benzenberg lässt sich nicht von seiner Wahrheit abbringen. Noch ein Jahrzehnt später verfasst er dicke Bücher, um seine Theorien zu beweisen.

Kaum ist er abgereist, macht sich Richter nicht nur über Benzenbergs Kometentheorie, sondern mit größtem Behagen über dessen bekannte Abneigung gegen Napoleon lustig. Ein Vergnügen, das die *Morgenblatt*-Leser im Januar 1817 in den *Landnachtverhandlungen mit dem Manne im Monde, samt den vier Präliminarkonferenzen* mit ihm teilen können. Bei einer Reise auf den Mond wird dem Besucher von der Erde Audienz beim Mondkaiser gewährt, gekleidet in die Uniform eines einfachen Soldaten, auf dem Haupt die phrygische Jakobinermütze: unverkennbar ein Napoleon der Geisterwelt, der seinen Thron inmitten der Geistesgrößen aus Astronomie, Mathematik und Philosophie errichtet hat, deren Namen die Mondkrater tragen. Die dringlichste Frage des Mondreisenden ist, was es mit den Kometensteinen auf sich habe. Er erfährt: Es sind die jährlichen Steuererlasse, «Kabinettsordres oder [...] allerhöchste Handbilletts» des Mondkaisers an die Erdlinge, die dem Geistmonarchen steuerpflichtig sind. Jährlich müssen sie ihm von ihrem Witz, Geist oder Verstand Abgaben leisten, die zu *esprit* und *sens* destilliert und wie Spirituosen und Wein auf Flaschen gezogen werden. Ein starker Bischofextrakt heißt beispielsweise Talleyrand, ein anderer Gottsched. «Das Steuersystem des Kaisers Lunus gründet sich auf Magnetismus, aber nicht wie das unsrige, auf den mineralischen, wo Metalle abgezogen werden, sondern auf den tierischen, welcher feinere und geistige Werte aufnimmt. Bekanntlich gewinnt der Magnetisierte 1) höhere Phantasie, 2) größern Verstand, 3) Witz, 4) tiefere Erinnerung, 5) höhere Liebe und Geschlechts-Reinheit.»[19] Um den Bauch trägt der Mondherrscher einen Gürtel mit den besten irdischen

Geistdestillaten, von denen er gelegentlich einen tiefen Zug nimmt, während sein Besucher, der «Gesandtschaftsrat Richter», seinerseits den schlafenden Kaiser durch Bestreichen magnetisiert, so daß dieser «auf einmal Hellseher war, durch die Augenlider durchsah, herumgehen konnte und sich von einer dem Frostmond sonst fremden Wärme wie von Mutterflügeln angebrütet verspürte.» Nun wird der lunarische Weinkeller besichtigt, wobei der Besucher sich als exzellenter Kenner geistiger Getränke erweist. Wie der echte Friedrich Richter Tee nur mit starkem Arak genießbar findet, mischt der Mondkaiser gern höherprozentigen «Sprieten» (Schnaps) in «ein Glas Schellinger oder auch Mystiker».

Die Bitte des Besuchers um Steuernachlass angesichts der eher dürftigen Ausstattung deutscher Schriftsteller mit Witz und Geist wird allerdings nur für die «Fräuleinsteuer» genehmigt. «Der mystische Leser glaube mir aber auf mein Wort», fügt der Gesandte aus Bayreuth vorsichtshalber an, «daß ich an regierende Hauptplaneten nie in vollem Ernste geglaubt sondern daß ich sie bisher bloß zu elektrischen Trägern jährlicher Sylvester-Einfälle im Morgenblatte scherzhaft verbraucht».[20]

2.

DEUTSCHE SPRACHKÄLTE

Bayreuth, Herbst 1816

Nachdem er die Reise mehrmals verschoben hat, steigt Richter Mitte August 1816 in den Postwagen nach Regensburg, um zum ersten Mal seinem einstigen Wohltäter gegenüberzustehen, Karl Theodor von Dalberg. In der bischöflichen Residenz lebt Dalberg mönchisch seinen Studien, einer der letzten Vertreter jenes milden, wie es Jean Paul nennt, Urchristentums im humanistischen Sinne Herders und Hamanns.[21] Richter wird auf den Vormittag eingeladen. «Ein langer, etwas vorgebogener Mann mit einem Kraftprofil, zumal der Nase – nur das linke Auge immer aus Schwäche schließend» steht vor ihm, ein Mann des Ausgleichs (Schiller nannte ihn einen politischen Opportunisten und wankelmütigen Kopf) und der priesterlichen Sanftheit. «Seine Grundsätze sind die der höchsten Anbetung Gottes und der Selbstdemüthigung. Gegen mein Unterstellen Christi unter Gott sagte er – blos sanft: Nein! – Er verlangte meine Urtheile und that die große Frage des Pilatus an mich: Was ist Wahrheit? Meine nicht leichte Antwort befriedigte ihn; aber ihr sollt sie – hören.» Jeden Abend lässt Dalberg seinen Gast um sechs Uhr in die Residenz bringen. «So sitzen wir beide oft bis ins Dunkle bei einer nur halb austropfenden Weinflasche und die Gespräche sind über Religion – Physik – Philosophie – und alles Wissenschaftliche».[22] Sechs Monate später ist Dalberg tot, zwei Tage nach seinem dreiundsiebzigsten Geburtstag. Sein letztes Werk, eine Philosophie des Christentums, bleibt ungedruckt.

Nach dreieinhalb Wochen ist Richter zurück in Bayreuth, sanft wie ein Lamm und mit einem sündhaft teuren roten Regenschirm für Karoline, die in der Zwischenzeit sein Arbeitszimmer weißen, Fenster und Fußböden ausbessern ließ. Die «Berlinische Gesellschaft für deutsche Sprache und Altertumskunde» hat ihn am 29. März zu ihrem korrespondierenden Mitglied ernannt. Er ist es sich schuldig, bei dieser Gelegenheit seine «erste Streit- und Probeschrift und Disputation pro loco über die deutsche Sprache» zu verfassen. Schon 1812 hat er, wie wir sahen, den kalten Verächtern der Wolke'schen Sprachliebesdienste eine Bußpredigt gehalten. «Der Deutsche ist gegen keine Sprache so kalt als gegen seine so reiche», hat er sie ermahnt. «Unsere Sprach-Kälte zeigt sich schon darin, daß bei uns, so wie *ein* Schreibmeister hundert verschiedne Schreibhände und -fäuste (mit der linken wären es gar 200) aus seiner Schule entläßt, so der Rechtschreib-Lehrer [...] eine Unzahl von Recht- oder Unrecht-Schreibungen erlebt. In England, Italien und Frankreich gibts nur eine».[23]

Die deutsche Germanistik hat die Abhandlung *Über die deutschen Doppelwörter* als Marginalie übergangen. Es genügt indes, die angehängte «Bescheidene Notwehr und geharnischte Nachschrift gegen grammatische Anfechter» zu lesen, um festzustellen, dass diese Schrift nicht nur ein Werk der Freude am gelehrten Spaß ist, sondern vor allem des überlegenen Scharfsinns. «Die Logik ist der Instinkt der Sprache», doziert der zum Rechtschreibrichter gewandelte Bußprediger und erklärt, nun die Regel gefunden zu haben, «nach welcher sich die verschiedenen Klassen der Bestimmwörter an die Grundwörter knüpfen und mit einer Überzahl von Stimmen das Genitiv-Es verwerfen.» Damit ist nicht zu viel gesagt. Was Richter vorschwebt, ist nicht Wolkescher Purismus, sondern eine logisch-semiotische Sprachmorphologie im Sinne ihres Begründers Johann Heinrich Lambert. «Die Regel ist: Der Nominativ des Bestimmwortes im Plural entscheidet die Art der Verknüpfung mit dem Grundworte.»[24] Zunächst stellt er zwölf Kategorien von «Bestimmwörtern» auf (die er auf etwa 30 000 schätzt) und exemplifiziert an ihnen die gefundene Regel. Wenn er sich an Drillings- und Vierlingswörtern wie «Mondscheinlust» oder «Maulbeerbaumfrucht», an «Regenbogenhauteiterbeule» oder Wortbandwürmern wie «Wortbandwurmstockabtreibmittellehrbuch» erfreut, dann nicht nur aus seiner bekannten Lust am Wortschöpfen, sondern um strukturelle Gesetze sichtbar zu machen. «Die Sprache ist ein logischer Organismus, der sich seine Glieder nach so geistigen Gesetzen zubildet und einverleibt als der leibliche sich die seinen nach zusammengesetzteren».²⁵ Unterschiedliche Lexikalisierungen bedingen unterschiedliche Denkweisen. «Daher ist der Untergang oder die Vertilgung jeder, auch der ärmsten Sprache das Verdunkeln und Vertilgen einer Facette oder Fläche am polyedrischen Auge der Menschheit für das All».²⁶

Von Januar bis Dezember 1817 verlässt nun jeden Monat einer von zwölf «Geschworenenbriefen gegen die Genitive» den Richter'schen Sprachgerichtshof und entfacht ein kleines Unwetter in der akademischen Fachwelt.²⁷ Der «grammatische Ritter Linnäus» sieht sich genötigt, in zwölf galanten Postskripten seine sprachkritischen Positionen zu verteidigen. Sie werden 1819 in den schönen Spätsommerwochen geschrieben und sind wie die vorigen an eine adelige Dame gerichtet (nach dem Modell der *Botanischen Briefe* Rousseaus an Madame Lespinasse). Seine Kritiker (unter ihnen der junge Kasseler Bibliothekar Jacob Grimm) werden mit entwaffnender Ironie zur Rede gestellt, warum es wohl zu wenige Sprachforscher wie Wolke, aber dafür zu viele Titularien unter den Deutschen gebe. Diese blieben doch «ewig ein Zeichenmacher- und Zeichendeutervolk», das jeden mit Titeln, den «Etceterati der Endlichkeit», behänge. Was fehle, sei Sprach-Denk-Kunst. «Denn wir sind eben, Madame, überall ein gebornes Paßschreibervolk, ein Wappenvolk, das von den Erbbegräbnissen und niedrigen Poststuben an ewig betitelt und bezeichnet bis zu den Eß- und Tanzsälen hinauf, wo jeder dasitzt und mit dem Adreßkalender in der Hand die vergleichende Anatomie aller Ansässige liest!»²⁸

Ungeachtet ihrer strukturalistischen Plausibilität wird sich Jean Paul mit der Abhandlung über die Doppelwörter, als sie in der erweiterten Fassung zu Ostern 1820 als Buch erscheint, mehr Spötter und Verächter einhandeln als sein Schützling Wolke, selbst mehr als mit den *Politischen Fastenpredigten*, einer Sammlung politischer Aufsätze, die er mit Cotta für die Frühjahrsmesse 1817 verabredet hat. Doch zuvor muss sein alter *Siebenkäs* im neuen Kleid vor die Leser gebracht werden. Im Vorjahr hat Georg Andreas Reimer, Rechtsnachfolger des Matzdorffschen Verlags und Inhaber der Berliner Realschulbuchhandlung, gemeldet, der Roman sei bis auf hundert Bücher verkauft. Richter setzte sich an eine gründliche Überarbeitung für die zweite Auflage. Zwei Bände sollten zur Herbstmesse, die restlichen beiden zu Ostern fertig sein, Auflage 1500, Honorar drei Louisdor pro Bogen. Reimer war das zu teuer, und so machte Richter dem bewährten Friedrich Cotta dasselbe Angebot, gleichsam als Lockspeise im Hinblick auf eine künftige Gesamtausgabe seiner Werke, während er Reimer gegenüber bei seinen Forderungen bleibt. «Ich habe nie so kräftig an einen Verleger geschrieben; denn ich bin immer zu sampft».[29] Schließlich macht Reimer doch noch das Rennen; den Druck übernimmt ein Heidelberger Verleger. Am 17. März geht die letzte Lieferung des *Siebenkäs* nach Heidelberg – bereinigt von sämtlichen Verbindungs-s: eine noble Geste gegenüber Wolke, die den Selbstredaktor mehr Schweiß gekostet haben mag als jenen seine ganze Orthographiereform.

Dann wieder stehen Familienangelegenheiten an. Am 2. Januar 1817 wird in Bayreuth Adam begraben, der unglückliche zweitälteste der Richter-Brüder, der ewige Habenichts, der gern Wundarzt geworden wäre und als Lotteriekassierer endete. Nun ist nur noch Gottlieb am Leben, dessen ältester Sohn wie Richters eigener Sohn Max das Gymnasium im ehemaligen Waisenhaus besucht, welches kürzlich umbenannt worden ist in «Königliche Studieranstalt». Zusätzlich nimmt Max Stunden in Latein und zeigt, wie schon sein Vater als Tertianer, eine besondere Neigung zu den alten Sprachen. Das freut Richter, der bereits den Neunjährigen als künftigen Heidelberger Studenten gesehen und dem Philologen und Historiker Immanuel Niethammer empfohlen hatte. Mit dem neuen Jahr kommen noch drei Stunden Religionsunterricht dazu, an dem auch Emma und Odilie teilnehmen. Damit sein Sohn nicht vor der Zeit zum gelehrten Bücherwurm werde, bittet Richter dessen Lehrer, dass zum Ausgleich künftig eine Stunde Latein wegfallen solle, «und zwar die, worin Sie die Alterthümer vortragen [...] Ohnehin ist ein zu großes Übergewicht des lateinischen Unterrichts gegen griechischen oder gegen den mathematischen oder gar den historischen.»[30]

Max' Konfirmation steht in Kürze bevor. Die beiden Mädchen, obwohl erst zwölf und dreizehn, werden praktischerweise gleich mitkatechisiert. Zu Ehren von Jean Pauls vierundfünfzigstem Geburtstag laden die Primaner der Bayreuther Studieranstalt zwanzig arme Kinder zum Essen ein. Der Jubilar ist sprachlos vor Rührung. Sogar Frau Rollwenzel hat ein Gedicht für ihn verfasst. «Ach! Ich armer Teufel bin nun der reichen Liebe um mich her nicht recht werth. Es ist zu viel von allen Seiten.»[31] Am 1. Juni werden Max und Emma Richter von dem alten Kirchenrat Kapp eingesegnet, was Richter eindeutig seinen magnetischen Heilkünsten zuschreibt, deren praktischer Ausübung er sich neuerdings rühmt. Er ist fest überzeugt, Kapp vom Sterbebett und die Hausmagd von einer Erkältung befreit zu haben. Der Kirchenrat stirbt wenige Monate später. Die Magd weigert sich, Richters Studierstube zu betreten, solange ihr Herr «Teufelskünste» treibe.

Anfang Juli lässt sich der Magnetiseur und politische Fastenprediger in Begleitung seines Spitzhunds Alert im Einspänner über Bamberg und Würzburg nach Heidelberg im Großherzogtum Baden fahren, eine Reise von drei Tagen, deren Anlaß durchweg erfreulich ist. Man erwartet ihn bereits. Hegel ist seit einem guten Jahr Professor an der dortigen Universität. Am 6. Juli kommt Richter im Gasthaus «Zum Goldenen Hecht» an, wo ihm auf seinen Wunsch hin der junge Philologe Heinrich Voß ein schlichtes «(herrnhutisches) Seitenhölchen» gemietet hat.[32]

3.

POLITIK DER LIEBE

Heidelberg, im Sommer 1817

Am nächsten Tag wird ihm im Haus von Friedrich Heinrich Christian Schwarz, Professor für lutherische Dogmatik an der Universität Heidelberg, sein Patenkind vorgestellt, Schwarz' achtjährige Tochter. In einem Flügel des Hauses führt der protestantische Theologe seit vielen Jahren ein pädagogisches Institut für Jungen. Seine Frau ist die älteste Tochter von Johann Heinrich Jung-Stilling. Der Einladung, aus dem Gasthof in Schwarz' Haus umzuziehen, kann sich Richter nicht entziehen. Sein Zimmer hat einen kleinen Balkon, von dem er einen schönen Blick auf die gegenüberliegenden Berge und das Neckartal hat. Alert wird mit Liebe verwöhnt wie sein Herr. Er frisst «nur Schinken und Zunge», doch muss auch er seinen Tribut an den Ruhm zahlen: Jean-Paul-Verehrer, deren es offenbar in Heidelberg mehr als anderswo gibt, schneiden ihm zum Andenken Haarbüschel aus dem Fell und ernennen ihn zum Spitzius Hofmann aus dem *Hesperus*. «Meine Kinder werden einmal außerhalb Baireut nach meinem Tode durch meinen Namen zumal bei ihrem Werthe eine hülfreichere Welt finden als ihr Vater», schreibt Richter glücklich nach Hause, «auch wird dieser Name sie wie ein zweites Gewissen begleiten (Bewachen) und reiner bewahren.»[33]

Karoline schreibt selten zurück, und wenn, dann um über die Teuerung der Lebensmittel, ihre Einsamkeit und ihre Furcht vor Einbrechern zu klagen. Er versichert ihr, wie «kindlich» er sich auf ihr «Wiederbeisammensein» freue, und rügt väterlich Maxens unordentliche Handschrift. Am übernächsten Tag ist Richter bei dem Kirchenrat und Philologen Heinrich Eberhard Gottlob Paulus geladen, dessen Frau Caroline, eine Schriftstellerin, und zwei Töchter ebenfalls bekennende Jean-Paul-Enthusiastinnen sind. Als Übersetzer und Herausgeber eines *Reperto-*

riums für biblische und morgenländische Literatur hat Paulus, aus Leonberg gebürtiger Schwabe (er wurde im selben Haus wie Schelling geboren), der orientalischen Poesie viele deutsche Liebhaber gewonnen, unter ihnen seinen alten Freund Goethe.

Paulus und Hegel kennen sich seit den 1790er Jahren von der Jenaer Universität; beide wurden ihrer politischen Gesinnungen wegen aus Sachsen-Weimar vertrieben. Seine Berufung im Oktober 1816 zum Professor der Philosophie an der Universität Heidelberg – er liest Logik vor siebzig Hörern – verdankt Hegel vor allem Paulus. Hegel, den Denker der Totalität, der sich selbst einen «Luther der Philosophie» nennt, und den feinsinnigen Hermeneutiker Paulus verbindet vor allem eines: ihre leidenschaftliche Parteinahme in dem seit Jahren schwelenden Verfassungsstreit zwischen den württembergischen Landständen und König Friedrich. «Er ist der Gott unserer Landstände», spottet Hegel über seinen engsten Freund.[34] Dass auch Friedrich Richter den jungen Philosophen nicht erst seit ihrer persönlichen Bekanntschaft 1811 in Nürnberg schätzt, bleibt für beider Werk und Denken indessen folgenlos. Was sie scheidet, ist Hegels philosophische Anbetung der absoluten Idee als letztem Ziel aller Erkenntnis. Vier Jahre nach ihrer Heidelberger Begegnung fällt Richter ein strenges Urteil über Hegels Tendenz, den «objektiven Geist» geschichtlicher Prozesse von dem subjektiven Faktor menschlicher Individualität kategorisch abzutrennen. «Hegel ist der scharfsinnigste unter allen jetzigen Philosophen, bleibt aber doch ein dialektischer Vampyr des innern Menschen.»[35] Noch Jahre nach Jean Pauls Tod wird sich erweisen, wie wenig Hegel seinerseits den Humoristen schätzte. «Besonders bei Jean Paul tötet eine Metapher, ein Witz, ein Spaß, ein Vergleich den anderen, man sieht nichts werden, alles nur verpuffen. Was sich aber auflösen soll, muß sich vorher entfaltet und vorbereitet haben. Nach der anderen Seite streift der Humor, wenn das Subjekt in sich ohne Kern und Halt eines von wahrhafter Objektivität erfüllten Gemütes ist, gern in das Sentimentale und Empfindsame herüber, wovon Jean Paul gleichfalls ein Beispiel liefert.»[36] Just in den Tagen von Jean Pauls Besuch in Heidelberg bedankt sich Hegel in einem mehrseitigen Brief bei Goethe für die Zusendung der überarbeiteten

Farbenlehre; sie sind sich einig, der «philosophischen Tendenz in der Naturwissenschaft» durch objektive Anschauung besser zu dienen als «in allgemeinen Analogien, phantastischen Kombinationen und dem bloßen sogenannten Anschließen».[37]

Am 18. Juli überreicht eine Abordnung der Universität Heidelberg, angeführt von Professor Hegel, Friedrich Richter den philosophischen Doktortitel ehrenhalber. Am Sonnabend darauf wird ihm ein «akademischer Schmaus» im Gasthaus «Zum Goldenen Hecht» gegeben, zu dem sechzig Gäste geladen sind. Auf besonderen Wunsch des jungen Philologen Heinrich Voß ist neben Jean Paul und dem schwäbischen Bildhauer Ludwig Dannecker illustre Politprominenz geladen: Generaloberst Wilhelm von Dörnberg, einer der zwielichtigsten Helden der Befreiungskriege gegen Napoleon. Nach seinem Eintritt in die Armee des Königs von Westfalen, Jérôme Bonaparte, hatte von Dörnberg geheime Kontakte mit dem preußischen Militär aufgenommen und 1809 einen Aufstand gegen das Besatzungsregime angeführt, unterstützt von der Schwester des Freiherrn von Stein. Diese lebte als Äbtissin im Stift Wallenstein in Homberg/Efze, wo Jérômes Truppen den Aufstand alsbald niedergeschlugen. Dörnberg floh nach England, wurde in Abwesenheit wegen Hochverrats zum Tode verurteilt. Nach Napoleons Sturz wurde er mit dem Aufbau eines geheimen Nachrichtendienstes der koalierten Siegermächte betraut. «Wie es an die Gesundheiten [Trinksprüche] kam, brachte zuerst der Prorector auf lateinisch Jean Pauls Gesundheit aus; dann der Stadtdirektor deutsch, kräftig und zugleich bescheiden lobend Dörnbergs.»[38] Richter, der für freigebiges Lob nicht besonders bekannt ist, lobt in seiner Antwortrede seinerseits Dörnberg – nicht allein Voß zuliebe, der den Kriegsveteran umschwärmt. Denn Voß, Dörnberg und Richter haben einen gemeinsamen Freund: Christian Truchsess Freiherr von Wetzhausen auf Bettenburg, der mehr als zehn Jahre zuvor dem geschassten Coburger Vizepräsidenten von Wangenheim auf seiner Burg Asyl geboten hatte. «Dann trat Jean Paul auf, und sprach halb lachend, halb weinend, über das schöne Heidelberger Paradies», berichtet Friedrich Lautenschlager, einer der damals anwesenden Heidelberger Studenten, «aber ich würde alles verderben, wollt' ich auch nur einen Versuch machen, es wiederzusagen.»[39]

Zwischen Heinrich Voß, dem Sohn des Übersetzers und Dichters Johann Heinrich Voß, und dem sechzehn Jahre älteren Richter bahnt sich in diesen Tagen eine geradezu familiäre Freundschaft an. Heinrich hat Theologie und Philologie studiert und lebt ganz seiner Wissenschaft, das heißt dem Übersetzen der Werke von Aischylos und Shakespeare. «Sein ganzes Leben war den ganzen Tag über das Thun und Treiben eines unter der strengsten väterlichen Gewalt stehenden kaum confirmirten Knaben. Er kannte nur den Willen seiner Eltern», sagte ein anderer Heidelberger Student über den «puer heidelbergensis».[40] Als Richter für einige Tage nach Mainz, Wiesbaden und Mannheim fährt (unter anderem, um seinen alten Bayreuther Freund und nunmehrigen preußischen Polizeiminister Schuckmann zu sprechen, den er aber nicht antrifft), schickt ihm Heinrich eine glühende Liebeserklärung hinterher: «Laß mich's sagen, Du theurer Mann, ich bin wahrhaft dankbar gegen die Vorsehung, daß sie mich auf meiner Lebensbahn Dich finden ließ. Ich bin auch recht stolz darauf, daß der theure Mann mich ihm so nahe gestellt. Aber bei Gott! ich rede wahr, wenn ich hinzufüge, auch recht demüthig dabei. Nie ist mir das Gefühl der Demuth näher, als wenn ich bei Männern stehe, in denen ich die Allmacht Gottes verehren kann.»[41]

Am Sonntag nach dem Festessen sieht Richter dem Aufstieg eines Luftschiffs über dem Neckar zu. Er wird zu einer Schifffahrt eingeladen. «Mir war, als würden meine Romane lebendig und nähmen mich mit, als das lange, halb bedeckte Schiff mit 89 Personen – bekränzt mit Eichenlaub bis an die bunten Bänder-Wimpel – begleitet von einem Beischiffchen voll Musiker – vor den Burgen und Bergen dahin fuhr. – Der größte Theil der Frauen und Männer saß an der langen von dem einen Ende des Schiffes zum andern langenden Tafel. Studenten – Professoren etc. etc. – schöne Mädchen und Frauen – der Kronprinz von Schweden – ein schöner Engländer – ein junger Prinz von Waldeck etc. etc., alles lebte in unschuldiger Freude [...] Der Überfluß an Essen und Wein konnte kaum in einem ganzen Tage aufgezehrt werden. Auf einem alten Burgfelsen wehte eine Fahne und Schnupftücher herunter, und junge Leute riefen Vivats. In unserem Schiffe wurden Lieder gesungen. Ein Nachen nach dem andern fuhr uns mit Musik und Gruß nach; abends sogar einer mit einer Guitarre, wo ein Jüngling mein angebliches Leiblied ‹Namen nennen dich nicht› sang».[42]

In diese romantische Szenerie passt die oft ausgemalte Affäre zwischen Friedrich Richter und der jüngeren Paulus-Tochter Sophie ausgezeichnet. Am 10. August schreibt der Dichter ihr aus Mainz. Zwischen der Fünfundzwanzigjährigen und dem dreißig Jahre Älteren haben sich zarte Bande angebahnt, wohlbemessen von seiner, leidenschaftlich von ihrer Seite. Er lädt sich selbst zum «Liebesmal-Tischchen» ein, verteilt und empfängt scherzende Liebkosungen auf kleinen Ausflügen in die Umgebung. Doch pünktlich jeden Abend, sobald er zurück ist in seinem Zimmer, schreibt er seiner «Geliebten» in Bayreuth ungewöhnlich innige Ehebriefe. Was Goethe kann, kann Jean Paul allemal. Goethes letzte Liebe, die einunddreißigjährige Schauspielerin Marianne von Willemer, hatte der Sechsundsechziger zwei Jahre zuvor zum letzten Mal in Heidelberg besucht.

War es Liebe, oder nicht eher Politik? Jedenfalls gibt Sophie einen plausiblen Grund ab, warum Richter auffallend oft in Paulus' Haus zu Gast ist, dessen poetisch-philologische Hermeneutik der heiligen Schriften er ebenso bewundert wie seinen standhaften Demokratismus.[43] Paulus ist eng befreundet mit Richters altem Coburger Freund Karl August von Wangenheim, der im württembergischen Verfassungsstreit in vorderster Reihe für eine landständische Konstitution kämpft. Während Richters Besuch in Heidelberg erscheint Paulus' *Philosophische Beurtheilung der Wangenheim'schen Idee der Staatsverfassung*, die zur Folge hat, dass ihr Verfasser zwei Jahre später wegen «politischer Umtriebe» auf Lebenszeit aus Württemberg verbannt wird. Es ist die aufgewühlte Zeit der Verfassungskämpfe in den Mitgliedsstaaten des Deutschen Bundes, in denen Jean Paul, der Friedens- und Fastenprediger, seit Jahren ein gewichtiges Wort mitredet. Pünktlich zur Eröffnung der dreizehnten Bundestagssitzung sind zu Ostern 1817 seine *Politischen Fastenpredigten* ausgeliefert worden, eine Sammlung politischer Glossen und Aufsätze von 1809 bis zur konstituierenden Sitzung des deutschen Bundestags am 5. November 1816. Auch die köstlichen Antikriegssatiren für Göschens *Kriegskalender* und die *Dämmerungs-*

3. Politik der Liebe | 473

schmetterlinge für Schlegels *Museum* sind darin abgedruckt, erweitert um *Nachdämmerungen* und neue *Zwielichter*. «Im Volke muß», heißt es da, «öffentlicher Geist, großer Gemeinsinn erst gebildet werden». Die Stimme des deutschen Volkes müsse sich auf Marktplätzen Gehör verschaffen statt unter Tribünen, wo es seine «Spiel-Fürsten» und «Ernst-Fürsten» beklatsche. Wen wollte es da noch wundern, dass Jean Paul von der patriotischen Heidelberger Studentenschaft geradezu auf Händen getragen wird. Mitte August ergeht an sämtliche deutsche Universitäten der Aufruf der Jenaer Burschenschaft, dass alle deutschen Studentenverbindungen sich am Jahrestag der Leipziger Völkerschlacht auf der Wartburg in Thüringen vereinigen sollen. Ihre Forderungen: politische Einheit Deutschlands als konstitutionelle Monarchie mit Zweikammersystem und ständischer Verfassung, Gleichheit aller Bürger vor dem Gesetz, Rede- Denk- und Pressefreiheit –ein Katalog von Bürgerrechten gegen den «schmutzigen Eigennutz» der Wucherer, ein Pflichtkonzert für deutsche Fürsten, «ihren deutschen Völkern zu vertrauen». Unversehens ist Jean Paul zum Souffleur des politischen Liberalismus geworden. «Eine Demokratie ohne ein paar hundert Widersprechkünstler ist undenkbar; was ist aber Deutschland anders als ein Staatenbund von körperlichen Monarchien und *einer* geistigen Demokratie ...?»[44]

Am 26. August ist Richter wieder daheim. Die Heidelberger Wochen hinterlassen Wehmut; er fühlt sich altern. Es schlägt ihm aufs Gemüt, «daß alles Dasein nur in Terzien [Sekundenbruchteilen] erscheint und so immer verträufelt und so alles hinter mir nur ein Punkt wird und daß meine ganze Endlichkeit aus einem solchen Punkt-Leben bestehen soll, was durchaus nicht sein kann, denn der Teufel muß künftig die Zeit holen.» Karoline kann sich die Weichheit ihres Gatten nur aus dessen Anbandeln mit der jungen Sophie Paulus erklären, mit der er weiterhin Briefe wechselt. Das eheliche Klima verschlechtert sich zusehends. Statt Karoline schreibt nun die älteste Tochter Emma die Manuskripte ins Reine; sie ist am 20. September fünfzehn geworden. Am 1. September hat der vierzehnjährige Max Richter die Aufnahmeprüfung in die Obermittelklasse des Gymnasiums bestanden. Dem Vater aber ist, als zerfalle hinter ihm sein Leben. «Jetzo aber steh' ich nicht auf dem

Leben, sondern schwebe nur auf ihm und verschwebe – ich rede vom Ich der Freude, nicht vom Ich des Herzens und der Vernunft.»⁴⁵ In ein Stammbuch schreibt er am 14. Oktober: «Hast du gesehen und recht geliebt: so gibt's keinen Abschied mehr; Denn kannst du von deinen eigenen Gedanken scheiden?»⁴⁶ Vier Tage später, am vierten Jahrestag der Leipziger Völkerschlacht, flammen auf der Wartburg bei Eisenach die Feuer der vereinigten deutschen Burschenschaften. Verbrannt werden Napoleons *Code civil* und August von Kotzebues legitimistische Fürstengeschichte des deutschen Reichs. Unter den Rednern ist auch der Hegel-Schüler Friedrich Wilhelm Carové, einer von Jean Pauls jungen Freunden aus Heidelberg.

Die Weihnachtswoche ist klirrend kalt und trocken, ein Wetter, das Richter von jeher schlecht bekommt. Zu Neujahr befällt ihn schweres Rheuma in einem Fuß, so dass er nicht ausgehen kann. Die bekannten Herzbeschwerden kommen wieder: Atembeklemmung, Schwellungen in den Beinen. Dem einstigen Freund und ärztlichen Berater Langermann, nunmehr Staatsrat und Vorsitzender des Medizinalcollegiums in Berlin, hat Richter schon am 1. Dezember seinen «Vorbericht zu dem Kranken- und Sekzion-Berichte von meinem künftigen Arzte» geschickt. Christoph Wilhelm Hufeland, Ex-Illuminat, Dekan der medizinischen Fakultät an der Berliner Universität und Spezialist für Lebensverlängerung mittels gesunder Lebensführung, wird brieflich konsultiert und verordnet per Ferndiagnose Tropfen (Schwefelmilch), die Richter wie üblich nicht einnimmt, denn «meine halbe Arzeneikunde hilft mir mehr als ein ganzer Arzt. Was hilft mir indeß das längste Leben? Mit den Jahren wachsen meine Exzerpte und Entwürfe und ich komme unter die Erde, eh' ich sie nur halb beschrieben und ausgelacht.»⁴⁷ Gegen den unregelmäßigen Herzschlag nimmt er weiter seine zwei Gran Digitalis pro Tag ein, pulverisierten roten Fingerhut, den ihm Langermann schon vor Jahren verschrieben hat. Es senkt die Herzfrequenz, reichert sich aber im Körper an. Die Folgen sind Übelkeit, Erbrechen, Schwindel und ein zu langsamer oder gar aussetzender Puls. Was ihn heilen soll, wird ihn auf längere Sicht töten.

Unterdessen ist die überarbeitete *Levana* samt *Ergänzblatt* erschienen, «mit neuen Druckfehlern vermehrt». Richter schickt sie an Sophie

Paulus. Er duzt sie jetzt.[48] Den langen und strengen Winter verschönt er sich wie gewöhnlich mit der Vorfreude auf den Frühling und neue Reisen. Ein Besuch bei Cotta in Stuttgart – mit einem Abstecher nach Heidelberg – ist fest geplant. Auf jener dreizehnten Sitzung des Jahres 1817 hat sich der Bundestag in Frankfurt am Main mit der Verfassung der mediatisierten Reichsgebiete befasst. In der Protokollbeilage zur Sitzung vom 4. Mai 1818 werden den ehemaligen Reichsrittern und Freiherrn und ihren Familien im Großherzogtum Baden die alten reichsunmittelbaren Adelsprivilegien zurückgegeben. Drei Monate später wird in Baden die konstitutionelle Monarchie eingeführt. Auf der Sitzung am 15. Mai 1818 überreichen die Deputierten der deutschen Buchhändler eine Petition «um kräftigen Schutz gegen den räuberischen Nachdruck durch ein allgemeines organisches Gesetz», nachdem ein Professor Krug aus Leipzig für die Februar-Sitzung einen Gesetzentwurf zur Pressefreiheit eingereicht hatte, der sich eng an das Vorbild der englischen Pressegesetze aus dem 18. Jahrhundert anlehnte. Die Anwesenheit eines so prominenten Anwalts der Pressefreiheit und «Widersprechkünstlers» wie Jean Paul am Tagungsort des Bundestages würde dem Kampf gegen Nachdrucker und Zensur sehr wohl nutzen. Und so macht sich Richter, nachdem er am 18. Mai Karl August von Wangenheim seinen Besuch in Frankfurt gemeldet und einen Reisepass beantragt hat, am 26. Mai auf den Weg nach Hessen.

An diesem Morgen melden alle Zeitungen die Proklamation des ersten deutschen Grundgesetzes durch den König von Bayern. In der Verfassungsurkunde vom 26. Mai 1818 sind ein Zweikammersystem nach englischem Vorbild und die Garantie bürgerlicher Rechte (wie des Rechts auf Eigentum, der Glaubens- und Pressefreiheit) festgeschrieben. Für Richter wird die Reise zur Tortur: achtzehn Stunden allein mit einem mürrischen Kutscher. «Unter Wegs hab ich am rechten Ohre eine ganze graue Locke bekommen und am linken grauet es auch.»[49] Gleich nach der Ankunft bittet er Sophie Paulus um einen Brief nach Frankfurt. «Lebe wol, meine Sophie!», schließt er bedeutungsvoll und unterzeichnet mit: Richter. Er wohnt im «Weißen Schwan», recht beschwerlich für einen herzkranken Mann, «drei Stockwerke oder 6 lange Treppen hoch, weil ich mit meinem Einspänner nicht Glanz genug warf».⁵⁰ Sogleich bietet ihm Buchhändler Johann Friedrich Wenner an, bei ihm zu wohnen, und er ist zufrieden: drei Zimmer, separater Eingang. Die Nachmittage verbringt Richter mit Wangenheim, der als württembergischer Gesandter in Frankfurt weilt und ihn mit aller Welt bekannt macht: Bundestagsgesandten, Diplomaten, hugenottischen Kaufmannsfamilien wie den Gontards, Brentanos und Sevières, Literaten und Journalisten. Unvermeidlich laufen ihm auf jedem Empfang die Schlegel-Brüder Friedrich und August Wilhelm über den Weg. Er kann sie aber nie auseinanderhalten. «Gestern besuchte mich der wahre, aber dünnere Wilhelm, und wir hatten eine so herrliche harmonierende Stunde, daß ich mich auf Heidelberg freue, wo ich ihn wieder treffe. Er sprach sogar von seinen zu jugendlichen Ansichten meiner und anderer.»⁵¹

Karoline kann es nicht verwinden, dass ihr Mann sie nicht mitgenommen hat. Seit drei Jahren behandle er sie hart und lieblos, klagen ihre Briefe. Auch ist die Rede «von alten mir verborgenen Schmerzen». Obwohl er sich in Frankfurt jeden Morgen erbrechen muss, nimmt er weiter sein Pulver von rotem Fingerhut. Er bittet Karoline inständig um mehr Briefe. Als einer kommt, ist wieder nur von dem leidigen Thema die Rede: ihrer Eifersucht. Er fühlt sich genötigt mitzuteilen, dass er so glücklich nicht sei, wie sie meine. Das Geschäftstreiben in der übervölkerten mittelalterlichen Messestadt schüchtere ihn, den armen Teufel und Habenichts, ein; «ich habe nicht das Herz, in die großen Kaufhallen zu gehen und da etwa für einige Batzen etwas zu kaufen».⁵²

Und weiter geht der Tanz der Einladungen: Picknicks in Bornheim, Besuche bei Gesandten, Empfänge in Wangenheims Beletage, die diesen jährlich 4000 Gulden Miete koste, wie Richter an Karoline berichtet, die von höheren Standeszeichen viel versteht. «Glauben Sie mir», klagt er Emanuel, «man wird dieses sogenannte ‹Verehren› doch satt und will zu Bette gehen. – Das weibliche Frankfurt ist nicht kaufmännisch, sondern sehr gut. Ich gewinne alles; Jünglinge und Männer drängen sich an mein Herz, und die Weiblein heb' ich Nesterweise aus.»⁵³ Als wollten die Frankfurter Heidelberg noch überbieten, wird der Schriftsteller zu einer nächtlichen Schifffahrt auf dem Main mit üppigem Souper in Begleitung eines ganzen Orchesters eingeladen.

«Da sah ich oft zu den Sternen hinauf und dankte Gott.»[54] Es ist der Vorabend von Karolines zweiundvierzigstem Geburtstag.

Bezahlt und organisiert hat das Spektakel Buchhändler Wenner, bei dem Richter wohnt, Mitinhaber der Buchhandlung Varrentrapp Sohn & Wenner. Varrentrapp senior war der Gründer der Hanauer Nachdruckermesse, die seit 1775 legale Nachdrucke vertreibt. An den Gewinnen werden die Autoren beteiligt. Die Buchhandlung in der Buchgasse hat sich mit dem Verlag der Werke des Frankfurter Mediziners Thomas Sömmering und mit wissenschaftlichen Enzyklopädien einen Namen gemacht. Die kostspielige Flussfahrt ist daher keineswegs reines Vergnügen, sondern in erster Linie ein wirkungsvolles Werbemittel im Kampf der Buchhändler und Schriftsteller gegen den illegalen Nachdruck. In Richters Briefen an seine Frau ist davon kein Wort erwähnt; dafür schildert er ausführlich, wie das überladene Schiff mit den Musikern fast gesunken wäre, als es in der Dunkelheit an einen Brückenpfeiler stieß.

Am 15. Juni reist er weiter Richtung Heidelberg, nachdem er sich zuvor von den achtzig Mitgliedern des Frankfurter Gelehrtenvereins feiern ließ und bei dieser Gelegenheit ein gutes Wort für den Sprach- und Dialektforscher Johann Gottlieb Radlof einlegte «und sagte, wie er leben würde, wenn er auch nur wenig zu leben hätte. Heute schon wird durch Gesandte und Gesellschaften für sein Glück gebauet. Nun kennt ihn die Stadt. Gesehen hab ich ihn noch nicht.»[55] Seit 1817 lebt Radlof unerkannt und bettelarm in Frankfurt, wo ihn erst Jacob Grimm in einer elenden Dachkammer aufgestöbert hat. Durch Jean Pauls Fürsprache wird der gelehrte Sonderling und ehemalige Mitstreiter von Heinrich Wolke noch im selben Jahr als Professor nach Bonn berufen, wo er der Sprachforschergemeinde 1821/22 einen gedruckten *Mustersaal aller teütschen Mund-arten, enthaltend Gedichte, prosaische Aufsätze und kleine Lustspiele* schenkt.

Kurz vor der Abreise bietet Karoline ihrem Gatten die Trennung an. Er könne ruhig in Heidelberg bleiben, wenn er wolle; seine Sachen würde sie ihm nachschicken. Nach Aufzählung der üblichen Klagen wünscht sie ihm knapp eine gute Reise. Richter ist außer sich, meistert sich aber und erwidert ebenso kurz angebunden, er verschwende keinen Gedanken an ihren Vorschlag. Nie würde er ohne «seine Kinder» in der Fremde leben können. Nun ist die Reihe an ihm zu leiden; «ich nahm die Schmerzen auf meinem ganzen Nachmittags-Weg mit. Es ist zu hart, wenn ein Mund, der nie unwahr gewesen gegen dich, nur einen kurzen und immer unterbrochnen Glauben findet.»[56] Sophie Paulus sei im Übrigen «auf dem Wege einer Abblüte», weil sie zu viel Klavier spiele. Am nächsten Tag bezieht Richter sein Zimmer im Heidelberger Hotel «Karlsberg», Wand an Wand mit einem der unvermeidlichen Brüder Schlegel. Wie im Vorjahr nimmt er bei einem Fackelzug das Vivat der studentischen Burschenschaften entgegen und drückt jedem Einzelnen die Hände. Als ihn die Studenten in ihr Wirthaus mitziehen wollen, ist es sein junger Freund Carové, der ihn vor einer durchtrunkenen Nacht bewahrt.

Wiederum ist es aber nicht allein die verliebte Sophie Paulus, die ihn nach Heidelberg gelockt hat. Am folgenden Tag besucht Richter mit Carové eine magnetische Vorführung des Heidelberger Arztes Franz Joseph Schelver. Zu den Schaulustigen und Patienten, die regelmäßig zu den Heidelberger Sessionen anreisen, zählen auch Juliane von Krüdener und ihr Freund Baron Uexküll. Im Vorjahr hat Richter seine alte Freundin aus Hofer Jahren bei einer ähnlichen Veranstaltung wiedergesehen.[57] Sei es, dass sein Apothekerroman Richters Neugier beflügelte, sei es die unausgesprochene Hoffnung auf Heilung seiner Krankheit: Er ist beeindruckt. «Ich war im Tempel des Weltgeistes», berichtet er nach Hause. «Wie der Kirchhof und die Kirche alles gleichmachte, so hier der Saal.» Siebenundzwanzig Anwesende, teils sitzend, teils auf Chaiselongues gelagert, werden von Schelver durch magnetisches Bestreichen in tiefen Schlaf versetzt. Die größte Attraktion aber ist ein blinder alter Mann mit Namen Auth, der unter Schelvers Behandlung Sätze hervorstößt wie: «Gott ist der allgemeine Weltarzt.» Unter heftigen Zuckungen beginnt er, der Frau des Arztes Geheimrezepte zur Heilung aller möglichen Krankheiten «zu diktieren mit der höchsten Pünktlichkeit der Dosen, aber mit schrecklichen herauswürgenden Gebehrden». Fasziniert verfolgt Richter die Vorgänge. «Ich stand vor dem Abgrunde der Geisterwelt».[58] Einer der Schaulustigen, der Student Theodor von Kobbe, berichtete: «Jean Paul, Carrové und mehrere andere verzeichneten als Schnellschreiber seine Orakelsprüche, welche der Professor Schelver sein Magnetiseur, ihm abfragte.»[59] Schelver ist studierter Botaniker und Entomologe; seit 1811 steht er dem Heidelberger Botanischen Garten vor. «Heute will ich den Hellseher Auth über mich fragen», berichtet Richter am 25. Juni nachhause.[60] Über das Ergebnis seiner mystischen Studien in der Welt des medizinischen Aberglaubens können sich dann die Leser des *Komet* eingehend informieren. Als einer der beiden Gehilfen des Apothekers Nikolaus Marggraf erscheint der «phlegmatische Rezeptuarius, oder sogenannte Dreckapotheker» drei Jahre später in Jean Pauls Apothekerroman.[61]

August von Kotzebue berichtet ein paar Wochen darauf in seinem *Literarischen Wochenblatt*: «Es ist bekannt, daß der blinde Tüncher-Meister Auth in Heidelberg für seinen Magnetiseur, den Doktor Schelver, ein lebendiges Arzneybuch geworden; daß er durch Hühner-Kot (!), Urin (!) und dergleichen, wunderähnlich heilt, und nahmentlich durch ein solches medicamentum urinoso-excrementitium den Veitstanz geheilt hat; daß die jämmerlichsten Kranken haufenweise zu ihm strömten, und daß endlich, auf Anweisung des Heidelberger Stadt-Phisicats, das großherzogl. Badensche Ministerium sich bewogen fand, zu Untersuchung der Sache eine Polizeyliche und Ärztliche Commission zu ernennen. Diese Commission fand denn auch, was jede vernünftige Commission gefunden haben würde, daß die Geschichte nur eine elende Gaukeley sey – und alsobald protestierte Hr. Professor Schelver gegen die ernannten Commisssarien; und alsobald trat ein Hr. Doktor Göntgen, den wir die Ehre haben nicht zu kennen, in den Zeitungen für ihn auf, versicherte, daß dessen ‹liebevolle Gattin eine überraschende Geschicklichkeit besitze›, daß Schelver selber ‹uneigennützig wohlthätig würke›; daß die sogenannte Dreckapotheke gar nicht zu verachten sey; daß doch wohl Dinge, ‹die hinter jedem Zaune und auf allen Gassen liegen, eine größere Heilkraft enthalten können, als die hochweisen Herren Ärzte je zu ahnen vermöchten.›»[62]

Nach vierzehn Tagen fährt Richter zurück nach Bayreuth, nicht gesünder als zuvor, aber jedenfalls klüger. Karolines Krachschlagen zeigt Wirkung. «Ich gehe dieses mal anders von Heidelberg fort als das vorige mal, wiewol auch da nichts in mir war, was dir unlieb hätte sein sollen. Fast gar zu prosaisch seh ich jetzo alles an und die ‹poetische Blumenliebe des vorigen Jahres› ist leider (denn sie war so unschuldig) ganz und gar verflogen, eben weil sie ihrer Natur nach keine Dauer und Wiederholung kennt».[63] Er habe diesmal «keinen einzigen rein frohen Tag» erlebt.

Bei Familie Paulus verabschiedet er sich vielsagend mit einem moralischen Aufsatz im *Damenkalender*, dem *Traum eines bösen Geistes vor seinem Abfalle*. Nicht nur Sophie, auch ihrer Mutter, die in ihrer Jugend amourösen Seitensprüngen nicht abgeneigt war, entgeht nicht die Kühle des Angebeteten. Doch kaum zwei Monate danach tritt «Fräulein Schlegel», wie der hofmännisch gezierte, aber mittlerweile korpulente fünfzigjährige August Wilhelm Schlegel von den Heidelberger Studenten genannt wird, an Jean Pauls Stelle, vielleicht nicht in Sophies Herz, aber immerhin mit ihr vor den Traualtar. Im August 1818 wird der «Dreckapotheker» Auth verhaftet. Besagter Doktor Göntgen aus Frankfurt, seines Zeichens Vorsteher des Frankfurter Gelehrtenvereins mit christlich-mystischer Obsession, protestiert öffentlich und benennt als Augenzeugen für Auths übermenschliche Gaben Friedrich Schlegel, nicht aber Jean Paul, der doch bei den Sessionen ebenfalls zugegen war.[64] Auth wird auf behördliche Anordnung psychiatrisch untersucht, ohne Anzeichen von Somnambulismus zu zeigen. In der Fachzeitschrift *Archiv für den thierischen Magnetismus* wird umfassend über den Fall debattiert. «Der sogenannte Triumph des Magnetismus hat sich in Gestank aufgelöst», resümiert Redakteur Carl Eschenmayer den Fall.[65] Als Richter im September von der Auth-Schelver'schen Untersuchungskommission und Auths Verhaftung erfährt, nennt er sie «eine medizinische Grausamkeit»[66] und versichert dem jungen Voß mit heiliger Unschuldsmiene: «ich glaube, er ist blos noch nicht reif genug zum Hellsehen, und wurde noch dazu in diesem überanstrengt durch zu vieles Fragen. Gerichtliches mistrauendes Ausfragen entkräftet auch die beste Hellseherin.»[67]

4.

SCHWARZER PUDEL,
WEISSER SPITZ

Bayreuth, Spätsommer 1818

Durch fast vierzig Jahre ist Jean Pauls Werk gewachsen; eine kristalline Struktur, die sich symmetrisch verzweigt und verjüngt und mit wachsender Härte immer größere Reinheit gewonnen hat. Die treibende Kraft hinter dem Werk aber ist der Wunsch nach vollständiger Poetisierung seiner Existenz; «man sollte unbemerkt verschwinden können», sagt er zu Voß im Herbst 1817.[68] Von Friedrich Richter soll nichts bleiben als Jean Paul, der «Millionär an Leben, Jean Paul Richtersches Leben», wie Paul Emile Thieriot einmal so schön sagt.[69] Alle seine Figuren sind Protuberanzen *einer* Individualität, die sich in poetischen Molekülketten vervielfältigt hat. Da sind die empfindsamen Weltverbesserer Gustav – Viktor – Albano – Walt, die zynisch-freien Aufklärer und Wahrheitsjäger Katzenberger – Fenk – Roquairol – Jean Paul, die satirischen Spaßmacher Siebenkäs – Leibgeber – Schoppe – Giannozzo – Vult, deren aufgeklärte Vernunft nah am Wahnsinn laviert, und schließlich die herzenseinfältigen Stufenmenschen Wutz – Fixlein – Fibel – Krönlein, die ihr Leben nach dem Kirchenkalender führen, biographische Embryonen des Dichters Jean Paul. «Alle meine Schreiberei ist eigentlich innere Selbstbiographie; und alle Dichtwerke sind Selblebenbeschreibungen, denn man kennt und lebt eben kein anderes Leben als das eigene.»[70]

Die Stadt ist heiß und leer. Emanuel fehlt, der sich wie die Mehrzahl der wohlhabenderen Bayreuther im Hochsommer auf seinem Landgut in Weiher bei Hollfeld aufzuhalten pflegt. Vor der Reise nach Frankfurt und Heidelberg hatte Richter ein neues Notizbuch angefangen, in dem er unterwegs Notizen für eine «Selblebenbeschreibung» eintrug. Seit 1804 sammelt er solche Selbstbeobachtungen auf losen Merkblättern und in den *Vita propria*-Heften, um zu gegebener Zeit seinen gesammelten Werken eine Autobiographie vorangehen zu lassen. Der 14. Juli ist ein guter Tag, um anzufangen. «Gegenwärtig schreib ich mein Leben», erklärt er Heinrich Voß Anfang August. «Ob ich gleich jedes andere lieber und feuriger schreibe: so mußt' ich doch daran, da meine innere Biographie niemand kennt als Gott und ich und der Teufel.»[71] Wie immer geht er streng systematisch vor. In Neustadt am Culm zieht er schriftlich Erkundigungen über seinen Großvater ein, den frommen Rektor. Nachträglich werden die dreißig Eintragungen aus dem Reiseheft nummeriert und in «sammelnde» und «schaffende» Gedanken umsortiert. Am 31. Juli hat er zudem Heinrich Voß zu seinem Nachlassverwalter ernannt. «Ich wollte, ich könnte dir mein Leben erzählen und du gäbst es stilisiert heraus.»[72]

Vorerst ist an eine Reihe von Essays gedacht, eingeführt durch «chronologische Tabellen», durchschossen von Wochen- oder Monatsbeiträgen eines fiktiven Journals und angereichert mit Aphorismen aus den *Gedanken*-Heften. Seine Werke sollen sich nicht aus seinem empirischen Ich erklären, sondern dieses aus jenen. Doch mit dem Fortgang des Apothekerromans ändert sich das Konstrukt. Nun soll die *Selberlebensbeschreibung* ein hochkomplexes Bauwerk aus Fiktion und Selbstbiographie, Wochenzeitung und einer «komischen Reise durch die Planeten» werden, der Lebensreise durch reale und imaginäre Räume. Das Joditzer Kind, das er war, soll als biographischer Fötus des närrischen Apothekers Nikolaus Marggraf erkennbar werden: «Wahrheit aus meinem Leben, Dichtung aus des Apothekers Leben».[73] Doch die beiden Teile seiner Existenz – erschriebenes und erlittenes Leben – wollen nicht mehr zusammenpassen. Er sei, gesteht er Emanuel, «durch die Romane so sehr ans Lügen gewöhnt, daß ich zehnmal lieber jedes andere schreibe.»[74] Schon bald spalten sich aus dem überdimensionierten Opus zwei selbständige Werkentwürfe ab. Die Planetenreise wird zum *Selina*-Projekt, die Selbstbiographie zur fiktiven Vorlesungsreihe eines Selberprofessors. «Der erste Band meiner Biographie wird vor Einem Jahre nicht fertig», meldet Richter im Januar 1819 dem Verleger Andreas Reimer, «so wie zwei Bände eines neuen komischen Romans ebenfalls, ob ich gleich an diesen seit mehren Jahren arbeite und mehr als 30 Bogen schon habe kopieren lassen; denn ich fange immer wieder von vornen an. Noch hab' ich an keinen Verleger gedacht; denn ich thu es nie früher als bis das Werk vollendet ist.»[75]

Die Niederschrift der Familien- und Vorgeschichte bis zu seinem vierzehnten Lebensjahr bereitet ihm Kopfzerbrechen. Sein Sohn Max ist jetzt im selben Alter, in dem er selbst 1778 das Hofer Gymnasium bezogen hatte. Am 13. September besteht Max die letzte Jahresprüfung am Bayreuther Gymnasium. Zur Belohnung darf er zum ersten Mal allein reisen: zunächst nach Hollfeld zu Emanuel, dem er Briefe überbringt, und am 20. September nach Regensburg, wo er bei einem Freund des Vaters wohnt. Richter ist stolz auf ihn. «Wenn du wüßtest», schwärmt er Heinrich Voß vor, «wie tief mein 15jähriger Max in den Homer, Euripides, Horaz, den Tacitus und in die philologischen Vorstädte schon hineingerathen: du würdest dich freuen, nach 1 ½ Jahren einen solchen Zuhörer zu bekommen, so wie ich mich auf dessen künftigen Lehrer freue.»[76] Im kommenden Herbst wird sich Max auf dem Lyceum in München auf das Studium der Altphilologie in Heidelberg vorbereiten.

Am 19. Oktober ist Richter zurück von einer vierzehntägigen Reise durch seine Kindheitsorte Hof und Joditz (Schwarzenbach ist 1810 mitsamt der Kirche niedergebrannt). Er ist krank, gereizt und geschwächt bis in die feinsten Nervenfasern. Er redet sich ein, es sei nichts Bedrohliches, eine Unpässlichkeit. Wie immer werde er «die Krankheit durch Kränklichkeit abwenden».[77] Als aus Dresden der Flügel aus Mahagoniholz geliefert wird, den Richter für achtundzwanzig Louisdor bei seinem neuen Schwager Uthe bestellt hatte (Minna Spazier hat nach dem Tod ihres ersten Mannes wieder geheiratet), wird er mit erbarmungsloser Wut traktiert. «Sowas Heilloses», wundert sich Henriette von Knebel, als sie zufällig hereinschaut, «wo kein Ton zum andern paßt, wo auch nicht die mindeste Harmonie war, hörte ich noch nie.»[78] Die Verstörung führt vier Monate später zum endgültigen Abbruch der *Selberlebensbeschreibung* in der Form, wie sie dann 1826 von Christian Otto als postumes Fragment veröffentlicht wird.[79] Der Kristallisationspunkt, an dem sich Leben und Schreiben trennen, der Roman von der Autobiographie, das Geschöpf vom Schöpfer, ist ein dramatisches Krisenzeichen. Seinen inneren Menschen hat Jean Paul in seine Werke verpuppt. Eine unauflösliche Differenz ist zu verzeichnen: zwischen seiner bürgerlichen Existenz und der Selbstreflexion seines «inneren Menschen». Der Schriftsteller passt nicht mehr ins Ich, das Ich nicht mehr zum Schriftsteller. «Wenn ihr wüßtet, wie wenig ich nach J. P. F. Richter frage, ein unbedeutender Wicht; aber ich wohne darin, im Wicht.»[80]

Es ist die Differenz zwischen verschriftlichtem Leben und lebendigem Wort, deren Spur sich seit Anbruch der Moderne bis heute durch die Literaturgeschichte zieht. Der Wunsch, sich als schreibendes Ich bis in die feinsten Verzweigungen des Fühlens und Denkens auszudrücken, kollidiert mit der Tendenz des geschriebenen und gedruckten Worts, dieses Ich in seinen historischen und gesellschaftlichen Kontexten aufzulösen und so gleichsam zu töten.

Richter entscheidet sich für das einzig Mögliche, um Werk und Leben, Leben und Werk in eine Form zu zwingen: er stellt den fertigen Kapiteln des Apothekerromans sechs Vorkapitel aus der Kindheit und Jugend des Helden voran. Jede Lebensgeschichte wird im Allgemeinen aus der Kindheit erklärt. Aber woraus erklärt sich die Kindheit? So fragt Jean Paul in der Vorrede zum *Komet*. An dieser Frage war der Selberlebensbeschreiber gescheitert. Der Romancier löst das Problem dadurch, dass im *Komet* einmal nicht die Dichtung nach der Wirklichkeit, «sondern hier umgekehrt die Natur oder die Geschichte sich ganz nach der Erdichtung richtet und also auf Latein natura fictionem sequatur.»[81] Womit gesagt ist, dass die erfundene Fabel eine innere Wahrheit ausdrückt, Friedrich Richters Erinnerung, die sich in der erdichteten Figur materialisiert.

Aus dem komischen Happel wird nun erst Nikolaus Marggraf. Der Vorname erinnert an den einzigen Heiligen des Kirchenkalenders, der nie ohne sein Widerspiel erscheint, den struppigen Knecht Ruprecht – Sinnbild der christlichen Antinomie von Erlösung und Strafe, Engel und Teufel, Gut und Böse. Schon in der Wiege zeigen sich an dem kleinen Nikolaus Merkmale eines Auserwählten: die kräftige Nase mit zwölf tiefen Gruben wie «Blatternarben» und eine Art Strahlenkranz um das Köpfchen. «Dieser Heiligenschein war wohl weiter nichts als die Bosische Beatifikation, nur daß bei ihm das elektrische Laden und

4. Schwarzer Pudel, weißer Spitz | 485

Ausstrahlen von selber sich machte».[82] Seine tiefkatholische Mutter, die ihn unendlich liebt, deutet ihn als Stigmata eines kleinen Heiligen, zumal Nikolaus sanft und mitleidig ist. Er ist ein Wunder der Empathie. Seine Seele fährt «in alles hinein», seine Phantasie ist grenzenlos. Der alte Apotheker, ein jähzorniger, mürrischer Misanthrop, verachtet dieses närrische Kind, die Mutter liebt es abgöttisch. Die Ehe seiner Eltern ist ein täglicher Krieg. Kurz bevor die Mutter im Wochenbett stirbt, beichtet sie einem durchreisenden Jesuiten, der in der Apotheke ein Mittel gegen Syphilis verlangt, Nikolaus sei die Frucht ihres Ehebruchs mit einem hohen weltlichen Fürsten. Der Apotheker hört die Beichte heimlich mit. Statt aber seiner untreuen Frau Vorwürfe zu machen, ist er über die Eröffnung höchst erfreut, verspricht er sich doch von der Aufzucht des fürstlichen Kuckuckseis eine königliche Belohnung, sobald der wahre Erzeuger gefunden ist. Die auffällige Nase des Kleinen soll ihn auf dessen Spur bringen. So wächst Nikolaus in dem väterlichen Irrglauben auf, nicht nur Marggraf zu heißen, sondern womöglich einer zu sein. Der lieblose Pflegevater hält ihn an Leib und Seele kurz, investiert aber umso mehr in dessen standesgemäße Erziehung. Nikolaus macht sich seinen eigenen Reim auf Heiligenschein und heimlichen Adel und hält sich, zum Jüngling herangewachsen, für einen heiligen Fürsten, nämlich einen, der nur Wohltaten für seine Untertanen im Sinn hat. Doch dafür braucht er Geld. So experimentiert er mit der Herstellung des künstlichen Diamanten. Als sie gelingt, macht er sich auf die Suche nach dem Vater und dem Fürstentum, dessen Volk er beglücken will. Im Handgepäck führt er einen kleinen Schrein mit dem Wachsbild einer Prinzessin, die er als Kind einmal im fürstlichen Park von Hohengeis für wenige Minuten gesehen hat und seither unsterblich liebt.

Der Komet ist also die allegorische Geschichte eines Mannes, der sich auf die Suche nach dem wahren Vater und der großen Liebe macht. Die düstere, verlogene Kindheit, die Richter seinem Apotheker auf den Leib schreibt, steht in schroffem Gegensatz zur Joditzer Idyllendichtung in der *Selberlebensbeschreibung*. Zwischen Dichtung und Wirklichkeit klafft ein Riss, in dem sich das Unausgesprochene, das Unabgegoltene dieses Lebens eingenistet hat. Zwei Kindheiten, zwei Väter, zwei Söhne. Welcher Version sollen wir nun glauben, welche kommt der biographischen Wahrheit am nächsten? Keine andere Romanfigur von Jean Paul erscheint denn auch so eingeschnürt in das Marionettentheater seiner poetischen Kunstbühne und zugleich so hintergründig psychologisiert wie Nikolaus Marggraf, der eingebildete Fürst und heilige Narr. Und doch ist dieser letzte Roman seine wahrhaftigste Lebensbeschreibung. Was für Nikolaus Marggraf das «große Werk», der Diamant, waren für Friedrich Richter die Bücher. «Diese Freunde allein kennen keine Zeit, keinen Eigennutz, sind innige Verwandte, Theile unserer Seele, *zwei Seelen in Einem Leibe*».[83] Es waren die Bücher seiner Schwarzenbacher Freunde, die den Dreizehnjährigen aus der Einsamkeit des sich selbst überlassenen Knaben erlösten. Jeder Tag nach dem Ostersonntag 1776, jedes eigene Werk ist für den Schriftsteller Friedrich Richter Genugtuung für die seelischen Misshandlungen in seiner Kindheit und Jugend. Denn anders kann man es wohl nicht nennen, wenn ein Kind über Jahre gewaltsam gehindert wird, seine natürlichen Anlagen und Kräfte frei zu entwickeln. Mit dem *Komet* ist das literarische Schlussstück der Donquichotterie eines Lebens gefunden, das erst im Schreiben Individualität und Freiheit fand.

Täglich liest Richter die *Bayreuthische Zeitung* und ausländische Blätter in der «Harmonie», wo er bald ziemlich allein sitzt. Sämtliche Professoren sind ausgetreten, nur noch Offiziere und «Jünglinge» lassen sich blicken.[84] Am 15. April 1819 werden aus Berlin Unruhen gemeldet. Bürger fordern vor dem Schloss lautstark eine «Konstituzion». Auch Frankreich, wo Talleyrand die Fäden einer antibourbonischen Intrige spinnt und damit listig die ultraroyalistische Propaganda anheizt, treibt steuerlos am Rand eines neuen Bürgerkriegs. Zum Oberkämmerer degradiert, bittet Talleyrand Louis XVIII. angesichts seiner Verdienste um Frankreich unter Napoleon I. um die Ernennung zum Herzog von Valençay, was einem Affront gleichkommt. Denn auf Schloss Valençay hatte Napoleon den spanischen Bourbonenprinzen und späteren König Ferdinand VII. mehr als fünf Jahre gefangen gehalten, eine Episode, an die sich das bourbonische Frankreich lieber nicht erinnert.

Anfang des Jahres ist in den *Europäischen Annalen* die Brandschrift des erst achtzehnjährigen rumänischen Grafensohns Alexander Stourdza erschienen: *Mémoire sur l'état actuel de l'Allemagne*. Sie war im Auftrag des russischen Zaren für den Aachener Fürstenkongress im September 1818 verfasst worden, eine Art Erneuerung der Heiligen Allianz. Bei Richter löst die Lektüre einen Wutanfall aus. Der Verfasser ist ein Bruder von Roxandre von Stourdza, der Hofdame des Zaren, die als Kurierin für die bigotte Baronesse von Krüdener und Franz von Baader wirkte. Der Traktat warnt vor revolutionär-demokratischen Umtrieben in Deutschland und benennt sogleich die Schuldigen: Es sind die Universitäten als Nester des vorgeblich geplanten antimonarchistischen Umsturzes. Richter findet, dass der Autor dafür «nicht das Feuer, sondern den Abtritt verdient».[85]

Aus dem vermeintlichen «Grab des Aberglaubens» steigt ein Kometenschweif neuer Propheten und Mystagogen, heiliger Narren und Geisterseher, selbsternannter Magier und pseudoreligiöser Naturphilosophen herauf, als hätte es nie einen Voltaire, einen Helvetius, Mendelssohn, Kant, Herder oder Jean Paul gegeben. In St. Petersburg und Turin wirkt Joseph de Maistre, in München Franz von Baader, in Bern Karl Ludwig von Haller, ein Enkel des Schweizer Naturphilosophen Albrecht von Haller. Sein Buch über die *Restauration der Staatswissenschaft oder Theorie des natürlich-gesellligen Zustands der Chimäre des künstlich-bürgerlichen entgegengesetzt* gibt einer ganzen Epoche ihren Namen.[86] De Maistre fordert die Fürsten Europas auf, sich gegen das «satanische Wesen» der Revolution zusammenzuschließen zu einem katholisch-monarchischen Europa. Aus dem illustren Abenteurer und Idol der Freimaurer ist ein radikaler Gegner der Freiheit geworden, der das Gottesgnadentum der Könige aus dem «göttlichen Ursprung» des Staates ableitet.[87] Wissenschaftliche Aufklärung bezeichnet de Maistre als Narretei; die «Orakelei der Vernunft» und das Untergraben herrscherlicher Autorität hält er für das Unglück der Zeit.

Der dritte Wortführer der Gegenaufklärung, Franz von Baader, hat als Geologe, Glasfabrikant und Bergbaudirektor viel für die industrielle Entwicklung in Bayern getan, bevor er durch Schellings naturphilosophische Schriften Geschmack an christlichen Mystikern bekam und sich der katholisch-sozialen Erweckungsbewegung des bayerischen Wanderpredigers Johannes Evangelista Goßner anschloss. In seinem Schwabinger Haus führt Baader magnetopathische Versuche und exorzistische Kuren an Geisteskranken durch, deren Resultate er 1817 in einer Broschüre *Über die Extase oder das Verzücktseyn der magnetischen Schlafredner* veröffentlicht hat. Selbst Friedrich Schlegel, einst Prophet des romantischen Universalismus, jetzt Gesandtschaftssekretär am österreichischen Hof, glaubt sich nach seiner katholischen Konversion verpflichtet, «die Stimme des tieferen sittlichen Gefühls und des religiösen Glaubens in Schutz zu nehmen gegen den Despotismus der Vernunftsysteme».[88]

Vom 1. bis 14. Januar sind im *Morgenblatt* Jean Pauls *Unternacht-Gedanken über den magnetischen Welt-Körper im Erdkörper; nebst neun magnetischen Gesichten* abgedruckt, das irrwitzige Panorama einer aus den Fugen geratenen Zeit. Für das Jahr 1819 sieht der Verfasser schwarz. Der Leser soll sich im Innern der Erde einen großen Magneten vorstellen, eine Art Gegenerde, wie Richter sie in den *Annalen der Physik* beschrieben gefunden hat.[89] Analog zu dieser kleinen Gegenerde sieht er sich in eine politische Gegenzeit versetzt. Da sind «die theologischen und die poetischen Überchristen», die Verdunkler des wahren Christentums, ferner die ideologischen Einflüsterer und «Magnetiseure der Fürsten», die Minister und die Zensoren. «Himmel! Was sind denn Bücher anders als Fenster zum Erleuchten, und was sind daher Bücherzensuren anders als Vorfenster, welche verhüten sollen, daß nicht mit dem Lichte zugleich die kalte Luft eindringe?»[90]

In diesem Punkt zeigt Richters Schwarzsehen geradezu hellseherische Qualitäten. Mit den Karlsbader Beschlüssen tritt im Herbst 1819 genau das ein, was er prophezeit hat. Das satirische Temperament des Verfassers der *Teufelspapiere* ist auch nach vierzig Jahren ungeschwächt. Die «gegenromantischen» Romanschreiber mit ihren wässrigen Romanen, die Trauerspielautoren mit ihrem «tragbaren Kriegs-Theater im Kleinen» und all die «Gegen-Magnetisierer», die den «Gegengeist der Zeit» verkörpern, werden gleichermaßen der Lächerlichkeit preisgegeben. Dem von der Revolution ausgebluteten «Kriegs- dem Feudal- und dem Hofadel» wird das «Helldunkelsehen» zum Hochseilakt zwischen Reaktion und Fortschritt, während sie ihre von der Revolution geplünderten Stammbäume mit «Kammerherrnschlüsseln, Offizierpatenten, Bischofmützen» schmücken. Die Diagnose trifft den Nagel auf den Kopf: «Nicht Glanz braucht der Adel, sondern Geld.»[91]

Wenn Jean Paul den Kampf zwischen Konservativismus und Liberalismus im Bild des Höllenhundes Zerberus und der Lichtgöttin Minerva erscheinen lässt, so ist das ein sublimer Hinweis auf die 1818 gegründete liberale Zeitschrift *Minerve française*, die Nachfolgerin des *Mercure de France*, der am 31. Januar 1818 sein Erscheinen eingestellt hat. Richter war seit Jahren ein regelmäßiger Leser des *Mercure*. Die *Minerve* verfolgt auch die politischen Kämpfe in den deutschen Staaten um ständische Verfassungen und ist, jedenfalls nach Meinung der englischen Tageszeitung *The Sun*, das französische Hauptorgan des Liberalismus, welcher zu dieser Zeit als dritte politische Fraktion neben Konservativismus und Konstitutionalismus immer stärker wird.[92] Ihr Gegenspieler ist Chateaubriand mit seiner Zeitung *Le Conservateur*. Als Führer der Royalisten in der Pairskammer organisiert der bourbonische Diplomat die letzten Reserven des liberalen Adels. «Ich rief die Nachhut zusammen», schrieb er mit delikatem Zynismus 1840 in seinen Memoiren, «ich setzte den Feudaladel für die Pressefreiheit ein.»[93] Dass aber das brillante politische Gleichnis des Gegenmagneten im «Erdherzen» für die Restaurationsära Jean Pauls Glauben an magnetische Wunderheilungen beweise – darauf konnte erst ein mystischer Kopf des 21. Jahrhunderts kommen.[94]

Unterdessen reißen die schlechten Nachrichten nicht ab. Am 23. März 1819 wird der in russischen Geheimdiensten stehende Theaterschreiber August von Kotzebue, der Stourdzas *Betrachtungen über Ursprung und Geist der orthodoxen Kirche* aus dem Russischen übersetzt hatte, in Mannheim ermordet. Friedrich Heinrich Jacobi stirbt in München, Richters treuer Führer durch die Irrgärten der philosophischen Spekulation. Zu allem Unglück ist am 10. März auch noch Alert «dahin», Richters weißer Spitz. Der Nachfolger heißt Ponto und ist – von seinem Herrn als Scherenschnitt verewigt – sein antagonistischer Gegenpol *in effigie*: ein schwarzer Pudel.

5. | JEAN PAUL SPIELT BLINDEKUH

Löbichau in Sachsen, August 1819

Die Überarbeitung des *Hesperus* für die dritte Auflage, die mit Reimer ausgemacht ist, kostet viel Zeit. Im Hinblick auf eine Gesamtausgabe seiner Werke will Richter die satirischen Extrablätter hinauswerfen und in einem gesonderten Anhangband sammeln, ein spätes Zugeständnis an seine sentimentalen Leser(innen), das zum Glück unterbleibt. Am 2. Januar 1819 ist der erste *Hesperus*-Band durchgesehen, vierzehn Tage später der zweite, die restlichen beiden folgen zur Ostermesse. Gegen seinen alten Verlegerfreund Cotta ist Richter verstimmt, weil dieser eigenmächtig den *Morgenblatt*-Beitrag über die *magnetischen Gesichte* gekürzt hat. Cotta beeilt sich, die zensierten Teile in einer der nächsten Ausgaben nachzuliefern.

Im Mai, während er gleichzeitig die neuen Vorkapitel des *Komet* beendet, legt Richter ein neues Studienheft an, *Überchristenthum/ Wider-Kanne* betitelt. Auch Erhard Vogel, der Wunsiedeler Dekan, ist in Sorge um die lutherische Religion im Königreich Bayern, noch immer der liberale Protestant und Kirchenmann von einst. Seine *Freymüthigen Briefe über das Concordat zwischen dem baierischen und römischen Hofe* nehmen kein Blatt vor den Mund. König Max I. war den Wünschen der katholischen Kirche zur Wiederherstellung einer vereinigten Reichskirche nach dem Ende des Heiligen Römischen Reichs so weit entgegengekommen, dass er seinen Gesandten beim Heiligen Stuhl, Johann Casimir Häffelin, Verhandlungen über ein Konkordat aufnehmen ließ. Häffelins Entwurf kam für den König aber dann doch den Wünschen des Vatikans zu weit entgegen. Eigenmächtig unterzeichnete Häffelin den Vertrag am 5. Juli 1817. Um Rom nicht zu brüskieren, ratifizierte der König die Konkordatsurkunde notgedrungen.

Seither gibt es in Bayern zwei Erzbistümer, München und Bamberg, denen fünf Bistümer unterstellt sind. Der König hat sich lediglich das Ernennungsrecht für die Bischöfe vorbehalten. Das Konkordat sieht überdies die Besoldung der Kirchenherren, den Unterhalt der Stifte und wohltätigen Einrichtungen sowie die Wiedererrichtung von Klöstern als Entschädigung für die zwischen 1803 und 1806 säkularisierten Kirchengüter durch den bayerischen Staat vor. Erst im Jahr nach der Unterzeichnung erließ der König ein Religionsedikt, das die Parität der drei christlichen Konfessionen – Katholiken, Lutheraner und Reformierte – verfassungsrechtlich garantierte. Als erster deutscher Politiker hatte Maximilian Carl Joseph Franz de Paula Hieronymus Graf von Montgelas dem König Pläne für ein eigenes Kultus-Ministerium für geistliche und geistige Angelegenheiten vorgelegt, was der faktischen Kontrolle der Kirche durch den Staat nahekam. Seit mehr als zwei Jahrzehnten war er der führende Kopf der bayerischen Politik. In dem Sohn seines Königs, einem politischen Schwärmer und Liebhaber katholischer Ornamentik und christlicher Kunst, und seinem Vertrauten und Berater General von Wrede waren ihm in den Jahren nach dem Wiener Kongress zwei Gegner erwachsen, der seine kirchen- und verfassungspolitischen Ansichten nicht nur nicht teilten, sondern auch seine Vorschläge zu einer ständischen Verfassung entschieden bekämpften. Als sie 1818 in Teilen realisiert wurden, war sein unliebsamer Schöpfer, nicht ganz freiwillig, in den Ruhestand versetzt worden.

Ohne Karolines Geburtstag und Odilies Konfirmation am 6. Juni abzuwarten, fährt Richter Anfang Juni nach Stuttgart – ziemlich überstürzt, wie es aussieht. Karoline ist konsterniert; «ein Tag, dem aus dem Wege zu reisen der Gatte selbst der Einsegnung eines geliebten Kindes seine Gegenwart entzieht, verdient nicht von seinen Freunden als ein Festtag begangen zu werden.»[95] Er verteidigt sich wie ein ertappter Spitzbube: Hätte er den Sonntag abgewartet, dann hätte er gewusst, dass es am Mittwoch regnen würde – und wäre daheimgeblieben.[96] Auf der Landstraße nach Stuttgart kommen ihm fünfzig hoch beladene Planwagen eines Auswanderertrecks entgegen. Er vermutet, sie zögen nach Polen; doch noch weiter nach Osten und Süden, in die Karpaten und in den

Kaukasus führt der Weg, der vor ihnen liegt. Die meisten sind schwäbische und badische Pietisten.

Der tagelange Nieselregen deprimiert ihn; «ich wäre das glücklichste Wesen von der Welt, wenn ich eine Krautpflanze oder ein Gerstenfeld wäre». Als Karoline vorschlägt, ihm Emma nachzuschicken, wehrt er wortreich ab und behauptet, dass er seine Stuttgarter Wochen nur «hinduselt» «und dann die Baireuter, bis die ganze Narrheit vorbei ist».97

Von Hinduseln kann gar keine Rede sein. Stuttgart erlebt die aufregendsten Wochen seiner jüngeren Geschichte: die Wahl zur neuen Konstituante und die Verabschiedung der ersten württembergischen Verfassung. Richters alter Freund Wangenheim ist 1817 in den Ruhestand getreten, doch weiß er in seinem politischen Ziehsohn Friedrich List einen tatkräftigen Demokraten. Als führender Kopf der «Volksfreunde» setzt sich List für die Einführung des parlamentarischen Zweikammersystems ein. Die Partei der «Altrechtler» unter Führung von Justizminister Eugen von Maucler, dessen Entwurf 1815 den Verfassungsstreit ausgelöst hatte, und des Dichters Ludwig Uhland besteht dagegen auf der alten Ständeversammlung. Am 13. Juli tritt die verfassungsgebende Versammlung in Ludwigsburg zusammen; nach zwei Wochen werden die Sitzungen unterbrochen und erst Anfang September wieder aufgenommen. In aller Eile wird am 25. September – fünf Tage nach Inkrafttreten der Karlsbader Beschlüsse – die erste württembergische Verfassung verabschiedet, ein großer Erfolg für die Demokraten.98

Jean Paul, der Liebling des Adels und der Demokraten, tanzt derweil auf allen Hochzeiten. Seine alte *Titan*-Manier hat er nicht ganz abgelegt: Er gibt dem Adel, was des Adels ist, und wird dafür geliebt. Am 20. Juli ist Richter bei Herzog Wilhelm Friedrich Philipp von Württemberg und dessen Frau geladen, die so alt ist wie Karoline und «noch etwas schön». Ihre «begeisternde Gegenwart» wird der Gattin zuhause allerdings verschwiegen. «Sie lebt und wohnt», spottet er gutmütig, «auf den weichen Blütenspitzen der Phantasie und fällt daher immer herunter.»99 Ein andermal laden ihn Mitglieder des «Tübinger Studentenvereins» ein, Jünglinge in Max' Alter. Allerdings ist er klug genug, der Einladung nicht zu folgen, handelt es sich doch dabei um die verbotene Studentenvereinigung «Germania», deren Vorgängerin «Teutonia» der Kotzebue-Mörder Georg Sand angehört hatte. Das «Ameisenbad» der Besuche, Diners und Gartenkonzerte führt Richter auch mit dem schwerreichen Kunstsammler Sulpiz Boisserée, den *Morgenblatt*-Redakteuren Friedrich Haug und Therese Huber, dem Dichter Friedrich Matthison und einer alten Bekannten aus Berliner Zeiten zusammen, Henriette Herz.

Obwohl er seinen Verleger Friedrich Cotta in Stuttgart einige Male besucht hat, bietet er bald nach seiner Rückkehr den *Komet* Georg Reimer an. Aus dem schlechten Absatz seiner Bücher bei Cotta schließt Richter offenbar auf dessen nachlassendes Interesse.[100] Cotta wiederum, der Richters Stolz kennt, will ihn nicht bedrängen. Als sie sich im Jahr darauf aussprechen, sind die Verträge mit Reimer schon unterschrieben. «Daß mein guter, von mir so geschätzter und so treu geliebter Cotta auch nur die kleinste unangenehme Empfindung – die ich nach früheren Briefen über den Abgang meiner Werke nicht voraussetzen konnte – bei dem Übergange zu einem fremden Verleger gehabt, dieses that mir selber sehr weh; es soll aber auch die letzte dieser Art gewesen sein.»[101] Als ihm Reimer kurz vor Richters Tod auch noch die Herausgabe der Gesammelten Werke wegschnappt, ist Cotta tief verletzt. Nicht im Verlag von Herder, Goethe und Schiller, sondern im Verlag der Berliner Romantiker finden Jean Pauls Werke ihre letzte Heimstatt.

Ende Juli kommt Richters Schwiegervater aus Berlin zu Besuch nach Bayreuth, beunruhigt von Karolines unaufhörlichen Klagen. Die Ehegatten gehen sich aus dem Weg, so gut es geht, und am 30. August ist Richter schon wieder weg. Die Herzogin Dorothea von Kurland hat ihn im Mai auf der Durchreise durch Bayreuth auf ihr Sommerschlösschen Löbichau im Altenburger Land eingeladen. Das eindrucksvolle Schloss mit klassizistischem Portikus, umgeben von einem englischen Garten, erhebt sich zwischen Löbichauer Hain und Tannefeld. 1796 erwarb es die Herzogin von ihrem Bruder und ließ es zur Sommerresidenz ausbauen. 1808 wurde hier die Ehe ihrer Tochter Dorothea mit einem Neffen von Talleyrand durch Zar Alexander vermittelt. Die Titanen einer untergegangenen Zeit – hier sind sie noch einmal versammelt, nicht mehr jung und schlank, sondern bejahrt und füllig. Hier sind Geist und Geld, Schönheit und Empfindung im Übermaß vereint mit gutem Essen, geselligen Spielen und *concerts spirituels* unter freiem Himmel. Hier ist das Herz der Heiligen Allianz, die Höhle des Zerberus, der «Gegen-Geist» der Restauration.

Die seit neunzehn Jahren verwitwete Herzogin ist eine jüngere Stiefschwester der Schriftstellerin Elisa von der Recke, die in ihrer Jugend mit dem Grafen Cagliostro durch Europa gereist war und darüber ein Buch geschrieben hat. Die vier Töchter Dorothea, Wilhelmine, Johanna und Pauline wurden von Antonie Forster erzogen, einer Schwester des Schriftstellers und Mainzer Revolutionsfreunds Georg Forster. Früher hielt die Herzogin im Kurländischen Palais in Berlin Salon. Sie kannte Germaine de Staël, Rahel Varnhagen und Madame de Genlis, Johannes von Müller, Wilhelm von Humboldt und Prinz Louis Ferdinand und war die größte Bewunderin von Napoleon und Geliebte seines Außenministers Talleyrand. Seit Napoleons Stern befleckt war und Talleyrands Bett ihre Tochter Dorothea teilte, wurde das Palais der Herzogin Chateau-Neuf in Saint-Germanin-en-Laye ein bekannter Treffpunkt der antinapoleonischen Opposition. Während des Wiener Kongresses waren ihre Töchter der Mittelpunkt jedes Salons: Wilhelmine, Herzogin von Sagan, an der Seite von Clemens von Metternich, Dorothea, Herzogin von Dino, an der Seite Talleyrands.

Die berühmtesten Mätressen des restaurativen Europa sind also versammelt im sommerlichen Löbichau. Wollte man allein auf die Briefe an Karoline und Jean Pauls Bericht in Cottas *Taschenbuch für Damen* auf das Jahr 1821 [102] vertrauen, so hat Friedrich Richter alias Jean Paul jeden Tag hier genossen als ein fortgesetztes «Lust- und Tanz- und Sing- und Sprechleben», während zur selben Zeit auf einer geheimen Ministerialkonferenz im böhmischen Karlsbad vom 6. bis 31. August die polizeiliche Verfolgung der sogenannten Demagogen und ein scharfes Pressegesetz beschlossen werden. Sie werden am 20. September 1819 vom Bundestag in Frankfurt verabschiedet und treiben Tausende Demokraten ins Exil. «Nicht ohne Beifall spielt ich Blindekuh mit», berichtet der Dichter, «und verlas und machte da einige kleine Arbeiten.»[103] Mit Frau von der Recke habe er «einige schwer-verwickelte Polonäsen» getanzt; ihrem Bruder Paul von Medem schreibt er Blumiges ins Stammbuch. «Ich gestehe Dir gern», schreibt er an Karoline, «daß ich mit einigem Vergnügen in mir den versteckten Tänzer ertappte. – An keinem Hofe kann ein so ungezwung[en]er, froher und doch anständiger Ton herrschen als hier [...] Gestern sprach ich in Tannefeld lange von der Berlepsch und Feuchtersleben und von Dir zum Vergleichen.»[104]

Es muss ein kurioser Anblick gewesen sein: der beleibte, bewegliche Richter, der die fünfundsechzigjährige Elisa über das Parkett wirbelt. Unter den dreißig Gästen sind auch der Ritter von Feuerbach, ein prominenter Jurist und Autor des bayerischen Strafgesetzbuches, und sein nervenkranker Sohn Joseph Anselm, Richters «guter, geliebter» *Morgenblatt*-Redakteur Friedrich Haug, einst ein Jugendfreund Schillers und revolutionierender Hitzkopf, der Schriftsteller Johann Friedrich Schink, der sich der Herzogin bei seinem Besuch so angenehm zu machen weiß, dass sie ihm eine lebenslange Pension aussetzt, Christoph August Tiedge, der Geliebte der Frau von Recke, und Philipp Konrad Marheineke, ehemals Redakteur bei den *Heidelbergischen Jahrbüchern*, jetzt Theologieprofessor an der Berliner Friedrich-Wilhelm-Universität. Gerade sind seine *Grundlehren der christlichen Dogmatik* erschienen.

In Richters Augen gehört Marheineke mit Arnold Kanne und dem Kieler Theologen Claus Harms zu den «Überchristen» der Gegenaufklärung, die ihm herzlich verhasst sind. Im Unterschied zu den «Supranaturalisten» suchen die «Überchristen», fundamentalistische Glaubenslehren mit rationalistischer Theologie und historischer Bibelexegese zu verbinden. Die Herzoginnen und Elisa von der Recke wiederum praktizieren eine Form mystisch-spiritueller Religiosität, die Richter im *Damen-Taschenbuch* verblümt als «Tochterkirche» und «Mutterkirche» bezeichnet. Sie beten mit derselben intellektuellen Inbrunst, mit der sie ein Vierteljahrhundert zuvor Klopstocks Gedichte gelesen haben.

Wenn Richter zwei Monate später in seiner Neujahrsbetrachtung «die Licht-Einbuße» bedauert, «die zarte und frommscheue Gemüter, obwohl mit Gewinn von Wärme-Überschuß, durch das Überchristentum von so hochachtenswerten Männern wie Kanne, Augusti, Marheineke bis zu Harms herab erleiden», dann kommt dies als Quintessenz seiner weihrauchumwölkten Löbichauer Impressionen der Wahrheit wohl näher als die harmlosen Briefe, die Karoline zugedacht waren. Die Abhandlung *Wider das Überchristenthum*, zu Lebzeiten nicht veröffentlicht, ist die tiefgründigste Auseinandersetzung mit dem christlichen Fundamentalismus, die seit Lessing und Herder in Deutschland geschrieben wurde. «Die neuere Theologie macht die ganze Erdschöpfung dunkel und ekelhaft und eines Schöpfers unwürdig, sie mag nun über Welt oder über Menschen sprechen. Nur sie weiß die Herrlichkeit des All und seines Schöpfers mit gehöriger Kleinlichkeit zu behandeln, und zieht den höchsten Gedanken in die Enge eines ‹Herrgottchen› zusammen, welche von der Fetisch-Enge der Neger nicht sehr übertroffen wird.»

Die Wiederkehr der Sünde und der Buße, jener Geißeln seiner Kindheit und Jugend, der Gespenster des protestantischen Gewissensterrors, die Stilling in seinen Erbauungsbüchern und Journalen mit «ewigen Selbervorwürfen und Kreuzigungen» heraufbeschwört: dieses sinnenfeindliche, selbstzerstörerische Christentum erbittert Richter noch immer zutiefst. «Wenn andere alte Götterbilder ausgruben, so scharren unsere Ueberchristen Teufelsbilder unter dem Schutt hervor.»[105] Dagegen setzt er das erste Gebot seines Freiheitskatechismus: Der Mensch ist nicht entweder schlecht oder gut, so dass ihn die Religion besser machen müsse, sondern er muss die moralische Freiheit besitzen, das Gute oder das Schlechte zu *wollen*. «Auf das eigene Wollen verzichten heißt Nichts sein.» Das ist die Maxime, nach der er gelebt hat, um der zu werden, der er ist. «Die Freiheit ist das Ur des All».[106]

Die alte Gretchenfrage «Wie hältst Du's mit der Religion?» frisst sich wie ein Schwelbrand in die Mitte der gebildeten Gesellschaft. Ende Oktober 1819 erscheint in der Zeitschrift *Sophronizon* unter dem freimütigen Titel *Wie ward Fritz Stolberg ein Unfreier?* eine giftige Polemik des alten Johann Heinrich Voß gegen seinen einstigen Freund Friedrich Stolberg. Herausgeber und Redakteur der Zeitschrift ist Paulus, der mit einem Kommentar *Über die Glaubwürdigkeit der Stollbergischen Geschichte der Religion Christi* im selben Heft die Debatte kräftig anfacht. Die christliche Wende des Grafen Stolberg, niedergelegt in einem fünfzehnbändigen Werk über die Person Jesus Christi, verdient es allerdings, von den alten Aufklärern und Weggefährten kritisch unter die Lupe der Vernunft genommen zu werden. Voß sieht in Stolbergs Katholizismus den «Todeskampf» der sogenannten aufgeklärten Aristokratie gegen die Demokratie, in seiner Konversion Verrat an den Werten der Freiheit und des Protestantismus (die für Voß ein und dasselbe sind) und in Stolberg selbst einen Adelsknecht. Nur fließt sein Aufsatz über von Selbstgerechtigkeit, persönlichen Animositäten und Kränkungen, deren Wurzeln bis in das Jahr 1774 zurückreichen. Stolberg stirbt über dem Versuch, sich zu rechtfertigen, sein Bruder gibt die Verteidigungsschrift im Jahr darauf im Verlag Friedrich Perthes heraus.

Richter ist beglückt über «Vossens und Paulus Flammenschrift gegen Adel und Pabstthum, die ich heute erhielt und die in jetziger Herbstzeit Deutschland schön erwärmt und erhellt».[107] Goethe und Knebel dagegen, Generations- und Weggefährten der Streithähne, empören sich, Voß habe nur Jacobis Tod abgewartet, um alte Ressentiments hervorholen und die Toten – Gleim, Klopstock, Jacobi – zu Zeugen seiner niederträchtigen Abrechnung mit dem abtrünnigen Freund zu mißbrauchen.

Während Richters Abwesenheit hat Max am 8. September am Bayreuther Gymnasium seine Abschlussrede gehalten. Wie mag einem knapp Sechzehnjährigen zumute sein, dessen Vater an einem so wichtigen Tag nicht unter den Zuhörern sitzt? Anschließend ist Max nach München gefahren, von wo er weiter nach Augsburg will. Nachdem der polizeilich verfolgte Naturforscher Lorenz Oken, einer der entschiedensten Demokraten und Redner auf dem Wartburgfest, den Dichter am 20. September auf der Durchreise besucht hat, ruft Richter am selben Abend seinen Sohn energisch nach Hause und verbietet ihm die Fortsetzung der Reise.[108] Er schreibt nichts von den antijüdischen Hep-Hep-Krawallen, die sich vom Rheinland wie ein Flächenbrand über halb Europa ausbreiten, nichts von den Verhaftungen von Studenten, Professoren und Intellektuellen, die sich der Zugehörigkeit zu radikalen Vereinigungen verdächtig gemacht haben, sondern führt gesundheitliche Bedenken an. Er selbst hatte Max empfohlen, in eine der Bayreuther Gymnasiastenbünde einzutreten. Nun fürchtet er um ihn.

Am 24. Oktober verlässt Max Bayreuth, um sich auf dem Lyceum in München auf sein Universitätsstudium vorzubereiten; dem Vater ist es wie «das erste Sterben in der Ehe». Er liebt den klugen Sohn, dessen «äußerlich spornloser und innerlich zügelloser Fleiß» ihn zu einem kleinen Gelehrten mache, dem der «Bücherkasten» schon die «heilige Bundeslade seines Lebens» geworden sei, und genau das macht ihm auch Sorgen.[109]

Am 7. November kommt aus Berlin die Nachricht vom Tod seines Schwiegervaters. Karoline fährt am 26. November nach Dresden, wo sie ihre Schwester Minna abholt, und weiter nach Berlin. Drei Monate ist Richter nun allein mit Odilie und Emma. Max hat am 9. November seinen sechzehnten Geburtstag allein in München gefeiert. Sein Vater versorgt ihn mit guten Ratschlägen. Er solle nicht zeichnen und keine Stunden geben, um keine Zeit zu verschwenden. Max muss jeden Kreuzer abrechnen, so zum Beispiel seine Ausgaben fürs Frühstück; «eine fünf[zig]jährige Gesundheit bei 50 literarischen Geburten verdank' ich jener Regel».[110] Richter schimpft über Maxens liederliche Schrift und gibt Gesundheitsratschläge: «Bei Halsübel frage sogleich den Arzt, da du mich nicht hast». Und wieder: «Warum konnten meine 50 opera und 50 Jahre und soviele Exzerpten meine Handschrift doch leserlich lassen? Und warum beginnst du mit der Unleserlichkeit, womit andere kaum endigen?»[111] Er wünscht, den Seinen unentbehrlich zu sein. Die Unersättlichkeit, geliebt zu werden, ist die einzige Form der Selbstliebe, die man diesem oft der Eitelkeit geziehenen Mann vorwerfen könnte, Relikt einer Kindheit, in der er um die Liebe des Vaters kämpfen musste. Emma erzählt er einmal, wie ihn «der Großvater» geprügelt habe, weil er die Schlüssel der Gartenpforte versteckt hatte, damit der Großvater ihn und seine Brüder nicht wieder einsperre.

Während Karolines Abwesenheit besorgt Emma den Haushalt, der Vater lobt sie für ihre Weihnachtsstollen nach Hofer Art, während die sechzehnjährige Odilie, «diese geborene Krankenwärterin», sich ganz dem Vater widmet, den im Winter Darmbeschwerden, Gicht im linken Fuß und ein Bluterguss am rechten Schenkel quälen. Beide Mädchen haben Zeichen- und Musiklehrer. Französisch bringt ihnen Karoline bei. Mehr Bildung scheint Richter nicht für nötig zu halten.

Im November 1810 ist der erste Band der *Herbst-Blumine* erschienen, im Herbst 1814 der zweite. Kurz vor Weihnachten schließt Richter den dritten Band ab: eine Sammlung seiner Zeitschriftenaufsätze und verstreuten Prosaskizzen aus mehr als zwanzig Jahren. Auch der alljährlich fällige Neujahrsaufsatz für Cotta geht pünktlich nach Stuttgart. Karoline schickt aus Berlin Weihnachtsgeschenke, für ihren Mann ein Fernglas. «Ich bin *sehr* einsam», meldet dieser und wünscht sich außerdem noch «ächte englische Bleistifte», ein englisches Federmesser und Hamburger Seekiele, «aber vom *linken* Flügel».[112] Er versichert sie der «still wachsenden Festigkeit und Begründung des Liebens», die bei ihm stärker seien als bei ihr, weil «eine Frau alles zu sehr nach Minuten und nach äußern Zeichen schätzt».

Wie sie ihr Erbe vernünftig anlegen solle, ist ein neues Streitthema zwischen ihnen. Wegen des Kursverlustes und der einzusparenden Zollgebühren rät Richter, es in Gold anzulegen. Seine überreizte Phantasie malt ihm ständig Gefahren aus: die Kälte, die Kutschen, die Koffer, die Maut. Nachts liegt er wach und sorgt sich. Er leidet und findet das ungerecht. «Ich verdiene in der That nicht mehr in der Welt bei so wenigem Genießen und vielem Bestreben oder Arbeiten, noch viel zu leiden.» Nur seiner Frau offenbart er, dass ihm Gott, der ihm früher entbehrlich schien, oft naht. Etwas geht in seinem Körper vor, das er nicht versteht. «Mein einziger Trost ist die feste Zuversicht zu Gott, daß er mich, wie immer, mit Schmerzen verschonet, die mir zu groß wären; und so wird er auch dich noch lange mit meinem Tode verschonen, denk' ich.» Am 16. Januar 1820 zeigt das Thermometer zweiundzwanzig Grad minus. Zu Durchfall und Gicht gesellen sich Furunkeln und Ausschläge an Ellenbogen, Knie und Waden. «Etwas magerer seh ich aus», bemerkt er sarkastisch über sein Spiegelbild, «aber ohne Verlust meiner physiognomischen Reize».[113]

Von nun an wird sich alles, was noch geschieht, in Vergangenheitsform kleiden, «da wir eben im Alter unser eignes Echo sind, das, wie jedes andere, nur in immer *tiefern* Tönen wiederholet».[114] Und so durchlebt Friedrich Richter in den letzten Wochen des Jahres 1819 und den ersten des neuen Jahres, als er am dritten Band des *Komet* schreibt, noch einmal die kleinen Schmerzen und Triumphe eines angehenden Autors, den kindlichen Stolz beim Erscheinen seines ersten Romans, der *Unsichtbaren Loge*, den Schwindel des kometenhaften Ruhms seines *Hesperus*, Befangenheit, Hoffnung und Einsamkeit des armen Teufels aus Leipzig, der mit nichts als einem Mantelsack voll Wäsche und Büchern auf dem Weimarer Marktplatz gestanden hatte. Nikolaus Marggraf hat mittlerweile den großen Diamanten hergestellt und ist aus seiner Vaterstadt Rom im Fürstentum Hohengeis ausgezogen, um in Lukas-Stadt, der Licht-Stadt der Erleuchteten und Hauptstadt der Kunst seinen leiblichen Vater zu finden, das Wachsbild seiner Traumprinzessin im Handgepäck. «Es verlache aber doch niemand die Hoffnungen eines so harmlosen Menschen, diese nur schamhaft verkleideten Wünsche und Freuden, geliebt zu werden und lieben zu dürfen. Das Lieben ist ja das einzige oder Beste, was der Mensch sich nicht einbildet.»[115]

In seinem Gefolge sind der Kindheitsfreund Peter Worble, dem er das Amt des Reisemarschalls übertragen hat, der Münzjude Hoseas, der Apothekergehilfe Stoß, die als Hofnarr verkleidete Schwester Libette, der Hofstallmaler Renovanz und der Prediger Frohauf Süptitz. Unterwegs stößt noch der Kandidat Richter hinzu, ein dürres Bürschlein mit offener Hemdbrust, der im Narrentross der Nikolopolitaner in die «Kunst-Stadt» einzieht und die Rolle eines Chronisten des marggräflichen Lebens übernimmt. In dem blühenden Dorf Liebenau begegnet dem Zug eine Gruppe Juden mit drei Wagen, gezogen von zwölf Ochsen, auf denen sie die Bretter ihrer armseligen Behausungen mit sich führen. Nikolaus kauft den Juden die Wagen samt Ladung ab und erklärt sie zu seiner «Portativ-Residenzstadt». Nikolopolis ist erschaffen, die mobile Stadt, das Basislager des närrischen Weltverbesserers. Marggrafs Einzug in Lukas-Stadt ist eine anspielungsreiche Satire auf die Begegnung zweier Dichtertitanen im Herbst 1796, Jean Paul und Goethe. Nicht als Chinese *in* Rom, als den Goethe Jean Paul einst verspottet hatte, sondern als ein Apolljünger *aus* Rom oder römischer Nikolopolitaner kommt Marggraf in Weimar-Lukas-Stadt an. Die Bretterstadt des reisenden Apothekers ist ein treffliches Gleichnis für die offene, experimentelle Erzählform in Manipeln, Zyklen und Hundsposttagen, diesem beweglichen Heer von Kapiteln, Vorreden,

Fußnoten, Digressionen und Abschweifungen, mit denen Jean Pauls Romane die klassischen Ästhetiken bestürmt hatten. Wieland, der Großmeister der höfischen Satire, grub mit feinen Spateln und Messerchen. Goethe schrieb formstreng in carrarischen Marmor. Jean Paul schnitt seine filigranen Denkfiguren in Holz; subtil im Entwurf, derb in der Ausführung.

Angelehnt an die jährlichen Kunstausstellungen in Weimar unter Goethes Leitung wetteifern beim Einzug des wundersamen Apothekers und vorgeblichen Fürstensohns sämtliche Kunstmaler von Lukas-Stadt darum, wer das wahrste Porträt des Fremden malen werde. Damit aber zwischen den entgegengesetzten Kunstschulen – der niederländischen und der italienischen – kein Streit entstehe, lässt der gutherzige Marggraf die einen vormittags, die andern nachmittags im Bildersaal antreten und kann sich zu guter Letzt an zweiunddreißig Porträts erfreuen, einmal idealisiert, das andere Mal naturalistisch.

Im März 1820, die überarbeitete Auflage des *Hesperus* ist soeben ausgeliefert, handelt Richter mit Reimer für den *Komet* ein Bogenhonorar von sechs Louisdor in Gold für zwei Bändchen aus, die jedes «ein Alphabeth», also dreiundzwanzig Bogen, stark sein sollen. Die Auflage ist auf 2000 Exemplare berechnet. Wieder wird Engelmann in Heidelberg drucken. «Wann ich aber einen dritten und vierten liefern kann, dieses lassen mich so viele Arbeiten nicht vorausbestimmen. Ich hielt es für meine Pflicht, Ihnen dieß zu sagen, da es auf Ihre Berechnungen Einfluß haben kann [...] Der Titel wird sein: Der Komet, oder Nikolaus Marggraf; von Jean Paul. Eine komische Geschichte».[116]

Als sich sein erster Leser Heinrich Voß begeistert über den ersten Teil äußert, ist Richter «eine zweijährige Last von der Seele» genommen; «denn ich wollte Dir mein Mistrauen in den Werth des ‹Kometen› nicht ganz ausdrücken, aus der Besorgnis, deinem Gefühle die Unbefangenheit zu stören. Mit ähnlicher Rücksicht ist auch die Vorrede geschrieben [...]. Wie viele Blätter hab ich weggeworfen, die du sonach aufhöbest! [...] Desto unverzagter flick' ich den 2ten Theil gar aus, dessen Ende freilich für den 3ten, 4ten Theil die Aussichten einer Donquixott'schen Wanderung öffnet.» Um etwaige Ähnlichkeiten mit noch lebenden Personen von vornherein auszuschließen, fügt Richter

hinzu, alles sei «rein blos auf dem Boden meiner Phantasie gewachsen und die Außenwelt gab nur Klima oder Sonne dazu her».[117]
Am 15. April ist die Vorrede zum ersten Bändchen beendet, am 12. Mai die zum zweiten. Vierzehn Tage später bricht er nach München auf, um seinen Sohn Max zu besuchen. Die *Vorrede zum zweiten Bändchen, nebst wichtigen Nachrichten vom neuen Traumgeber-Orden* ist für den Vorabdruck in Cottas *Morgenblatt* vorgesehen. Für den Fall, dass die Redaktion sie ablehnt, droht Richter, sie persönlich dem Berliner Zensurkollegium vorzulegen, das den Roman zu beurteilen hat. Die verblümte Polemik gegen Karlsbader Beschlüsse und Metternich'sches Zensurregime lässt an Deutlichkeit nichts zu wünschen übrig. In einem fiktiven Brief an den Berliner Polizeidirektor und Oberzensor Saalpater – kein anderer ist damit gemeint als Schuckmann, der ehemalige bayreuthische Regierungspräsident, der als preußischer Polizeiminister in diesen Wochen die Demagogenprozesse gegen die Anstifter des Wartburgfestes vorbereitet – beklagt sich Jean Paul über den Missbrauch, «der mit Traumgeben zu treiben» sei; «ist es hier mit Träumen wohl anders beschaffen als mit Büchern?»[118] Er selber liefere ja jedes Jahr Werke, «wenn auch nicht die allerbesten». «Die Gewalt ist nie zu berechnen, die ein Traumbildner über jeden hat, der im Bette liegt [...] Der Traummacher kann jedem, sobald er seine Nachtmütze aufsetzt, die Bischofsmütze abnehmen – den Koadjutorhut – den Doktorhut – die Lorbeerkrone – die Krone; und die unschuldigsten und angesehensten Leute von der Welt kann er so lange hänseln, als er will und die Leute die Augen zuhaben.» Als Rezensenten oder Redakteure können die «Traumeinbläser», «Traumbaumeister» jede beliebige Meinung in jeden Kopf impfen. Und der Verfasser macht sich Sorgen, «wie weit eine ordentliche Traumgeberbrüderschaft die Sachen zu treiben vermöchte [...] Ein paar Traumgeber können sich verabreden, einander meilenweit Staats-Geheimnisse anzuvertrauen; denn sie machen miteinander gegenseitige Wach- und Schlafzeiten für die Traumtelegraphen aus – Spionen aller Art sind garnicht zu zählen noch zu fangen ... Die gefährlichsten Grundsätze und freiesten Bücher werden umsonst verboten, sie werden von Kopfkissen zu Kopfkissen verbreitet und machen die eifrigsten Anhänger, und ein Nonnen-Dormitorium wird zuletzt eine Propaganda von allem.»

Dass eine Traumgebergenossenschaft wirklich schon existiere, erscheint ihm wahrscheinlich – «[w]enn man nämlich manche Staaten ansieht, wo nichts versäumt wird, um sie nicht bloß mit einer China-Mauer, sondern auch mit einem Kirchengewölbe oder einer Bleibedachung hinlänglich zu bedecken gegen außen; wo aber doch jedes Jahr neue Lichtmaterie durchsickert».[119] Doch diene die «Traumbildnerei gerade wie die Schriftstellerei» auch guten Zwecken, bis hin zu den Höfen, wo «ein Nacht- und Traumfreudenmeister oder Intendant des plaisirs lauter Freuden anordnete, die keinen einzigen Gulden kosteten» und so die Staatskasse schonten. «Inzwischen bleibt es doch ebenso wahr als gefährlich – denn wenige würden so vorträumen wie ich –, daß die Erfindung des Traumgebens, wie die des Bücherschreibens und Druckens, die Entdeckung einer neuen Welt und dadurch die Verdopplung und Umkehrung der alten ist – –: und dies ists eben, worüber man einen Saalpater hören will und zu Rate ziehen.»[120]

Die Antwort des Zensors Saalpater, im «guten, langen, weiten, breiten deutschen Reichsstil» der «Kongreß- und Bundverhandlungen», vulgo Kanzleistil, verfasst, ist kurios. Fünf Vokale, hinter denen sich «fünf magnetische Studenten aus Berlin» verbergen sollen, trieben seit geraumer Zeit ihr Unwesen im Staate und wurden beschuldigt, Saalpater selber und den Außenminister mit Alpträumen zu belagern. Daraufhin seien die fünf Vokale verhaftet und strengstens verhört worden. Zwei Jahre später, im Februar 1822, ordnet Polizeiminister Schuckmann die strenge Überwachung nicht der Vokale, sondern des Berliner Staatsanwalts und humoristischen Schriftstellers E. T. A. Hoffmann an, den Schuckmann selbst mit der Prüfung der Verhörakten verdächtiger Demokraten und Demagogen betraut hatte. Bald darauf wird Hoffmann wegen zu milder Urteile seines Postens enthoben; das Manuskript seines satirischen Romans *Meister Floh* wird im Büro seines Frankfurter Verlegers Wilmans beschlagnahmt.

Die Vorrede erscheint im *Morgenblatt* vom 17. bis 25. Juli, als Richter gerade von der Reise nach München zurück ist.

6.

MAX RICHTER UND DER MYSTICUS

München, Juni 1820

Max wohnt fünf Treppen hoch bei einem Drechsler neben der Frauenkirche und ist nicht zu Hause. Der Besucher pinnt einen Zettel an die Tür und geht zu Schlichtegrolls. Der Historiker Friedrich von Schlichtegroll und seine Frau Auguste gehören zu Richters ältesten Freunden aus der Weimarer Zeit und vertreten bei dem siebzehnjährigen Max ein wenig Elternstelle. Seit 1812 amtiert Friedrich Schlichtegroll in Jacobis Nachfolge als Präsident der Bayerischen Akademie der Wissenschaften. Verwundert und erfreut steht der Dichter vor seinem Sohn, der, obwohl schlicht gekleidet wie er selbst, ihm reifer und schöner erscheint als noch in Bayreuth. Am nächsten Tag besorgt ihm Max im Rochusgässchen bei der Witwe Gail zwei bequeme Stuben nebst Bedienung.

Die Vormittagsstunden liest, schreibt und exzerpiert Richter auf seinem Zimmer für das dritte Bändchen des *Komet*. Am 24. Mai ist Jean Pauls *Traum über das All*, eine philosophische Allegorie, in der literarischen Beilage der *EOS. Eine Zeitschrift aus Baiern. Zur Erheiterung und Belehrung* erschienen, die bei Schrag in Nürnberg verlegt wird. Mit zwei der Herausgeber, dem Chemiker Julius Konrad Yelin und dem Historiker Karl Christian von Mann, trifft Richter sich oft in den Münchener Wochen.[121] Die kosmologische Traumreise durch den Himmel der Astronomie ist wahrscheinlich aus Entwürfen für den *Komet* entstanden und wird später den «Ernsten Ausschweifen» des ersten Bandes eingefügt. Körperlos fliegt Jean Pauls Ich durch die Lichtströme des Weltmeeres; «neben mir stand eine ähnliche [Gestalt], die aber, statt zu schimmern, unaufhörlich blitzte. ‹Zwei Gedanken›, sagte die Gestalt, ‹sind meine Flügel, der Gedanke *Hier*, der Gedanke *Dort*; und ich bin dort. Denke und fliege mit mir, damit ich dir das All zeige und verhülle.» Zeit und Raum verschwinden allmählich. Leere umgibt den Gedanken, bis die Gestalt des *Dort*, die Transzendenz, ihn auffängt und tröstet. «Vor Gott besteht keine Leere; um die Sterne, zwischen den Sternen wohnt das rechte All.» Die sichtbare, materielle Welt macht nur einen Bruchteil des Kosmos aus (was die moderne Teilchenphysik bestätigt hat). Richters Erklärung für das Bedürfnis des Menschen nach Gott stützt sich auf ein psychologisches Phänomen. Weil die menschliche Vorstellungskraft weder das Nichts denken kann, die absolute Leere des Raums, noch das Ende der Zeit, füllt sie es instinktiv mit Gestalten der Phantasie; «die Unsterblichkeit wohnt in den Räumen, der Tod nur auf den Welten.»[122] Das undenkbare Nichts ist das Reich des metaphysischen *Dort*, reine Transzendenz. Planeten und Sonnen schwimmen als Inseln des Seins in einem unermesslichen «Lichtmeer». Je weiter die Forschung in die verborgenen Tiefen des Kosmos vordringen und die Gesetze seines Baus erkennen wird, umso weniger wird sie zur Erklärung der Welt eines transzendentalen göttlichen Wesens bedürfen. Recht besehen, weist Jean Pauls Universum nach dem Analogieprinzip denselben inneren Bau auf wie der Roman, an dem er gerade schreibt. In der Vorrede zum dritten Bändchen des *Komet* reflektiert er sein Erzählverfahren, indem er auf Rabelais' Metapher der «Erzählinseln» zurückgreift, als welche die epischen Kapitel gelesen werden sollen, die dem zeitlichen Fortgang der Handlung dienen. Entscheidend ist aber für jedes Kunstwerk in seinen Augen das Bewusstsein des Autors als Omnium einer unausschöpflichen Welt aus Gedanken, Bildern, Empfindungen.

Während sein Denken auf dem gefährlichen Grat zwischen Sein und Nichts balanciert, muss doch auch der Sorge um die bürgerliche Existenz Genüge getan werden. Seine übliche Reisekleidung, Stiefel und lange Hosen, muss Richter für die Audienz in der Hofgartenresidenz des bayerischen Königs Max I. Joseph gegen die vorgeschriebene Hofmode tauschen: Schnallenschuhe und Kniebundhosen. Weil er beides zuhause «vergessen» hat, leiht er sie von Schlichtegroll, dazu einen dreieckigen Hut, weil runde nur Demokraten tragen und sie bei

Hofe verboten sind. Er habe sich «einen solchen weltoffnen, gutmüthigen, unbegehrlichen, anspruchslosen, hausväterlichen König» gar nicht vorstellen können, sagt er nachher und findet die ihm oft nachgesagte Ähnlichkeit mit dem König durchaus schmeichelhaft. Der König führt ihn in die Räume der Königin, wo Jean Paul Fr. Richter zwischen seiner eigenen Büste und deren Besitzerin etwas verlegen herumsteht. Die Königin zieht ihn in ein galantes Gespräch über seine Hildburghausener Verlobte, deren Name ihm misslicherweise entfallen ist, und «über Weimar, Herder und Adelbert Herder, der sie mit Briefen verfolgt».[123] Sie sprechen auch über den Kotzebue-Mörder Sand, der wie Richter in Wunsiedel geboren ist. Am 19. Juli besucht er den inzwischen aus seinem Ministeramt entlassenen Grafen Montgelas auf dessen Gut in Bogenhausen; ein «wahrer geborener Minister und großer Kopf mit einem seltsamen Kraftgesicht», der indessen mit dem fränkischen Dichter nicht allzu viel anzufangen weiß. Als der neugierige Richter nach einigen Tagen erneut anrückt, lässt sich Montgelas entschuldigen.

Nach Jahren sieht Richter seine Jugendfreunde Renate und Christoph Otto wieder, die in München leben und eine siebenjährige Enkelin haben. Er besucht die «optische Fabrik» des Physikers Joseph Fraunhofer, das chemische Laboratorium der Akademie und den botanischen Garten lieber als das Theater. Die größte Freude aber hat er an seinem klugen, gefühlvollen Sohn. «Mich kann er nicht satt küssen vom Frühstück an bis abends an die Abtritts Thüre an der Treppe. Seine jetzigen Kenntnisse haben ihn aus einem baireuther Schulknaben zu einem akademischen Jüngling gemacht und in der Philologie könnte er leichter Lehrer als Schüler Degen's sein.»[124] Im Herbst wird Max sein Studium in Heidelberg aufnehmen. Er hat sich mit Richters jungem Schützling und Lektor Heinrich Voß angefreundet und wechselt mit ihm angeregte Briefe über philologische Gegenstände oder die jüngsten Studentenunruhen. Als auf einer Fahrt nach Nymphenburg der eingeschlummerte Kutscher in den Graben fährt und sich Richter vor Schmerzen nicht mehr bewegen kann, bricht Max heftig in Tränen aus. Dr. Sömmering diagnostiziert eine Rippenprellung. Unterwegs war ihnen eine Fronleichnamsprozession entgegen gekommen, deren farbenfrohe Soutanen und vergoldete Heiligenfiguren Richter in ihrer malerischen Pracht jedoch nicht recht genießen mochte; «der Grimm über den Pfaffenunsinn erstickt den ästhetischen und empfindsamen Genuß.»[125]

Am Abreisetag, dem 4. Juli, sucht der Theosoph und Magnetiseur Franz von Baader den Dichter im Rochusgässchen auf, verhält sich aber so feindselig, dass Richter nicht begreift, warum er ihn besucht hat. Alsbald erweist sich der Grund. Nachdem der Vater abgereist ist, berichtet Max seiner Mutter am 17. Juli begeistert, Baader habe ihn in seine Schwabinger Wohnung eingeladen und angeboten, ihm zur Vorbereitung auf das Studium philosophischen Privatunterricht zu geben. Jeden Morgen geht Max nun für zwei Stunden zu Baader. Nach fünf Tagen steht für ihn fest, dass er sich lieber der Theologie als den alten Sprachen zuwenden wolle.[126] Kurz darauf lädt ihn Baader nach Salzburg ein. Dass der selbsternannte Heiler und Retter der christlichen Religion zur selben Zeit mit Kronprinz Ludwig über die Vorbereitung eines Volksaufstands in den ehemals bayerischen Besitzungen in Vorderösterreich konspiriert, dürfte dem arglosen Max so wenig bekannt gewesen sein wie Baaders wahre Gründe für sein väterliches Interesse an dem jungen Richter.

Am 12. Juli abends ist Friedrich Richter zurück in Bayreuth und hat «Berge von Arbeit» vor und die «versteinerten Gewitterwolken» der Alpen hinter sich. Schelling besucht ihn, «es war aber ein vierstündiger Krieg».[127] Töchter und Gattin erleben das «Väterchen» ausnehmend liebevoll, heiter und befreit. Mit dem *Komet* geht es zügig voran. Richter ist zuversichtlich, das dritte Bändchen zur Herbstmesse 1821 herauszubringen.

Ende August verabschiedet sich Max von Eltern und Schwestern in Bayreuth, zieht auf die Heidelberger Universität, vertieft sich sogleich in die Bücher seines Lehrmeisters Franz von Baader und eines anderen «Überchristen», des Erlanger Theologen Arnold Kanne. Einst war er ein enthusiastischer Verehrer von Jean Paul; dieser hatte Kannes erste literarische Veröffentlichungen mit gutem Rat begleitet. Maxens engster Freund ist sein Kommilitone Anselm Feuerbach. Der labile Sohn des bayerischen Juristen war in Erlangen Kannes charismatischem Vorlesungsstil verfallen. Begeistert berichtet Max von seinen Fortschrit-

ten in der Exegese der Heiligen Schriften. Der Vater ist besorgt um den «fromme(n) Sohn».
«Baireut d. 25 Dec. 1820
Mein guter Max! Deine Briefe haben mich sehr erfreuet und gerührt. Aber die theologische Kanne-gießerei, die du bei Feuerbach einsaugst, beängstigt mich für deine Jugend; eine unwiederbringliche Zeit, die du heiter ohne Mönchgrillen zubringen musst, wenn nicht meine Erwartungen von dir untergehen sollen. Dieser immer und ewig einseitige Kanne ist gerade so schwärmerisch in seiner Theologie und sinnlosen Typologie und in dem erbärmlichen Leben seiner Heiligen, wie er's in seinen ‹Urkunden› war, wo er alle historischen Personen des Alten Testaments für bloße astronomische Zeichen ‹Sinnbilder› ansah. Studiere doch die Entstehung ‹Geschichte› des Christenthums, der Evangelien und Apostelbriefe, die man erst am Ende des 2ten Jahr-Hunderts zum Theil durch Irenäus kennen lernte, und eigentlich ihr Verzeichnis Anfangs des 3ten durch Origenes.»[128]

Dieses historische, «heitere» Ur-Christentum Herders und Jacobis empfiehlt Richter dem Sohn zu studieren und warnt ihn eindringlich vor jeder Orthodoxie, die nicht aus dem Originalgeist der Evangelien schöpfe, sondern ideologisiere. «Mit dem neuen Mönchthum wirst du dir Freuden und Kräfte und Feuer abtödten und am Ende – nichts werden. Was mich einigermaßen über deinen überchristlichen ‹ultrachristlichen› Trübsinn beruhigen könnte, wäre etwa, dass er eine körperliche Quelle in deinem übertriebnen Sitzen und Studieren hätte; freilich ein schwacher Trost.» Drastisch mahnt er ihn, er solle ja nicht als «Scheinlebendiger» zurückkommen, der vor lauter Gelehrtheit «bleich und geknickt vor Arzneigläsern» hocke in den besten Mannesjahren. «Gott verschone mich mit diesem Anblick!»[129]

Dass ungleich Schlimmeres zu ertragen sein wird, kann nicht einmal die Hellseherin Kunz erkennen, die Richter aufgesucht hat, nachdem er den ganzen Winter hindurch an Atemnot, unregelmäßigem Herzschlag und Brustbeklemmungen durch sein «Lungenübel» litt. Sie propheizeite lediglich, er werde am Schlagfluss sterben. Das ist dem Kranken nicht neu, er hat sich schon vor dreißig Jahren selbst den «Gelehrtentod» vorausgesagt. Sogar seine Lieblingsweine, «Oxhoft *Graves* Wein» und der Frankfurter Haute-Sauterne bekommen ihm nicht mehr, er wechselt zu weißem Burgunder.[130] Als Max auch offiziell von der Philologie zur Theologie wechseln will, verbietet es Richter rundweg. «Was deine Seele als theologische Nahrung bedarf, kann sie auch auf der philologischen Laufbahn, seitwärts ohne gelehrtes Erlernen, sich verschaffen. Aber die rechte und wahre Gottlehre findest du nicht in der Orthodoxie, sondern in der Sternkunde, Naturwissenschaft, Dichtkunst, in Plato, Leibniz, Antonin, Herder, eigentlich in allen Wissenschaften auf einmal.»[131] Um den Sohn zu überzeugen, empfiehlt er ihm Jean Pauls *Traum über das All* und Carl Daubs Vorlesungen über Hegels *Phänomenologie*. Daub ist Freimaurer und seit 1795 Theologieprofessor in Heidelberg. Mit Hegel, in dem er einen Brückenbauer zwischen Vernunft und Theologie zu finden meint, steht er in bestem Einvernehmen. Für den rechtgläubigen Sohn ist das zu freisinnig, für Richter ein Anstoß, Hegel nicht nur wieder zu lesen, sondern Cotta am 2. März eine überarbeitete Neuauflage seines *Katzenberger* vorzuschlagen, der beinahe gleichzeitig mit Hegels *Phänomenologie* erschienen war. Als Cotta zögert, bietet Richter dem Breslauer Verleger Josef Max im November 1822 eine überarbeitete Fassung an. An die längst geplante Ausgabe seiner Gesammelten Werke wird kaum noch gedacht. Stattdessen werden einzelne Werke in stark überarbeiteten Fassungen neu aufgelegt. Reimer wird die *Unsichtbare Loge* und die Vossische Buchhandlung die *Grönländischen Prozesse* drucken. Das bringt Geld, aber auch Unlust. «Ich muß doch mich auch ein Bischen genießen; und dieß ist nur am meisten bei ganz frischen Werken zu machen.»[132]

Anfang April 1821 sind 300 Quartseiten (Kapitel vierzehn bis neunzehn) von Band drei des *Komet* fertig. Richter geht es schlecht. In der Hoffnung auf Erklärung seines rapiden Verfalls liest er sich durch Medizinbücher. Sein Pulver von rotem Fingerhut, «ohne dessen Gift ich längst todt wäre», dosiert er sich selbst. «Zwei Gran in einer Unze sind 2 Pfefferkörner in 2 Lothen; kommt also auf jedes Einnehmen kaum 1/8 Tropfe.»[133] Der Selbererzieher ist zum Selberarzt geworden, der für den Selberpatienten kaum noch Hoffnung sieht. «[I]ch sterbe zu bald», sagt er am 6. April zu Friedrich Köppen. Im Mai lässt er sich schröpfen, Blutegel anlegen und erneut zur Ader lassen. Vermutlich der einzige Arzt, den er konsultiert, ist Johann Adam Walther, der in Bamberg über Wassersucht forscht.[134] «Nach einem Walter kann ein bloßer Regimentschirurg Meier den Mund nur – schließen.»[135]

Als die Briefe von Heinrich Voß wochenlang ausbleiben, fragt Richter täglich nach, mit hektischer Ungeduld auf Nachrichten über Max wartend. «Wenn er, wie du schriebst, eine Geschichte der Philosophie wagen zu können sagt: so hätt' ich dabeistehen mögen, um ihn eine ½ Stunde lang auszulachen.»[136] Die für den Frühling geplante Reise nach Heidelberg muss er verschieben, wiewohl er höchst beunruhigt ist. Max' Wechsel von München und Baader zu Heidelberg und Kanne ist in Richters Augen wie vom Teufel zu Beelzebub. Als sich Max im Hochsommer wiederum in seine Bibelstudien verliert, bemerkt der Vater ironisch, seine «Bibliolatrie» sei ihm «freilich 100 mal lieber als eine Bibliophobie bei einem Jüngling; und das Fruchttreiben des Herzens, sei es auf welchem Boden es will, mir das Wichtigste […] Gebrauche doch als Kühlofen oder als Sehglas die Kommentarien [von] Paulus darüber.»[137]

Seine Sorge ist begründet. In Heidelberg ist Jean Paul bei der Baader-Kanne-Fraktion als der leibhaftige Antichrist verschrien. Am 26. Mai 1821 schreibt Franz von Baader an J. F. von Meyer: «Der edle Paulus in Heidelberg und Jean Paul Richter haben sich verbunden, der Welt zu beweisen, daß unsre heil. Schriften unächt sind, und besonders der heilige Paulus wird durch diese zween unheiligen Paulusse reformirt. Ohne Zweifel wird es ihnen gehen wie jenen falschen Exorcisten, und es wird ihnen gesagt werden: ‹den heiligen Paulus kennen wir wohl, aber wer seyd ihr?›»[138] Die Gegenaufklärung bläst zum Generalangriff – auf Max Richters Seele. Der muss es aushalten, dass er in einem beständigen Zwiestreit zwischen der Liebe zum Vater und der zu seinen Idolen aufgerieben wird. Zwar öffnen sich ihm, dem Sohn des Berühmten, wie es Richter vorausgesagt hatte, alle Türen, doch andere, als dieser wünschen mochte. Der väterliche Ton wird schroffer. Was Richter im Guten nicht erreicht, versucht er mit Strenge, fordert Rechenschaft über jeden ausgegebenen Heller. Gerüchte über Schulden und ein Duell, das Anselm Feuerbach angeblich in letzter Minute verhinderte, lassen ihn schaudern. Grimmig scherzt er Anfang Mai, schließlich sei es sein Blut und sein Geld, das er dabei einbüßen könne. «Ich verbiete dir diese Eingriffe in mein Eigenthum hiemit streng auf immer.»[139] Am nächsten Tag setzt er einen versöhnlichen Gruß darunter, bevor er den Brief auf die Post gibt. Ein anderes Mal versucht er es mit Lob. Max solle sich um Himmels willen nicht im Essen einschränken und nicht so viel Zeit auf Vorlesungen und Bücherlesen verwenden. «Am meisten schmerzt mich deine schwärmerische Melancholie (zumal im letzten Briefe), worin du von dir, blos wegen des Glanzes des Idealziels, zu kleinmüthig denkst. Mein guter Max, in jedem Brief erscheinst du mir besser und reifer und strebender.»[140]

Am 29. Mai ist Richter mit der Verbesserung der *Grönländischen Prozesse* für die Nachauflage fertig. Als er sie schrieb, war er so alt, wie sein Sohn jetzt ist. Seine Jugend liegt so lange zurück, dass er Otto nach dem Namen seines Jugendfreundes Adam Lorenz von Oerthel aus Töpen fragen muss. Der Juni vergeht mit der Überarbeitung der *Unsichtbaren Loge*, für die er drei Gold-Louisdor pro Bogen fordert.

Im Juli und August schreibt Richter die Traumnovelle *Die Gesichte einer griechischen Mutter*. Es ist die beklemmende Vision einer Griechin des 4. vorchristlichen Jahrhunderts an die Adresse der «Überchristen» des 19. Jahrhunderts. Das antike Athen liegt in Trümmern, zermalmt von den «schwarzen Jahrhunderten», da «niedrige Kirchen» und gesenkte Köpfe Theater und Tempel verdrängt haben. «Seht hinaus in die Zeit, Heroen! lauter Knechte stammen von euch ab.»[141] Cotta druckt das Stück am 14. August im *Morgenblatt*, das *Taschenbuch für Damen* lehnt es ab. Während ihn sein schwaches Herz am Ausgehen hindert und auf das Kanapee zwingt, beantwortet der Kranke geduldig Briefe von Lesern und jungen Dichtern, die ihm demutsvoll ihre Werke und Verehrung zu Füßen legen – wie einst er selbst seine *Unsichtbare Loge* dem verehrten Goethe. Einer von ihnen, Ludwig Rellstab, wird umstandslos, sogar «mit Liebe» eingeladen und erscheint, von Wunsiedel auf Jean Pauls Spuren hereinwandernd, Ende August in Bayreuth, um seine Gedichte zur Beurteilung vorzulegen. Nicht nur einmal, sondern Tag für Tag wird der Jüngling mit Geduld und Teilnahme empfangen.[142]

Im September ist der Kutscher mit dem Einspänner bestellt, das Reisenotizbuch genäht, der Hauszettel für Karoline und Emma geschrieben, da muss Richter abermals die ersehnte Reise nach Heidelberg absagen. Fünf schmerzhafte «Blutbeulen» haben sich an Beinen und Rumpf gebildet. Die Arbeit an der *Selberlebensbeschreibung* wird endgültig abgebrochen. Als Max feinfühlig vermutet, der Grund könne in des Vaters «Abneigung vor einer unangenehmen Vergangenheit» liegen, wehrt dieser entschieden ab; «umgekehrt liegt mir auch meine dürftigste in einer magischen Jugendbeleuchtung».[143] Er befasse sich nur nicht gern mit der «Bearbeitung eines schon fertigen Stoffs», und sein Ich «als solches» interessiere ihn nicht besonders.

Zwei Wochen später, am 18. September, kommt Max in Bayreuth an; er hat hohes Fieber. Die Eltern sind in höchster Sorge und ziehen Dr. Walther hinzu, der ein Nervenfieber feststellt. Seine Unruhe, die delirierenden Fieberkrämpfe nehmen mit jedem Tag so dramatisch zu, dass der Vater ihn, wie er überzeugt ist, am 24. September in einen kurzen «magnetischen Schlaf» versenkt hat. In der Nacht des 25. September stirbt Max Richter, sechs Wochen vor seinem achtzehnten Geburtstag.

Als sich nach Wochen die Betäubung löst, mischt sich Wut in die elterliche Trauer: auf den Arzt, der Max' «Nervenkrankheit» falsch behandelt habe, über falsche Freunde, die den redlichen Jüngling zum Schuldenmachen gezwungen hätten, obwohl er in neun Monaten 400 Gulden vom Vater bekommen habe. «Nur ein Parzen- und Furien-Verein [...] von Menschen und Umständen konnten eine so festgebauete Natur wie Seine, zwischen Sargbretern zersägen».[144]

Karoline reist am 7. Oktober mit Odilie nach Heidelberg, um Maxens Sachen abzuholen. Der verwaiste Vater sucht Trost im Schreiben. «Aller Verlust voriger Menschen gleicht dem letzten nicht und meine Sehnsucht wächst peinlich. Nicht über Ihn brauch' ich Trost, sondern über das Entbehren Seiner Liebe. Indeß hab' ich doch die Kraft, stets, wenn ich will, den zersetzenden Gedanken an Ihn abzuweisen, der mir bei jedem griechischen Buche, ja bei dem Worte Philolog an die Brust springt; aber hören und sehen von Ihm kann ich schwer.»[145] Im neuen

Jahr nimmt er die Arbeit am Apothekerroman wieder auf; Mitte Juli ist das dritte Bändchen durchgeschrieben.

Zwischen den ersten beiden Teilen des *Komet* und dem letzten klafft ein Abgrund des Tragischen, der in grellen surrealen Bildern den Einbruch der Moderne in das allegorische Erzählen markiert. Aus dem Roman der Reminiszenz wird symbolistisch aufgeladene Bewusstseinsprosa. Aus den Gräbern der Titanen grinst die Fratze der Nemesis. Jetzt tritt Kain auf, der Ledermann, Jean Pauls grandioseste Erfindung, ein Wiedergänger all der gespenstischen Masken in seinen Werken, unter denen sich die Nachtseite der Vernunft verbirgt, der Schauder des Wahnsinns. Als Nachtwandler erscheint er auf den Dächern von Lukas-Stadt, wie Hermann Kreuzgang in den *Nachtwachen des Bonaventura*, wie Peter Schoppe im *Titan*, wie der Mann mit der eisernen Maske in den *Flegeljahren*, wie der Wahnsinnige im roten Mantel in *Giannozzos Seebuch*. Er verfolgt den vermeintlichen Grafen; er zieht dem «eingebildeten Fürsten» die Maske der Verblendung von den Augen. Aber die unverhüllte Wahrheit ist dem Menschen unzumutbar, und so ist es Kain, der den Romantod sterben muss.

Noch einmal verschmelzen barocke Vanitas-Symbolik und christlicher Mystizismus. «Ja lieber Spötter, du bist wohl ein geborener Sohn des Teufels», heißt es bei Jakob Böhme, dem Schutzpatron der neuen Mystiker um Baader und Kanne. Der Ledermann Kain ist das Gegenbild des heiligen Narren, die verkörperte Hybris des Menschen, der Brudermörder, der in seiner Gier nach letzten Wahrheiten den Himmel und das Universum herausfordert. «Denn ich soll gestraft werden für meine tausend Sünden, lauter Sünden in der Einsamkeit; auf meiner Studierstube war ich alles Böse durch Denken – Mordbrenner – Giftmischer – Gottleugner – ertretender Herrscher über alle Länder und alle Geister – Ehebrecher – innerer Schauspieler von Staatsrollen und am meisten von Wahnwitzigen, in welche ich mich hineindachte, oft mit Gefühlen, nicht herauszukönnen. – So werd' ich denn gestraft und fortgestraft durch Gedanken für Gedanken, und ich muß noch viel leiden.»[146]

Die Figur des Ledermanns, des Nachtwandlers Kain, kann in Jean Pauls Œuvre zurückverfolgt werden bis in das «Stammbuch des Teufels», das ursprünglich als komischer Anhang des *Titan* entworfen worden war.¹⁴⁷

1812 hatte Richter in einem Heft für «Bausteine» notiert: «Der Wahnsinnige, der sich für Kain hielt, hatte auf der Stirn ein Muttermal [in Form einer Schlange] wie der Teufel – oft nur als Nachtwandler – wenn er lachte, bedeutete es Unglück.»¹⁴⁸ Lebenslange Exerzitien des Schreibens und Denkens haben es nicht vermocht, die Stimme seines protestantischen Gewissens zum Schweigen zu bringen: den alten Teufel seiner Kinderängste. Als satirischer Schriftsteller und Aufklärer hat Jean Paul den Gott seiner Väter aus dem Himmel vertrieben und an seine Stelle die Vernunft gesetzt, deren biblisches Zeichen die Schlange ist, *serpens antiquus*. Max' Tod muss nun wie eine Schuld auf sich genommen werden; «und der Teufel lacht und herrscht in euren Nächten und in euren Tagen; aber ihr wißt es nicht.»¹⁴⁹

7. DER ZORNIGE SELBERARZT

Dresden, Frühling 1822

Eine Reise, zwei scharfe antiklerikale Streitschriften, der Tod eines Lieblings, der Zorn eines alternden Mannes: Das neue Jahr wird nicht besser als das vergangene; «dieses fürchterlichste Jahr meines Lebens ließ mir, von Reisen an, alles fehlschlagen, als wollt es mich todtquetschen wie meinen Max.»[150] Die anhaltenden Beschwerden, «Nervenschwindel, Aussetzen des Pulses und Erhitzung des Kopfes noch am Abend» führt der Neunundfünfzigjährige neuerdings auf die Unverträglichkeit des Rotweins zurück, den er morgens beim Schreiben trinkt. Wieder einmal wechselt er die Sorte. «Sie sind so geplagt mit mir», entschuldigt er sich bei seinem Weinhändler Anton Dick, «als wären Sie mein Hausarzt; – und der sind Sie auch als Kellerarzt; denn ich gebrauche nie einen andern Arzt als mich selber.»[151] Aber auch Samuel Auguste Tissots Abhandlung über die Nerven, *Traité des nerfs*, und dessen Schrift *Von der Gesundheit der Gelehrten* helfen ihm nicht mehr recht weiter. Immerhin gelang es, die religionskritische Glosse *Die Anbeter des Luzifers und des Hesperus* für Cottas *Morgenblatt* pünktlich zu liefern, eine «allegorische Darstellung der Lutheraner und Katholiken», die in der ersten Januarwoche erschienen ist.[152]

Der Winter war ein Vorfrühling. Schon blühen «die weiße Carmel» und «die Feldheim» im Garten des Kammerrats Johann Martin Christoph Miedel, auf halbem Weg zur Eremitage gelegen, den Richter gelegentlich als Schreibplatz benutzen darf. Ende Februar nimmt er seine Besuche in der Rollwenzelei wieder auf. Ungewöhnlich mild erlebt auch Baron Eugen von Vaerst den Dichter, einer der zahlreichen Verehrer, die sich an Jean Pauls Fersen heften. Ende März ist es sommerlich heiß. Karoline reist mit Odilie nach Würzburg, um sie von Professor Johann Georg Heine wegen ihrer Rückgratverkrümmung orthopädisch behandeln zu lassen; Richter ist überzeugt, sie habe sie «sich durch Kinder-Gymnastik geholt»[153] und versieht Mutter und Tochter mit gutem Rat. Vor allem solle Odilie ihrem Vater Freude machen, «der so viele schon auf der Erde verloren».[154] Ins Theater soll die Mutter sie nicht gehen lassen. Auch wird sie ermahnt, mit Tinte und nicht mit Bleistift zu schreiben, weil das die Handschrift verderbe. Emma beginnt Mitte April mit der Abschrift der ersten Fassung der letzten *Komet*-Kapitel des dritten Bändchens. «Nun wird mir das Schreiben viel leichter als das Leben und ich muß denn so fortbluten bis ans Ende.»[155]

Kurz darauf lässt sich Richter über Hof, Plauen, Zwickau, Chemnitz nach Dresden kutschieren, wo Karolines Schwester Minna mit ihrem zweiten Mann, Tochter Minona und Sohn Richard Otto Spazier lebt. Seine Wohnung «vor dem weißen Tor» ist komfortabel, hell und luftig, von Gärten und Wiesen umgeben. Richard Otto Spazier, sein achtzehnjähriger Neffe, begleitet ihn auf seinen Spaziergängen durch die Stadt. In jüngeren Jahren schmächtig und federleicht, macht Richters ganze, von Alkohol, Bluthochdruck und ödematösen Schwellungen gezeichnete Gestalt einen gebrochenen, leicht verwahrlosten Eindruck. Beim Sprechen behindern ihn mehrere fehlende Vorderzähne. Nur seine impulsive Beweglichkeit erinnert an den lebhaften Unterhalter, der in Gesellschaft sarkastische Witzpfeile verschoss. Dresden ist noch immer die mondäne sächsische Metropole des Adels und der besseren Gesellschaft, in der Richter prominenten Figuren des Kunst- und Geisteslebens begegnet, alten Bekannten wie Elisa von der Recke, Helmina de Chézy, Ludwig Tieck, dem alten August Böttiger oder Hardenbergs Leibarzt Ferdinand Koreff. Nachdem er Helmina besucht hat, kann er seine Enttäuschung nicht verhehlen. «Die ganze vorige Grazie hat sich unkenntlich verdickt.»[156] Helminas Eindruck ist ähnlich ungünstig. «Ich suchte vergebens seine Züge mit meinen Erinnerungen in Einklang zu bringen: alles aufgelaufen, ausgedehnt, der Mann und sein Gesicht.»[157]

Bei einer Landpartie mit dem Dresdener «Liederkreis», einer Gruppe sächsischer Schriftsteller und Künstler, wird Jean Paul, wie man ihn hier nennt, auch dem Komponisten und Musikdirektor des Königlichen Hoftheaters Carl Maria von Weber vorgestellt, dem der «dicke, etwas unsaubere, stets von einem schnaubenden Pudel begleitete alte Herr, der mit einer etwas geschraubten Jugendlichkeit kokettierte», alles andere als sympathisch ist.[158] «Er war ein wohlbeleibter Mann mit rotem Gesicht», berichtet ein anderer Zeitgenosse, «und so kurzem Halse, daß er unmöglich ein Halstuch tragen konnte, geschweige denn eine der damals modischen Krawatten. Darum ging er wohlweislich mit offenem Hemdkragen, wodurch er ein angenehm freisames Aussehen gewann.»[159]

Einmal platzt dem Kragenlosen aber doch der Kragen: als ihn Karl Christian Vogel von Vogelstein, Professor an der Dresdener Kunstakademie, malt und der ihm verhasste Adolf Müllner hereinplatzt, Schriftleiter des Cotta'schen *Literaturblatts* und Verfasser magerer Geschichtsdramen. Über Müllners Aufdringlichkeit ist Richter so ungehalten, dass er die Sitzung abzubrechen droht. Vogel malt ihm auf das breite Revers seines Mantels, wo sonst ein schlichtes Blümchen vom Straßenrand steckt, eine weiße Chrysantheme wie einen Blumenorden. Der Hemdkragen, gewöhnlich nachlässig offen, ist hochgeschlossen.

Zum Abendempfang bei seinem neuen Freund, dem Übersetzer und Dichter Karl August Förster, erbittet sich Richter scherzhaft 300 junge Mädchen. Förster gelingt es, immerhin zwölf aufzutreiben. Der alte Legationsrat lächelt schüchtern, bevor er jeder mit einem galanten Spruch die Hand drückt, die Brille auf der Nase, «im Knopfloch des schwarzen Rockes [...] auf der rechten Seite zwei Orden, auf der linken eine vertrocknete Rosenknospe und ein verwelkter Fliederstrauß».[160]

Obgleich es also an den üblichen Belästigungen und Vergnügungen nicht fehlt, arbeitet Richter täglich mehrere Stunden an *Selina*, seinem «Werk über die Unsterblichkeit – von welchem das Kampaner Tal nur das Tal, nicht die Höhe gibt». Cotta hatte er es bald nach Max' Tod am 20. Dezember 1821 angekündigt als Werk des Trostes, das «für so manche nasse oder dunkle Augen ganz neue oder lichte Stellen und Reiche und zukünftigen Lande des Seins zeigen» werde.[161] Er lässt sich Schröters Abhandlung über die Sonnenflecken, ein medizinisches Buch über Geisteszerrüttungen, Johann Christian Reils *Rhapsodien über die Anwendung der psychischen Kurmethode,* Maaß über Gefühle und Affekte, die von Goethe gegründete Schriftenreihe *Zur Morphologie,* die *Zeitschrift für Astronomie und verwandte Wissenschaften* bringen, um nur

Jean Paul, Porträt von
Karl Christian Vogel
von Vogelstein, 1822

einiges aufzuzählen.[162] Das Lektürepensum dieses Jahres ist bemerkenswert. Das neunundvierzigste und letzte der Exzerpthefte vom Oktober 1822 listet mit Ausnahme von Klopstock fast nur psychiatrische Bücher und naturwissenschaftliche Journale auf.[163]

An manchen Tagen sitzt Richter stundenlang allein in der Nähe seiner Wohnung auf einer Bank im Park am Neuen Palais. Nach fünf Wochen fährt er zurück nach Bayreuth mit dem Gedanken, alles zum letzten Mal gesehen zu haben. Luise Förster schreibt er zur Erinnerung in ihr Album: «Am Sternenhimmel ist in der Nähe alles Sonne, ob es gleich der Mensch in der Ferne bald Skorpion, bald Drache nennt. So werden einst auch die verworrenen Punkte der Geschichte und unserer eignen Tage, die wir oft mit harten Namen bezeichnen, sich in der Nähe in Sonnenreihen verwandeln.»[164]

Am 20. Oktober stirbt in Heidelberg Richters Liebling und Wahlsohn Heinrich Voß, nicht ohne gewissenhaft den dritten Band des *Komet* noch Korrektur gelesen zu haben. Richter sieht seine alte Regel bestätigt, dass ein Unglück selten allein, aber nie dreimal kommt. «So hat endlich die Zwei ihr Opfer. Voß ist todt. Ich armer Teufel in meinen alten Jahren!»[165]

Erst im Februar kann er sich zu einem Kondolenzbrief an Heinrichs Mutter entschließen. «Auf der Erde erwart' ich niemand mehr, der mich zum zweiten Male so liebt».[166] Er ahnt, dass ihm selber nicht mehr viel Zeit bleibt. Von der «Schwarzenbacher Scherz- und Autor-Union und Disunion» leben nur noch Erhard Vogel und Friedrich Richter.[167] Sein Kopf ist heiß und rot, die Beine sind geschwollen, die Venen treten stark hervor. Nachts drückt ihm Todesangst die Luft ab. Von Friedrich August Benjamin Puchelt, Direktor der Heidelberger Klinik und Spezialist für Venenleiden, holt er eine neue Ferndiagnose ein. Zusätzlich studiert er sich durch Friedrich Ludwig Kreysigs dreibändiges Standardwerk *Die Krankheiten des Herzens*. Hufeland hatte seine Beschwerden auf eine Reizung der Herz- und Lungennerven zurückgeführt, aber das ist nun mehr als zehn Jahre her. Das selbstverordnete Bitterwasser und die Blutegel an den Halsvenen schaffen vorübergehend Erleichterung, so dass er an eine Reise nach Breslau via Dresden denken kann.

Am 6. Oktober hat er dem Breslauer Verleger Josef Max, der ihn um Manuskripte angeschrieben hatte, eine Neuauflage seines *Katzenberger* zugesagt, für vier Louisdor pro Bogen, Auflage 1500 Exemplare. Sie soll zur Ostermesse 1823 erscheinen. Seine Sorge um sich, sein manisches Medizinieren, sein aufbrausender Zorn machen Karoline das Leben schwer. Luise Herder, die Tochter Therese Hubers und Georg Forsters, erlebt ihn einmal, wie er die «Contenance» verliert und lautstark auf Bayern und Bayreuth schimpft. Karoline flüchtet nach Würzburg zu Odilie, die sich noch bis Dezember ihrer orthopädischen Kur unterziehen muss. Richter bittet seine Frau zurückzukommen, notfalls ohne Odilie. Am liebsten wäre ihm aber, sie würde sie gleich mitbringen. «Meine Sehnsucht, meine Bedürfnisse verdienen, zumal bei der winterlichen Ungewißheit des Lebens, doch auch einige Rücksicht; und es bliebe eine Folter für Odilia's ganzes Dasein, wenn ich von ihr ungesehen stürbe.» In medizinischen Fragen glaubt er sich umfassend zuständig. «Odilien frage um ihre Menstruazion», instruiert er deren Mutter.[168]

So viel Zeit wie möglich verbringt er außerhalb der Wohnung. Bis Ende November schreibt er im Garten der Rollwenzelei, dann zieht er zum Schreiben zu Luise Herder, für die es danach aussieht, als komme er nur, um heimlich zu trinken. Er zwingt sich aber nur den Neujahresbeitrag für das *Morgenblatt* ab, *Die Vermählung der zwei höchsten Mächte der Erde,* des Tages und der Nacht oder der Aufklärung und der Dunkelheit. Noch einmal wirft er sich kampflustig ins ideologische Gerangel zwischen Katholizismus und Protestantismus in den deutschen Ländern.[169] Als allegorisches Brautpaar firmieren Thomasia, die Fürstin der nordischen Nacht und «zehnte Muse des jetzigen Schöndeutschlands», und der abgeschlagene Kopf des Apostels Johannes als Tagfürst des Südens. Die Trauung soll Papst Sylvester I. vornehmen, der Erbauer der Peterskirche, zu welchem sich Jean Paul praktischerweise selber ernennt.

Die scharfe antiklerikale Farce ist ein heikles Wortspiel um die Kirchenheiligen Thomas und Johannes und den protestantischen Leipziger Aufklärungsphilosophen Christian Thomasius, der sich 1682 in dem Traktat *Institutiones jurisprudentiae divinae* für die Trennung von Kirche und Staat ausgesprochen hatte in der Absicht, die Macht des orthodoxen sächsischen Klerus einzuschränken. Die Rechristianisierung des öffentlichen Lebens nach 1814, die zahlreichen Übertritte deutscher Schriftsteller und Gelehrter zum Katholizismus erbosen Richter. «Juden lassen sich lieber zum zehnten als zum ersten Male taufen für Geld; noch öfter taufen die neuern Poeten sich selber zu Christen wieder; die Almanachkapsel ist ihr Baptisterium und der Ehrensold ist ihr Patenpfennig, denn ihr gesundes Herz ist weniger mit dem Herzbeutel verwachsen als mit dem Geldbeutel überhaupt.» Zum Schriftstellern brauche man heutzutage nicht mehr als «das dünne Ätherflämmchen von Liebe und etwas Überchristentum».[170] So wenig Norden und Süden, Tag und Nacht sich vereinigen werden, so absurd erscheint dem Verfasser die Vorstellung, das politische Spektrum des Jahres 1822 aus Liberalen und Ultramonarchisten, Linken und Rechten, Lutheranern, Orthodoxen und Katholiken werde sich – wie die Heilige Allianz sich versprach – im gemeinsamen Glauben vereinen. Nachdem er den servilen Poeten und «politischen Mietlingen» gehörig die Leviten gelesen hat, enthebt Papst Petrus alias Jean Paul sich und die Leser vom Boden der politischen Empirie zu einem farbenprächtig illuminierten

Rundflug durch strömende Wolkengewölbe, Purpurgebirge, Milchstraßendunst, blitzende Sterne und zeigt ihnen: nichts. Nirgends da oben ein Gott, nur Entstehen und Vergehen. «In der Wolken-Rotunde hingen überall Regenbogen, aber als ganz farbige Juwelenringe – Zwischen ihnen zogen tropische Gewitter als wandelnde Leuchttürme – Orkane, zu finstern Gespenstern aufgerichtet, führten die langen Gewitterwolken als schwarze Charonskähne des Lebens sich nach». Das ganze Himmelstheater krönt sich selbst durch den silbernen Mond, der majestätisch seinem Wolkensarg entsteigt: der ganze Himmel ein romantischer Friedhof. Unter ihm zieht in «Wolkenheeren der Meinungen» die Menschheit genauso «eingefaßt und eingesargt» vorüber. Nur einer blickt durch den Farbnebel der Phantasmagorien weit hinaus in die «Ewigkeit des Himmels mit ihrer Geistersonne», wo strahlend im Licht der «Zentralsonne der Vernunft» der romantische Mond untergeht und «bald hier, bald dort die Zeit» durchbricht. [171]

8. | SELINA ODER DIE VERMESSUNG
DER 2TEN WELT

Hohenfließ, Sommer 1823

Die Zeit wird knapp. «Jetzo arbeit' ich an dem seit Jahren Cotta versprochenen Werkchen über die Fortdauer des Ich», meldet Richter Ende Mai 1823 ungeduldig nach Breslau, «und Gott weiß, wann ich es – zumal bei der Unterbrechung durch die Reise-Ferien – zu Ende bringe; 1823 gewiß nicht. Himmel! Wie leicht ich sonst vollendete; das Kampanerthal z. B. in 6 Wochen; den Hesperus in 7 Vierteljahren, denen noch dazu täglich ein Hofmeisteramt für 10 erwachsene Kinder 8 Stunden abriß! – Jetzo, wo ich nur noch Vormittags ausarbeite, brauch' ich statt Wochen Monate; und mein Alter mehrt nur meine Schreibfülle, nicht Schreibkraft.»[172] Im Vorjahr hat er von dem Bayreuther Medizinalrat Christoph Friedrich von Hirsch, Direktor der «Irrenheilanstalt» St. Georgen, die vierteljährlich erscheinende *Zeitschrift für psychische Ärzte*, seit 1823 *Zeitschrift für Anthropologie*, ausgeliehen, in der er neben psychiatrischen Fallgeschichten theoretische Beiträge zur psychologischen Anthropologie und zur Physiologie der Nervenkrankheiten fand. Unter den Herausgebern sind auch der wohlbekannte Magnetiseur Dr. Schelver und Franz von Paula Gruithuisen.[173] Daneben liest Richter Johann Friedrich Herbarts *Lehrbuch zur Psychologie*; seit Jahren bewundert er «den scharfen, vielschneidigen, leuchtenden Herbart»,[174] der 1809 von Göttingen auf Kants Lehrstuhl an der Universität Königsberg gewechselt war.

Über den Sommer sind die ersten Kapitel der *Selina* durchgeschrieben, angelegt als Lebensreise durch die Erinnerung und zugleich als Gedankenreise durch das Sonnensystem. Zwölf Stationen, zwölf Kapitel sind geplant. Die ersten vier werden nach den bekannten Planeten benannt: Merkur, Venus, Erde, Mars. Dann jedoch schiebt sich

Vesta dazwischen, die heidnische Göttin des Feuers, und nach ihr die drei Asteroidenschwestern Juno, Ceres und Pallas.[175] Alle vier ziehen ihre Bahnen zwischen Mars und Jupiter und werden damals noch als Zwergplaneten oder Planetoiden bezeichnet. Schließlich folgt Jupiter in der Reihe der Himmelskörper. Neptun ist noch nicht entdeckt. Wäre *Selina* nicht Fragment geblieben – es könnte kein besseres Symbol für Jean Pauls poetisches Universum geben –, dann wären wohl auf die fünf Planeten und vier Asteroiden noch zwei weitere Kapitelplaneten gefolgt, Saturn und Uranus, so dass zur Zwölfzahl nur noch ein Himmelskörper gefehlt hätte. Dessen Stelle hätte – so ist zu vermuten – der Mond als Erdtrabant besetzt, denn Selina ist in dieser philosophischen Erzählung nicht nur der verdeutschte Name der römischen Mondgöttin Selene, sondern der Name eines jungen Mädchens, das der Erzähler, Jean Paul, bei einem Besuch seiner alten Freunde aus dem *Kampaner Tal* kennenlernt.

Wir sind im Jahr 1822. Sechsundzwanzig Jahre nach der *voyage pittoresque* durch das Kampaner Tal begegnen sich Jean Paul, Rittmeister Karlson und Baron Wilhelmi noch einmal auf dessen Landgut im Staate Hohenfließ. Der schwermütige Karlson, einst in geheimer Liebe zur Braut seines Freundes Wilhelmi gebannt, hat sich nach der Hochzeit mit Gräfin Josepha von ***, Oberhofmeisterin der Tochter des Hohenfließer Fürstenpaars Albano und Idoine, auf sein Rittergut Falkenburg zurückgezogen, um zu dichten und zu philosophieren. Mit der Gräfin hat er eine Tochter, Nantilde, und zwei Söhne, Alexander und Henrion. Anderthalb Meilen entfernt hat sich Wilhelmi mit Gione niedergelassen. Auch sie haben eine Tochter, Selina. Die Kinder der Titanen sind in der Wirklichkeit angekommen. Henrion kämpft als Offizier auf Seiten der Griechen in einem Freiwilligenheer gegen die türkische Besatzung. Alexander ist Gesandtschaftsrat an einem großen Fürstenhof, ein Jüngling, an dem alles Flügel hat, «Gang, Sprache und Gedanke». Die Straße zwischen den beiden Landgütern führt durch eine Art «verdeutschtes Kampanertal».

Nachdem Gione gestorben war, wünschte ihre Tochter Selina, den alten Freund der Eltern aus Kindertagen, nämlich Jean Paul, wiederzusehen. Also macht dieser nach einer Reise nach Dresden einen Abstecher in Albanos Fürstentum. Er kommt in dem Augenblick vor Karlsons Haus an, als ein Gewitter mit herrlichen Silberblitzen und glühendem Flammenorkus das auf einem steilen Felsen gelegene Gartenhaus, «oder vielmehr Gartenturm mit unzähligen Fenstern», erleuchtet. Über dem Turm glänzen im tobenden Unwetter zwei goldene Sterne, die sich bei näherer Betrachtung als moderne Blitzableiter erweisen. Karlson eilt dem Jugendfreund entgegen und zeigt ihm die «Wilsonschen Knöpfe», die er in der Umgebung seines Wetterbeobachtungsturms installiert hat, um die Blitze auf besonders hohe Bäume abzuleiten, so dass sich bei der Entladung eindrucksvolle Feuerkugeln bilden. Allmählich zieht das Gewitter ab. Die Luft beruhigt sich in schweren, weit ins Gebirge hin ziehenden Nebel- und Regenbänken; «auf zackigen Wolkenschutthaufen» schwimmt eine matte Sonne. Gemeinsam bewundern die Freunde das Schauspiel inszenierter Natur, das Jean Paul jedem «Miniatur-Erhabene[n] in Parks und Opernhäusern» vorzuziehen bekennt.

Mit größter Sorgfalt wird den Planetencharakteren, die die Kapitel beherrschen, nun jeweils ein Aspekt der menschlichen Seele zugeordnet. So geht es im Venus-Kapitel um das Verhältnis von Ich und Du. Unter dem Zeichen des Mars, als Planet des Streits, wird in Gesprächen über Alter, Schlaf und Traum der Krieg zwischen Körper und Geist thematisiert. Über allen Gesprächen aber steht die Zeit in ihrer Doppelnatur als naturgeschichtlich-kosmologisches Zeitkontinuum und als erfahrene Zeit in der menschlichen Wahrnehmung. «Gott sieht seit Ewigkeiten nur unaufhörliche Anfänge hinter unaufhörlichen Enden; und seine Sonne wirft ein ewiges falbes welkes Abendrot, das nie untergeht, auf den unabsehlichen Gottesacker, den Leichen nach Leichen ausdehnen. Gott ist einsam. Er lebt nur unter Sterbenden.»[176] Die ewigen Gesetze der Natur, die Kepler, Newton, Herschel, Schröter und Laplace seit 200 Jahren aufdeckten, haben dem philosophischen Diskurs über den Menschen, dieses vergängliche Wesen, und der Macht seiner Vernunft neue Grenzen gesetzt. Für den Optimismus einer zur Vollkommenheit fortschreitenden Theodizee ist kein Platz mehr in einem Universum, das alle fünfzig Jahre die physische Menschheit auswechselt und gewonnenes Wissen wieder verloren gibt.

8. Selina oder Die Vermessung der 2ten Welt

«Wenn nun bei diesem allgemeinen Geistersterb alle Planeten nur als Leichenwagen der Völker um die Sonnen ziehen: so sind alle Zwecke des Lebens und jede Lösung seiner Rätsel durch die ungeheure Weltensense zerhauen und verstümmelt, und ein Chaos ist viel regelmäßiger als das Geister-All; [...] im All der Geistervernichtung, des unaufhörlichen Aufhörens und Anfangens zum Wiederaufhören ginge jede Regelmäßigkeit in ein altes Chaos über».[177] Das ist die erkenntnisskeptische Botschaft des 19. Jahrhunderts an die Moderne. «Die Endlichkeit des Menschen kündigt sich, und zwar auf gebieterische Weise, in der Positivität des Wissens an.»[178]

Selina ist Jean Pauls philosophisches Glaubensbekenntnis, die in vollendeter Symmetrie und Schönheit entworfene Kuppel über einem Lebens-Denk-Werk, in dem fünfzig Jahre unausgesetzten Nachdenkens über den Menschen im Schnittpunkt zweier Kräfte zur Ruhe kommen sollten: des unermesslichen Raums und der unermesslichen Zeit. Die Illusion, dass unser Leben Dauer und Ausdehnung habe, verdanken wir nach seiner Erfahrung allein «dem Umstande, daß wir in die gegenwärtige Zeit die vergangne hineinrechnen». Nehmen wir noch die ganze «unermeßliche Zukunft» hinzu, so verglüht das Leben des Einzelnen in einem winzigen Punkt auf der unendlichen Matrix der kosmischen Zeit. Und so leben wir «zwischen den beiden zusammenstoßenden Ewigkeits-Meeren, die einander weder vergrößern noch verkleinern können».[179]

Der Ausgang aus der Sackgasse der Unsterblichkeitsdiskurse des 18. Jahrhunderts, aus dem tiefen Graben zwischen Seele und Körper, den Jacobi mit dem Salto mortale in den Glauben zu finden gehofft hatte, sucht Jean Paul nicht im Rückgriff auf die rationalistischen Denkregime des 18. Jahrhunderts, sondern im Bereich der psychischen Prozesse als individueller Einheit von Empfinden, Wahrnehmen und Denken im Bewusstsein. «Nähme man jedes Leben als ein drittes Wesen zwischen Leib und Seele an: so bekäme man einen Wolkenschwarm neuer Wesen, für welche kein Himmel und kein Orkus, ja gar kein Gedanke zu finden wäre». Aber «[n]och niemand, selber kein Herbart hat den unbegreiflichen Bund zwischen dem unaussetzenden Entstehen und Emporspringen der Vorstellungen und ihrer Abhängigkeit von einem

Wollen, das ihnen bei ihrer Geburt eine zweckmäßige Aufeinanderfolge aufzwang, ohne Gewalttätigkeit vermitteln können; denn ohne jenen Bund könnte niemand sich vornehmen, nachzusinnen und zu ersinnen.»[180]

Behelfsweise führt Jean Paul für die schöpferische Macht des menschlichen Bewusstseins im Gespräch mit Karlsons Sohn Alexander den platonischen Begriff der «Lebenskraft» («vir») wieder ein, den Johannes Kepler in seiner *Harmonice mundi* wiederbelebt hatte. In dieser Lebenskraft, die in Pflanzen Phylogenese und Wachstum bewirkt, in der Tierwelt für die Anpassung der Lebensfunktionen an die geographische Umwelt sorgt, vermutet er auch den Ursprung einer Sinfonie von Mozart, eines Gemäldes oder Romans. Denn es sei nicht die Vernunft oder Besonnenheit allein, die große Werke menschlicher Schöpferkraft hervorbringe, sondern etwas, wofür die Psychologen noch keine Erklärung gefunden haben. «Aber wem sollen wir nun die organisch bauende und erhaltende Lebenskraft, deren unfaßliche Wunder doch offenbar täglich vor uns und in uns fortdauernd vorgehen, zuschreiben und einverleiben? Offenbar keinem Kreuzen und Wirbeln und Strudeln von elektrischen, galvanischen oder andern unorganischen Kräften, welche ja den ganzen organischen Kunstbau voraussetzen müßten, um ihn zu benützen und zu beleben; ebenso wenig den an sich unorganischen Teilen des Leibes, welche eben die Lebenskraft zu einem organischen Ganzen bändigt und ausgleicht und befreundet.» Diese unbekannte Kraft wirkt im Verborgenen. Sie äußert sich zuerst in einem unbestimmten Sehnen, über welches das Bewusstsein nur beschränkt Kontrolle hat. «Also bleibt nichts übrig für den Aufenthalt und Thron der Lebenskraft als das große Reich des Unbewussten in der Seele selbst.» [181]

Als Kronzeugin tritt das junge Mädchen Selina auf, das von Jean Paul magnetisch behandelt wird und in somnambuler Entrückung Zwiesprache mit Henrion hält, ihrem Geliebten, der tausende Meilen entfernt verwundet in einem griechischen Feldlazarett liegt. Wie zwanzig Jahre zuvor in der *Vorschule der Ästhetik*, entdeckt Jean Paul im Unbewussten den Ursprung menschlicher Schöpferkraft ebenso wie des Wunder- und Aberglaubens bis zum pathologischen Wahnsinn. So ist der Mensch als psychologisches Wesen lebenslang zwischen zwei diametrale Pole der Transzendenz gespannt: Oben wohnt Gott als Inbegriff der unbegreiflichen Ausdehnung des Universums, und unten das Unendliche der Seele, der Wünsche, Träume und Instinkte in seiner bodenlosen Tiefe, das sich ebenso dem erkennenden Denken entzieht. «Wir sehen aus dem Schiffe wie durch eine Meertiefe unten in einem gewölbten Himmel eine steigende Glückseligen-Insel – und unsere Sehnsucht wird unendlich».[182]

Das heißt, erst wenn wir *nicht* denken, steigen verborgene (um nicht zu sagen verdrängte) Erinnerungen und Gedächtnisbilder in uns auf, befreit von den Zwängen der Vernunft und den Meinungen und Nichtigkeiten des unsteten Zeitgeists. Wie Wille – oder innere Triebkraft – und gedankliche Vorstellungsbilder im individuellen Bewusstsein zusammenwirken, untersucht zur selben Zeit der junge Weimarer Philosoph Arthur Schopenhauer in seinem philosophischen Debüt *Die Welt als Wille und Vorstellung*. Schopenhauer erklärt die Welt transzendentalphilosophisch aus der Individualität, indem er ihr ein kohärentes Bewusstsein ihrer selbst konzediert, ohne indes erklären zu können, wie Individualität selbst entsteht. Jean Paul erklärt die Individualität aus der Welt. Der entscheidende Schritt von der klassischen Philosophie des Geistes zur medizinischen Anthropologie ist mit *Selina* gemacht. Jean Paul sieht das Ich nicht, wie Schopenhauer, in der Nussschale seiner fragilen Existenz ausgesetzt auf den grausigen Wogen eines unabsehbaren Meers von Zeit. Das Meer ist in ihm. Im inneren Universum jedes denkenden, fühlenden und träumenden Menschen wirkt dieselbe Lebenskraft wie im unendlichen Naturkosmos. In schöner Harmonie schwingen Mensch und Natur als kongruente Welten nach ein und derselben Naturgesetzlichkeit. Die Entdeckung des vegetativen Nervensystems gleichsam visionär vorwegnehmend, das noch weit in der Zukunft liegt, kleidet er den Ursprung des Unbewussten in das Bild eines «zweiten Gehirns», das zuständig sei für Empathie, Intuition, Trieb, Somnambulismus.[183] In ihm laufen körperliche und seelische Prozesse zusammen; hier ist das Reich des Traums und der Erinnerungen. «Aber ist das Erinnern und Heraufholen untergesunkener Zeiten aus dem Meerboden der Vergessenheit nicht ein Beweis, daß es gleichsam noch ein ätherisches zweites Gehirn gibt, das bloß vom schweren drückenden des Tags befreit zu sein braucht, damit es den feinern ätherischen Anregungen des Geistes folgsam sich bequeme?»[184]

Jean Paul hat das unbekannte Meer des Unbewussten zum ersten Mal in poetischen Ziffern vermessen, ein Kolumbus der zweiten Welt, dem keine wissenschaftliche Akademie ein Denkmal errichtet hat. Richters wichtigster Lehrer war in methodischer Hinsicht Herbart, «ein kecker, auf- um- und einblickender, mathematisch und philologisch gewappneter Perlentaucher und Goldbergsteiger mit seinem philosophischen Musterstil.» Beide teilen das Los, von den nachfolgenden Erforschern der menschlichen Seele vergessen worden zu sein. «Besonders die Psychologie – welche zu Fichte's Zeiten und später als unwissenschaftlich verachtet wurde, als ob nicht alle äußern Erscheinungen uns nur vermittelst unserer innern etwas angingen und darstellten – hat an Herbart in Rücksicht auf das Entstehen, Wachsen, Verdichten und Versinken der Vorstellungen einen seltenen Landmesser und Physiokraten ihres Gebiets gefunden. Die Nachwelt wird sein erobertes Reich anbauen.»[185] Carl Gustav Carus wird erst 1846 in seinem Buch *Psyche* den Begriff des Unbewussten wieder einführen, gefolgt von Eduard von Hartmann und Jean-Martin Charcot, dem Neurologen an der Pariser Salpêtrière und Lehrer des ganz jungen Sigmund Freud.

9.
MENUETT MIT ENGELN

Bayreuth, Anfang 1824

Zum ersten Mal lässt sich Friedrich Richter von einer Tochter begleiten, als er am 25. August 1823 bei hochsommerlicher Hitze nach Erlangen fährt. Er spricht Schelling, besucht den jungen Dichter August von Platen und den «Überchristen» Arnold Kanne. Auf der Weiterreise nach Nürnberg erfährt er von dem großen Stadtbrand am 4. September in Hof, «und ich habe nun nichts mehr, wenn ich dahin komme, zum Wiedersehen und Erinnern; die Jugend ist zweimal vergangen.»[186]

Am 11. September zurück in seinem frisch geweißelten Zimmer, arbeitet er an der Planetenreise und rechnet mit *Selinas* Erscheinen zur Frühjahrsmesse 1824. «Erst dann fang' ich ein sehr großes Werk von mehren Bändchen an, das vielleicht oder wahrscheinlich sich in Breslau typographisch verkörpert, das aber auch viele Schöpfungstage braucht.»[187] Seine «Vermischten Schriften», sein *Papierdrache*, sein letztes Werk soll eine Erinnerungsarchitektur sein, «ein wahres umgestürztes Fruchthorn, bei welchem das unter dem Schreiben und Erleben noch nachkommende Fallobst gar nicht einmal für etwas angeschlagen wird; – woraus allein auf eine Länge des Werks zu schließen, von dem der letzte Bogen kaum abzusehen – – – und dieses köstliche Alles, was gerade die Hauptsache ausmacht, nicht in Almanach-Duodez, sondern in Oktavformat, auf dessen Grundstücken keine Dienstbarkeit gegen zu zarte Taschenbücherleserinnen haftet, und wo man in der uneingeschränktesten Monarchie über Leser und Sachen regiert [...] Natürlich wird das Werk eine Generalsalve meines ganzen Kopfes, ein Allerheiligenfest aller Gedanken, ein Polterabend, Kehraus, Chariwari aller Ideenhochzeiten.» [188]

«Aus seinen Fenstern», registriert ein Besucher, «die dem Aufgange der Sonne entgegenlagen, schweifte der Blick über Gärten, hohe Bäume und einzelne Häuser hin zu dem blauen Fichtelgebirge, das den fernen Horizont umgrenzte.» Auf dem Schreibtisch vor dem Sofa in penibler Anordnung Stapel von verschiedenfarbigen Papierbögen, Federkiele, «Gläser, Brillen, Blumen, Bücher».[189] Am 12. Dezember gibt er Cotta die Zusage für den Druck der *Selina* und wünscht ihm «für das künftige Jahr schönere Tage als die Freiheit in Europa sich versprechen darf».[190] Für die *Morgenblatt*-Leser liefert er noch *Ausschweife für künftige Fortsetzungen von vier Werken*, von denen der siebte Teil am 1. Januar erscheint. Danach verstummt der Zeitungsschreiber Jean Paul. Die Abschiedsrede ist ein Dialog mit seiner Figur, Ottomar aus der *Unsichtbaren Loge*, «in den einzigen immerblühenden Zaubergärten der Bücherwelt».[191]

Cotta bittet er um die erweiterte Neuausgabe der *Astronomie* von Friedrich Theodor Schubert. Mit Genuss liest er in William Kirbys *Einleitung in die Entomologie oder Elemente der Naturgeschichte der Insecten*. Solche Fundgruben des Größten und des Kleinsten seien wichtiger, doziert er, als altindische und persische Studien, die nun alle Welt treibe. Während seine inneren Augen auf Sterne und Insekten gerichtet sind, ermüden die äußeren unaufhaltsam; das linke ist fast blind, das rechte getrübt. Der Wahrheitsjäger ist jetzt Brillenforscher. Im Juli, als Karoline nach Dresden reist, besorgt ihm Emanuel aus Nürnberg mehrere Brillen, aber sie nützen wenig. Seine Dresdener Freundin Luise Förster fragt Richter nach einem «Laeysonischen Augenpulver[.]» von Burkhardt und Iselin, zwei Schweizer Ophthalmologen. Pedantisch kontrolliert er die Beleuchtung des Schreibtischs, den Abstand der Augen vom Schreibpapier, vergleicht mit wissenschaftlicher Akribie die Sehleistung durch verschiedene Brillen, konsultiert schließlich den Leipziger Augenarzt Gottfried Tauber, der schon Emma eine Brille verordnet hat, und bestellt stärkere Petroleumlampen. «Meine Augen sind blau, sonst die dauerhaftesten, mein Alter 61 Jahre». Keine Lampe ist ihm hell genug. Er lässt zwei neue mit zwölf Nürnberger Dochten kommen. Seit zehn Jahren, erzählt er Doktor Tauber, habe er eine «Marquetsche Lampe», doch wolle er jetzt eine einfachere. Früher habe er eine Hoffmann'sche Brille getragen, zuletzt eine «nach Gallandschen Grundsätzen durch Cylinder geschliffene achteckige und jetzt gar eine periskopische von Ostermann.» Die er jetzt haben möchte, soll «in Stahlfassung mit Bügeln und in Lederfutteral» sein.[192]

Die Briefe werden kürzer. Das Diktieren ist ihm zuwider. Es unterbricht den organischen Strom zwischen Körper und Gedanke. Noch mehr als Schreiben strengt ihn seit dem Sommer das Lesen an. Weil ihn weißes Papier blendet, benutzt er nur noch graues oder grünes. Die Suche nach der vollkommenen Brille wird zur Überlebensfrage wie Jahre zuvor die Wahl zwischen guten und «vergiftenden» Weinen; «aechte englische Brillen würden mir den Himmel, nämlich die Bücher, am besten öffnen.»[193] Aus München, Nürnberg und Bamberg fordert er Probestücke von Optikern an. Er besteht darauf, dass er zum Abendlesen und zum Tageslesen verschiedene Brillen brauche und zum Schreiben wieder andere. Am Ende hat er aus München und Bamberg je acht Brillen. Sechs schickt er nach Bamberg zurück, für die andern beiden bezahlt er drei Gulden sechsundzwanzig Kreuzer. Von den Münchnern behält er eine. Trotzdem schafft er pro Tag nicht mehr als zwei Seiten zu schreiben. Zu dem Augenleiden kommen schmerzhafte Hautentzündungen, die mit Schwefelbädern behandelt werden. Henriette Knebel empfiehlt Kirschlorbeerextrakt zur äußerlichen Anwendung. Die Doktoren Stransky und Walther in Bayreuth «erklären alles für Lähmung der Sehnerven, die, wie ich erst später berechnete, von der Heilung (im Herbste) der großen Flechte am linken Arme durch Schafwolle herkommt».[194]

Pünktlich wie einen Zugvogel überkommt ihn im Frühling die gewöhnliche Reiselust. Am 13. April meldet er dem Musikkritiker Franz Gottfried Weber seinen Besuch in Darmstadt mit der Bitte um ein einfaches Zimmer, «wo ich als Republikaner lebe und herrsche und bezahle».[195] Doch an Reisen ist nicht mehr zu denken. Nachdem er am Pfingstsonntag seinen Schreibplatz im Miedel'schen Garten eingenommen hat, verordnet er sich strenge Diät im Essen, Bier- und Weintrinken. Mitte Juli hat er wiederum ein langes Gespräch mit Doktor Walther, der ihn «sehr abgefallen» und mit schwachem Puls vorfindet und ihm rät, seine «irrige Diät» abzusetzen. Seit er wieder trinkt, geht es ihm besser; «ich erwarte seit dem 14ten eine viel schönere Zukunft, zumal in Rücksicht meiner Melancholie; und es wird euch allen von mir Geplagten wohlthun.»[196] Ende Juli wandert er nach Monaten wieder hinaus zur Rollwenzelei. Er werde noch viel leiden müssen, sagt er zu Karoline, aber «Gott schickt mir an der Gränze des Äußersten das rechte».[197] Am 1. September fährt er nach Erlangen, um seine Augen von dem Spezialisten Franz Reisinger gründlich untersuchen zu lassen; dieser diagnostiziert beidseitig «grauen Star» und empfiehlt Operation.

Seit anderthalb Jahren ist Richter wegen Nichtigkeiten mit Emanuel zerstritten; kein Wort, kein Brief, kein Besuch. Als er erfährt, dass Emanuel nach München reist, schickt er ihm am 17. Dezember ein Briefchen: «Auf frohes Wiedersehen, nicht blos Wiederhören im Jahre 1825.» Danach ist alles wieder wie seit dreiunddreißig Jahren. Blättchen fliegen von Haus zu Haus.

Am Abend seines zweiundsechzigsten Geburtstags am 21. März 1825 ziehen Schüler der Königlichen Studieranstalt mit Fackeln vor dem Wohnhaus des Dichters auf. Eine Woche zuvor ist Karolines Schwester Minna in Dresden gestorben. Ihr einziger Sohn Richard Otto kommt im April nach Bayreuth und bietet dem halbblinden Dichter seine Hilfe an. Er wird zurückgeschickt.

Trotz aller Beschwernisse sind über den Winter zwei Drittel der *Selina* fertig geworden. «Ach ich möchte zögern und so warm mein geliebtes Werk über die Unsterblichkeit gar vollenden, und die Sonne durch den Brennspiegel näher rücken – und immer fährt Gewölk über den Spiegel! – Antworten Sie bald», fleht er Friedrich Köppen an.[198] Ein Aufklärer im Kampf gegen das Dunkel im eigenen Auge. Schon kann er es kaum erwarten, wieder im Freien zu sein. Am 4. Mai bittet er Miedel um die Erlaubnis, seinen Schreibplatz vormittags bis zwei Uhr in der Apfelkammer einzurichten. «Alles Wintergerümpel darin würde mich nicht stören. Auch hab' ich Ihre Güte nur so lange nöthig bis sich mein grünes Halbzimmer, die Laube, ganz überzieht. Verzeihen Sie die Bitte eines Pazienten.»[199]

Sein letzter Sommer vergeht mit Besuchen Durchreisender, die Jean Paul mit grünem Augenschirm und starkem Lorgnon unter seinem Porträt von Friedrich Meier im Arbeitszimmer sitzend finden, abgemagert bis auf die Knochen, seinem Bild kaum noch ähnlich. Nur wenn er spricht, ist er noch derselbe: lebhaft, schnelldenkend, geistesgegenwärtig. Der Breslauer Verleger Josef Max hatte ihn im Vorjahr gebeten, die im *Komet* angekündigte Sammlung kleinerer Schriften von Jean Paul verlegen zu dürfen. Am 17. Oktober 1824 hat ihm Richter, mangels anderer unveröffentlichter Texte, für fünf Louisdor pro Bogen eine «Kleine Bücherschau» aus älteren Rezensionen und Aufsätzen angeboten: sieben Rezensionen für die *Heidelberger Jahrbücher* aus der Zeit zwischen 1808 und 1814 nebst Vorreden zu Büchern anderer Autoren, angereichert mit einer *Kleinen Nachschule zur ästhetischen Vorschule*. Anfang August 1825 treffen die Belegexemplare der *Kleinen Bücherschau* aus Breslau ein.

Nun ist nur noch ein Projekt offen: die Gesammelten Werke – und sein Charivari aus Komischem und Ernstem, Gotthelf Fibels Vermächtnis, das von einer «fruchtbringenden Palmgenossenschaft verfaßt sein soll, weil in das letzte Buch oder den Papierdrachen oder die fruchtbringende Wochenschrift alles hineingeschrieben werden muß – damit nur einmal ein Ende wird mit mir und von mir –, was ich nur von Einfällen, komischen Auftritten, Bemerkungen über Menschen und Sachen und von allem Satan und seiner Großmutter und von politischen und philosophischen Ansichten, ja von aufbewahrten Gefühlen und Rührungen nur im Pulte und im Kopfe vorrätig beherberge».[200] Alle seine Leben sollten noch einmal Revue passieren an der Schnur des Papierdrachens, dessen Vorgängermodell Jean Paul im dreizehnten Kapitel von *Leben Fibels* erfunden hatte, «als eine spielende Knapp- oder Knabschaft (es war nicht meine biographische) das Kapitel an mein Fenster steigen ließ, als Papierdrachen. Ein artiger Schicksals-Wink! Er will damit wohl sagen: so heben wir Autoren auf Papier uns sämtlich hoch genug (höher vielleicht, als unsere Bescheidenheit anerkennen will); Wind (er bedeutet das Publikum) trägt auf- und fortwärts; an der Schnur hält den Drachen ein Knabe (er soll den Kunstrichter vorstellen), welcher durch sein Leitseil dem Flugtiere die ästhetische Höhe vorschreibt.»[201]

Friedrich Richter hat ausgelebt, aber lange nicht ausgeschrieben. Der letzte Eintrag im «Vaterblat» ist vom 6. April über den Abschluss der *Kleinen Bücherschau*. Für jedes Lebensjahr bis zu seinem 59. Geburtstag verzeichnet er in der «Ankündigung der Herausgabe meiner Sämtlichen Werke» auf den letzten Blättern des *Komet* ein gedrucktes Buch. «Die Hauptsache ist nur durch Augenschein zu zeigen, daß ich gerade jedes Jahr meines Lebens durch ein Buch, wenn nicht verewigt, doch bejährt habe, in dem ich, mit 59 Werken umhangen, den 21. März 1822 aus der Eierschale des 59ten Jahres gekrochen und noch mit ihr auf dem Rücken als junger angehender Sechziger herumlaufe. Für die übrigen Jahre und Bücher sorgt Gott.»[202]

Ein neuer Arzt, Caspari in Leipzig, setzt alle Medikamente ab, behandelt nur die «Flechte» auf der linken Schulter oder Achsel, gibt für die Augen Belladonna und verbietet streng den Wein. Der Kranke gehorcht. Es geht ihm danach nicht besser, aber auch nicht schlechter als vor einem Jahr, so dass er sich und die Seinen beruhigt. «Ich gehe mehr der Parzialfinsternis der Augen als der Totalfinsterniß des Todes entgegen.»[203]

Anfang September kommt Schelling für einige Stunden zu Besuch. Nach Spaziers Erinnerung soll der Todkranke in diesem Monat noch selbst in Nürnberg bei Dr. Kapfer gewesen sein, der ihm außer Belladonna nichts verschrieb. Der Brief an Friedrich Cotta, in dem Richter diesem am 11. September den Verlag seiner Sämtlichen Werke anbietet, ist scheinbar mühelos und rasch hingeworfen. Als vierzehn Tage später noch immer keine Antwort da ist, fragt er ungeduldig nach. Er weiß, er hat nicht mehr viel Zeit. Er weiß aber nicht, dass sich Cotta, der nicht nur Verleger ist, sondern auch Unternehmer und Ökonom, auf einer Dampfschifffahrt auf dem Rhein befindet und gar nicht antworten kann. Ruhig und besonnen erledigt Richter, was zu tun bleibt. Da Reimer in Berlin, dem er dasselbe Angebot gemacht hat, schneller ist und 35 000 Reichstaler in Gold für sechzig Bände bietet, gibt er diesem am 7. Oktober den Zuschlag.

Kurz darauf stellen sich schwere Schwellungen in Unterleib und Beinen ein. Karoline besorgt einen Rollsessel, in dem der Kranke nach getaner Schreibarbeit vom Arbeits- ins Esszimmer geschoben wird. Redaktioneller Beistand des verwaisten Dresdener Neffen ist nun willkommen. Als Richard Otto Spazier in Bayreuth eintrifft, geht man Seite für Seite, Zeile für Zeile die Werke durch, die noch keine Nachauflage hatten. Mit der *Geschichte der Vorrede zur zweiten Auflage des Fixlein* von

1796 wird angefangen. Als nächstes folgt die *Auswahl aus des Teufels Papieren* von 1789. Spazier liest vor, Richter diktiert hier und da Verbesserungen. Der junge Mann staunt, wie sein Onkel «jetzt noch jede einzelne Stelle fast mit ihrem Gleichnisse und Bilde in seinem Gedächtnis» bewahrt, an Sätzen, Bildern, Szenen weiterdenkt und -feilt, wie er dies und das nicht deutlich genug findet.[204] In den Abendstunden lässt Richter sich von Spazier aus Zeitungen und Journalen, Herders *Ideen zur Philosophie der Geschichte der Menschheit* oder Herbarts *Psychologie* vorlesen.

Unmerklich wie im Flug löst sich das Denken von der Außenwelt und versinkt in den Lichtmeeren seiner zweiten Welt. Mitte Oktober ist Richter so schwach, dass er ohne Hilfe nicht mehr aufstehen, weder essen noch trinken kann, ohne sich zu verschlucken. Trotz alledem und zu guter Letzt diktiert er Ende Oktober dem Neffen noch eine Reihe von Briefen, um seine Ehrenrunde bei den Mächtigen der Welt zu absolvieren, denen er so oft den delphischen Spiegel des «Erkenne dich selbst» vorgehalten hat. Dem Großherzog Ludwig von Baden stellt er sich als ein Autor vor, «der nie eine Zeile gegen Religion geschrieben». Reichskanzler Metternich und König Wilhelm von Württemberg versichert er dasselbe mit denselben Worten. Er will ein gesetzliches Verbot der illegalen Nachdrucke seiner Werke erwirken. Er tut es für seine Familie, die um die Einnahmen aus seinen Büchern nicht betrogen werden soll.

Seine flackernden Lebensgeister verlangen nach Komischem. Der Neffe muss ihm aus den herrlichen satirischen Stinkblumen des Leipziger Physikers, Kosmologen und Schriftstellers Gustav Theodor Fechner, *Stapelia mixta*, vorlesen, die dieser ihm am 6. Oktober 1825 zusammen mit einem verehrungsvollen Brief zugeschickt hat. Und so hinterlässt Jean Paul auf Erden wenigstens *einen* Schüler, der wie er das Denken zum Tanzen bringt. «Nur darum ist ja die Kugel», sagt Fechner, «die vollkommenste Gestalt, weil sie unendlich viel Beine zum Tanzen hat, ja rundum blos aus solchen besteht, denn jeder Punkt an ihr ist eine Zehenspitze, auf der sie sich drehen kann und wirklich dreht, bei der leisesten Anregung.»[205]

Christian Otto und Emanuel, Emma und Odilie, Karoline und der junge Spazier sitzen abends mit dem Kranken zusammen, der in seinem Rollsessel schlummernd den Gesprächen nur noch für Minu-

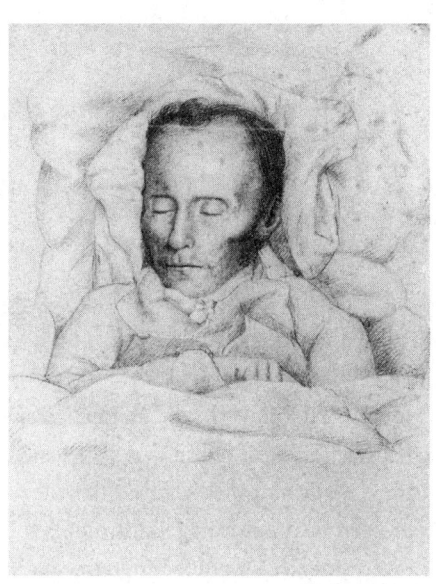

Friedrich Richter im Tod

ten folgt. Sein letzter Brief vom 1. November 1825 ist die verzweifelte Bitte um Rat an Medizinalrat Dr. Kapfer. Der Selberarzt ist mit seinem Latein am Ende.

Um den 5. November tritt völlige Blindheit ein. Halb sitzend auf seinem Sofa, von Kissen gestützt, verlangt ihn nach Musik. Man singt ihm seine Lieblingslieder von Carl Friedrich Zelter vor. Eines nach dem andern verlöschen die Gehirnareale unter infarktiösen Salven. Dem Sterbenden ist, als berühre ihn etwas am Kopf wie ein kalter Hauch. Er komme sich vor wie eine Festung, sagt er zu Spazier, an der die Krankheit nur noch den dritten Ring, den Kopf, zu übersteigen habe. Noch hält die «zweite Erdkugel» stand. Hart umspannt die Haut die Wölbung des Schädels. Auf Zehenspitzen tanzt er aus dem Leben. Am Abend des 13. November flüstert er Christian Otto, dem Freund aus Hofer Kindheitstagen, zu: «Du sollst sehen, ich will mit den Engeln ordentlich ein Menuett tanzen, man soll sehen, daß man in der Welt noch etwas werden kann, wenn es auch spät ist.»[206]

Am 14. November 1825 abends gegen acht Uhr stirbt Johann Paul Friedrich Richter. Zur selben Zeit geht am nächtlichen Himmel über Bayreuth der Planet Jean Paul auf.

10.

AUS DER NACHWELT[207]

Es war eine närrische Nachhut, ein Trüppchen Zuspätgekommener, das sich in der Dämmerung des 17. November 1825 pünktlich siebzehn Uhr vor der Bayreuther Friedrichstraße Nr. 5 in Bewegung setzte und am Markt vorbei links in die Kanzleistraße, durch das Dammwäldchen in die Erlanger Straße und dem Gottesackerfriedhof entgegenzog. An der Spitze Stadtkantor Riedel mit dem Totenkreuz, gefolgt von den Armenschülern der Stadt und Stadtmusikus Barth mit den Stadtmusikanten, hinter ihnen ein kleiner Junge mit der *Levana* auf einem samtenen Kissen, dahinter die Schar der Elementarschüler mit ihren Lehrern, hinter diesen ein etwas größerer Schüler mit der rot eingebundenen *Vorschule der Ästhetik*, dem paarweise die Schüler der Königlichen Studieranstalt in Begleitung des Schulpfarrers und des Rektors Frölich folgten. Vier weitere Fackelträger bildeten ein magisches Quadrat um einen fünften mit der *Unsichtbaren Loge*. Hinter den Schülern des Lyceums, angeführt von Rektor Dr. Meilinger, fuhr der Leichenwagen, von vier Rappen gezogen, neben ihm die zehn Professoren der Studienanstalt und zwölf junge Fackelträger. Auf dem Sarg war «in einem roten Corduaneinbande das Manuskript der Selina in einem Lorbeeerkranze befestigt.» Dem Wagen folgten die Familie des Verstorbenen, Karoline Richter mit den Töchtern Emma und Odilie, Gottlieb Richter mit Frau und Kindern und die Freunde, hinter ihnen Ratsherren, Kaufleute, Offiziere, an deren Spitze Regierungsdirektor von Rudhart, der Königlich-Bayerische General-Kommissär. Alle Glocken von St. Georgen bis zur Hospitalkirche läuteten ohrenbetäubend, als wollten sie dem Dahingegangenen noch einmal gehörig Angst machen. Am offenen Grab sprachen Richters Neffe Richard Otto Spazier und Doktor Gabler, Direktor der Königlichen Studieranstalt, getragene Worte über den großen Gelehrten und Dichter, dessen Haupt mit einem «Lichtfaden» an den Himmel geheftet sei. Dicht neben der offenen Grube saß Frau Rollwenzel, eine lebendige Pietà, auf einem Stuhl, den man ihr eigens hingestellt hatte, als aus dem Mund des braven Doktor Gabler eine Stimme aus der zweiten Welt sprach: «Der Todtdaliegende bin nicht ich; ihr irret, wenn ihr diesen für mich haltet».

ANMERKUNGEN

I. Buch

1 Stadtarchiv Hof, Bestand N 9, Mappe 106, Geschlechtsregister der Familie Richter, von Georg Rieß.
2 Allerdings wird das Hoforchester erst nach Christoph Richters Alumni-Zeit unter Kapellmeister Joseph Riepel zu einem der besten seiner Zeit, neben der Mannheimer Hofkapelle und dem Orchester des Grafen Esterhazy.
3 Seine Frau Elisabeth Völkel, möglicherweise eine Vorfahrin des Diakons Samuel Völkel in Schwarzenbach, war die Tochter des Köditzer Pfarrers; vgl. Kap. 3.
4 Friedrich Hoffmann, *Eine «wunderbare Erscheinung» im Leipziger Rosenthal. Zum hundertjährigen Gedächtniß eines alten Schwindels*, in: *Die Gartenlaube* 1874, S. 662–664.
5 So nannte ein Theologe in den *Hamburgischen Nachrichten* vom 21.3.1775 das Buch, ein Urteil, dem der Hamburger Pastor Goeze vier Wochen später Nachdruck verlieh mit der Aufforderung, den Roman zu konfiszieren und «dieses so weit ausgestreute Unkraut auszurotten» (vgl. W II, 4, S. 109).
6 *Leben Fibels, des Verfassers der Bienrodischen Fibel*, W I, 6, S. 381, 391.
7 *Selberlebensbeschreibung*, in: *Lebenserschreibung. Veröffentlichte und nachgelassene autobiographische Schriften*, hg. von Helmut Pfotenhauer unter Mitarbeit von Thomas Meißner, München 2004, S. 178.
8 Ebd. S. 183.
9 *Theologische Realenzyklopädie*, Bd. 35, New York 2003, S. 60 (Art. *Versuchung*).
10 Barthold Hinrich Brockes, *Irdisches Vergnügen in Gott, bestehend in Physikalisch- und Moralischen Gedichten*, Hamburg 1721 ff.
11 SW I, 19, S. 320. In spitzen Klammern sind in dieser Edition Varianten der Handschrift vermerkt.
12 Ebd. Erst in der endgültigen Fassung wird Gustav bis zu seinem zwölften Geburtstag in einer unterirdischen «Erziehhöhle» fern der weltlichen Versuchungswüste versteckt, wie der Markgraf von Ansbach in Bruckberg.
13 W I, 1, S. 562.
14 *Selberlebensbeschreibung*, in: *Lebenserschreibung*, S. 204.
15 Ebd. S. 209.

16 *Der Jubelsenior*, W I, 4, S. 515.
17 *Vita-Buch*, in: *Lebenserschreibung*, S. 284.
18 *Leben Fibels*, W I, 6, S. 390.
19 Vgl. Nicola Graab, *Fénelon. Dialogues des morts composés pour l'éducation d'un prince. Studien zu Fénelons Totengesprächen im Traditionszusammenhang*, Hamburg 2001.
20 Fassmanns *Totengespräche in 240 Entrevenuen*, erschienen 1718–1739 in Form eines periodischen Journals, sind das einzige deutsche Buch neben der Bibel und dem *Orbis Sensualium Pictus* von Amos Comenius in der Übersetzung von Sigmund von Birken (1658), das Christoph Richter seinem wissbegierigen Ältesten zu lesen erlaubt.
21 *Selberlebensbeschreibung*, in: *Lebenserschreibung*, S. 217.
22 *Die unsichtbare Loge*, SW I, 19, S. 315.
23 Ebd. S. 329 f.
24 *Selberlebensbeschreibung*, in: *Lebenserschreibung*, S. 191.
25 Ebd. S. 195.
26 Ebd. S. 197.
27 *Vorschule der Ästhetik* (2. Aufl.), W I, 5, S. 93.
28 *Selberlebensbeschreibung*, in: *Lebenserschreibung*, S. 184.
29 Ebd. S. 188.
30 Ebd. S. 200.
31 *Lebenserschreibung*, S. 155; vgl. SW II, 4, S. 381.
32 *Selberlebensbeschreibung*, in: *Lebenserschreibung*, S. 167.
33 *Der Jubelsenior*, W I, 4, S. 506.
34 Erich Christoph Edler von Plotho, Königlich-preußischer Kriegsminister und Gesandter beim Ständigen Reichstag in Regensburg, hatte 1743 die Joditzer Freifrau Charlotte Wilhelmine Eleonore von Bodenhausen geheiratet. Ihm gehörten neben seinen brandenburgischen Lehen das Gut Zedtwitz und die Hälfte von Schwarzenbach. Nach dem Tod der Freifrau erbten ihre Kinder Otto Ludwig Edler von Plotho, Eleonore Louise und Wilhelm (auch Wilcke genannt) Friedrich von Plotho 1780 die Rittergüter. Eleonore Louise heiratete 1783 den sächsischen Kammerherrn Georg Christoph von Reitzenstein und zog mit ihm nach Konradsreuth.
35 *Selberlebensbeschreibung*, in: *Lebenserschreibung*, S. 232.
36 Ebd. S. 234.
37 SW I, 19, S. 308.
38 *Selberlebensbeschreibung*, in: *Lebenserschreibung*, S. 235.
39 Ebd. S. 235.
40 Ob Doppelmaier schon in den 1770er Jahren in Schwarzenbach lebte, entzieht sich meiner Kenntnis. Richter wechselte von Leipzig aus mit ihm einige Briefe und verfolgte die öffentliche Debatte um das Standardwerk der Rosen-

kreuzerei von Anton Josef Kirchweger *Annulus Platonis (Aurea Catoni Homeri)* oder *physikalisch-chemische Erklärung der Natur nach ihrer Entstehung, Erhaltung und Zerstörung* (1781), an der sich Doppelmaier beteiligte.
41 *Bemerkungen über uns närrische Menschen*, Leipzig/Berlin 1979, S. 23.
42 Jonathan Swift, *Tonnenmärchen*, in: ders., *Ausgewählte Werke*, Frankfurt a. M. 1972, Bd. 1, S. 198.
43 *Die Taschenbibliothek*, W II, 4, S. 771.
44 Jean-Paul Sartre, *Was ist Literatur*, in: ders., *Schriften zur Literatur (Gesammelte Werke, 2)*, Reinbek 1981, S. 20 f.
45 SW II, 5.
46 SW II, 8.
47 *Bemerkungen*, zit. nach *Lebenserschreibung*, S. 10.
48 *Gedanken*, SW II, 8, S. 25.
49 *Selberlebensbeschreibung*, in: *Lebenserschreibung*, S. 225.
50 Helene Köhler, *Aus dem rauhen Frühling eines Dichterlebens*, in: *Die Gartenlaube* 1863, S. 183–185.
51 W II, 1, S. 10–22.
52 Die Bibliothek diente seit Ende des 16. Jahrhunderts als Schulbibliothek und besaß neben einem großen Bestand theologischer Schriften und Lexika lediglich vierunddreißig «weltliche Schriftsteller», darunter nur fünf Titel aus dem 18. Jahrhundert (nach Auskunft des Jean-Paul-Gymnasiums Hof).
53 Götz Müller, *Jean Pauls Exzerpte*, Würzburg 1988, S. 327.
54 *Die Unsichtbare Loge*, Vorrede zur 2. Aufl. von 1821, W I, 1, S. 15.
55 *Bemerkungen*, zit. nach *Lebenserschreibung*, S. 10.
56 SW I, 4, S. 163.
57 Johann Georg Oerthel, Adams Vater, hatte das von Falkensteinsche Schloss in Köditz 1764 samt allen Kossätenhäusern und Feldern dem Ritter Heinrich Erdmann von Falkenstein abgekauft. 1775 überschrieb er es seinem Bruder Samuel Friedrich Oerthel für 6048 fränkische Gulden. Am 1.7.1783 wurden beide Brüder aufgrund ihres enormen Besitzes in den Reichsadelsstand erhoben. Nach dem Tod Samuels ging das Gut Köditz 1802 an dessen Enkel über.
58 Joachim Heinrich Campe, *Über Empfindsamkeit und Empfindelei in pädagogischer Hinsicht*, Hamburg 1779.
59 Vgl. Walter Hinderer, *Geschichte der deutschen Lyrik vom Mittelalter bis zur Gegenwart*, Würzburg 2001.
60 Gassners *Nützlicher Unterricht wider den Teufel zu streiten* erschien unter dem Verlagsnamen «Niemand und Fragenicht», ebenso wie *Die Sympathie, ein Universalmittel wider alle Teufeleyen zum Behufe der neuen Philosophie und der alten Religion*.
61 Theodor Fontane, *Wanderungen durch die Mark Brandenburg*, Bd. 3, München 1971, S. 229.

62 In der *Allgemeinen Theologischen Bibliothek* findet Richter eine Besprechung des Buches. In dieser Zeit kommen in rascher Folge Bücher auf den Markt, die den schmalen Grat zwischen Naturwissenschaften und Scharlatanerie sichtbar machen. Mehrere davon finden sich in Richters Exzerpten wieder, so z. B. Johann Samuel Halle, *Magie, oder die Zauberkräfte der Natur, so auf den Nutzen und die Belustigung angewandt worden* (1784–1786), Johann Christian Wiegleb, *Onomatologia curiosa artificiosa et magica, oder Natürliches Zauberlexikon, in welchem vieles Nützliche und Angenehme aus der Naturgeschichte, Naturlehre und natürlicher Magie nach alphabetischer Ordnung vorgetragen worden* (1778–1798), und Christlieb Benedict Funk, *Natürliche Magie oder Erklärung verschiedener Wahrsager- und natürlicher Zauberkünste* (1783).

63 Wie in diesem Fall lernte Richter literarische Kontroversen oft früher kennen als die Schriften, die sie auslösten, was seiner polemischen Urteilsschärfe zugute kam. Jean-François Marmontel publizierte 1767 seine Schrift *Bélisaire*, auf Deutsch: *Belisar. Nebst der glücklichen Familie, einer moralischen Erzählung*. Auf diese Schrift und ihre Anspielungen auf aktuelle theologische Streitfragen antwortete der orthodoxe Rotterdamer Theologe Peter Hofstede mit *Des Herrn Marmontels herausgegebener Belisar beurtheilt [...]* (1769); das 23. Kapitel trägt die Überschrift «Der griechische Weltweise Socrates entlarvt». Der Streit wurde dann dargestellt und in gewisser Weise zu Ende geführt von Eberhards *Neuer Apologie des Sokrates, oder Untersuchung der Lehre von der Seligkeit der Heiden* (1772, 1776–1778).

64 SW II, 1, S. 84 f.

65 W II, 1, S. 49.

66 Ebd. S. 283.

67 Ebd. S. 28.

68 Lessing hatte 1778 Teile aus Hermann Samuel Reimarus' *Apologie oder Schutzschrift für die vernünftigen Verehrer Gottes* unter dem Titel *Fragmente eines Ungenannten* veröffentlicht.

69 Briefe I, S. 1.

70 W II, 1, S. 54.

71 Ebd. S. 58.

72 Ebd. S. 46. Ähnliche Überlegungen stellt der junge Karlsschulzögling Friedrich Schiller in seinem ersten philosophischen Prosastück *Der Spaziergang unter den Linden* an, das im März 1782 im *Wirtembergischen Repertorium* anonym erscheint.

73 W II, 1, S. 117. Die Rezeption von Friedrich Heinrich Jacobis philosophischen Romanen *Woldemar* und *Eduard Allwils Briefsammlung* sowie von Goethes *Die Leiden des jungen Werther* klingt in Richters erstem Prosaversuch parodistisch nach.

74 Ebd. S. 150, 170.
75 Kaspar Riesbeck, *Briefe eines reisenden Franzosen über Deutschland*, Berlin 1976, S. 311.
76 An Erhard Vogel, 17.9.1781, Briefe I, S. 21.
77 Vgl. Ernst Platner, *Anthropologie für Ärzte und Weltweise*, Leipzig 1772, und *Philosophische Aphorismen nebst einigen Anleitungen zur philosophischen Geschichte*, Leipzig 1776 f.
78 Rudolf Mothes, *Lebenserinnerungen*, Stadtarchiv Leipzig, bearbeitet von Klaus Schmiedel, Teil A, www.quelle-optimal.de/pdf/rudolf_mothes_erinnerungen_teil_a_ohne_anm_pdf.pdf.
79 Anonym [Karl Friedrich Bahrdt und Heinrich Gottfried von Bretschneider], *Kirchen- und Ketzeralmanach aufs Jahr 1781*, Häresiopel: Im Verlag der Ekklesia pressa 1781, S. 194.
80 *Etwas über den Menschen*, W II, 1, S. 174.
81 Ebd. S. 186, 175 f.
82 *Übungen im Denken*, W II, 1, S. 84 f.
83 *Etwas über den Menschen*, ebd. S. 180.
84 Ebd. S. 185.
85 Ebd. S. 176.
86 Zu den kanonischen Texten der Rosenkreuzer zählte der 1. Korintherbrief des Paulus, 16,22. Vgl. Theodor Fontane, *Wanderungen durch die Mark Brandenburg*, Bd. 3, S. 303.
87 Joseph de Maistre, *Die Freimaurerei. Denkschrift an den Herzog Ferdinand von Braunschweig-Lüneburg 1782*, Wien 1988, S. 21.
88 Ebd. S. 16.
89 Theo K. Heckel, *Der innere Mensch. Die paulinische Verarbeitung des platonischen Mythos*, Tübingen 1993, S. 123.
90 Ebenso wird Richter seinen ersten Brief an Goethe unterzeichnen, der Mitglied der Weimarer Freimaurerloge war.
91 *Die Illuminaten. Quellen und Texte zur Aufklärungsideologie des Illuminatenordens (1776–1785)*, hg. von Jan Rachold, Berlin 1985, S. 58.
92 Toussaint war mit Christian Felix Weiße befreundet und lebte als Übersetzer und Gelehrter in Berlin. Sein Werk *Les Mœurs* (*Die Sittlichkeit*) hatte ihn 1748 berühmt gemacht. Lange bevor er 1764 in die Preußische Akademie berufen wurde, hatte man ihn als Nachfolger von Lamettrie am Hof Friedrichs II. von Preußen gesehen.
93 Johann Carl Wezel, *Appellation der Vokalen an das Publikum, geschrieben im Jahr 1776*, Frankfurt a. M./Leipzig 1778, abgedruckt in: ders., *Kritische Schriften*, hg. von Albert R. Schmitt, Bd. 2, Stuttgart 1971, S. 641.
94 An Erhard Vogel, 17.9.1781, Briefe I, S. 20 f.
95 An Carl August Werner, 15.9.1781, ebd. S. 16.

96 Zu Wezel vgl. Alexander Košenina, *Ernst Platners Anthropologie und Philosophie*, Würzburg 1989.
97 *Papiere von Joh. Karl Wezel wider Dr. Ernst Platnern von letzterm nebst einem Vorbericht herausgegeben*, Leipzig [o. J.], S. 9.
98 Belegt ist die Adresse für 1787.
99 *Papiere von Joh. Karl Wezel*, S. 8.
100 *Nachricht von J. K. Wezels Aufforderung an Herrn Doktor Platner zu Leipzig*, Halle 1781, S. 14.
101 Anonym [Johann Karl Wezel], *Untersuchung über das Platnerische Verfahren gegen J. K. Wezel und gegen sein Urtheil von Leibnizen*, Leipzig [1781], S. 31.
102 An Erhard Vogel, November 1781, Briefe I, S. 31 f.
103 *Jean Pauls Exzerpte*, Jean-Paul-Portal der Universität Würzburg: Silvans Bibliothek (Sylvanus) [V-BVA-01–1780–1781–0108]. Vgl. Johann Karl Wezel, *Sylvans Bibliothek oder die gelehrten Abenteuer*, in: ders., *Satirische Erzählungen. Erstes und zweytes Bändchen*, Leipzig 1777. Die Satire ist eine Adaption von Jonathan Swifts *The Battle of the Books*. Der Name Sylvan in Wezels Text spielt allerdings nicht wie in Richters Notiz auf einen römischen Konsul an, sondern auf den Bücherkrieg der Theologen um das Dogma der Trinität und die Verbrennung des Pfarrers Johann Sylvanus im Jahr 1572. Dieser hatte die Dreieinigkeitslehre der katholischen Kirche zu widerlegen gesucht und sich für eine Versöhnung der drei monotheistischen Weltreligionen ausgesprochen.
104 *Jean Pauls Exzerpte*, Jean-Paul-Portal der Universität Würzburg [V-BVA-01–1780–1781–0135].
105 An Adam Lorenz Oerthel, 5.12.1784, Briefe I, S. 141.
106 Spätestens 1789 las Richter Lady Cravens *Briefe über eine Reise durch die Crimm nach Constantinopel*. Dieselbe Lady Craven spielte ab 1785 als Mätresse des Markgrafen Karl Alexander in der Landesgeschichte von Ansbach-Bayreuth eine gewichtige Rolle.
107 W I, 1, S. 310.
108 An Johann Friedrich Weygand, 4.4.1782, Briefe I, S. 41 f.
109 An Erhard Vogel, November 1781, ebd. S. 33 f.
110 SW I, 19, S. 91.
111 An Wilhelm Vogel, 3.11.1781, Briefe I, S. 34.
112 Friedrich Nicolai, *Schreiben an den Hrn. Hofr. Lichtenberg in Göttingen* (1782), zit. nach *Lessings Sämtliche Werke*, Bd. 16, Karlsruhe 1824, S. XVII.
113 An Rosina Richter, 27.5.1782, Briefe I, S. 45.
114 Von Erhard Friedrich Vogel, 1.5.1782, SW IV, 1, S. 20.
115 An Rosina Richter, [Juli] 1782, Briefe I, S. 49.
116 W II, 1, S. 399 f.
117 Robert Darnton, *Literaten im Untergrund. Lesen, schreiben und publizieren im vorrevolutionären Frankreich*, München 1985, S. 27.

118 *Grönländische Prozesse*, W II, 1, S. 410.
119 Die Beschreibung des Missionswerks lieferte David Cranz, ein führendes Mitglied der Herrnhuter Brüdergemeinde in Barby, 1765 in seiner *Historie von Grönland*.
120 Wezel, *Appellation der Vokalen an das Publikum*, S. 24.
121 Vgl. das Grimmsche Wörterbuch: «*haselant*, m. derjenige der haseliert, sich als narr, geck, prahlhans gebärdet»; «*haselieren*, verb. sich thöricht, geckenhaft, auch prahlend närrisch geberden».
122 *Vita-Buch*, in: *Lebenserschreibung*, S. 284.
123 *Grönländische Prozesse*, W II, 1, S. 373.
124 Ebd. S. 412.
125 An Rosina Richter, 14.4.1783, Briefe I, S. 68.
126 An Erhard Vogel, 20.2.1783, ebd. S. 60.
127 Bücherkommissar war ab 1782 August Wilhelm Ernesti, ein Neffe des kürzlich verstorbenen Theologen.
128 W II, 1, S. 368.
129 *Vita-Buch*, in: *Lebenserschreibung*, S. 254.
130 Nach Johann Gottlieb Schulz, *Beschreibung der Stadt Leipzig*, Leipzig 1784, S. 136, lag der Körnersche Garten in der Ranstädtischen Vorstadt an der Pleiße. Johann Gottfried Körner (1728–1785) war Professor der Theologie, Superintendent und Domherr an der Leipziger Thomaskirche. Nach Richters eigenen Angaben gehörte der Garten seinem vorigen Mietwirt, dem Besitzer des Gasthofs «Zu den drei Rosen». Möglicherweise hatte dieser ihn von Körner erworben.
131 Schon 1693 gab es am Brühl ein hölzernes Opernhaus, doch wurde es 1720 wegen Baufälligkeit abgerissen.
132 Heinrich Gottfried Koch (1703–1777) hatte sich 1728 der wandernden Theatertruppe von Caroline Neuber angeschlossen, als Schauspieler, Dekorationsmaler und Theaterdichter. 1749 gründete er eine eigene Theatertruppe, mit der er u. a. Stücke von Lessing aufführte, und ging später mit diesem nach Hamburg. 1766 kehrte er nach Leipzig zurück und eröffnete das neuerbaute Schauspielhaus mit einem Stück von Johann Elias Schlegel.
133 An Erhard Vogel, 1.5.1783, Briefe I, S. 72 f.
134 *Grönländische Prozesse*, W II, 1, S. 535.
135 Oliver Hochadel, *Öffentliche Wissenschaft. Elektrizität in der deutschen Aufklärung*, Göttingen 2002, S. 147 f.
136 Georg Christoph Lichtenberg, *Sudelbücher* (359), in: ders., *Schriften und Briefe*, hg. von Wolfgang Promies, München 1967, Bd. 1, S. 138.
137 Alle Angaben nach SW IV, 1, S. 14 (erschlossene Briefe von Rosina Richter an ihren ältesten Sohn, zwischen August 1781 und August 1784).
138 *Grönländische Prozesse*, W II, 1, S. 519. Im griechischen Mythos von Pegasos

ist Hippokrene der Quellfluss poetischer Inspiration, der auf dem Parnass entspringt.
139 Von Erhard Friedrich Vogel, 15.1.1784, SW IV, 1, S. 41.
140 August Gottlieb Meißner, *Ausgewählte Kriminalgeschichten*, hg. von Alexander Košenina, Saarbrücken 2003, S. 92 (Nachwort).
141 An August Meißner, 19.10.1784, Briefe I, S. 136.

II. Buch

1 *Auswahl aus des Teufels Papieren*, W II, 2, S. 128.
2 Zit. aus dem Brief von Erhard Friedrich Vogel, 3.3.1785, SW IV, 1, S. 59.
3 An Erhard Vogel, 3.3.1785, Briefe I, S. 163.
4 Kurt Wölfel (Hg.), *Sammlung der zeitgenössischen Rezensionen von Jean Pauls Werken*, Bd. 3 (*Jahrbuch der Jean-Paul-Gesellschaft* 18/1983), S. 11.
5 U. a. liest er Aristoteles, *De Poetica*, den *Annulus Platonis*, Bayles Wörterbuch, Constant Dorvilles *Geschichte der verschiedenen Völker des Erdbodens* (1774), Zedlers *Universallexikon* (1733 ff.), Lord Monboddos *Vom Ursprung und Fortgange der Sprachen* (1785), Christoph Meiners *Geschichte des Ursprungs, Fortgangs und Verfalls der Wissenschaften in Griechenland und Rom* (1781 f.), vor allem die Abschnitte über die Pythagoreischen Gesellschaften, Buffons mehrbändiges Werk über *Naturgeschichte* (1749–1788), Johann Peter Eberhards *Abhandlung über die Magie* (1779 f.), Martius' und Wieglebs *Unterricht in der natürlichen Magie*, Gottfried Arnolds *Unpartheiische Kirchen- und Ketzerhistorie* (1729), Johann August Unzers *Medizinisches Handbuch* (1780), Johann Georg Zimmermanns Abhandlung *Über die Einsamkeit* (1785), Leibniz' *Theodizee*, Friedrich Nicolais *Beschreibung einer Reise durch Deutschland und die Schweiz im Jahre 1781* (1783 ff.), Carl Philipp Moritz' *Magazin zur Erfahrungsseelenkunde* (1783) und dessen Reisebücher, Herders *Ideen zur Philosophie der Geschichte der Menschheit* (1784 ff.), daneben gelehrte Journale und lateinische Literatur über philologische und theologische Themen, u. a. von dem Franziskanerpater Alessandro di Alessandria. Für 1786 sind keine Exzerpthefte erhalten, erst wieder für die Jahre ab 1787.
6 Zu den Vorarbeiten und Vorfassungen der *Scherze in Quart* vgl. im Einzelnen Eduard Berend in SW I, 1, S. 24 ff. (JPN Fasc. 12a).
7 *Vier kleine Ironien; und wie ich dem Leser meine Ironien verständlich machen wollen*, W II, 2, S. 36.
8 Zit. nach SW IV, 1, S. 464 (Kommentar).
9 Philipp Ludwig von Weitershausen, *Übersicht der Stadt- und Landeshauptmannschaft Hof*, nach der ersten Ausgabe vom Jahre 1787 mit Hinzufügung der in der zweiten von 1792 enthaltenen Zusätze nebst handschriftlichen Nachträgen des Verfassers von Neuem abgedruckt, Hof 1874.

10 Philipp Ludwig von Weitershausen, *Über die mineralischen Gesundbrunnen in Steben und Langenau*, Hof 1787.

11 Die Satire, die nur in Adam Oerthels Handschrift überliefert ist, könnte 1785 in Hof entstanden sein, nachdem Oerthel aus Leipzig nach Töpen zurückgekehrt war – und nicht, wie Berend annahm, schon ein Jahr zuvor in Leipzig; vgl. SW I, 1, S. XXIX. Anfang Februar 1785 hat Richter einen Hofer Ball besucht und sich über die vielen «halb hervorstehenden und unbedekten Brüste» der Damen mokiert (vgl. Briefe I, S. 157).

12 An die Brüder Otto, 26.12.1785, Briefe I, S. 196 f.

13 *Grönländische Prozesse*, W II, 1, S. 480.

14 *Auswahl aus des Teufels Papieren*, W II, 2, S. 190 f.

15 *Wahnsinnige Sprünge, wodurch ich den Leser und mich einzuschläfern trachte*, veröffentlicht 1807 im Cotta'schen *Morgenblatt* unter dem Titel *Springbrief eines Nachtwandlers* (W II, 3, S. 133–142).

16 Hof wurde damals wie eine Stadtrepublik regiert, ein Relikt der mittelalterlichen ständischen Verfassungen, wie es sie auch in Württemberg, der Schweiz und Österreich gab.

17 Helene Köhler, *Aus dem rauhen Frühling eines Dichterlebens*.

18 An Kaufmann Gulden, 6.9.1786, Briefe I, S. 231.

19 An Stadtsyndikus Ruß, 25.7.1786, ebd. S. 227 f.

20 An Samuel Völkel, 24.11.1785, ebd. S. 191.

21 Moses Mendelssohn an Immanuel Kant, 16.10.1785, in: *Kants gesammelte Schriften*, hg. von der Königlichen Preußischen Akademie der Wissenschaften, Bd. X, Berlin/Leipzig 1922, S. 414.

22 Goethe an Jacobi, 11.9.1785, in: *Ich träume lieber Fritz den Augenblick ... Der Briefwechsel zwischen Goethe und F. H. Jacobi*, hg. von Max Jacobi, neu hg. von Andreas und Paul Remmel, Hildesheim 2005, S. 89.

23 Ebd. S. 86 f.

24 Zit. nach Carmen Götz, *Friedrich Heinrich Jacobi im Kontext der Aufklärung*, Hamburg 2008, S. 451.

25 Moses Mendelssohn, *Über die Frage: was heißt aufklären?*, in: *Berlinische Monatsschrift* 4/1784, S. 197 f.

26 Immanuel Kant, *Beantwortung der Frage: Was ist Aufklärung?*, in: *Kants gesammelte Schriften*, Bd. VIII, Berlin 1923, S. 33–42.

27 Johann Georg Hamann, *Briefwechsel*, hg. von Walther Ziesemer und Arthur Henkel, Wiesbaden 1955–1978, Bd. V, S. 291 f.

28 *Der Briefwechsel zwischen Goethe und F. H. Jacobi*, S. 95.

29 Marcus Herz an Immanuel Kant, 27.2.1786, in: *Kants gesammelte Schriften*, Bd. X, S. 432.

30 Immanuel Kant an Marcus Herz, 7.4.1786, ebd. S. 442.

31 Immanuel Kant, *Was heißt: sich im Denken orientieren?*, in: *Kants gesammelte Schriften*, Bd. VIII, S. 143.
32 *Der Briefwechsel zwischen Goethe und F. H. Jacobi*, S. 103.
33 *Auswahl aus des Teufels Papieren*, W II, 2, S. 125.
34 Von Christoph Friedrich Bekmann, 24.5.1787, SW IV, 1, S. 85.
35 *Auswahl aus des Teufels Papieren*, W II, 2, S. 112 f. Liest man das B. in Mendels Namen als hebräisches «Ben» = Sohn, wird die Namensanspielung noch deutlicher.
36 Im Original lautet er: «Par cette mesme raison, elles nous estimes bestes, commes nous les estimons.» («Aus demselben Grund, aus dem wir die Tiere für vernunftlose Wesen halten, halten diese uns dafür.») Michel de Montaigne, *Apologie de Raymond de Sebonde*, in: ders., *Les Essais*, Paris 2007, S. 4458–4642.
37 *Auswahl aus des Teufels Papieren*, W II, 2, S. 466.
38 Der Ursprung der Metapher «Gelehrtenrepublik», wie sie im 18. Jahrhundert populär wurde, wird allgemein in der Renaissance bei Diego de Saavedra Fajados *Republic literaria* (1612) vermutet.
39 Friedrich Gottlieb Klopstock, *Die Deutsche Gelehrtenrepublik. Ihre Einrichtung, ihre Geseze, Geschichte des lezten Landtags. Auf Befehl der Aldermänner durch Salogast und Wlemar*, Hamburg 1774.
40 Vgl. Alexander Košenina, *Der gelehrte Narr. Gelehrtensatire seit der Aufklärung*, Göttingen 2003.
41 Zit. nach Rudolf Freiburg, *«Those Beaten Subjects». Zur Behandlung der Gelehrsamkeit durch die Essayistik*, in: ANGLIA 108/1990, S. 348–372.
42 «Among my Daily-Papers which I bestow on the Publick, there are some which are written with Regularity and Method, and others that run into the Wildness of those Compositions, which go by the Name of Essays. As for the first, I have the whole Scheme of the Discourse in my Mind, before I set Pen to Paper. In the other kind of Writing, it is sufficient that I have several Thoughts on a Subject, without troubling my self to range them in such order, that they may seem to grow out of one another, and be disposed under the proper Heads.» Zit. nach ebd.
43 Blumauer gab den *Wiener Musenalmanach* heraus und war ein guter Kenner der österreichischen Literatenszene. Seine *Beobachtungen über Österreichs Aufklärung und Literatur* von 1782 waren neben Johann Pezzls Schriften eine der Quellen, aus denen sich Richter über aktuelle literarische Tendenzen in Österreich informierte, das nach der Lockerung der Zensurgesetze durch Joseph II. ein Paradies der Pressefreiheit – und der illegalen Nachdrucker – war.
44 Vgl. Ingrid Mittenzwei, *Zwischen gestern und morgen. Wiens frühe Bourgeoisie an der Wende vom 18. zum 19. Jahrhundert*, Wien/Köln/Weimar 1998, S. 313 ff.

45 *Auswahl aus des Teufels Papieren*, W II, 2, S. 210.
46 Ebd. S. 116.
47 Georg Friedrich Rebmann wird Seiler 1792 in seinen *Briefen über Erlangen* als orthodoxen Fanatiker porträtieren.
48 *Auswahl aus des Teufels Papieren*, W II, 2, S. 128.
49 Ebd. S. 134.
50 1788 fand in Lissabon ein politisches Autodafé statt, nachdem Königin Maria I. die Jesuiten ins Land zurückgerufen und die Freimaurerei unter Todesstrafe gestellt hatte.
51 *Auswahl aus des Teufels Papieren*, W II, 2, S. 455.
52 Johann Caspar Lavater, *Physiognomische Fragmente zur Beförderung der Menschenkenntnis und Menschenliebe*, Bd. 1, Oldenburg 2002, S. 4.
53 Joseph Addison stellte in *St. James Coffeehouse, 15. Juli 1709* ein textuell ganz ähnliches «inventory of the play-house» auf, das Richter offensichtlich als Vorbild diente (*The Papers of Joseph Addison, Esq. in the Tatler, Spectator, Guardian, and Freeholder. Together with his Treatise on the Christian Religion*, Edinburgh 1790, Bd. 1, S. 10).
54 *Auswahl aus des Teufels Papieren*, W II, 2, S. 466 f.
55 Für Jean Pauls Herausgeber Eduard Berend war die vorletzte Fassung der *Scherze in Quart* «von einem meist unerquicklichen, krampfigen, nichts weniger als belustigenden Humor und Überwitz eingegeben» (SW I, 1, S. XXXVI). Richters Biograph Paul Nerrlich nannte die Lektüre der *Teufelspapiere* eine einzige «Pein» (*Jean Paul. Sein Leben und seine Werke*, Berlin 1889, S. 160).
56 Vgl. Peter-André Alt, *Der Schlaf der Vernunft. Literatur und Traum in der Kulturgeschichte der Neuzeit*, München 2002.
57 *Auswahl aus des Teufels Papieren*, W II, 2, S. 467.
58 Im November 1785, als sich Oerthel mit Albrecht Otto zerstritten hat, der nur französisch geschriebene Briefe las, spottet Richter: «Du armer Örthel! Bald hast du mit einer Krankheit zu kämpfen, die du mit den [sic] Namen der französischen Nazion vermengtest, bald mit einem Deutschen, der gleichfals mit den Franzosen verwechselt werden will.» An Adam Lorenz Oerthel, 1.11.1785, Briefe I, S. 188. Vgl. auch den Brief von Bernhard Hermann an Richter, 17.3.1789, SW IV, 1, S. 164.
59 An Adam Lorenz Oerthel, 30.6.1786, Briefe I, S. 225. Der Brief bezieht sich auf: Johann Christian Henke, *Neuentdeckte Geheimnisse in Erzeugung des Menschen als auch in der willkürlichen Wahl des Geschlechts der Kinder*, Braunschweig 1786.
60 An Christian Otto, 10.6.1787, Briefe I, S. 234.
61 Von Johann Bernhard Hermann, 11.5.1785, SW IV, 1, S. 70.
62 Von Johann Bernhard Hermann, 7.2.1788, ebd. S. 96.
63 Von Johann Bernhard Hermann, 21./22.8.1788, ebd. S. 120.

64 Christiaan Huygens war im 17. Jahrhundert von der Wellenförmigkeit der Lichtstrahlen überzeugt. Erst Albert Einstein wies 1905 den Welle-Teilchen-Dualismus des Lichts nach.

65 Jean-Paul Marat, *Physische Untersuchungen über das Feuer*, 1779 (dt. 1782). Die Académie française ignorierte die wissenschaftliche Bedeutung seiner *Akademischen Abhandlungen oder neue Entdeckungen über Licht* von 1788. Marat rechnete 1791 in den polemischen *Briefen über den akademischen Scharlatanismus* mit ihr ab.

66 An Erhard Vogel, 13.7.1788, Briefe I, S. 258.

67 Goethe an Jacobi, 3.3.1790, *Der Briefwechsel zwischen Goethe und F. H. Jacobi*, S. 120.

68 Goethe an Jacobi, 19.7.1793, ebd. S. 128.

69 Von Johann Bernhard Hermann, 10.3.1789, SW IV, 1, S. 159.

70 Von Johann Bernhard Hermann, 31.10.1788, ebd. S. 140.

71 Von Johann Bernhard Hermann, 25.10.1788, ebd. S. 137.

72 An Johann Bernhard Hermann, 20.3.1788 (In Hermanns Stammbuch), Briefe I, S. 249 f.

73 An Johann Bernhard Hermann, 8.12.1788, ebd. S. 268.

74 An Johann Bernhard Hermann, 20.3.1788, ebd. S. 250 f.

75 Zit. nach Hochadel, *Öffentliche Wissenschaft*, S. 99.

76 Johann Heinrich Lambert, *Cosmologische Briefe über die Einrichtung des Weltbaues*, Augsburg 1761, S. 44.

77 An Johann Gottfried Herder, 1.9.1788, Briefe I, S. 261.

78 W II, 1, S. 1167 f.

79 Johann Gottfried Herder, *Shakespear* (1773), in: ders., *Werke in zehn Bänden*, Bd. 2, hg. von Gunter E. Grimm, Frankfurt a. M. 1993, S. 517 f.

80 An Herder (nicht abgeschickt), November 1785, Briefe I, S. 187.

81 *Deutsches Museum*, Dezember 1788. Eine überarbeitete Version von *Was der Tod ist* wird 1796 unter dem Titel *Der Tod eines Engels* in den *Fixlein*-Roman montiert.

82 An Johann Bernhard Hermann, 28.4.1789, Briefe I, S. 285.

83 An Johann Bernhard Hermann, ebd.

84 An Christian von Oerthel, April 1789, ebd. S. 273.

85 Walter Markov, *Revolution im Zeugenstand. Frankreich 1789-1799*, Bd. 2, Leipzig 1982, S. 85.

86 Ebd. S. 81.

87 Ebd. S. 85.

88 Ulrich Thürauf, *Geschichte der öffentlichen Meinung in Ansbach-Bayreuth 1789-1815*, Ansbach 1918, S. 66.

89 Ebd. S. 60.

90 Nach der misslungenen Gründung 1771 erschien sie 1783–1787 und dann wieder ab Februar 1791.
91 Zit. nach Karl Julius Weber, *Der Geist Wilhelm Ludwig Wekhrlins* von Wekhrlin jun., Stuttgart 1823, S. 114.
92 Richter las das *Graue Ungeheur* laut seinen Exzerptheften Anfang 1781 in Schwarzenbach und war sichtlich beeindruckt. Ohne den Verfasser zu nennen, zitiert er Wekhrlins Anekdote über *le chemin des ânes* in seinem Brief vom 9.10.1781 an Pfarrer Erhard Vogel wörtlich.
93 Wie es zu der Zusammenarbeit kam, berichtet Friedrich Schlichtegroll im von ihm hg. *Nekrolog*, Suppl.-Bd., Gotha 1798.
94 Christian Friedrich Daniel Schubart, *Deutsche Chronik. Eine Auswahl aus den Jahren 1774–1777 und 1787–1791*, hg. von Evelyn Radczun, Reclam 1988, S. 314.
95 Als der Stadtphysikus Christian Friedrich Joerdens, der «weiße Doktor», 1791 stirbt, übernimmt zunächst sein Bruder Georg Christoph Joerdens seine Praxis, in Hof der «schwarze Doktor» genannt. 1788 hat der Sohn des «weißen Doktors», Peter Gottfried Joerdens, eine eigene Praxis in Hof eröffnet; später geht er nach Berlin, um sich an der Charité weiterzubilden. Er war gleichzeitig mit Richter Schüler am Gymnasium. Auch Johann Heinrich Joerdens, der Sohn des «schwarzen Doktors», ließ sich 1787 als Arzt in Hof nieder.
96 Anonym [Theodor Kretschmann u. a.], *Vertraute Briefe über das Fürstenthum Baireuth*, Berlin 1794.
97 Thürauf, *Geschichte der öffentlichen Meinung in Ansbach-Bayreuth*, S. 24. Seine Quelle sind die *Vertrauten Briefe über das Fürstenthum Baireuth*, Bd. 1, S. 148. 1782 gaben in Berlin 108 Menschen als Beruf Schriftsteller oder Dichter an, in Ansbach waren es 60, im Bayreuthischen, wo 90 000 Menschen wohnten, doppelt so viele.
98 Von Erhard Friedrich Vogel, 2.3.1788, SW IV, 1, S. 97.
99 Briefe I, S. 278.
100 W II, 2, S. 499.
101 Damals (irrtümlich) gebräuchlicher Begriff für thrombische Herzerkrankungen.
102 Richter kannte auch Tissots Hauptwerk *Versuch über die Nerven und ihre Krankheiten*, 4 Bde., Winterthur 1781 f.
103 W II, 2, S. 713 f.
104 An Johann Wilhelm von Archenholtz, 19.7.1789, ebd. S. 281.
105 An Erhard Friedrich Vogel, 13.10.1789, Briefe I, S. 290.
106 W II, 1, S. 779–786.
107 Eduard Berend (Hg.), *Jean Pauls Persönlichkeit in Berichten der Zeitgenossen*, Weimar 2001, S. 10.
108 Markov, *Revolution im Zeugenstand*, Bd. 2, S. 99.

109 Vgl. W I, 2, S. 51.
110 Vgl. *Entreprenneurs der Bordelle*, entstanden 1788 (SW II, 3, S. XXIIff.).
111 *Abrakadabra*, W II, 2, S. 561.
112 *Die Bettler sind die neuen Barden*, W II, 2, S. 735.
113 SW IV, 1, S. 194.
114 *Abrakadabra*, W II, 2, S. 563.
115 An Christian Otto, 24.2.1790, Briefe I, S. 297.
116 W II, 2, S. 589–592.
117 Herder, *Shakespear*, S. 515.
118 Ebd. S. 512.
119 «Steifschetter» = Steifleinen, das als Futterstoff verwendet wurde; *Tagebuchblätter 1790–1794*, SW II, 6, S. 581.
120 An Friedrich Wernlein, 9.8.1790, Briefe I, S. 319.
121 An Friedrich Wernlein, 27.4.1790, ebd. S. 306.
122 An Friedrich Wernlein, 9.8.1790, ebd. S. 319.
123 An Christian Otto, 14.2.1791, ebd. S. 343.
124 An Christian Otto, 2.10.1790, ebd. S. 330.
125 *Leben des vergnügten Schulmeisterlein Maria Wutz* (aufgenommen in *Die Unsichtbare Loge*), W I, 1, S. 455.
126 Ebd. S. 422.
127 Voltaire, *Philosophisches Wörterbuch*, hg. von Rudolf Noack, Leipzig 1963, S. 273 f.
128 «Il y a beaucoup de gens de lettres qui ne sont point auteurs, et ce sont probablement les plus heureux. Ils sont à l'abri du dégoût que la profession d'auteur entraîne quelquefois, des querelles que la rivalité fait naître, des animosités de parti, et des faux jugements; ils jouissent plus de la société; ils sont juges, et les autres sont jugés.» Denis Diderot und Jean-Baptiste le Rond d'Alembert, *Encyclopédie ou Dictionnaire raisonné des sciences, des arts et des métiers*, Bd. 7, Paris 1757, S. 600 (Artikel *Gens de lettres*).
129 Vgl. August Langen, *Der Wortschatz des deutschen Pietismus*, Tübingen 1968, S. 177 ff. Die Hauptvertreter des pietistischen Sentimentalismus (Francke, Spangenberg, Klettenberg, Jacobi, Laroche, Miller und Hippel) gebrauchen «Stille» im Sinne von Seelenruhe durch Frömmigkeit. Heinrich Jung-Stilling gab schon in seinem Namen seine pietistische Gesinnung zu erkennen.
130 *Leben des vergnügten Schulmeisterlein Maria Wutz*, W I, 1, S. 454 f.
131 Ebd. S. 459 f.
132 An die Postmeisterin Wirth, 27.10.1790, Briefe I, S. 326.
133 *Tagebuchblätter 1790–1794*, SW II, 6, 1, S. 577 ff.
134 Georges Bataille, *Tränen des Eros*, Berlin 1993, S. 25.
135 Vorrede zur zweiten Auflage der *Unsichtbaren Loge*, W I, 1, S. 15.

136 *Tagebuchblätter 1790–1794*, SW II, 6, 1, S. 583.
137 Vgl. SW I, 2, S. XIV.
138 An Friedrich Wernlein, um den 20.4.1791, Briefe I, S. 352.
139 *Die Unsichtbare Loge*, W I, 1, S. 365.
140 An Christian Otto, 11.6.1791, Briefe I, S. 358.
141 Zur Textgenese vgl. im Einzelnen Berends Ausführungen in SW I, 2, S. XXVII.
142 *Erlanger Real-Zeitung*, Nr. 18, 3.3.1789, zit. nach Thürauf, *Geschichte der öffentlichen Meinung in Ansbach-Bayreuth*, S. 50 f.
143 Karl August von Hardenberg, *Tagebücher und autobiographische Aufzeichnungen*, hg. von Thomas Stamm-Kuhlmann, München 2000, S. 121.
144 Laut Berend (SW I, 2, S. XI) verwendet Richter den Namen Jean Paul jenseits der Romanfiktion zum ersten Mal in einem Brief vom 9.5.1792 an Friederike Otto – zu einem Zeitpunkt also, als der Roman schon vollendet war.
145 *Die Unsichtbare Loge*, W I, 1, S. 107.
146 Von Anne Boleyn, der Gemahlin Heinrichs VIII., behauptete ein aus England geflohener Jesuit namens Nicholas Sander 1576, sie habe sechs Finger an einer Hand und sei eine Hexe, die Inzest mit ihrem Bruder betrieben habe oder sogar die Tochter ihres Ehemanns sei. Vgl. auch Joseph Addison, *Anmerkungen über verschiedene Theile von Italien*, Altenburg 1725: «Man erzählte mir, daß zu Meyland sechzig Nonnen-, achtzig Mönchsklöster, und zweyhundert Kirchen wären. Die Colestiner haben ein Gemählde von der Hochtzeit zu Kanaa al Fresco, welches sehr hoch geschätzt wird; aber der Mahler hat einer von den Figuren, entweder mit Fleiß, oder aus Versehen, sechs Finger an die Hand gemahlet.» In der Kirche, auf deren Tür Addison das Bild fand, soll der heilige Ambrosius den Kaiser Theodosius getauft haben. Auf ihn wird die christlich-europäische Taufzeremonie zurückgeführt. Die Metapher ist ein gutes Beispiel dafür, wie komplex und praktisch kaum nachvollziebar die emblematische Zeichenwelt in Jean Pauls Romanen konstruiert ist. In einer Szene der *Bayrischen Kreuzerkomödie* (und in seinem letzten Roman *Der Komet*) wird der sechste Finger als Chiffre für katholisches Reliquienwesen ebenfalls verwendet (W II, 2, S. 607).
147 Aus den Skizzen für eine mögliche Fortsetzung des Romans geht hervor, dass Ottomar in achtfacher Gestalt wiedererscheinen sollte (*Genieheft*). Nach Ansicht einiger Interpreten verbirgt sich in ihm kein anderer als der verschollene Genius Gustavs. Demnach wäre er der pietistischen Fraktion zuzurechnen, worauf der Roman jedoch keinen Hinweis gibt. Vor allem spricht dagegen Ottomars fanatische Abneigung gegen die Jesuiten, für die vielmehr die Illuminaten bekannt waren.
148 Der Name Hoppedizel taucht schon in Richters Antwort auf die fingierte Preisfrage der preußischen Akademie der Wissenschaften, «ob man den Pö-

bel aufklären solle», als Rezensent der *Auswahl aus des Teufels Papieren* auf (vgl. W II, 2, S. 513).
149 Zu Bernhard Herrmanns geistigem Vermächtnis darf man ab 1790 wohl auch Richters wachsendes Interesse an den medizinisch-philosophischen Diskursen seiner Zeit rechnen. Zwischen der pietistisch-psychodynamischen Schule von Georg Ernst Stahl und der physiologisch-materialistischen des Leidener Mediziners Herman Boerhaave, zu deren prominentesten Vertretern der Schweizer Naturphilosoph und -forscher Albrecht von Haller und der Wiener Hofarzt Gerard van Swieten zählten, war vor allem das physiologische Zusammenwirken von Leib und Seele umstritten. Jean Pauls Doktor Fenk ist als Anti-Stahlianer gezeichnet.
150 In einer Fußnote gibt Jean Paul gewissenhaft seine theologischen Gewährsmänner an: Gerhard und Bernard Connor.
151 *Die Unsichtbare Loge*, W I, 1, S. 343.
152 W I, 2, S. VI.
153 An Emanuel, 30.10.1794, Briefe II, S. 19.
154 An Christian Otto, 25.2.1792, Briefe I, S. 364.
155 An Christian Otto, 12.7.1792, ebd. S. 379.
156 An Friedrich Wernlein, 5.7.1790, ebd. S. 313.
157 *Wiener Zeitschrift* 2/1792, Heft 4, S. 328.
158 Von Christian Otto, 7.3.1792, SW IV, 1, S. 252.
159 An Carl Philipp Moritz, 7.6.1792, Briefe I, S. 373. Vgl. *Moritz contra Campe. Ein Streit zwischen Autor und Verleger im Jahr 1789*, hg. von Rainer Marx und Gerhard Sauder, St. Ingbert 1993.
160 An Carl Philipp Moritz, 29.6.1792, Briefe I, S. 377.
161 Thürauf, *Geschichte der öffentlichen Meinung in Ansbach-Bayreuth*, S. 134.
162 Vgl. Andrea Hofmeister-Hunger, *Pressepolitik und Staatsreform. Die Institutionalisierung staatlicher Öffentlichkeitsarbeit bei Karl August von Hardenberg 1792–1822*, Göttingen 1994, S. 40.
163 Theodor Kretschmann, *Hof und Staat* 1/1808, zit. nach Hofmeister-Hunger, *Pressepolitik und Staatsreform*, S. 40.
164 *Allgemeine Deutsche Biographie*, Bd. 17, München 1883, S. 133 (Art. *Theodor Kretschmann*).
165 *Vertraute Briefe über das Fürstenthum Baireuth*, S. 58.
166 Herausgeber war der Kammersekretär Johann Christian Rehm, vgl. Hofmeister-Hunger, *Pressepolitik und Staatsreform*, S. 120, 123.
167 Zit. nach Gottfried Böhm, *Ludwig Wekhrlin. Ein Publizistenleben des achtzehnten Jahrhunderts*, München 1893, S. 271.
168 Als Motto setzte Wekhrlin über den Beitrag die Worte: «Der Teufel ist nicht sehr schwarz», möglicherweise ein Zitat aus Friedrich Richters *Teufelspapieren*, wo es in der «Unvergeßlichen Entlarvung des Teufels» heißt: «Der Teu-

fel ist überhaupt nicht so schwarz als ihn die Maler und die Komödianten machen» (W II, 2, S. 186). Für die (höchst wahrscheinliche) persönliche Bekanntschaft der beiden Satiriker gibt es bis jetzt keinen Hinweis.
169 SW II, 6, 1, S. 580.
170 Zit. nach Hofmeister-Hunger, *Pressepolitik und Staatsreform*, S. 131.
171 *Nekrolog*, hg. von Friedrich Schlichtegroll, Suppl-Bd., Gotha 1798.
172 Thürauf, *Geschichte der öffentlichen Meinung in Ansbach-Bayreuth*, S. 67, 71. Im Jahr darauf taucht in Bayreuth ein Flugblatt mit einem «Aufruf an Bayreuthens Sklaven» auf, das einem Grafen Schönborn oder Schönburg aus Thüringen angelastet wird. Hardenberg lässt daraufhin dessen Korrespondenz überwachen.
173 1791 erschien in Matzdorffs Verlag *Der Schriftstellerteufel. Ein klassisches Originallesebuch für unglückliche Autoren. Dem Herren Ritter von Zimmermann gewidmet von Satan Mehrimata*, eine Kampfschrift an die Adresse opportunistischer, klerikal-konservativer Journalschreiber und Schriftsteller.
174 An Christian Otto, 26.3.1793, Briefe I, S. 394.
175 *Hesperus*, W I, 1, S. 512.
176 An Karl Philipp Moritz, 27.3.1793, Briefe I, S. 399.
177 Vgl. Alexander Pope, *Januarius und Maja*, Leipzig/Stralsund 1754, S. 3.
178 Im 19. Jahrhundert nannte sich eine britische Freimaurer-Zeitschrift *The Kneph*.
179 An anderer Stelle erscheint sie als tote «Lady» Mary, Horions Gattin, eine «Abkömmlingin des Regenten».
180 Hardenberg war Stuhlmeister der Braunschweiger (schottischen) Loge «Zum weißen Pferd». Seine Karriere als Freimaurer, die Rückkehr aus England, seine anfängliche Mission als Berater des Markgrafen, die geheimen Verhandlungen mit dem preußischen Hof – all das erscheint stark verschlüsselt in Horion und dessen obskurantistischer «Insel der Vereinigung».
181 Bereits die Vorstellung des Erzählers als Berghauptmann kann als konkrete Anspielung auf Hardenbergs Personalpolitik verstanden werden, wenn man weiß, dass Kaspar Friedrich von Schuckmann, einer der einflussreichsten Mitstreiter von Hardenberg und ab 1795 Kammerpräsident in Bayreuth, 1790 noch Oberbergwächter beim schlesischen Oberbergamt war. Der Name Klotilde erinnert an Richters Schwarzenbacher Freund Johann Gottfried Cloeter. Dessen Nachname kommt aus dem Französischen (Cloeter war Hugenotte) und bedeutet so viel wie «lauter, rein, redlich». Zugleich ist an Klotho zu denken, eine der drei griechischen Moiren oder Schicksalsgöttinnen. Cloeters Sohn Flamin wurde 1790 in Töpen getauft, als Richter eben sein

Amt als Privatlehrer antrat. Diese Taufe wird im sechsten Hundsposttag als Kirchweihfest in St. Lüne anschaulich beschrieben.
182 Vgl. *Die Illuminaten. Quellen und Texte zur Aufklärungsideologie des Illuminatenordens*, S. 390.
183 *Hesperus*, W I, 1, S. 857 f.
184 An Amöne Herold, 31.12.1792 , Briefe I, S. 388 f.
185 *Tagebuchblätter 1790–1794*, SW II, 6, 1, S. 586.
186 An Renate Wirth (Berend vermutet Amöne Herold als Adressatin, doch die leidenschaftlichsten, verschwiegensten Briefe vor und nach diesem Tag, auf Französisch geschrieben, sind alle an Renate gerichtet), 11.4.1793, Briefe I, S. 402.
187 An Renate Wirth, 9.3.1793, ebd. S. 392.
188 An Renate Wirth, 7.7.1793, ebd. S. 411–413.
189 Von Friedrich Wernlein, 31.7.1793, SW IV, 1, S. 272.
190 *Hesperus*, W I, 1, S. 630. Der elfte Hundsposttag entsteht in diesen, Richters erotischen Erweckungswochen.
191 An Christian Otto, 24.7.1793, Briefe I, S. 417.
192 An Christian Otto, 1.8.1793, ebd. S. 418 f.
193 *Hesperus*, W I, 1, S. 1086.
194 Von Renate Wirth, 4. oder 5.11.1793, SW IV, 1, S. 281.
195 *Hesperus*, W I, 1, S. 1083. Vgl. auch S. 1191: «Aber unter den Kastanien am Orte, wo ihn Flamin töten wollte, sah er Klotildens welke Federnelke mit dem blutigen Kelch-Tropfen liegen.» Vgl. weiter S. 1116, 1186.
196 *Hesperus*, W I, 1, S. 1235 f.
197 An Christian Otto, 13.2.1794, Briefe I, S. 430.
198 *Hesperus*, W I, 1, S. 963.
199 Ebd. S. 838.
200 Ebd. S. 785.
201 *Die Unsichtbare Loge*, W I, 1, S. 394.
202 Ebd. S. 394, 391.
203 Ebd. S. 395.
204 Hochadel, *Öffentliche Wissenschaft*, S. 145.
205 Vgl. Jean-Paul Marat, *Recherches sur l'électricité* (1782) und *Recherches sur l'électricité médicale* (1783).
206 *Hesperus*, W I, 1, S. 1135.
207 In den Entwürfen wird Emanuel mit «M» bezeichnet, woraus Eduard Berend den Schluss zog, Jean Paul habe bei dieser Figur an Karl Philipp Moritz gedacht, den Psychologen und Seelenforscher. Die Emanuel-Szenen sind aber nicht psychologisch, sondern als Philosophensatire angelegt.
208 Moses Mendelssohn, *Morgenstunden oder Vorlesungen über das Daseyn Gottes*, Berlin 1785, S. 89.

209 *Über die Fortdauer der Seele und ihres Bewustseins*, W II, 2, S. 776–798.
210 Mendelssohn, *Morgenstunden*, S. 56.
211 Kant, *Was heißt: sich im Denken orientieren?*, S. 141.
212 Johann Heinrich Lambert, *Neues Organon oder Gedanken über die Erforschung und Bezeichnung des Wahren und dessen Unterscheidung vom Irrtum und Schein*, hg. von Günter Schenk unter Mitarbeit von Peter Heyl, 2 Bde., Berlin 1990, Bd. 1, S. 12.
213 *Hesperus*, WI, 1, S. 1127.
214 Ebd. S. 1135.
215 Ebd. S. 1145.
216 SW I, 6, S. 260.
217 Ebd. S. 263.
218 *Hesperus*, W I, 1, S. 969.
219 An Goethe, 27.3.1794, Briefe I, S. 435 f.
220 *Der Briefwechsel zwischen Schiller und Goethe*, hg. von Hans Gerhard Gräf und Albert Leitzmann, 3 Bde., Leipzig [o. J.], Bd. 1, S. 73.
221 An Friedrich Wernlein, 26.6.1794, Briefe II, S. 2.
222 An Friedrich Wernlein, 19.8.1794, Briefe II, S. 10.
223 W I, 1, S. 464.
224 An Friedrich Wernlein, 19.8.1794, Briefe II, S. 10.
225 An Amöne Herold, 22.8.1794, ebd. S. 11.
226 *Tagebuchblätter 1790–1794*, SW II, 6, S. 588.
227 *Leben des Quintus Fixlein*, W I, 4, S. 65.
228 Ebd.
229 Ebd. S. 11.
230 Ebd. S. 197.
231 *Biographische Belustigungen unter der Hirnschale einer Riesin*, W I, 4., S. 278.
232 Ebd. S. 277 f.
233 Zit. nach Markov, *Revolution im Zeugenstand*, Bd. 2, S. 694.
234 Ebd. S. 295.
235 August Johann Rösel von Rosenhofs *Insecten-Belustigung* (Nürnberg 1740–1755) und die *Brandenburgischen historischen Münz-Belustigungen* des Ansbacher Schlossbibliothekars Johann Jakob Spiess (1705–1755) waren die ersten einschlägigen Wissenschaftsjournale.
236 *Biographische Belustigungen*, W I, 4, S. 293.
237 Bereits in einem Polizeibericht an den preußischen Sonderminister Hardenberg vom 1.12.1792 wird von Flugblättern gegen den Landgrafen von Hessen-Kassel berichtet, die im Bayreuthischen aufgetaucht waren.
238 «Die Jungfer Europa ist verlobt
Mit dem schönen Geniusse
Der Freiheit, sie liegen einander im Arm,

Sie schwelgen im ersten Kusse.»
Heinrich Heine, *Deutschland. Ein Wintermärchen.*
239 *Biographische Belustigungen,* W I, 4, S. 360 f.
240 SW II, 6, S. 561, 567.
241 *Leben des Quintus Fixlein,* W I, 4, S. 190.
242 *Briefe zur Berichtigung der vertrauten Briefe über das Fürstenthum Baireuth,* Bayreuth 1794, S. 67.
243 An Christian Otto, 20.6.1795, Briefe II, S. 87 f.
244 An Christian Otto, 15.9.1795, ebd. S. 105.
245 *Siebenkäs,* W I, 2, S. 338.
246 Ebd. S. 90 f.
247 Ebd. S. 53.
248 Ebd. S. 80.
249 Als hinkend stellte sich Jean Paul schon als Erzähler der *Unsichtbaren Loge* vor, den Bocksfuß des Satyrs andeutend. In Siebenkäs alias Leibgeber lebt der Advocatus diaboli der *Teufelspapiere* weiter, der Blutsbruder von Alain-René Lesages hinkendem Teufel und des mythischen Pan-Satyr.
250 *Siebenkäs,* W I, 2, S. 39.
251 Ebd. S. 537.
252 Ebd. S. 126.
253 Ebd. S. 139.
254 Immanuel Kant, *Kritik der reinen Vernunft,* 1. Auflage (1781), in: *Kants gesammelte Schriften,* Bd. IV, S. 227 f.
255 *Siebenkäs,* W I, 2, S. 419.
256 Vorbild war Linnés «Blumenuhr», ein Blumenbeet im Botanischen Garten von Uppsala (1745), das in Form eines Zifferblatts mit Kräutern bepflanzt war.
257 Immanuel Kant, *Anthropologie in pragmatischer Hinsicht,* Leipzig 1983, S. 37.
258 *Charlotte. Gedenkblätter von Charlotte von Kalb,* hg. von Emil Palleske, Stuttgart 1879, S. 181.
259 Von Charlotte von Kalb, 26.-28.3.1796, SW IV, 2, S. 160.
260 In der stark überarbeiteten zweiten Auflage des *Siebenkäs* von 1818 werden die drei auf vier Bände erweitert und die atheistischen «Blumenstücke» am Schluss des zweiten Bandes «versteckt»; vgl. W I, 2, S. 1135–1169.
261 Von Charlotte von Kalb, SW IV, 2, S. 172 f.
262 *Siebenkäs,* W I, 2, S. 150.
263 Band zwei und drei erscheinen im November 1796 mit der Jahreszahl 1797, gleichzeitig mit der separat gedruckten Vorrede zum zweiten Band des *Quintus Fixlein.*
264 *Siebenkäs,* W I, 2, S. 565 f.

III. Buch

1 An Charlotte von Kalb, 10.6.1796, Briefe II, S. 204.
2 An Christian Otto, 12.6.1796, ebd. S. 205.
3 An Christoph Martin Wieland, 18.6.1796, ebd. S. 207.
4 Karl August Böttiger, *Literarische Zustände und Zeitgenossen. Begegnungen und Gespräche im klassischen Weimar*, hg. von Klaus Gerlach und René Sternke, Berlin 1998, S. 73.
5 An Friedrich von Oertel, 22.8.1796, Briefe II, S. 235.
6 An Christian Otto, 12.6.1796, ebd. S. 205.
7 An Christian Otto, 19.6.1796, ebd. S. 212.
8 An Charlotte von Kalb, 18.6.1796, ebd. S. 207. In dieser Ausgabe wird die Version aus der von Christian Otto herausgegebenen *Wahrheit aus Jean Paul's Leben* (Breslau 1826–1833) wiedergegeben. Darin wurden einige nachträgliche Ergänzungen sinnverändernd eingefügt: «du bist das Universum um mich und ich gebe deinem nahen Herzen alles, was der [grosse] Geist um uns in meinem erschaft. Er [Goethe] ist ein Vulkan, aussen überschneit, innen vol geschmolzner Materie.» Weil Richter am Tag zuvor bei Goethe war, deutet Otto den letzten Satz als Eloge auf Goethes Geist.
9 Zit. nach Günter de Bruyn, *Das Leben des Jean Paul Friedrich Richter*, Frankfurt a. M. 1978, S. 149.
10 Helmut Pfotenhauer vermutet mit Eduard Berend (Briefe II, S. 452), dass es die Idyllendichtung *Alexis und Dora* war, die im selben Jahr in Schillers *Musen-Almanach* für das Jahr 1797 erschien (Helmut Pfotenhauer, *Jean Paul – Goethe – Schiller. Eine Irritation*, in: Wolfgang Riedel (Hg.), *Würzburger Schiller-Vorträge 2009*, Würzburg 2011, S. 15).
11 An Christian Otto, 18.6.1796, Briefe II, S. 210.
12 *Goethes Werke. Weimarer Ausgabe*, Bd. III, 2, S. 45 f.
13 An Christian Otto, 17.6.1796, Briefe II, S. 209.
14 An Charlotte von Kalb, 28.6.1796 – nach anderen Quellen 20.6.1796 , Briefe II, S. 217.
15 Ebd. S. 215.
16 Goethe an Schiller, 22.6.1796, *Der Briefwechsel zwischen Schiller und Goethe*, Bd. 1, S. 167.
17 *Palingenesien (Fata und Werke vor und in Nürnberg)*, W I, 4, S. 787.
18 Ebd. S. 790.
19 Jacobi an Goethe, 18.2.1795, *Der Briefwechsel zwischen Goethe und F. H. Jacobi*, S. 190.
20 Charlotte von Stein an ihren Sohn Friedrich, 25.10.1796, in: *Goethe in vertraulichen Briefen seiner Zeitgenossen*, hg. von Wilhelm Bode, Bd. 2, Berlin/Weimar 1979, S. 79.
21 *Palingenesien*, W I, 4, S. 789.

22 *Leben des Quintus Fixlein*, W I, 4, S. 23. Angeregt durch Friedrich August Wolfs historisch-kritische *Prolegomena zu Homer* (1795) begann um diese Zeit Goethes «historisch-kritisch-poetische» Lektüre der *Ilias*.
23 Ebd. S. 27.
24 An Charlotte von Kalb, 11.7.1796, Briefe II, S. 220.
25 An Wilhelmine von Kropff, 22.7.1796, ebd. S. 223.
26 Goethe an Schiller, 10.8.1796, *Der Briefwechsel zwischen Schiller und Goethe*, Bd. 1, S. 224.
27 *Goethes Werke. Berliner Ausgabe*, Bd. 1 (Antiker Form sich nähernd), S. 365. Das Gedicht erscheint im *Musen-Almanach für das Jahr 1797*.
28 Schiller an Goethe, 10.8.1796, *Der Briefwechsel zwischen Schiller und Goethe*, Bd. 1, S. 225.
29 Schiller an Goethe, 17.8.1797, ebd. S. 382.
30 Friedrich Schiller, *Sämtliche Werke*, München 1987, Bd. I, S. 261.
31 Johann Gottfried Dyck (Hg.), *Gegengeschenke an die Sudelköche zu Jena und Weimar von einigen dankbaren Großen*, Leipzig 1797.
32 An Charlotte von Kalb, 8.11.1796, Briefe II, S. 271.
33 An Friedrich von Oertel, 22.10.1796, ebd. S. 260.
34 Berend (Hg.), *Jean Pauls Persönlichkeit*, S. 19.
35 Ebd. S. 20 f.
36 Ebd. S. 21.
37 *Der Jubelsenior*, W I, 4, S. 413.
38 *Das Kampaner Tal*, W I, 4, S. 569.
39 «Jenes stille cimmerische Thal, wo die Finsterniß mit Rabenflügeln über vollendeten Schicksalen brütend ruht, und den Tag, den furchtbaren Tag! erwartet, der alle künftige Veränderungen untersagt; jene unterirdische Welt, jenes Land von Ruinen! Das ist der nützlichste Lustgang, o Lorenzo! Für den stolzen menschlichen Geist.» Edward Young, *Klagen, oder Nachtgedanken über Leben, Tod und Unsterblichkeit in neun Nächten*, Speyer 1780, Bd. 1, S. 51.
40 Johann Ernst Fabri, *Elementargeographie. Neues Lehrwerk für die niederen Klassen lateinischer Schulen und Gymnasien*, 2 Bde., Halle 1780–1782.
41 *Das Kampaner Tal*, W I, 4, S. 602.
42 Ebd. S. 603.
43 Ebd. S. 610.
44 Ebd. S. 608.
45 Ebd. S. 604.
46 An Friedrich Heinrich Jacobi, 13.10.1798, Briefe III, S. 116.
47 «Bewusstsein» («conscientia») bedeutet im ursprünglichen Wortsinn das Miterleben oder Mitwissen mentaler Zustände als Wissen von den eigenen Gedanken im christlich-ethischen Sinne von «Gewissen». Christian Wolff

prägte 1719 das deutsche Wort in Anlehnung an Descartes als philosophischen Begriff; der Psychologe Johann Friedrich Herbart verwendet ihn um 1810 zum ersten Mal als Bezeichnung für ein komplexes psychisches Phänomen.

48 *Das Kampaner Tal*, W I, 4, S. 611. Vgl. Immanuel Kant, *Kritik der praktischen Vernunft*: «Zwei Dinge erfüllen das Gemüt mit immer neuer und zunehmender Bewunderung und Ehrfurcht, je öfter und anhaltender sich das Nachdenken damit beschäftigt: Der gestirnte Himmel über mir und das moralische Gesetz in mir.» *Kants gesammelte Schriften*, Bd. V, S. 161.

49 *Das Kampaner Tal*, W I, 4, S. 612.

50 Ebd. S. 609.

51 Vgl. Friedrich Schiller, *Der Antritt des neuen Jahrhunderts* (Friedrich Schiller, *Sämtliche Werke*, München 1987, 1. Bd., S. 459):
«In des Herzens heilig stille Räume
Mußt du fliehen aus des Lebens Drang,
Freiheit ist nur in dem Reich der Träume,
Und das Schöne blüht nur im Gesang.»

52 Von Friedrich Wernlein, 6.11.1796, SW IV, 2, S. 248.

53 *Das Kampaner Tal*, W I, 4, S. 621 (Fn. 2.)

54 Ebd. S. 611 f.

55 Ebd. S. 621.

56 Ebd. S. 613, 619 f.

57 Ebd. S. 681.

58 *Erklärung der Holzschnitte*, W I, 4, S. 635.

59 An Christian Otto, 7.3.1797, Briefe II, S. 305. Natürlich ist das eine bewusste Untertreibung. In Richters volkstümlicher Humoreske steckt eine moderne Theorie des poetischen Zeichens, die sich auf Frans Hemsterhuis und Johann Heinrich Lambert stützt. Insofern erfüllt *Das Kampaner Tal* mustergültig Friedrich Schlegels Programm der romantischen Universalpoesie, wonach das romantische Kunstwerk seine eigene Philosophie und Ästhetik sei.

60 *Das Kampaner Tal*, W I, 4, S. 710.

61 Binomische Formeln sind mathematische Operationen, durch die höhere Rechenarten wie Multiplizieren und Dividieren auf einfachste Operationen wie Plus und Minus umgeformt werden können. Ihnen liegt ein Quadrat mit den Seitenlängen $a + b$ zugrunde. Lambert erläutert im *Neuen Organon* das logisch-mathematische Verfahren, wie das Denken von theoretischen Prämissen zu praktischen Aussagesätzen gelangt, in der *Dianoiologie* (III. Hauptstück, § 155ff) an der Euklidischen Geometrie des Quadrats, das Jean Paul hier als narratives Modell übernommen hat.

62 An Juliane von Krüdener, 22.8.1796, Briefe II, S. 233.

63 An Friedrich Hildebrand von Einsiedel, 14.11.1796, ebd. S. 272.

64 An Friedrich von Oertel, 13.8.1797, ebd. S. 362.
65 Charlotte von Kalb an Karoline Herder, 27.9.1797, Berend (Hg.), *Jean Pauls Persönlichkeit*, S. 19.
66 An Charlotte von Kalb, 13.9.1796, Briefe II, S. 244.
67 An Christian Otto, 26.10.1796, ebd. S. 265.
68 An Christian Otto, 22.10.1796, ebd. S. 261.
69 An Friedrich von Oertel, 10.5.1797, ebd. S. 330.
70 An Charlotte von Kalb, 7.6.1797, ebd. S. 340.
71 An Charlotte von Kalb (Konzept), 21.2.1797, ebd. S. 302.
72 An Christian Otto, 31.3./1.4.1797, ebd. S. 316.
73 An Christian Otto, 24.6.1797, ebd. S. 347.
74 An Emanuel, Anfang Mai 1797, ebd. S. 333.
75 An Christian Otto, 29.4.1797, ebd. S. 328.
76 Ebd. S. 329.
77 An Christian Otto, 13.8.1797, ebd. S. 364.
78 An Emilie von Berlepsch, 23.7.1797, ebd. S. 353.
79 An Friedrich von Oertel, 21.6.1797, ebd. S. 345 f.
80 Gustav Mahler, der Bewunderer des *Titan*, tippte auf Leipzig – musikgeschichtlich durchaus plausibel. In Bachs Kantate Nr. 120 heißt es: «Auf, Du geliebte Lindenstadt»; sie wurde ursprünglich zur Leipziger Ratswahl um 1728 komponiert. Bei der Wiederaufführung zur 200-Jahr-Feier der Augsburger Konfession wurde die Lindenstadt ein wenig umgedichtet zur «Stadt Gottes».
81 An Emilie von Berlepsch, Mitte September 1797, Briefe II, S. 373.
82 An Emanuel, 23.8.1797, ebd. S. 367.
83 An Emanuel, 9.9.1797, ebd. S. 370.
84 An Johann Wilhelm Immanuel Heinsius, 23.7.1797, ebd. S. 355.
85 An Friederike Otto, 22.11.1797, Briefe III, S. 11.
86 Joseph Schelling, *Vom Ich als Prinzip der Philosophie oder über das Unbedingte im menschlichen Wissen*, 1795.
87 An Christian Otto, 15.11.1797, Briefe III, S. 7.
88 An Christian Otto, 4.10.1797, ebd. S. 3.
89 An Christian Otto, 28.11.1797, ebd. S. 14 f.
90 An Christian Otto, 5.12.1797, ebd. S. 24.
91 An Emilie von Berlepsch, 17.11.1797, ebd. S. 11.
92 An Christian Otto, 19.12.1797, ebd. S. 28.
93 An Emilie von Berlepsch, 29.12.1797, ebd. S. 33.
94 An Friedrich von Oertel, 13.1.1798, ebd. S. 37.
95 An Christian Otto, 24.2.1798, ebd. S. 51.
96 An Friedrich von Oertel, 24.2.1798, ebd. 47.
97 An Christian Otto, 13.3.1798, ebd. S. 55.

98 *Palingenesien,* W I, 4, S. 743. Fußnote im Original: «Der Blumenorden existiert noch in Nürnberg, ist aber, wie oft Dichter und Zeitalter, ein Frucht-und Blütenorden, nämlich eine historische und literarische Gesellschaft geworden.»
99 Ebd. S. 851.
100 Lambert, *Neues Organon,* Bd. 1, S. 46.
101 »So ferne wir für Dinge von ganz verschiedener Art einerlei Wörter gebrauchen, so müssen wir bei dem Gebrauch derselben immer vorauswissen, von welcher Art jedesmal die Rede ist, und dieses gibt mehrenteils der *Zusammenhang* an, es sei denn, dass die Allegorie so vollkommen gemacht werde, daß sie eben sowohl im natürlichen als im verblümten Verstande genommen werden könne.» Ebd. S. 635.
102 So werden beispielsweise dem Begriff «Schönheit» die verblümten Ausdrücke «Schmetterling», «Morgenstunde», «Frühlingsanfang» zugeordnet. Jean-Paul- Nachlass VIII b/3, («Edles Wörterbuch»).
103 An Christian Otto, 16.6.1798, Briefe III, S. 71.
104 An Christian Otto, 21.5.1798, ebd.
105 An Christian Otto, ebd. S. 86/8.6.1798, ebd. S. 72.
106 An Charlotte von Kalb, 17.8.1798, ebd. S. 95.
107 An Christian Otto, 30.8.1798, ebd. S. 100.
108 An Christian Otto, 7.9.1796, Briefe II, S. 242.
109 An Christian Otto, 2.9.1798, Briefe III, S. 101.
110 An Christian Otto, 7.4.1795, Briefe II, S. 66.
111 Zit. nach Friedrich Schlegel, *Werke in zwei Bänden,* Berlin/Weimar 1980, Bd. 1, S. 250.
112 An Christian Otto, 15.8.1798, Briefe III, S. 90.
113 An Friedrich Heinrich Jacobi, 13.10.1798, ebd. S. 115 f.
114 An Christian Otto, 2.9.1798, ebd. S. 102.
115 An Friedrich von Oertel, 21.10.1798, ebd. S. 118.
116 An Friedrich von Oertel, 13.11.1798, ebd. S. 129.
117 An Christian Otto, 30.11.1798, ebd. S. 141.
118 An Christian Otto, 29.12.1798, ebd. S. 155.
119 An Christian Otto, 6.1.1799, ebd. S. 161.
120 An Christian Otto, 2.2.1799, ebd. S. 170.
121 An Christian Otto, 30.12.1798, ebd. S. 157.
122 An Christian Otto, 27.1.1799, ebd. S. 167.
123 Caroline Schlegel-Schelling, *«Lieber Freund, ich komme weit her schon an diesem frühen Morgen». Briefe,* hg. von Sigrid Damm, Darmstadt 1984, S. 210.
124 An Christian Otto, 2.2.1799, Briefe III, S. 169.
125 An Christian Otto, 27.1.1799, ebd. S.166, Fn. im Original: «Böttiger, alles lobend, lobte mich auch darüber, ‹wir denken alle dasselbe, aber es hats ihm

noch keiner gesagt›». «animal disputax»: Böttiger, *Literarische Zustände und Zeitgenossen*, S. 248.
126 Vgl. Pfotenhauer, *Jean Paul – Goethe – Schiller*, S. 160.
127 An Christian Otto, 27.1.1799, Briefe III, S. 166.
128 Schiller an Goethe, 28.6.1796, *Der Briefwechsel zwischen Schiller und Goethe*, Bd. 1, S. 173.
129 *Siebenkäs*, W I, 2, S. 533.
130 An Amöne Herold, 10.5.1799, Briefe III, S. 209.
131 An Friedrich von Oertel, 6.4.1799, ebd. S. 196.
132 An Paul Emile Thieriot, 29.10.1800, Briefe IV, S. 15.
133 An Christian Otto, 30.11.1798, Briefe III, S. 139.
134 Von Charlotte von Kalb, 21.6.1797, SW IV, 2, S. 341.
135 *Siebenkäs*, W I, 2, S. 41 (Fn.).
136 An Christian Otto, 7.4.1795, Briefe II, S. 64.
137 An Christian Otto, 25.4.1799, Briefe III, S. 206.
138 *Titan*, W I, 3, S. 66.
139 Ebd. S. 65.
140 An Christian Otto, 5.12.1797, Briefe III, S. 24.
141 1799 erschien in Nürnberg *Steganographie oder die Geheimschreibekunst* von Johann Baptist Andres, darin zum ersten Mal Verschlüsselungstabellen öffentlich zugänglich gemacht wurden. Die Ziffern-«Kolonnen» in der Steganographie der Geheimorden lagen wahrscheinlich Richters ursprünglicher Bezeichnung der Kapitel des *Titan* als «Manipel» zugrunde. «Manipel» hießen die Einheiten einer römischen Legion von jeweils achtzig Mann, die zu Kohorten zusammengestellt wurden, aus denen wiederum die Kolonnen gebildet wurden.
142 *Titan*, W I, 3, S. 58.
143 Ebd. S. 40.
144 Ebd. S. 595.
145 Vgl. Jean Pauls *Dämmerungen für Deutschland*, wo der Begriff der Geschichte 1809 Gegenstand eines profunden Essays ist.
146 An Friedrich Heinrich Jacobi, 3.12.1798, Briefe III, S. 144.
147 Ebd.
148 *Titan*, W I, 3, S. 823.
149 Ebd. S. 33.
150 An Friedrich Heinrich Jacobi, 12.2.1799, Briefe III, S. 173.
151 *Titan*, W I, 3, S. 245.
152 Ebd. S. 262.
153 Ebd. S. 260.
154 An Christian Otto, 4.–7.5.1799, Briefe III, S. 207.
155 An Christian Otto, 24./25.5.1799, ebd. S. 211.
156 Ebd. S. 213.

157 An Christian Otto, 11.6.1799, ebd. S. 223.
158 Fr. Münter, *Nachrichten von Neapel und Sizilien*, Kopenhagen 1790, vgl. Jean Paul, Exzerptheft Nr. 22, Mai 1791.
159 Richters Freund Bernhard Hermann besuchte die Sternwarte 1788 auf der Reise nach Göttingen.
160 An Christian Otto, 26.8.1800, Briefe III, S. 397.
161 An Christian Otto, 2.7.1799, ebd. S. 230.
162 An Christian Otto, 28.9.1799, ebd. S. 255.
163 An Christian Otto, 24./25.5.1799, ebd. S. 213.
164 *Shakal, der schöne Geist. Fragment einer Biographie aus dem vierzehnten Jahrhundert, von dem Araber Albezor, aus dem Arabischen ins Maleyische, aus diesem ins Lateinische, dann ins Französische und endlich ins Teutsche übersetzt und mit schönen Anmerkungen geziert von Hans Görg, Dintenstadt* [Leipzig] 1799; vgl. SW IV, 3, 1, S. 802.
165 Von Christian Otto, 19.6.1799, SW IV, 3, 1, S. 345.
166 Böttiger, *Literarische Zustände und Zeitgenossen*, S. 250.
167 Ein Künstler namens Verdion konnte bisher nicht ausfindig gemacht werden.
168 An Verdion, 14.2.1799, Briefe III, S. 174.
169 *Die Zauberlaterne oder der Wanderer aus der Hölle. Schlußstück zu Hanskiekindiewelts Reisen und zu Ludwig Wagehals*, Leipzig/Gera 1799, S. 3.
170 Mit «Ludwig Wagehals» ist mit großer Wahrscheinlichkeit Ludwig Wehrlin gemeint. Wehrlins Pseudonym oder Kunstnamen Anselmus Rabiosus benutzte Georg Friedrich Rebmann *in memoriam* des großen Satirikers in seinem politischen Journal *Neues graues Ungeheuer* (1794–1796). Im vierten Stück steht ein Nachruf auf Adam Lux, der Richter als Vorlage für seinen Essay über die Marat-Mörderin Charlotte Corday im *Kampaner Tal* angeregt haben könnte.
171 *Allgemeine Deutsche Bibliothek* 53/1800, S. 401.
172 An Christian Otto, 17.12.1798, Briefe III, S. 153.
173 *Die Zauberlaterne oder der Wanderer aus der Hölle*, S. 99. Vgl. Richters Brief an Samuel und Rebekka Friedlaender, 8.5.1799, Briefe III, S. 208: «Die Menschheit geht jetzt durch ein rothes Blutmeer – vielleicht mehr als ein Jahrhundert lang – ihrem gelobten Land entgegen; – und unsere frühere Geburt erspart uns Wunden».
174 Sein Debut als Schriftsteller gab Thieriot 1798 mit *Der Scholiast zum teutschen Homer*, einer ironisch-kritischen Abhandlung über Johann Heinrich Voß' Homer-Übersetzung.
175 An Christian Otto, 17.10.1799, Briefe III, S. 263.
176 An Christian Otto, 7.10.1799, ebd. S. 259.
177 An Christian Otto, 10.10.1799, ebd. S. 262 f.
178 An Caroline von Feuchtersleben, 21.10.1799, ebd. S. 266.

179 An Christian Otto, 2.11.1799, ebd. S. 268.
180 An die Herzogin von Hildburghausen, 11.11.1799, ebd. S. 277.
181 An Josephine von Sydow, 18.11.1799, ebd. S. 284.
182 Zit. nach de Bruyn, *Das Leben des Jean Paul Friedrich Richter*, S. 208; vgl. Briefe III, S. 540.
183 Von Caroline von Feuchtersleben, 31.1.1800, SW IV, 3, 2, S. 162.
184 An Caroline von Feuchtersleben, 25.3.1800, Briefe III, S. 339.
185 An Christian Otto, 25.3.1800, ebd. S. 337.
186 Von Caroline von Feuchtersleben, 1.4.1800, SW IV, 3, 2, S. 248.
187 An Christian Otto, 29.6.1800, Briefe III, S. 374.
188 An Caroline von Feuchtersleben, 7.5.1800, ebd. S. 354.
189 An Carl August Matzdorff, 12.7.1800, ebd. S. 378.
190 An Caroline von Feuchtersleben, 8.7.1800, ebd. S. 377.
191 An Christian Otto, 19.5.1800, ebd. S. 361.
192 *Appellation an das Publikum. Dokumente zum Atheismusstreit um Fichte, Forberg, Niethammer. Jena 1798/99*, hg. von Werner Röhr, Leipzig 1987, S. 509.
193 Ebd. S. 83.
194 Ebd. S. 148.
195 An Friedrich Heinrich Jacobi, 4.6.1799, Briefe III, S. 219.
196 *Dokumente zum Atheismusstreit*, S. 442.
197 Johann Gottlieb Fichte (Hg.), *Der Herausgeber des philosophischen Journals gerichtliche Verantwortungsschriften gegen die Anklage des Atheismus*, Jena 1799, S. 90.
198 Gotthold Ephraim Lessing, *Pope, ein Metaphysiker?*, in: ders., *Werke und Briefe in zwölf Bänden*, Bd. 3, hg. von Conrad Wiedemann, Frankfurt a. M. 2003, S. 619.
199 An Friedrich Heinrich Jacobi, 10.10.1799, Briefe III, S. 275.
200 An Friedrich Heinrich Jacobi, 4.10.1799, ebd. S. 276.
201 An Karl August Böttiger, 11.8.1800, ebd. S. 330.
202 An Friedrich Heinrich Jacobi, 10.11.1799, ebd. S. 275 f.
203 An Paul Emile Thieriot, 7.12.1799, ebd. S. 282.
204 An Christian Otto, 20.12.1799, ebd. S. 286.
205 *Titan*, W I, 3, S. 690.
206 Böttiger, *Literarische Zustände und Zeitgenossen*, S. 250.
207 *Titan*, W I, 3, S. 688.
208 Vgl. Christoph Neubert, *Wezel. Autor-Werk-Konstruktionen*, Würzburg 2008, sowie Košenina, *Ernst Platners Anthropologie und Philosophie*.
209 *Gott Wezels Zuchtrute des Menschengeschlechts. Werke des Wahnsinns von Wezel, dem Gottmenschen. Erstes Bändchen*, Erfurt, in der Henningschen Buchhandlung, 1804, S. 17.
210 *Titan*, W I, 3, S. 699 f.

211 *Clavis Fichtiana*, W I, 3, S. 1031.
212 *Henriette Herz in Erinnerungen, Briefen und Zeugnissen*, hg. von Rainer Schmitz, Leipzig/Weimar 1984, S. 97.
213 An Christian Otto, 20.6.1800, Briefe III, S. 371.
214 An Caroline von Feuchtersleben, 23.7.1800, ebd. S. 381.
215 An Friedrich Heinrich Jacobi, 27.7.1800, ebd. S. 383.
216 An Christian Otto, 25.8.1800, ebd. S. 396.
217 An Christian Otto, 31.8.1800, ebd. S. 399.
218 An Christian Otto, 11.9.1800, ebd. S. 404.
219 An Christian Otto, 13.9.1800, ebd. S. 405.
220 An Friedrich von Oertel, 12.8.1800, ebd. S. 389.
221 An Emanuel, 21./22.8.1800, ebd. S. 393.
222 Friedrich Schleiermacher an Karl Gustav von Brinckmann, 9.6.1800, Berend (Hg.), *Jean Pauls Persönlichkeit*, S. 61.
223 *Henriette Herz in Erinnerungen, Briefen und Zeugnissen*, S. 98.
224 An Karoline Mayer, 6.10.1800, Briefe IV, S. 3.
225 An Paul Emile Thieriot, 17.1.1801, ebd. S. 44 f.
226 An Friedrich von Oertel, 28.3.1801, ebd. S. 64.
227 An Friedrich Heinrich Jacobi, 2.1.1801, ebd. S. 50.
228 An Karoline Herder, 12.1.1801, ebd. S. 47.
229 An Johann Gottfried Herder, 11.11.1800, ebd. S. 21.
230 An Rahel Levin, 6.1.1801, ebd. S. 19.
231 An Paul Emile Thieriot, 17.1.1801, ebd. S. 44.
232 An Geheimrat Mayer, 9.11.1800, ebd. S. 20.
233 An Karoline Mayer, 21.11.1800, ebd. S. 23.
234 An Karoline Mayer, 23.11.1800, ebd. S. 25.
235 An Christian Otto, 23.1.1801, ebd. S. 48.
236 *Titan*, W I, 3, S. 1009.
237 Ebd. S. 1010.
238 An Christian Otto, 30.3.1801, Briefe IV, S. 66.
239 «Beschleunigend hat es [das vergangene Jahrhundert] eine Reihe von Erscheinungen hervorgebracht, die kaum jemand vermutete, die noch jetzt der größere Theil verworren oder schreckhaft anstaunt, in deren trüben Dämmerung aber jeder Wohlgesinnte eine Aurora der Zukunft hoffet oder wünschet.» *Johann Gottfried Herders sämmtliche Werke*, Bd. XXVIII, Karlsruhe 1821, S. 562.
240 *Die wunderbare Gesellschaft in der Neujahresnacht*, W I, 4, S. 1128.
241 *Johann Gottfried Herders sämmtliche Werke*, Bd. XXVIII, S. 356.
242 An Friedrich Wernlein, 31.3.1801, Briefe IV, S. 68.
243 An Paul Emile Thieriot, 14.5.1801, ebd. S. 80.
244 An Christian Otto, 11.5.1801, ebd. S. 82.

245 An Geheimrat Mayer, 15.3.1801, ebd. S. 62.
246 An Christian Otto, 30.3.1801, ebd. S. 66.
247 An König Friedrich Wilhelm III., 4.5.1801, ebd. S. 76 f.
248 An den Grafen von Alvensleben, 4.5.1801, ebd. S. 77.
249 An Friedrich Heinrich Jacobi, 6.3.1800, Briefe III, S. 327.
250 An Christian Otto, 26.12.1800, Briefe IV, S. 36.
251 Von Henriette von Schlabrendorf, 6.6.1801, SW IV, 4, S. 196.
252 An Friedrich von Oertel 15.7.1801; an Wilhelm Ludwig Gleim, 21.7.1801; an Christian Otto, 28.7.1801, Briefe IV, S. 100–106.
253 *Titan*, W I, 3, S. 552, 556.
254 Vgl. Anm. 158.
255 *Gedanken*, zit. nach *Lebenserschreibung*, S. 93.
256 Zweiundsiebzig Radierungen von Reinhart erschienen unter dem Titel *Malerisch radirte Prospecte aus Italien* in zwölf Heften 1792–1798 bei Frauenholz; vgl. Dieter Richter, *Von Hof nach Rom. Johann Christian Reinhart. Ein deutscher Maler in Rom*, Berlin 2006.
257 Die Schwestern Isabella und Idoine von Haar-Haar gehören der Generation von Don Gaspard an, müssten also etwa 50 Jahre alt sein. Die eklatanten Widersprüche in Chronologie und Figurenbeziehungen sind offenbar Richters Versuch geschuldet, die Romanhandlung mit der dynastischen Geschichte und den Machtrankünen in den ernestinischen Fürstenhäusern Thüringens über mehrere Generationen hinweg zu synchronisieren. Markante Merkmale der Herzoginnen Charlotte Amalie von Sachsen-Gotha, Charlotte von Sachsen-Hildburghausen und Anna Amalia von Sachsen-Weimar-Eisenach, die ebenfalls verschiedenen Generationen angehören, hat der Autor für die Darstellung der Fürstin Isabella und ihrer Schwester verwendet.
258 An Hans-Georg Ahlefeldt, 5.1.1802, Briefe IV, S. 141.
259 An Christian Otto, 10.10.1801, ebd. S. 123.
260 An Christian Otto, 21.11.1801, ebd. S. 134.
261 An Gottlieb Richter, 15.8.1801, ebd. S. 112.
262 An Christian Otto, 21.11.1801, ebd. S. 133.
263 An Karl Ludwig von Knebel, 2.11.1801, ebd. S. 129.
264 Zit. nach Briefe IV, S. 378.
265 An Emilie von Berlepsch, 3.1.1802, ebd. S. 139.
266 An Hans-Georg Ahlefeldt, 5.1.1802, ebd. S. 141.
267 Von Johann Gottfried Herder, 15.7.1801, SW IV, 4, S. 218.
268 *Vorschule der Ästhetik* (2. Aufl.), W I, 5, S. 426.
269 *Titan*, W I, 3, S. 262.
270 An Christian Otto, 1.2.1802, Briefe IV, S. 148.
271 Laut Berend, SW I, 10, S. XXXII, im Quartheft vom Januar 1802 notiert.
272 An Hans-Georg Ahlefeldt, 16.10.1801, Briefe IV, S. 122.

273 An Henriette von Schlabrendorf, 16.10.1801, ebd. S. 123.
274 An Herzog Georg von Meiningen, 17.12.1801, ebd. S. 138.
275 *Gedanken*, zit. nach *Lebenserschreibung*, S. 95.
276 An Paul Emile Thieriot, 9.6.1802, Briefe IV, S. 170.
277 Die Publikation war eine hoffnungsvolle Neugründung bei dem Verleger Vieweg, herausgegeben von Friedrich Gentz und Johann Heinrich Voß. Jean Paul hatte man ohne Erlaubnis als dritten Herausgeber auf den Titel gesetzt, damit sein Name Käufer anziehe.
278 Peter Sprengel (Hg.), *Jean Paul im Urteil seiner Kritiker. Dokumente zur Wirkungsgeschichte Jean Pauls in Deutschland*, München 1980, S. 47.
279 «Saft und Kraft».
280 An Christian Otto, 1.2.1802, Briefe IV, S. 149.
281 An Friedrich Heinrich Jacobi, 16.8.1802, ebd. S. 188.
282 1. Aufl. 1801 bei J. Feind, Leipzig, 2. (erw.) Aufl. 1805, 3. (erw.) Aufl. 1816, 4. (stark erw.) Aufl. 1821 bei den Gebrüdern Tanzer, Grätz.
283 Noch Stefan George glaubt, den im Ganzen unverdaulichen, französisch scharfen Jean Paul durch Auswahl verdeutschen und veredeln zu müssen: *Jean Paul. Ein Stundenbuch fuer seine Verehrer*, Berlin 1900.
284 *Flegeljahre. Eine Biographie*, W I, 2, S. 596.
285 *Titan*, W I, 3, S. 693–696.
286 An Christian Otto, 17.8.1802, Briefe IV, S. 189.
287 An Emanuel, 28.7.1802, ebd. S. 184.
288 In Johannes Büels Stammbuch, 4.7.1802, ebd. S. 177.
289 An Christian Otto, 15.7.1802, ebd. S. 179.
290 An Christian Otto, 20.9.1802, ebd. S. 199.
291 An Emanuel, 18.10.1802, ebd. S. 207.
292 An Christian Otto, 20.9.1802, ebd. S. 200.
293 *Titan*, W I, 3, S. 830.
294 An Christian Otto, 25.12.1802, ebd. S. 217.
295 *Flegeljahre*, W I, 2, S. 589.
296 Karoline Richter an Emanuel, 4.2.1804, zit. nach Berend (Hg.), *Jean Pauls Persönlichkeit*, S. 85.
297 *Flegeljahre*, W I, 2, S. 591.
298 An Christian Otto, 25.12.1802, Briefe IV, S. 216.
299 *Flegeljahre*, W I, 2, S. 592.
300 Ebd. S. 1018, 1021.
301 Ebd. S. 856.
302 An Paul Emile Thieriot, 18.6.1803, Briefe IV, S. 251.
303 An Johann Ludwig Heim, 21.6.1803, ebd., S. 252.
304 Vgl. Werner Greiling, Andreas Klinger und Christoph Köhler (Hg.), *Ernst II. von Sachsen-Gotha-Altenburg*, Köln/Weimar/Wien 2005, S. 90 ff.

305 Buffon, *Historie naturelle, générale et particulière, avec la description du Cabinet du Roy*, Paris 1749–1789.
306 Johann Ludwig Heim, *Geologische Beschreibung des Thüringerwaldgebirgs*, 3 Bde., Meiningen 1796–1812.
307 Vgl. Jakob Heinrich Kaltschmidt, *Kurzgefaßtes vollständiges stamm- und sinnverwandtschaftliches Gesammt-Wörterbuch der Deutschen Sprache*, Leipzig 1834.
308 An Emanuel, 27.12.1803, Briefe IV, S. 291.
309 Vgl. *Vorschule der Ästhetik*, W I, 5, S. 118.
310 An Emanuel, 19.2.1804, Briefe IV, S. 310.
311 An Christian Otto, 24.4.1804, Briefe IV, S. 320.
312 Zit. nach SW IV, 4, S. 538.
313 An Christian Otto, 17.12.1803, Briefe IV, S. 288.
314 Rainer Schmitz (Hg.), *Die ästhetische Prügeley. Streitschriften der antiromantischen Bewegung*, Göttingen 1992, S. 121.
315 Ebd. S. 369.
316 *Taschenbuch für Freunde des Scherzes und der Satyre*, 5. Jg., Weimar 1801.
317 Schmitz (Hg.), *Die ästhetische Prügeley*, S. 128 f.
318 An Paul Emile Thieriot, 17.8.1800, Briefe III, S. 391.
319 Friedrich Schiller an Wilhelm von Humboldt, 11.2.1803, in: *Schillers Werke. Nationalausgabe*, Bd. 32, hg. von Axel Gelhaus, Weimar 1984, S. 11 f.
320 An Friedrich Wilmans, 14.1.1804, Briefe IV, S. 298.
321 SW I, 7, S. 11.
322 JPN Fasz. 9. Das «grüne Erfindungsbuch» zählt für «Szenen» einundfünfzig Regeln auf, für «Schilderung» siebenundvierzig, für «Natur Empfindung» sechzig mit zwölf Zusatzregeln, für «Vorsäze» dreiundfünfzig; für «Karaktere» sind die Regeln unnummeriert. Das Buch ist von 1796 bis wenigstens 1820 kontinuierlich erweitert worden.
323 *Vorschule der Ästhetik*, W I, 5, S. 61.
324 Ebd. S. 60.
325 Vgl. zum Begriff des Zeichens bei Jean Paul u. a. die Paragraphen «Über die Feinheit», «Theorie des Erhabenen», «Poesie des Aberglaubens», «Sprachkürze» in der *Vorschule der Ästhetik*.
326 *Vorschule der Ästhetik*, W I, 5, S. 32 (nur in der 2. Aufl. von 1812).
327 Ebd. S. 30.
328 Ebd. S. 284.
329 Ebd. S. 302.
330 Ebd. S. 30.
331 Ebd. S. 43.
332 Ebd. S. 77.
333 Ebd. S. 199.

334 Ebd. S. 133 ff.
335 Ebd. S. 118.
336 Ebd. S. 451 f.
337 SW I, 12, S. X.
338 Ebd. S. V. Unter mehreren fürstlichen Kandidaten, so Berend, darunter der Herzog von Meiningen, der Kurfürst von Bayern, der König von Preußen, sei Richters Wahl schließlich auf den Herzog von Gotha gefallen, weil er an eine Übersiedlung nach Gotha gedacht habe. Zum fraglichen Zeitpunkt stand aber der Umzug nach Bayreuth schon fest. Herzog August war ausgewählt worden, weil er als adeliger dilettierender Literat in anakreontisch-empfindsamer Manier genau den Typus verkörperte, dem Jean Paul seine ästhetische Erziehung angedeihen lassen wollte.
339 Zit. nach Louis Bergeron, *Frankreich und Europa zur Zeit Napoleons*, in: ders., *Das Zeitalter der europäischen Revolution 1780–1848*, Frankfurt a. M. 2001, S. 134.
340 *Freiheitsbüchlein*, W II, 2, S. 875.

IV. Buch

1 *Der Freimüthige*, Nr. 107/108, 29./31.5.1804, zit. nach Sprengel (Hg.), Jean Paul im Urteil seiner Kritiker, S. 57.
2 Von der Harmonie-Gesellschaft, 11.10.1804, SW IV, 5, S. 12.
3 Sir Benjamin Thomson, genannt Graf Rumford, war ein bedeutender Naturwissenschaftler, Ingenieur und Sozialreformer. Als Kammerherr und Adjutant des bayerischen Kurfürsten Karl Theodor verbesserte er die soziale Lage der Soldaten und ihrer Familien in den 1790er Jahren durch Einrichtung von Soldatenkinderheimen, die Erfindung kostensparender Öfen (des sogenannten Rumford-Ofens) und wärmender Uniformstoffe.
4 *Der Baireutisch-Ansbachische Armenfreund* 2/1804, 49. Stück.
5 Gemeint ist wohl der Kaufmann Christoph Otto.
6 *Der Baireutische Armenfreund* 3/1805, 4. Stück, S. 362–367. Der Dialog *Über den Schnupfen* kritisiert ungesunde Gewohnheiten und erklärt Volkskrankheiten wie Rheumatismus u. a. aus überheizten Wohnräumen.
7 *Flegeljahre*, W I, 2, S. 1009.
8 Ebd. S. 1082.
9 SW I, 12, S. XIX.
10 *Levana oder Erziehlehre*, W I, 5, S. 550.
11 Ebd. S. 567.
12 Ebd. S. 558.
13 An Emanuel, 18.11.1795, Briefe II, S. 127.
14 *Levana oder Erziehlehre*, W I, 5, S. 565.

15 Ebd S. 564.
16 Ebd. S. 789.
17 «Man stellet daher die Sprache als eine Democratie vor, wo jeder dazu beytragen kann, wo aber auch alles, gleichsam wie durch die Mehrheit der Stimmen, angenommen oder verworfen wird, ohne dass man sich immer um das Wahre oder Falsche, Richtige oder Unrichtige, Schickliche oder Ungereimte viel umsieht.» Lambert, *Neues Organon*, Bd. 2 S. 465f (Semiotik §1).
18 *Vita-Buch*, in: *Lebenserschreibung*, S. 258.
19 Zit. nach Berend (Hg.), *Jean Pauls Persönlichkeit*, S. 83.
20 August von Platen, *Tagebücher*, Bd. I, Stuttgart 1860, S. 4.
21 Ernst Moritz Arndt, *Geist der Zeit*, 2. Aufl., [o. O.] 1807, S. 12.
22 Stefan Füssel, *Georg Joachim Göschen, ein Verleger der Spätaufklärung und der deutschen Klassik*, Berlin/New York 1999, S. 149.
23 Archenholtz hat Jean Pauls *Vorschule der Ästhetik* in seiner Zeitschrift *Minerva* wohlwollend besprochen, wofür Richter in einem Brief dankte.
24 So der Meininger Schriftsteller und Freund Jean Pauls, Johann Ernst Wagner, mit seinem *Fibelschützen* von 1810. Eines der bekanntesten Plagiate war Josef Wolfs (d. i. Johann Christian Ehrmanns) *Das Buch Glaube, Liebe, Hoffnung*, 2 Bde., [o. O.] 1809/10. Am 7.9.1809 klärte Jean Paul das Publikum in Cottas *Morgenblatt* selbst über das Plagiat auf.
25 Richard Otto Spazier, *Jean Paul Friedrich Richter. Ein biographischer Commentar zu dessen Werken*, Leipzig 1836, S. 60.
26 SW III, 5, S. 74. Berend bezieht das komische Projekt auf den *Komet*, Jean Pauls letzten Roman, der 1821 erscheint; gemeint ist aber, wie die Skizzenbücher zur *Levana* belegen, *Leben Fibels*, wo reichlich selbstironische «Autos» (wahrscheinlich für Autobiographisches) gefeiert werden.
27 SW III, 5, S. 81 f.
28 Johann Apollonius Peter Weltrich, *Erinnerungen für die Einwohner des ehemaligen Fürstenthums Baireuth aus den Jahren der französischen Occupation von 1806 bis 1810*, Kulmbach 1819, S. 7 f.
29 Thürauf, *Geschichte der öffentlichen Meinung in Ansbach-Bayreuth*, S. 101.
30 SW III, 5, S. 109. Der Herausgeber Eduard Berend (ebd. S. 309) bezieht den Briefinhalt lediglich auf Richters Hoffnung auf Freistellung von Einquartierung und Pensionszahlung.
31 An August Mahlmann, 16.8.1806, ebd. S. 101.
32 *Vita-Buch*, in: *Lebenserschreibung*, S. 262.
33 Friedrich Wilhelm Hagen, *Ueber das Wesentliche der von Pestalozzi aufgestellten Menschenbildungsweise und die Einführung des Elementar-Unterrichts derselben in die Schule zu Dottenheim*, Erlangen 1810.
34 Von Christian Otto, 3.5.1807, SW IV, 6, S. 167.

35 Von Christian Otto, 19.7.1807, SW IV, 6, S. 174.
36 W I, 5, S. 1117. *Ich sterbe täglich und mein Leben eilt immer fort zum Grabe hin* ist ein protestantisches Bestattungslied, das auf die Melodie von *Wer nur den lieben Gott lässt walten* gesungen wurde. Erst 1817, als der aktuelle Stoff der Satire längst vergessen ist, erscheint *Mein Aufenthalt in der Nepomuks-Kirche* wieder in Jean Pauls *Politischen Fastenpredigten*. Vgl. W I, 5 S. 1117.
37 Unter den nahezu unübersehbaren Frauenzeitschriften fällt das *Journal für deutsche Frauen* (ab 1807 unter dem Titel *Selene*) bei Göschen auf, geleitet von Seume, Wieland und Johann Friedrich Rochlitz, das seit 1805 astronomisch-mythologische Beiträge bringt (die Jean Paul in seinen Neujahrsbeiträgen für Cottas Morgenblatt geistreich aufgreift).
38 Vgl. Joachim Kirchner, *Das deutsche Zeitschriftenwesen. Seine Geschichte und seine Probleme. Teil 1: Von den Anfängen bis zum Zeitalter der Romantik*, Wiesbaden 1958, S. 256.
39 Vgl. Eduard Berend, *Jean Paul und Johann Friedrich Cotta*, in: Börsenblatt für den deutschen Buchhandel, 15. Jg., Nr. 92, 17.11.1959, Frankfurter Ausgabe, S. 1581–1589.
40 *Auch ein Beitrag zur Geschichte der Organisation der coburg-saalfeldischen Lande durch den Minister Th. v. Kretzschmann*, Koburg 1805.
41 Von Karl August von Wangenheim, 24.2.1805, SW IV, 5, S. 47.
42 *Schmelzles Reise nach Flätz*, W I, 6, S. 76.
43 SW I, 13, S. XIV.
44 *D. Katzenbergers Badereise*, W I, 6, S. 128.
45 Der Begriff stammt aus der Scholastik und soll sagen, dass es sich um eine philosophische Deduktion handelt, in der jedes Kapitel gewissermaßen ein Zwischenresultat darstellt, so dass der Leser am Ende die Hauptsumme selber ziehen muss.
46 *D. Katzenbergers Badereise*, W I, 6, S. 90.
47 Denis Diderot, *Brief über die Blinden*, in: ders., *Philosophische Schriften*, hg. von Theodor Lücke, 2 Bde., Berlin 1961, Bd. 1, S. 79.
48 Denis Diderot, *Gedanken zur Interpretation der Natur*, in: ebd. S. 421.
49 *Jean Pauls Briefe und bevorstehender Lebenslauf*, W I, 4, S. 929.
50 *Selina*, W I, 6, S. 1114.
51 An Friedrich Heinrich Jacobi, 3.12.1798, Briefe III, S. 144.
52 *Jean Pauls Briefe und bevorstehender Lebenslauf*, W I, 4, S. 929.
53 *D. Katzenbergers Badereise*, W I, 6, S. 300.
54 Diderot, *Brief über die Blinden*, S. 80 f.
55 Vor Lamarck entwarf bereits der Jesuit Jean-Baptiste Robinet in *De la nature* (1761) die Hypothese einer evolutionistischen Entwicklungsreihe der Lebewesen. Pietro Moscati hielt 1771 in Göttingen eine Rede über die Entwick-

lungsgeschichte des Menschen, die mit dem aufrechten Gang anfing. Der Biologe und Geograph August Wilhelm Zimmermann widersprach in seiner *Geographischen Geschichte des Menschen und der allgemein verbreiteten vierfüßigen Tiere* (1778–1783) dem Schöpfungsdogma der Kirche.

56 *D. Katzenbergers Badereise*, W I, 6, S. 235.
57 Ebd. S. 198. Marcello Malpighi (1628–1694) war ein italienischer Embryologe und Biologe.
58 Ebd. S. 182.
59 Ebd. Schon der Name Nieß ist selbstironisch; vgl. *Vita-Buch*, in: *Lebenserschreibung*, S. 258: «Ich niese gern; um aber dieß oft zu thun, muß man kein Schnupftuch nehmen.»
60 *Des Geburtshelfers Walther Vierneissel Nachtgedanken über seine verlorenen Fötus-Ideale, indem er nichts geworden als ein Mensch*, W II, 2, S. 1013.
61 *D. Katzenbergers Badereise*, W I, 6, S. 132.
62 In der zweiten Auflage schiebt Richter an dieser Stelle den Hinweis auf das 1815 erschienene Buch des Hallenser Anatomen Johann Friedrich Meckel ein, *De duplicitate monstrosa commentarium*: «und hiermit erhalte Meckel nach dem geschriebnen Dank auch den gedruckten für sein Foliobändchen über den organischen dualis oder die monströse Doppelheit, die an Körpern ebenso selten als widrig ist, indes die häufigere Doppelheit an Seelen weit angenehmer wirkt und sich auf die Zunge einschränkt durch Doppelzüngigkeit, Doppelsinn u. s. w.»
63 Ebd. S. 147. Als Kennzeichen kindlichen Vor-Bewusstseins wird auf Hebels Hang zu «Verkleinerwörtern» hingewiesen. Jean Paul hat selbst Diminutivnamensformen für seine volkstümlichen Figuren wie Fixlein, Krönlein und das Schulmeisterlein Wutz verwendet, um sie als unvollendete Charaktere zu kennzeichnen.
64 Marcus Musurus war ein griechischer Gelehrter aus Kreta, der von Papst Leo X. nach Rom gerufen wurde und dort am Archigimnasio 1514 bis 1517 Bedeutendes für die Wiedererweckung der griechischen Philosophie und Dichtung leistete. Er hatte vorher in Padua die erste griechische Ausgabe der Werke Platons herausgegeben; unter seiner Aufsicht wurden zum ersten Mal Sophokles, Aristophanes, Pausanias und Homer im Original gedruckt; die griechischen Lettern wurden aus seiner Schreibschrift entwickelt.
65 *D. Katzenbergers Badereise*, W I, 6, S. 169.
66 *Friedenspredigt an Deutschland*, W I, 5, S. 880.
67 Ebd. S. 915.
68 Ebd. S. 885 f.
69 *Aurora*, 13.6.1804, Nr. 21, zit. nach Sprengel (Hg.), *Jean Paul im Urteil seiner Kritiker*, S. 62.
70 SW IV, 5, S. 238.

71 Charles de Villers, *Les deux Europes, la foire de Leipsick et Jean Paul*, in: *Le Conservateur* 6/Mai 1808, S. 168–170.
72 Von Karl Ludwig von Knebel, 28.1.1809, SW IV, 6, S. 10.
73 Von Emanuel, 18.1.1809, ebd. S. 7.
74 Von Friedrich Bencke, 26.9./5.10.1809, ebd. S. 49, 53.
75 Camille de Tournon, *Die Provinz Bayreuth unter französischer Herrschaft*, übers. und bearb. von Ludwig von Fahrmbacher, Wunsiedel 1900, S. 74.
76 Gerhard Müller, «... eine wunderbare Aussicht zur Vereinigung deutscher und französischer Vorstellungsarten». *Goethe und Weimar im Rheinbund*, in: Hellmut Th. Seemann (Hg.), *Europa in Weimar. Visionen eines Kontinents*, Göttingen 2008, S. 257.
77 Karl Friedrich Reinhard an Goethe, 31.8.1807, zit. nach ebd. S. 269 (Fn.).
78 Das geht aus einem Brief von Karl Ludwig Woltmann an L. Smidt hervor: «Herr von Goethe trägt sich mit der Idee, in dem bevorstehenden Winter einen Kongress ausgezeichneter deutscher Männer in Weimar zustande zu bringen, damit sie über Gegenstände der deutschen Kultur sich gemeinschaftlich berathen. Eben in diesem Zeitpunkt, wo Deutschland sich aufgelöset und seine Art von fremdem Sein gedrängt fühlt, ist es vorzüglich rathsam die Bande der deutschen Kultur und Literatur, wodurch wir bisher einzig als eine Nation bewahret sind, auf alle Weise fest zusammenzuziehn.» Zit. nach ebd. S. 278.
79 Johann Wolfgang Goethe, *Biographische Einzelnheiten*, in: *Goethes Werke. Berliner Ausgabe*, Bd. 16, Berlin 1964, S. 419.
80 Ebd. S. 421 f.
81 Johann Gottfried Daniel Schmiedgen, der seine Bücher mit Devotionsformeln an seine durchlauchtigsten Fürsten zu versehen pflegte, bot mit seinen 1796 erschienenen *Dämmerungen für Deutschlands gute Töchter* gewissermaßen das Vorbild ex negativo.
82 Von Karoline Herder, 21.5.1809, ebd. S. 35.
83 *Dämmerungen für Deutschland*, W I, 5, S. 930.
84 Ebd. S. 922.
85 Ebd. S. 923.
86 Ebd. S. 927.
87 Ebd. S. 993.
88 Ebd. S. 997.
89 Ebd. S. 932.
90 Ebd. S. 934 f.
91 Goethe an Marianne von Eybenberg, 4.12.1808, *Goethes Briefe*, hg. von Karl Robert Mandelkow und Bodo Morawe, Hamburg 1965, Bd. III, S. 100.
92 Von Karoline Herder, 21.5.1809, SW IV, 6, S. 33.
93 *Friedenspredigt an Deutschland*, W I, 5, S. 882.

94 *Dämmerungen für Deutschland*, W I, 5, S. 919.
95 *Mein Aufenthalt in der Nepomuks-Kirche*, W I, 5, S. 1128.
96 Ebd. S. 1113.
97 Ebd. S. 1114.
98 Ebd. S. 1139. Welche Popularität Jean Pauls Antikriegsposse über Jahre hinaus behielt, dafür mag eine Karikatur von ca. 1815 (siehe S. 411) sprechen, auf der über einer Gruppe streitender Diplomaten statt des Staatsemblems das riesige Porträt einer Gans hängt, während im Hintergrund noch Krieg geführt wird; vgl. Klaus Günzel, *Der Wiener Kongreß. Geschichte und Geschichten eines Welttheaters*, Berlin/München 1995, S. 83.
99 *Die Doppelheerschau in Großlausau und in Kauzen*, W I, 5, S. 1152, 1155.
100 Ebd. S. 1173.
101 Ebd. S. 1179.
102 Ebd. S. 1175.
103 *Vita-Buch*, in: *Lebenserschreibung*, S. 314.
104 Sprengel (Hg.), *Jean Paul im Urteil seiner Kritiker*, S. 71.
105 Von Herzog August von Sachsen-Gotha, 18.6.1810, SW IV, 6, S. 111 f. Zu «Glaube, Hoffnung, Liebe» vgl. Anm. 24.
106 An Charles de Villers, 17.9.1810, SW III, 6, S. 138.
107 Sprengel (Hg.), *Jean Paul im Urteil seiner Kritiker*, S. 62.
108 Berend (Hg.), *Jean Pauls Persönlichkeit*, S. 122.
109 *Bittschrift an den im Jahre 1809 uns alle regierenden Planeten Merkurius*, W II, 3, S. 312.
110 An Emilie Harms, 22.1.1810, SW III, 6, S. 85.
111 So Heinrich Julius von Rohr, zit. nach Sprengel (Hg.), *Jean Paul im Urteil seiner Kritiker*, S. 47.
112 An Tribunalrat Mayer, 25.7.1810, SW III, 6, S. 123.
113 *Erdkreisbericht*, geschrieben im März 1810 für die Zeitschrift *Urania*, W II, 5, S. 321 f.
114 *Bittschrift an den im Jahre 1809 uns alle regierenden Planeten Merkurius*, W II, 3, S. 312.
115 *Leben Fibels*, W I, 6, S. 367.
116 Ebd. S. 427. Der echte «Fibel» war vermutlich ein pietistischer Schulmeister aus Wernigerode namens Billmann, der Anfang des 18. Jahrhunderts eine kurios gereimte Bilderbibel erfand. Das erste ABC-Buch ist 1515 in Oppenheim nachgewiesen. 1524 übersetzte Melanchthon die *Elementa puerilia* des Schweizer Reformators Ulrich Zwingli, die danach oft wieder aufgelegt wurden: *Ein Büchlein für die leyen vnd kinder. Philipps Melanchthons Handtbüchlein, wie man die kinder zu der schrifft vnd lere halten soll*, Straßburg [um 1526].
117 *Leben Fibels*, W I, 6, S. 389.
118 Ebd. S. 462.

119 Ebd. S. 485.
120 Ebd. S. 478.
121 *Bußpredigt über den Bußtext im Allg. Anzeiger der Deutschen No. 335, Seite 3617 bis 3622, betreffend deutsche Vorausbezahlung auf Wolkes Werk über die deutsche Sprache,* W II, 3, S. 380–408.
122 Christian Heinrich Wolke, *Kurtse Erzihunglere oder Anweisung zur körperlichen, verstandlichen und sittlichen Erzihung* (1805); *Anleit zur deutschen Gesamtsprach, oder zur Erkennung und Berichtigung einiger (zu wenigst 20) tausend Sprachfehler in der hochdeutschen Mundart,* Dresden 1812; 2., unveränd. Aufl., Leipzig/Berlin 1816.
123 Jonathan Swift, *Gullivers Reisen,* in: ders., *Ausgewählte Werke in drei Bänden,* hg. von Anselm Schlösser, Bd. 3, Frankfurt a. M. 1972, S. 264.
124 Jochen Henningfeld, *Geschichte der Sprachphilosophie. Antike und Mittelalter,* Berlin 1993, S. 120, 124.
125 Walter Benjamin, *Der eingetunkte Zauberstab. Über Max Kommerell,* in: ders., *Werke und Nachlass. Kritische Gesamtausgabe,* Bd. 13.1, Berlin 2011, S. 438–446.
126 *Leben Fibels,* W I, 6, S. 534.
127 Ebd. S. 541.
128 Ebd. S. 486.
129 Berend (Hg.), *Jean Pauls Persönlichkeit,* S. 119.
130 *Die Unsichtbare Loge,* W I, 1, S. 305.
131 *Bittschrift an den im Jahre 1809 uns alle regierenden Planeten Merkurius,* W II, 3, S. 316.
132 *Vita-Buch,* in: *Lebenserschreibung,* S. 296.
133 Ebd. S. 300, 303.
134 An Karoline Richter, 16.6.1811, SW III, 6, S. 201.
135 Vgl. auch Gotthilf Heinrich Schubert, *Die Symbolik des Traumes,* Bamberg 1814.
136 Fasz. 21 des Nachlasses enthält das Arbeitsheft *Nach-Levana,* in das Richter, wie immer nummeriert, ab August 1811 Verbesserungen und Ergänzungen eintrug; ein weiteres Notizheft, das bei der Arbeit am *Fibel* angelegt worden war, nahm ab Juni 1811 «Strazza zur nach-Levana» auf.
137 Von Georg Joachim Göschen, 9.10.1811, SW IV, 6, S. 284.
138 Georg Wolfgang Augustin Fikenscher, *Gelehrtes Fürstenthum Baireut,* Bd. 9, S. 19.
139 Spazier, *Jean Paul Friedrich Richter,* S. 139.
140 *Der Komet oder Nikolaus Marggraf,* W I, 6, S. 762.
141 Zit. nach Jörg Paulus, *Der Enthusiast und sein Schatten. Literarische Schwärmer- und Philisterkritik um 1800,* Berlin/New York 1998, S. 29.
142 SW I, 15, S. VI.

143 *Mutmassungen über einige Wunder des organischen Magnetismus*, W II, 2, S. 899.
144 Ebd. S. 901.
145 Von Friedrich Schlegel, 30.11.1811, SW IV, 6, S. 294.
146 *Dämmerungsschmetterlinge*, W I, 5, S. 1146 f.
147 In Jean Pauls *Politischen Fastenpredigten* erscheint der vollständige Text 1817 (vgl. W I, 5, S. 1141–1149).
148 *Mutmassungen über einige Wunder des organischen Magnetismus*, W II, 2, S. 884–913.
149 *Vita-Buch*, in: Lebenserschreibung, S. 304.
150 An Friedrich Heinrich Jacobi, 25.1.1816, SW III, 5, S. 56 f.
151 *Frage über das Entstehen der ersten Pflanzen, Tiere und Menschen*, W II, 2, S. 954.
152 An Friedrich Heinrich Jacobi, 6.5.1812, SW III, 7, S. 263.
153 Von Emanuel, 17.6.1812, SW VI, 6, S. 315.
154 Von Karoline Richter, 9.6.1812, ebd. S. 306.
155 Vgl. Johann Christian Fick, *Historisch-topografisch-statistische Beschreibung von Ansbach*, Ansbach 1812.
156 W II, 2, S. 878.
157 Ebd. S. 878.
158 *Mars' und Phöbus' Thronwechsel*, W I, 5, S. 1048.
159 Ebd. S. 1050.
160 Ebd. S. 1054.
161 Theodor Körner, *Leyer und Schwert*, Berlin 1814.
162 Vgl. *Die Doppelheerschau in Großlausau und in Kauzen*, W I, 5, S. 1165.
163 Zit. nach Thürauf, *Geschichte der öffentlichen Meinung in Ansbach-Bayreuth*, S. 134.
164 Zit. nach ebd. S. 140.
165 *Bayreuther Zeitung*, Nr. 36, 6.5.1814.
166 *Mars' und Phöbus' Thronwechsel*, W I, 5, S. 1043.
167 Der Schweizer Historiker Johannes von Müller war von Kriegspatrioten wie Friedrich Gentz und Karl August Varnhagen persönlich denunziert worden, nachdem er in einer Rede vor der Preußischen Akademie Friedrich II. als Kosmopoliten gerühmt, sich zur Rheinbundpolitik bekannt hatte und als Unterrichtsminister im französischen Satellitenstaat Westfalen tätig geworden war. Goethe, der mit Müller seit Jahren korrespondierte, hatte die französisch gehaltene Rede für Cottas *Morgenblatt* übersetzt, wo sie im März 1807 abgedruckt wurde.
168 *Mars' und Phöbus' Thronwechsel*, W I, 5, S. 1043.
169 Ebd. S. 1039.
170 Zit. nach Günzel, *Der Wiener Kongreß*, S. 16.

171 *Polymeter. Zeitbetrachtungen im Wonnemonat Europas*, W II, 3, S. 437.
172 W II, 3, S. 485–492. Der Text erschien am 8.10.1814 in der *Bayreuther Zeitung* und am 3./4.1.1815 im *Deutschen Beobachter* in Hamburg.
173 *Zeitbetrachtungen im Wonnemonat Europas, im Mai 1814*, W II, 3, S. 424 f.

V. Buch

1 *Ein deutscher Jüngling in der Nacht des 18. Oktober 1814*, W II, 3, S. 488 f.
2 An Emanuel, 4.1.1816, SW III, 7, S. 53.
3 An Anton Dick, 19.3.1816, ebd. S. 60.
4 An Freiherrn von Stein, Januar 1815, ebd. S. 3 f.
5 An Clemens von Metternich, Januar 1815, ebd. S. 9.
6 An Kaiser Alexander von Russland, 9.2.1815, ebd. S. 8.
7 An Maximilian Graf Montgelas, 8.9.1815, ebd. S. 32.
8 An Kaspar Friedrich von Schuckmann, 5.12.1815, ebd. S. 43.
9 An Karl August von Hardenberg, 5.12.1815, ebd. S. 44.
10 An Christian Otto, um den 9.2.1815, ebd. S. 10.
11 Günzel, *Der Wiener Kongreß*, S. 197.
12 An Albrecht Otto, 26.12.1815, SW III, 7, S. 52.
13 An Emanuel, 2.1.1816, ebd. S. 52.
14 An Karl Ludwig von Knebel, 13.2.1815, SW III, 7, S. 12.
15 Vgl. Hartmut Lehmann und Manfred Jakubowski-Tiessen (Hg.), *Um Himmels Willen. Religion in Katastrophenzeiten*, Göttingen 2003. Vgl. auch Manfred Büttner, *Klimatologie und Theologie im 18. Jahrhundert*, Münster 1963.
16 *Schreiben des Rektor Seemaus*, W II, 3, S. 580.
17 Heinrich Jung stirbt am 2.4.1817.
18 *Der allzeit fertige oder geschwinde Wetterprophet*, W II, 3, S. 583.
19 *Landnachtverhandlungen mit dem Manne im Monde*, W II, 3, S. 597.
20 Ebd. S. 585.
21 Im *Morgenblatt* erscheinen kurz nacheinander zwei Aufsätze, im August über «Religion und Politik», im September ein «Synthetisch-demüthiger Blick über Welt-Entstehung»; vgl. SW III, 7, S. 364.
22 An Emanuel und Christian Otto, 21.8.1816, SW III, 7, S. 79.
23 *Bußpredigt über den Bußtext*, W II, 2, S. 392 f.
24 *Über die deutschen Doppelwörter. Eine grammatische Untersuchung in zwölf alten Briefen und zwölf neuen Postskripten*, W II, 3, S. 15, 18.
25 Ebd. S. 47.
26 *Bußpredigt über den Bußtext*, W II, 3, S. 392.
27 Sie erscheinen ab 1. August 1818 in kleinen Teillieferungen im *Morgenblatt*.
28 *Über die deutschen Doppelwörter*, W II, 3, S. 106.

29 An Christian Otto, Mitte April 1817, SW III, 7, S. 110.
30 An Professor Wagner, Anfang 1817, ebd. S. 95.
31 An Professor Wagner, 21.3.1817, ebd. S. 105.
32 An Heinrich Voß, 12.5.1817, in: *Briefwechsel zwischen Heinrich Voß und Jean Paul*, hg. von Abraham Voß, Heidelberg 1833, S. 1.
33 An Karoline Richter, 3./4.8.1817, SW III, 7, S. 133.
34 Hegel an Niethammer, 19.4.1817, *Briefe von und an Hegel*, S. 153.
35 An Max Richter, 20.2.1821, SW III, 78, S. 96.
36 Georg Wilhelm Friedrich Hegel, *Vorlesungen über die Ästhetik*, hg. von Heinrich Gustav Hotho, Berlin 1837, Bd. 2, S. 228.
37 Hegel an Goethe, 20.7.1817, ebd. S. 163 f.
38 Friedrich Lautenschlager, *Vaterländische Ehrentage in Heidelberg. Zum Aufenthalt Jean Pauls und General Dörnbergs im Sommer 1817. Mit einem ungedruckten Brief von Heinrich Voß*, Heidelberg 1935, S. 16.
39 Ebd. S. 17.
40 Theodor von Kobbe, *Humoristische Erinnerungen aus meinem academischen Leben in Heidelberg und Kiel*, Bremen 1840, S. 33.
41 Von Heinrich Voß d. J., 12.8.1817, *Briefwechsel zwischen Heinrich Voß und Jean Paul*, S. 5.
42 *An Emanuel, 20.7.1817, SW III, 7, S. 125 f.*
43 *Das Leben Jesu als Grundlage einer reinen Geschichte des Urchristentums*, an dem Paulus in diesen Jahren arbeitet, erscheint 1828, drei Jahre nach Richters Tod.
44 *Politische Fastenpredigten*, W I, 5, S. 1085.
45 An Friedrich Heinrich Jacobi, 3.9.1817, SW III, 7, S. 143.
46 Ebd. S. 152.
47 An Heinrich Voß, 31.3.1818, ebd. S. 182.
48 An Sophie Paulus, 7.11.1817, ebd. S. 157.
49 An Karoline Richter, 6.6.1818, ebd. S. 196.
50 An Karoline Richter, 30.5.1818, ebd. S. 189.
51 An Christian Otto, 10.6.1818, ebd. S. 200.
52 An Karoline Richter, 2.6.1818, ebd. S. 193.
53 An Emanuel, 11.6.1818, ebd. S. 202.
54 An Karoline Richter, 7.6.1818, ebd. S. 198.
55 An Emanuel, 11.6.1818, ebd. S. 201.
56 An Karoline Richter, 18.6.1818, ebd. S. 207.
57 Vgl. seinen Brief an Karoline Richter, 20.7.1817, SW III, 7, S. 139: «Ich habe vorgestern in einer großen Gesellschaft eine Frau v. Krüdner, die Schelver in seiner magnetischen Kur hat, durch bloßes fest*wollendes* Anblicken, wovon niemand wußte, zweimal beinahe in Schlaf gebracht und vorher zu Herzklopfen, Erbleichen etc. etc, bis ihr Schelver helfen mußte, was manche Scherze gab.»

58 Ebd. S. 208 f.
59 Von Kobbe, *Humoristische Erinnerungen*, S. 29.
60 An Karoline Richter, 25.6.1818, SW III, 7, S. 213.
61 Vgl. Franz Christian Paullini, *Heilsame Dreck-Apotheke* (1696). Wieder aufgelegt Stuttgart 1847.
62 *Literarisches Wochenblatt*, Bd. 2, Weimar 1818, S. 413 f.
63 An Karoline Richter, 20.6.1818, ebd. S. 210.
64 Über Göntgens Karriere als Mystiker wird in einem anonymen Beitrag unter dem Titel *Der Herzog von Jerusalem* berichtet in: *Die Gartenlaube* 1867, Nr. 21/22, S. 329–332/344–347.
65 1819 erschienen von Johann Friedrich Weisse *Erfahrungen über arzneiverständige Somnambulen, nebst einigen Versuchen mit einer Wasserfühlerin*; Auszüge daraus druckt Eschenmayer als «Beytrag zum Betrugs-Lexicon» in seiner Zeitschrift ab. Weisse war bei den Heidelberger Sessionen vom 2. bis 5.7.1818 anwesend. Vgl. den vollständigen Bericht in Eschenmayers *Archiv für den thierischen Magnetismus* 6/1820, S. 142 ff.
66 An Heinrich Voß, 16.11.1818, SW III, 7, S. 238.
67 An Heinrich Voß, 1.9.1818, ebd. S. 228 f.
68 An Heinrich Voß, 5.11.1817, SW III, 7, S. 156.
69 Von Paul Emile Thieriot, 20.1.1805, SW IV, 6, S. 33.
70 *Merkblatt 1818*, zit. nach *Lebenserschreibung*, S. 113.
71 An Heinrich Voß, 2.8.1818, SW III, 7, S. 223.
72 An Heinrich Voß, ebd. S. 238.
73 SW II, 4, S. XXV.
74 An Emanuel, 3.8.1818, SW III, 7, S. 224.
75 An Georg Reimer, 2.1.1819, ebd. S. 245.
76 An Heinrich Voß, 16.11.1818, ebd. S. 238.
77 An Heinrich Voß, 4.1.1819, ebd. S. 248.
78 Sprengel (Hg.), *Jean Paul im Urteil seiner Kritiker*, S. 230.
79 *Wahrheit aus Jean Paul's Leben*, Bd. 1, Breslau 1826.
80 *Merkblatt 1818*, zit. nach *Lebenserschreibung*, S. 113.
81 *Der Komet*, W I, 6, S. 584.
82 *Der Komet*, W I, 6, S. 578.
83 *Vita-Buch*, in: *Lebenserschreibung*, S. 333.
84 An Karl Barth, 22.5.1819, ebd. S. 263.
85 An Christian Otto, 19.1.1819, ebd. S. 244.
86 Im Oktober 1820 konvertiert Haller zum Katholizismus, was im calvinistischen Bern einen solchen Wirbel auslöst, dass er sich öffentlich rechtfertigen muss. 1821 verlässt Haller seine Heimatstadt und zieht nach Paris, wo er zeitweise der Mittelpunkt einer internationalen Obskurantenszene wird.

87 Joseph de Maistre, *Du Pape*, zit. nach Ludwig Elm, *Konservatives Denken 1789–1848/49. Darstellung und Texte*, Berlin 1989, S. 97.
88 *Vorrede*, in: *Deutsches Museum* 3/1813, S. 4.
89 Die These eines Gegenplaneten im Innern der Erde stammte von Edmond Halley (1656–1752).
90 *Unternacht-Gedanken über den magnetischen Welt-Körper im Erdkörper*, W II, 3, S. 909.
91 Ebd. S. 917.
92 Vgl. Jörn Leonard, *Liberalismus. Zur historischen Semantik eines europäischen Deutungsmusters*, München 2001, S. 171 f.
93 François René de Chateaubriand, Erinnerungen, hg., neu übertragen und mit einem Nachwort von Sigrid von Massenbach, München 1968, S. 448.
94 «Magnetisieren und Gegenmagnetisieren denkt Jean Paul als Formen der Fernwirkung, mit denen aus dem Erdinneren auf die Menschen auf der Erdoberfläche eingewirkt werden kann. Minister, der Adel, Theologen, Dichter, Frauen, Ärzte – sie alle sind der Fernwirkung aus dem Inneren des Erdkörpers ausgesetzt.» Nils Röller, *Magnetismus. Eine Geschichte der Orientierung*, München 2010, S. 165.
95 Von Karoline Richter, Juni 1819, SW III, 7, S. 434 (Anmerkungen).
96 An Karoline Richter, 16.6.1819, ebd. S. 273.
97 Ebd. S. 273.
98 Vgl. Hansmartin Schwarzmaier (Hg.), *Handbuch der Baden-Württembergischen Geschichte*, Bd. 4, Stuttgart 1992, S. 278.
99 An Heinrich Voß, 3.8.1819, SW III, 7, S. 288.
100 Emanuel ist daran wohl nicht ganz unbeteiligt; er hält Cotta für eine «jüdische Seele» und behauptet, dieser habe an Jean Paul schon mehr als 30 000 Taler verdient. Berend hat nachgerechnet, dass Richter seinerseits bei Cotta in gut zwanzig Jahren etwa 20 000 Taler verdient habe (Berend, *Jean Paul und Johann Friedrich Cotta*).
101 An Friedrich Cotta, 6.7.1820, SW III, 8, S. 51.
102 *Briefblättchen an die Leserinnen des Damen-Taschenbuchs bei gegenwärtiger Übergabe meiner abgerissenen Gedanken vor dem Frühstück und dem Nachtstück in Löbichau*, W II, 3, S. 964.
103 An Heinrich Voß, 23.9.1819, ebd. S. 304.
104 An Karoline Richter, 6.9.1819, ebd. S. 300.
105 *Wider das Überchristenthum*, SW II, 4, S. 205.
106 Ebd. S. 204.
107 An Professor Wagner, Oktober 1819, SW III, 7, S. 310.
108 An Max Richter, 20.9.1819, ebd. S. 303.
109 An Auguste Schlichtegroll, 10.10.1819, ebd. S. 307.
110 An Max Richter, 19.11.1819, ebd. S. 313.

111 An Max Richter, 17.12.1819, ebd. S. 322.
112 An Karoline Richter, 22.12.1819, ebd. S. 325 f.
113 An Karoline Richter, 21.1.1820, SW III, 8, S. 8.
114 *Trostantwort auf Ottomars Klage (Ausschweife für künftige Fortsetzungen)*, W II, 3, S. 1089.
115 *Der Komet*, W I, 6, S. 905.
116 An Georg Reimer, 23.3.1820, SW III, 8, S. 16.
117 An Heinrich Voß, 4.5.1820, ebd. S. 25 f.
118 *Der Komet*, W I, 6, S. 692.
119 Ebd. S. 693 f.
120 Ebd. S. 700.
121 Yelin wird neben seinem Ansbacher Landsmann Julius von Soden als Verfasser der antinapoleonischen Schrift vermutet, die den Nürnberger Buchhändler Palm, dessen Angestellter Yelin damals war, 1806 das Leben kostete. Er verunglückte 1825 auf einer Schottland-Reise und wurde neben dem Philosophen David Hume in Edinburgh begraben.
122 *Der Komet*, W I, 6, S. 682 f.
123 An Karoline Richter, 13.6.1820, SW III, 8, S. 40.
124 An Karoline Richter, 27.6.1820, ebd. S. 47.
125 An Heinrich Voß, 7.6.1820, ebd. S. 38.
126 Vgl. Eugène Susini, *Lettres inédites de Franz von Baader*, Bd. 1, Paris 1942.
127 An Heinrich Voß, 30.8.1820, SW III, 8, S. 66.
128 An Max Richter, 25.12.1820, ebd. S. 86 f.
129 Ebd. S. 87.
130 An Max Richter, 20.2.1821, ebd. S. 95.
131 Ebd. S. 96.
132 An Georg Reimer, 17.4.1821, ebd. S. 111.
133 An Emanuel, 14.12.1820, ebd. S. 83.
134 Fachartikel von Walther erschienen 1808 in den *Beiträgen zur kritischen Medizin* und 1819 in Hufelands *Journal der praktischen Heilkunde*.
135 An Emanuel, 14.12.1820, SW III, 8, S. 83.
136 An Heinrich Voß, 16.4.1821, ebd. S. 110.
137 An Max Richter, 14.7.1821, ebd. S. 127.
138 Susini, *Lettres inédites de Franz von Baader*, S. 23.
139 An Max Richter, 10.5.1821, SW III, 8, S. 114.
140 An Max Richter, 20.5.1821, ebd. S. 115.
141 W II, 3, S. 993.
142 Rellstabs Schilderung ist abgedruckt im *Morgenblatt für gebildete Stände*, 1.10.–4.10.1839.
143 An Max Richter, 4.9.1821, SW III, 8, S. 135.
144 An Heinrich Voß, 23.12.1821, ebd. S. 148.

145 Ebd.
146 *Der Komet*, W I, 6, S. 1003.
147 Schon dieses «Stammbuch» zeigt frappierende Ähnlichkeiten mit den 1804 anonym erschienenen *Nachtwachen des Bonaventura*, deren Verfasser bis heute nicht zweifelsfrei ermittelt ist. In einem seiner Notizhefte hat Richter 1809 eine Satire skizziert, die den Titel trägt: «Die Ehestands-Geschichte unserer ersten Eltern, aus mündlichen Berichten eines Augenzeugen (des Brudermörders Cain) geschöpft».
148 Vgl. SW I, 15, S. LII.
149 *Der Komet*, W I, 6, S. 1001.
150 An Christian Otto, Anfang November 1821, SW III, 8, S. 141.
151 An Anton Dick, 6.11.1821, ebd. S. 142.
152 An Heinrich Voß, 22.12.1821, ebd. S. 147.
153 An Heinrich Voß, 22.3.1822, ebd. S. 164.
154 An Karoline und Odilie Richter, 31.3.1822, ebd. S. 162.
155 An Georg Reimer, 12.4.1822, ebd. S. 163.
156 An Karoline Richter, 28.5.1822, ebd. S. 181.
157 Zit. nach Berend (Hg.), *Jean Pauls Persönlichkeit*, S. 299.
158 Ebd. S. 305.
159 Ebd. S. 301.
160 Zit. nach ebd. S. 304.
161 An Friedrich Cotta, 20.12.1821, SW III, 8, S. 146.
162 Johann Hieronymus Schroeter, *Beobachtungen über die Sonnenfackeln und Sonnenflecken*, Erfurt 1789; Joseph Mason Cox, *Praktische Bemerkungen über Geisteszerrüttung, mit Beilagen über die Ausstellung von Zeugnissen und Gutachten in Fällen von Wahnsinn. Nebst einem Anhange über die Organisation der Versorgungsanstalten für unheilbar Irrende*, vom Professor Reil, Halle 1811; Johann Gebhard Ehrenreich Maaß, *Versuch über die Gefühle, besonders die Affecten*, 2 Bde., Leipzig 1811/12.
163 Vgl. Müller, *Jean Pauls Exzerpte*, S. 255 ff. Die thematischen Sammlungen von Auszügen zur Philosophie, Ästhetik, Geschichte etc. noch hinzugerechnet, füllen Richters Exzerpte insgesamt 110 Quarthefte.
164 An Luise Förster, 4.6.1822, SW III, 8, S. 185.
165 An Emanuel, 27.10.1822, ebd. S. 207.
166 An Ernestine Voß, 7.2.1823, ebd. S. 216.
167 An Erhard Vogel, 11.10.1822, ebd. S. 204.
168 An Karoline Richter, 8.10.1822, ebd. S. 203.
169 *Vermählung der zwei höchsten Mächte der Erde am Thomastage 1822; nebst der päpstlichen Traurede*, W II, 3, S. 1034–1063.
170 Ebd. S. 1059. Die Satire auf das abgeschlagene Haupt des Johannes lässt sich aber auch als Persiflage auf den dubiosen «Propheten des neuen Jerusalem»

deuten, der seit etwa 1818 unter dem Namen Maximilian Proli (d. i. Maximilian Bernhard Ludwig Müller) in Hamburg, Würzburg und Offenbach sein Unwesen trieb. Sein Geheimsekretär wurde 1824 der schon erwähnte Dr. Johann Georg Göntgen, Vorsteher des Frankfurter *Museum*. Vgl. Anm. 64.

171 Ebd. S. 1062 f.

172 An Josef Max, 15.5.1823, SW III, 8, S. 223 f.

173 Im dritten Band von 1823 findet sich eine Abhandlung von Johann Christian August Grohmann, einem Anhänger von Jacobi und Stolberg, mit dem Titel *Die Stufenleiter der Natur: Instinkt, Geist, Unsterblichkeit*. Sie ist im Zusammenhang mit Jean Pauls *Selina* bemerkenswert als Versuch, empirische Psychologie, Naturphilosophie und Jacobi'sche Glaubensphilosophie zusammenzuführen.

174 An Johann Adam Walther, 7.3.1822, SW III, 8, S. 156. Johann Friedrich Herbart, *Die ästhetische Darstellung der Welt als das Hauptgeschäft der Erziehung* (1804), *Psychologie als Wissenschaft, neu gegründet auf Erfahrung, Metaphysik und Mathematik* (1824).

175 Ceres wurde 1801 von Giuseppe Piazzi, Pallas und Juno 1803/04 von Heinrich Olbers entdeckt. 1807 fand Olbers durch die Fernrohre der Sternwarte Lilienthal bei Bremen Vesta, überließ aber seinem Kollegen Carl Friedrich Gauß das Recht der Taufe.

176 *Selina*, W I, 6, S. 1116.

177 Ebd. S. 1116 f.

178 Michel Foucault, *Die Ordnung der Dinge. Eine Archäologie der Humanwissenschaften*, Frankfurt a. M. 1974, S. 379.

179 *Selina*, W I, 6, S. 1116.

180 Ebd. S. 1186.

181 Ebd. S. 1188.

182 Ebd. S. 1207. Das Sprachbild des Abstiegs der Seele in ihre eigene Tiefe hat Bonaventura in *Hexaemeron* geprägt. Vgl. Hans Blumenberg, *Die Lesbarkeit der Welt*, Frankfurt a. M. 1989, S. 53.

183 Schon früher hatte Jean Paul vom «Ätherleib» gesprochen, vgl. *Museum von und für Jean Paul*, W II, 2, S. 890 ff. , allerdings in kritischer Abgrenzung von der metaphysischen Bedeutung des Begriffs bei Platner und Bonnet. Der Begriff «Nervensystem» war Richter aus Samuel Auguste Tissots Schriften seit seiner Jugend geläufig. Die Karriere des «Ätherleibs» im spirituellen Irrationalismus des 19. und 20. Jahrhunderts und der Anthroposophie von Rudolf Steiner steht in keinem Zusammenhang mit der Verwendung des Begriffs bei Richter.

184 *Selina*, W I, 6, S. 1235 f.

185 *Vermählung der zwei höchsten Mächte*, W II, 3, S. 1057 (Fn.).

186 An Karoline Richter, 7.9.1823, SW III, 8, S. 239.
187 An Josef Max, 28.10.1823, ebd. S. 241.
188 SW II, 3, S. 1067 (*Nachlese zu den Vermischten Schriften*). Die *Nachlese* hätte gut einen vierten Band der Herbstblumine gefüllt und wurde wohl zu diesem Zweck zusammengestellt. Da Richter inzwischen in Verhandlungen mit Josef Max stand, wurde diesem die Sammlung angeboten. Mit dem Angebot der Sämtlichen Werke an Cotta war dieses Projekt obsolet geworden, um Cotta nicht zu verärgern.
189 Zit. nach Berend (Hg.), *Jean Pauls Persönlichkeit*, S. 325.
190 An Friedrich Cotta, 12.12.1823, SW III, 8, S. 247.
191 *Ausschweife für künftige Fortsetzungen von vier Werken*, IV. *Trostantwort auf Ottomars Klage über die Zeitlichkeit des Lebens* (Extrablatt aus dem dritten Bande der unsichtbaren Loge), W II, 3, S. 1077.
192 An Dr. Gottfried Tauber, 7.5.1824, SW III, 8, S. 258 f.
193 An Carl Friedrich Kunz, 26.11.1824, ebd. S. 273.
194 An Karoline Richter, 16.7.1824, ebd. S. 262.
195 An Gottfried Weber, 13.4.1824, ebd. S. 254.
196 An Karoline Richter, 16.7.1824, ebd. S. 263.
197 Ebd. S. 264.
198 An Friedrich Köppen, April 1824, ebd. S. 282.
199 An Johann Martin Christoph Miedel, 4.5.1825, ebd. S. 282 f.
200 SW II, 3, S. 1067.
201 *Leben Fibels*, W I, 6, S. 425.
202 *Der Komet*, W I, 6, S. 1036.
203 An Karl August Böttiger, 20.8.1825, SW III, 8, S. 285.
204 Zit. nach Berend (Hg.), *Jean Pauls Persönlichkeit*, S. 355.
205 Dr. Mises [Gustav Theodor Fechner], *Stapelia mixta*, Leipzig 1824, S. 3.
206 Zit. nach Berend (Hg.), *Jean Pauls Persönlichkeit*, S. 368.
207 *Bayreuther Zeitung* auf das Jahr 1825, redigiert von Georg Christian Hagen, im Verlage der Geh.-Kammerrath-Hagenschen Erben, Nr. 231, 22.11.1825, S. 1114–1118.

LITERATURVERZEICHNIS

Siglen

SW
Jean Paul, Sämtliche Werke. Historisch-kritische Ausgabe, begr. von Eduard Berend, Abt. I: Werke, Abt. II: Werke aus dem Nachlaß, Abt. III: Briefe von Jean Paul, Abt. IV: Briefe an Jean Paul, Weimar/Berlin 1927 ff.

W
Jean Paul, Sämtliche Werke, hg. von Norbert Miller und Wilhelm Schmidt-Biggemann, Abt. I: Erzählende und theoretische Werke, Abt. II: Jugendwerke und Vermischte Schriften, München 1959–1985.

Briefe
Die Briefe Jean Pauls, hg. von Eduard Berend, Bd. I-IV, München 1922–1926.

JPN
Jean-Paul-Nachlass, Staatsbibliothek zu Berlin, Preußischer Kulturbesitz, Handschriftenabteilung.

Weitere Quellentexte (Auswahl)

Anonym, Briefe über Ansbach, München 1803.
Anonym, Der Thurm zu Babel, [o. O.] 1801.
Anonym [Theodor Kretschmann u. a.], Vertraute Briefe über das Fürstenthum Baireuth, 2 Bde., Berlin 1794.
Anonym, Die Zauberlaterne oder der Wanderer aus der Hölle. Schlußstück zu Hans Kiekindiewelts Reisen und zu Ludwig Wagehals, Leipzig/Gera 1799.
Agrippa von Nettesheim, Die Eitelkeit und Unsicherheit der Wissenschaften und die Verteidigungsschrift, hg. von Fritz Mauthner, Bd. 1, München 1913.
Agrippa von Nettesheim, Die magischen Werke und weitere Renaissancetraktate, hg. von Marco Frenschkowski, Wiesbaden 2008.
Arndt, Ernst Moritz, Geist der Zeit, 2. Aufl., London 1807.
Baader, Franz von, Lettres inédites, hg. von Eugène Susini, Paris 1967.
Blankenburg, Christian Friedrich von, Literarische Zusätze zu Johann Georg Sulzers Allgemeiner Theorie der schönen Künste, Berlin 1798.
Böttiger, Karl August, Literarische Zustände und Zeitgenossen. Begegnungen und Gespräche im klassischen Weimar, hg. von Klaus Gerlach und René Sternke, Berlin 1998.
Cosmeli, Michael, Reise ins Paulinerkloster im Fürstenthum Schwerau, Hamburg 1801.

Der Briefwechsel zwischen Schiller und Goethe, hg. von Hans Gerhard Gräf und Albert Leitzmann, 3 Bde., Leipzig [o. J.].
Diderot, Denis, Philosophische Schriften, übers. von Theodor Lücke, 2 Bde., Berlin 1961.
Fichte, Johann Gottlieb, Briefe, hg. von Manfred Buhr, Leipzig 1962.
Fikenscher, Georg Wolfgang Augustin, Gelehrtes Fürstenthum Baireut oder Biographische und literarische Nachrichten von allen Schriftstellern, welche in dem Fürstenthum Baireut geboren sind und in oder außer demselben gelebet haben und noch leben, Erlangen/Nürnberg 1801–1805.
Fontane, Theodor, Wanderungen durch die Mark Brandenburg, 5 Bde., München 1971.
Förster, Ernst (Hg.), Der Papierdrache. Jean Pauls letztes Werk, Frankfurt a. M. 1848.
Friedrich II. von Preußen, Schriften und Briefe, hg. von Ingrid Mittenzwei, Leipzig 1987.
Goethe, Johann Wolfgang, Werke. Berliner Ausgabe, 22 Bde., Berlin 1965–1978.
Goethe in vertraulichen Briefen seiner Zeitgenossen, hg. von Wilhelm Bode, 3 Bde., Berlin/Weimar 1979.
Hamann, Johann Georg, Aesthetica in nuce. Eine Rhapsodie in kabbalistischer Prose, Stuttgart 1998.
Hamann, Johann Georg, Briefwechsel, hg. von Walter Ziesemer und Arthur Henkel, Wiesbaden/Frankfurt a. M. 1955–1979.
Hamann, Johann Georg, Sokratische Denkwürdigkeiten, Stuttgart 1998.
Herder, Johann Gottfried, Werke in zehn Bänden, hg. von Gunter E. Grimm, Frankfurt a. M. 1993.
Hölderlin, Friedrich, Sämtliche Werke und Briefe, hg. von Michael Knaupp, 3 Bde., München 1992/93.
Jean Paul, Lebensbeschreibung. Veröffentlichte und nachgelassene autobiographische Schriften, hg. von Helmut Pfotenhauer unter Mitarbeit von Thomas Meißner, München 2004.
Kant, Immanuel, Allgemeine Naturgeschichte und Theorie des Himmels, Berlin 1955.
Kant, Immanuel, Anthropologie in pragmatischer Hinsicht, Stuttgart 1963.
Kant, Immanuel, Grundlegung zur Metaphysik der Sitten, Leipzig 1947.
Klingemann, Ernst August Friedrich, Die Nachtwachen des Bonaventura, hg. von Franz Schultz, Leipzig 1919.
Kobbe, Theodor von, Humoristische Erinnerungen aus meinem academischen Leben in Heidelberg und Kiel, Bremen 1840.
Lambert, Johann Heinrich, Cosmologische Briefe über die Einrichtung des Weltbaues, Augsburg 1761.
Lambert, Johann Heinrich, Neues Organon oder Gedanken über die Erforschung und Bezeichnung des Wahren und dessen Unterscheidung vom Irrtum und Schein, hg. von Günter Schenk unter Mitarbeit von Peter Heyl (nach der Ausgabe von 1764), 2 Bde., Berlin 1990.
Laukhard, Friedrich Christian, Leben und Schicksale von ihm selbst beschrieben, Leipzig 1989.
Leonhardi, Friedrich Gottlieb, Erdbeschreibung der fränkischen Fürstenthümer Ansbach und Bayreuth, Halle 1797.
Lessing, Gotthold Ephraim, Sämtliche Schriften, hg. von Karl Lachmann, 13 Bde., Berlin 1838–1840.
Marne, Johann Bernhard Hermann, Über Feuer, Wärme, Licht, Berlin 1787.

Moritz contra Campe. Ein Streit zwischen Autor und Verleger im Jahr 1789, hg. von Rainer Marx und Gerhard Sauder, St. Ingbert 1993.

Oertel, Friedrich Ludwig von, Briefe eines ehrlichen Mannes bey einem wiederholten Aufenthalt in Weimar, hg. von Winfried Arenhövell, unveränd. Neuausg. nach dem Erstdruck von 1800, Weimar 1975.

Oertel, Friedrich Ludwig von, Denkwürdigkeiten des ehemaligen Nachtwächters Robert zu Zwäzen, derzeitigen Satrapen im Lande Caramania. Ein Beytrag zu den Geister- und Ordensgeschichten dieses Jahrhunderts [...], Schneeberg [o. J.].

Rebmann, Georg Friedrich, Werke und Briefe, hg. von Hedwig Voegt, Werner Greilin und Wolfgang Ritschel, 3 Bde., Berlin 1990.

Reincke, Olaf (Hg.), O Lust, allen alles zu sein. Deutsche Modelektüre um 1800, Leipzig 1978.

Richter, Jean Paul Friedrich, Jean Pauls Geist oder Chrestomathie der vorzüglichsten, kräftigsten und gelungensten Stellen aus seinen sämtlichen Schriften, mit einer Einleitung und einzelnen Bemerkungen begleitet, Weimar/Leipzig 1816.

Riesbeck, Johann Kaspar, Briefe eines reisenden Franzosen über Deutschland, hg. von Jochen Golz, Berlin 1976.

Schelling, Friedrich Wilhelm Josef, Frühschriften. Eine Auswahl in zwei Bänden, hg. von Helmut Seidel und Lothar Kleine, Bd. 1: Über das Ich in der Philosophie, Bd. 2: System des transzendentalen Idealismus, Berlin 1971.

Schiller, Friedrich, Sämtliche Werke, Berliner Ausgabe, hg. von Hans-Günther Thalheim u. a., Berlin 1980–2005.

Schlegel, Friedrich, Werke in zwei Bänden, Berlin/Weimar 1980.

Schlegel-Schelling, Caroline, «Lieber Freund, ich komme weit her schon an diesem frühen Morgen.» Briefe, hg. von Sigrid Damm, Berlin 1980.

Schubart, Christian Friedrich Daniel, Deutsche Chronik, Leipzig 1988.

Schulz, Johann Gottlob, Beschreibung der Stadt Leipzig, Leipzig 1784.

Spazier, Richard Otto, Jean Paul Friedrich Richter. Ein biographischer Commentar zu dessen Werken, Leipzig 1836.

Sterne, Laurence, Empfindsame Reise durch Frankreich und Italien, Leipzig 1945.

Swedenborg, Emanuel, Himmel und Hölle. Beschrieben nach Gehörtem und Gesehenem, Zürich [o. J.].

Swedenborg, Emanuel, Homo Maximus. Der himmlische und der leibliche Mensch, Weilheim 1962.

Tournon, Camille de, Die Provinz Bayreuth unter französischer Herrschaft, übers. und bearb. von Ludwig von Fahrmbacher, Wunsiedel 1900.

Weber, Karl Julius, Der Geist Ludwig Wekhrlins, Stuttgart 1823.

Wezel, Johann Carl, Belphegor oder die wahrscheinlichste Geschichte unter der Sonne, hg. von Hubert Gersch, Frankfurt a. M. 1965.

Wezel, Johann Carl, Kakerlak oder die Geschichte eines Rosenkreuzers aus dem vorigen Jahrhunderte, hg. von Hans Henning, Berlin 1984.

Wezel, Johann Carl, Kritische Schriften, im Faksimiledruck hg. von Albert R. Schmitt, Stuttgart 1971.

Wezel, Johann Carl, Lebensgeschichte Tobias Knauts, des Weisen, sonst der Stammler genannt, hg. von Anneliese Klingenberg, Berlin 1990.

Wezel, Johann Carl, Volksmetaphysik für alle Stände, Leipzig 1797.

Wilhelmine Friederike Sophie, Markgräfin von Bayreuth, Memoiren, nach der eigenhändigen französischen Niederschrift, Leipzig 1927.

Wölfel Kurt (Hg.), Sammlung der zeitgenössischen Rezensionen von Jean Pauls

Werken, 4 Bde. (Jahrbuch der Jean-Paul-Gesellschaft 13/1978, 16/1981, 18/1983, 23/1988).

Young, Edward, Klagen, oder Nachtgedanken über Leben, Tod und Unsterblichkeit. In neun Nächten, verb. Aufl., Leipzig 1791.

Forschungsliteratur (Auswahl)

Achenbach, Bernd, Eine Antwort auf Lichtenbergs «Orbis pictus». Jean Pauls Erstling «Vertheidigung des Bedienten Standes, von einem Bedienten» [1780] entdeckt, in: Lichtenberg-Jahrbuch 1990, S. 7–12.

Alt, Peter-André, Schiller. Leben – Werk – Zeit. Eine Biographie, 2 Bde., München 2000.

Baasner, Rainer, Kometen in der deutschen Literatur, in: Lessing Yearbook 20/1988, S. 195 f.

Barkhoff, Jürgen, Magnetische Fiktionen. Literarisierung des Mesmerismus in der Romantik, Stuttgart/Weimar 1995.

Bataille, George, Tränen des Eros, Berlin 1993.

Baum, Wilhelm, Wien als Zufluchtsort der Aufklärung. Josef Schreyvogel – die Philosophie Kants als Hilfsmittel im Kampf gegen Schlegels «neue Schule» der Wiener Romantik, in: Jahrbuch des Wiener Goethe-Vereins 99/1995, S. 83–102.

Bäumer, Gertrud, Goethes Satyros. Eine Studie zur Entstehungsgeschichte, Leipzig 1905.

Benham, Georg F., Jean Paul's «Levana» in Contextual Perspective, in: German Life and Letters 27/1973–1974, S. 194–204.

Berend, Eduard (Hg.), Jean Pauls Persönlichkeit in Berichten der Zeitgenossen, 2. Aufl., Weimar 2001.

Berend, Eduard, Jean Pauls Verhältnis zu den literarischen Parteien seiner Zeit, Berlin 1908.

Berend, Eduard, Jean Paul und Johann Friedrich Cotta, in: Börsenblatt für den deutschen Buchhandel, 15. Jg., Nr. 92, 17.11.1959, Frankfurter Ausgabe, S. 1581–1589.

Berend, Eduard, Die Namensgebung bei Jean Paul, in: Publications of the Modern Language Association of America 57/1942, S. 820–850.

Birznieks, Paul, Ein literarhistorisch würdiges Verdienst des jungen Richter, in: Hesperus. Blätter der Jean-Paul-Gesellschaft 29/1965, S. 6–8.

Black, Joel D., Levana. Levitation in Jean Paul and Thomas De Quincy, in: Comparative Literature 32/1980, S. 42–62.

Böck, Dorothea, Archäologie in der Wüste. Jean Paul und das «Biedermeier» – eine Provokation für das Fach (ante portas), in: Petra Boden und Holger Dainat (Hg.), Atta Troll tanzt noch. Selbstbesichtigungen der literaturwissenschaftlichen Germanistik im 20. Jahrhundert, Berlin 1997, S. 241–269.

Braun, Cordula, Divergentes Bewußtsein. Romanprosa an der Wende zum 19. Jahrhundert. Interpretationen zu Schlegels «Lucinde», Brentanos «Godwi» und Jean Pauls «Leben Fibels», Frankfurt a. M. u. a. 1999.

Brose, Karl, Jean Pauls Verhältnis zu Fichte. Ein Beitrag zur Geistesgeschichte, in: Deutsche Vierteljahrsschrift für Literaturwissenschaft und Geistesgeschichte 49/1975, S. 66–93.

Bühlmann, Regula, Kosmologische Dichtung zwischen Naturwissenschaft und innerem Universum. Die Astronomie in Jean Pauls «Hesperus», Bern u. a. 1996.

Bürger, Peter, Das Denken des Herrn, Frankfurt a. M. 1992.

Cloot, Julia, Geheime Texte. Jean Paul und die Musik, New York u. a. 2001.
Craig, Gordon A., Die Politik der Unpolitischen. Deutsche Schriftsteller und die Macht 1770–1871, München 1993.
Dangel-Pelloquin, Elsbeth, Eigensinnige Geschöpfe. Jean Pauls poetische Geschlechterwerkstatt, Freiburg 1999.
Darnton, Robert, Literaten im Untergrund. Lesen, schreiben und publizieren im vorrevolutionären Frankreich, München 1985.
De Bruyn, Günter, Das Leben des Jean Paul Friedrich Richter, Frankfurt a. M. 1978.
Dieckmann, Friedrich, «Freiheit ist nur in dem Reich der Träume». Schillers Jahrhundertwende, Frankfurt a. M./Leipzig 2009.
Elm, Ludwig, Konservatives Denken 1789–1848/49, Berlin 1989.
Erb, Andreas, Schreib-Arbeit. Jean Pauls Erzählen als Inszenierung «freier» Autorschaft, Wiesbaden 1996.
Esselborn, Hans, «Lebendige Waschmaschine und Fegemühle» oder «weiblicher Engel»? Das Bild der Frau in Jean Pauls Romanen, in: Le Texte et l'idée 9/1994, S. 5–20.
Esselborn, Hans, Die Vielfalt der Redeweisen und Stimmen. Jean Pauls erzählerische Modernität, in: Jahrbuch der Jean-Paul-Gesellschaft 26–27/1991–1992, S. 32–66.
Faivre, Antoine, Aspects de la Franc-maçonnerie allemande au XVIIIe siècle, Paris 1975.
Foucault, Michel, Die Ordnung der Dinge. Eine Archäologie der Humanwissenschaften, Frankfurt a. M. 1974.
Fulda, Daniel, und Hartmut Rosa, Die Aufklärung – ein vollendetes Projekt? Für einen dynamischen Begriff der Moderne, in: Zeitschrift für Ideengeschichte 5/2011, Heft 4, S. 111–118.
Gebhard, Walter, «Baireuth» in Jean Pauls «Siebenkäs», in: Albrecht Weber (Hg.), Handbuch der Literatur in Bayern. Vom Frühmittelalter bis zur Gegenwart. Geschichte und Interpretation, Regensburg 1987, S. 263–274.
Glaser, Hermann, und Johann Schrenk (Hg.), Jean Paul, Gunzenhausen 2007.
Gnam, Andrea, «Und Gott tanzte vor». Der Sprung in die Subjektivität im Modus des Traums. Jean Pauls Konzeption gewitzten Schreibens im «Schulmeisterlein Wutz», in: Athenäum. Jahrbuch der Friedrich-Schlegel-Gesellschaft 5/1995, S. 57–70.
Göbel, Eckart, Am Ufer der zweiten Welt. Jean Pauls «Poetische Landschaftsmalerei», Tübingen 1999.
Goebel, Ralf, Philosophische Dichtung – dichtende Philosophie. Eine Untersuchung zu Jean Pauls (Früh-)Werk unter Berücksichtigung der Schriften Johann Gottfried Herders und Friedrich Heinrich Jacobis, Frankfurt a. M. u. a. 2002.
Golz, Jochen, Jean-Paul-Forschung 1970–1983 in der BRD. Anmerkungen zu ihren Tendenzen und Ergebnissen, in: Weimarer Beiträge 33/1987, S. 663–678.
Götz, Carmen, Friedrich Heinrich Jacobi im Kontext der Aufklärung. Diskurse zwischen Philosophie, Medizin und Literatur, Hamburg 2008.
Greiling, Werner, Andreas Klinger und Christoph Köhler (Hg.), Ernst II. von Sachsen-Gotha-Altenburg. Ein Herrscher im Zeitalter der Aufklärung, Köln/Weimar/Wien 2005.
Harich, Wolfgang, Jean Pauls Revolutionsdichtung. Versuch einer neuen Deutung seiner heroischen Romane, Berlin 1974.
Heckel, Theo K., Der innere Mensch. Die paulinische Verarbeitung des platonischen Mythos, Tübingen 1993.
Heise, Wolfgang, Aufbruch in die Illusion. Zur Kritik der bürgerlichen Philosophie in Deutschland, Berlin 1964.

Heise, Wolfgang, Die Wirklichkeit des Möglichen. Dichtung und Ästhetik in Deutschland 1750–1850, Berlin/Weimar 1990.
Hellmann, Gustav, Repertorium der Deutschen Meteorologie. Leistungen der Deutschen in Schriften, Erfindungen und Beobachtungen auf dem Gebiete der Meteorologie und des Erdmagnetismus von den ältesten Zeiten bis zum Schlusse des Jahres 1881, Leipzig 1883.
Henningfeld, Jochen, Geschichte der Sprachphilosophie. Antike und Mittelalter, Berlin 1993.
Hermand, Jost, Napoleon oder Don Quichotte. Zur Kontroverse über den ‚Kometen', in: Blätter der Jean-Paul-Gesellschaft 30/1966, S. 19–22.
Hochadel, Oliver, Öffentliche Wissenschaft. Elektrizität in der deutschen Aufklärung, Göttingen 2002.
Hofmeister-Hunger, Andrea, Pressepolitik und Staatsreform. Die Institutionalisierung staatlicher Öffentlichkeitsarbeit bei Karl August von Hardenberg 1792–1822, Göttingen 1994.
Die Illuminaten. Quellen und Texte zur Aufklärungsideologie des Illuminatenordens (1776–1785), hg. von Jan Rachold, Berlin 1985.
Jasper, Willi, Lessing. Aufklärer und Judenfreund. Biografie, Berlin/München 2001.
Kaiser, Herbert, Jean Paul lesen. Versuch über seine poetische Anthropologie des Ich, Würzburg 1995.
Kaltenbrunner, Gerd-Klaus, Franz von Baader. Der Konservative zwischen Mystik und Politik, in: ders., Der schwierige Konservatismus. Definitionen, Theorien, Porträts, Berlin 1975, S. 181–199.
Käuser, Andreas, Die Verdoppelung des Ich. Jean Pauls physiognomische Poetik im «Komet», in: Jahrbuch der Jean-Paul-Gesellschaft 26–27/1991–1992, S. 183–196.
Kiefer, Klaus H. (Hg.), Cagliostro. Dokumente zu Aufklärung und Okkultismus, München/Leipzig/Weimar 1991.
Kiermeier-Debre, Joseph, Der Weise auf dem Thron. Studien zum Platonismus Jean Pauls, Stuttgart 1980.
Kim, Dae Kweon, Sprachtheorie im 18. Jahrhundert: Herder, Condillac und Süßmilch, St. Ingbert 2002.
Kirchner, Joachim, Das deutsche Zeitschriftenwesen. Seine Geschichte und seine Probleme, Teil 1: Von den Anfängen bis zum Zeitalter der Romantik, Wiesbaden 1958.
Knautz, Isabel, Epische Schwärmerkuren. Johann Karl Wezels Romane gegen die Melancholie, Würzburg 1990.
Köbler, Gerhard, Historisches Lexikon der deutschen Länder. Die deutschen Territorien vom Mittelalter bis zur Gegenwart, 7. Aufl., München 2007.
Koch, Lutz, Bemerkungen über Logik und Psychologie der «Levana», in: Jahrbuch der Jean-Paul-Gesellschaft 28/1993, S. 47–63.
Koepke, Wulf, Narcissus and the Poet. Jean Paul Richter's Question about Creativity in «Flegeljahre», in: Jeffrey Adams und Eric Williams (Hg.), Mimetic Desire. Essays on Narcissism in German Literature from Romanticism to Postmodernism, Columbia 1995, S. 34–49.
Kommerell, Max, Jean Paul, Frankfurt a. M. 1966.
Košenina, Alexander, Ernst Platners Anthropologie und Philosophie. Der «philosophische Arzt» und seine Wirkung auf Johann Karl Wezel und Jean Paul, Würzburg 1989.
Košenina, Alexander, Der gelehrte Narr. Gelehrtensatire seit der Aufklärung, Göttingen 2003.

Krause, Burkhard, und Ulrich Scheck (Hg.), Verleiblichungen. Literatur- und kulturgeschichtliche Studien über Strategien, Formen und Funktionen der Verleiblichung in Texten von der Frühzeit bis zum Cyberspace, St. Ingbert 1996.

Kuzinar, Alice A., Titanism and Narcissism. The Lure of the Transparent Sign in Jean Paul, in: Deutsche Vierteljahrsschrift für Literaturwissenschaft und Geistesgeschichte 60/1986, S. 440–458.

Lange, Sigrid (Hg.), Ob die Weiber Menschen sind. Geschlechterdebatten um 1800, Leipzig 1992.

Langen, August, Der Wortschatz des deutschen Pietismus, 2., erg. Aufl., Tübingen 1968.

Lautenschlager, Friedrich, Vaterländische Ehrentage in Heidelberg. Zum Aufenthalt Jean Pauls und General Dörnbergs im Sommer 1817. Mit einem ungedruckten Brief von Heinrich Voß, Heidelberg 1935.

Lindner, Burkhardt, Jean Paul. Scheiternde Aufklärung und Autorrolle, Darmstadt 1976.

Linke, Detlef B., Hölderlin als Hirnforscher, Frankfurt a. M. 2005.

Lohmann, Gustav, Die Entfaltung von Jean Pauls Dichtertum (1780–1791), Würzburg 1999.

Lohmann, Gustav, Jean Pauls ‹Flegeljahre› gesehen im Rahmen ihrer Kapitelüberschriften, 2 Bde., Würzburg 1990–1995.

Maar, Michael, Die böse Caroline hat das Eichhörnchen freigelassen. Von den Kosten literarischer Größe. Eine Jean-Paul-Woche in Bayreuth, in: FAZ, 12.6.1991, S. 36.

Maier, Thomas, Der Vernichtungsglaube. Die Diagnose der modernen Systemphilosophie in Jean Pauls «Selina», Frankfurt a. M. u. a. 1994.

Markov, Walter, Revolution im Zeugenstand. Frankreich 1789–1799, 2 Bde., Leipzig 1982.

Matussek, Peter (Hg.), Goethe und die Verzeitlichung der Natur, München 1998.

McKnight, Phillip, Wezel, in: Lessing Yearbook 19/1987, S. 223–266.

Minder, Robert, Die Entdeckung deutscher Mentalität. Essays, hg. und mit einem Nachwort von Manfred Beyer, Leipzig 1992.

Moens, Herman, Jean Pauls Jugendroman ‹Abelard und Heloise› in Zusammenhang mit Goethes ‹Werther› und Millers ‹Siegart›. Eine Untersuchung der empfindsamen Elemente, Wilrijk 1976.

Müller, Götz, ICH und Moi oder Wer marschiert da unten so mit? Eine Zitatcollage zum Körperhaß bei Arno Schmidt und Jean Paul, in: Text + Kritik 20/20a/1986, S. 160–163.

Müller, Götz, Jean Pauls Ästhetik und Naturphilosophie, Tübingen 1983.

Müller, Götz, Jean Pauls Exzerpte, Würzburg 1988.

Müller, Götz, Die Literarisierung des Mesmerismus in Jean Pauls Roman ‹Der Komet›, in: ders., Jean Paul im Kontext. Gesammelte Aufsätze, mit einem Schriftenverzeichnis hg. von Wolfgang Riedel, Würzburg 1996, S. 45–58.

Nell, Werner, Jean Pauls ‹Komet› und ‹der teutsche Don Quichotte›, in: Jahrbuch der Jean-Paul-Gesellschaft 21/1986, S. 77–96.

Nerrlich, Paul, Jean Paul. Sein Leben und seine Werke, Berlin 1889.

Oelsner, Konrad Engelbert, Luzifer oder Gereinigte Beiträge zur Geschichte der Französischen Revolution, hg. von Werner Greiling, Frankfurt a. M. 1988.

Ortheil, Hanns-Josef, Jean Paul, Reinbek b. Hamburg 1984.

Paulus, Jörg, Der Enthusiast und sein Schatten. Literarische Schwärmer- und Philisterkritik um 1800, Berlin/New York 1998.

Pöhlmann, Isabel, Jean Paul, Der Komet. Untersuchung zu Entstehung und Struktur eines Romans, München 1987.

Pross, Caroline, Falschnamenmünzer. Zur Figuration von Autorschaft und Textualität im Bildfeld der Ökonomie bei Jean Paul, Frankfurt a. M. u. a. 1997.

Ranciére, Jacques, Die stumme Sprache. Essay über die Widersprüche der Literatur, Zürich 2010.

Sarasin, Philipp, Reizbare Maschinen. Eine Geschichte des Körpers 1765–1914, Frankfurt a. M. 2001.

Schiewer, Gesine Lenore, Cognitio symbolica. Lamberts semiotische Wissenschaft und ihre Diskussion bei Herder, Jean Paul und Novalis, Tübingen 1996.

Schletter, Hermann T., Kriegscenen aus der Leipziger Literaturgeschichte 1781/82, Leipzig 1846.

Schlözer, Kurd von, Die Familie von Meyern in Hannover und am Markgräflichen Hofe zu Baireuth, Berlin 1855.

Schmidt, Hartmut, Die Berlinische Gesellschaft für deutsche Sprache an der Schwelle der germanistischen Sprachwissenschaft, in: Zeitschrift für Germanistik 4/1983, S. 278–289.

Schmidt, Jochen (Hg.), Aufklärung und Gegenaufklärung in der europäischen Literatur. Philosophie und Politik von der Antike bis zur Gegenwart, Darmstadt 1989.

Schmidt-Biggemann, Wilhelm, Maschine und Teufel. Jean Pauls Jugendsatiren nach ihrer Modellgeschichte, Freiburg/München 1975.

Schmitz, Rainer (Hg.), Die ästhetische Prügeley. Streitschriften der antiromantischen Bewegung, Göttingen 1992.

Schmitz-Emans, Monika, Das ‹Leben Fibels› als Transzendentalroman. Eine Studie zu Jean Pauls poetischen Reflexionen über Sprachen und Schrift, in: Aurora 52/1992, S. 143–166.

Schmitz-Emans, Monika, Der verlorene Urtext. Fibels Leben und die schriftmetaphorische Tradition, in: Jahrbuch der Jean-Paul-Gesellschaft 26–27/1991–1992, S. 197–222.

Schnabel, Werner Wilhelm, Erzählerische Willkür oder säkularisiertes Strukturmodell? Jean Pauls «Leben des vergnügten Schulmeisterlein Maria Wutz in Auenthal» und die biographische Form, in: Athenäum. Jahrbuch der Friedrich-Schlegel-Gesellschaft 11/2001, S. 139–158.

Schöne, Albrecht, Aufklärung aus dem Geiste der Experimentalphysik. Lichtenbergsche Konjunktive, München 1993.

Schuck, Gerhard, Rheinbundpatriotismus und politische Öffentlichkeit zwischen Aufklärung und Frühliberalismus, Stuttgart 1994.

Schweikert, Uwe, Jean Pauls «Komet». Selbstparodie der Kunst, Stuttgart 1971.

Schweikert, Uwe, Jean Paul und Johann Georg Zimmer. Mit einem teilweise unbekannten Brief Jean Pauls zur Druckgeschichte von «D. Katzenbergers Badereise», in: Jahrbuch des Freien Deutschen Hochstifts 1973, S. 347–353.

Seemann, Hellmut Th. (Hg.), Europa in Weimar. Visionen eines Kontinents, Göttingen 2008.

Siegl, Josef, Franz von Baader. Ein Bild seines Lebens und Wirkens, München 1957.

Sinn, Christian, Jean Paul. Hinführung zu seiner Semiologie der Wissenschaft, Stuttgart/Weimar 1995.

Snell, Bruno, Die Entdeckung des Geistes. Studien zur Entstehung des europäischen Denkens bei den Griechen, Hamburg 1946.

Sommer, Dietrich, Jean Pauls Roman «Doktor Katzenbergers Badereise», Halle/Saale 1959.

Speier, Hans-Michael, Die Wiederkehr Jean Pauls und die Prolegomena einer zukünftigen Kunst. Hegel – Jean Paul – George – Celan, in: ders. und Dieter Straub (Hg.), Kehr um im Bild. Gedenkschrift Victor A. Schmitz, Frankfurt a. M. 1983, S. 35–51.

Spies, Britta, Das Tagebuch der Caroline von Lindenfels, geb. von Flotow (1774–1850). Leben und Erleben einer oberfränkischen Adeligen am Ende der ständischen Gesellschaft, München 2009.

Spindler, Max (Hg.), Handbuch der Bayerischen Geschichte. Dritter Band (Franken, Schwaben, Oberpfalz bis zum Ausgang des 18. Jahrhunderts), Münster u. a. 1979.

Sprengel, Peter, Innerlichkeit. Jean Paul oder das Leiden an der Gesellschaft, München 1977.

Sprengel, Peter (Hg.), Jean Paul im Urteil seiner Kritiker. Dokumente zur Wirkungsgeschichte Jean Pauls in Deutschland, München 1980.

Sprengel, Peter, Eine unbekannte Schulsatire Jean Pauls. Mit einem Anhang: ‹Des Schulrath Schäpe Amtsbericht von seiner Schulvisitazions Reise im Fürstenthum Haarhaar›, in: Jahrbuch der Jean-Paul-Gesellschaft 14/1979, S. 7–21.

Sprenger, Karoline, Jean Pauls Pädagogik. Studien zur Levana, Neuried 2003.

Stang, Harald, Einleitung – Fußnote – Kommentar. Figurierte Formen wissenschaftlicher Darstellung als Gestaltungselemente moderner Erzählkunst, Bielefeld 1992.

Thürauf, Ulrich, Geschichte der öffentlichen Meinung in Ansbach-Bayreuth 1789–1815, Ansbach 1918.

Toussaint, Ingo (Hg.), Lustgärten um Bayreuth. Eremitage, Sanspareil und Fantasie in Beschreibungen aus dem 18. und 19. Jahrhundert, Hildesheim u. a. 1998.

Träger, Claus (Hg.), Die Französische Revolution im Spiegel der deutschen Literatur, Leipzig 1979.

Ueding, Gert, Jean Paul, München 1993.

Ufer, Peter, Leipziger Presse 1789 bis 1815. Eine Studie zu Entwicklungstendenzen und Kommunikationsbedingungen des Zeitungs- und Zeitschriftenwesens zwischen Französischer Revolution und den Befreiungskriegen, Münster 2000.

Unger, Christoph, Die ästhetische Phantasie. Begriffsgeschichte, Diskurs, Funktion, Transformation. Studien zur Poetologie Jean Pauls und Johann Wolfgang Goethes, Frankfurt a. M./Berlin/Bern 1996.

Unseld, Siegfried, Goethe und seine Verleger, Frankfurt a. M./Leipzig 1991.

Voges, Michael, Aufklärung und Geheimnis, Tübingen 1987.

Vollmann, Rolf, Das Tolle neben dem Schönen. Jean Paul. Ein biographischer Essay, Frankfurt a. M. 1996.

Vonau, Jürgen, Quodlibet. Studien zur poetologischen Selbstreflexivität von Jean Pauls Roman «Flegeljahre», Würzburg 1997.

Wachter, Clemens u. a. (Bearb.), Die Professoren und Dozenten der Friedrich-Alexander-Universität Erlangen 1743–1960, Erlangen 2009.

Wieckenberg, Ernst-Peter (Hg.), Einladung ins 18. Jahrhundert. Ein Almanach aus dem Verlag C.H. Beck im 225. Jahr seines Bestehens, München 1988.

Wirtz, Thomas, Liebe und Verstehen. Jean Paul im Briefwechsel mit Charlotte von Kalb und Esther Gad, in: Deutsche Vierteljahrsschrift für Literaturwissenschaft und Geistesgeschichte 72/1998, S. 177–200.

Wirtz, Thomas, Schreibversuche. Jean Pauls Briefe bis 1805, in: Jahrbuch der Jean-Paul-Gesellschaft 31/1996, S. 23–37.

Wölfel, Kurt, Hahnenschrei. Über das Widmungsschreiben vor Jean Pauls ‹Titan›: ‹Der Traum der Wahrheit›, in: Dietmar Peschel (Hg.), Germanistik in Erlangen, hundert Jahre nach der Gründung des Deutschen Seminars, Erlangen 1983, S. 221–230.

Wölfel, Kurt, Zum Bild der Französischen Revolution im Werk Jean Pauls, in: ders., Deutsche Revolution und Französische Revolution. Sieben Studien, Göttingen 1974.
Wuthenow, Ralph-Rainer, Die gebändigte Flamme. Zur Wiederentdeckung der Leidenschaften im Zeitalter der Vernunft, Heidelberg 2000.
Zymner, Rüdiger, Manierismus. Zur poetischen Artistik bei Johann Fischart, Jean Paul und Arno Schmidt, Paderborn u. a. 1995.

BILDNACHWEIS

S. 25: © Evangelisch-Lutherisches Pfarramt Joditz, Jean-Paul-Gasse 1, 95189 Köditz; **S. 28:** Archiv der Autorin; **S. 41:** zit. nach Die Briefe Jean Pauls, hg. v. E. Berend, Bd. 1, München 1922, S. 169; **S. 60:** zit. nach Die Briefe Jean Pauls, hg. v. E. Berend, Bd. 1, München 1922, S. 15; **S. 96:** zit. nach Jean Paul, Sämtliche Werke. Hist.-krit. Ausgabe, Bd. IV, 1, Berlin 2003, Abb. 1.; **S. 127:** © akg-images; **S. 166:** © Deutsches Freimaurermuseum Bayreuth, Loge «Eleusis zur Verschwiegenheit», ezv.bayreuth.freimaurerei.de/Foto: Thad Peterson; **S. 180:** zit. nach Die Briefe Jean Pauls, hg. v. E. Berend, Bd. 2, München 1922, S. 103; **S. 203:** © Jean-Paul-Museum der Stadt Bayreuth; **S. 212:** Jean Paul, Sämtliche Werke. Hist.-krit. Ausgabe, Bd. IV, 1, Berlin 2003, Abb. 13; **S. 220:** © akg-images; **S. 225:** © akg-images; **S. 227:** © akg-images/Erich Lessing; **S. 248:** zit. nach Jean Paul, Sämtliche Werke. Hist.-krit. Ausgabe, Bd. IV, 3, 1, Berlin 2009, Abb. 12; **S. 260:** zit. nach Jean Paul, Sämtliche Werke. Hist.-krit. Ausgabe, Bd. IV, 3, 1, Berlin 2009, Abb. 13; **S. 264:** zit. nach Jean Paul, Sämtliche Werke. Hist.-krit. Ausgabe, Bd. IV, 3, 1, Berlin 2009, Abb. 8; **S. 268:** © Stiftung Klassik Weimar/Herzogin Anna Amalia Bibliothek/Signatur ZC 120; **S. 283:** zit. nach Ernst Anding, Einrichtung und Geschichte der Sternwarte Gotha, Gotha 1933; **S. 288:** Universitätsbibliothek München, Maassen 3293; **S. 305:** zit. nach Die Briefe Jean Pauls, hg. v. E. Berend, Bd. 3, München 1924, S. 585; **S. 310:** zit. nach Die Briefe Jean Pauls, hg. v. E. Berend, Bd. 3, München 1924, S. 597; **S. 333:** © ullstein-bild; **S. 347:** bpk/Staatsbibliothek zu Berlin/Carola Seifert; **S. 377:** zit. nach Jean Paul, Sämtliche Werke. Hist.-krit. Ausgabe, Bd. IV, 5, Berlin 2011, Abb. 7; **S. 379:** © Jean-Paul-Museum der Stadt Bayreuth; **S. 411:** zit. nach Klaus Günzel, Der Wiener Kongreß, München 1995, S. 83; **S. 417:** © bpk/Nationalgalerie, SMB/Klaus Göken; **S. 426:** © Jean-Paul-Museum der Stadt Bayreuth; **S. 432:** © akg-images; **S. 440:** Journal für Chemie und Physik XI/1814, Heft 1; **S. 441:** © IAM/akg-images; **S. 447:** © Jean-Paul-Museum der Stadt Bayreuth; **S. 449:** Klaus Günzel, Der Wiener Kongreß, München 1995; **S. 452:** Klaus Günzel, Der Wiener Kongreß, München 1995, S. 175; **S. 519:** © akg-images; **S. 537:** zit. nach Walther Killy, Literaturlexikon. Autoren und Werke deutscher Sprache, Bd. 9, Gütersloh/München 1991, S. 424.

PERSONENREGISTER

Abbt, Thomas 49, 68
Addison, Joseph 78, 112, 176, 550
Adelung, Johann Christoph 421
Ahlefeldt, Hans-Georg 302, 306 f., 310, 315, 323
Albrecht I. Achilles von Brandenburg-Bayreuth 14, 47
Albrecht von Sachsen-Weimar 275
D'Alembert, Jean-Baptiste le Rond 81, 388
Alexander, Zar 332, 379, 401, 406, 413, 441, 448, 457 f., 494
Amalie Charlotte von Sachsen-Meiningen 281
Anna Amalia von Sachsen-Weimar-Eisenach 220, 222 f., 330, 569
Arbuthnoth, John 78
Archenholtz, Johann Wilhelm von 91, 135 f., 140, 372, 381, 572
Aristoteles 210, 423
Arndt, Ernst Moritz 371 f., 399, 413
Arndt, Johann 15
Arnim, Achim von 381, 398, 426, 444
Augusti, Johann Christian Wilhelm von 273, 496
Auth (Hellseher) 479–481
Ayrer, Georg Friedrich 36

Baader, Franz von 458, 488 f., 508, 511, 514
Babeuf, François Noël 129 f., 198 f., 201
Bahrdt, Karl Friedrich 45, 62
Basedow, Johann Bernhard 158, 164, 367, 422
Bataille, Georges 152
Beauharnais, Eugène de 400
Beck, Auguste von 291, 294
Beck, Carl Gottlob 132
Beck, Ernestine von 291, 293
Beckett, Samuel 142

Beer, Johann 16
Bekmann, Christoph Friedrich 102, 110, 117, 122, 134
Bel, Karl Andreas 61
Benzenberg, Johann Friedrich 461 f.
Berend, Eduard 270, 353, 413, 548, 550, 554, 556 f., 560, 571, 573, 583
Berlepsch (verh. Harms), Emilie von 250 f., 254, 256, 260, 280, 285, 292 f., 308, 315, 322, 373, 415, 496
Bernard, Esther (Sophie) 254, 303, 311
Bernhard von Sachsen-Coburg-Altenburg 343
Bernhardi, August Ferdinand 307, 327, 364
Bernoulli, Daniel 388
Berschitz, Martin 432
Bertuch, Friedrich 381, 450
Beygang, Johann Gottlieb 59, 252
Bianchi, Giacomo 432
Biester, Johann Erich 106, 109
Blake, William 321
Blankenburg, Christian Friedrich von 90 f.
Blücher, Gebhard Leberecht von 455
Blumauer, Aloys 112 f., 549
Bodenhausen, Eleonora Magdalena von 21
Böhme, Jakob 514
Böhmer, Johann Gottlob 70
Bohnenberger, Gottlieb Christoph 432
Boie, Heinrich Christian 64
Boileau(-Despréaux), Nicolas 187
Boisserée, Sulpiz 494
Bondini, Pasquale 86
Bonnet, Charles 238, 436, 586
Bopp, Franz 427
Bose, Georg Matthias 433
Böttiger, Karl August 220, 267, 287, 307, 317, 517, 564

598 | *Literaturverzeichnis*

Bougainville, Louis Antoine de 23, 314
Bourignon de la Porte, Antoinette 278
Bouterwek, Friedrich 248, 326
Bran, Friedrich Alexander 381
Brander, Georg Friedrich 124
Brandes, Johann Christian 86
Breitkopf, Johann Gottlob Immanuel 59, 64
Brentano, Clemens 344, 398, 426
Brissot, Jacques Pierre 81
Brockhaus, Friedrich Arnold 381, 398
Büchner, Georg 200
Buffon, Georges-Louis Leclerc de 47, 339, 436, 547
Büri, Jakob 286
Büsching, Friedrich 42, 381
Büttner, Heinrich Christoph 168
Byron, George Gordon 460

Cagliostro, Alessandro Graf (= Guiseppe Balsamo) 116, 173, 495
Campe, Johann Heinrich 158, 163, 367, 372, 422
Carl August von Sachsen-Weimar-Eisenach 222 f., 401
Carl Eugen von Württemberg 318
Carl Friedrich von Sachsen-Weimar-Eisenach 402
Caroline Friederike von Ansbach-Bayreuth 157
Caroline, Königin von Bayern 460
Carové, Friedrich Wilhelm 475, 479
Carus, Carl Gustav 529
Castlereagh, Robert 450, 457, 459
Catull 37
Cervantes, Miguel de 346, 349
Charcot, Jean-Martin 529
Charlotte Amalie von Sachsen-Gotha-Altenburg 282, 321
Charlotte von Sachsen-Hildburghausen 280, 284, 325
Chateaubriand, François-René de 490
Christian Joseph Karl von Kurland 65
Christian von Brandenburg-Kulmbach 14
Cicero, Marcus Tullius 37, 320
Cloeter, Johann Gottfried 41, 140, 144, 150, 153, 556
Cloeter, Wilhelmine 144

Cölln, Friedrich von 380
Condillac, Étienne Bonnot de 422
Constantin von Sachsen-Weimar-Eisenach 223
Cook, James 23, 148, 314
Corday, Charlotte 182, 326, 393, 566
Corneille, Pierre 147
Cornelius Nepos 37
Cotta, Johann Friedrich 327, 339, 381 f., 384, 398, 402 f., 421, 426, 429, 442 f., 448, 450, 457, 466 f., 476, 491, 494 f., 500, 503, 510, 512, 516, 518, 523, 531, 535, 583, 586
Craven, Elizabeth 75, 157, 167, 173, 545
Creuzer, Friedrich 426
Cuvier, Georges 391, 436

Dalberg, Karl Theodor von 371, 378, 396, 400, 402, 406, 446, 464
Dannecker, Ludwig 471
Danton, Georges-Jacques 84
Darwin, Charles 436
Darwin, Erasmus 436
Daub, Carl 510
David, Jacques-Louis 182
Davoust, Louis-Nicolas 375
Decker, George Jacob 120
Defoe, Daniel 31, 39
Delacroix, Charles-François 212
Descartes, René 147, 561
Dick, Anton 456, 516
Diderot, Denis 62, 293, 387 f., 390
Doppelmaier, Johann Georg Gottfried 41
Dörnberg, Wilhelm von 471
Dorothea von Dino 495
Dorothea von Kurland 494
Duclos, Charles 81
Dyk (Dyck), Johann Gottfried 59, 64, 71, 231

Eberhard, Johann August 52
Ehler, Martin 49
Eichendorff, Joseph von 444
Einsiedel, Friedrich Hildebrand von 213, 220 f.
Einsiedel, Johann August von 221
Ekhof, Conrad 283

Elisabeth Alexejewna, Zarin 458
Ellrodt, Christian Friedrich 89, 153
Ellrodt, Sophie 89
Emanuel, s. Osmund
Emil August von Sachsen-Gotha 284, 321, 329, 401, 413 f.
Engel, Johann Jacob 49
Enzel, Samuel 249
Epiktet 40
Erasmus von Rotterdam 421
Erdmuthe Dorothea Reuß zu Ebersdorf 15
Ernesti, August Wilhelm 546
Ernesti, Johann August 61, 68
Ernst I. von Sachsen-Gotha 275
Ernst I. von Sachsen-Coburg 383
Ernst II. von Sachsen-Gotha-Altenburg 282, 284, 333
Ernst August II. von Sachsen-Weimar-Eisenach 222 f.
Eschenmayer, Carl 481, 581
Euler, Leonard 43, 49, 388
Faber, Johannes Balthasar 62
Falk, Johannes Daniel 287, 300, 344
Falkenberg, Gustav von 31 f.
Fassmann, David 31

Fechner, Gustav Theodor 536
Feind, Friederike 254 f.
Feind, Louise 254 f.
Fénelon, François 18 f., 31
Ferdinand VII., König von Spanien 487
Feuchtersleben, Caroline von 279 f., 285, 291–295, 304, 322, 330, 496
Feuchtersleben, Heinrich von 293
Feuerbach, Joseph Anselm 496, 508 f., 511
Feuerbach, Paul Johann Anselm Ritter von 496
Fichte, Johann Gottlieb 108, 260, 262, 296–299, 302, 308, 327, 387, 389, 396, 438, 448
Fischer, Michael Abraham 85
Flotow, Caroline von 179
Forberg, Friedrich Karl 296, 302
Forster, Antonie 495
Forster, Georg 148, 170 f., 182, 314, 495, 520
Förster, Karl August 518
Förster, Luise 519, 531

Fouché, Joseph 182, 450
Franklin, Benjamin 121, 186
Franz I., Kaiser von Österreich 371, 406, 411, 413, 425, 448
Franz I. von Sachsen-Coburg-Saalfeld 333 f., 338, 383, 440
Franz Friedrich Anton von Sachsen-Coburg-Saalfeld 333
Fraunhofer, Joseph 507
Freud, Sigmund 529
Friederike Louise, Prinzessin von Preußen (Markgräfin von Brandenburg-Ansbach) 18
Friederike von Solms 280, 284, 321
Friedrich August I., König von Sachsen 411, 445
Friedrich Christian von Brandenburg-Bayreuth 20
Friedrich I., König in Preußen 14
Friedrich I., König von Schweden 200
Friedrich I., König von Württemberg 450
Friedrich II., König von Preußen 17, 108, 544
Friedrich II., Kurfürst von Sachsen 223
Friedrich III. von Brandenburg-Bayreuth 17, 20
Friedrich VI. von Dänemark 450
Friedrich VI. , Burggraf von Nürnberg und Hohenzollern 14
Friedrich von Sachsen-Hildburghausen 281
Friedrich Wilhelm II. von Preußen 156, 160, 213
Friedrich Wilhelm III. 316, 361, 370 f., 379 f., 382
Frommann, Carl Friedrich Ernst 352, 354

Gassner, Josef 51
Gatterer, Johann Christoph 272
Gay, John 78
Gellert, Christian Fürchtegott 45, 256, 313, 346
Genlis, Félicité de 495
Gentz, Friedrich 412, 459, 569, 579
Georg Friedrich Karl von Brandenburg-Bayreuth 14 f., 17, 21, 154
Georg I. von Sachsen-Meiningen 319, 321, 325, 330, 333 f.

Georg Wilhelm von Brandenburg-Bayreuth 14, 415
George II. von England 200
Gerstenberg, Heinrich Wilhelm von 60
Geßner, Salomon 43, 394
Gilbert, Ludwig Wilhelm 282
Gleim, Wilhelm Ludwig 193, 247, 259 f., 294, 498
Göntgen, Johann Georg, 480, 561, 585
Goethe, Johann Wolfgang von 23, 29, 43, 50, 60, 83, 92, 105 f., 108–110, 121, 148, 159, 192, 210, 214 f., 221–232, 257, 261–263, 265–267, 269, 283, 288, 296 f., 304, 316, 327, 344–346, 349, 352, 364, 401–403, 406, 427, 433, 436 f., 470, 473, 494, 498, 501 f., 512, 518, 543 f., 559, 575, 579
Goeze, Johann Melchior 54, 540
Goldfuß, August 439
Görres, Johann Joseph 398, 426
Göschen, Georg Joachim 372, 410, 412, 428, 473, 573
Goßner, Johannes Evangelista 489
Gotter, Friedrich Wilhelm 64, 283
Gottsched, Johann Christian 39, 53, 62, 84, 187
Grau (Drucker) 394
Grimm, Jacob 426 f., 466, 478
Grimm, Wilhelm 426
Griesbach, Johann Jakob 54
Gruithuisen, Franz von Paula 432 f., 523
Guden, Philipp Peter 45
Gustav Adolf von Schweden 369
Gütle, Konrad 432

Häffelin, Johann Casimir 491
Hagen, Christian 31
Hagen, Friedrich Wilhelm 377, 579
Hagen, Georg Christian 130 f., 587
Hahnemann, Samuel 65, 301
Haller, Albrecht von 43, 314, 488, 554, 582
Haller, Ludwig von 488
Hamann, Johann Georg 91, 106 f., 109, 464
Hardenberg, Karl August von 156 f., 165–169, 174, 182, 205, 211–213, 263 f.,

360 f., 370, 379, 393, 445, 457, 460, 517, 555 f., 558
Harms, Claus 496 f.
Harsdörffer, Philipp
Hartknoch, Johann Friedrich 91
Hartmann, Eduard von 529
Haug, Friedrich 494, 496
Haugk, Johann Martin 82
Haydn, Joseph 222
Hebel, Johann Peter 393, 575
Hegel, Georg Wilhelm Friedrich 428 f., 437 f., 468, 470 f., 475, 510
Heim, Johann Ludwig 330, 339
Heine, Heinrich 200
Heine, Johann Georg 516
Heinrich I. von Schwarzburg-Sondershausen 6
Heinrich VI., Kaiser 14
Reuß zu Ebersdorf, Heinrich XXIII. 36
Reuß zu Ebersdorf, Heinrich XXIV. 333
Heinsius, Wilhelm 252, 266, 287
Helfrecht, Benjamin 136, 286
Helmolt, Christian Georg von 282
Helvetius 63, 68, 488
Hennings, Justus Christian 51
Hennings, Wilhelm 235, 285, 301
Herbart, Johann Friedrich 523, 526, 529, 536, 561
Herder, Adelbert 507
Herder, Johann Gottfried 91 f., 106, 113, 126 f., 142, 221, 223, 225, 228, 231 f., 235, 248, 260, 262, 265, 267, 269, 286 f., 291–294, 297, 299 f., 304, 313, 316, 323, 346, 352, 362 f., 404, 438, 464, 488, 494, 497, 507, 510, 536
Herder, Karoline 127, 221, 265, 291–294, 373, 407
Herder, Luise 294, 520 f.
Hermann, Johann Bernhard 50, 57, 85, 92, 95 f., 100, 118, 120–124, 127 f., 140, 151, 430, 565
Herold (verh. Otto), Amöne 138, 152, 177, 179, 182, 192–194, 202, 247, 249, 251, 280, 289, 303, 359, 362, 556
Herold, Caroline 193 f., 202, 249, 289
Herold, Helene 192
Herold, Jette 192
Herold, Johann Georg 133, 150, 194
Herold, Julie 192

Literaturverzeichnis | 601

Herschel, Wilhelm 197, 313, 525
Herz, Henriette 308, 345, 494
Herz, Marcus 106, 109, 307
Himmel, Friedrich Heinrich 361
Hirsch, Christoph Friedrich von 523
Hirschfeld, Christian Cajus Lorenz 68
Hoffmann, Ernst Theodor Wilhelm (Amadeus) 316, 504
Hoffmann, Leopold Alois 173
Hohenthal, Christian Gottlieb von 252
Hölderlin, Friedrich 220, 336, 363
Hölzel, Johann Lorenz 144
Home, Henry, Lord Kames 46, 49
Homer 96, 227, 229, 243, 426, 575
Horner, Johann Kaspar 248, 282
Huber, Therese 494, 520
Hufeland, Christoph Wilhelm 475, 520
Hufeland, Gottlieb 260, 297, 436
Hugo, Magdalena Margaretha (Großmutter von JP) 13
Humboldt, Alexander von 167
Humboldt, Wilhelm von 427, 495
Hume, David 54, 63, 68, 583
Hutcheson, Francis 43, 46
Hutten, Ulrich von 74, 421

Jacobi, Friedrich Heinrich 105 f., 108–110, 122, 158, 228, 232, 263 f., 277, 286, 296–300, 304, 308, 316, 346, 349, 375, 437–439, 490, 498, 505, 509, 526, 543, 553, 585
Jacobi, Johann Georg 314
Jérôme Bonaparte 471
Jerusalem, Johann Friedrich Wilhelm 23, 45
Joerdens, Christian Friedrich 131, 430, 552
Joerdens, Peter Gottfried (Sohn des vorigen) 131, 552
Joerdens, Georg Christoph 360, 430, 552
Joerdens, Johann Heinrich (Sohn des vorigen) 552
Johnson, Samuel 90
Joseph II., Kaiser 23, 108, 113, 205, 549
Joseph Friedrich von Sachsen-Hildburghausen 333
Josèphe Bonaparte 445
Joyce, James 142

Jung-Stilling, Heinrich 50 f., 458, 460 f., 469, 497, 553

Kalb, Charlotte Sophie Juliane von, geb. Marschalk von Ostheim 213, 219–222, 224–226, 230, 246–248, 251, 254, 260, 265 f., 270, 279 f., 285, 318, 323, 427
Kanne, Arnold 326, 496, 508 f., 511, 514, 530
Kannegießer, Karl Ludwig 382
Kant, Immanuel 91, 105–109, 117, 121, 124 f., 140, 148, 188, 210 f., 237, 241, 263, 286, 299, 301, 420, 488, 523
Karl Alexander von Brandenburg-Ansbach-Bayreuth 20, 137, 156, 166, 173, 175, 400
Karl Wilhelm Friedrich von Brandenburg-Ansbach 18
Karsch, Louise 43, 303
Kästner, Abraham Gotthelf 81, 292
Keller, Ernst Urban 52, 101
Kepler, Johannes 525, 527
Kießling, Anna (Urgroßmutter von JP) 13
Kindleben, Christian Wilhelm 51 f.
Kirby, William 531
Kirchweger, Anton Josef 542
Klaproth, Martin Heinrich 339
Kleist, Heinrich von 381
Klencke (verh. de Chezy), Helmina von 303, 311, 517
Klinger, Maximilian 60, 83, 297
Klodius, Christian August 61
Klopstock, Friedrich Gottlieb 51, 101 112 f., 141, 149, 204, 346, 496, 498, 519
Knebel, Henriette von 416, 532
Knebel, Karl Ludwig von 213, 220 f., 224, 230, 280, 293 f., 322, 398, 417, 498
Knigge, Adolph von 64, 67, 92, 162
Kobbe, Theodor von 479
Koch, Heinrich Gottfried 86, 546
Köhler, Franz August 90, 133
Köhler, Helene 152
Köppen, Friedrich 510, 533
Koreff, Ferdinand 517
Körner, Johann Gottfried 546
Körner, Theodor 444
Kosegarten, Ludwig Gotthard 248

Kotzebue, August von 252, 286, 327, 329, 344, 387, 475, 480, 490, 494, 507
Krause, Christian Sigismund 167
Krauseneck, Johann Christoph 134
Kretschmann, Theodor Konrad (von) 165–167, 249, 337 f., 340–343, 382 f.
Kropff, Wilhelmine von 230, 247, 303
Krüdener, Beate Barbara Juliane von 246 f., 250 f., 315 f., 458 f., 488
Krusenstern, Adam Johann von 282
Kuhlmann, Quirinus 422
Kuhn, Eva Barbara (Großmutter von JP) 47
Kuhn, Johann Paul (Großvater von JP) 20, 47, 55
Kunz, Carl Friedrich 414, 427
Kutusow, Michail Illarionowitsch 440 f.

Lafayette, Marie-Joseph Motier de 129 f.
Lalande, Josephe Jérôme Le Francois de 282
Lamarck, Jean-Baptiste de 390 f., 436, 574
Lambert, Johann Heinrich 43, 124, 126, 189, 258, 263, 347, 349 f., 368, 465
Lamettrie, Julien Offray de 54, 63, 544
Landvoigt, Friedrich August 264, 287
Lange, Johann Konrad 16
Langenbucher, Jakob 124, 432
Langermann, Johann Gottfried 360, 362, 416, 428, 475
Laplace, Pierre-Simon de 462, 525
Lautenschlager, Friedrich 471
Lavater, Johann Caspar 62, 96, 105 f., 109, 115, 247
Leibniz, Gottfried Wilhelm 53, 55 f., 63 f., 66, 69 f., 73, 116, 188 f., 210, 241, 390, 422, 510
Lenz, Jakob Reinhold Michael 60, 83
Leopold II., Kaiser 164, 205
Lessing, Gotthold Ephraim 39, 54, 62, 82, 105 f., 117, 243, 263, 298, 327, 346, 497, 543, 546
Levin, Rahel 303, 307, 309
Lichtenberg, Georg Christoph 81, 88, 91, 121, 127, 435
Linné, Carl von 314, 559
Liscow, Christian Ludwig 78, 293
List, Friedrich 493

Locke, John 63
Loder, Justus Christian 260, 297
Longinus 49, 187
Lorrain, Claude 303
Louis XVI. von Frankreich 23, 130
Louis XVIII. von Frankreich 452, 455 f., 487
Lübeck, Johann Christoph Gottlieb 203
Luden, Heinrich 381
Ludwig von Baden 536
Ludwig von Bayern 450, 508
Luise von Preußen 281, 284, 310, 315 f., 379 f.
Lullus, Raimundus 422
Luther, Martin 52, 82, 131, 393

Mahlmann, August 252, 317
Mahlmann (geb. Mayer), Ernestine 303, 317, 361
Maistre, Joseph de 65, 488
Mann, Karl Christian von 505
Manso, Friedrich 231
Marat, Jean-Paul 81, 84, 121, 138 f., 182, 186, 326, 328, 393
Marc Aurel 40, 45, 68
Marcus, Adalbert Friedrich 427 f.
Marheineke, Philipp Konrad 496 f.
Maria Pawlowna 402
Marie Antoinette, Königin von Frankreich 116, 170
Marie Louise, Kaiserin von Frankreich 413, 425
Marmontel, Jean-François 543
Maschenbauer, Andreas Erdmann 123 f.
Matzdorff, Carl August 164, 193, 204, 285, 295, 302
Maupertuis, Pierre Louis 388
Max, Josef 510, 520, 534
Maximilian I. Joseph von Bayern 371, 446, 450, 491, 506
Mayer, Albrecht 95 f.
Mayer, Ernestine 303, 317
Mayer, Johann Siegfried Wilhelm (Schwiegervater von JP) 315 f., 322
Mayer, Karoline 303, 306–310, 316 (verh. Richter, s. dort)
Mayer, Tobias 124
Medem, Paul von 496
Meier, Friedrich 417, 450, 533

Meiner, Georg Friedrich 45
Meißner, August Gottlieb 91 f., 102
Melanchthon, Philipp 24, 421, 577
Mendelssohn, Moses 49, 104–109, 111, 187 f.
Merkel, Garlieb 307, 326, 344
Mesmer, Franz Anton 434
Metternich, Clemens von 412, 444–446, 451 f., 456 f., 495, 503, 536
Meusel, Johann Daniel 332
Meusel, Johann Georg 332
Meyer, Heinrich 223
Miedel, Johann Martin Christoph 516, 533, 571
Miller, Johann Peter 49, 553
Milton, John 101
Mirabeau, Honoré Gabriel Victor de Riqueti, 130
Mirabeau, Louis Alexandre de Riqueti 18
Montaigne, Michel de 45, 111, 422
Montgelas, Maximilian Carl Joseph Franz de Paula Hieronymus von 445, 457, 460, 507
Moritz, Karl Philipp 162–164, 170, 196, 557
Morus, Samuel Friedrich Nathanael 64, 66
Moser, Johann Jacob 448
Motte Fouqué, Friedrich Heinrich Karl de la 381, 429
Mozart, Wolfgang Amadeus 86
Müller, Adam Heinrich 381, 411 f., 450
Müller, Johannes von 448, 495, 579
Müller, Maximilian Bernhard Ludwig (genannt Proli), 585
Müllner, Amandus Gottfried Adolf 518
Münter, Friedrich Christian Karl Heinrich 282
Musurus, Marcus 395 f.
Mylius, Georg Gustav Ludwig August 95

Napoleon Bonaparte 312, 331, 354, 364, 370 f., 374, 376 f., 379, 382, 396 f., 399–408, 411, 413, 425, 428, 435, 440 f., 444–450, 452, 455 f., 462, 471, 475, 487, 495
Nerval, Gérard de 142
Neuber, Caroline 86, 546

Neukirch, Benjamin 19
Newton, Isaac 121, 147, 210, 313, 387 f., 390, 525
Nicolai, Friedrich 78, 91, 106, 307, 326, 328, 345
Niethammer, Immanuel 428, 437, 467
Nösselt, Johann Georg 39
Nostitz, Johann Karl Georg von 377, 573
Novalis (Friedrich von Hardenberg) 272

Oertel, Friedrich von 221, 231 f., 255, 345
Oertel, Ludwig von 221, 225,
Oerthel, Christian von 119, 169
Oerthel, Johann Adam Lorenz von 50, 55, 57–59, 68, 79, 87 f., 90–92, 95 f., 103, 118 f., 123, 125, 159 f., 512, 548, 550
Oerthel, Johann Georg 118, 127, 542
Oerthel, Samuel Friedrich 50, 542
Oeser, Adam Friedrich 61, 65, 67
Oken, Lorenz 436, 498
Olbers, Heinrich Wilhelm 462, 585
Osmund, Emanuel 202 f., 247, 249, 251, 307, 322, 325 f., 329 f., 337, 339 f., 359, 386, 393, 399, 408, 416, 439, 456, 460, 477, 482, 484, 531, 533, 536, 557
Otto, Albrecht 99, 103, 133 f., 460, 550
Otto, Christian 99, 103, 133 f., 160–162, 170 f., 177, 179 f., 183, 194, 215, 219, 221, 234, 249, 251, 253, 255, 261, 264 f., 270 f., 280, 284, 286, 288 f., 292, 300, 303, 314 f., 323, 332, 360, 378–380, 399, 416, 484, 507, 512, 536 f., 559
Otto, Christoph 99, 103, 133 f., 202, 507
Otto, Friederike 133, 194, 554

Pachelbel, Johann 17
Pachelbel, Wolfgang Gabriel 16
Palm, Johann Philipp 381, 429, 444, 583
Paulus, Caroline 469, 481
Paulus, Heinrich Eberhard Gottlob 469 f., 473, 497 f., 511, 581
Paulus, Sophie 473–476, 479, 481
Perthes, Friedrich 346, 352, 354, 362, 372, 381, 403, 409, 498
Pestalozzi, Johann Heinrich 82, 378
Pezzl, Johann 110, 113, 549
Pfenniger, Heinrich 247 f., 260
Pistor, Heinrich 282

Pitt, William 369
Platen, August von 370, 530
Platner, Ernst 61 f., 64, 69 f., 72–76, 81, 91, 238, 254 f., 436, 586
Platner, Friederike 254 f.
Platon 33, 66, 210, 398, 423
Plotho, Charlotte Wilhelmine Eleonore von 21
Plotho (verh. v. Reitzenstein), Eleonore Louise 541
Plotho, Erich Christoph Edler von 541
Plotho, Otto Ludwig von 541
Plotho, Wilhelm Friedrich von 541
Plutarch 40, 68
Poe, Edgar Allan 142
Ponte, Lorenzo da 76, 113
Pope, Alexander 68, 75 f., 78, 112, 172, 176, 297 f.,
Puchelt, Friedrich August Benjamin 520
Pufendorf, Samuel von 62

Quincey, Thomas de 351

Raab, Johann Adam 16
Rabelais, François 506
Rabener, Gottlieb Wilhelm 78
Racine 147, 401
Radlof, Johann Gottlieb 422, 478
Rebmann, Georg Friedrich 170, 289 f., 550, 566
Recke, Elisa von der 495 f., 517
Reclam, Carl Heinrich 59, 64
Reich, Philipp Erasmus 59, 91
Reichardt, Johann Friedrich 34, 232 f., 259
Reil, Johann Christian 436, 518
Reimarus, Hermann Samuel 39, 54
Reimer, Georg Andreas 466 f., 483, 491, 494, 502, 510, 535
Reimer, Georg 466 f., 483, 491, 494, 502, 510, 535
Reinecke, Friedrich 86
Reinhart, Johann Christian 67, 319
Reinhold, Carl Leonhard 61, 297, 414
Reinwald (geb. Schiller), Christophine 318
Reisinger, Franz 533
Reitzenstein, Georg Christoph von 377, 541

Rellstab, Ludwig 512
Retti, Leopold 19
Richter, Emma (Tochter von JP) 330, 336 f., 339, 369, 467 f., 474, 493, 499, 513, 517, 531, 536, 538
Richter, Friederike Leopoldine Karoline (Frau von JP) 318, 322, 325, 329 f., 335, 337, 339 f., 361, 369, 386, 392, 403, 416 f., 427, 439, 464, 469, 474, 477 f., 480, 492–495, 497, 499 f., 513, 516 f., 520, 531, 533, 535 f., 538
Richter, Johann (Großvater von JP) 13, 16, 20, 46, 483
Richter, Johann (Urgroßvater von JP) 13
Richter, Johann Adam Christian (Bruder von JP) 24 f., 32, 37, 79, 140, 251, 467
Richter, Johann Christian Christoph (Vater von JP) 13 f., 19–21, 24, 26 f., 31–35, 46 f.
Richter, Johann Gottlieb (Bruder von JP) 24 f., 32, 37, 79, 89, 140, 152, 249, 251, 260, 323, 467, 538
Richter, Johann Samuel (Bruder von JP) 36, 250–252, 260, 290, 323
Richter, Justus Heinrich Wilhelm Christian (Bruder von JP) 24, 37, 79, 127 f., 251
Richter, Lorenz (Urgroßonkel von JP) 16, 20
Richter, Maximilian (Sohn von JP) 339, 361, 366, 369, 467–469, 474, 484, 493, 498 f., 503, 505, 507–513, 515 f., 518
Richter, Odilie (Tochter von JP) 366, 369, 467, 492, 499, 513, 516 f., 520, 536, 538
Richter, Ottilie (Schwester von JP) 36
Richter, Rebecca (Tante von JP) 13 f.
Richter geb. Kuhn, Sophia Rosina (Mutter von JP) 20, 36, 47 f., 55, 79 f., 103, 140, 202, 245, 250
Riedel, Christiana Maria (Tante von JP) 55
Riedel, Friedrich Justus 49
Riepel, Joseph 540
Riesbeck, Kaspar 59, 62, 544
Robespierre, Maximilien 84, 164, 193, 328

Literaturverzeichnis | 605

Rohan, Louis René de 116
Rohr, Heinrich Julius von 326
Rollwenzel, Anna Dorothea 418, 423, 425 f., 468, 516, 520, 539
Rolsch, Karl Christian 144
Rousseau, Jean-Jacques 50 f., 68, 210, 328, 366 f., 416, 422, 466
Rückert, Friedrich 444

Sachs, Hans 256 f.,
Sand, Georg 494, 507
Saunderson, Nicholas 387 f.
Schäfer, Gottfried Andreas 203
Schäfer, Johann Gottlieb 433
Schelling, Friedrich Wilhelm Joseph 61, 252, 262 f., 272, 297, 327, 368, 381, 428, 438, 470, 488, 508, 530, 535
Schelver, Franz Joseph 479–481, 523, 581
Schenkendorf, Max von 380, 444
Scherer, Joseph 384
Schiller, Friedrich 60, 83, 148, 192, 206, 220, 223, 226–231, 240, 262, 266–268, 272, 278, 285, 297, 303, 316, 318, 327, 345 f., 362 f., 366, 374, 387, 464, 494, 496, 543, 560
Schink, Johann Friedrich 496
Schlabrendorf, Henriette von 304 f., 308, 310 f., 314 f., 322 f., 325, 330
Schlegel, August Wilhelm 262 f., 267, 344–346, 427, 477, 481
Schlegel, Caroline 259, 267
Schlegel, Friedrich 213, 262, 267, 272, 308, 344–346, 363, 412, 435 f., 450, 474, 477, 481, 489, 562
Schlegel, Johann Elias 86, 546
Schleiermacher, Friedrich 307, 344, 427
Schlichtegroll, Friedrich 170, 439, 505 f.,
Schmidt, Klamer Eberhard Karl 259
Schopenhauer, Arthur 351, 528
Schönburg-Waldenburg, Otto Carl Friedrich von 36, 144
Schöpf, Johann Martin 19
Schoppe, Caspar (Scioppius) 73
Schrag, Leonhard 423, 429, 442, 505
Schröpfer, Johann Georg 22, 65, 182, 434
Schröter, Johann Hieronymus 518, 525
Schrötter, Ferdinand von 380

Schubart, Christian Daniel 132 f.
Schubart, Ludwig 170
Schubert, Friedrich Theodor 531
Schubert, Gotthilf Heinrich 427 f., 578
Schuckmann, Henriette von 247, 250
Schuckmann, Kaspar Friedrich von 165–167, 249, 370, 457, 472, 503 f., 556
Schütz, Christian Gottfried 43, 106, 297
Schütz, Major von 362
Schwarz, Friedrich Heinrich Christian 398, 469
Schweigger, Christoph 437, 439
Sebastian I., König von Portugal 175
Seckendorff, Franz Karl Leopold von 381
Seconda, Joseph 65
Seebeck, Thomas 437–439
Seidensticker, Anton Ludwig 401
Semler, Salomon 54
Seydlitz, Christian Gottlob 84 f.
Shaftesbury, Antony Ashley-Cooper, Earl of 293
Shakespeare, William 86, 126, 142, 210, 213, 346
Siéyes, Emmanuel Joseph Abbé de 130
Silchmüller, Johann Christoph 21, 25 f.
Sömmering, Thomas 478, 507
Sophie Christiane von Brandenburg-Kulmbach 14
Soult, Nicolas Jean-de-Dieu 375 f.
Spalding, Johann Joachim 52
Spangenberg, Beata von 57, 159
Spangenberg, Heinrich George Traugott von 145, 235, 252, 288 f., 553
Spangenberg, Wilhelmine von 154, 291
Spazier, Karl 303, 315, 345, 353, 361
Spazier, Minna 303, 305, 322, 416, 484, 499, 517, 533
Spazier, Minona 517
Spazier, Richard Otto 92, 337, 431, 517, 535–538
Spener, Philipp Jakob 15
Spinoza, Baruch de 105 f., 108 f., 142
Staël, Germaine de 364, 495
Steele, Richard 112
Stein, Charlotte von 228
Stein, Heinrich Friedrich Karl vom und zum 21, 165 f., 382 f.

Stein zum Altenstein, Karl Sigmund Franz Freiherr vom 166
Sterne, Laurence 50, 55, 75, 113, 398
Stolberg-Roßlau, Johann Martin zu 64, 92
Stolberg-Stolberg, Friedrich Leopold zu 497 f.
Stourdza, Alexander von 488 f.
Stourdza, Roxandre von 458, 488
Sturm, Beata 159
Sulzer, Johann Georg 49
Swedenborg, Emanuel 23
Swieten, Gerard van 434, 554
Swift, Jonathan 42, 49, 74–76, 78, 97, 112. f., 137, 176, 228, 292, 300 f., 375, 422
Sydow, Josephine von 292, 294

Talleyrand, Charles-Maurice de 379, 396, 402, 450–452, 457, 487, 494 f.
Talma, François-Joseph 401
Tauenzien von Wittenberg, Boguslaw Friedrich Emanuel 375
Teller, Wilhelm Abraham 45, 52, 54
Tennhardt, Johannes 16
Thieriot, Paul Emile 253, 290, 309 f., 326, 345, 365, 482, 566
Thomasius, Christian 62, 521
Thürheim, Friedrich Karl von 374
Thurn und Taxis, Therese von 280, 284
Tieck, Ludwig 308, 344 f., 381, 517
Tiedge, Christoph August 496
Tissot, Samuel Auguste 136, 516, 586
Tournon, Camille de 376, 399, 408
Toussaint, François Vincent 68, 544

Uexküll, Bernhard von 479
Uhland, Ludwig 444, 493

Vaerst, Eugen von 516
Varnhagen, Karl August 364, 412, 450
Varnhagen, Rahel 495, 579
Varrentrapp (sen.), Franz 478
Varrentrapp (jun.), Johann Friedrich 478
Veit-Schlegel, Dorothea 344
Vieweg, Friedrich 372, 428, 569
Vigny, Alfred de 142
Villers, Charles François Dominique de 398, 413
Vogel, Erhard Friedrich 40 f., 69, 74,

79 f., 84 f., 87 f., 90, 101–104, 137, 242, 491, 520
Vogel, Friedrich Carl Maximilian 430
Vogel, Johann Wilhelm 40 f., 48, 88, 120, 140, 144 f., 153
Vogel, Leo 144 f.
Vogel von Vogelstein, Karl Christian 518 f.
Voelderndorff, Karl Friedrich Wilhelm von 168
Völkel, Emil 144
Völkel, Johann Samuel 38–40, 45, 48, 88, 103 f., 140, 144, 153, 195
Völkel, Sophie 144
Voltaire 54, 68 f., 147, 448
Voss, Christian Friedrich 82, 87, 101 f.
Voß, Heinrich 468, 471 f., 481–484, 502, 507, 511, 519 f.
Voß, Johann Heinrich 472, 497 f., 569
Voss, Julius von 345
Vulpius, Christiane 221, 228

Walther, Philipp Franz von 511, 513, 532
Wangenheim, Karl August von 165, 338, 340–343, 382–384, 471–473, 476 f., 493, 574
Waser, Heinrich 75
Wäser, Johann Christian 86
Washington, George 129
Watteau, Antoine 187
Weber, Carl Maria von 517
Weber, Franz Gottfried 532
Wehmeier, Christian Heinrich 283
Weishaupt, Adam 67, 92, 282
Weiße, Christian Felix 61, 91, 254, 544
Weiße, Dorothea 254 f.
Weitershausen, Philipp Ludwig von 97–99, 137, 156, 167
Wekhrlin, Ludwig 132 f., 168–170, 288–290, 552, 555, 566
Wellington, Arthur Wellesley 445, 455
Weltrich, Peter 167, 375 f., 408
Wenner, Johann Friedrich 477 f.
Werner, Carl August 37, 69
Werner, Zacharias 406
Wernlein, Friedrich 133, 145, 153, 160, 178, 240
Wessenig, Carl Gottlob Adolf von 120

Wetzhausen auf Bettenburg, Christian von 343, 471
Weygand, Johann Friedrich 77
Wezel, Johann Carl 68–77, 81 f., 84, 91, 113, 283, 300 f., 363, 544 f., 567
Wieland, Anna Dorothea 261
Wieland, Christoph Martin 43, 102, 126, 161, 213, 222 f., 225, 227 f., 231 f., 260–262, 267, 287, 304, 316, 327, 345, 364, 435, 502, 574
Wiegleb, Johann Christian 123, 431, 543, 547
Wilhelm Friedrich Philipp von Württemberg 493, 536
Wilhelm IV. von Hessen-Kassel 198, 200, 205 f., 288, 588
Wilhelm IV. von Sachsen-Eisenach 275
Wilhelmine von Preußen, Markgräfin von Brandenburg-Bayreuth 17, 433
Wilhelmine von Sagan 495
Wilkins, John 422
Willemer, Marianne von 473
Wilmans, Friedrich 313, 345, 504
Winkler, Johann Heinrich 433
Wirth (Postmeisterehepaar) 133, 141, 150
Wirth, Ambrosius 16

Wirth, Christoph 192
Wirth, Erdmuthe 192
Wirth (verh. Otto), Renate 133, 150, 152, 169, 177 f., 180, 202, 507
Wolf, Friedrich August 426
Wolfart, Karl Christian 435
Wolff, Christian 53, 561
Wolke, Christian Heinrich 421 f., 465–467, 478
Woltmann, Johann Karl Ludwig 381, 575
Wrede, Carl Philipp Joseph von 492

Yelin, Julius Konrad 505, 583
Young, Edward 43, 55, 75, 235 f., 321, 327

Zach, Franz Xaver von 282 f.
Zelter, Carl Friedrich 537
Zenon 422
Zimmer, Johann Georg 394, 426, 429
Zimmermann, Johann Georg 62
Zinzendorf, Anna Elisabeth von 333
Zinzendorf, Nikolaus Ludwig von 15
Zollikofer, Georg Joachim 45, 62, 91
Zschokke, Johann Heinrich Daniel 170
Zwanziger, Friedrich Adolph von 211–213